当代中国史学家文库

钱乘旦卷

思考中的历史

当代史学视野下的现代社会转型

北京师范大学出版集团
BEIJING NORMAL UNIVERSITY PUBLISHING GROUP
北京师范大学出版社

图书在版编目（CIP）数据

思考中的历史：当代史学视野下的现代社会转型／钱乘旦著.—北京：北京师范大学出版社，2015.1
（当代中国史学家文库）
ISBN 978-7-303-17885-8

Ⅰ.①思… Ⅱ.①钱… Ⅲ.①社会转型-研究-中国-现代
Ⅳ.①D616

中国版本图书馆CIP数据核字（2014）第184957号

SIKAO ZHONG DE LISHI：DANGDAI SHIXUE SHIYE XIA DE XIANDAI SHEHUI ZHUANXING

出版发行：北京师范大学出版社 www.bnup.com
北京新街口外大街19号
邮政编码：100875
印　　刷：北京京师印务有限公司
经　　销：全国新华书店
开　　本：155 mm × 235 mm
印　　张：34.75
字　　数：535千字
版　　次：2015年1月第1版
印　　次：2015年1月第1次印刷
定　　价：98.00元

策划编辑：刘东明　刘松弢　　责任编辑：王　林　刘松弢
美术编辑：王齐云　　装帧设计：王齐云
责任校对：李　菡　　责任印制：陈　涛

前言：解读时空——历史与写历史

每一个时代都有它的历史，这不是说：每一个时代都会把自己的历史留给后世；而是说：每一个时代都会对人们共同的历史提出自己的解释，有自己的理解。这就是克罗齐所说的：一切历史都是当代史。[①]

一般人不是这样看历史，过往的历史学家多数也不这样看历史。在他们看来，历史是确定无疑的事实，是过去发生的事。历史学家的任务，是找到这些事，确定它们发生过，描述发生的过程，由此而恢复历史。[②] 因此，在多数人眼中，历

① 克罗齐的话是这样的："每一个历史判断的基础都是实践的需要，它赋予一切历史以当代史的性质，因为无论与实践需要有关的那些事实如何年深日久，历史实际上总面向着当时代的需要和实际。"克罗齐：《作为自由的故事的历史》(Benedetto Croce, *History as the Story of Liberty*)，转引自张广智主编：《西方史学通史》第六卷《现当代时期》，246页，上海，复旦大学出版社，2011。

② 这种看法很普遍，中外学者都一样，比如下面这段话："'历史'一词，存在多种解释，主要的有两种：一是指已经发生了的过去的事；另一是指对以往事情的记载和研究，特别是对人类社会活动的记载和研究"，前者指"人类客观存在的历史"，后者指"史家撰写的历史"，参见《史学概论》，1、3～4页，北京，高等教育出版社/人民出版社，2009。相同的说法可见彭刚：《叙事的转向》，"何兆武序"，北京，北京大学出版社，2009；张广智：《西方史学通史》，第一卷"导论"，2页，上海，复旦大学出版社，2011；李隆国：《史学概论》，12页，北京，北京大学出版社，2009。

史的本质是“真”，不“真”怎么是历史？

如果把历史定义为“过去发生的事”（“事”在这里指广义的内涵，包括一般意义上的“事情”、“事物”，也包括过去出现过的任何现象、状态、变化等等，涵盖人类物质生活和精神生活的全部领域），那么在这个命题里，历史的真实性已经被预设了：发生过就是事实，事实当然是真的；不会有什么“事”是发生过而又不真实的——这是基本的逻辑。

但问题恰恰出在这里：人们在论述历史的“真”时，已经预设了它的“真”。于是就造成一个简单的逻辑循环错误：用一个肯定的判断，去证明同一个判断，即同义反复。

断言一个事物是真实的，必须予以证明，否则这个断言只能是假设。我们在证明一般事物的真实性时，须证明它的存在，存在是通过人的感官加以认证的，但这种感官应该是人类的共同感官，而不是个别人的感官。① 换句话说，所有人都能感觉到（包括直接感觉和间接感觉，例如借助仪器）的才是真实的，反之就有问题。现代科学使用的就是这种方法：在科学实验中，任何实验都可以反复进行，得到的结果必须是相同的。

但历史的真实性却无法被证明，因为一旦成为“过去”，就不可能再

（接上页注释）在西方著述中也经常看到类似说法，例如，《韦伯斯特大学词典》中对“history”一词的解释是：一是“对重要事件的编年体记录”，二是“记录和解释过去的事的知识分支”，三是“组成历史主题的事、过去的事”。按照中文的习惯表述这三个定义分别对应于“史家撰写的历史”，“历史学”，“客观存在的历史”。见 *Webster's Ninth New Collegiate Dictionary*, Merriam－Webster Inc. 1984, p. 573。黑格尔曾经说：“历史”一词既“包括发生的事情，也并没有不包括历史的叙述”，见黑格尔：《历史哲学》，101 页，北京，三联书店，1956。将“历史”这个概念分解为双重或三重含义可以帮助从哲学上解决一个难题，即“历史”的真实性基础，因为在这些含义中“历史”已经被界定为一种“真实”；但它同时又制造了另一个难题，即“客观存在的历史”是不可能为任何人所亲历、所感知的，它只存在于人类理性结构中，也就是说：人们从自己的理性可以推知它的存在；另一方面，人们所真正知道的历史都只是“史家撰写的历史”，而这种“历史”的性质究竟如何，它是什么？本文要讨论的就是这个问题。

① 这当然是科学和理性的认识论，神秘主义和非理性主义不需要花这么大的功夫去讨论事物的真实性。“历史”的多重含义之所以在启蒙以后广为传播，就是因为在启蒙以后，科学的思维方式成为人类的主流思维方式；在此之前，人们不会觉得有很大的必要去关注历史的真实性问题。

现，否则就不叫“历史”了。任何历史都没有办法再重复一遍：历史似水，“逝者如斯夫！”于是，历史就成了诡秘的怪圈，我们知道它是真实的，因为它发生过；但我们没有办法证明它的真实性，所以有可能不真实。之所以出现这种情况，是因为在“我们”与“过去”之间，横亘着一道时空之沟，人们的感官无法穿越它，因此身处现在的“我们”没有办法去感知已经消失的“过去”。证明真实性的方法在“历史”这里断裂了，我们如何证明历史的真实性？如果历史是“过去发生的事”，那么，我们怎么知道它发生过？人们用什么办法来确认它的发生？如何判断“过去”是真实的，而不是虚幻？事实上，历史最大的困境就是无法证明其真实性——但我们却知道它是真实的，因为它发生过。

深陷于这个怪圈，人们将永远跳不出来。

看来，我们对历史的理解出了问题；也许历史不那么简单，不能简单地说它是“过去发生的事”，也许我们应另辟蹊径。

让我们从头做起，看看我们对“过去”的了解、也就是“历史知识”，是从哪里来的？其实很清楚，都是由间接得来的。人们的历史知识无非来自两条渠道：一是听别人说，二是看文字记录，两者之本质其实是一样的，都来自别人的叙说，而不是对事情本身的接触。没有哪一件“过去的事”是可以被后人所感受或亲身经历的，因为它一旦发生，就不可能再被人们感觉到，它只能被叙述、被记忆，留下记录给后人，让后人得到某些知晓。后人写历史，唯一的渠道就是从别人的记录（或叙述）中寻找线索，这些就是所谓“史料”。但史料不是历史，历史要通过“写”才出现。历史学家搜寻史料，辨别真伪，把它们拼起来，写出那种人们可以读得到的“历史”。[①]所以，我们所知道的历史（就是一般所说的“历史知识”）都是写出来的，在这个意义上，可以说：一切历史都是写出来的。

这样，作为一门学问的历史学就出现了。历史学的任务是写历史，

① 关于史料和“历史”的关系，多数历史学家会这样说：“史家认识历史时，主要凭借历代遗留下来的各种史料间接地进行。史料包括文献记载和考古发现的各种实物。文献记载出于人们的口传笔录，是在一定历史范畴内，反映一定社会观念的‘思想的痕迹’；实物史料是前人的生活用品、生产资料和社会交际工具的遗存，是人们在具体的历史时空范围内的‘行为的痕迹’。史家撰写历史时，离不开前人留下的‘思想的痕迹’和‘行为的痕迹’……”见《史学概论》，5页，北京，高等教育出版社/人民出版社，2009。

追讨过去，寻找那些“过去发生的事”，判别它们的真实性，也就是求“真”。求真是历史学和文学、哲学、宗教、神话等等之根本的区别，但恰恰在这一点上，历史学永远达不到目的，于是它和文学、哲学等等又会有许多相通点。历史学也是一种“写”，和文学、哲学一样，是一种“创造”。①

原因起于那道沟——在“我们”与“过去”之间，横亘着一道时空之沟，由于我们的感官穿越不了那道沟，历史的真实性就受到阻拦。我们知道历史的任务是求“真”，但无论怎样写历史，人们都会在以下几个方面遭遇障碍：

第一，任何“事”，哪怕是极小的事，它在发生时都会有许多层面、许多细节，任何一个身处其中的人都不可能经历全过程或者所有细节，因此他在讲述或记叙这件事时，都只留下局部。这让我们对任何“事”都只能得到碎片，而不是全部。全局在任何情况下都不出现，即便把所有碎片加在一起，它仍然是一个局部，事情的整体面貌永远会藏匿。②

第二，由于我们得不到事情的全貌，我们就无从判断事情的核心部分是什么，碎片中包含的可能都只是枝节，这就误导了人们的认识。碎片再多，也不能让我们下结论说核心的部分已经出现，因此，即使我们知道了许许多多的细节，却仍不能确认我们明白了那件事。③况且，出

① 中国古代一向认为“文史不分家”，在这一点上颇有些“后现代”的味道。但“科学的”历史学不接受这种看法，兰克曾对“历史”和“文学”做过这样的评论：“通过比较，我发现真相(truth)比传奇小说(romance)更有趣和更美。我抛开了后者，决心在我的著作中避免一切虚构和想象，而忠于事实。”他又说：“严谨的事实陈述——即使这些事实或许是偶然的和枯燥无味的——无疑的是(历史编纂学的)最高法律。”转引自朱本源：《历史学理论与方法》，439、440页，北京，人民出版社，2006。

② 举一个例子：一次战役，战斗中双方使用了多种兵器，动员了许多兵力，为保证胜利双方都做过许多准备，采取过多种措施，战斗打响后经历了不同的阶段，有许多插曲、许多事件、许多人物各有不同的遭遇，最后以一方获胜、另一方失败而告终……这样一个复杂的过程、庞大的场面、浩繁的时空结构，是任何“记录”都不可能全部涵括的。一次战役况且如此，那么人类历史上那些更为庞大的事和复杂的过程，例如涉及多个国家、多个地区甚至整个世界的大事，就更不可能知道其整体的面貌，而只能知道其中极小的部分了。

③ 可以举这样一个例子：在司马迁描绘得有声有色、威武悲壮的垓下之战中，究竟什么是核心情节，是“霸王别姬”还是“四面楚歌”，或者真正的核心部分其实没有流传下来？我们现在所知道的所有“历史”中，被丢失的部分远远超出被保留的部分，谁也没有把握说：我们所知道的部分是事情的核心，而丢失的部分是无关紧要的。这样一个悖论是“历史”的一个关键性特征，因为它使一切人在认识和理解“历史”时永远处在相对的位置上。

于常识，我们知道许多“事”的核心部分是被蓄意隐藏的，所以我们永远不知道事情的机密真相。

第三，对“碎片”，也就是局部的记叙，我们也无法知道它们有多大的真实性，因为我们不能亲历其境，无法对它们进行检验。我们知道：有些人故意说假话，有些人蓄意掩盖真相；有些人想留下真相，却因为记忆的偏差而说错了事实；有些人记忆很好，却因为表达不当而扭曲了实情。因此我们对所有的碎片都要进行甄别，判断它们的真实性。但这样一来又陷入那个怪圈了：如何确定它们的“真”？①

第四，“过去的事”会有众多人、众多因素参与，有可能留下不同的记录，尽管我们用各种方法进行验证，却仍难认定其中哪一种或哪一些说法是准确的。多种说法（或证据）可以传递不同的信息，带有各种倾向，这给人以各种不同的想象空间，编排出各种不同的叙事情节。这样，对每一件事都可以做出多种理解，可是哪一种或哪几种符合真相呢？②

由于这些障碍以及其他的障碍，在最理想的状态下，历史学能做到的也只是最接近于真实，而不是绝对的纯“真”。这使人们非常沮丧：既然如此，历史学何所为之？

但历史学的任务不尽如此，从求“真”的角度说，历史学的力量确实有限；可是写历史的目的要比这丰富得多，写历史的过程也比这复杂得多。单单寻找事实和判别事实还不是写历史，写历史是一种人类智慧的创造过程。因为这个特点，历史学和文学、哲学等等就有许多相通点。

---

① 兰克相信通过“史料批判”也就是史料鉴定可以判断史料的真实程度，他并且归纳了一套判断的原则，比如最接近事件的证人是最好的证人、应使用原始档案等。但他自己也知道：“有的人抄袭古人，有的人为未来的时代寻找历史教训，有的人攻击某些人或为某些人辩护，有的人只愿记录事实。”可见即使采纳最“科学”的方法仍然无法改变这个事实，即“过去的事”一旦被记录就加进了记录人的个人倾向。转引并参见朱本源：《历史学理论与方法》，400～441页，北京，人民出版社，2006。

② 沃尔什说：“当一个局外人观看历史学时，最打动他的事情之一就是他发现对同一个题目有着各种分歧的说法。不仅真的是每一代人都发现不仅有必要重写前人已经写过的各种历史；而且在任何给定的时间和地点，都可以对同样的一组事件得出互不相同的，而且显然是互不相容的各种说法，其中每一种都自称是给出了如果不是全盘真相的话，至少也是目前所得到的尽可能之多的真相。” W. H. 沃尔什：《历史哲学导论》，95页，北京，北京大学出版社，2008。沃尔什说的这种现象在历史学界司空见惯，但对于非历史专业的人来说，却大惑不解，好像完全不能接受，其原因就在于：人们把“历史”当作“真实”。

为说明这个问题，我们回到原点，回到那些“过去发生的事”。前面说过：过去的“事”都没有留下自己，而只留下被记录(或被叙述)的“碎片”。碎片本身不给出图像，它们是一个杂货堆，紊乱无比，要经过拼接才成为“历史”，就如同古生物学家拼接动物骨骼碎片一样。但拼接历史毕竟不是拼接动物骨骼，拼古生物会有模块或样本，每一块骨头的位置大体上是知道的，因此拼接动物骨骼有点像“按图索骥”，把每一块骨头放在它应该放的位置上就好。拼接历史却不是这样，因为我们不知道“过去”的模样究竟是怎样，所以就无“图”可索，在很大程度上要依靠操作者的思维判断去拼接。于是，使用同一批碎片，都有可能拼接出很不同的历史；若使用不同的碎片，就更可以拼接出根本不同的历史了。这是历史学的非常独特之处，经常让圈外人感到惊诧不已。如前所述：一般人认为历史既然是“过去发生的事”，那么它必定是确凿无疑的，怎么可以拼接出完全不同的“图”，写出完全不同的历史来？但历史学家确实可以把历史写得很不同，①而且每一种说法都有道理，都符合逻辑，甚至都符合事实。问题出在如何梳理“碎片”上，关于这一点，人们似乎迄今未有足够的认识，也未有足够的讨论，因此需要进一步展开。

“过去”是一个硕大无比的范围，并且混沌一片。试想：在“人”成为人、特别是进入文明社会之后，人类经历了多少“事”，千年万年发生了多少“事”；这个世界多么大，在同一个时间每一个角落又在演绎着多少“事”；每一件“事”会牵涉进多少人，每一个人又卷入了多少细节；一个人一生有多少经历，世上又有多少人……所有这些加在一起就是“过去”，把这样一个“过去”都写成“历史”，根本就不可能！这就给人们规定了一项任务：如果你要写历史，就只能写一部分，而且永远只是一小部分，换句话说：任何历史学家都必须挑选，要对“过去”进行选择。

① 沃尔什认为造成历史学家意见分歧的原因有四个，一是人各有所好，二是个人偏见或群体偏见，三是不同的历史理论，四是不同的道德观和世界观。参见W. H. 沃尔什：《历史哲学导论》，97页，北京，北京大学出版社，2008。这四个原因未必能完全概括历史学家意见分歧的原因，事实上，所有的主客观环境、时空变化、群体与个体的人的经历、文化与物质的处境都是会起作用的。

但选什么？人们说：选那些历史中最重要的。可是哪些是最重要的？①人们说：那些最能反映历史基本线索的。但在那样一个无比庞杂的“过去”中找出“基本线索”，这个过程本身就已经是选择。②于是问题又绕回去了，也就是：你选什么？

进而，完整的“过去”不可能留下，我们面对的只是“碎片”(即史料)。相比于庞大的“过去”，留下来的碎片其实很少，即使在信息非常发达的现在，被记录下来的信息仍是少而又少。但不管碎片有多少，作选择却是不可避免的。首先，需要判断碎片的真伪，把那些不“真”的信息剔除掉，这是一种选择。其次，不可能把所有“真”的碎片都用上，每个人都只会使用他感兴趣或他认为有用的碎片，于是又要选择。最后，无论碎片是多是少，我们都处于两难境地：碎片少了，缺环就多，无法拼接成历史，于是就需要推测，把缺失的环节补起来；但推测就是选择——需要选择向哪一个方向推测。③另一方面，碎片多了就更需要选择，碎片越多越需要选择，而且选择的随机性越大：任何偶然因素都可能把某些碎片放在你眼前，另一些碎片则是你所不知。④所以，选择是

---

① 不同的人对“重要”的理解肯定是不同的：国王关心的是他的王位，农夫关心的是他的收成，臣子关心的是升官晋爵，商贾关心的是生意兴隆，将军关心战争的胜利，小兵思念家乡的亲人。一场战役过后，对统帅来说重要的是他胜利了，对部属来说重要的是他立功了，对军士的妻子来说重要的是她的亲人没有被打死，对一个无关其事的人来说，战争对他也许什么重要性都没有！这是我在约20年前的一篇文章中说的话，参见钱乘旦：《关于历史的几点思考》，载《中国社会科学季刊》(香港)，1993年总第3期，第101页。

② 沃尔什举了这样的例子：“历史学家A是个马克思主义者，并在经济因素的运作中看出了对一切历史事件的最终解释，而历史学家B(例如伯特兰·罗素就是一个例子)则是一个多元论者，并拒绝把任何单一的因果因素的类型看作是在历史上起决定作用的。他同意马克思主义的某些结论，但还有一些是他不能使自己接受的……”W. H. 沃尔什：《历史哲学导论》，97页，北京，北京大学出版社，2008。历史观决定着历史学家对“基本线索”的选择，这应该是人所共知的。

③ 举一个例子：关于人类的起源。人类起源和人类早期生活的状况从来只能靠数量极少的材料进行推测，于是就产生出多种不同的说法，其中“多起源论”和“单起源论”的争执就属于这种情况。最近一段时间，因为使用了基因考古学的方法而发现迄今所知道的基因测试结果都倾向于单起源论；即使如此，仍然回避不了这样的事实，即基因测试远没有遍及所有人类，因此缺环非常多。

④ 这方面最好的例子是菲利普·费尔南德兹—阿迈斯托撰写的《世界，一部历史》，北京，北京大学出版社，2010。那是一部写得很漂亮的历史书，但基本上是无数历史碎片的堆积，这些碎片在很大程度上是随机地出现在作者面前并且为作者所用的，如果不用这些碎片而使用另一些碎片，自然就出现另一本书。后文专门有一篇文章谈这本书，又见钱乘旦：《一个马赛克式的历史大拼盘——评〈世界，一部历史〉》，载《世界历史》，2010(4)。

无处不在、无时不在的，尽管你可以自认为你不进行选择。

事实上，历史学家是带着自己的立场和倾向性去选择“碎片”的。立场和倾向有时是自觉的，有时是不自觉的，但不带立场和不带倾向的情况不存在。在最“客观”的情况下，为了处理那浩瀚无边的史料，他们也必须为自己设置一些标准，以便进行取舍，但一旦设置了标准也就确定了倾向，因此，当历史学家把“过去”写成“历史”时，必然加进主观的意向，加进某种可以叫作“价值”(也就是判断)的东西。从这时起，历史就不是一个纯客观的“过去”，而是主观和客观的交融。所以，写历史是一个人类智慧的创造过程，它不是单纯的还原，不是简单的“归真”。写历史是人类对“过去”的梳理，是人类对“过去”的挑选与判别。

写到这里我们已经看出：历史绝不是一个简简单单的“过去发生的事”，它是人类的创造与“过去”的结合。正是在这个意义上，历史和文学创作、和哲学思考有众多相通之处，“过去”通过“写”而成为“历史”。换句话说：发生过的只是“过去”，写出来的才是“历史”；发生过的可以被湮没，写出来的才会被记住。因此，可以提出这样一个命题：历史之所以是历史，不是因为它发生过，而是因为它被写出来。

我不想把结论推向极端，因为写历史终究不是杜撰，也不是编造，历史的出发点仍旧是“真”，历史学追讨真凭实据，执意求“真”。所以历史学终究不是文学，不是写故事，它写的是真实的过去，以真实为追求的目标。虽说我们知道历史不会是全“真”的过去，而只能够尽可能接近真实；但写历史仍然不可以编造，因此我并不赞成某种“后现代”的说辞，把历史学等同于文学。①有一些“新文化史”的作品根据有限的史料

① 伊格尔斯说：“后现代历史编纂学理论的基本观点是要否认历史著作所谈的乃是真实的历史过去。因此罗兰·巴尔特和海登·怀特都肯定说，历史编纂学和小说(虚构)并无不同，它无非是小说的一种形式。”见格奥尔格·伊格尔斯：《二十世纪的历史学》，123页，济南，山东大学出版社，2006。自怀特以来，确实有很多人愿意把事情推向极端，比如安克斯密特说：“倘若一个叙事解释在长时期内没有被人提出质疑，为所有人所接受，并且成为日常语言的一部分(因而丧失了其历史学的特性)，它可能就转化为某个(或某类)东西的概念，叙事之物就成为实在之物……”转引自彭刚：《叙事的转向》，52页，北京，北京大学出版社，2009。这意思是说：说的事可以变成真的事，而究竟它发生过还是没有发生过，则完全以人们相信不相信为判断。詹金斯说得更明白，按他的说法：“历史可说是一种语言的虚构物，一种叙事散文体的论述”，写历史无异于写小说。见基斯·詹金斯：《论“历史是什么”》，214页，北京，商务印书馆。

写一个过去发生的事，其中把自己的推测和想象加进去，组织成很有戏剧情节的有趣故事，看起来很像是侦探小说。这种做法仍旧是把历史学等同于文学，把写历史等同于写小说。①

但这样一来，人们仍然对历史大惑不解：即使历史不可能全"真"，但它依然以事实为基础，何以事实一旦被写出来，就可以有很多的面相？虽说细节相同很难做到，因为人们接触到的史料不同；但在一切基本史实都一致的时候，为什么仍然写出不同的历史？换个问法：为什么历史可以这样写，也可以那样写？

关于历史多面相的问题，我想，第一，"过去"本身就是多面相的，这恰恰体现着它真实的一面。②第二，历史因多面相而有魅力，并且永葆其青春。

先说第一点，我们再回到那些庞杂无边的"碎片"中去。前面说过，一个混沌的"过去"是无止境的，谁也不可能把它完整地端出来呈现给世人；写历史必须经过梳理，需要对"碎片"进行取舍。前面也说过：历史学家在取舍之前必定设置某些原则，作为挑选的标准。但这样一来，历史学家的主观意向就在起作用：按不同的标准选取"碎片"，就写出了不同的历史；即便使用相同的素材（即"碎片"），也可能写出不同的历史，因为人们可能按不同的逻辑或者意向来进行拼接，结果就拼出了不同的历史——甚至完全不同的历史！对这种现象我们如何理解？历史学的解释是：只要能"自圆其说"就可以，而"自圆其说"的前提是要有史料支撑；史料需经得起鉴别，不被其他材料证伪，而拼接的过程又不发生逻辑错误，在这个前提下，各种说法都可以。这就是为什么历史学研究可以提出多种说法，而每一种说法都有可能被人们接受。

---

① 娜塔莉·戴维斯的《马丁·盖尔归来》是很典型的例子，可参见王晴佳：《新史学讲演录》，63～64页，北京，中国人民大学出版社，2010，相关介绍。历史学家对过去发生的事做出自己的解释甚至推导其实是允许的，但在没有"硬材料"（也就是可靠史料）支撑的情况下，不能把这种推导与猜测当作确定无疑的事实提交给读者，否则，就出现前面所引安克斯密特所说的"叙事之物就成为实在之物"了。

② 唐纳德·凯利说："历史的时空是无限的……从要事到琐事，从高贵的（或低劣的）政治到低下的（或高贵的）文化。因此历史的兴趣涵括摇篮到坟墓（甚至超越坟墓），是一个完整的周期，从家庭生活一直扩展到探险和殖民所及之处，局限只存在于启发之中——材料的可理解性——及历史学家的想象力之中。"唐纳德·R·凯利：《多面的历史》，13～14页，北京，生活·读书·新知三联书店，2003。

实际的情况恰恰如此：无边无际的“碎片”中含有大量信息，按照不同的思路整理“碎片”，就释放出不同的信息。这样，历史学的另一个任务就浮出水面：寻找信息。寻找信息就是寻找意义，寻找意义意味着阐释历史，历史因阐释而变得绚丽多彩，并保持着永恒的吸引力。于是，历史学的目的就不仅是求“真”，“阐释”是另一个、甚至更重要的目标。由此我们进入第二个论点：历史因多面相而有魅力。

我们为什么研究历史？一是了解过去，满足我们对过去以往的求知欲；二是寻找意义，从先人的经验中汲取智慧，施惠于“现在”。[①] 寻找意义是历史研究的第二个目的，但意义何以寻出？

回到寻找信息上来。我们已经知道：信息是在整理“碎片”的过程中释放出来的，但整理之前，整理人已经有了思路，有了“先入之见”。一般来说，整理之前历史学家已经设计好他希望找到哪一类“碎片”、而选取的标准又是什么。只有事先规划，才能在庞杂的“碎片”中理出一些头绪，然后开始写历史。[②]但这样一来，整理的结果会非常有趣，打比方说：有一大堆沙，什么颜色的沙粒都有，按某种思路进行选取，就可能全部选出红色沙粒，按另一种思路进行选取，就可能全部选出黄色沙粒；两种思路造成两种结果，当这两种结果都呈现到人们面前时，会给

① 关于历史的借鉴作用，多数历史学家是接受的，一般的史学理论也予以承认。但从来都会有一些历史学家不承认这个作用，至少在口头上不承认，离现在远一点的例子是兰克；离现在近一点的包括前面提到的《世界，一部历史》的作者菲利普·费尔南德兹—阿迈斯托，他曾说：“有些历史学家……力主从历史中汲取教训，学会如何改变我们人类的行为，如何避免历史困境的重现。还有的历史学家致力于合理解读过去，为描述或叙述过去找出全面的办法，以便使我们觉得我们已经理解了过去。然而，还有一些历史学家——我也忝在此列——愿意就过去而研究过去，试图发现那些只对过去的人才有意义的、过去的人曾经面对过的问题。”见菲利普·费尔南德兹—阿迈斯托：《世界，一部历史》，导读38页，北京，北京大学出版社，2010。然而像霍布斯鲍姆这样的历史学家却明确指出历史的训诫作用，他说：“……历史经验总能为当代社会提供许多启示，部分原因是人类保留了许多相同的东西，人类的处境有时也反反复复地再现。老人们常说：‘这事我以前曾见识过’，有着许多代人积累的文字记录的历史学家也能够这样说。”埃里克·霍布斯鲍姆：《史学家：历史神话的终结者》，31页，上海，上海人民出版社，2002。

② 科林伍德就是这样说的，他曾说：“历史学家不能首先收集资料，然后再解释它们，只有当他的头脑中有一个问题时，他才开始搜寻相关资料。只要他能够找到解释它的办法，任何东西都可以作为他的资料。历史学家的资料是整个现在。因此，历史研究的开始，不是收集或者思考那些未经解释的原始资料，而是提出问题，提问促使历史学家去寻找可能有助于回答它的事实。”科林伍德：《历史哲学》，见《新史学》第三辑《科林伍德的历史思想》，14～15页，郑州，大象出版社，2004。

人造成两种印象，以为是从不同的沙堆中取出来的。但两种沙粒都来自同一个沙堆，我们不能说哪一个结果是错误的，我们只能说两者都体现着某种真实。①不同结果是不同思路的体现，不同思路又造就不同的方法。

历史的意义就是这样浮现的：当所有的“碎片”都搅在一起时，它只是一片混沌，我们什么也看不清；当人们依据某种思路进行整理后，我们把东西看清楚了，产生某种印象，并得出某些结论。于是，写历史的过程就是这样的：先提出问题，再设计方案，然后寻找(也就是挑选)史料，最后写作历史——在写的过程中，释放出意义。意义被释放后，进行解读却又是一个思考的过程，于是我们再一次和“过去”面对面。所以，当“过去”通过“写”而变成“历史”并最终释放出“意义”时，我们和“过去”在不断地互动。

有人说：历史本身就有意义，意义与历史一样具有客观性。如果这样说的意思是：人类社会保留着许多相同的东西，因此过去和现在可以相通——如霍布斯鲍姆所说的那样——那么这种说法确有可取之处；然而，如果我们认定历史都是写出来的，那就应该知道：隐藏在过去中的意义是被历史学家释放出来的，其中更多地体现了历史学家的认识与思考。

接下来的问题是：整理人的思路是哪里来的，为什么他这样想、而不那样想；采用这些标准、而不采用那些标准？我们的回答是：取决于历史学家个人，也取决于时代。个人的立场、经历、社会背景、所受的教育、文化的沾染等等，都会产生足够的影响，让他形成某种判断或先入之见。时代则给了他现实的背景，让他提出问题，寻找结论。时代还给了他某些特定的思维范式甚至价值标准，哪怕他自己不自知，以为他的思想来源于自己。更重要的是，时代通过人们共同的经历形成某种共同的关注，而这些关注投射到对“过去”的寻找中，就出现“现在”和“过

---

① 正因为如此，以为历史学可以提供一种“唯一正确结论”的断言，就显得有点夸张。历史本身隐含着多种结论，从不同角度切入，会看到不同的“历史”。由此可见，我们现在为学生的历史课考试设置“标准答案”，实在是不可取，它让学生从一开始就完全错误地理解了历史的本质，并由此而引发一系列误解。在我举的这个例子中，红沙和黄沙看起来毫不相干，但它们确实来自同一个沙堆。

去”永久的对话。[①]由于这种对话是每一代人都会经历的，所以，“现在”和“过去”在永恒地对话。

在这个意义上我们可以说，历史既不是“现在”，也不是“过去”，它是“现在”对“过去”的搜寻与思考，也是“过去”对“现在”的提醒与暗示。相比于了解“过去”，历史学更重要的任务是阐释历史，阐释历史意味着在历史中思考并揭示意义。这样我们就明白：每一代人的思考是不相同的，关注也是不相同的，因此写出的历史就有可能不同。人们经常困惑：为什么这代人和那代人写出的历史会如此不同，原因就在这里。

另一类明显的差别发生在不同群体之间，即民族、阶级、性别、职业、地区、国家等等。不同群体也会有不同的思考与关注，其背景是经济、文化、社会状态、生活方式等各自的不同。[②]不同群体在处理同一个“过去”时寻找并释放出不同的意义，这使得历史更具有多面相。

总之，同一个“过去”可以写成不同的历史。事情是同一个，意义可以不一样，让人看起来好像是不同的历史。其中的原因，是对话的主体发生了改变，思考的人生活在不同的情境下，不同的人进入对话，对“过去”的理解就不一样。由此，历史作为“现在”和“过去”对话的结果，“现在”和“过去”同样在发挥作用。如此推论，我们就知道：历史并非如人们一般所相信，是一种纯客观的存在，体现着无可置疑的纯“真”；历史产生于主观和客观彼此的互动，是主观和客观共同活动的结果。并且，由于每一个世代都对历史有观察和理解，所以历史就不仅是对“过去”的层层积累，它也是对各世代人们思考“过去”、书写“过去”的层层积累。

---

① 如卡尔所说：“历史是历史学家跟他的事实之间相互作用的连续不断的过程，是现在跟过去之间的永无止境的问答交谈”；他还说：“只有借助于现在，我们才能理解过去；也只有借助于过去，我们才能充分理解现在。”见爱德华·霍列特·卡尔：《历史是什么?》，28、57页，北京，商务印书馆，1981。事实上，历史是沟通“现在”和“过去”的唯一管道，没有“现在”，人们就不会去寻找“过去”；没有“过去”，人们就不会意识到所谓“现在”。“现在”和“过去”之间的关系太紧密了，况且“现在”和“过去”又都是流动的概念，今天的“现在”是明天的“过去”，今天的“过去”又是昨天的“现在”，“现在”和“过去”都在和自己对话。

② 关于这个问题，马克思和恩格斯是这样说的：“思想、观念、意识的生产最初是直接与人们的物质活动，与人们的物质交往，与现实生活的语言交织在一起的……不是意识决定生活，而是生活决定意识。”这就是历史唯物主义。马克思、恩格斯：《费尔巴哈》，见《马克思恩格斯选集》，第1卷，30、31页。

写到这里，我们大概可以知道：历史深不可测，绝非如初中生所想象，只要背几页书就算懂历史了。历史的最深奥之处在于，它是“过去”和“现在”永久的互动，因为这种互动，历史才有永恒的生命力。历史如果只是“过去”，那它就如同一株干枯的古树，虽可让人肃然起敬，却没有生命，毕竟索然无味。但历史恰恰不是枯树，它虽扎根久远，于千万年之中，但始终与每一天的空气土壤交换气息，从而有永久的生命力，保持着永远的新鲜嫩活。由是我们庆幸：历史的多面相让它永远鲜活，因为人们永远在和“过去”对话。历史是人类世代思考的结晶，从最古远的“过去”，一直延续到未来。它积聚着每一个世代人的沉思，并且永远传递他们的信息。①它跨越时空，穿越鸿沟，把不可跨越的“过去”和“现在”沟通起来。它让我们了解过去、思考过去，并且为“现在”提供思想。历史学是历史的撰写者，正因为如此，历史学也是永存的，它是人类文明历程的忠诚守护人。

下面谈这本书。

承蒙北京师范大学出版社邀请，要我编一部自选集。我从已发表的论文中挑出一部分，编成这本书。先前我已经出过一部文集——《寻找他山的历史》，收入“三十年集”系列丛书(复旦大学出版社，2010 年)。但那本书按照丛书的统一要求，以反映作者学术成长经历为主线，每年选一篇文章，印证三十年的足迹，所以，书中体现的是我在三十年时间里学业的增进，兴趣的发展，以及学术思想逐步完整的过程。

这本书是另外一个风格，主要反映我的研究结果和基本学术观点。我学习历史是从英国史入门的，学英国史有一个优势：由于近代英国有一个帝国，而且是“日不落帝国”，因此学英国史，不得不顺带把半部世界史都学下来了，这为我后来比较广泛的研究兴趣和相对广阔的基本知识预设了前提。我的硕士论文做英国议会改革，博士论文做英国工人的政治改革运动，由此我进入英国历史发展道路的研究，再进入不同国家发展道路的比较，然后是世界现代化比较研究——起先只限于发达国家，然后扩展到不发达国家。无论哪一个领域，社会转型都是研究的主

① 卡尔的说法是：“历史学家跟他的事实之间相互交往的进程，我曾经管它叫现在跟过去之间的对话的，并不是一些抽象的孤立的个人之间的对话，而是今天的社会跟昨天的社会之间的对话。”见卡尔：《历史是什么？》，57 页，北京，商务印书馆，1981。

题，最终形成的观点是：尽管现代化是整个世界的共同趋势，但各国道路不同，过程不同，每一个国家都有自己的特色，并维系着自身的文化特点。相同的方向和不同的经历演绎了现代世界的两大特征：全球性和多样性。现代世界是这两大特征的共同表述，否认其中任何一面都是不对的。遗憾的是，现在这个世界上能够明了这一点的人并不多，这导致了今天这样一个纷争的世界。

如我在前文所说：历史是“现在”和“过去”的永恒对话，我的历史研究也是这样，是我们这个“现在”的物产，体现着我们这个“现在”的思考。我相信思考是历史的精髓，没有思考，历史就没有灵魂。我相信历史并不是简单的“过去”，它是在“过去”中寻找意义。因此，我为这本书确定一个书名：《思考中的历史：当代史学视野下的现代社会转型》。

2014年3月至5月，于北京

目　录

上编　英国史研究

中编 其他世界史研究

历·史·学·家·文·库

钱乘旦卷

上　编

英国史研究

英国王权的发展及文化与社会内涵

在现代英国政治制度中，王权是个独特的社会现象。它是英国政体中一个不可分割的组成部分，起着国家的象征与最高代表的作用。但它又没有实权，在实际的决策与行政过程中几乎不发挥任何作用。现代英国王权是君主立宪制的表征，是在长期的历史演变中形成的，是典型的渐进变革的产物。因此，研究英国王权在历史上发展的过程，有助于理解英国君主立宪制形成的历史与社会、文化机制。

一、王权的第一阶段：野蛮人的军事领袖

与欧洲许多国家一样，“王”在英国的出现，是由于军事征服的需要。这个过程开始于盎格鲁—撒克逊入侵。在此之前，英国已经历了相当长的历史发展时期，但氏族社会始终没有解体。罗马的占领仅仅是在氏族社会的原生体之上加上了外来的军事统治，迫使英国进入罗马世界的大文化圈，打断了不列颠社会的自然发展进程。直到公元 407 年罗马从不列颠撤军之后，真正的

“英国”历史才重新开始，“王”的形成过程也才真正开始。

“王”的出现是与盎格鲁—撒克逊人的到来联系在一起的。罗马军队撤离后，岛上的不列颠人失去了军事保护，无力抵挡来自北方(苏格兰)的侵略，于是跨海到盎格鲁恩(今日德兰半岛一带)去请求蛮族部落入岛，为他们戍守疆陲。这些蛮族就是盎格鲁—撒克逊人。据史书记载，449年，第一批盎格鲁人在亨杰斯特和霍尔萨两兄弟的率领下“分乘三条船”在岛的东南部登陆，他们发现不列颠是块丰腴的土地，居民软弱可欺，毫无自卫能力。他们“起先帮助不列颠人，但后来又与他们作战”。他们还“派人回盎格鲁恩去，叫他们送更多的帮手来，并告诉他们不列颠人胆小而土地肥沃，于是他们就马上送来更多的兵力来帮助其他人”。① 这样，一批批不速之客便不邀而至。他们分乘独木舟，手执大斧，携带家口，三五成群地涌进不列颠，所到之处，烧杀掳掠，争土夺地，原不列颠居民被大批屠杀，少数幸存者逃入西部山区。在200年时间中，不列颠一直深陷在征服与反征服的战乱之中，“不列颠人逃避盎格鲁人如同逃避大火一样”②。盎格鲁—撒克逊人在赶走原来的居民之后，又彼此间争夺土地，相互征战。在这种征战中，小部落并成大部落，大部落兼并成小王国，小王国又变成大王国，到7世纪初，形成七国峙立的局面，史称“七国时期”。

在征战中，征服者的社会形态发生了变化，原先的部落民主制衰落了，军事首长取得优势地位。战争需要指挥员拥有决断权，后这种权力扩大到部落管理，便使战时的长官变成独断独行的部落首长。首长们一般都有一支亲兵，在作战时与之同生共死。原先部落中成年男子全部当兵的旧制度逐步废除，形成一部分部落成员专事作战，其他成员专事生产的新格局。这样，兵农便分开了。起先是职业上的分工，然后演变成社会等级的分化。在这种分化中，亲兵对首长的忠诚超出了对部落的忠诚，征战使他们对首长比对部族怀有更深厚的感情。塔西佗在公元1世纪描写南侵罗马帝国的日耳曼部落中发生的转变时说：“在首领死后还活下去或是从战斗中后退，会使他蒙受终生的耻辱；保卫首领、保护首

① 《盎格鲁—撒克逊编年史》(*Anglo-Saxon Chronicles*)。这是一部记载古代盎格鲁—撒克逊人大事的编年体史书，最早的手抄本见于9—10世纪之交。

② 《盎格鲁—撒克逊编年史》。

领……是他们效忠宣誓的要点。"这对5世纪以后入侵不列颠的盎格鲁—撒克逊部落同样适用。比如，9世纪阿尔弗雷德大王制定的法律就明确规定：盎格鲁—撒克逊人可以"在其族人被无端攻击时为保护族人而战，但不可反对自己的主上——我们不允许那样做"①。随着这种社会变化，"王"在亲兵的顶层崛起，取得了越来越显赫的社会地位与权力。由于他率领职业亲兵频繁征战，便逐渐带领他们超出部落，成为监护部落进而统治部落的特殊人物。久之，"国家"出现了，王的地位巩固了。由此可见，在"王"出现的最初阶段，他只是一群不开化人的军事首领，贵族则是他最亲近的兵丁。

盎格鲁—撒克逊人的征战史，是在传说中流传下来，被后人编成《盎格鲁—撒克逊编年史》的。从这部编年史可以追溯"七国"王室的起源，从而看出英国王权确实是从不开化人的军事领袖开始的。事实上，编年史中记录在案的早期入侵行动，只是无数盎格鲁—撒克逊入侵中屈指可数的几次。而恰恰是这几次入侵，成为"七国时期"七个王朝最早的源头。比如，亨杰斯特是肯特王国的始祖，而495年撒克逊人的"两个酋长塞尔狄克和他的儿子辛利克带五条船到不列颠……"②则成为后来的西撒克逊王国(即威塞克斯)王室的直系祖先。其他众多的入侵行动便湮没在历史的长河中了。但我们仍然可以推测，当时每一队入侵的小股武装，都有一个军事首领；这些首领一旦地位巩固，地盘扩大，就会自封为"王"。在盎格鲁—撒克逊入侵早期，存在着许许多多这样的"王"。

在"王"刚刚开始出现的时候，它并不需要复杂的文化建制方面的支持。它既不具备神性，也不讲究血统，"王"的出现完全是社会职能的需要。这时，战争的胜利是"王"唯一的合法性，谁能指挥战争，赢得胜利，谁就能取得"王"的合法权利，武力是"王"的合法性基础。权力的合法性是现代政治学家津津乐道的话题，野蛮部落首领自然不懂。然而，即便如此，我们还是可以从盎格鲁—撒克逊人的传说中找到当时人对王权来自何方的解释。这种解释实际上反映着部落民众对王权合法性的看法。据《盎格鲁—撒克逊编年史》载，所有早期征服首领(正是他们开始

---

① 转引自 Kenneth O. Morgan, ed., *The Oxford History of Britain*, Oxford, 1988, p. 64.

② 《盎格鲁—撒克逊编年史》。

了后来“七国”的王室谱系)都把自己的家世追踪到瓦丹(Woden)那里，而瓦丹在北欧神话中恰恰就是战神！我们有理由相信，当时人们承认“王”的权力，是因为这种权力来自“战神”；战神把权力赋予王，使他能在战争中获胜。血统与世袭在这里并不重要，重要的是战争的胜利。从7世纪末到9世纪初大约150年里，西撒克逊王国的王位继承都不是按世袭原则进行的。新王与老王没有直接的血缘关系，但都把各自的血统追溯到最早的入侵者塞尔狄克那里，当然塞尔狄克的祖先就是著名的瓦丹。[①] 924年，由一个外妾所生的人被贵族会议推选为王，按世袭原则显然不合适。但一份史料却说：“由于你自己的东西而受尊重比由于祖先的东西受尊重要好得多，因为前者说明你自己，而后者则属于别人。”[②]也就是说，直到10世纪初，国家形态高度发展的时候，人们还有一种倾向，即把个人的能力看得比血统更重要。当然，这是“王”在形成之初处于一种“自然状态”的最后一点回光返照。

总之，在“王”的早期阶段，“王”从部落的军事首领转化而来。部落为维持生存、扩张地盘，必须在混沌的野蛮状态下长期征战，战争成了部落最紧迫的事业。于是，“王”在战争中取得社会职能，战争胜利便是“王”唯一的合法性基础。神性是没有的(除非把它归于瓦丹——战神)，血统也没有绝对的必要，王权依靠的是不加掩饰的赤裸裸的武力，“王”产生于野蛮人的军事首领中。

二、王权的第二阶段：封建贵族中的第一人

社会发展到封建时期，“王”的地位与作用改变了，“王”的合法性依据也发生了巨大变化。这时，社会稳定比部落混战时大大增强，战争不再频繁，以血缘为基础的氏族社会转变为以地域为基础的政治社会，部落也让位给“国家”。在这样相对和平的社会里，“王”对战争的直接依附逐渐削弱，不再是总由战争的结局来选择，也不总是卷在无休无止的征战中。这时，“王”如果还要保留，就必须为他的继续存在找到一种新的

① 参见《盎格鲁—撒克逊编年史》。在国家已形成后尚且如此，那么在完全的部落时期，情况就可想而知了。

② 马姆斯伯里的威廉：《英吉利国王行止录》(约作于1125年)，见David C. Douglas ed., *English Historical Documents*, Vol. 1, London, 1955, p. 277.

法则，于是人为设计的合法性依据就被创造了出来。

但国王的真实社会需要与人为的合法性依据却是相分离的。在封建社会，国王最大的经济职能是分封土地，他的权力来于此，也受制于此。由于他分封土地，贵族便承认他的崇高；但由于他分封土地，贵族也分享了他的权力，从而只把他看成是自己队伍中的一员、贵族中的第一人。中古英国人称国王为 Sire（陛下），与现代英语中 Sir（先生、爵士）同源，可见"陛下"与"爵士"相差无几。事实上，国王与贵族各有各的领地，在领地上又都各自行使司法权，国王对领主的领地事务不随意干涉，国王与贵族是处在社会的同一层次上。12 世纪末，一篇法学著作把国王与贵族的这种关系说得极为清楚："主公与臣属之间应该有一种相互的忠诚义务，除敬重之外，封臣对主公应尽的臣服并不比主公对封臣所持的领主权更多。"[①]这就是中世纪封主与封臣"权利与义务"相互关系的基本社会内容。在中世纪，英国与其他欧洲国家一样，国王对贵族只有"宗主权"（Suzerainty），而没有"主权"（Sovereignty）。

国王与贵族处于同一级层还可以从 10 世纪西撒克逊王国一次加冕典礼得到证实。当时，君臣共饮，欢庆新王登基。一个诗人歌咏当时的盛况说："美酒四处溢流，大厅喧吵纷纷，小厮急步如梭，侍者无暇接应。酒足饭饱兮歌兴起，竖琴琤琤兮比赞词；众齐呼：'噫，基督，光荣与赞叹皆属你！'国王双目炯炯，举觞为天祝酒；施礼彬彬，礼下众人……"[②]在国王的加冕典礼上宾客"喧吵纷纷"，国王还起身为众人祝酒，可见国王与众贵族的平等。

既然国王与贵族处于同一级层，为什么又需要一个国王，而且国王还受到全体贵族的承认，承认王权在贵族权力之上？这是因为在封建时期，国王执行一种特殊的职能，即在全国征召军队，并率领军队出征。只有在这个意义上国王才是"一国之王"，有号令全国的权利。然而在封建时代的欧洲，只有贵族才有资格打仗，履行"骑士义务"。这样一来，国王率领的军队便是武装的贵族团体，国王仍是某种军事首领，但他已

① 格兰维尔：《论英格兰王国的法律与习惯》（约作于 1190 年），见 David C. Douglas ed., *English Historical Documents*, Vol. 1, London., 1953, p. 940.

② 马姆斯伯里的威廉：《英吉利国王行止录》（约作于 1125 年），见 David C. Douglas ed., *English Historical Documents*, Vol. 1, London, 1955, p. 279.

不再是野蛮人的军事首领了，而是具有社会特权的贵族们的军事首领，承担组织全国武装的职责，并在战争中进行指挥。

虽说与部族混战相比，封建时期已相对稳定，但中世纪仍然充满了各种各样的战争。攻城略地，开疆夺土，是一切封建主的特征，征服与反征服是封建主最主要的日常活动。在英国封建时期，最有名的一次征服战争是1066年的诺曼征服，当时诺曼底公爵威廉(即后来的英王威廉一世)率法国封建主在英国登陆，打败最后一位盎格鲁—撒克逊国王，消灭了英国旧贵族，法国封建主取代了统治地位。另一次著名的征服战争是英法百年战争(1337—1453)，这一次，是已经英国化了的法国贵族的后裔反过来企图征服法国。在这种征服战争中，国王代表一个“国家”，是该“国”军队的最高统帅。当然，中世纪“国家”只不过是一个地区概念，并没有统一的行政权与中央职能政府。但无论如何，一支贵族军队出征打仗总需要一个统领，这个统领就是国王。

贵族内部也会出现内讧，发生战争，这时，王权作为众所共认的权力，在贵族之间起仲裁作用。国王的仲裁首先靠国王的法律。在英国，由此产生最高司法机关“王座法庭”(King's Bench)。但王座法庭并不真正统辖“全国”，它对贵族的领地是不能过问的。王座法庭主要是调节贵族间的冲突及他们与国王的关系，正是为此目的，贵族需要一个大家都承认的仲裁者——最高法官。而国王，作为贵族中的第一人，特权阶级的“老大”，正处于这个“最高”地位上。但国王的仲裁也必须以武力为后盾，凡不服从仲裁者就对他使用武力。这时，国王便行使他的征召军队权，召集全国贵族，讨伐“叛逆”分子。如果“叛逆”的一方与“忠诚”的一方势均力敌，就会出现两个封建主集团间的内战，并导致王权式微，国家则战乱不已，动荡不安。最终，必然会出现新的军事首领，率领新的贵族集团来收拾残局，建立新王朝，恢复封建秩序。如安茹王朝的创建者亨利二世、兰开斯特王朝的创立者亨利四世、约克王朝的创立者爱德华四世等。由此可见，为维护封建主集团内部的稳定，最大限度维护封建社会的稳定，就必须由国王来充当贵族武装集团的最高仲裁者。

封建时期的国王既是封建贵族的军事首领与最高仲裁者，那么在众多的封建主中，由谁来当国王？也就是说，王位凭什么取得，王位的合法性在哪里？武力当然是最终的源泉，在英国历史上，没有哪一个封建王朝不是靠武力取得王位的。但封建秩序要求程序化的王位传递规则，否则就会使社会陷于无休止的混战纷争之中，这当然不符合封建主的最高利益。显然，不能再像野蛮时期那样把赤裸裸的武力作为王位的来源，把战争胜利公开当作是王权的合法性依据。这样，就有必要把可以充任国王的人限定在尽可能小的范围内，让国王的产生在最大可能的限度上和平地进行。于是，封建的王位继承就确立了两大原则，一是血统原则，二是神性原则。这就是人为确定的王权合法性原则。

从威廉一世征服英国起，英国国王始终有某种血统上的连续性，迄今依然在起作用。根据血统原则，即使用武力夺取王位，夺位者也必须具有王室血统，否则就没有合法性。比如安茹王朝通过战争接替诺曼王朝，其创始人亨利二世是前朝亨利一世的外孙；兰开斯特王朝推翻安茹王朝，新老国王本来是嫡堂兄弟。就连在红白玫瑰战争几乎消灭了所有的封建旧家族之后创建新君主制的都铎王朝，其创始人亨利七世与兰开斯特王朝也有一点亲属关系，而且在登位后立即与约克王朝的女继承人结婚，以强化他的王位合法性。正因为如此，不具备盎格鲁—撒克逊王室血统的威廉一世在征服英国后，非常顾忌王位的合法性，在他的遗嘱中，他不敢以血统原则为据把王位传给儿子，而是留给“永恒的造世主”，“若神意让他继承王位，愿他的治下弘扬光大”。[1] 这样，他就把王位诉诸另一种合法性依据，即“神意”。

在封建时期，国王必须得到教会的支持。因为教会的支持代表上帝的支持，上帝的支持表示神意的合法性。为取得教会支持，国王登位时须由教皇的代表主持加冕，有些人还亲自跑到罗马去朝圣教皇。国王遇到麻烦时要寻求教皇庇护，以便与政敌对峙时可以仰仗神的威力。国王如果与教会闹翻，教会可将他开除教籍，13 世纪初约翰王就曾遭到这种惩罚，结果他不得不亲自跑到罗马向教皇英诺森三世负荆请罪。当国王受到开除教籍的处罚时，国家的情景更是可怕：所有的教堂停止圣事，婴儿不得受洗，死人不得安葬，结婚得不到教会的认可，因此一切婚姻与婚姻的果实都得不到正式承认，所有的人都丧失了生的权利、死的权利、延续后代的权利。教会用这种方法剥夺国王对老百姓统治的合

① 奥戴里克斯・维塔利斯：《教会史》(作于 1123—1141 年)。

法性，在这种情况下，任何人都可以拿起武器推翻君主，因为君主已失去神的支持。这就是威廉一世在入侵英格兰之前为什么必须争取教皇的支持，“并高兴地从他手里接过一面赠旗，以作为圣彼得(指罗马教廷)支持此事的证据”①。也正是出于这种文化氛围，我们可以理解中世纪所盛行的“灵魂—头脑”论，如索耳兹伯里的约翰撰文说：国王是头脑，宗教是灵魂，头脑要受灵魂的支配，“服从真实的上帝及其在世上的代表”。② 由此，产生了中世纪教会与国王的复杂关系。但中世纪最大胆的国王，即使是最坚决的君主教权主义者，也只能声称国王对王国领域内的教会事务有某些干预权为最大极限，而无一敢否定教廷的最高权威。相反，他们必须小心地维护新得到的教会的支持，以保证王位的合法性。封建英国国王中，在取得对教会事务的干预方面最有成效的是亨利二世，他成功地迫使英格兰教会承认了国王在某些场合下对宗教人士的司法权。但这个胜利并没有维持多久，在坎特伯雷大主教贝克特被亨利手下的骑士谋杀之后，亨利慑于教皇有下达开除教籍令的可能，而对罗马教廷全面屈服，承认了教皇对宗教事务的最高司法权(也就是承认了教皇对英国国内相当一部分事务的司法干预权)，一直延续到宗教改革为止。

中世纪英国，鼓吹国王崇高地位的人，也不否认国王的权力要得到教会认可。12 世纪有一篇文章认为，国王“是最高统治者，首席牧师，主人，神圣教会的保卫者和指导者，高于同类之上的主公……”但他首先声明：“根据圣父的神威与规定，国王在上帝教会的圣坛前领受圣职，用圣油涂身，感受天福，从而行使他对基督徒的统治权……”③也就是说，得不到教会认可，国王就没有统治权。因此可以说，这是一个“主权在神”的时期，国王虽是首脑，却服从上帝的主宰。教会作为上帝的代表，其地位高于王权。总之，中世纪的国王是全体贵族的军事首领，他的职能来自对内对外战争的需要，他的合法性却寓于血统的纯正和上

① William of Poitier, *The Deeds of William, Duke of the Normans and King of the English*(约作于 1071 年)。

② 索耳兹伯里的约翰：《政治家手册》(约作于 1159—1164 年)。

③ 《论高级教士与国王的领受圣职》，见 William L. Sachse, *English History in the Making*, Vol. 1, New York, 1967, pp. 54-55.

帝的承认之中。

三、王权的第三阶段：主权的君主，国家的化身

如果说中世纪的国王仅仅是封建贵族的军事首领，那么到专制主义时期，就变成了主权的君主，而且随着民族的兴起，成为民族国家的神圣化身。这个转折发生在英国都铎王朝建立之时。

都铎王朝是在红白玫瑰战争的废墟上建立的，他的创始人亨利七世靠武力取得王位，但在合法性问题上却处于软弱地位。从血统上说，他只是兰开斯特王朝的远房亲戚，按继承原则不应继承王位；他也没有得到教会的大力支持，当时罗马教廷已极度虚弱，深陷在欧洲大陆的纷争之中。为寻求牢固的合法性，他不得不依靠正在兴起的民族，把民族主义作为合法性基础。这样，都铎王朝在始建之初，就背离了封建时期王权合法性的两大支柱——血统与神意，而另求新的原则。这一做法完全符合了历史发展的大方向。

当时的西欧，资本主义开始发展，“地理大发现”正在进行，商业与经济的发展要求有稳定和平的政治环境。然而，中世纪战乱频仍，诸侯纷争的局面已不能适应新的形势要求。在这种情况下，“民族”的概念盛行起来，人们要求民族统一，要求在强大中央政府的保护下形成民族国家，追求“民族”利益。这时，民族的愿望与国王的权欲野心奇妙地结合在一起，被贵族承认为最高军事首领的国王摇身一变，以民族的代表出现，打起保护“民族利益”的旗帜，从贵族的圈子里抽身出来，成为超然于整个国家之上的专制君主。于是，民族国家出现了，专制王权成为这个国家的化身。正如葛兰西所说：“这个时代的特点是趋向于建立民族的君主专制制度，也就是建立使资本主义生产力有可能顺利发展的政治形式。”①

都铎王朝采取了一系列措施来强化国家权力，提高“民族”利益。亨利七世登位后，压制旧贵族，解散贵族私兵，设立专门审理权贵要案的“星室法庭”来对付权贵者，又从出身卑微而没有家族背景的中产者阶层中擢升一批新贵族，让他们掌管朝政，而这些人对王权总是百依百顺。

① [意]葛兰西：《狱中札记》，转引自[苏联]莫基切夫主编：《政治学说史》，上册，141页，北京，中国社会科学出版社，1979。

都铎朝君主厉行法治，扩大中央司法机构的权限与适用范围，打破庄园法庭的樊篱，统一国家司法制度。他们还力图控制议会，把议会转变为王权的驯服工具。为此让依附于王权的新官僚贵族充斥于议会，并采取更为重要的手段，广开财路，竭力摆脱(至少是减轻）财政上对议会拨款的依赖。都铎朝君主鼓励工商业，发展对外贸易，支持海上冒险，参与远洋航行。英国海军就是在亨利八世时建立起来的，到都铎朝结束时，它已成为当时最强大的海上力量之一。英国海外贸易公司(包括东印度公司)都是在都铎时期建立的，为英国的殖民贸易帝国奠定了基础。所有这些当然会受到商业资产者的欢迎。正是在这个意义上，马克思把都铎时期的王权称作是“这个资产阶级发展的产物在追求绝对权力……”①专制王权的历史合理性在英国表现得十分明显。

在专制时期，国家达到了前所未有的统一与集权。国王是团结和统一的象征，是民族凝聚力的人格化体现。正如莎士比亚在他的戏剧中让亨利八世念的台词那样:“各位大人,我把你们团结为一体,你们就应当永远团结。这样,我就愈来愈强大,你们也就会得到愈来愈多的荣誉。”②莎士比亚剧本当然不是记载亨利八世言行的信史，但作为都铎鼎盛时期可靠见证人的莎士比亚，却把民族振兴与专制王权的关系表述得非常清楚。因为莎士比亚反映的正是他所生活的时期的人们的真实思想。

在专制时期，国王的权力达到了顶峰。都铎朝法学家认为：国王拥有一切生死予夺之权，他可以决定“和战，藐视任何他所愿意藐视的君主并对其宣战，按他自己的高兴……与该君主议和”；战时他应有“绝对的权力”，可以“不经过法律手续或审判形式”处死任何人；钱币“只能根据他的命令”铸造；他可以“废除既有的法律”，可以在刑事诉讼中“实行赦免”；他任命“本国主要的高级官员及地方行政官”；“所有的拘捕、死刑执行及训令都要以君主的名义颁布”；“最高司法也以国王之名并唯以其权威来行使”；除此之外，他还有其他种种特权。③ 总之，专制君主

① 马克思：《资本论》，见《马克思恩格斯选集》，第 2 卷，224 页，北京，人民出版社，1972。

② [英]莎士比亚：《亨利八世》，见《莎士比亚全集》，第 7 册，108 页，北京，人民文学出版社，1978。

③ 托马斯·史密斯爵士：《英吉利国家》(1565 年)，见 E. R. Elton，*The Tudor Constitution，Documents and Commentary*，Cambridge，1978，pp. 19-20.

集立法、行政、司法、军事大权于一身，君主就是整个国家的化身。

除此之外，专制时期还明确地提出了“主权在王”的概念，否定了中世纪的“主权在神”。1533年，亨利八世制定《上诉法》，其中宣称：“根据历代信史，现特郑重宣告如下：本英格兰为一主权国家，并一向为世界所承认，受一最高首脑国王之统治，他具有本主权国君主的尊严及高贵身份，受制于他并仅次于上帝之下因而应天然谦恭地服从于他的，是整个国家政治体……”①在这个文件中，英国第一次以法律形式提出主权国家及主权君主的概念，教会的地位消失了。“主权在王”是专制王权的特点，国王与国家被解释为一体，这是民族国家在形成之初的特殊需要。

为行使彻底的主权，国家还必须控制宗教，否则就不能真正控制整个国家。这就是亨利八世进行宗教改革的真实历史含义。都铎朝君主认为：繁荣与昌盛“来自观点的协调、一致与统一”，而“思想观点的不同”只会产生“种种灾难、危险与不便”。② 也就是说，思想统一才能达到政治统一，而在当时，所谓思想统一，实际上指的是宗教统一。宗教改革就是王权控制宗教，以图达到“思想统一”的运动。

宗教改革由著名的亨利八世离婚案触发。1527年亨利宣布准备与不能生育男嗣的王后离婚，但在当时的历史条件下，教皇不可能满足他的愿望。于是亨利决定与罗马教廷决裂，由自己来掌管英国教会，达到自己的目的。1534年，他指使议会通过《至尊法》，宣布英王是“英国教会的最高首脑”。结果新的“教会最高首脑”的地位使亨利八世满足了他另娶新欢的私人欲望；但从民族方面说，与罗马教廷的决裂则意味着摆脱一个外来权威的干涉，因为教皇不仅每年拿走英国总收入的1/10(什一税)，而且还享有超越国家范围的独特的司法权。此外，与教皇决裂就是和仍旧信奉天主教的潜在敌国西班牙、法国等国一刀两断。于是，国王的私欲和民族的要求又一次奇怪地结合在一起，国王由于这种结合获得了前所未有的权力。

宗教改革的实质是用王权取代神权的最高统治权，即否定中世纪国王的神权合法性。亨利八世说：教会这个词有两种含义，一是冥冥之中

---

① 《上诉法》(*Act of Appeals*)，1533年。

② 《六项条文法》(*Act of Six Articles*)，1539年。

的教会，即上帝的世界，它负责人的灵魂，这个教会的首脑只能是耶稣基督。另一个是人间的教会，即"有形的"宗教组织，上帝把这个教会托付给帝王，让君主掌管人间的教会。因此，所有的神职人员，"他们的人身、举止和行动"，都应置于"上帝所指定的君主的权力下，他们应承认他为其首脑"，根据他的训令……"他们接受命令和统治"。[①] 这就是亨利八世为宗教改革提供的理论依据。从中可以看出，现在不是要国王仰仗教会的支持，而是要教会服从国王的统治。中世纪由上帝为国王提供合法性基础的时代已经过去，反过来，上帝将为国王所用。教皇作为连接上帝与人世的中介人地位被排挤了，留下的空缺由国王来填补。1578 年伦敦主教艾尔默说："我布起道来无精打采，我不信任上帝而只信任王上，王上是上帝的副手，因此是我的另一个上帝。"[②]在这种心态下，对专制君主的崇拜便进入无以复加的境界。英国文学史上一部划时代的作品《仙后》把伊丽莎白女王一世作为"光明的女神"来歌颂，称赞她是"伟大的女性"，"像太阳神的灯，普照大地"。[③] 把女王比作光明女神——国王人身的神圣化，恰恰是王权超越了整个社会的心理与文学的折射。

尽管王权在专制时期达到登峰造极的地步，但都铎朝君主对专制王权的现实基础实际上是清楚的。尽管亨利八世的御用神学家们一再坚称国王的权力直接来自上帝，但亨利八世及其后继者都知道都铎朝的权力基础其实是民族。为此，他们特别注意操纵议会，因为在英国，得到议会的支持就可以用民意的名义提供权力的合法性。亨利八世依靠议会进行宗教改革，伊丽莎白利用议会推行各项政策，都反映着专制王权的真正来源。亨利八世在争取教皇批准离婚未成，不得不转向议会，他说："我既已尽过了对上帝及良心的责任……我就要向议会提出吁请以做出决断，量这个机构是不会不给我决断的。"[④]也就是说，在得不到教会的支持后，他转向议会寻求合法性。都铎朝正是以民族为后盾，才取得了前所未有的力量，比如教皇对亨利八世下达开除教籍令，在英格兰竟丝

① J. J. Scarisbrick, *Henry* Ⅷ, California, 1970, pp. 278-279.

② Christopher Morris, *English Dolitical Thoughts*, Oxford, 1953, p. 173.

③ [英]斯潘塞：《仙后》，中译文见梁实秋编著：《英国文学史》，1 卷。

④ J. J. Scarisbrick, *Henry* Ⅷ, California, 1970, p. 294.

毫不起作用。但这里有一个矛盾：既然王权发展到现在已不得不依靠民族为其合法性基础，那么它凭什么超越于民族之上，对民族实行专制统治呢？专制主义的内在矛盾正在这里。如伦特教授所说：到伊丽莎白女王去世时，“民族已开始对都铎朝抽紧的缰绳感到不耐烦，它的必要性已经失去了：争夺王位的危险不复存在，贵族已经被压制，宗教改革已牢固生根，打败无敌舰队结束了外国入侵的危险。英国太平昌盛，强大的君主对人民的幸福已不再是至关重要，民族开始看出它的一些弊端。”①英国王权发展到这一步，即将面临严重的危机。

四、王权的第四阶段：统而不治的虚君

英国专制主义的矛盾刚一暴露，克服专制的努力就同时开始了。专制未能给民族造成重大的伤害。即便在专制主义最强盛的时候，英国的政治文化观念仍然对王权有所限制，不认为它具有无限的权力。比如，在宗教改革时按新教教义翻译英文《圣经》的威廉·廷代尔，在思想界曾有过巨大的影响，他一方面说“国王在现世无法律，他可以随心所欲地行善行恶”；另一方面他又否认任何“统治者在现世有绝对的权力……其之所有仅为有限之权，当其越过界限时，就犯下反对兄弟之罪”。②这两句话看起来似乎矛盾，但实际上第一句话的含义是“国王服从上帝的法律”，因此，“在现世无法律”。既然如此，国王没有绝对的权力，便是理所当然的事了。这种思想在整个都铎朝都居于主导地位，都铎朝最重要的法学家理查德·胡克也持这种观点。他认为制定法律的权力在全社会，任何人想攫取这种权力，私自行使立法权，“便与纯粹的暴政无异”。但法律一经制定，政府形式确立，“统治者就可以不需要他们(人民)而合法地行事了”，他取得了进行统治的绝对权力。胡克也知道这种权力很容易滋生暴君，而且他“看不出躯体(人民)如何才能用正当的手法帮助自己”，但他希望君主们自身的道德将有效地实行自我约束，把权力限制在合理的范畴内。③总之，在英国人的政治文化观念中，专制王权是绝对的，但同时又是有限制的。

① W. E. Lunt, *History of England*, New York, 1946, p. 387.

② Christopher Morris, *English Political Thoughts*, Oxford, 1953, pp. 37-39.

③ Richard Hooker, *Ecclesiastical Polity*.

有限王权的具体表现形式就是“王在议会”和“以法治国”，这也是英国专制主义的显著特色。所谓“王在议会”，是指国王的重大决策在议会制定，通过议会法令治理国家。由此，国王与议会是不可分的政体组成部分，二者融合成一个共同体。“以法治国”则确保国王服从法律。这两条原则合在一起，就把国王和议会紧紧地连一起，谁也不能离开谁。专制君主虽然有崇高的权力，但他如果甩开议会，实行“个人统治”，便成为暴君。按照专制制度的鼓吹者、伦敦大主教艾尔默的说法：国王“不制定律令法律，而是由议会司法庭制定；她（伊丽莎白女王）不中断法律，而必须是她和议员们一起才能中断”。[①] 这是对“王在议会”的极好诠注。另一个专制制度的鼓吹者、长期为亨利八世充当官方辩护人的圣杰曼也声称：国主只有在议会中才不会做出违反上帝之法律的决定，国王与议会一起才可能辨别何为上帝之法律。由此可知，在都铎时期，人们普遍认为上帝的法律是高于一切的，一切人包括国王在内都必须服从，国王只有在议会才能通达上帝之法律的真谛，制定出符合上帝法律的人间法律来。[②] 这就是“以法治国”的含义。

“王在议会”和“以法治国”成了都铎朝专制君主们不可逾越的两条界限。亨利八世自称：“朕于任何时候都不如在议会中时据有更高的为王身份，在这里朕如首，君如躯，连合一体，组成国家。”[③]伊丽莎白女王对议会说：“有谁竟如此无知，会怀疑作为躯体之首的君主在两脚打滑时不该命令它们不可走失？上帝不许让你们的自由成为我的羁绊，也不许你们的合法自由受到任何侵害。”[④]王权与议会是一种互相依赖的关系。由此可见，利用和操纵议会，不仅是都铎朝君主们借助民族的力量伸张自己合法性的一种需要，也是他们对英国历史上所形成的“自由”传统的承认，是对英国的政治文化观念的屈从。王权绝对而不无限，就是这种政治文化在英国专制主义时期的表现。

当专制王权完成了统一与建立民族国家的任务之后，专制主义的历史必要性就结束了，专制统治的危害性也就表现得越来越明显。其中最

---

① Christopher Morris, *English Dolitical Thoughts*, Oxford, 1953, pp. 78-79.

② Richard Hooker, *Ecclesiastical Polity*.

③ J. J. Scarisbrick, *Henry* Ⅷ, California, 1970, p. 507.

④ J. E. Neil, *The Elizabethan Commons*, London, 1954, p. 429.

主要的是，专制君主把整个国家视为私产，制定政策首先从自己的私利考虑，而置国家与民族的长远利益于不顾。前面说过，专制王权在一定的历史时期中恰好与民族的利益相吻合，但这段与民族共枕的蜜月时期无论如何也不会长久。还在伊丽莎白女王统治的末期，民族与王权的裂痕就已出现。王室与议会因为出售专卖权而多次发生冲突，但靠女王崇高威信和高超的政治技巧，才平息了议会的不满。“随着詹姆士（一世）的登位，由对女王的忠诚纽带所造成的牵制作用也就解除了”①，民族与王权的冲突日益公开。

其实，专制主义到这时已在各个方面阻碍国家的进一步发展。首先，专制君主为满足日益增加的宫廷开支和战争经费，竭力开征捐税，推行专卖，把国家的财富当作私产，依靠政治权力加以侵吞；其次，君主为实行有效的统治，建立起复杂的官僚体系，而这正是政治腐败与经济贪赃的渊薮，将导致与民众日益严重的冲突；再次，君主的权力很难受到制约，容易被滥用，把国家引导到错误的方向上去；最后，专制主义阻碍资本主义的成长，如年鉴派著名历史学家布罗代尔所说：“国家无疑促进了资本主义并帮助了它，但情况也可以倒过来：国家阻碍资本主义发展，资本主义则反过来伤害国家的利益。”②由此可见，专制君主的现实合理性确已不复存在，专制王权何去何从，成了新时期所迫切需要解决的问题。

克服专制的过程中，英国王权经历了脱胎换骨的改造，变成了能适应近代政治发展的君主立宪制。“王”被保存下来了，但失去了一切权力。这个过程是由斯图亚特王朝入主英国开始的。斯图亚特王朝遭受英国人的怨恨，并不是因为它给英国造成重大损失，致使民不聊生，民声鼎沸；而是因为他们的统治违背了英国传统的政治文化，结果，英国人在奋起保卫自己的传统时，形成了新的政治文化观念，创造了新的政治制度。

詹姆士一世在继承王位后不久，就正式提出“君权神授”的理论。所谓“君权神授”，不仅是国王的权力来自上帝，而且是国王与上帝同等。詹姆士说：“君的身份是人世上最高的东西，因为国王不仅是上帝在人

① W. E. Lunt, *History of England*, New York, 1946, p. 387.

② Fernand Braudel, *The Wheels of Commerce*, New York, 1982, p. 554.

间的副手坐在神的宝座上；而且他还被上帝自己叫作神。”他解释道：“上帝有权创造也有权毁灭，有权建设也有权破坏，一切皆凭他高兴；他有权决定生死，评判所有人而不被任何人所评判；有权抬高卑者或贬低尊者，凭其高兴。”国王也有类似的权力：他挥斥召唤其臣民，他有权提拔或贬抑；他在一切官司中审判所有臣民，定其生死，除上帝之外无须对任何人负责。因此，结论是：“的确可以把国王叫作神，因为他对人世行使某种神权或类似之权。”①

既然国王等同于上帝，他就取得了不受任何限制的权力，有限的王权变成了无限的王权，法律被放到了国王的脚下，议会没有存在的必要了。于是，“王在议会”和“以法治国”这两条界限都被冲破了，而这是发生在英国专制王权已经完成了历史使命之后！其实，詹姆士重新回归神权合法性，到上帝那里去寻求庇护，这一点是很容易理解的。既然专制王权的现实合理性已经失去，它不再以民族的代表自居；既然它已经与民族的利益相冲突，不能使国王的野心与民族的要求相吻合，那么，它到哪里去寻求合法性依据呢？只有回归中世纪，重新吁求上帝与血统。但这时上帝本身也面临挑战(宗教改革)，血统则难以对抗民族的愿望，旧的合法性早已过时。况且，詹姆士的言行与英国的政治文化传统完全背道而驰，并且对议会的“自由”构成巨大的威胁。在这种情况下，民族与专制的冲突就表现为议会与国王的冲突，最终以致爆发内战——英国人试图用革命来解决问题。于是在革命中形成了“议会主权”的思想。

在此之前，谁也不曾想要推翻国王，谁也不曾想要否定国王的主权。议会反对派领袖皮姆曾说：“国王的权力来自上帝”，这种思想直到1640年，几乎没有人反对。1628年领导起草《权利请愿书》的埃里奥特爵士后来被关进监狱，并被折磨至死，他在狱中写了一本《主权论》，仍然认为国家的主权在君主，君主的主权不容伤害。②然而在战争中，议会被迫承担起战争的组织和指挥事务，并实际上行使了战时政府的职权。在这种情况下，一种新的政治意识形成了，1649年1月，当议会彻底战胜国王时，议会通过决议：“在上帝之下，人民是一切正当权力

① 詹姆士一世1610年3月21日对议会的训词，见J. P. Kenyon, *The Stuart Constitution, Documents and Commentary*, Cambridge, 1978, pp. 12-13.

② Christopher Hill, *The Century of Revolution*, New York, 1961, p. 63.

的来源；在议会里集会的英国下议院是人民选出并代表人民的，在本国有最高权力……”①这就是议会主权的思想。议会主权否定了君主主权，它以议会立法的形式宣告专制主义时期的结束，民族与专制君主正式决裂。密尔顿是议会主权的最热烈的辩护人，他以雄辩的语言坚定地宣扬人民的权威：“议会是国家的最高机关，议员是由绝对自由的人民选任的。他们具有商讨重大事件的充分权力和权威。设立国王只是为了监督议会两院所提出的一切法案和法令，使它能按他们的票决和决议去推行。”②在密尔顿这里，我们看到主权的理论有了新的发展：议会代表国家，国家的权力诉诸人民，人民是主权所在，人民是权力合法性的基础，人民的委任就是合法性的来源，人民归根结底是国家的主人。如果说都铎朝君主以“民族”为合法性的现实依据，“民族”尚是个缥缈的概念；那么革命中提出的“人民主权”思想，“人民”就是实在得多的范畴了。在新的合法性基础上，血统和上帝都没有地位，人民在政治上已经充分成熟，完全能行使最高主权。因此说，专制主义时期君主以民族的名义凌驾于民族之上的可笑局面应该结束了，人民接过了最高主权。

英国革命确实消灭了王权本身，而不仅仅是专制的王权。1649 年 1 月，革命以“暴君、叛徒、杀人犯”的罪名处死查理一世；随后废除君主制，建立共和国。按照历史的逻辑，这是必然的结果。根据后来其他国家的经历可以知道，废除了王权的政权是可以存在下去的，尽管在英国革命发生时，世界上尚无先例可循。但英国革命未能解决历史提出来的重大问题，即取消王权后，由谁来行使主权？当专制王权初起时，它以民族的代表自居，以民族的名义行使主权；当专制王权崩溃时，这个功能只能被取代，不能被取消。从理论上说，人民是主权，人民自己组成民族与国家，因此人民自己代表自己。但正是在这一点上，革命始终未能找到一个适当的解决方法：革命没能创建一种新的制度，让人民自己行使主权，体现出自己是民族国家的主权所在。由于战争的需要，军队把议会撇在一边，自己行使最高权力。到后来，它不仅干脆解散议会（普莱德清洗、克伦威尔解散长期议会等），而且实行赤裸裸的军事独

① ［英］阿·莱·莫尔顿：《人民的英国史》，谢琏造等译，336 页，北京，生活·读书·新知三联书店，1976。

② ［英］密尔顿：《为英国人民声辩》，何宁译，177 页，北京，商务印书馆，1958。

裁统治(护国主制、将军们的军事管制等)。革命是以维护议会的权利为出发点的，由此才引申出“议会主权”与“人民主权”的思想；但是当革命最终以“人民”的名义把权力放回到一个人手里，而且这个人的合法性是赤裸裸的武力(既无神性，又无血统)时，那么革命又如何解释它的合理性呢？在这种情况下，英国的革命迷失了方向：没有国王的军事统治在英国人心中造成混乱，变成了痛苦的记忆。于是，1660 年，王权在英国重建，而且恢复王权的人正是那些多多少少都曾投身革命的人！

但新的王权(复辟政权)却企图重温专制主义的旧梦。特别是 1681 年以后，在粉碎了辉格派的反抗、国王的地位似乎已十分稳固时，王权又开始把议会撇在一边，实行起无议会的统治来。这种情况使人想起革命前两个斯图亚特国王的所作所为。于是，一方面是专制王权重现的危险；另一方面是对革命深刻的疑惧。在这双重惊恐下，英国人试图寻找一种既能克服专制的王权，又能保持一般的王权，从而避免革命震荡的解决方法。在这种方法中，合法性问题被放在一边(因为它假设一般的国王总是“合法的”，而无论这种合法性来自何方)，都一心解决克服专制的问题。也就是说，英国人为自己制定了一种目标：在下一轮反对专制王权的斗争中，将只反“专制”，而不反“王权”。这样就产生了“光荣革命”。这种把“专制”与“主权”拆开来处理的方式是很特别的，它反映了英国民族文化中的特殊之处。马克思主义历史学家克里斯托弗·希尔对光荣革命的心理现象分析得很透彻，他说：光荣革命的解决方法一方面是因为“人们记得 40 年前发生的事(指内战——引者)，当时有产阶级的团结破裂了”；另一方面，“如果说 1642—1649 年不曾被忘记，那么 1660 年的错误(指复辟——引者)也没有被忘记。光荣革命的解决方法是坐下来开列条件，而这些条件是复辟时没有说出但人们以为已经明确的”。因此，光荣革命的深远意义不在于事件本身，而在于事件发生后对英国政体进行的重新调整上。根据议会的条件，奥伦治的威廉接受了《权利法案》，然后与妻子玛丽一同登上英国王位。于是，在英国历史上第一次出现了这样一种情况：君主与“人民”签订契约，然后根据契约的条件登上王位并行使职权。国王不仅从议会手中接过王冠，而且还保证要执行议会的法律，依据议会法律行事。因此，光荣革命不仅消灭了专制的王权，而且还消灭了独立的王权。虽说“王在议会”仍旧被说成是国家的主权所在，但主权的重心已经从国王转向议会，“议会主权”实际上已经确立。此外，“以法治国”的原则发展成“王在法下”，议会已明显地高于国王。此后，只要君主立宪制的政体仍然存在，国王就只能是政体中起配角作用的小伙伴。由此可见，光荣革命虽然没有在口头上宣布立宪君主的合法性依据，但在实际上却已经这样运作。

英国由于革命的失措而得出结论，认为没有国王只能导致国家混乱，因而在废除了王位、处死了一个国王后又大张旗鼓地重新迎立新国王。这是王权在经历了覆灭之后又得以恢复的社会文化背景。但王权若不经过彻底的改造，仍旧坚持专制主义的窠臼，那么它在恢复之后就会再度覆灭。1688 年的危机正说明了这一点。光荣革命后，王权适应了新的形势，完成了关键性的历史演变，于是，它在新的时期为自己找到了新的位置，这是英国王权在剧烈的社会转型的动荡中未被淘汰而终于留存下来的根本原因。在这以后，经过一系列的缓慢变化，国王的实权逐步丧失，最终成了一个名副其实的“虚君”。但它作为民族象征的作用仍然保留下来，它是民族的最具权威性的对外代表，同时又是民族团结与统一的象征，是“合法性”的最形象的人格化体现。

五、简短结论

英国王权在历史上经历过多次演变，每一次演变都是它适应变化的历史条件的结果。英国王权之所以存留到现在，正是这种旺盛的适应机制在起作用。与欧洲其他国家相比，王权的第一、二、三阶段在全欧洲(至少是中、西欧)都大体一致，而真正的差异是出现在第四阶段。由此可见王权在近代社会转型中面临着真正的危机。相比之下，法国的王权企图阻止现代化过程，结果覆灭了；德国的王权企图操纵现代化过程，结果也覆灭了。只有英国的王权由于种种因素成功地适应了近代社会转型(尽管时常是被动地)，结果被留存下来。这是英国历史上一个值得重视的独特现象。

试论英国各阶级在第一次议会改革中的作用

1832年英国议会改革，从根本上说是旧的政治制度不适应变化了的社会结构，因而必然发生的。但这次改革又不是简单的直线运动，也不单纯是资产阶级与土地贵族的斗争成果。它是各种政治力量纠缠扭结的结果。从这个结果中，人们可以看到某种合力。为此，本文拟深入探讨：参加这场斗争的究竟有哪些力量？它们间的关系如何？它们在斗争中各起什么作用？改革的结果究竟如何？

一、社会力量分析

英国当时有三大阶级、六种力量。它们的经济地位不同，对议会改革的态度也不同。

首先是工业资产阶级。这个阶级的经济实力从19世纪初起就以加倍的速度发展着，用当时流行的说法，叫作“万锭纱爵爷”已经和“万亩田爵爷”平起平坐了。但政治上他们却几乎无权，处处低人一等。他们有许多“苦”要诉，比如说国家干涉经济活动过多，税务负担太重，关税太高，影响国外竞争能力，等等。他们要求自由贸易，特别反对谷物法。为解除这些“疾苦”，他们多次申诉请愿，得到的只是议会轻蔑的拒绝乃至嘲弄。直到这时，他们才懂得议会中应有自己的代表，才要求改革议会选举法。“50 年前我们不需要议会代表，现在我们需要了。因为那时我们几乎完全为国内消费而生产……现在却大不相同了——我们现在为整个世界生产，假如我们没有自己的议员来促进和扩大我们的贸易，我国商业的伟大纪元就结束了。”①工业家弗赖尔在 1832 年讲的这些话，充分表述了工业资产阶级要求改革的原因。

但工业家是到 19 世纪 20 年代末才开始提出改革要求的，而且他们提出的改革要求也是很温和的，如把衰败选邑的席位逐步转让给大城市，逐步取得选举权等。议会中曾多次动议把某些席位转让给曼彻斯特、伯明翰和利兹三大工业城市，以此来满足工业家的愿望。但托利党控制的议会始终不肯让步。1826 年，关于东雷特福和彭林二镇的选邑权转移问题在议会讨论 3 年，仍然给了乡村，这才燃起了他们的怒火，工业资产阶级的议会改革运动才猝然爆发。

运动的中心是伯明翰——英国黑色金属工业的心脏。1830 年 1 月 25 日，银行家托马斯·阿特伍德发起成立伯明翰政治同盟，很快成为改革斗争中影响最大的资产阶级政治组织。其成立宣言要求“改变”“工业和商业的利益几乎全无代表”的状况，坚称“下院中‘市镇公民’代表应是真正的‘市镇公民’，即经营实业，积极关心它，将其毕生的财产与幸福委托于它的人”。② 可见，这个阶级的阶级意识是十分清楚的。

但工业资产阶级并非是唯一的“资产阶级”。在他们之外还有一支重要的资产阶级政治力量，即以商人、业主、批发商、作坊主为骨干，加上医生、律师等知识界和自由职业者在内的一批工业革命之前就存在的旧“中等阶级”。③ 他们可说是现代资产阶级的先驱。在工业革命前他们

① Asa Briggs, “Thomas Attwood and the Economic Background of the Birmingham Political Union”, *Cambridge Historical Journal*, Vol. 9, 1948, p. 194.

② 《伯明翰政治同盟宣言》，见 G. D. Cole and A. W. Filson, *British Working Class Movements*, London, 1951, pp. 226-227.

③ “资产阶级”和“中等阶级”这两个术语，许多人认为它们的含义是一样的。实际上，“资产阶级”是从生产关系的角度，就其从事经济活动的方式而言的；“中等阶级”则是就他们的财富和社会地位而言。在我们所研究的这一段历史中，“中等阶级”当然和“资产阶级”大体吻合，但“资产阶级”的内涵毕竟要大一些。许多金融、商业大资产阶级在议会是有代表的，他们早已超乎“中等”之上。因此，争取政治权利的，严格地说应该是“中等阶级”。马克思、恩

曾有过自己的黄金时代，为英国的经济发展立下过汗马功劳。随着工业革命的兴起，他们在勃然崛起的工业资产阶级面前黯然失色，越来越失去自己独立的地位了。他们的经济地位和从事生产的方式仍有别于工业家，他们的数量依然庞大，因此在第一次议会改革期间，仍是一支强大的政治力量。

这个阶层有悠久的斗争传统，最先开拓群众性议会改革运动的就是它。18 世纪 70 年代，正当威尔克斯事件①如火如荼时，他们首次提出了自己的政治要求。80 年代又在美洲战争的高潮中成立了著名的中等阶级激进团"宪法知识会"。90 年代，他们和下层劳动群众紧密联盟，借法国革命之势大闹英伦三岛。②到 19 世纪，尽管改革运动声势低落，大部分人退出了运动，他们中的中坚分子却依然不懈地宣传改革，组织了像"威斯敏斯特委员会"、"汉普登俱乐部"这样一些激进团体。1831 年秋，在弗朗西斯·普雷斯领导下成立"全国政治同盟"，掀起了又一个斗争高潮。比起工业资产阶级来，他们的政治斗争不仅历史长，而且曲折艰难得多。从政治上看，他们确实比工业资产阶级更积极，更能代表"中等阶级"。但他们的阶级意识始终不如工业资产阶级那么明确。他们总是把抽象的平等自由写在自己的旗帜上。在他们的文献中，充斥着"人民在议会中的充分而平等的代表权"，"伟大的宪政自由的原则"等含糊的词语。直到全国政治同盟成立，他们还自称是"各阶层"的代表。③

(接上页)格斯经常使用"middle classes"这个术语，其中的科学意义当然很明确。我国往往译成"资产阶级"，造成了概念的混乱。(参见恩格斯：《英国工人阶级状况》，见《马克思恩格斯全集》，第 2 卷，280 页注①，北京，人民出版社，1957)我们在谈论争取改革斗争时，宁愿选择"中等阶级"这个术语。

①1762 年英国下院议员约翰·威尔克斯在所办的《北不列颠人》报上批评国王和首相布特，国王下令逮捕威尔克斯，下院也通过决议剥夺他的议员资格。1768 年中塞克斯郡又选他为议员，下院竟拒绝接纳，但他又连续两次当选为议员。下院的决定引起广泛的抗议运动，参加者有工业资产阶级和小资产阶级、工人。1771 年下院被迫承认威尔克斯的议员资格。

②由进步知识分子等组织的"通讯会社"在法国雅各宾派执政后，于 1793 年 11 月在爱丁堡召开英格兰、苏格兰和爱尔兰全不列颠三族人民大会，通过反对对法战争，争取普选权的决议。政府动用武力逼令大会解散，判处大会主持者徒刑。

③参看"权利法案支持者协会"的议会候选人条件，《宪法知识会成立宣言》《全国政治同盟成立宣言和告全国人民书》等文件。G. D. Cole and A. W. Filson，*Britsh Working Class Movements*，London，1951，pp. 28，223-225；David Douglos ed.，*English Historical Documents*，Vol. 10，London，1969，pp. 220-222.

作为资产阶级的一翼，他们的存在是不容忽视的。

那时英国的工人阶级，正如中等阶级有两翼一样，也不是一个整体。当时工业革命尚未完成，大工业虽然发展，手工业却绝未消失。因此很容易理解工人阶级有两个分支，而每一支又都有自己的特殊问题，因而有不同的中心运动。产业工人组织性更强些，又直接和工业资本家对抗，所以工会运动是他们斗争主要方式。1824 年《反结社法》废除后，工会运动蓬勃发展，组织林立，队伍浩大，尤其是北、中部工业区，几乎村村镇镇都有工会组织，并逐步联合，形成全国四大工会——建筑、纺纱、陶瓷、呢绒，其中影响最大的是约翰·多尔蒂领导的纺纱工会。1829 年多尔蒂领导兰开郡纺纱工人大罢工，失败之后，他认识到必须联合更多的工人共同斗争，因此于当年 12 月发起组织“不列颠和爱尔兰纺纱工人总工会”。1830 年 2 月，他进一步扩大组织，成立了“全国劳工保护协会”。这是组织全国性跨行业产业工联的第一次尝试，其成员最多时号称 10 万。1831 年 9 月，他还想成立全国总工会，但未能遂愿。除工会运动外，产业工人中还盛行十小时工作日运动和合作社运动。这些运动都把产业工人以这种那种方式组织在一起，形成庞大的阶级大军。这无疑对一切有产者都是巨大的威胁。面对这种威胁，独占国家政权的地主阶级感到力量单薄，想把经济上实力强大、政治上却无权的“中等阶级”拉在自己一边是很自然的。

当时产业工人受欧文主义影响很深。多尔蒂就自称是欧文主义者。建筑工会领袖莫里森亦然。但欧文是反对改革的，他说即使实行了普选制，“也不会给工人阶级带来多大好处，甚至根本不会有好处”。[①] 因此在他的影响下，工会运动和其他产业工人运动都偏重经济斗争，对议会改革较少兴趣。尽管如此，当辉格党政府提出改革法案时，产业工人还是做出了积极的反应。1831 年 3 月 5 日，法案提出的第 5 天，多尔蒂《人民之声报》就表示态度说：“尽管法案具有较多的人民性，超出我们对现政府的期望，但仍然没有一项条文……是为工人利益制定的。”6 月 18 日多尔蒂更明确地说：“法案是通向我们的目标——建立普遍的政治自由——的辉煌的一步。”[②]由此可见，产业工人一方面支持改革；一方

① A. C. Morton, *The Life and Ideas of Robert Owen*, London, 1962, pp. 42, 124.

② Michael Brock, *The Great Reform Act*, London, 1973, p. 168.

面又认为它不是工人阶级自己的目标，而只是争取工人解放的第一步，这与把改革看作是最终目标的中等阶级有质的不同。

工人队伍中另一支重要力量是手工工人和工匠。他们中有许多是独立生产的劳动者，随着工业革命的兴起，他们的经济地位每况愈下，不满情绪与日俱增，要求变革的呼声也就经久不衰。他们的政治斗争传统相当悠久，过去的一切工人政治运动几乎都是由他们进行的。1792 年 1 月成立的“伦敦通讯会”标志着他们独立的政治运动的开始，托马斯·潘恩的《人权》则是他们的基本纲领。他们也空谈“天赋人权”、“生而自由”等抽象的权利，但根本的政治要求是普选权，认为普选是通向工人解放的唯一途径。他们要求改革，完全是围绕这一中心进行的。他们就是所谓的“工人激进派”。工人激进派是英国工人政治运动的先驱。他们在法国大革命时期掀起过轰轰烈烈的群众运动。进入 19 世纪，当辉格党贵族偃旗息鼓，中等阶级改革运动一息尚存时，只有他们坚持斗争，把运动推向了“彼得卢”的高潮。① 由于他们为普选权进行过长期斗争，因此，当辉格党政府于 1831 年提出一个中等阶级财产选举权时，他们便坚决反对，声称要么普选，要么什么都不要。作为这种意见的代表，赫瑟林顿的《贫民卫报》堪称典型。在 1831－1832 年的整个改革高潮中，《贫民卫报》发表文章反对工人支持辉格党改革法。这些文章的出发点都是对的，即工人“从中得不到一点好处”。但他们一面指责“现在这个改革方案无论在哪方面都满足不了穷人和工人阶级的正当要求，而只对社会上一小批特殊的人有利”；一面又对上院抱有不切实际的幻想，希望它“否决这偏心的、不公正的、叛卖性的方案”。然后再“把普选权和无记名投票交付给”人民。② 可是，一个连“偏心的”改革都极力反对的托利党贵族院，又怎会实行普选权呢？但他们的这种态度又是可以理解的。从经济上来说，他们的地位正受到工业革命的排挤，对工业资产阶级的崛起满怀恐惧，生怕工厂主在政治上得势后更通过立法来剥夺他们的生计。过去在提到英国工人对辉格党改革法的态度时，许多人对有人支持、有人反对的复杂现象感到困惑，并得出结论说，赫瑟林顿的《贫

① 1819 年“工人激进派”在曼彻斯特附近彼得卢广场举行的群众大会，讨论了关于普选权的请愿书，遭到英国政府的血腥镇压。

② 1831 年 9 月 24 日，《贫民卫报》(*The Poor Man's Guardian*)。

民卫报》代表了工人中最有远见的阶层。这种看法恐怕是站不住脚的。实际上，当时英国工人阶级有两支——产业工人和手工工人；英国工人运动有两个——工会运动和工人激进运动。它们的要求和斗争的形式都是不同的。

工人阶级和资产阶级在运动中的关系是一个很值得探讨的问题。确实，伯明翰政治同盟的基本群众是工人和工匠，因而声势特别浩大。但如果得出结论说，全国都像伯明翰那样，是资产阶级控制领导权，工人阶级充其量只是火中取栗的马前卒，那就错了。伯明翰是个小企业林立的地方，业主和雇工相当容易互相转化，彼此间也就有较多的共同利害。因此工人阶级甘愿接受资产阶级的领导这种现象，只在与伯明翰相似的地方才有。大部分工业区，特别是大工厂发达、阶级分化明显的地区，比如曼彻斯特，工人就有自己的组织，自己的纲领，不受资产阶级领导。另一方面，大工业不甚发达，但工人激进派势力强大的地区，如伦敦等旧式商业中心，工人也多独立。所以，议会改革运动决不能简单看作是工业资产阶级领导的运动。

辉格党贵族也是支持改革的。他们的基地在城市，与工商业接触较多，联系较密，往往本人也从事大规模商业活动，因此倾心于重商主义，要求海外扩张，有别于纯粹的土地贵族。辉格党在"光荣革命"后盛极一时，独揽朝政，但乔治三世以后就逐步失势，怨气颇大。从这以后，他们就以反对党的姿态出现，要求改革，目的主要为重新掌权。但另一方面却也是看出了时代的变化，认为这是"防止灾祸（即法国式革命）的最好方法"。[①] 随着时间的推移，这后一种看法越来越成为辉格党政策的出发点，特别是到19世纪20年代，一批新人崭露头角，步入党内最高层。他们在政治上接受边沁学说，经济上主张自由贸易，社会准则方面崇尚个人竞争，因而在各方面都接近自由资产阶级。他们对工商业主不乏赞美之辞，说他们是"社会上人数最多，迄今为止又最富有"的阶级，是"坚定、有正确判断力的人，特别是不会人云亦云"等。[②] 由于

① 1792年4月30日查尔斯·格雷（即后来的格雷伯爵）在下院辩论中的发言，见Alfred Cabban, *The Debate on the French Revolution*, London, 1950, p. 109.

② 辉格党内阁大法官布鲁厄姆语，见Crane Brinton, *English Political Thought in the 19 th Century*, London, 1933, pp. 34-35.

这批人的兴起，辉格党活力大增，与中等阶级的联系也更密了。正因为如此，第一次议会改革才得以在辉格党内阁手中完成。

真正反对改革的只是托利党贵族。他们是大土地所有者、乡村地主的总代言人、既得利益的总代表。但托利党阵营本身也经受不住社会变化的剧烈冲击，逐渐分崩离析了。首先是19世纪20年代初，托利党内出现了一个自由派集团，主张对内政、外交、经济等政策进行重新调整，使之适应自由化原则。但党内保守派对此深恶痛绝，竭尽排挤倾轧之能事，终于迫使自由派于1830年最终脱离托利党，站进辉格党队伍，宣布支持改革。对托利党打击更大的，是威灵顿内阁在1829年通过《天主教解放法》，触发了保守派本身的大分裂。党内极右翼认为国家被政府出卖了，因此不仅提出了改革议会制度的要求(仅是一种姿态)，而且发誓要推翻威灵顿内阁。1830年11月16日，威灵顿终于在左右反对派的全面包围中垮台，为格雷勋爵组阁扫清了道路。这样，在辉格党当政的情况下，开始了长达18个月的改革历程。

由此可见，到1830年年底，英国三大阶级六种力量中，只有最顽固的托利党贵族反对改革。但支持改革的势力又各有不同。它们各有各的要求，各有各的打算。因此在争取改革的斗争中也就有分有合，有进有退，彼此依赖又相互牵制，构成一幅错综复杂的历史画卷。力量的对比已保证改革势在必行，但各种改革力量又都竭力使改革朝自己最有利的方向发展，于是在要求改革的大前提下你争我夺，互不相让。1832年改革法就是在这样一个复杂的条件下产生的，因此必然几经反复，多次修改，最终保持了力量的平衡，其结果也就难以使任何一个阶级单独得到满足。

在这场复杂的较量中，哪些是主动的、进攻的力量；哪些是被动的、防守的力量；哪些是根本的、推动的力量；哪些是依附的、顺带的力量呢？换言之，1832年改革成功的动力何在？下面我们简单叙述一下斗争的过程，以图得到某种解答。

二、斗争过程略述

格雷组阁伊始，便命令起草改革法。人们对辉格党的期望并不大。激进派本来就不信任辉格党，认为他们作不出太大的改动；保守派并不着急，料定格雷不致走得太远。因此，1831 年 3 月 1 日政府公布的方案，使全国大吃一惊。提案有两项原则，一是取消衰败选邑，把原属 107 个镇的席位转让给大城市和各郡；二是扩大选举权，实行财产资格制，除原有选民外，农村增加年收入 10 镑的公簿持有农和 50 镑的租约农，城镇选区则统一标准，使年值 10 镑的房产持有人①都得到选举权。由此可见，提案的中等阶级色彩是很重的。

一个贵族的党，为什么主动地提出幅度如此大的改革呢？这和当时的国内外形势很有关系。1830 年，法国爆发七月革命，复辟王朝被推翻，雅各宾的“梦魇”仿佛又回到英伦三岛。几乎同时，在英国的大选中，公众激烈的反贵族情绪强烈地反映出来。辉格党和托利党一样遭受挫折，贵族们眼中的“激进派”（温和改革派）在议会中的地位加强了。紧接着，从秋天起，工会罢工运动汹涌而起，南部农业工人的斗争迅速蔓延②，大有山雨欲来风满楼之势。辉格党正是在这种艰难时世中上台，不得不立即采取措施，提出一个议会改革法案来。

辉格党草案的目的，按格雷的话说，在于“把社会的中间阶层联合到上层中来，共同热爱并支持国家的制度和政府，这件事具有头等重要性”③。为什么重要？因为只有这样才能避免革命，才能使现存制度免遭覆灭。辉格党毕竟是贵族中有远见的一批。他们感到贵族政治的社会基础已在崩塌，革命形势正在形成，若不防患于未然，一切都将在革命的狂飙中荡然无存。他们深信，一旦中等阶级的要求得到满足，就会成为现制度的卫护士，而贵族寡头的统治，也就可能从退让中求新生了。辉格党正是在一种革命幻影的威慑之下提出改革草案的。至于他们为什么让步这么大，几乎完全满足中等阶级的要求，格雷也讲得很清楚。他说：“不做点什么是不可能的，但做得不足以满足公众的期望……比什么都不做还要糟。”④提案起草委员会则说得更坦白：“满足一切合理的要求，同

① 英文中“house holder”一词除指房产所有者外，还指租用者，故译为“房产持有人”。

② 1830 年底到 1831 年初，英国南部和东南部许多郡的雇农由于经济危机和农场主使用脱谷机而更加贫困，失业现象日益增加，因而起来斗争。他们烧毁庄园、仓库等，打碎脱谷机，遭到格雷政府的残酷镇压。

③ E. P. Thompson, *The Making of the English Working Class*, London, 1979, p. 899.

④ Donald Read, *The English Provinces*, London, 1964, p. 85.

时并立即永远除去社会上有理智而独立的那部分人抱怨的理由。"①

不管辉格党用意如何，政府的提案还是受到普遍欢迎。《人民之声报》很快就表了态；伯明翰同盟于3月7日召开群众大会，通过给国王和议会的贺信；亨特·科贝特等著名激进派纷纷发表声明，表示支持；爱尔兰天主教领袖奥康内尔虽然正被政府起诉下狱，也表示爱尔兰坚定地站在政府一边。改革派中唯一反对提案的是伦敦的工人激进派，他们的态度前面已经介绍过了。

托利党则反应强烈，赌咒发誓要顽抗到底。他们在议会中调动一切力量，坚决阻挠提案通过。经过23天的激烈辩论，政府在二读表决时仅以一票险胜。随后提案交小组委员会审议。4月20日，托利党议员盖斯科因的修正案击败政府，预示着提案要在三读失败。内阁于是要求立即解散议会，否则就辞职。第二天，国王勉强同意了政府的要求，全国进入大选。大选强烈地表现了人民的情绪。"法案、法案、完整的法案"这一口号提出来了。改革派到处胜利，反改革派纷纷失败。选举结果，托利党惨败，辉格党控制了局势。英格兰40郡82席中，辉格党全胜的有35郡，托利党总共只获得6席。由于国王解散了议会，伯明翰同盟给他写感谢信，并号召各地保持安定，说对改革最好的支持，就是什么都不要做，静等国王和政府放手改革。

大选结束后，下院的绝对优势建立起来了。6月24日，政府提出第二次改革案，内容几乎与第一次完全一样。在辩论中，托利党拼死抵抗，拖延了3个月，但大局已定，法案终于通过。9月22日，法案提交上院，完成了斗争的第一回合。

第二个回合更为艰难。此时托利党贵族只有上院可以掘壕据守了，于是决心背水一战。而格雷政府在一旦上院否决法案，政府应采取什么对策的问题上犹豫不决。他们既不敢退让，害怕向托利党让步会失去对局势的控制；又不敢依靠激进派，生怕群众运动会动摇自己的统治。这种暧昧的态度使中等阶级大为不快，伯明翰的工业家于是走到了运动的前列。10月3日，伯明翰政治同盟召集群众大会，附近几十镇的改革派纷纷到会。这一天正是上院开始辩论之日，因此向上院施加压力的用

① Norman Gash, *Aristocracy and People*, London, 1979, p. 147.

意十分明显。但上院贵族对此毫不介意。当改革派平心静气地等候国王恩准改革时，贵族们有什么好怕的呢？10 月 8 日，上院否决法案，这才挑起人民与贵族的直接对抗。消息传出，全国哗然。但伯明翰政治同盟政治委员会的第一个反应却是："忍耐！忍耐！！忍耐！！！"[①]可是政府已经决定退让了。他们与托利党中的"动摇派"秘密接触，私下交易，几乎达成协议。动摇派表示可以帮助法案通过，条件是：(1)提高选举的财产资格；(2)保留较多的衰败选邑；(3)不准赶镇居民参加郡县选举，把城乡截然分开，保障地主对乡村的绝对控制。很明显，如果满足这些条件，中等阶级的权益将大受限制。

在这种情况下，中等阶级掀起了一个全国性的活动高潮。各地工商业者纷纷组织协会，参加改革活动，请愿书、抗议书也源源不断地送到议会。新成立的组织中最重要的就是普雷斯的"全国政治同盟"。它把伦敦地区强大的中等阶级组织起来，统一行动，在首都形成一支威慑力量。它的纲领是"支持国王及其大臣完成议会改革的伟大方案，反对腐朽的小集团"，要求人民"不袭击个人"，不"抵抗合法当局"，不"违反法律"，采用"和平的、体面的、有用的"方法争取改革，为此，最有效的手段就是"参加到同盟中去"。[②] 这种纲领斗争手段都与伯明翰同盟大体相近，从此，"中等阶级"这两个分支就基本合流，但组织上却保持着很大程度的独立性。

工人阶级的反应比中等阶级激烈得多。工人群众(主要是独立的手工工人)以 1830 年 5 月在伦敦成立的"工人阶级全国同盟"为核心，也纷纷成立政治组织。这个同盟的宣言要求"一切财产(正当所得)神圣不可侵犯"；"一切人生来平等自由，有不可剥夺的自然权利"；每个年满 21 岁的男子"有普选权"；"无记名投票，议会任期一年"等。[③] 由此可见，它一面主张财产"神圣不可侵犯"，反映了工匠的小生产属性；一面又坚持普选权，从而有别其他一切有产者。

---

① 伯明翰政治同盟 1831 年 10 月 9 日告全国人民书，见 Carlos Flich，*The Birmingham Political Union and the Movements for Reform in Britain*，Kent，1978，p. 65.

② 全国政治同盟成立宣言和告全国人民书，见 G. D. Cole and A. W. Filson，*Britsh Working Class Movements*，London，1951，pp. 223-225.

③ 《工人阶级全国同盟宣言》见 Max Morris，*From Colbett to the Chartists*，London，1951，p. 124.

但工人对局势的影响还不在于他们成立了组织，更重要的是许多地区发生了骚动。上院刚刚否决法案，德比、诺丁汉、埃克塞特、伍斯特等工业城市就相继发生动乱；人们冲击监狱、包围贵族、袭击工厂、进攻庄园，直至军队镇压，骚乱才趋平息。闹事最甚的是布里斯托尔这个西南港口重镇。三天内群众捣毁市政厅、市议会、监狱、税所、海关、主教官邸等政教机构，实际上控制了整个市区，军队被迫退往城外，财产损失估计达30万镑。这件事使全国大为震动，于是产生一个必然的后果：工业资产阶级害怕了。

奇妙的是，工业资产阶级的恐惧心理并没有使他们投靠贵族，放弃改革。相反，他们对贵族的行政能力更加不信任。伯明翰同盟率先宣布要自我武装，以便在工人起义时自卫，矛头当然是针对工人的。但他们的武装企图反过来又引起工人阶级警惕。工人阶级全国同盟立即宣布要召集大会，号召与会者都携带短棍以为自卫，显示实力。同时有许多传单号召工人阶级组织“人民自卫军”，与中等阶级计划中的“国民自卫军”相对抗，这更使有产者大惊失色。“全国政治同盟”宣布它也要武装。托利党的报纸则号召贵族也拿起武器，保卫教会和国家。当时三大阶级都在号召武装，形势显然在滑向内战的边缘。

照说，此时贵族可以挑动一个阶层去反对另一个阶层，达到坐山观虎斗的效果。但英国贵族无论如何不敢冒内战的风险，革命给他们的印象太深了。因此，当中等阶级率先表示武装意图时，尽管其矛头是指向工人的，却被统治阶级当成革命的先兆，迫不及待地设法平息它。

格雷政府不得不果断行动。它相继采取了三项措施。一是镇压工人，取缔“工盟”预定召开的大会；二是笼络中等阶级，询问伯明翰同盟对新草案的具体意见，同时又劝说同盟放弃武装计划；最后，政府为重新取得中等阶级信任，中止了与托利党动摇派的谈判。12月12日，政府拿出第三个方案。和前两个相比，虽然颇有变动，其原则却不见退让。辉格党终于未敢倒退。事态的进展证明：历史的发展是曲线关系，不能用简单的图式来说明。对以为改革是资产阶级斗争结果的人来说这不是很有趣的事实吗？

新提案在下院很快通过，于1832年3月26日送交上院。斗争的第二阶段也就到此为止。这时，万一上院再否决法案，政府只有两条路可走了：要么请国王册封50名新贵族，在数量上压倒托利党，但国王未必肯这么做；要么辞职，让托利党组阁，冒爆发内战的风险。局势对辉格党来说是相当险恶的。

此时，中等阶级改革派却以为大局已定，高枕无忧了。全国形势突然平静下来，仿佛胜利已经在握。伯明翰同盟在复活节放假三周，尽情玩乐。到4月底，他们才发觉事情不妙，于是决定于5月7日召开群众大会，再度造成声势。但行动已经晚了。就在他们开会的那天，政府被托利党一项修正案击败，接着国王拒绝册封新贵族。5月8日，格雷政府辞职，斗争迅速白热化。

5月9日到19日短短的十天危机中，各阶级都倾注全部力量投入斗争。本来纠缠扭结的各派势力，突然间阵线分明了：一边是负隅顽抗的托利党贵族，得到国王暗中支持；另一边则是其他一切力量的大联合。两军对阵，森严壁垒。5月10日晨，政府辞职的消息传到伯明翰，紧张严肃的气氛顿时笼罩全城。500名工商业者联名上书要求参加同盟。他们都是迄今游离在外，虽然支持改革，却不愿投身政治的殷富人家。显然，工厂主们被逼上梁山了。下午，同盟召开第三次群众大会，与会者近十万。各地中等阶级也都做出激烈反应。5月9日，“全国政治同盟”召开群众大会，要求议会在辉格党政府复职前停止财政拨款，这一要求立即获得全国支持。十天危机中，全国召开二百多次群众大会，呈交三百多份请愿书。成千上万的人涌进各政治同盟，仅9日至12日参加“全国同盟”的就有5000人。同时，议会斗争也日趋激烈。5月9日晚政府宣布辞职时，受到议员们热烈欢呼。次日，下院通过对格雷政府的信任案，造成前所未有的宪法危机。

5月12日，国王宣布请威灵顿组阁，危机更加激化。当日，各地改革派代表赶到伦敦会商对策，随后伯明翰代表帕克斯与普雷斯会谈。许多年后，普雷斯坚称他们当时制定了武装起义计划，约定一旦威灵顿组阁成功，伦敦就制造动乱，拖住正规军；伯明翰则乘机发动革命，成立临时政府，通电全国。帕克斯后来也说，假如当时威灵顿上台，“我和两个朋友就闹起革命来了，而不管代价如何”。①

① John Cannon, *Parliamentary Reform*, Cambridge, 1973, p. 239.

历史学家从来就对这些说法的可靠性争执不休，但有一点是肯定的，即当时确实几乎发生革命危机。工人阶级的态度最清楚地表明了这一点。5月危机是工人态度最积极的时期。他们意识到托利党上台会对他们更不利，因而对改革法的热情突然高涨。5月10日到18日，工人阶级全国同盟不断召集群众大会，反对托利党组阁。在会上发言的人言辞激烈，提出了包括抗租、抗税、抵制托利党政府的一切改革方案等建议。甚至有人提出"不是改革，就是革命"的口号。5月14日，曼彻斯特的产业工人与工厂主联合召开十万人大会，会场就在当年彼得卢大惨案的旧址。由于意识到改革可能前功尽弃，当年无情屠杀工人改革派的曼彻斯特工商业主终于在口头上承认了彼得卢大会的基本原则——普选权，工人则同意在目前的形势下全力支持改革法。这表明，在阶级对抗最严重的地区，敌对的两个阶级也在结成暂时的联盟，反对共同的敌人。值得注意的是，连一贯反对工人阶级支持改革法的《贫民卫报》，也以一种和解的姿态说："只要中等阶级把工人当作朋友和兄弟对待"，"真心诚意地主张完整的法案，并坚持争取自由人的公正、平等和真正的权"，"我们就将帮助他们取得自己的权利"。而在此之前，直到5月12日，即宣布威灵顿组阁的那一天，《贫民卫报》还在号召工人阶级"袖手旁观"，"不参加战斗"![①] 可见，一个托利党军政府的现实危险性，正在把利益不同的各阶层都联合在一起。可以说，5月危机发展下去，很可能出现法国那种中下层人民联合作战的情形，因而是英国最接近于发生革命的一个时期。

尽管如此，5月危机的一个显著特点，却是表面上局势的高度稳定，除极个别事件外，几乎没有任何骚动。这与头年的10月危机形成鲜明对照。但这种平静使统治阶级格外害怕。在他们看来，这是高度组织纪律性的表现，是改革派领袖完全控制群众的象征。他们第一次感到局势捉摸不定，生怕不知不觉中发生革命。这一切又因改革派议员加强了议会攻势而更加可怕。5月14日，下院通过决议，宣称下院将永远不接受由托利党政府提出的任何改革建议，这就堵死了由托利党解决危机的最后通道，增加了内战的可能性。此外，中等阶级又提出"取黄金、

① 1832年5月19日、12日《贫民卫报》。

阻公爵(威灵顿)”的口号，引起大规模黄金挤兑。据估计，英格兰银行原有黄金储备300万～400万镑，10天内提出了160万镑，几乎一半。有人说5月18日格雷觐见国王前，英格兰银行代表请他转告：若危机不解决，4天内黄金储备就会枯竭。因此后来有人说威灵顿是被黄金挤兑挤掉的，这句话也不是没有一点道理。

在内外强大的压力下，威灵顿终于承认组阁失败，交回了委任状。国王被迫召回格雷，并立下书面保证，只要内阁需要，他就在任何时候册封任何数目的贵族。此后，托利党大部退出上院，不再抵抗。1832年6月4日，上院通过法案；3天后经国王批准，改革法终于成立了。

三、结论与思考

改革虽然成功了，但改革的结果如何呢？人们常说这是工业资产阶级的胜利。这是当然的。第一，由于规定了城镇十镑房产持有人选举资格，因而整个阶级都有了选举权。第二，由于有了选举权，议员也就必须更多地倾听他们的呼声，更多地反映他们的愿望，以争取他们的选票。这就加强了他们的政治发言权。第三，新设立的选邑大多是工业城镇，这使他们有了良好的立足点，可以向社会派出相当数目的政治代言人。总之，工业资产阶级成了“有权”的阶级，“在议会里获得了公认的和强大的地位”。① 和原先几乎没有政治地位的情况相比，已经是很可观的收获了。但我们不能忘记，获益的是整个中等阶级，而不仅是工业资产阶级这个侧翼。因此确切地说，这是中等阶级的胜利，或者用恩格斯的话来说：“是整个资本家阶级对土地贵族的胜利。”②这是我们的第一点结论。

在谈论中等阶级的胜利的时候，必须十分注意它是多大程度的胜利。如果以为改革使资产阶级战胜了贵族，控制了议会，那就不对了。改革后，中等阶级与贵族地主分享了政权，但远远未能达到控制政权的程度。近年来英国史学界对改革后的议员成分进行了一系列调查分析，

① 恩格斯：《社会主义从空想到科学的发展》，见《马克思恩格斯选集》，第3卷，397页，北京，人民出版社，1972。

② 恩格斯：《〈英国工人阶级状况〉1892年德文第二版序言》，见《马克思恩格斯选集》，第4卷，278页，北京，人民出版社，1972。

得出的结果证明：工业、商业及知识界等"中等阶级"的议员，在改革后的议会中所占比例仅约 1/4，和改革前夕变化不大。而贵族(及其子弟)和地主议员总共占议员总数的一半以上。当然不能仅从代表的成分上看问题，因为这时的贵族与地主中，有很大一部分已经是农业资产阶级了，但在当时他们的利益和要求与中等阶级的还相距甚远。既然如此，中等阶级何能控制议会，更何况"工业资产阶级"?

尽管中等阶级这次因改革大得其益，贵族地主却也不是一无所获。他们终于使垂死的寡头制度暂免死亡，保持了自己在议会中的优势地位。他们虽然让中等阶级参与中央政治，但他们对乡村的控制却毫不见弱。相反，由于农业区的新的代表名额大大超过城市增加的票数，给佃农以投票权，使得各郡更加变成了贵族的工具，辉格党得益更大。他们借助人民的力量重新上台，摆脱了几十年无权受压的困境，在以后数十年中，几乎不中断地主宰英国。因此说，1832 年的议会改革离贵族政治的消亡还早着哩！他们对议会的控制不是一次改革就能克服的。这是第二点结论。

第三，改革经历了长期的斗争，但斗争是谁发动的，谁领导的，谁是斗争的主力？通常认为工业资产阶级领导了斗争，是运动的主导力量等 。我们承认，工业资产阶级在斗争中力量确实可观，声势浩大，如伯明翰政治同盟。但是工业资产阶级并不能代表整个资产阶级。就算资产阶级发挥了很大作用，也不能把功劳都记在工业资产阶级账上。其次，资产阶级在斗争中的作用究竟如何也很值得探讨。"全国政治同盟"成立很迟，除了在 5 月危机中号召抢兑黄金外，很少对局势起过很大的影响。"伯明翰政治同盟"虽然声势浩大，颇具影响，但通观他们的几次大规模行动，不是失之过迟就是没有达到预期效果。对扭转局势真正起作用的有好几次倒是工人阶级，特别是有悠久斗争历史的手工工人，尽管他们在斗争中常常表现出很强的自发倾向，却不可否认他们有相当程度的独立性。纵观整个斗争过程，我们只能得出结论说：是各个阶层的共同努力，才最终使改革获得成功。而工人阶级和广大下层人民群众则是"为实现改革而斗争的主力军"①，工人阶级的斗争乃至工人阶级的形

---

① 见《马克思恩格斯选集》，第 3 卷，628 页，北京，人民出版社，1972。

成本身，都为这次改革提供了最大的动力。资产阶级的作用长期被夸大了，正像他们的胜利被夸大了一样；工人阶级的作用却长期被缩小，甚至视而不见。确实，工人阶级从这次改革中一无所获，但这并没有什么好奇怪的。《共产党宣言》指出：当工业资产阶级尚未取得政权时，“无产者不是同自己的敌人做斗争，而是同自己的敌人的敌人做斗争，即同君主专制的残余、地主、非工业资产者和小资产者做斗争。……在这种条件下取得的每一个胜利都是资产阶级的胜利。”[①]这就解释了为什么一切针对贵族地主的斗争，包括工人争取自己权利的斗争，到头来都只是加强资产阶级的地位。但决不能因为资产阶级大获其益，便得出结论说：改革只是资产阶级的事，工人只是他们的附庸，等等。

第四，从资产阶级，特别是工业资产阶级夺权这个角度说，1832年改革只是局部的胜利。但它终究开始了贵族政治瓦解的过程，为英国现代民主制确立了方向。它证明改革在英国是可行的。从此英国的资产阶级沿着改革的道路走下去，经过1867年第二次议会改革和1884年第三次议会改革，逐渐攫取了全部政权。从这个意义上说，这次改革对英国的历史进程具有难以估量的重要性，可说是一个重大的转折点。更重要的是，我们知道这次改革在很大程度上是英国工人斗争的结果，是他们争取自己权利的一次尝试，而改革的结果又直接导致宪章运动的兴起。如果承认这一点，那就不该再把争取这次改革的斗争笼统地斥责为“资产阶级改良主义运动”而动辄加咎，不屑一顾了。

① 马克思、恩格斯：《共产党宣言》，见《马克思恩格斯选集》，第1卷，259页，北京，人民出版社，1972。

英国议会改革中和平变革的机制

现代社会转型中的一个重要方面是政治转型，在这个方面，冲突往往很尖锐。不同的社会阶级、阶层、职业集团、政治力量乃至思想意识形态等对转型中的社会是否需要政治转型、如何转型、何时转型、在多大程度上实行转型等都会有巨大的意见分歧，因此政治转型往往是现代社会转型中一个最困难的方面，需要经历漫长的过程。从“现代化”的角度看问题，政治制度变化以适应变化中的社会、经济发展，这本是无可避免的，但由于在这个问题上有诸多利益分歧，因此冲突和对抗也不可避免，并且持久而且严峻。尽管如此，解决冲突的方式却不只一端，不同国家可以有不同的选择。一般而言，冲突的解决可以使用暴力、也可以使用非暴力手段；政治转型可以采取两种形式，一种是革命、暴力的形式，另一种是和平、渐变的形式。英国是和平实行政治变革的最典型的国家，关于这一点国内学术界已经没有争议。但和平实行政治变革在什么情况下才会出现？这个问题却是需要研究的，因为并非每一个国家都能走通和平变革的路。本文对英国的经历予以回顾，以求对这个问题有所回答。

一、变革的必然性和必要性

英国的和平变革方式并不是一开始就有的，它是在历史的经历中逐渐形成的。英国人在经验中学会了妥协与让步，由此而摸索出和平变革的方式。17世纪英国开始向“现代”政治制度转型的时候，它最早尝试的是暴力解决方式，也就是用革命战争来推翻专制王权。然而在实践中，他们发现战争没有解决问题，相反，用和平的方法解决冲突、进而实行政治转型则是另外一种可能的选择。17世纪发生的两大重要事件即内战(英国革命，1640—1660年)和“光荣革命”(1688—1689年)使英国人意识到这一点，从而为英国后来的历史道路标识了方向。

通过内战和光荣革命，英国迈出了政治转型的第一步，也就是克服了专制王权，把国家的权力从一个人(国王)手里转到一群人(贵族)手里，实现了权力的第一次扩散。[①]从转型的方式看，内战是暴力的方式，光荣革命是和平的方式；内战为光荣革命打下铺垫，光荣革命则解决了内战所没有解决的问题。从历史发展的方向看，光荣革命更为重要，因为它为和平变革的道路开了先河。光荣革命之所以能够用非暴力的方式解决问题，是因为统治集团内部实行了妥协，不仅两个贵族派别相互妥协，而且议会和王权也实行妥协，这是光荣革命与内战的不同之处。[②]但光荣革命仅仅是政治转型的第一步，它开创了英国的君主立宪制，完成了从君主专制向寡头政治(贵族统治)的转变，却并没有建立民主制；以后向民主政治的转变，将会是更艰巨的任务。因此，光荣革命的非暴力先例并不能保证和平变革的方式一直可以延续下去，因为向民主政治的转变意味着权力的继续扩散，一直扩散到社会的各个阶层，而这些阶层其实是原来的被统治群体。从光荣革命本身的过程看，非暴力不流血在当时也只是偶然的事件，若不是王军统帅约翰·丘吉尔(即后来的马尔博罗公爵)临阵倒戈，投到威廉三世旗下，双方本来是要用战争来解决问题的。所以，即使在光荣革命中，统治集团靠相互的妥协避免了流

---

① 详见钱乘旦、陈晓律：《在传统与变革之间——英国文化模式溯源》，第一章“现代政治观念的由来”，杭州，浙江人民出版社，1991。

② 这个观点在 Christopher Hill 的 *The Century of Revolution*(London,1961)中高度体现。

血、同时又改变了政治体制；那么当以后普通民众提出参政要求、对整个统治集团提出挑战时，光荣革命所体现的不流血方式是否仍然可行呢？

光荣革命没有建立民主制度，它只建立了贵族寡头制。虽说在当时的欧洲乃至在整个世界，英国的制度是最开放、最有包容性的，致使许多欧洲人对英国的制度羡慕不已，大力倡导向英国学习。[①]但随着时代发生变化，这个制度的历史合理性逐渐消失了，它的不合理性也越来越明显。新的变化是由工业革命造成的，工业革命为新的政治变革提供了推动力。在工业革命中，有两个新的阶级在社会阶梯上崛起，其中一是“中等阶级”，二是工人阶级。“中等阶级”是一个中间等级的群体，其组成包括从有钱的厂主、经销商到一般的店主、商人、律师、军官、牧师乃至普通的乡村教师、中等商贩等，应有尽有。工人阶级也包括不同的种类和行业，在工业革命中，他们开始形成共同的意识和阶级认同。中等阶级因其不断上升的经济地位和一无所有的政治地位太不相称而感到不满，因此要求政治变革；工人阶级则因在工业革命中经济地位受到影响，许多人生活水平下降甚至丧失生活的保障而忍无可忍，也对现存的制度提出质疑。这样，两个新阶级都希望改变政治制度，通过改革议会而达到各自的目标。改革的呼声起于18世纪60年代，后来逐渐发展成强大的群众运动，这就是“议会改革运动”。

议会改革运动的实质是打破贵族集团对权力的垄断，也就是否定光荣革命所构建的政治框架。光荣革命曾成功地将国家的权力从一个人手中扩散到一群人手中，但从历史发展的趋势看，这只是现代政治转型的第一步。直至18世纪中叶，权力仍然掌握在百十个贵族手中，其他社会力量完全被排斥在政治权利之外。正如历史学家约翰·坎农所说：“贵族权力在1761年达到顶峰”，“从外观上看它和原来别无二致，所有稀奇古怪的东西都被保留下来。但实际上它比原来更狭隘、更具有寡头性质”。[②]英国统治者对英国的制度骄傲不已，他们说这个制度是全世界

① 比如伏尔泰。伏尔泰对英国的立宪制度推崇备至，并极力主张法国向英国学习，他在《英国通信》中充分表达了这种向往。

② John Cannon, *Parliamentary Reform, 1640-1832*, Cambridge, 1973, p. 49.

最好的，任何变动都可能带来灾难性后果。①在一定程度上，这种说法不无根据，因为在那个全世界都被专制主义所笼罩的时代，唯独英国已经走出了专制阶段，成为世界上其他许多人所羡慕的对象，这当然就给新的制度转变增加了难度，若不是工业革命造成了重大的社会变化、形成巨大的冲击力，光荣革命所创建的制度应该还可以再维持下去的。

然而工业革命终究不可阻挡，它迫使社会各方面都必须发生变化。经济的快速增长及由此引发的社会结构变化终于使现有的政治制度与现实脱节太远，人们也对此看得越来越清楚。不进行新的变革、使之适应新的社会变动，脱节所造成的张力终将把社会引向危机，造成严重的社会动荡。变革终究要发生，问题是如何发生、用何种方式发生？这就是群众性的议会改革运动发生的时代背景。

二、不同的力量、不同的目标

光荣革命后形成的制度叫"旧制度"，它最大的特点就是保障土地集团的利益，保证大地产所有者控制国家的政权。但这种安排却符合前工业时期的社会特征，因为在工业革命发生前，主要的财产形式是土地，土地集团是全社会最强大的力量。前文所提约翰·坎农说的"所有稀奇古怪的东西"，就是指在土地集团控制下议会选举制度中种种不合理、莫名其妙的做法，但这些做法是有其时代合理性的，其功能就是把其他社会集团排斥在权力结构之外，将政权牢牢地控制在土地贵族手中。选举制度中许多陈规已经延续了好几个世纪了，如果社会不发生根本变化，这些制度还会延续下去。在这种制度下，选举权是授给中世纪流传下来的"身份"的，选举资格既不按照"人"、又不按照财产来确定，因此多数人毫无政治权利可言，并且人口越增长，选民的比例会越小，到19世纪初，只有3%左右的人有选举权了。并不是说只要有钱就可以有选举权，许多有钱的人却没有选举权，这就是当工业革命蓬勃发展、"中等阶级"日益壮大时为什么"有钱人"对国家制度日益不满的原因所在。另一方面，许多穷人也可以参加议会选举，因为他们具有中世纪流传下来的

① 威廉·布莱克斯通为英国制度辩护说："政治自由也就是公民自由的理念和实践在本王国已达昌盛之极点，只有其拥有人的愚蠢或劣迹才会将其丢失或摧毁……"这种说法在当时统治阶级中流行极广。见 H. T. Dickinson, *Liberty and Property*, London, 1977, p. 273.

某种“身份”,而这些人又往往处在贵族地主的控制下,因为他们的经济命运是被后者掌握的。此外,议席的分配也是中世纪的遗产,大多数选区都是由中世纪的国王确定的,越到后来,就越不能反映财产的状况和人口的状况。①选举中的腐败现象更加强了贵族对选举的控制,买选票、贿赂选民等做法公开流行,而贫苦选民的存在则为贿赂公行提供了土壤。②

另一方面,工业革命又造成严重的两极分化,贫富不均的现象越来越严重。有估计说:1801 年,占人口总数 1.1%的最富有的人控制着国民收入的 25%,而到 1848 年,1.2%的最富有的人则控制了国民收入的 35%。1867 年,工业革命已经完成了,2%的最富有的人却控制了国民收入的 40%;相比之下,劳动民众在国民收入中所占的比例从 1803 年的 42%降到了 39%,而他们的人口比例却提高了。经济地位的下降使劳苦大众对国家的现状严重不满,这是工人群众要求改革的原因。

由此可见,由于工业革命的进展,它所造成的两大新阶级都在要求变革,要求进一步实行政治转型。但这两个阶级的出发点完全不同,他们目标不同,纲领不同,彼此间的分歧很大,实际上几乎是决然对立的。贫富不均已引起社会的两极分化,把英国变成了一个“阶级社会”。这个现象引起当时许多人的高度重视,马克思、恩格斯曾经说在他们的时代“整个社会日益分裂为两大敌对的阵营,分裂为两大直接对立的阶级:资产阶级和无产阶级”③。激进派科贝特称英国“正发展成这样一个国家,其中只有两个阶级:雇主和卑贱地依附于他们的人”④。就连后来成为保守党首相的本杰明·迪斯雷利也说:英国已变成两个民族的国家——一个是富人,一个是穷人,在它们之间有不可逾越的鸿沟。⑤对分化引发的严重后果,有识者都已经预感到了;社会解体的威胁也已经

① 根据 1832 年以前的统计,当时 202 个“选邑”(可以选派议员的城镇选区)中,有一半人口不满 200 人,而其中有选举权的人可能只是十几个甚至几个。相反,像曼彻斯特、伯明翰、利兹等工业革命中涌现的大城市,人口都超过 50 万人,却被看作是“农村”,没有独立的选区资格。

② 关于“旧制度”的种种弊病,可参见 E. Porritt and A. G. Porritt, *The Unreformed House of Commons*, 1903。

③ 马克思、恩格斯:《共产党宣言》,24 页,北京,人民出版社,1964。

④ 转引自 E. P. Thompson, *The Making of the English Working Class*, New York, 1966, p. 759.

⑤ 转引自 Hampden Jackson, *England since the Industrial Revolution, 1815-1948*, London, 1975, p. 76.

被各种政治色彩的人都看到。[1]工业革命造成的重大后果是：新的变革必须发生。

于是问题就出来了：如果不得不变，新的变化将走向何方？社会会因新的变化而解体，还是前进到一个新的高度？反改革的人把社会的解体作为梦魇来加以渲染，从而坚定地反对变革；改革派则把变革看成是唯一的出路，虽说他们内部在如何变、何时变、多大范围之内变的问题上存在分歧。在变与不变的问题上改革与反改革的力量将激烈冲突，问题是：冲突将使社会解体，还是使社会重新整合？正是在这个问题上，我们看到了和平变革方式与暴力变革方式中隐藏着的潜在机制。下面，我们就来探讨这种机制。

三、力量平衡、重新整合

我们已经看到：因工业革命而造成的两极分化如何把“有钱的阶级”和“无钱的阶级”严格地分开，并且在这二者之间造成严重的对立。我们看到在“有钱的阶级”这一边是社会的上层和中间层，他们在财产的基础上有共同的利益。在“无钱的阶级”这一边是全体劳工大众，他们在工业革命过程中正形成共同的思想意识。奇怪的是：正当工业革命在用经济地位的不同制造社会的两极分化时，“旧制度”却已经制造了另一个两极分化，即在“有权的阶级”和“无权的阶级”之间造成对立和分化——在它们之间造成水火不相容。对中国读者而言，前一个分化是我们熟悉的，对后一个分化则少有人知道。

前面已经说过：“旧制度”下的选举权资格千奇百怪：身缠百万的富翁不一定有选举权，而一无所有的贫民则可以天生拥有选举权。如前所说，这种安排唯一的功能就是把权力控制在极少数人手里，让大土地所有者独占国家的政权。中等阶级和工人阶级作为整体集团都没有政治权利，他们中少数人有选举权，是因为他们与生而来的“身份”，而并非因为他们的财产或他们的人格。如此造成两个后果：第一，由于都属于“无权的阶级”，中等阶级和工人阶级在反对贵族统治、争取政治权利方面有一致的目标，可以结成同盟。第二，由于都属于“有钱的阶级”，中

① 马克思、恩格斯说无产阶级将通过阶级斗争推翻资本主义；科贝特说必须恢复古老的英格兰，否则社会将瓦解；迪斯雷利则高呼：给茅屋以面包，给宫殿以和平！

等阶级和土地贵族本来是可以在财产的基础上携起手来，共同保护现有的社会秩序的；但这一点现在却做不到，因为在中等阶级和贵族集团之间横亘着一道鸿沟，这就是“有权”和“无权”的对抗。由此可见，1832年之前英国社会的布局是非常奇特的，各阶级、各集团间存在着错综复杂的关系。中等阶级的地位非常关键，因为它在两大对抗性冲突中处在一个交接点上。那么，中等阶级将偏向何方呢？

中等阶级在改革的斗争中起着重要的作用。18世纪60年代改革运动就是由中等阶级发起的，当时，发生了“威尔克斯事件”。约翰·威尔克斯是议员，1763年他在自己的刊物《苏格兰人》第45期上发表文章批评国王乔治三世，于是在乔治三世的授意下他被剥夺议员资格，并被判罪。这件事引起广泛的不满，人们认为乔治三世企图恢复国王的个人统治，而议会已经沦落为国王的工具，因此必须改革。议会改革运动就是由此而开始的。①为支持威尔克斯，一些人组织了“威尔克斯后援会”，并喊出“威尔克斯和自由”的口号。后来，这些人中的坚定分子在1780年成立了“宪法知识会”，这样就出现了群众性的政治组织。“宪法知识会”以宣传议会改革为目标，活动方式包括出版小册子、召开群众大会、演讲、请愿等，这些方式也是后来改革运动中常见的形式。法国大革命爆发后，中等阶级改革派加强了他们的活动，并且又得到工人民众的支持，融汇成声势浩大的群众运动浪潮，这在英国历史上是从来没有出现过的。②

从1830年开始，改革斗争进入决战阶段，中等阶级又发挥了领导作用，当时中等阶级改革派组织如“全国政治同盟”和“伯明翰政治同盟”等，动辄就能组织起数十万人的盛大群众集会，有极大的号召力。它们和工人阶级的政治组织配合行动，在英国造成了一种有可能触发革命的局面，正是这种局面给当时英国的统治者也就是贵族集团造成巨大的压力，迫使他们进行选择：是抗拒改革，从而冒引发革命的危险；还是进行某种程度的变革，调整各社会阶层在国家政治中的地位？③

---

① 关于威尔克斯事件和议会改革运动的兴起，可参见George Rude, *Wilkes and Liberty*, 1962。

② 这一时期的群众运动详情可参见H. T. Dickinson, *Liberty and Property*, London, 1977; C. B. Cone, *The English Jacobins*, London, 1968。

③ 关于这个问题可参见Malcolm I. Thomis and Peter Holt, *Threats of Revolution in Britain, 1789-1848*, London, 1977。

1832年5月，斗争进入关键时刻。这时，由于反改革的托利党的坚决抵制，主张改革的辉格党内阁辞职，中等阶级领导人如佛兰西斯·普雷斯等立刻号召中产者到银行去提取黄金，挤兑金融，显示中等阶级的力量，阻止托利党组织政府。此时局面确实很危险：假若托利党组阁成功，就意味着和平变革的道路有可能被封死，以后如何发展就很难说了。英国在1642年爆发内战的记忆骤然翻新，掌权者真正面对着危险的抉择。3天之内英国的黄金储备被提取近二分之一，中等阶级的经济实力确实显示出来了。就在这时，国王做出决断：他召回辉格党内阁，让他们继续改革的进程，而托利党也迅速屈服了。有人说：反改革力量是在挤兑黄金的压力下屈服的，这话也不是没有依据。[①]

中等阶级的改革运动始终表现出平和、和平的色彩，它们的活动基本上就是请愿、集会、出版、宣传等，最剧烈的表现也就是经济挤压。之所以如此是因为在他们看来，和平的道路始终存在，而辉格党的立场是一个关键，对此我们在下文还要谈到。18世纪以来，中等阶级的经济利益是被统治集团充分认可的，他们的私有财产受到保护。现在他们要求的是政治上也受到承认，一旦如此(哪怕部分如此)，他们就会对现有的政治制度表示满意。1832年以后，中等阶级中一大部分得到了选举权，因此成了“有权的阶级”，其参与政府治理的要求在相当程度上得以实现，他们为自己权利而战的斗争基本上结束了。由于中等阶级加入，政权的基础扩大了，财产权和政治权分离的怪现象基本结束。社会上层与中层联起手来统治国家，19世纪的英国也就渐渐地变成了“资产阶级的”国家。中等阶级这时感到心满意足了，他们退出战斗，把战场完全丢弃给工人阶级。

接下来我们看看工人阶级的情况。工业革命之前，手工制造业工人是工人阶级群体中最重要的一个集团，他们因为有各自的技艺，因此有较稳固的工作和较好的收入，是工人群体中令人羡慕的阶层。但工业革命恰恰是在手工制造业中兴起的，随着工业革命向前进展，制造业中一个个部门使用机器，手工制作被机器取代，手工工人经受重大打击，不仅他们的优越地位消失了，而且生活来源也几乎断绝，许多人落到衣食

① 这一段斗争的历史见 Michael Brock, *The Great Reform Act*, London, 1973。

无着的地步。在这种情况下，手工工人开始反抗，他们把苦难归咎于不合理的议会制度，认为在议会中没有代表权是问题的症结，因此他们提出了改革议会的要求，希望通过争取选举权而选出能够为工人阶级谋利的议员。由此我们知道：全力投入到改革斗争中去的是工人阶级中的手工工人群体；工厂工人在当时仍是一个弱小的集群，并没有积极参与到政治斗争中去。①

手工工人的目标是很明确的，就是通过政治变革改善生活条件、提高经济地位。他们心目中的理想是恢复工业革命前的状况，那时候他们有很好的收入、很不错的生活地位。这个理想一直贯穿在从“伦敦通讯会”到宪章运动的整个斗争过程中，时间从 18 世纪末法国大革命时期一直延续到 19 世纪中叶。由于有这样的理想，他们并不希望推翻现存社会，而是改变议会制度。在他们看来选举权是根本问题，有了选举权一切都可以解决。②所以他们把成年男子普选（妇女问题当时还提不上日程）作为基本的纲领，在这个问题上他们和中等阶级改革运动有本质的区别。尽管工人阶级改革运动把纲领定位在政治层面上，但他们的最终目标却是经济性质的，也就是改变工人的经济地位，在这一点上，从伦敦通讯会到卢德运动再到宪章运动都一脉相承。这就是英国历史上的“工人激进主义”。③

在斗争手段上，工人激进派除使用集会、请愿、游行、鼓动等中等阶级也使用的和平方法外，也不排除尝试暴力的手段，如骚乱、密谋乃至发动武装起义。事实上在工人激进主义活动的历史上，和平与暴力两种倾向都有，和平和暴力两种手段交替使用。一般来说，凡是环境较好、政府允许一定范围内的政治活动时，和平的方式会主导运动；而一旦政府严厉镇压、将和平的活动完全封死时，少数极端分子就会尝试使用暴力的手段，企图以推翻政府作为变革的手段。由此我们看到：实际

① 关于这个问题笔者在《工业革命与英国工人阶级》（南京出版社，1992）一书中有详细的阐述，可参见。

② 参见 1792 年 8 月 6 日《伦敦通讯会致大不列颠居民书》，其中说：“无论我们的苦水何其多，无论自由的枷锁何其重，只要有一变就会有万变，疾苦通将随之而去。”这个“一变”就是指改变议会制度。见 *The State Trial of Thomas Hardy*，London，1794。

③ 关于工人激进主义的最出色的著作是 E. P. Thompson 的 *The Making of the English Working calss*，这本书奠定了英国马克思主义历史学派的基础。

上统治者的态度左右着英国工人斗争的手段——只要和平达到目标的希望一线尚存，他们就不试图使用暴力；反之，一旦和平表达政治愿望的做法完全被压制，暴力的企图就会出现。幸好在整个议会改革运动期间英国统治者很少有走到极端的，这就使英国工人激进主义基本上沿着非暴力的路线发展。①

在伦敦通讯会时期这个现象已经很明显。伦敦通讯会是英国第一个工人阶级的政治组织，成立后(1792 年 1 月)，它通过发展会员、小组活动、散发传单、召开会员大会等手段宣传群众，同时与全国相类似的组织保持通讯联系，与中等阶级改革团体如“宪法知识会”等协调活动。1793 年 5 月，它和其他团体发起请愿活动，共向议会提交了 36 份请愿书，其中多数都以“不合行文规格”为由被退回，但伦敦通讯会自己的一份请愿书却被议会接受了，当然最后还是被否决。通讯会于是企图模仿当时法国国民公会的做法，于 11 月召开了一个“全英国的国民代表大会”。参加会议的有来自各地的许多改革派组织，包括“宪法通讯会”。会议号召所有改革派团体协同行动，争取实行成年男子普选权和年度召开的议会。当时，正是法国大革命的高潮时期，革命的梦魇深深地恐吓着英国政府，英国政府于是进行镇压，不仅将会议的组织者审判、流放，而且把伦敦通讯会和宪法知识会的领导人逮捕、起诉，从而极大地打击了改革派力量。在经历这次打击后伦敦通讯会消沉了一年多时间，到 1795 年恢复积极的活动，相继在 6 月和 10 月召开两次大规模群众集会，据估计与会人数都达到 10 万左右。这两次大会引来了政府的强烈反弹，政府制定法令，限制结社活动，实际上是使激进派团体无法开展活动。此后，通讯会内部的和平派逐渐退出，暴力派控制了领导层，而会员人数也越来越少，活动越来越成为一种革命密谋的方式，并试图与爱尔兰的暴力团体“联合爱尔兰人”协同行动。1799 年，政府通过更严厉的法律，取缔了伦敦通讯会。②

但政府的镇压反而使工人激进派更倾向于使用暴力手段，19 世纪最初几年不断透露出有下层民众的革命密谋活动被发现的案例。19 世

① 两种斗争手段交替出现的情况见笔者的《工业革命与英国工人阶级》一书。

② 关于伦敦通讯会的历史可参见 Albert Goodwin, *The Friends of Liberty*, London, 1979。

纪前 10 年爆发大规模的“卢德运动”；200 年后的今天，历史学家们越来越意识到它背后隐藏着政治激进主义的色彩，是一种工人运动的暴力形式。①拿破仑战争结束后(1815 年)，英国政府放宽了管制，工人的政治活动却很快又以和平斗争的方式重新表现出来，而且发展很快。在以后 4 年中，温和的激进主义两次形成巨大高潮，而政府又两次采取严厉的镇压手段，结果每当镇压激烈时，暴力活动就出现，1817 年的“彭特里奇起义”和 1820 年的“卡图街密谋”就都是这样。②再往后，就出现 1830—1832 年的改革高潮了，如果我们注意到高潮过程中的几次反复就都会发现：每当辉格党的改革方案进展顺利时，民众就会平静地等待改革的结果；而一旦出现波折，尤其是在 1832 年 5 月出现托利党组阁的大危机时(前面已经提到)，工人民众的情绪就会转趋激烈，并立刻引发大量自发(虽然是分散)的暴力活动。在 1832 年 5 月的大危机中，中等阶级激进派和工人激进派都开始谈论发动革命的可能性，相互甚至开始接触，探讨协调行动的问题。③英国在这时可谓走到了历史的十字路口，它面临着社会力量大组合的选择：是“无权的阶级”携起手来共同反对“有权的阶级”，一起改变国家的制度(这意味着法国式的大革命)；④还是“有钱的阶级”彼此认同结成同盟，共同应付“无钱的阶级”的反叛(这意味着贵族统治者必须向中等阶级做出让步，让他们得到一定程度的满足)？这是历史的大抉择！而就是在这种“革命威胁”的逼迫下统治集团下定了决心向中等阶级让步，导致第一次议会改革的成功。⑤

这里必须提及一支力量，那就是辉格党集团。辉格党是土地贵族的政治结盟，是统治集团中一个重要的派别，从成员身份方面说，辉格党比托利党更具备大贵族的色彩。17 世纪反对君主专制的斗争中，辉格

---

① 许多当代学者已一再谈论这个问题，如 Malcolm I. Thomis, *The Luddites*, New York, 1972, p. 24; John Dinwiddy, “Luddism and Politics in the Northern Counties”, *Social History*, Vol. 4, No. 1, 1979, p. 39 等。

② 彭特里奇起义见 John Stevens, *England's Last Revolution*, *Pentrich*, Derbyshire, 1977。卡图街密谋见 John Stanhope, *The Cato Street Conspiracy*, London, 1962。

③ 佛兰西斯·普雷斯的说法，可参见 Mary Thale ed, *The Autobiography of Francis Place*, Cambridge, 1972。

④ 在法国大革命中，我们明显看到中下层民众在“第三等级”的旗帜下联合起来，共同反对国王和贵族。第三等级的共同基础就是“无权”，他们的联盟引发了震撼世界的大革命。

⑤ 整个过程参见 Michael Brock, *The Great Reform Act*, London, 1973。

党起过重要的作用。18 世纪上半叶它长期执政，奠定了君主立宪的基础，当然也充当着贵族政治的基石。但从 18 世纪下半叶起它就长期在野，结果是逐渐同情议会改革，认为自己的下野与议会制度的腐败有关。议会改革运动兴起后它一直充当改革派的盟友，法国大革命时期甚至建立了自己的组织“人民之友会”，与中下层激进团体协调行动。19 世纪初辉格党退出积极活动的舞台，但只要有需要，它的领袖人物还是站出来，保护中下层改革人士不受到政府的过分迫害。辉格党集团的亲改革立场使和平变革的希望始终存在，人们一直指望：有朝一日辉格党重新掌权时就会提出改革的方案，实施改革。1830 年辉格党组阁后果然提出了改革的方案，可以预料的是：如果辉格党的改革失败，民众会作如何反响、英国又会出现什么局面！辉格党其实是在改革和反改革的力量之间搭起了一座桥，没有这座桥，改革的道路是走不通的。反过来说：一旦这座桥断裂，改革的道路也就到此为止了。这就是 1832 年“革命威胁”的现实可能性之所在。

辉格党改革的动机很明确，这就是“把社会的中间阶层联合到上层中来，共同热爱并支持国家的制度和政府”①。辉格党很清楚：在变革的潮流已不可阻挡时，将变革的主导权控制在自己手里，对统治者而言是最安全的，因为这是“防止灾祸的最好方法”②，可以避免现存制度的整体崩溃。正因为如此，1832 年辉格党一上台，立即提出改革的方案，着手进行可控制的改革。辉格党的策略是：向中等阶级让步，在财产的基础上结成上层和中层的联盟，重建国家制度的社会基础，从而挽救正在坍塌的贵族政治。这个策略如能实现，就能拆散“无权的阶级”间一直存在的潜在的认同关系，不让它们像在法国那样正式结盟、发动革命、推翻现存制度；同时立刻就能把中等阶级拉入到“有钱的阶级”的政治俱乐部里来，让他们成为原有制度的新的社会基础。站在统治者的立场上，这是非常聪明的做法，它能顺应中下层人民变革的愿望，同时又保住了现有的制度，给它注入了新的生命力。做到这一点的关键是给中等

① E. P. Thompson, *The Making of the English Working Class*, New York, 1966, p. 817.

② 格雷伯爵语，所谓“防止灾祸”，就是防止法国式大革命。Alfred Cabban ed, *The Debate on the French Revolution*, London, 1950, p. 109.

阶级选举权，让他们成为“有权的阶级”。格雷内阁提出的改革方案正是这样来设计的：它使中等阶级的主体部分得到选举权，同时排斥整个下层甚至中间等级的下层部分。[①]通过这样一个让步，中下层结盟发动法国式革命的危险被消除了，变革被控制在有序的范围内。

但问题是：一旦改革的闸门打开，民主的潮流就会涌进来，托利党正是看到了这一点，才竭力反对变革的。

不过托利党并不是法国的旧贵族，他们并不一概反对变化，只是反对走向民主制。爱德蒙·伯克和小威廉·皮特是法国大革命时期保守主义的代表，但他们自己就曾是改革派，曾多次提出改革的建议。[②]随着时间的推移，托利党的反改革立场越来越站不住了，19 世纪 20 年代党内形成一个“自由派”集团，在其执政期间实行了大范围的行政改革。这些人后来大多投到辉格党旗下，在日后的政治活动中发挥了重要作用。1829 年，托利党领袖、最坚定地反对改革的威灵顿公爵在就任首相时做出了一个惊人之举：实行《天主教解放法》，实际上是对英国的国体进行了根本的修正。[③]因此，尽管威灵顿本人仍旧坚定地反对议会改革，但托利党反改革的立场实际上已经崩溃了。在这种情况下，出现了 1830—1832 年的改革大高潮。

以下的情况是人所共知的。1830 年 11 月威灵顿下台，格雷伯爵接任，组成辉格党政府，并立刻提出改革法案。法案在下院两次被通过，但两次被上院否决，托利党利用上院的多数席位负隅顽抗。当法案第三次通过下院时，格雷向国王提出：册封足够数量的改革派贵族，以迫使法案在上院通过，这意味着有可能一下子就要册封 50 个、甚至 100 个

---

① 为政府准备改革方案的起草委员会制定了这样的原则：“满足一切合理的要求，同时并立即永远除去社会上有理智而独立的那部分人抱怨的理由”，也就是满足中等阶级的愿望。Norman Gash, *Aristocracy and People*, London, 1979, p. 147。辉格党政府因此制定十英镑财产资格选举权，这在“有钱的阶级”和“无钱的阶级”之间划了一道分界线。

② 爱德蒙·伯克曾经说：“我决不排除另一种可以采用的办法，但是，即使我改变主张，我也应该有所保留。”这就是英国保守主义中著名的“有保留地变革”的原则。参见[英]休·塞西尔：《保守主义》，杜汝楫译，40～41 页，北京，商务印书馆，1986。小威廉·皮特在 1783—1801 年和 1804—1806 年长期担任托利党政府首相，但即使在拿破仑战争期间他也曾好几次提出过改革的建议；当然他是坚决反对中下层人民的改革运动的。

③ 英国自亨利八世宗教改革以来就禁止天主教徒担任公职，视之为英国国家的最基本法则。而《天主教解放法》“解放”了天主教徒，让他们能够出任公职。

新的贵族；而如果这么做，那么英国贵族古老的传统基础就被动摇了，实际上是一次贵族制度的大地震！国王拒绝这个请求；辉格党政府于是总辞，威灵顿受命组阁。在这种情况下发生了我们前面一再说到的"革命的威胁"。面对危机，为避免国家制度的总体崩溃，避免法国式的大革命，国王和托利党终于退却了。国王答应随时准备册封新贵族；托利党则不等国王册封，就主动退出了战场。第一次议会改革就这样成功了。

当法国通过一次次革命实行政治转型时，英国用和平的变革走向民主政治。

改革前的英国议会制度

“光荣革命”后，英国成为大土地贵族和大商业寡头联合掌权的君主立宪制国家。国王的权力大大削弱，议会的权力大大加强。议会通过立法控制着军队、法律、行政乃至能决定国王的生活费用和应该由谁来当国王，因而在国家政治生活中发挥着举足轻重的作用。法律高于国王，国王说了算，“朕即国家”的家天下体制不复存在了。这在当时整个欧洲封建主义流行，君主专制越来越强的情况下，无疑是一个极大的进步。但从18世纪下半期起，要求议会改革的呼声越来越高，终至1832年进行了历史上第一次议会改革。英国议会为什么需要改革呢？这必须从18世纪议会制度本身来考察。

一、不合理的议席分布

英国议会分上、下两院。上院由贵族组成，称“贵族院”，贵族为当然成员，册封贵族本来是国王的特权，但光荣革命后逐渐发展为由当朝的政府提名，报国王批准，因此也就越来越具有政治斗争和党派斗争的色彩。

下院又称“平民院”，拥有决定拨款和征税的全权，掌握着政府的经济命脉。它还制定绝大多数法律，因而是真正的立法中心。尽管如此，下院在18世纪实际上是一小撮贵族手中的玩物，议会改革的呼声就是对此而发的。我们所要考察的，也主要是下院的状况。

下院议员，不算爱尔兰，共558名，分别由全国各选区选出。选区分两类，一是农村，一是城镇。城镇选区称选邑，它们由历代国王指定，可说都是中世纪的遗产。凡不单独构成选邑的地区，都列入当地所属各郡的选区范围，也就是农村选区。1830年，全国有40郡，202个选邑，其中125个是爱德华一世(1272—1307年在位)时期的“古董”。议席的分配，一般来说每个选区各产生两名议员，这也是1295年爱德华一世首次召集议会时开创的先例。

英国议会虽年深日久，但历经数百年沧桑而绝少改变，形成旧体制和新形势之间的尖锐矛盾。这一矛盾首先在席位分配上暴露出来，由于各郡的选民数和经济发展程度不同，每郡各派两名议员无论从人数和财产的角度去衡量，都显得不公平。[①] 选邑的问题就更大了，这些地方，在成为选邑的时候可能是经济繁荣，或位居要冲的市镇，但经过几百年变迁，早已沧海桑田，今非昔比了。其中的多数已凋零不堪，成为“衰败选邑”；即使还没有“衰败”，也已被迅速发展的新兴城镇所取代，落到了默默无闻的境地。

“衰败选邑”荒唐到何种程度，可从里奇蒙公爵1870年6月3日在上院的发言看出来。他说：“选邑中有一些过去可能显要过一时，现在却沉沦已极，很难看到房屋的痕迹了。特别是在某一个选邑，即米德赫斯特，我常注意到在座的一位爵爷的庭园墙上有几块石头，上面标着1.2.3.4等；我问那是什么意思，有人告诉我那些就是选票，还向议会推送议员！我立即就懂得这些石头是无价之宝，那位尊贵的爵爷是不愿为一大笔钱而与它们分离的。”[②]此外，著名的衰败选邑老萨勒姆早已成为农田，只在田中竖了块石碑表示选邑所在。还有些地方已沉到北海去了，每逢选举，选民们必须乘船出海，去行使他们神圣的权利。

有一张表，标明1832年取消的56个选邑各有多少居民。其中老萨

① 例如，据估计1754年拉特兰郡有选民800人，约克郡则20000人，相差25倍。

② David Douglas, *English Historical Documents*, Vol. 10, London, 1969, p. 219.

勒姆和西福德根本没有人住，加顿镇只有5人，迈因海德10人，马姆斯伯里和米德赫斯特13人，邓威奇18人。其余各镇居民数在有20～50人之间的20个，50～100人的14个，11个镇的居民数在100～200人之间，只有4个镇的居民数超过200人。[①] 必须注意：居民数并不等于选民数，而且选民不一定是居民。比如加顿镇通常只有两个选民，人口有5人；西卢镇有55个居民，选民只有12人。另一方面，老萨勒姆虽然没有居民，选民却最多可至7人。

议席的分配在地域上也极不合理。如果把沃希河口和塞汶河口用一道线连起来，就会发现这条线以南共有议席293个，比下院总数（不算爱尔兰）的一半还要多；该线以北的英格兰广大地区却只有74个选邑，144名议员。特别令人惊异的是康沃尔这小小的西南一隅，1760年人口不过2万，经济十分落后，竟有选邑21个，加上郡属议席，共选派44名议员。这21个选邑中几乎个个都是衰败选邑，只有4个逃脱了1832年的议会改革。另一方面，伦敦加上近郊索思沃克，米德尔塞克斯和威斯敏斯特等选区，人口已达百万人，又是全国经济文化中心，总共却只有10个议席；而大量新兴城镇、工商业中心，却根本一个席位也没有！1820年曼彻斯特、伯明翰、利兹3个市人口总计50万人，却从未派出过一名议员。相比之下，米德赫斯特和老萨勒姆的景象是多么触目！

议席这样分配当然有它的历史根源。当初，选邑是根据财富，而不是人口和地域来设立的，很多衰败选邑数百年前很可能繁荣过，但历史的发展逐步改变了这种情况，特别是工业革命开始后，人口纷纷北移，国家的经济中心转入北部和中部地区，本来就已经衰落的中世纪城镇，此时就更加一蹶不振了。财富在新兴的工业城镇大量积聚，旧选邑在它们眼中犹如乞丐一般。要求按经济实力重新分配议席的呼声也就由此开始。因此，工业革命愈接近完成，重分议席的呼声就愈高。这就是议会改革的第一个内容。

二、奇怪的选举资格

如果说议席的分布与财富不符，那么选举权则排斥了人口的多数。

① Edward P. Cheyney, *Readings in English History*, Boston, 1908, pp. 686-688.

1832年改革前，英国实行一套稀奇古怪的选举权制度，看起来十分复杂。

首先是郡。郡的选举权划一，即“扣除一切费用后年收入不少于40先令”的自由持有农。① 这是1429年亨利六世时的规定三。40先令在当时是一笔可观的款子，但后来由于价格革命和生产发展，已变得越来越不值钱，“40先令自由持有农”也就大量出现。但由于圈地运动和工业革命使自耕农大量破产，所以两相抵销，到19世纪初，全国的自由持有农仍然只有18万人左右，占1831年农业人口总数的4%。可见有选举权的农村人口比例之小!

但和城镇选民比起来，4%就算万幸中之万幸了——城镇选民只占居民的1%多一点；城镇的选举权形形色色，五花八门，绝无统一的标准。若是大概地归一归类，可以分为以下5种：自立户选举权、纳税人选举权、房地产租佃选举权、市镇团选举权和自由民选举权。

自立户选举权是指能独立生活、自起炉灶的户主。18世纪的著作家威利斯记载：加林顿的选举权给予“每一个住满一年并拥有房屋的男子”。另一个著作家奥德费尔德则说特勒戈尼“所有开锅的，或换言之，自立的房主”都是选民。笛福还发现“在选举前，有些房客或住宿户会把锅搬出来，在街上生火，当其邻居之面烧饭煮食，以保证他们的投票权不受质疑”。② 可见这种情况十分接近于户主选举权。

纳税人选举权是指交纳地方税的成年男子，这种税往往视各人的经济收入而定，所以很多穷人也能获得选举权，不过这种选举权很容易引起争论，争论的焦点当然在穷人。如1699年阿宾登大选，一方向议会申诉对方有“16人经常接受救济，另外65人是一家好几个去投票，或寄宿在别人家、代饭在别人家，或和其他已投过票的人同住在一所房子里”等，因此不应该有选举权。③

房地产租佃选举权是指选举权属于某几块田地或某几座房屋，谁租得这些田产谁就获得选举权；租有一个即取得一票，租得越多就选票越多，直至取得多数，稳操选举胜筹。这种选举权不属于人，而属于物，

---

① 《国家法令集》，2卷，243页。

② W. A. Speck，*Stability and Strife*，London，1977，p. 17.

③ E. Neville Williams，*The 18 th Century Constitution*，Cambridge，1960，p. 157.

最容易当商品出售，是英国选举制度中最腐败的一种。老萨勒姆就是这种情况。该地一共只有7处这种房地产，很容易被全数收买。名望颇大的首相老威廉·皮特和坎宁就都是从这个镇“选”出来的。1802年菲利普·弗朗西斯当选为阿普尔比议员，这是个有100张选票的房地产租佃选举权镇，但这一年一共只有一个选民参加“选举”。因此弗朗西斯得意地写道：“没有其他候选人，没有反对派，不需要投票，检票，也不会有请愿。我除了对上述那个选民‘全体一致’将我选出表示感谢外，就没有其他事好干。然后我们就城堡举行盛大宴会，并给那些我的太太称为叫花子的人搞了个顶呱呱的化装舞会。”①

市镇团选举权只有市镇团成员才有，所以是典型的“封闭选邑”。1754年巴思市居民约有3000人，而市镇团成员仅30人；伯里圣埃德蒙兹有居民8000人，市镇团成员只有37人。像西卢镇这种地方市镇团就更小，仅12人。市镇团成员通常是指名递补或世代相传的，由几大家族共同垄断，实为地方上的寡头势力，任何人都打它不破。若该镇处于贵族势力范围内，则市镇团成员多由贵族的家人充任，据说艾尔斯伯里侯爵就曾把他的管家、茶房、脚夫、仆役等全班人马都塞进市镇团。这种东西当然是贵族手中的玩物，控制市镇团也就控制了选举。即使一个镇不处于贵族直接控制下，收买市镇团也是极容易的事。因此市镇团选举权镇无一不是腐朽之极的。

最后是所谓自由民选举权。这种类型的选邑很多，如果它是个选民众多的大城市，像伦敦、利物浦或诺丁汉，那就很不容易控制，往往是各派政治势力争夺最激烈之地。它们和“纳税人”镇、“自立户”镇中的较大者共同形成“开放选邑”，反政府力量常常从这里产生，因而在改革运动中的作用不可低估。但选民较少的自由民选邑又很容易受控制，而且往往是收买贿赂最公开最风行的地方。“自由民”的身份靠世袭、学徒、购买、甚至和自由民的女儿或寡妇结婚都可以取得，但必须由市镇团仲裁决定。正因为如此，在较小的自由民选邑中，市镇团可以通过追加或剥夺自由民称号的方法来为竞选的一方服务；而某人是不是自由民的问题，也就时常在议会中争论不休。

① E. Neville Williams, *The 18 th Century Constitution*, Cambridge, 1960, p.169.

从以上事实可以看出一个奇怪的现象，即与常情不同，英国选举权并非完全基于财产，许多相当穷的人也有选举权；另一方面，一个人即使很有钱，比如说商人、工业家、自由职业者，若是他不具备某种适当的名分(例如“自由民”、“市镇团成员”等)，他就没有选举的资格。这种既不依据人又不依据财产的选举权制度是十分怪诞的。但尽管选举权五光十色，无奇不有，却达到一个最终目的，即千方百计把选民数限制在最低水平上。1715 年英国选民尚占总人口的 4.7%；到 1831 年，就只剩下 2.5%了。选举权之狭小竟到何种惊人地步，可从辉格党的“人民之友会”1793 年一份调查报告中看出来。其中说：“在英格兰议员中形成多数的 256 人，是由 11075 个选民选出的；换句话说，是由他们所要代表的人民中的一百七十分之一略多一点的那个部分选出的——即使假设这部分人民只有 200 万人也罢。”①在封建残余势力更强的苏格兰，情况就更糟了。据这份报告统计，1788 年全苏格兰 33 郡总共只有选民 2639 人，而英格兰的布里斯托尔一市选民数就比它大一倍。这 2639 人中，还有 1235 个名额实无其人，是虚报的“死魂灵”。在选民最少的布特郡，实有选民仅 3 人，加上“死魂灵”也只有 12 个。

选举权问题还有一重要之点要补充的，是各选邑几乎都不要求选民居住资格，因而选民中有大量的“外乡人”。比如 18 世纪末泰因河畔的纽卡斯尔 2245 个选民中，1097 个是外乡人，几乎占一半；其中又有 208 个住在伦敦。兰开斯特 2182 个选民中则只有 657 个是本地居民，仅占 30%多一点，而伦敦人有 144 个。这种情况一方面为外乡人收买选举权收买议席大开方便之门；另一方面，每逢大选，候选人必须负责把选民运往选区，从而花费大量财产。

这套制度虽然荒诞，却必须承认它符合当时社会的需要。因为工业革命前英国是个农业社会，地主阶级在经济上占优势地位。因此只要能保证地主阶级取得与经济地位相适应的政治优势，什么样的选举制度都行。而上面那套古怪的选举权制恰恰做到了这一点。另一方面，英国的商业和殖民利益在这一时期已相当突出了，这套制度又恰恰给商业、殖民阶层留下了参政的余地——他们可以购买衰败选邑，取得政治权力。

① David Douglas, *English Historical Documents*, Vol. 11, London, 1959, p. 216.

因此在这套制度下，贵族地主和大商业资产阶级达到了政治力量平衡。但这套制度除保证地主阶级人人都有选举权外，其他各阶层都有大量人被排斥在外，因此必然使各阶层都感到不满，争取选举权是社会各阶层的共同愿望。这是议会改革的第二个内容。

三、贵族操纵选举

1831 年英国人口为 1300 多万人，城乡选民总数却不到 35 万人。这样狭小的选民团体，照说在议会选举中总能表现自己的意愿了吧？事实正相反。在大多数场合下，议员不是通过选举而是通过内定，通过任命而产生的。这种现象归因于风靡当时的“惠主制”制度。

前面说过，英国选邑中存在着大量“衰败造邑”，这些选邑的特点是选民极少。全部 202 个选邑中，选民数在 50 人以下的 56 个镇，51～100 人的 21 个镇，101～300 人的 36 个镇，共 113 个镇，超过选邑总数一半。正是这些选邑为寡头操纵选举提供了肥沃的土壤。

所谓“惠主制”，是指一个或数个寡头控制某选邑，视其为私家财产。其议席或是自家享用，祖孙相传，或是拍卖出售，待价而沽。这些寡头可以是当地贵族，也可是地方豪绅，统称“惠主”，即该地受其“惠”之意。控制的方法，可以是直接控制，如贵族之于其领地；也可是间接影响，如巨贾染指某港镇，该港镇为分沾海外贸易的利润，就必须听从商家的指使。据人民之友会《报告书》统计：71 个贵族“惠主”加上政府共任命 92 名议员，另由其影响而当选的 77 名；91 个平民“惠主”共任命 82 名议员，另由其影响而当选的 57 名，因此“162 人推举出 513 名议员中的 308 名”①。1827 年 4 月，海军部秘书克罗克送给即将上任的新首相坎宁一份备忘录，提醒他“这个国家若没有贵族的帮助，将不可能做任何使政府感到满意的事”。因为据他掌握的材料，“旧托利党和坚定的辉格党贵族在下院至少握有 150 席，不是通过影响或私人关系，而是靠直接任命。一个政府若不使他们分割开来就不可能存在须臾片刻”。②他提供的数字是惊人的，比如，在托利党方面，朗斯代尔勋爵握有 9 席，赫特福德勋爵 8 席，拉特兰公爵 6 席，纽卡斯尔公爵和亚巴勒勋爵

① David Douglas, *English Historical Documents*, Vol. 11, London, 1959, p. 202.

② David Douglas, *English Historical Documents*, Vol. 11, London, 1959, p. 237-239.

各5席等，共96席；辉格党方面，菲茨威廉勋爵8席，达林顿勋爵和德文希尔公爵各7席，诺福克公爵和格罗夫纳勋爵各6席等，共54席。加上双方非贵族寡头控制的席位，托利方面达203席，辉格方面73席，共276席！

“惠主”们如何来控制手中的选邑呢？方法手段也无奇不有。贵族往往利用领地的租约关系来控制选邑。费弗沙姆勋爵总是在选举前夕把自己的产业借给佃户或邻近工匠，使其得到选举权，投票一结束就立即收回。帕默斯顿勋爵1817年写信给爱尔兰大臣皮尔，要他估计一下斯利戈郡会不会有竞选，如果会，他“现在就可从加设280至290个选民，只要给那些临时租地户一张契约就行了”。① 如果不在领地的直辖范围内，或寡头不是当地地主，“惠主”们则有其他妙法。特鲁罗镇的“惠主”是因其族人中有一个远洋船长，答应带乡里子弟出洋发财，而控制该镇的。格罗夫纳勋爵用济贫税督察来排斥异己，又用筑路监护来扶植党羽：因为斯托克布里奇镇是一个纳税人选举权镇，济贫税督察可将反对派从纳税人名册上勾除，而筑路监护则专门雇用同党，发给工资，使其有能力纳税。使用得更多的是购买。1749年，老皮特的哥哥托马斯欠威尔士亲王120镑。临到偿还期限时，威尔士亲王提出如下建议：亲王将勾销债务，并补齐3000镑赠送托马斯，另每年支付1500镑薪金作酬劳。交换条件是“亲王殿下将在若干年中指定老萨勒姆选邑选举的每一个议员；除每次选举支付40镑作一般费用外殿下不再开销其他花费”。②

因此，选邑实际上是商品，惠主愿留愿卖悉听其便。随便举几条例子来说：1711年纽卡斯尔公爵愿出资收买博罗布里奇，为期26年；1781年约翰·哈利戴愿出价1430镑购买下一次的汤顿镇大选；1812年弗朗西斯·霍纳写信说他不能保住议席了，“因为卡林顿勋爵……不得不把它们留给一个上次大选后成年的侄子，和他的女婿……”③

惠主既把选邑出售，任何人若想当议员就当然只能购买了——除非他自己就是惠主家里的成员。议席售价极高，1698年马姆斯伯里的一

① David Douglas, *English Historical Documents*, Vol. 11, London, 1959, p. 310.

② *The 18 th Century Constitution*, pp. 151-152.

③ Ibid, p. 168, 156; *Readings in English English History*, p. 646.

个议席卖 400 镑，1727 年以后涨为 650 镑，1761 年更升至 2000 镑；1784 年全国平均每个议席售价 3000 镑，到 19 世纪则非 6000 镑不可了。曾负责人民之友会《报告书》起草工作的罗米利回忆 1807—1808 年大选时说：辉格党下院首领蒂尔尼愿出一万镑买下威斯特伯里镇两个席位，但被拒绝了，因为当时的风尚已经是“为一个席位支付 6000 或 5500 镑，而不对有效期限及国王的去世或内阁的更替导致议会迅速解散时该怎么办等作出规定”。罗米利进而感叹说：“买席位是很可恶的，然而对处在我这种地位，决心要保持独立的人来说，这几乎是进入议会的唯一途径了。通过群众选举进入议会，在目前的代表制度下相当不可能；由一个大贵族安插进去并按照他的指示投票，无异于落入彻底附庸的境地；剩下的就只能靠牺牲自己一部分财产来取得一个席位了。”①

惠主如果自己不准备当议员，他就必须寻找代理人。代理人 的条件很简单；一是交钱；二是听话。1775 年桑得威奇伯爵写信给约翰·罗宾逊(他又是国王的选举代理人)，说他有一个席位空缺，愿找人填补，条件是“借”给他 200 镑，并负担选举费用。此外，必须“在一切有关美国的问题上和我一样思考及行动，并支持现政府的全部体制”。②

候选人对于“惠主”完全是依附关系，必须百依百顺。这可从彭布多克伯爵和威廉·汉密尔顿的故事看出来。彭布罗克是威尔顿选邑的惠主，汉密尔顿从 1780 年起就是该镇议员，1789 年，彭布罗克再次允诺汉密尔顿当选下届议员；但不久，其子赫伯特勋爵告诉他说汉密尔顿已转变态度，变成反政府派了。彭布罗克很为难，因为一方面汉密尔顿曾一再表示他是支持首相小皮特的；一方面彭布罗克自己又不愿意食言毁约。但 4 月里，乔治三世因赫伯特在国王生病时服侍有功，决定晋升他的军阶；这使彭布罗克感恩戴德，他指示赫伯特摸清汉密尔顿的态度。赫伯特汇报说：“汉密尔顿承认在你们订约的时候他既是皮特政治上的朋友又是私交；但他说他从未限制自己该怎么投票，他现在没有义务与哪一党共同投票，不过有可能要和反对党一同投，对此他确已做出相当的姿态了。”于是，彭布罗克就下决心在这“刚刚受到他(皮特)和国王的巨大恩惠”的时刻写信给汉密尔顿，“极为抱歉地”表示“我不能满足你的

---

① *English Historical Documents*, Vol. 11, pp. 243-244.

② *The 18 th Century Constitution*, pp. 143-144.

愿望”。①

在这种情况下，“选举”只是对这个词本身的亵渎！哪里需要“选举”？人选早就定好了！候选人要做的不过是交钱取贷；惠主要做的只是找个最称心如意的主顾。但如果一个选邑有不同利益的对峙，情况就稍为复杂一点，因为双方就需要来一番较量。即使如此，也往往是看哪一方出钱多，能够收买更多的选票。1696 年特勒戈尼竞选期间，其中一方付给有一票的选民每天 6 便士，有两张选票就给 12 便士。一个叫金斯曼的人事前答应投一方的票，结果投了另一方，原因是“他这样做得到两头猪，其中一头他相信值 30 先令”。伍尔里奇镇有 1000 镑的锡要出售，选举前有一方表示：“他愿认购 100 镑换取十张选票。”②1830 年 7 月 26 日《晨报》记载说：“人人都知道在和赫特福德侯爵商妥前骆驼滩花了克利夫兰侯爵多少钱。克利夫兰侯爵推举的议员向选民支付成镑的钞票，装在标着‘瓷器’字样的贵重礼盒里。”③当时在城镇选民中，有许多是穷苦百姓。由于上层社会贪污贿赂盛行成风；他们也就上行下效，视手中的选票为捞钱的法宝，争相向标价最高的政治商贩出售。1740 年托马斯·皮特就写道：康沃尔郡“几乎没有哪个选邑的普通百姓会觉得自己是无权像出售谷物牛羊一样，去出售自己和自己的选票的”。④ 每逢大选，各投票点大吃大喝，杯盘狼藉，选民们喝得醉醺醺的，寻衅斗殴，一派腐败景象。1761 年 3 月格洛斯特竟出过这样的事：议员塞尔温写信给荷兰勋爵说：“昨天我的两个选民被害死，用的是一种我们称之为关禁闭的方法，即把他们锁起来，一直到选举都把他们灌得烂醉。斯内尔先生（对方候选人）的部下把塞尔温派选民架进一辆邮车，在里面他们因为人们给的白兰地，和一个块头很大的男人在看管他们，而给闷死了。他们被拖出来时已经硬得像石头一样了。于是绞死了一个人；总之，是一连串的趣事。”⑤自称是英国自由之标志的议会选举

① Lord Herbert ed, *Pembroke Papers*, London, 1950, pp. 408, 412-413, 416, 422, 429-430.

② *The 18 th Century Cinstitution*, p. 155.

③ Michael Brock, *The Great Reform Act*, London, 1973, p. 26.

④ Sir Lowis Namier, *The Structure of Ploitics at the Accession of George Ⅲ*, London, 1957, p. 299.

⑤ Ibid, p. 78.

竟是这样！难怪当时的文坛名士詹姆士·博斯韦尔在一首题为“议会”的讽刺诗中写道：

> 班伯赶紧备条牛，烤成七大块，穷人们都来分；
> 小盖利拿来整桶酒，选民们桶中游，脑袋儿乱昏昏；
> 状师爷最懂诀窍儿，将那伤心的选邑儿，赢给了汤姆·森。
> 议员们各买选票儿，有的许假愿、有的出假钱；
> 但愿我那丹普不搞斜门道儿，却仍估能选上，婷婷立鸡群。①

英国实行的是直接选举制，即选民直接选举议员。如果说那光怪陆离的选举权制度已经剥夺了百分之九十以上人民的政治权利，那么惠主制就使得最后那一点选民也形同虚设了，他们的权利被惠主用钱买了去，使权力最终落在少数人手里，也就是那一二百个“惠主”——贵族或地方缙绅手中。在这种情况下，英国议会充斥着地主，1796 年下院议长艾博特将议会成分列表如下：

爱尔兰贵族	17	专业人员：	
英国贵族长子	33	法律	31
贵族幼、次子(包括		商人等	55
英、苏、爱)	83	军队等	58
	133	外交官	7
骑士和从男爵	89		151
		乡村绅士	172
已　故	2	两地当选	11
	⋮		⋮

……558…… ②

且不说“专业人员”中有许多是贵族或绅士出身，单单把直接的贵族及地主加起来，就占到 70% 以上了。这还不够，英国议员还有财产资格限制。1710 年，议会颁布“议员财产资格法”，规定郡议员必须“年净

① C. B. Tinker, *Letters of James Boswell*, Vol. 2, Appendix Ⅱ, Oxford, 1924, p. 519.

② *English Historical Documents*, Vol. 11, p. 251.

收入600镑以上”，市镇选区“300镑以上”。这样，能当上议员的就是微乎其微的大地主和大商人阶层，而议席也就始终掌握在不多的几个大家族手中。例如1761年选入议会的人中，唐森德家有5人，康沃科斯家3人，曼纳斯家5人，卡文迪什家4人，沃尔彼尔家3人，约克家4人……这些人家又有许多内亲外戚进入议会，如约克家除4个儿子外，还有1个女婿、2个内侄也当选，对这些家族来说，议员已是一种世袭职业。惠特摩尔家在1661—1870年的210年中，一直在布里奇诺思镇至少当选一名议员；雅茅斯1722—1784年的62年间总是选出一个唐森德和一个沃尔彼尔；同期纽沃克的2个议员，一个总是曼纳斯，另一个由纽卡斯尔公爵指派。“财产资格法”颁布在光荣革命之后，这是很值得深思的，因为恰在这以后建立起寡头专制。不过随着工业革命逐步完成，一文不名的穷光蛋突然成了十万百万的大富翁，这条法律还能不能继续保护地主阶级的特权，就已经不言自明了。到了这种时候，反对改革的防线还能再守得住吗?

四、政治控制议会

一个人既然花那么多钱才当上议员，其目的又是什么呢? 很简单：有的为升官，有的为发财，有的为功名，有的为爵位。这种状况为政府控制议会大开了方便之门。

晋爵是许多人追求的目标。1796年11月，马姆斯伯里议员特勒森写信给皮特政府的陆军大臣温德姆说：“我们家昨天又得到两个席位，明天还可能有三席。还有另一个席位也有人答应给我们，这一席我们愿出让给政府希望推荐的任何人去填补。但如此的操劳和巨额破费自然已超过我们对国家应尽的责任……因此，指望这种操劳得到某种目的和成果，取得某种合情合理而又实际可取的担保，我相信不可以称作是做交易或谈买卖。”因此他的要价是“取得贵族称号这一公认的要求”。[1] 十年后，他终于得到伦德尔沙姆勋爵的封号。小皮特统治的20年中这种交易达到登峰造极的地步，因此连他的好友威尔伯福斯也批评他把大量贵族称号许给“没有功劳取得这种荣誉的人，情况表明他们的晋升显然是

---

① *English Historical Documents*, Vol. 11, pp. 209-210.

为选邑或议会的利益考虑，因而对下院的信誉和声望造成不小的损害”。①

封官是政府控制议会的主要手段，而当官就能发财。安妮女王末期，上院有87个贵族当官或领取年金；占当时上院总数的一半多。此时下院议员当官的约有120人；安妮死后不久即增至160人左右，沃尔彼尔任首席大臣时达185人，乔治三世登位后，发展到220人，其比例从1/4增至1/3乃至接近半数！当官自然有许多好处，约翰·克利夫兰的事例即是明证。克里夫兰长期出任议员，一贯效忠政府，故于1751年当上海军部秘书。这个职位的年俸是800镑，各种津贴补助又加上2000镑。他的长子因裙带关系也到海军部供职，也当上议员，而且官阶越爬越高，很有出头的希望。老克利夫兰因地位的缘故曾多次出面向银行家具保、为政府举借债，从中也就自然捞取油水。1746年他得到过银行家2000镑的酬金；1760年他“认购”了一万镑公债；到1762年，他儿子的名下也得了一万镑公债券，人们认为这些都是赠款或佣金。他临死前上书国王说：“鉴于本人长期尽忠效职，故望给予克利夫兰夫人一笔基于爱尔兰或其他任何地方的固定收入之年金，款数以合适为宜……”②这一切，就是一个议员20年支持政府的酬报！爱尔兰大臣亚瑟·韦尔斯利曾对1807—1812年的爱尔兰议员作过了解，其中第一个人的情况就是“麦克纳登先生：主要靠赫特福德勋爵的影响选入议会。经常出席，是坚定的朋友。政府约定给他一个每年可收入300镑的终身职，这个协定是英、爱合并时达成的，得到里奇蒙公爵的同意……”③

从1700年开始，议会不断颁布“官职法案”，限制公职人员的选举权和被选举权。但同一类型的法案通过的次数越多就越说明它们只是一纸空文。这些法案都很容易规避。议员们不当官，可以让他们的亲属当。1810年，雅茅斯议员哈博德写信给他哥哥说：他家为他进入议会“而花的钱是划得来的。你的总督职位和彼得的总收税官职位就是结果。说到家庭在金钱方面的好处，总收税官职位取得的利息比投放的本金还

① 《威尔伯福斯传》(1838年版)。

② Sir Lowis Namier, *The Structure of Politics at the Accession of George Ⅲ*, London, 1957, pp. 40-41.

③ *English Historical Documents*, Vol. 11, p. 265.

多，而且我相信，你不会把你想当郡守的愿望估计过低，以至说达到这个目标也值不到一文钱”。①

除了封官晋爵外，政府还常常向候选人提供资金，帮助他们收买议席；这样产生的议员，自然受政府控制。1809 年议会通过一项法律禁止买卖议席；到 1812 年大选时，首相利物浦惊呼“财政部只有一席是不要钱的”。②

靠着这种种途径，政府得以在议会操纵多数，强奸民意。这方面的一个典型事例是强行通过 1763 年的英法巴黎和约。1762 年 11 月，由乔治三世的亲信布特伯爵为首的政府急于结束七年战争，便大规模对议员进行贿赂，要他们同意与法国议和。执行这一计划的是财政部会计总长亨利·福克斯，他在一个月中发出成沓的信件，其中给霍勒斯·沃尔彼尔的信中，福克斯要他说服侄子奥福德勋爵支持政府。作为酬报，政府愿奉送伦敦皇家御园上林苑监察一职，从中可以有 2000 镑一年的进益。就这样，巴黎和约通过了。紧接着是大小官职的大撤换。税务官、邮务官、军需官、书记员等一应肥缺都作为赏赐分给受贿者了，投票反对和约的人则被无情地清洗；国王亲手把德文郡公爵从枢密院除名，而福克斯则因此而晋封为贺兰伯爵，达到了他最后一个梦寐以求的目标——封爵。③

这就是以“自由”为标榜的英国议会旧制度。在这个制度下，名义上是议员服从选民，政府服从议会；实际上恰恰相反——选民把选票卖给“惠主”，“惠主”把选邑卖给议员，议员把议席卖给政府，政府再通过种种捐税，把人民统统出卖，换来的是少数几个贵族寡头垄断全国。如果说这个制度还有一点“民主”的话，那就是百十个寡头之间的“民主”。议会中反映的多数，只是这百十个寡头的多数。在这个制度下，国王的权力受限制了，但君主主义残余却很浓；贵族通过议会控制国家，他们是国家真正的主人，但尽管 18 世纪的英国议会制度腐败不堪，但它多少保存着的一点民主形式却为更多的阶层参加国家治理提供了可能，也为

① *The 18 th Century Constitution*, p. 145.

② *English Historical Documents*, Vol. 11, p. 324.

③ G. Otto Trevelyan, *The Early History of Charles James Fox*, New York, 1880, p. 27.

改革国家制度、扩大政治民主提供了现成的条件。正因为这样，当法国力图用革命的手段实行民主的时候，英国却存在着和平改革的现成模式。到了旧制度与新形势矛盾不可调和的时候，变革就必不可免了，这个时刻在工业革命基本完成的时候终于成熟，1832 年议会改革就是在这种形势下发生的。

工业革命中的英国工人

工业革命造成英国社会的严重分化，贫富差距拉大，社会上层与下层形成鲜明反差，导致严重的社会问题，这些都是人们所熟悉的。人们不熟悉的是：在工业革命中，工人阶级内部也出现了分化重组，有些人经济地位上升，有些人经济地位下降，有些人受益，有些人受损，其情况并不能一概而论。工人阶级内部的地位变化是一个十分有意思的现象，了解这一点，对我们全面理解工业革命，了解这个时期英国社会的全貌，具有无可估量的意义。

一、什么是“工人阶级”

E. P. 汤普森说：“工人阶级并不像太阳那样在预定的时间升起，它出现在它自身的形成中。……当一批人从共同的经历中得出结论，感到并明确说出他们之间有共同利益，他们的利益与其他人不同（而且常常对立）时，阶级就产生了。”[①]他认为：“工人阶级”并不是从来就有的，

① E. P. 汤普森：《英国工人阶级的形成》，钱乘旦等译，1～2页，南京，译林出版社，2001。

而是“形成的”，在漫长的历史过程中，无数共同的“经历”使那些处在相同地位上的人意识到彼此之间的一致性，从而产生“认同”。这是一种阶级的认同，也就是阶级意识；而一旦阶级意识出现了，原来以个体存在的单个的工人就形成了“阶级”。汤普森说：英国工人阶级最终形成于19世纪30年代——当1832年议会改革把工人群众排除在外，使他们一无所得时。按照这种说法，工业革命的大部分时间英国工人阶级一直处在“形成”的过程中，“工人阶级”并未成型。汤普森的说法有他的道理，因为工人内部有许多不同的利益集团，有时他们的利益可能互相冲突，因此单以经济地位界定“阶级”就不够全面，还需要加上文化的因素，即“意识”；但本文为了表述的方便，仍把工业革命时期的工人整体称为“工人阶级”，这一点必须首先说明。

那么，在工业革命时期，什么是“工人阶级?”按当时的看法及现在学者们一般的意见，工人阶级指的是“劳动的人”，即劳动者全体：working people。[①] 劳动者全体在当时有好多不同集团，划分成不同群体。如果按工作性质分，可分为三大类，即农业工人、仆佣和制造业中的工人总体。这三类在生产方式、生活方式、社会经济地位方面都有很大的差异，受工业革命的影响也不同。

第一类是农业工人。这是一个很古老的群体，早在中世纪中期，也就是黑死病之后就开始出现。但大批农业工人的出现则是在都铎时期，当时，由于社会结构及土地所有制的变动引起农业生产关系中出现一种三层结构，即地主—农场主—农业工人的结构。在这种结构中，地主(贵族或乡绅，aristocracy and gentry)拥有土地，农场主(farmers)租用土地，农业工人(labourers)则在土地上劳动。由此，地主收取地租，农场主赚取利润，农业工人挣取工资。这种结构是英国的一个特殊现象，其他欧洲国家都没有出现过，而这种结构的存在，为英国早期农业资本主义生产关系的出现提供了条件。

农业工人一直是一个庞大的集团，直到19世纪中叶都是最大的就业集团，1851年时有125万人，人数众多。这个集团从形成起就过着一种半封闭的生活，与世隔绝，安然自得，很少随时代发生变化，终日

① Cf. E. J. Hobsbaum，*Labouring Men*，London，1979.

艰苦而不自知。这种状况正如1838年一段记叙所描述的："他们活着时是强健有力的牲畜，从小长大，就世代学着扶犁耕地，赶车牵牛，以至最终承受男子的一切重负，长成个扛大活的庄稼汉。……他长大了，去干活了，头脑简单而无知，辛劳终日不知苦，简直像头拉车的老黄牛。……他不看报，即使看了也认不得；假如东家念给他听，十之八九会听得打瞌睡。说实在的，他一点兴趣也没有。"①农业工人分散在土地上，世代经历着几乎同样的命运。

第二类是仆佣，也就是家庭佣工：仆人、花匠、厨师、奶妈、女佣、车夫等。在一个等级制盛行的贵族社会，这些人是必不可少的，而且他们存在的历史，比农业工人还要长。从18世纪起，英国中等阶级急速壮大，仆佣的人数也随之增长，1851—1871年间达到了全国就业人口的1/10至1/8，总数不下100万人，20世纪初甚至超过农业工人，成为最大的就业集团。仆佣比农业工人更分散，分散在各个东家，大的贵族庄园可以有一两百佣人，普通中等阶级家庭只有一两个，而且以女性居多。仆佣依附性强，本身的社会地位低，但又似乎是东家的家庭组成部分，其身份认同因此很复杂，并可能不时表现出荒唐色彩。仆佣的生活环境也几乎是几个世纪不变的，19世纪末一段描述说："一般说来，一个佣人的天地就是拥有三四个佣人的厨房那么大，假如她能和这三四个人交成朋友，那就真的谢天谢地了。"②其实，这也是17、18世纪的情况，甚至到20世纪上半叶也还大体不变。

第三类是最重要的类别，即制造业中的工人总体。这个类别是受工业革命影响最大的，工业革命时期，他们经历了最强烈的分化重组，社会地位和经济地位都剧烈变动。这个类别是后来出现的"工人阶级"的真正母体，以后所谓"工人阶级"，其实就是从这个类别中生长出来的，所以我们要特别关注，

这个大类还可再分，到18世纪中叶，按工作场地看存在着三个种类：①作坊中的工匠及帮工；②家庭工业制中的手工工人；③大型工作场地中的工人。工业革命开始后又形成一个新的种类，即工厂工人。工厂工人完全是工业革命的产物，它从小到大，人数从少到多，最后几乎

---

① J. F. C. Harrison, *The Early Victorians 1832-1851* , London, 1971, p. 39.

② Eugene C. Black, ed. , *Victorian Culture and Society*, New York, 1973, p. 214.

囊括了整个的“工人阶级”。其他几个种类属于传统的“制造业”，存在很长时间了。工业革命中工人阶级的分化重组主要就发生在这四个群体中，所以引起我们最大的关注。

二、制造业中的工人

以下我们就集中谈制造业中的工人，由于后来许多国家都走上工业化道路，因此英国工业革命时的情况就有一定的普遍意义。

从17世纪开始，制造业在国民经济中的地位就越来越重要。据统计学家帕特里克·科克洪在1806年的统计，到19世纪初，工矿部门工人家庭在全国家庭总户数中占24.2%，收入占国民总收入的12.5%。这个数字是社会各集团所占比例最高的，可见它是社会第一个大集团。①

不过如前所说，制造业中工人分四个种类：其中三个在工业革命前就存在，第四个产生于工业革命中。

所谓“作坊中的工匠及帮工”是指这样一些人：远从中世纪开始，“制造业”就组织成行会，行会中师傅带徒弟，再加上几个帮手，就组成一个“铺子”即作坊，按行会的规矩生产某个特定产品，比如鞋子、刀铲、车辆等。一般来说，铺子既是“厂”，又是“店”，生产和销售都在铺子里，在很多情况下都是先有顾客订货，然后按客户要求生产。师傅与帮工、徒弟吃住都在一起，老板娘负责烧饭、清洗，白天干活，晚上睡觉，彼此如同一家人。费边社的工会史学家韦伯夫妇说：“在熟练手工业中有学徒资格的帮工，其社会地位直至近世都与其雇主相同，而且通常是同一行业或同类行业中另一个师傅的儿子……任何精力充沛的人充当工资雇用者的期限不会超过数年，勤勉的学徒即使不能娶师傅的女儿为妻，也都可以指望今后能自立开业。”②在这些人中，虽有“老板”、“帮工”之分，有“雇主”、“工人”之别，其社会地位和经济地位却是一样的，一个人一生中的角色可以随时转换，比如幼年是学徒，青年是帮工，壮年是师傅(“老板”)，年老了精力不济，就可能把铺子转让，又给别人去当帮工。所以，尽管这些人之间存在着“雇用”与“被雇用”的关

---

① Cf. Patrick Colquhoun，*A Treatise on Indigence*，1806.

② Sidney and Beatrice Webb，*The History of the Trade Unionism*，*1666-1920*，London，1919，p. 6.

系，却并非如工业革命之后“资本家”与“工人”之间那样。这样一个类型，是最早存在的制造业中的“劳动者”。

17世纪起，一种新的生产组织形式在英国兴起，被称为“家庭工业制”。这种制度出现在一些技术含量低、不需要很长时间的学徒训练就可以学会的生产部门，也可能产生在因实行了细致的劳动分工而降低了技术要求的行业中。在这些行业，行会制度被打破，商人控制了生产，商人把生产分解成若干程序，每一道程序上都有固定的专业工人进行加工。这些工人分布在广大的乡村地区，他们从商人处领取原料或上一道工序加工出来的半原料、半成品，回到自己家中从事生产。一般是全家老幼一起上阵，共同参与生产过程。产品形成后，他们又交回给商人，按完成量领取报酬，实际上就是工资。当一道道工序全都完成后，商人就将其作为商品卖出去，往往用于出口销售，这就是英国大规模出口贸易的商品来源，而纺织业就是这种生产组织形式的典型。19世纪初有一本小册子这样记叙工业革命前约克郡西区的毛纺织业情况：“有一批叫作羊毛商的颇有资本的人，在剪毛季节骑着马到处转，在养羊人那里收购羊毛。收购回来后就把毛仔细地分成级，然后把分好的毛小批小批地售出去，售到附近村落中无数资本微薄或根本没有资本的工匠师傅手中。这些工匠师傅就负责剩下的工序，有许多工作是在他们自己家里做的，其他的则分出去，分给邻人去做，邻人们这时就全家出动，夫妻子女们一起动手，织的织，梳的梳，刷的刷，纺的纺。”①从表面上看，家庭工业制中的工人仍然是独立工匠，他们可能有自己的工具并且是在自己家里生产，但实际上他们受制于商人，商人提供原料并回收产品，劳动者只是商人的雇工而已。但这些人与工业革命之后出现的工厂工人还不是一回事，他们仍旧是手工工人，并分散在各自家庭中；他们的雇主是商人而不是工厂主，他们是商业资本主义时期的手工业劳动者。

第三个种类是大型工作场地中的工人，指的是在一些产业中，必须有相对集中的人同时工作，比如冶金、采矿、玻璃、造船、晒盐、烧砖、建筑业等，一个工作场所会集中比较多的劳动力。大型工作场地的工人和其他两个种类有明显不同，他们的工作场所与家庭分离，他们必

---

① *Observations on Woolen Machinery*, 1803, p. 14.

须集体劳动，受较多的纪律约束。这些工人显然靠领取工资过活，很难有自己立业的可能性，而且他们的受雇用地位可能是终生的，没有独立性，哪怕是表面上的独立都没有。因此，假如工业革命前存在什么“无产者”的话，那就是他们。但这些人总数不多，在工人整体中只是一个小数。多数情况下一个大型工作场地大概有几十人（比如炼铁高炉）或上百人（比如矿井），几百人的场所就不多见，虽说并非没有（如大型盐场）；当然也有规模很大的，比如皇家造船厂，可以有几千人。

工厂工人是工业革命的产物，工厂出现以后才产生。随着工业革命的进展，工厂工人几乎涵盖一切，以至于所有工人都变成了“工厂工人”。但刚开始出现的时候他们却寥寥无几，星星点点地散布在为数不多的几个“工厂”里，不足以组成一个单独的“种类”。尤其要强调的是，最早的工厂工人都是童工、女工，男工不愿意进工厂，不愿受纪律的约束，更不愿丧失自己的独立身份。工厂被视为怪物，只有毫无生路的人才会进工厂。早期工厂主找不到雇工，就跑到伦敦孤儿院去把幼童们领来，让他们成为“工厂工人”，其命运当然会相当悲惨。另外一个来源就是女工，女性本来就独立性不强，为了贴补家用，可能会进工厂。童工和女工是早期工厂工人的主体，他们本是依附性极强的一个群体，没有什么地位，但就是这些童工和女工，把制造业中早已存在的其他三个种类中的男工、成年工全都打垮了，把他们逼上了饥饿的道路——把他们消灭，或把他们逼进工厂。最终，工厂吞噬了全体“工人”，让他们在饥饿法则的支配下用机器创造利润，工业资本主义就是这样改变了英国的“工人阶级”。

三、分化与重组

工业革命改变了制造业工人总体的组成状况，使其出现重大的分化与重组，在这个过程中，无数人受到巨大影响，命运为之改变，这就是工业革命的人文后果，也是工业革命的社会后果。制造业工人经历了工业革命的重大冲击，这一点很容易理解，因为所谓“工业革命”，最初就是制造业中的“革命”。分化重组包括两方面内容，一是人数比例的变化，二是经济地位的变动。

（一）人数比例的变化

工业革命的特征之一就是工厂制的形成，由此当然就造就了工厂工人这个群体，其人数从无到有，从少到多。应该说明，到工业革命基本完成时(19世纪中叶)，制造业中许多行业并没有实行机械化，有些甚至到很晚都无法使用机器生产。但这时，“工厂”已经成了主要的生产组织形式，无论是机器生产还是非机器生产都可以组织在“工厂”中。1872年，议会有一份统计数字说受调查的2540789个工人中，有2010637个自称是“工厂工人”，接近被调查人数的80%。① 数字不一定准确，却能说明问题，尤其意识到这是从“0”开始的一个数字，就更能说明问题。工厂工人的急剧增长当然不会令人惊讶，因为工业革命的内容之一就是工厂的出现。

大型工作场地的性质本来就与工厂最接近，其工人的身份、地位也与工厂工人相差不远，所以工厂制出现后，大型工作场地很容易融合进去，工人也轻易转变为“工厂工人”，不必经历太大的震动。举例来说：矿工本来是一种大型工作场地的工人，后来与工厂工人轻易认同，不会感觉太大困难。随着工业革命的进展，这个种类也就自然融进“工厂工人”之中了。

其他两个种类情况很不同，他们经历工业革命的巨大冲击，人数不断萎缩。当然，行业不同，受工业革命冲击的时间与程度不同，萎缩的过程及范围也就不同。一般来说，容易被机器取代的行业萎缩的速度快、范围广，不易被取代的行业则相对缓慢、相对平和。在所有行业中，工业革命前就实行家庭工业制的行业最容易引进机器生产，这里的工人也最容易受到工业革命的危害。前面已经说过，实行家庭工业制的行业一般都经历过技术分工，本来一个完整的生产过程被分解成若干工序，每一个工作人员只完成其中一道工序。这些工序操作简单，容易掌握，很容易变成简单的机械动作，工作效率很高。一旦出现了这种情况，这道工序就很容易被机器取代，因为机器运作就是一些简单的机械动作；但一旦机器取代了手工操作，手工工人的命运也确定了：他们被排挤出这个行业。这方面的典型例子是纺织业，而英国工业革命恰恰就是从纺织业开始的。机器的使用无疑减少了劳动力需求，当最早也是最简单的纺纱机“珍妮机”出现的时候，它就能使一个人顶替原先200人的

① *Parliamentary Paper*, 1872, c. 602, xvi, p. 37.

工作。1833年，一名成年机器织布工加上一名12岁的帮手可以同时操作4台织布机，做原先20名手工织布工的工作。有人估计，1827年某个纺纱厂750名工人可以生产20万手工纺纱工的产品，一名男工和一名男童操作的花布印花机可代替100名手工印花工，而织网机则可取代2000名、后来是2万名手工操作的枕头花边工。[①] 机器顶替手工工人的社会后果极其巨大：它在事实上消灭了这个行业中的手工工人。工业革命初期，在家庭工业制下辛勤劳作的手工织布工曾经为英国的工业化做出过巨大的贡献，在1820年他们有24万人，达到高峰，但随着织布行业机械化的进展其人数急速减少，到1850年他们只剩下43000人了，1861年则只有3000人。被排挤出这个行业的人大部分没有办法转到其他行业去，因为他们没有其他技术；一般也不会进工厂，因为他们自由惯了。这样他们的命运就会很凄惨。

除纺织业之外，还有很多家庭工业制的行业也经历了类似的过程，比如制钉、别针、花边、织袜业等都是这样。蒸汽机的广泛使用使更多的行业受到威胁，一些大型工作场地的工人也受到影响，例如木材加工业中的锯、刨、凿、砍等工序，建材加工业中的抛光、磨碎等工序，都淘汰出大量手工工人。在机器一时取代不了手工操作的行业，其中主要是手工作坊式的行业，工业革命也有办法消灭原先的生产方式，把生产从作坊引进工厂，实行"工厂化"，这里受影响的主要是作坊中的师傅与帮工。作坊变成"工厂"的关键是分工，即把原先由单个的工匠从头到尾都做一遍从而制造出一个完整成品的过程分解开，把生产变成许多人的分工合作，每个人只做其中一道工序。这些行业虽因技术的复杂而暂时无法使用机器，但分工却把"工匠"变成了"工人"，劳动者组织在"工厂"中，丧失了自己的独立地位。以服装业为例：这个行业原先有一批手艺人师傅，他们技术水平很高，自立门铺，带一批学徒帮工接受订货，为单个的顾客缝制衣物。但后来，"成衣厂"出现了，它们取代了裁缝铺子，工匠师傅也就被排挤了。厂主找一批缝衣女工挤在狭小的房间里缝制衣服，大批生产成衣，实行分工，每个女工只负责一道工序，一年到头重复同样的动作，而生产的衣服也是规格化的。如此，她们对自己的

① David S. Landers, *The Unbound Prometheus*, Cambridge, 1969, p. 86; Harold Perkin, *The Origins of Modern English Society 1780-1880*, London, 1976, p. 112.

工作极为熟练，这就大大地提高了劳动效率，能够以低廉的价格与裁缝竞争，最终的结果与使用机器一样，也把工匠排挤出局。1890年议会上院一份调查报告提到了这个现象，其中说在过去50年中制衣业发生了巨大变化，“现在已经不再雇用名副其实的裁缝了，裁缝业被分成许多不同的部分，出现了领班即裁剪工，以及粗缝工、机缝工、合缝工、锁扣工、熨烫工等不同的人……分工分得细极了，一个会烫外套的人不一定会烫背心，而烫背心的人烫起裤子来也同样不称职。”①也就是说：裁缝不存在了，缝纫女工取而代之。再也没有一件衣服是由一个匠人从头到尾做出来的，成衣业已被“工厂化”。这种情况还在许多行业出现，比如家具、陶瓷、靴鞋、制帽、建筑业等。通过这样一种“工厂化”，原先的工匠及帮工被淘汰出局，让出了自己的生存空间，和手工工人一样，它们也被淘汰了。工业革命前存在于制造业中的三个工人群体现在都一一退出历史舞台，最终让位于“工厂工人”。

(二)经济地位的变动

可以想见，在这样一个重组过程中各类工人的经济地位也会发生不同的变动，总体而言，某个行业一旦开始使用机器、开始实行“工厂化”，这个行业中原有工人的地位就会受到巨大威胁，他们的经济状况会迅速恶化，直至无法维持生计，而最终被迫走下历史舞台。相反，一种手艺如果无法被机器替代，仍然保持高度的技术性，匠人仍保持独立的生产地位，那么这些匠人的经济状况就不会有太大变化，他们可以维持相当好的生活水平。在工厂工人方面，工业革命所创造的新的“技术工人”，如纺织业中的精纺工、机修工，机器制造业中的机工、车工、钻工，冶金业中的炼钢工、搅拌工，还有其他行业如蒸汽机制造工与修理工、钢铁轮船造船工、火车司机等，他们由于天然占据着大工业生产的关键岗位，又经受过特殊的技术培训，有专门技术，因此他们的收入一般很高，生活水平也持一种上升趋势。但另一方面，工厂工人中多数是熟练或半熟练的操作工以及辅助工，他们的劳动不需要专门技术，只需要体力，他们随时可以失去工作，被抛进失业大军，因此没有什么可以讨价还价的，完全暴露在雇主的摆布之下，经济地位非常脆弱，生活

① *Parliamentary Papers*, 1890, Vol. xvii, pp. 4-8.

状况极其悲惨。由此可见，经济状况的变动受到两个交互作用的因素的影响，其一是工作中包含的技术含量，其二是技术的独占性，即垄断性。高技术含量意味着较高水平的生活状况，但一旦技术的垄断被破坏，技术含量被分解、被降低——无论是通过使用机器或通过“工厂化”——那么，在这里工作的工人就一定要经历经济地位的急剧下降。工业革命正是用破坏原有的手工行业中的技术含量来达到它的大规模生产廉价产品的目标的，无论机器的使用还是工厂制的出现其实质都是如此。所以在工业革命中，首当其冲经历了经济状况恶化的必然是家庭工业制中的手工工人，他们的技术被机器取代，被抛进了毫无希望的竞争之中；其次是可以实行“工厂化”的行业中的工匠师傅与帮工，他们的技术被新的生产组织形式所分解，因而也就不值钱了。但同时，新的技术部门被创造出来，新的技术垄断也在形成，工业革命创造出来的新的技术工人占据有利地位，握有上升优势。于是我们看到：工人中大批人员迅速沉沦，少数人则明显浮升；工业革命在工人中造成新的差异，这是一个分化与重组的过程。

下面举几个例子佐证这一现象。据著名历史学家霍布斯鲍姆提供的数据：1838 年工业重镇利兹市各行业工种中，收入最高的是 9 种，从高到低排序依次为：机械安装工、枪炮制造工、铁模工、毛料划料工、铸铜工、机修工、金属镟工、制刨工和制帽工，其中除毛料划料工和制帽工属传统手艺工匠外，其他都是工业革命创造出来的新技术工人，而且技术含量越高，排序越前。中间收入的 16 种：马鞍匠、印刷工、铅管工、箍桶匠、鞣革匠、铁匠、石匠、初纺工、木器安装工、羊毛分类工、砖瓦匠、染匠、轮车匠、漆匠、熨烫工、锯木工，几乎全是传统工匠，其技术尚未受到工业革命的冲击。收入最低的 6 种：裁缝、镟木工、泥水匠、鞋匠、梳毛工、手织工，基本上是已丢失技术含量的工种，其工作越是受到机器的排斥，生活地位就越低。①

据记载：奥得姆一个机械工一进厂就有每星期 28 先令的工资，后来增加到 32 先令，而他的父亲是个手织工，每星期只有几个先令的收入，两相比较，天上人间；制陶业工厂有些工人每周工资达 2 英镑，远

① E. J. Hobsbaum, *Labouring Men*, London, 1979, p. 81.

为其他行业所望尘莫及；同样是手工织布，为同一家工厂工作，在厂里工作每星期 9 先令 8 便士，在自己家里工作（家庭工业制）每星期 8 先令 1 便士；伦敦一家火柴厂的童工，收入也比当地其他童工要高出一倍。①这些例子都说明，工厂工人相对于正在被工业革命所淘汰的手工工人来说，其状况仍然要好一些，而且从长远来说，其地位呈上升趋势。

苦难最深的是那些失去了工作的人。1841 年曼彻斯特布道团对贫穷问题进行调查，留下了这样一些记录："查尔斯顿街区传教士认为在他的地域内现有三分之一的人失业……萨福德市靠近伯里街的区域据称有一半人抱怨工作不正常，一大批人已完全失业了。萨福德另一传教士说：'我的地域内有许多人家无米下锅，这是失业造成的……'圣玛丽街区传教士称：'在我的区域内约一半人因没有工作而处境凄苦……'"一传教士 T. A. 报告："巴克·万比，家住布鲁克斯街，失业；我走访时正躺在床上，没东西吃，衣服已经当光了。罗伯特·奥布莱恩，住泽西街，染匠，有四个孩子，好几个月没工作了；妻子最近生产，一家人好几天没吃东西，家中一切能卖能当的都拿去换东西吃了，或拿去交了这间地下室的房租。"另一传教士报告："R. 卡恩，一家五口，三个孩子，全都失业，丈夫有病，一个孩子也病了。孩子躺在地下室潮湿的角落里，身下只铺一层刨花，没有一点破烂可遮身的。地下室里空无所有，丈夫说已失业 16 周了。"②工业革命没有为这些人提供任何保障与救助；在工业革命时期，社会泯灭了自己的良知！

四、小结

从以上的论述可以看出：在工业革命时期，工人阶级也经历了巨大的分化重组，工人状况并不能一概而论，它依不同的群体而呈现不同的景况。这一现象以前往往被人们忽视了，人们容易以为：工人阶级是一个整体，经历了完全相同的过程。但事实不是这样，事实是：不同的群

① Cf. John Burnett, ed., *Annals of Labour*, *London*, 1974; Duncan Bythell, *The Handloom Weavers*, Cambridge, 1969; E. Royston Pike, ed., *Human Documents of the Industrial Revolution in Britain*, London, 1966.

② Joseph Adshead, *Distress in Manchester*, *Evidence of the State of the Labouring Classes in 1840-1842*, London, 1842, pp. 36-37.

体有不同的经历，呈现着历史过程的复杂性。其实这种复杂性预示了英国后来发展过程中的许多现象。但英国的经历明显对其他国家有启示意义，这第一个工业化国家，为后来者提供了许多值得思考的问题。

英国工业革命中人的欲求因素

关于英国工业革命的成因问题，人们向来谈论很多；但工业革命中人的欲求因素，学术界却往往容易忽视。本文即想在这方面作一些探讨，以图起抛砖引玉的效果。

一、几个案例

工业革命是生产力的巨大释放，是国民经济的迅速增长，用罗斯托的话来说，就是发生经济“起飞”。但经济的增长得助于需求的增加，没有需求，生产就没有发展的动力。然而需求是与人的追求相关的，正是在这一点上，人的欲求与生产发展联系起来，并对经济增长发生作用。

英国在光荣革命以后，渐形成一种新的社会机制，这种机制鼓励人的奋进，刺激人对物质利益的追求。在这种社会环境下，涌现出一批精明强干的冒险家(所谓“富有进取精神的人”)，他们抓住时机，乘风而上，在每一个可能的领域中冒险开拓，企图攫取巨大的财富。正是这样一种追求欲，驱使资本主义工商业迅速发展，最终引发工业革命。因此，人的欲求因素在英国工业革命的发生发展中是一个重要的因素。

下面我们举几个在工业革命中颇有名气的人为例，看看在他们身上如何体现着欲求因素。

首先来看丹尼尔·笛福(1660—1731)。在一般人眼中，笛福之所以出名，是因为他写了《鲁滨孙漂流记》。但是，这本书之所以受时人欢迎，不是因为它记叙了一个异想天开的探险故事，而是它表现了时代的精神，因此受到时人的青睐。在鲁滨孙身上，笛福倾注了自己的追求与向往，而事实上还可以看到笛福自己的影子。人们都知道笛福是个伟大的文学家，但他还是一个政治家，主要从事政论活动，为英国的商业扩张大声呐喊。笛福自己也经过商，是个相当成功的商人，他当过砖瓦厂工人，且经营过袜子批发和烟酒进口，从事过航海保险业，发过大财。可见，笛福自己就是商业资产者的代表，他把商人牟利的动机看得很高尚，把商人为追求利润而甘冒风险的精神看成是勇敢的侠义之举。他曾说："如果说在任何行业中只有勤劳才能得到成功，那么在商业界，恐怕这样说才更确切：比起任何人来，商人更加依靠智慧生活。"他说："商人成为世界上最聪敏的人，因而在迫于无奈不得不另想生活门路的时候也是最能干的人。"①

这样一种品质，笛福把它精心塑造在鲁滨孙身上，这就是他推定《鲁滨孙漂流记》的时代动机。正是这种动机，才使《鲁滨孙漂流记》一问世就轰动一时，成了千古留名的文学杰作。鲁滨孙是笛福理想中的英雄，他为了追求财富，甘愿冒生命的危险去海外探险，而放弃家中可靠的中等阶级舒适生活。他几次航海经商，在巴西发了财，购置了种植园，成了地方名流，但他仍不满足，又去非洲贩运黑奴，结果船沉遇险，漂流到一个荒岛上，独自生活了28年，只是在第18年才驯服了一个野人，留他做一名仆役。鲁滨孙在这远离文明、孤苦无助的荒岛上饲养动物，种植粮食，建造住房，构筑棚堡，靠顽强的自我奋斗存活下来，最后被救回到英国，靠巴西的产业成了富人。他在困境中足智多谋，多才多艺，确实印证了笛福的这句话：当他"在迫于无奈不得不另想生活门路的时候"，商人是最聪明能干的人。事实上，笛福写过不只

① [英]丹尼尔·笛福：《计划论》，见《笛福文选》，徐式谷译，68页，北京，商务印书馆，1984。

一个海外英雄：在《辛格尔顿船长探险记》中，辛格尔顿船长横贯非洲，纵横太平洋，既当探险家，又当海盗，最后掠劫致富，安享天年。在《杰克上校》中，杰克上校被卖到美洲，沦为白奴，但他拼力奋斗，走出绝境，终于获得自由，而且自己当上殖民者，发家致富。所有这些都说明，笛福把殖民探险、海外贸易看得多么重。笛福曾把《鲁滨孙漂流记》解释成是他自己一生的寓言，不论这种说法是当真还是戏言，鲁滨孙精神却是他热忱歌颂的时代精神，反映着殖民商人迫切的财富追求。笛福曾讲过这样的话："贸易鼓励工业，促进发明，雇用人民，增进劳动，付给工资。"①这清楚地表明笛福把商业看作是带动经济发展的龙头，正因为如此，他才把商人赚钱的精神看得无比高尚。

鲁滨孙精神在工业革命前曾为资本的原始积累创造了条件，工业革命中，又为工业的大发展准备了思想和伦理基础。早期的工业家，虽不再像鲁滨孙那样去海外探险，但在工业冒险活动中，却同样为追求财富的动机所驱使。工业革命中的两位主角斯特拉特和阿克莱特的故事充分说明：英国第一代工厂主是如何在欲求的推动下，登上时代弄潮的大舞台的。

杰德狄亚·斯特拉特生于1726年，父亲是小农，兼制麦芽，杰德狄亚自己学过制轮，是个工匠。1756年，他的妻弟德比的一个袜商登门拜访，说他的一个工匠罗珀发明了一种机器，要出卖给他，问斯特拉特该怎么办？这本是件偶然的事，但斯特拉特立刻看出这是个赚钱的大好机会，他向别人借了5英镑买下那具模型，又在罗珀本人的帮助下加以改进，于是，工业革命早期最重要的发明之一——提花机就在英国正式问世了，为了取得专利权，既无钱又无势的斯特拉特和他的妻子抱病奔走，四处求人，吃尽辛苦和挫折，最后才在德比两个大袜商的帮助下，合伙取得专利权。这是1759年的事，再过二年，斯特拉特和那两个袜商解除了合同，单独得到发明专利，从此便财运亨通。他凭借手中的专利，开厂致富，工厂越办越大，到1769年，已经很有钱了，在这时，他结识了正丧魂落魄的阿克莱特，两人间长期的合作关系就由此开始。

① 杨耀民：《〈笛福文选〉序》，见[英]丹尼尔·笛福：《笛福文选》，徐式谷译，9页，北京，商务印书馆，1984。

理查德·阿克莱特(1732—1792)在工业革命史上的名声更大，他据说是水力纺纱机的发明人。水力纺纱机是纺织技术史上的一次大革命，由于水力的运用，纺纱可以不用人力，提高了生产效率，并且水力纺纱机纺出的纱线结实，可以用作经线，从而使英国可以制造纯棉产品。1771年他在克朗福德建立全世界第一个工厂，在这种生产组织形式中，成百上千的工人同时在同一个工作场地进行有组织的大规模生产，极大地提高了生产力，由于工厂的诞生，工业时代便真正到来了，从此，它就主宰了人类的生活方式，直至今日仍大体如此。因此，阿克莱特在工业革命史上的地位，是无与伦比的。

阿克莱特年轻时学做假发，后来又开小酒馆，小酒馆丢掉后他就四处流动，收买头发制作假发，这时候，他开始对纺纱技术感起兴趣来，于是就和人合作研制一部机器，也就是水力纺纱机。1768年他提出专利申请，这项专利权后来引起很多官司，以至直到现在，都说不清楚究竟是谁发明了水力纺纱机。

斯特拉特认识他时，阿克莱特正穷困潦倒——他没有钱申请专利权，也没有钱制作模型。斯特拉特从这项发明中又一次看出生财之道，于是立刻慷慨解囊，拨资相助，和阿克莱特建立了协作关系。他和几个资助人一起帮助阿克莱特取得水力纺纱机的专利权，又帮助他在克朗福德建立起世界上第一个工厂。这以后，斯特拉特也在离克朗福德不远的贝尔珀和米尔福德开办了自己的棉纺厂，和阿克莱特一样成为棉纺织业的巨子。他死时留下5家工厂，贝尔珀厂和米尔福德厂是全英国雇用工人最多的厂，和欧文在新拉纳克的厂一样出名，阿克莱特则拥有6家工厂，累积的财富已不计其数。他被授予爵士头衔，破格当上德比郡守。由于有钱，他得以与贵族社会开始交往，还借款给德文郡公爵夫人。报纸说他在“十年一瞬间从一个不值5镑的穷鬼，成为拥有马车仆役的采邑地主，并买下了价值两万镑的地产”。在他死时，《绅士杂志》说他留下的“制造厂其收入比大多数德国王公都要多得多……”①

这样两个从社会的底层起家，依靠技术发明申请专利，然后靠专利权开办实业、发财致富的人，在工业革命中是十分典型的。他们之所以

① R.S.菲顿、A.P.沃兹沃思：《斯特拉特一家和阿克莱特一家》，96～97页，曼彻斯特，曼彻斯特大学出版社，1958。

会出人头地，当然是时代需要的结果，他们的所作所为恰好与时代的要求相一致，这一点毋庸置疑。然而，他们是在什么动力驱使下，在什么思想指导下，进入时代弄潮的大潮流中的呢？对于这一点，斯特拉特在为自己拟定的墓志铭上曾经说："这里安息着 J. S.（即杰德狄亚·斯特拉特——引者）——他把自己从没有财产，没有家庭，没有朋友的地位提升到在这个世界上有财产、有家庭、有名望的地位——他没有智慧却有足够的普通常识——没有天才却得到健全理解能力的真实祝福——他很少有炫耀之处却鄙视卑鄙无耻之事——不尚宗教教义及仪式的虚饰却度过了诚实而有道德的一生——虽说不知道死后将会如何，却死而充满信心：若真是有一个最后的审判，它必会酬赏有德行的好人。"①

这似乎是表明道德的力量在支撑着早期工业家的拼力奋斗，工业革命时期的第一代工业家表现得是何等自信：他们深信在自己身上体现着人类的高尚品德，因此上帝已经把恩宠的光辉洒在了他们身上。然而在这道德的华美辞藻之后，实际上是那个强烈的欲求精神在行动，斯特拉特早在 39 岁时就在写给妻子的一封信中表达得很清楚："今天我顺齐普赛河而行，调剂一下，竟不免立即联想到：那人类大潮流的唯一途程，他们的喧嚣与奔忙，他们表现在脸上的急切之情，就是弄钱，而尽管有些神学家说教起来正相反，但事实上这却是真的：弄钱是人生的主要之事……"②这就是英国工业革命时期第一代工业家的道德观，也是斯特拉特们和阿克莱特们终身拼搏的动力，他们相信人的欲求是正义的，上帝支持谋利的动机，恩宠留给为谋利取得成功的人。也许，马克斯·韦伯正是从这种信念中总结出他的《新教伦理与资本主义精神》的。不管怎么说，当时的社会肯定是鼓励这批人的，鼓励他们欲求的动机。

阿克莱特的一个孙子是议员，孙女婿是大法官院副院长，斯特拉特的一个孙子是议员和贝尔珀男爵，大学学院的副院长、院长，与边沁、马考莱、欧文这些当时的名人都很熟，最后当上兰开斯特公爵领地大臣。工业革命初期崭露头角的村野之流，就这样把他们的孙辈推上了权力的宝座，下面我们来看一看这些孙辈们的代表——理查德·科布登（1804—1865）的情况。

① R. S. 菲顿、A. P. 沃兹沃思：《斯特拉特一家和阿克莱特一家》，108 页。
② R. S. 菲顿、A. P. 沃兹沃思：《斯特拉特一家和阿克莱特一家》，109～110 页。

科布登代表着斯特拉特和阿克莱特的孙辈们在政治上的高度觉醒，他的一生都和工厂主的政治运动联系在一起，19世纪40年代，他领导了赫赫有名的反谷物法运动，是反谷物法同盟的主要领袖。由于这个运动，议会于1846年废除谷物法，以后又确认自由贸易的原则。可以说：亚当·斯密和大卫·李嘉图在理论上追求的东西，是通过科布登和其他一些人的手来实现的，英国由此而进入自由资本主义的鼎盛时代。19世纪60年代，科布登又领导中等阶级激进派要求进一步改革议会，支持工人阶级提出的普选权要求。可以说，边沁和密尔的政治遗产也在科布登和他的同事们手上实现了。科布登在工厂主阶级争取权力的事业中，确实占有显著地位。

而科布登自己正是这个阶级中的一员，他体现这个阶级对财富的追求。他晚年回忆自己年轻时的经历时说："我和其他两个年轻人开始合伙做生意，一共集资一千镑。其中一半以上是借来的……我们对曼彻斯特的商号一无所知，于是就在旅馆要了一份指南，翻到印花布商名册栏，他们的生意是我们所熟悉的，我们也有信心从他们那里得到贷款。为什么呢？因为我们知道我们的优势，我们有广泛的关系网，我们了解这个行业在伦敦的最好分支机构，我们对花样设计有极好的鉴赏力，这些都会使人们成功，他们会满意的。我们于是向福特兄弟公司自我引荐。那是一家富商号，我们说了我们的故事，诚实而不隐瞒任何东西，从1830年起，两年不到的时间里我们收了他们4万镑的货，他们把货送到沃特林街来给我们，不要任何担保，只要我们的品德和做这门生意的知识。"这个故事倒很像斯特拉特和阿克莱特在他们早年开张时的情况那样——白手起家，靠自己的拼劲韧劲，跻身于竞争行列之中。时隔三代人，其风格竟是一样的，科布登早就知道："对人的能力只有一种看法或一个标准——即赚钱"，正因为抱有这样的精神，他毅然决然地从伦敦来到曼彻斯特，因为"曼彻斯特是做赚钱生意的地方"，尽管曼彻斯特又脏又乱，但"从这肮脏的下水道里流出人类勤奋的洪流，肥沃着整个的世界，从这油腻的阴沟中流出纯质的金子，人性在这里发展得最完备，也最粗野；文明在这里创造奇迹，文明人几乎退回去变成野蛮"。①

① 尼古拉斯·C. 埃德索尔：《理查德·科布登传》，4～5页，哈佛，哈佛大学出版社，1986。

这就是科布登的追求，这种追求与斯特拉特们竟何其相似乃尔！8年后，到1836年，科布登的印染厂已经有资本8万镑，年产值15万镑，年获利23000镑了。科布登成了曼彻斯特的一个阔佬，只有在这个前提下，他才有资格成为“曼彻斯特学派”[①]的代言人。

二、一般社会风气

如果说以上几个例子还只说明“个别”的情况，那么对一般的分析，也使我们得出同样的结论。考察工业革命时期英国的社会，使人们感到，整个社会都受到欲求因素的刺激，正是在这种刺激下，社会不安于现状，处于始终不断的动荡之中。

在追求财富的洪流中，中等阶级是主要力量。法国经济史学家克鲁泽的研究表明，英国工业革命时期的工业家，大多数来自“中等阶级”。中等阶级的含义非常广泛，它从有钱的商人、乡绅一直延伸到普通职员、中小老板等。因此克鲁泽说：“得益的多数人……在中等阶级内部上升，从较低的层次(有时甚至从工人阶级的边缘)上升到富裕或至少是殷实的工业家的新层次上。”[②]在追求财富的动机驱使下他们走进探险的行列，他们所凭借的，主要不是家族的资产，而是亲朋关系网，以及几百年来中等阶级所特有的精明经营能力，以及对财富固执的追求，按克鲁泽的说法，这些人构成了“资本家后备军”，从他们中产生了成功的工业家，不断对工业本身“进行革命”。[③]

置身于追求财富的洪流中的不仅是中等阶级，事实上，在工业革命过程中，社会各阶层都被卷进这股洪流。作为工业革命的预备阶段的“农业革命”可以说就是由贵族乡绅发动的。18世纪上半叶，地主们竞相发展生产，改良农业技术，引进良种，增加耕作面积，其动机是谋取利润，为市场提供更多的商品作物，唐森德勋爵引进芜菁，采用四熟制。因而得了个“芜菁唐森德”的美名；杰思罗·塔尔引进条播法取代了

---

① “曼彻斯特学派”是自由主义经济理论的拥护者，以曼彻斯特为中心，主张自由贸易，要求废除谷物法。

② 弗朗索瓦·克鲁泽：《早期工业家的起源问题》，142页，剑桥，剑桥大学出版社，1985。

③ 弗朗索瓦·克鲁泽：《早期工业家的起源问题》，110页。

过去的撒播法，大大提高了粮食产量；大地主科克即后来的莱斯特伯爵首创在贫瘠土地上施放泥灰土的新技术，使他的庄园在40年内收入增加了近10倍。工业革命开始后，也有一些贵族投资工矿业，比如布里奇沃特公爵开凿运河为解决工业革命早期的运输问题做出贡献，他还是英国最大的煤矿主之一；弗利勋爵经营矿山，套购公债等。事实上，英国的贵族很早就有经营的习惯，贵族幼子外出经商，谋取商业利润。相比之下，在欧洲大陆，法国的贵族游手好闲，整天在宫廷中谈情说爱；西班牙贵族宁愿讨饭也不屑经商；普鲁士贵族的幼子只是去从军，一心指望在战争中名利双收。英国贵族这样“不耻下求”，通过经营而追求财富，为全社会树立了一个模仿的榜样。于是上行下效，牵动全国，谋求利润而追逐财富不仅不被视以为耻，而且还被引以为荣。正如时人所说：“贵族追求王公的豪华，绅士则渴慕达到真正的贵族地位，生意人从他的柜台后面爬出来去填补绅士的位置。”①于是：“英国不同等级的人不知不觉地交错在一起，一种平等的精神贯注于宪政的每一部分，各种地位各种状况之间彼此发生激烈的竞赛，每一个较低的等级都野心勃勃，无休无止地要把自己提升到更高一等的级别上去。”②

这种“向上看”的风气，不仅在上中层流行，而且在下层流行，从而导致整个社会永远处在一种不安于现状的追求中。英国社会家曾对英国小资产阶级作这种评论，说他们是“许多传统价值的贮藏室，资本主义社会秩序就建筑在这些传统价值之上，小店主们热烈的个人主义和对工作的道德观表现得很清楚，而可以使他们这种人兴隆的‘自由放任’经济的幻象也是这样。此外，他们相信，通过勤奋和智慧就可以成功，这对我们这样一个开放型社会至关重要。因此，这个阶层有重大的象征性意义，对许多人来说，他们的生活好像表现了个人升迁的可能性。尽管许多人出身卑微，但他们成功了，当然这是在对资本主义社会带根本性的意义上来说的，他们赢得财产与自立，尽管数量并不大”。③

甚至连工人阶级也都怀着这种“升迁”的愿望。1859年一本叫《自助》的书在工人中吸引了大量读者，因为它向工人宣传发家致富的奥妙：

---

① R. M. 哈特韦尔主编：《英国工业革命的原因》，135页，伦敦，1967。
② R. M. 哈特韦尔主编：《英国工业革命的原因》，128页，伦敦，1967。
③ 理查德·斯凯斯、罗伯特·戈菲：《产业中等阶级》，12页，伦敦，1982。

“没有什么比赚钱的能力更普通了，很少有比积累钱财更高的目标，一个人若全身心地追求这一点，他很少不会变得富起来。不需要动太多的脑筋，只需要花得少而挣得多，一几尼一几尼地垒起来，精打细算，勤俭节约，金堆就会慢慢长高”。①

这本书的作者塞缪尔·斯迈尔斯自己也是个“自立”成功的人，他也是从雇佣劳动者的队伍中“自助”出来的。他的书中举了许多靠自我奋斗发家致富的例子，因此在工人群众中很有市场。“靠着持久的追求和活力，这样的例子……太多了，人们已不再把这些看作是例外。”②

总之，从17世纪末开始，一种追求和进取的精神开始在全英国弥散，并得到社会的承认与鼓励，结果就激发了人的创造力，引发出技术大革命，这是工业革命重要的文化和社会因素。作为这种追求的结果，英国在物质财富的生产方面发生突飞猛进的发展，英国成为“世界工场”，率先跨进了“工业民族”的行列。

三、简短小结

现在我们来做一个简短的总结。

爱丁堡大学经济史专家弗林说：

> 长期以来，很多历史学家在解释工业革命时都准备以技术为中心，即便今日这种单向式解释已不那么时兴时，也很少有人愿意完全否定技术进步所起的作用。但现在，不愿把技术变化抬得太高的主要理由，在于人们注意到这种变化在不发达国家不能够独立促进经济增长。最先进的技术一般来说，只要那个国家想要它，它就可以得到它，但多数国家却仍然落后，因为它们不要这些技术，它们不要这些技术，不是因为这些国家不知道这些技术，或缺少有关的知识，而是因为这些国家运用先进技术的资本不够，操作和使用的技术水平不够，或更重要的是，它们不愿接受先进技术必然会带来的社会改组，不允许企业家精神充分发挥以图大规模运用这些

① 特雷弗·梅：《英国经济社会史》，206页，纽约，1987。

② P.L.佩恩：《19世纪英国企业界》，26页，麦克米兰出版公司，1988。

技术。[①]

虽说这段话并不是没有可推敲之处，但它所表达的基本思想却很发人深省。过去，我们在解释工业革命时，总喜欢从经济发展的本身去寻找原因，而忽视了经济发展的社会、政治因素。一个国家的经济发展，特别是像工业革命这样的“起飞”，必须在合适的社会条件下才能进行，这本是极其简单的常识，任何略有理解力的人都能看得很清楚。像18世纪的英国，它之所以第一个开始工业化，第一个发生经济“起飞”，倒不一定在于它的科学更发达、经济实力更雄厚(其实在英国工业革命前，法国的科学技术水平和经济实力都超过英国)，而在于英国有更合适的社会、政治环境。17世纪末，英国克服了专制王权，整个社会向宽松、开放的方向发展，思想与政治的禁锢逐渐放宽，个人获得了较大的发展自由。正是在这种条件下，出现了笛福时期商业的大发展。商业大发展又扩大了社会的需求，开阔了人欲望追求的可能性。欲求受到社会的鼓励，个人的追求与国家的富裕被解释为一体。王室与贵族以农业革命向全社会树立了靠经营求进取的榜样，这些因素都使人的思想观念受到极大的冲击。加之新教价值观早已将上帝的恩宠与现世的成功有机地结合在一起，这样，最终使工业革命成因的一个重要方面——人的欲求因素在英国社会中牢固地确立起来。从而养育了像斯特拉特、阿克莱特、科布登这样一批人，以及为工业化的出现有意无意地做好了思想准备的整个民族。

总之，工业革命的成因是多方面的，单纯的经济因素不足以做出解释。在这方面，还有许多工作等待我们去做。

① M. W. 弗林：《工业革命的起源》，69页，伦敦，1966。

英国保守主义的特点及其演进

保守主义是英国政治文化中的一个重要组成部分，它历经沧桑，却锐势不减，至今仍在英国发挥着重要作用。保守主义作为一种政治思潮自它出现之时起，虽沉浮于世事，起浮于时代，但其影响却一如既往，经久不衰。以保守主义为标榜的保守党在多变的政局中始终保持强盛的活力，及至20世纪仍可以长期主宰英国政坛。其中原因，与英国保守主义的特色有很大关系，所以研究英国的保守主义，对了解英国就有特殊的意义。本文旨在对英国保守主义作一历史回顾，从中总结出它的特点，并探讨英国保守主义经沧桑而不衰的基本原因。

一、保守主义的理论

20世纪初，保守主义政治家休·塞西翁(Hugh Cecil)对英国保守主义作了一个精彩的总结。据他说，保守主义是人类的一种天性，人们对未来不可捉摸之命运的恐惧与惶惑，是守旧求稳倾向的心理基础：

天然的守旧思想是人们心灵的一种倾向。那是一种厌恶变化的心情；它部分地产生对于未知事物的怀疑以及相应地对经验而不是对理论论证的依赖；部分地产生于人们所具有的适应环境的能力，因此，人们熟悉的事物容易被接受和容忍。

……变化不但是可怕的，它也使人疲劳。当人们试图去了解和判断一项新计划时，这种努力总要消耗精力，使他们不堪负担，判断力和识别力在他们内心发怀。为什么抛弃安全的已知事物而去追求可能有危险的未知事物呢?①

既然如此，最好是一成不变，让千百年来留传下来的传统永生永世地维持下去——这当然是“天然守旧思想”的必然逻辑。然而，塞西尔却又并不这样看。他说：虽然对陌生事物的怀疑“是一种最简单的问题，这样的怀疑却可能存在于妨碍一切进步事业的非极端的形式之中”②。塞西尔把当时(1912 年)的中国作为这种极端形式的典型，说明对祖先的严格的亦步亦趋及对西方新事物的顽固抗拒是“长期阻碍并在很大程度上仍然妨碍着中国的哪怕是十分有限的进步”的原因。为避免保守主义成为阻碍社会进步的势力，塞西尔说：

希望进步和害怕前进的危险这两种心情在表面上是矛盾的，而在实际上却是互相补充、互为条件的……进步依靠守旧思想来使它成为明智、有效和切合实际的行动。如果没有守旧思想，进步就纵然不是有害的，至少也是徒劳的。③

人们在整个进步过程中的一个首要的，虽然确实不是唯一的问题，就是如何以正确的比例来调和这两种倾向，既不致过分大胆或轻率，也不致过分惧重或延迟。④

也就是说，进步和保守互为表里，进步带动历史，保守则抵制其速度。

① [英]休·塞西尔:《保守主义》，杜汝楫译，3～4 页，北京，商务印书馆，1986。

② [英]休·塞西尔:《保护主义》，杜汝楫译。

③ [英]休·塞西尔:《保护主义》，杜汝楫译。

④ [英]休·塞西尔:《保护主义》，杜汝楫译。

把两种看来矛盾的倾向结合起来，才能导致合理的变革。这就是塞西尔心目中的保守主义，也是英国保守主义所自我界定的那种保守主义。战后对英国保守主义的理解，只能在这个意义上进行。

塞西尔的这些话，是对英国保守主义的历史总结，它虽然带有美化的色彩，但基本的分析却是客观的。在英国，"保守"这个词并不意味着开历史倒车，甚至不意味着抗拒变革；它意味着尽可能长地保持某个事物，并且在不得不进行变革时把变革的幅度限制在尽可能小的范围内。这样一种保守主义以承认变革为前提，它的集大成之理论源泉是18世纪政论家爱德蒙·柏克(Edmund Burke，1729—1797)。

柏克是都柏林一个讼师的儿子，早年投奔辉格党，是该党得力的理论家。他曾参加辉格党的改革运动，在美国革命时也大力支持美洲独立。正因为这种背景，他的保守主义也就特别有号召力，1789年，一个叫理查德·普赖斯的牧师在"光荣革命"纪念日作了一次布道演讲，其中提到100年来，"光荣革命"的原则在英国已经被遗忘，但法国革命的光芒却"点燃了燎天巨焰，将把专制制度烧为灰粉，温暖并照亮整个欧洲！"[①]这篇演讲触发了柏克的反驳愿望，他早就想对法国大革命发表评论了，于是就乘此机会以普赖斯的演讲为靶子，写成《法国革命感想录》(1790年)。在这本书中，他把英国保守主义的原则发挥到淋漓尽致的地步，为保守派提供了经典性的理论武库。他针对普赖斯对"光荣革命"所做的解释，即"光荣革命"中人民做出选择，选出了一位新统治者的说法反驳说："光荣革命"尽管打破了继承的常规，拥立了一位新的君主，但它并不是一次变革，而只是对传统的恢复；它是"习俗"的需要，是为"保持我们古老而无可争辩的法律和自由，保持那作为法律和自由的唯一保障的古老政府体制而发动的"，并不像普赖斯所宣称的那样，是对英国政体的"标新立异"。英国人从来不需要标新立异，他们最大的长处就是固守祖宗的传统：

> 从大宪章到权利宣言，我们制度的一贯政策就是在追求和维护自由的时候，把自由看作是来自祖先又将传诸后代的法定遗产，看

① 理查德·普赖斯：《论热爱我们的国家》，见 H. T. Dickinson, *Polities and Literature in the 18th Century*, London, 1974, p. 175.

> 作是一笔特定的属于我国人民的财富，而与其他任何普遍或更崇高的权力毫不相干。正因为如此，我们的制度可以在千差万别中维护团结：我们有世袭的王位，有世袭的贵族，也有从祖先万世那里继承了特权，选举权和自由的下院和人民。①

在他看来，社会本身只是一种契约，是各个世代之间的协作："它不仅是活着的人之间的合作，而且是活人、死人和未生的人之间的合作。"②联系这每一个世代之间的唯一纽带就是传统，传统将第一个世代放在一个固定的位置上，让他们充分扮演自己的角色。历史就是由一个接一个的世代之环衔接而成的，每一个世代都应该在自己的位置上安分守己，不可逾越，从祖先那里接过传统，再把它传给下一代人，由此，而构成人类社会的和谐链条。这就是柏克的历史观，很显然，它表现出强烈的传统主义，打破传统就是罪恶滔天。

但强调传统并非否定变异，在柏克看来：

> 如果我们不想陷入形而上学的诡辩迷津之中去，那么，就还不是不可以把按常规办事与随机应变，把我国政府制度中神圣的继承原则与在紧急关头有变化地运用这种原则调和起来。但却使在这种极端的情况下(比如我们以光荣使命中的所作所为来衡量我们的权利)，变化也只能局限于有毛病的部分，局限于有必要做出改动的部分，就连在这种时候，也只能在不会瓦解国家与政治整体的条件下进行，目标是从原有的社会因素中创建新的国家秩序。③

总之一句话："英国人永不仿效他们未曾尝试过的新花样，也不回归经试验已发现有问题的旧式样。"④英国人只站在他们现在所在的地方，既不盲目向前，也不回头倒退；他们要同时对付两种危险：既不为轻举妄

① 理查德·普赖斯：《论热爱我们的国家》，见 H. T. Dickinson，*Polities and Literature in the 18th Century*，London，1974，pp. 105-106.

② 理查德·普赖斯：《论热爱我们的国家》，见 H. T. Dickinson，*Polities and Literature in the 18th Century*，London，1974，p. 111.

③ Edmund Burke，*Reflections on the Revolution in France*，Penguin，1987，p. 117.

④ Edmund Burke，*Reflections on the Revolution in France*，Penguin，1987，p. 119.

动所惑，也不做历史垃圾箱中的陈糠烂谷，这就是柏克的保守主义，是一种把变革捆起来硬塞在传统之中的保守主义。在柏克看来，传统是传统，变革也是传统，因为变革是传统的再生，变革使得传统延续。真正的变革是没有的，有的只是传统的相传，是传统在每一个世代之环节上的发展与沿袭。这虽是一种严格的传统主义，但并非反动与倒退。它不把历史往后拉，而只是墨守成规，不肯前进；它并不全然否定变革，只否定"未曾尝试的新花样"，也就是不能以传统为依据的那种变革。它尽可能阻止变革的发生，但当变革非来不可时，它也准备接受。在传统与变革之间，保守主义偏向传统，但同时也可以变革，在实际上扮演着变革的制动闸的角色。

在这种传统主义的基础上，柏克阐述了自己对英国政治制度的看法：

> 我国的政体是约定俗成的体制，这种政体的唯一权威性在于它的存在源远流长。……你们的国王，你们的贵族，你们的法官，你们的陪审团，不论是大陪审团还是小陪审团，这一切都是约定俗成的。……约定俗成在一切权柄中最坚实，不仅对财产是如此，而且对保障该财产的权利，对政府，也是如此。……它是支持任何既定方案以反对未经考验的计划的根据，一个国家正是以此为根据而长期存在并得到繁荣的。它甚至是一个国家做出抉择的更好的根据，远比通过现实的选择做出突然和暂时的抉择要好得多。因为国家并不仅仅局限于地方范围的观念，既在时间方面持续，也在人数和空间方面延伸。这种抉择不以一时或一部分人为转移，也不是乌合之众的轻浮选择，它是经过若干世纪和若干代人的审慎选择而成的……①

既然如此，这个制度就不能轻易改动了，否则就容易被"未经考验的计划"引入歧途。柏克事实上是在说：既然历史经过了长期的选择选定这种制度，那就证明这种制度是合理的。否则，难道古人不如我们吗？他

① Edmund Burke, *Reform of the Representation*, London, 1782, p.146.

们为什么不选择别种制度，而只选择这种制度呢？这种制度的唯一权威性就“在于它的存在源远流长”。

柏克深信，一切权力都是在历史的长河中形成的，制度来源于传统，而不来源于任何理论或原则。“自然权利”是没有的，“自然状态”只是人们头脑中的臆想。英国的传统已经缔造了完美的政治制度，达到了国王、贵族和平民间的利益平衡。但这种制度是以“自由”为基础的，自由形成于英国自身的历史长河中。他强调自由是一种传统，任何人若想破坏它，便是破坏传统，背离传统的原则。他强调：“为了保证公民的自由，他们(政府——引者注)必须明确地享有一定程度的权力。……凡是享有任何一部分权力的人都应当深刻而严肃地感觉到：他们是受委托而行事的；他们要向社会的伟大主人、缔造者和奠基人汇报他们在所受委托的事务方面的行为。”①

请读者注意，柏克反复强调尊重传统，反对任何人破坏“自由”，其实是反对任何未经证明的权利(因为在柏克看来任何权利都必须经过传统的证明，否则无效)，其矛头所指，既针对平民，也针对统治者，谁都无权为所欲为。这是英国保守主义的独特之处。从这一点出发，保守主义就可以在一个临界点上与变革的理论相交接，同意用革新的手段将某种现存的“弊病”革除——当然，保守主义把这看作是“恢复传统”。柏克有一句堪称是保守主义座右铭的名言：“我决不排除另一种可以采用的方法，但是，即使我改变主张，我也应该有所保留。”②这就是“有保留地变革”的原则，可以说这就是英国保守主义最简明扼要的警句。

二、保守主义的实践：起步期

保守主义的理论既然如此，保守主义的实践也是这样。

现代英国保守主义起源于17世纪英国内战。英国内战中有一个特点：反对国王、要求改变现状的人自称是在维护传统，而维护传统现状的人则被指责为“标新立异”。这种现实与理念的错位就为日后英国保守主义的特色定了基调。

1640年长期议会召开时，几乎所有议员都谴责国王，说他侵犯民

① 转引自[英]休·塞西尔：《保守主义》，杜汝楫译，31页。

② 转引自[英]休·塞西尔：《保守主义》，杜汝楫译，40～41页。

众的权利，“君权神授”违背“自由”的传统。在这种压力下，国王被迫同意处死宠臣斯特拉福，并且签署了一系列法令，承认议会的各种特权。这时，有一部分议员认为“自由”的传统已经恢复，事情应该到此为止了，否则传统会遭到来自另一方面的破坏。这些人并不提倡“议会主权”，因为那也不符合英国的传统。1641 年 11 月，议会在表决《大抗议书》时明显分成了两个阵营，一派要求更多地维护传统，另一派则要求更多地进行改革。正是在这种情况下，国王才以为有机可乘，从而发动了旷日持久的内战。在内战中，投票反对《大抗议书》的人站在国王一边，投票赞成《大抗议书》地站在议会一边。站在议会一边的人是内战中的革命派，站在国王一边的人是内战中的保守派，正是这后一种人，开创了英国保守主义的先河。由此可见，英国保守主义形成在要求变革的阵营里，只不过他们要求的变革很有限而已。

内战中，保守派虽说站在国王一边，但并不支持国王的，“君权神授”，不支持专制。他们把国王与议会的平衡(即所谓“混合君主制”传统)作为政治理想。把“议会的正当特权和自由”当作是必须坚持的原则。他们的行为准则是这样的：当国王实行专制，从而打破平衡时，他们就反对国王——长期议会开始时他们就是这样做的；但当议会权力过大，因此也同样打破平衡时，他们又站到国王一边，帮助维护传统的均势。这批人的典型代表是爱德华·海德(Edward Hyde，1607－1674)，他曾经在议会中反对国王专制，但后来又参加王党，反对议会，并追随查理一世的儿子(即后来的查理二世)流亡国外，复辟后成为国王的主要谋臣，受封为克拉伦敦伯爵。无论在流亡中还是在复辟后，海德都把国王与议会的平衡作为原则来坚持，维护传统的政治结构。1707 年，为海德所著《大叛乱史》撰写前言的人曾经这样评价海德：“当人民随时愿对国王做出不适当的服从时，他却……在维护政体完整方面做出最大贡献”，而同时他又喋喋不休地“对英王说：要时时与议会好生相处，不要让国外那些稀奇古怪的念头蒙骗你；它们在这个国家不适用。要时时坚守民族利益；只有这样，英王才会是世界上最伟大最幸福的君主。”①1660 年查理二世复辟时，海德帮助他在布列达发表宣言，承认了议会

① Earl of Clarendon，*The History of the Rebellion and Civil Wars in England*，Vol. 1：Preface，Oxford，1958，pp. 29，30-31.

的宪法地位，他以为，从此便恢复了国王与议会之间的平衡。但查理二世并不想维护这种传统平衡，他仍打算继承其父兄的遗愿，在英国实行君主专制。因此海德的梦想很快就破灭了，海德在1667年被解职，流亡国外；查理二世及他的弟弟詹姆士二世则步其父之后尘，着手恢复专制制度。在这种情况下，保守主义被放在一个极其难堪的位置，他们要么放弃原则，无条件地承认王权的绝对权力，因而违背国王与议会平衡的传统；要么承认变革的时机已经来临，从而改变现状，做事实上的变革派。保守主义最终选择了后者，参加了"光荣革命"。[①]

由于"光荣革命"，海德所坚守的平衡原则过时了，保守主义推进到一个新的阵地，即议会主权和君主立宪制度，而这些都曾是保守主义在内战时期坚决反对过的。可见在时势的逼迫下，保守主义放弃了原有的阵地，接受了新的原则，而且还参与了确立这些原则的实际变革行动。这是英国保守主义在不得不前进时做出的第一次重大选择，它为保守主义以后的发展做出了表率。

"光荣革命"之后，它所建立的新的制度是否还需要进一步变革？这成了保守主义与激进主义最明确的界限。"光荣革命"的发动者都认为英国已建立起最完美的政治制度，因此任何变革都只会摧毁这种完美性，导致恶劣后果。在这种情绪笼罩下，英国进入一个全面保守的时期。无论托利党还是辉格党此时都变得非常保守，不愿对"光荣革命"确立的政治制度作任何变动。辉格党是这个制度最坚定的捍卫者，他们因"光荣革命"而取得政权，因此这种态度很容易理解。

托利党在这一时期的态度特别有意思。托利党虽然参加"光荣革命"但失去了政权。"光荣革命"后，许多托利党人仍怀念旧的原则，向往国王与议会间的平衡。他们当初支持"光荣革命"，是反对王权对议会的超越，而现在议会却超越了王权，这又是他们所不愿接受的，就和当年内战时一样。在这种情绪支配下，少数托利党人追随詹姆士流亡在外，为恢复旧秩序而积极活动。不克服这种倾向，保守主义就有可能被复古倒退的反动力量所融合，托利党也会被英国人民所不齿。在这种情况下，托利党领袖博林布鲁克(Henry Bolingbroke，1678—1751)为保守主义

① 1688年，辉格党贵族与托利党贵族共同邀请荷兰执政，奥伦治的威廉率军进入英国，推翻詹姆士二世国王，是为"光荣革命"(Glorious Revolution)。

奠定了新的基础。

博林布鲁克说：英国的传统是议会限制王权，否则王权就有可能变成专断的权力。“光荣革命”恢复了这种古老的传统，因此革命的成果应该得到人们的捍卫。“光荣革命”是由托利党和辉格党共同完成的，因此它也就是托利党光荣传统的一部分。“光荣革命”以来，“两党间实质性的分歧已经消除了……尽管其阴影尚存，仍然在许多年后把我们分开；然而在现存的政体制度下登上舞台的人们中，现在既没有也不能有党派之分……”①既然如此，托利党在当前的形势下应该做什么呢？就是在土地财产的基础上使贵族阶级团结起来，使国家政权牢牢地掌握在地主手里。在他看来，只有冷静而富于理性的人才配管理国家，而这些人恰恰就是土地贵族。地主们拥有地产，不依附于任何人，他们是“自由”的天然捍卫者。博林布鲁克看到了18世纪初开始的社会变化，他愤愤地抱怨商业利益正蒸蒸日上：

> 他们（指商人）的财富创造了新利益，新的财产（指商业资本）在20年前还不为人所知，现在已增加得和这个岛国上的土地财产几乎一样了。结果，有地产的人变贫了，意志消沉，他们要么完全不关心公务，成了货真价实的农民，去改良所剩下的地产；要么去宫廷应卯，投靠党派，补偿他受到损害的财富。与此同时，以前那些巴不得来做他们仆人的人，现在却成了他们的主人。②

面对商业阶级越来越大的挑战，辉格党和托利党都必须在“光荣革命”的新的原则基础上团结起来，保卫土地阶级对政权的独占，这就是新时期保守主义的纲领。我们知道：这个纲领正是后来100多年中保守主义所奉为神圣、死死抓住不放的。事实上，博林布鲁克为以后100多年的保守主义确定了原则，而这个原则又是以巩固“光荣革命”的成果为前提的。由于这个纲领，托利党的确和辉格党找到了政治上的共同点。

---

① Earl of Clarendon, *The History of the Rebellion and Civil Wars in England*, Vol. 1: Preface, Oxford, 1958, p. 52.

② H. T. Dickinson, *Liberty and Property*, *Political Ideology in 18 th Century Britain*, London, 1979, p. 178.

在整个18世纪，保守主义都在死守着土地阶级独占政权这块阵地，不肯后退一步。在此原则下，保守主义可以作一些枝节的变革，体现了“有保留的变革”的特点。这方面的代表人物是小威廉·皮特(William Pitt，the Younger，1759—1806)。皮特的家族有悠久的辉格党传统，但他本人却从辉格党中脱离出来，重新组建了托利党。1783年，年仅24岁的小皮特应国王之召担任首相，乔治三世本想让这乳臭未干的娃娃政治家成为他个人统治的得力工具，但小皮特却坚决维护议会政治的传统，彻底粉碎了国王的权欲梦。在英国，这是建立国王的个人权力的最后一次回光返照，从此以后，王权在英国政治中就不再起实质性作用了。在这一点上，小皮特代表保守派守住了“光荣革命”的传统。

小皮特开创了一个著名的保守时期，他自己执政20多年，他死后，他的门徒又独占政权约20年，这40多年中，一切改革运动都横遭镇压。小皮特还领导了英国的反拿破仑战争，在他的墓碑上至今还刻着这样的墓志铭：

> 在思想毒化使文明社会受到解体威胁的时代，他带领忠诚、理智而正直的人们捍卫了可贵的英国君主制。①

小皮特真可称英国保守主义政治之父。但正是这个保守政治之父，脑子里曾一度装满了实际的改革计划。150年后丘吉尔评论说：当别人在“高谈阔论宏伟的改革计划时，实际上却是皮特在……默默而认真地为国家制定了切实可行的政策。”②皮特首先进行财政改革，使国库达到收支平衡；接着他开始试行自由贸易政策，对亚当·斯密的学说表示赞赏；他还在殖民地印度实行行政管理改革，削弱东印度公司在当地的行政特权。他支持过废除奴隶贸易的改革方案，但未能获得成功；自他从政之初起，他还一心想对议会制度做某种改革，取消一批选民数极少的衰败选区，并适当扩大选民的范围。所有这些改革都有一个前提，即

---

① 温斯顿·丘吉尔：《英语国家史略》下册，薛力敏、林林译，252页，北京，新华出版社，1985。

② 温斯顿·丘吉尔：《英语国家史略》下册，薛力敏、林林译，199页，北京，新华出版社，1985。

“光荣革命”所确立的制度不能改，土地阶级对政权的独占不能变。

法国大革命爆发后，皮特就再也不提改革了，他开始以为维持现状比“有保留地变革”更能维护传统。1793 年他反对辉格党提出的改革方案，说“对这个问题的煽动，可能造成大灾难”①。在 18 世纪 90 年代，他对国内的激进改革运动进行全面镇压。他死以后，其门徒继续执行这种不妥协的抗拒政策，反对一切细微的变革。1809 年，曾多次在托利党内阁中任大臣职务的温德姆在议会驳斥改革意图时说：

> 有些人可说是在不断地搜寻，在现有的制度中暗中窥探以求一逞，像啄木鸟绕着树那样绕来绕去。一心想找出某些不完善之处，以使他们好插进嘴去，着手工作；但又不像诚实的啄木鸟那样，仅仅寻找蛆虫去吃掉，而不管那棵树本身如何。他们相反却只把蛆虫作为借口，为见不得人的目的去打开一个洞，让阴湿霉烂乘虚而入，英国这棵大树……就可以由此而腐烂、灭亡了。②

也就是说，改革不会使事物变得更好，而是把已经很好的英国政体腐蚀霉烂掉。正是在这种“改还不如不改”的思想指导下，托利党长期抗拒一切变革，终于导致托利党的全面瓦解。党内支持“有保留地改革”的人在 19 世纪 20 年代末转入辉格党去了，“皮特时代”的后半期，托利党实际上已经背离了英国保守主义的正统路线，而转到偏执、反动的立场上。这是保守主义在英国历史上最严重的一次路线偏离，使保守主义面临着严重的危机。这次路线偏差导致辉格党——自由党在 19 世纪中长达 40 年的统治，使托利党付出了沉重的政治代价。

三、保守主义的实践：成熟期

当小皮特的门徒丢弃了有保留变革的传统，把托利党推入绝境时，是罗伯特·皮尔恢复了保守主义的正统路线。1832 年议会改革打破了土地阶级对政权的独占，改变了“光荣革命”所确立的政治制度，“光荣

① ［苏联］塔塔里诺娃：《英国史纲》，何清新译，360 页，北京，生活·读书·新知三联书店，1982。

② John Cannon, *Parliamentry Reform*, Cambridge, 1973, p. 155.

革命”的原则被突破了，托利党受到重大打击。面对现实，长期以来就以托利党自由派著称的罗伯特·皮尔在1834年发表《塔姆沃思宣言》(Tamworth Manifesto)，奠定了“新保守主义”的基础。这个宣言不仅是托利党在思想上的重建，而且是保守主义正统原则的恢复，使托利党重新走上“有保留地变革”的传统路线。在《塔姆沃思宣言》中，皮尔代表新近改组的托利党——保守党宣称：

> 至于改革法本身，我愿重复我作为改革后的议会议员进入下院时所发表的宣言，即我认为改革法是解决宪政体制这一重大问题的最终的、不可逆转的法案，凡有心于国泰民安者之辈，都不会用直接或暗中的手段去妨害它。

这表明，保守主义已不仅不抗拒这次改革，而且事实上已接受它了。但紧接着皮尔就要把这次改革作为保守主义最新进占的阵地加以据守，从而为保守主义找到了新的据点：

> 如果说，接受改革法的精神就意味着我们将生活在一个永久动荡的旋涡中，公务人员只有接受当时公众的每一次意见才能使自己得到人民的尊重——答应立刻纠正任何人都可能称作是弊病的东西……假如这就是改革法的精神，我就不会去接受它。但假如改革法的精神只是对国家及宗教制度进行细心的审视，采取善意的态度，在坚决维护现有权利的前提下对确定的弊病和真实的抱怨加以纠正——如果是这种情况，我就可以说自己和我的同事都将以这种精神行事。①

这个宣言非常有意思，因为它不仅表明保守主义将在新的原则基础上坚守阵地。而且准备对确定的弊病和真实的抱怨加以纠正，也就是说，它将不排斥主动进行变革，从而改变了保守主义总是被动接受改革的局面，把“有保留地变革”向前推进了一大步。事实上，皮尔在19世

① David C. Douglas ed, *English Historical Documents*, Vol, 12, London, 1956, pp. 128-129.

纪20年代就开始这样做了，当时他在托利党政府中任内务大臣，他与党内其他自由派如乔治·坎宁(George Canning)、威廉·赫斯基森(William Huskisson)等对内政、外交、财政、司法等进行了多种改革，甚至采取大胆的措施向自由贸易让步。这个派别当时的策略是用各种琐碎的改革来回避当时最根本的变革——政治改革，在议会改革的问题上一直不肯让步。1831年12月，当围绕政治改革法的斗争已相当激烈时，皮尔还在下院坚称“我对我幼时即有的政治制度感到满意……我将永远反对改变这种制度”；而且直到改革即将成功的最后一刻(1832年5月)他还坚持这种立场，但当新的议会在1833年按改革后的原则选举出来并举行会议时，皮尔已经采取了新立场，承认改革的现实了：“这个问题已最终解决了。已是不可改变的事实。”这清楚地表明保守主义已放弃了博林布鲁克的老阵地，而前进到第一次议会改革的基础上了。[①] 最后，关于罗伯特·皮尔还要提到的是，正是他在1846年废除了谷物法(*Corn Law*)，炸毁了地主阶级保守势力赖以抵御自由主义经济体制的最后一道屏障，[②] 从而解除了土地阶级独占政权的经济防线。当时他是保守党内阁首相，他强迫保守党完成了自由资本主义所要求的最重要的经济体制改革。

继皮尔之后，另一个对保守主义做出重大贡献的是迪斯雷利(Benjamin Disraeli，1804—1881)，他曾经两次出任保守党内阁首相(1867—1868，1874—1880)，三次出任财政大臣。面对自由党(其前身即辉格党)连续称雄英国政坛的局面，迪斯雷利看出了问题的症结，他深知人民群众对变革有迫切的要求，因此在工人阶级越来越成为有组织的政治力量时，他对保守党的政策进行了调整，使之能适应新的形势。这种被修正的保守主义被称为“新托利主义”。

新托利主义的第一个内容是主动进行政治改革，给工人阶级以选举权，这种主动改革的精神在皮尔的《塔姆沃思宣言》中就有了。到迪斯雷

① Norman Gash *The Age of Peel*, London, 1968, p. 39; Peel, London, 1976, p. 157.

② 1815年议会通过“谷物法”以限制粮食进口，人为地提高粮食价格而保护地主阶级的利益，同时又损害了其他一切社会阶级。1846年议会废除“谷物法”，标志着工业资产阶级开始主宰国家政治。

利时它付诸政治实践。小皮特和皮尔都曾在其他方面进行过主动改革，但对政治改革却蓄意回避，不愿触动这最敏感的神经。迪斯雷利采取了新的策略，他要把主动权抓到自己手里，让政治变革局限在保守党能够容忍的范围内。1867 年，他在议会辩论保守党提出的第二次议会改革方案时说：

> 我一直说议会改革问题在保守党方面是敞开大门的，我已经当着国人之面，在本院，在竞选中，把这种话说过了不下一百遍。我已经说过，现在不要再说：当你解决这个问题时，万不可被某一特别的方案捆住手脚，就好像你是在处理一桩食粮进口税问题似的；解决宪法的大政方针……你必须尊重时代的精神和国家的需要。①

保守党必须“尊重时代的精神”，满足“国家的需要”，对政体实行适合时宜的改革，这与那些在法国大革命时期对改革的托利党先辈们相比，其差别竟如天上地下，但这才是保守主义的正统路线，托利党在“光荣革命”时这样做过，柏克在奠定保守主义理论时这样说过，小皮特和皮尔在非政治领域中也曾经这样做，迪斯雷利只是把它第一次运用到政治领域中而已。由于迪斯雷利开了先例，保守党此后不再对政治改革讳莫如深了，而只在改革的时机与幅度上做文章。迪斯雷利对为什么应该给工人阶级选举权做出的解释特别有趣：他说，这是因为 1832 年改革有“巨大的缺陷”，若不能加以弥补，“任何议会改革的方案就都不令人满意”。这个缺陷。据迪斯雷利说，就是：

> 在 1832 年的解决方案提出以前，有一些专门适用于工人阶级的选举权，虽说很难对这些选举权的确切性质作全然的辩护，但若不是因为发明了新的选举权(指中等阶级财产选举权)……工人阶级

① 1867 年 7 月 15 日迪斯雷利在下院发言，见 David C. Donglased，*English Historical Documents*，Vol. 12，London，1956，p. 177.

的选举权肯定是不会消失的。[1]

由此看来，让工人阶级获得选举权倒变成是恢复1832年以前的传统了！这真是英国保守主义的典型体现——明明是创新，却说成是恢复传统。不过“光荣革命”也正是这样做的，可见从“光荣革命”到迪斯雷利，有一条多么连贯的线。

新托利主义的另一个内容是社会改革。迪斯雷利认为单纯的政治改革还不够，还必须给工人群众某些直接的好处，改善他们的生活处境。“当茅屋不舒服时，宫殿是不安全的”[2]。因此，为保住宫殿，就必须改进茅屋。这就是迪斯雷利的社会改革观。出于这种动机，新托利主义主张国家制定工厂和社会立法，保护工人健康。在迪斯雷利的领导下，保守党在执政时期对住屋、公共卫生和有关工会的合法权益问题制定了一系列法律，从而扩大了保守党的支持面，使它得到很大一部分工人的拥护。这就说明为什么在工人阶级的大部分都获得选举权后，保守党仍能获得近40％的工人选票。

从皮尔到迪斯雷利，人们深刻地认识到：英国保守主义并非一种亘古不变的教条，它随着时代的发展而逐渐变化，不断增加新的内容。导致保守主义不断调整的主要压力来自工业社会中始终存在的社会、政治和经济变化，而这一切，注定要把保守主义推到比以前更激进的立场上。事实上，保守主义是跟在激进主义后面去承认新的变化，从而把激进主义的原则化作为保守的形象的，在皮尔宣布“新保守主义”原则时，托利党正因为抗拒改革而民心丧尽，当迪斯雷利创立“新托利主义”时，英国正处于自由主义的极盛期，保守党必须在自由主义所最忽视的死角上为自己开辟阵地，而这个死角正是“自由放任”最不关心的那个问题——工人阶级的福利。由此可见，所谓“必要的”改革，最大的必要正是出自保守主义自身的存在。出于这种考虑，保守党接受了自由党在1911年通过的国民保险法，为英国福利制度打下了第一块奠基石。

---

① 1867年7月15日迪斯雷利在下院发言，见David C. Donglas ed，*English Historical Documents*，Vol. 12，London，1956，p. 179。迪斯雷利所说的1832年以前的“工人阶级选举权”，是指当时有一些劳苦人可以参加市镇选举，后来被1832年改革所取消。

② 马克潘尼、布克勒：《迪斯雷利传》，709页，伦敦，1929。

四、当代保守主义

新托利主义虽然赞同社会改革，而且在许多领域主动实行社会改革，但新托利主义主张的社会改革只是有限的主人对仆人的施舍而已，并不能解决根本的社会问题。20世纪，自由党衰落，保守党却前进到自由党的位置上，填补自由党留下的空缺。保守主义成为自由主义的卫护士，这是20世纪保守主义的最大特色。

20世纪推进变革的力量是工党，工党要求否定自由放任的资本主义，建立国家对社会、经济的全面干预。工党还主张用税收制度和福利制度对个人收入进行再分配，从而否定了私有财产神圣不可侵犯的原则(虽说并没有否定私有财产本身)。保守党在这种情况下取代自由党，守卫自由主义的阵地，以有财产者保护人的身份反对"社会主义"。20世纪上半叶保守主义扮演的就是这么个奇怪的角色，丘吉尔的经历很能说明问题。

丘吉尔出身于保守党世家，而且早年也投身于保守党阵营。但他在1904年转向自由党，竭力鼓吹自由贸易，反对建立保护主义关税，当然，这就是自由主义的原则。此后近20年中他一直为自由党效劳，但是到20年代工党开始执政后，他的立场就改变了，他又回到了保守党阵营。丘吉尔在解释他再次转党的动机时说：他希望"1886年就形成的自由党的那一派"与保守党合作，以对抗工党的兴起：

> 自由党的这个派别将把保守的政策修改得与它所具有的人数和力量相适应；进步的保守党人和那些大的劳工选区的代表，将为国家提供反对倒退所必需的保证。这样，也只有这样，才能形成一个足够强大而广泛的阵线，以对抗社会主义者政党日益扩大的威胁……①

也就是说他要以自由党的原则修改保守党的政策，对抗"社会主义"。

此后他从未放弃过反"社会主义"的立场，即便战争中与工党共同抗

① 亨利·佩林：《丘吉尔传》，沈永兴等译，301页，北京，东方出版社，1988。

敌，仍反对工党的社会福利政策，对群众中强烈要求在战后建设一个“新社会”的愿望置之不理。他这样一种对变革要求无动于衷的态度终于让他和保守党付出了代价——尽管丘吉尔是领导英国取得战争胜利的英雄，他却在刚刚战胜德国的时候就被选民撵下了台。选民们以压倒多数投工党的票，由它来建设英国的“福利国家”。保守党在经受了这一次教训后不得不接受福利国家政策，连丘吉尔也在 1946 年说，他只是“不想用更广泛的改革计划和工党抢先争腔”罢了①，并不反对已经取得的改革成果。这表明保守主义已前进到福利国家的阵地上，而把 19 世纪的自由主义抛在身后了。

然而，随着“福利国家”的弊端日渐显露，以及英国经济的长期不景气，保守主义再度改变自己的形象，它再次以恢复传统的名义出现，实际上是对已成为现实的“福利国家”进行再改革。这样，就出现了新的“新保守主义”。

这种新的新保守主义是一种对变革的变革——即对 1945 年以来所实行的福利政策进行修正。新保守主义产生于 20 世纪六七十年代，这一新的思想体系大力提倡“自由企业家精神”，猛烈抨击它所谓“国家专断主义”(即国家在社会一切方面执行功能)。它要求在经济上、教育与社会保险以及一切“运用自己的能力与才干”的领域恢复“个人自由”、“个人主动精神”和“个人选举的自由”。新保守主义认为，实行上述原则的手段是削减直接税、节省社会福利开支，让消费者可以根据“自己的斟酌”来花销由此节余下来的私人资金。新保守主义断言，在获得必要的“选择自由”后，英国人会工作得更努力、更积极，通过增加劳动量来增加收入，从而补偿由于国家“监护”的减弱而失去的，迄今为止由国家提供的那些服务。“公民必须自立”，而不应成为“受国家供奉的没有主动精神的人”，社会应当鼓励而不是钳制人们的主动精神和进取精神，“公民有权享受平等的待遇”。②

从某种意义上讲，新保守主义呼唤的，正是 100 年前自由主义所强调的价值，而在 100 年前，保守主义是反对这些价值的，这真是一种奇

① 亨利·佩林：《丘吉尔传》，沈永兴等译，596 页。

② Rex Pope，Alan Partt and Bernard Hoyle，*Social Welfare in Britain*，1885-1985，London，1986，pp. 241-243.

妙的循环！新保守主义是由撒切尔夫人(Margaret Thatcher)来执行的。她上任后，对战后几十年中历属政府所执行的福利主义政府进行大刀阔斧的改革。她减少税收、削减开支、紧缩银根、控制福利项目、大规模开展国有企业的私营化。从表面上看，这是回复到100多年前的自由主义价值观念上去。曾在第一届撒切尔政府中任商业部长的约翰·诺特(John Nott)对此毫不讳言，他说："我是个19世纪的自由党，撒切尔夫人也是，这就是本届政府的全部内容"，一个会获得诺贝尔经济学奖的美国经济学家也一针见血地说："有一点人们还没有看出来，即玛格丽特·撒切尔就其信仰而言并不是托利党，而是个19世纪的自由党。"①

当然，新保守主义并不想也不能回到19世纪的"自由放任"去，它只是借传统来解释它的变革而已，正如迪斯雷利解释为什么要工人阶级选择权一样，福利国家毕竟形成，它已经不可逆转。新保守主义仍然维护"混合经济"的基本框架，不过它偏重的，是"混合"中的市场这一侧，有趣的是：保守党中比较稳重的一派则反对对现存制度作大刀阔斧的改革，他们把迪斯雷利捧出来，维护国家对经济进行监护的政策。同样在第一届撒切尔政府中任职(掌玺大臣)的伊恩·吉尔(Ian Gilmour)说："人民如果不能被其他东西所吸引，那他们起码也应该对国家有效忠感；而如果他们不能从国家得到保护和其他好处，他们的效忠也就不会深。……经济自由主义由于其僵化，不能产生集体感，很可能会使人民讨厌自由主义的其他内容。"②可见，这种比较稳重的保守主义(即竭力维护现状的保守主义)，现在居然是站在准集体主义的立场(接近工党的立场)上，这是多么奇怪的现象！

然而对了解英国保守主义特色的人来说，这个现象并不奇怪。福利制度是过去的改革产生的结果，它是现在存在的制度，是保守主义应该保守的对象。从这个意义上看，在英国，激进与保守已形成变革的两翼，由于时代不同、社会条件不同，对同一事物的同一立场有可能在此

① Alen Sked & Chris Cook, *Post-War Britain, A Political History*, Penguin Books, 1984, p. 329.

② Alen Sked & Chris Cook, *Post-War Britain, A Political History*, Penguin Books, 1984, p. 330.

时是激进的，到彼时则成了保守。而事实也正是如此。过去所争取的东西一旦成为现实，它就成为保守的对象了；对这种东西的修正，也必然是新的变革的追求。事实证明，当保守主义从“有保留地变革”出发，在执政过程中不得不屈从于现实的需要，而对其自身的原则作补充和调整时，它已在不知不觉中接受了其对手的许多价值取向。结果是，当保守主义从政治传统转化成为政治实践时，它与激进变革之间的界限已经越来越模糊不清。这就是当代保守主义的一个显著特色。

五、结论

从以上的分析可以看出：英国保守主义是一种稳重守成的力量。它并不一味地反对进步，而是对变革的进程和方式持稳重态度。当现存制度尚能维持、仍可持续时，它就坚守原有的阵地，不肯退让；但当已有的体制已不能满足现实的需要、改革的愿望已取得决定性优势时，它就允许某种程度的变化，并在这个新的变化的基础上把守新的阵地，成为反对新的变革(但同时也反对倒退)的守成力量。20 世纪初，休·塞西尔的说法：“希望进步和害怕前进中的危险这两种心情在表面上是矛盾的，而在实际上却是相互补充、互为条件的。”这句话读起来很难理解，但当人们了解到保守主义在历史上的演进过程时，就发现这的的确确是英国保守主义真实的自我与写照。

英国工业革命时期的工人阶级意识及政治理论

英国是第一个进行工业革命的国家，英国工人阶级最早开展对资本主义的斗争。然而在马克思主义诞生以前，英国工人斗争是否有某种理论基础，或者说他们的行动是否出自某种明确的阶级意识，并且这种意识通过某种理论体系表现出来？这个问题对我们认识英国早期工人运动，理解马克思主义产生的历史背景，寻找英国工人早期活动与马克思主义产生的关系等，都是有很大帮助的，本文拟对这个问题作初步探讨。

一、托马斯·潘恩与“赋税致贫论”

工业革命时期，当工人阶级还处在混沌初开，意识蒙眬的时候，托马斯·潘恩是他们的启蒙导师，《人权》给他们投下了理性的光辉。

托马斯·潘恩(Thomas Paine，1737—1809)出生于诺福克郡一个贫穷的教友会家庭。教友会普天平等的思想从小就给了他深刻的影响。的确，在英国新教各派中，教友会最能够表达劳动人民的思想感情。潘恩小时候上过学，后来到伦敦当学徒，出于偶然的机遇认识了皇家科学院的一个院士，接触到许多知识。后来，他当过船索制造工、地方收税员和小学校教员。这些职务使他熟知社会底层的生活，阅尽人间艰辛，深感社会不平。18世纪60年代，当下层人民开始有要求平等的愿望时，他参加了一个读书会性质的俱乐部，开始接受启蒙思想。1774年，他在富兰克林介绍下来到美洲，为美国独立立下奇功。他的《常识》已是人所皆知的世界名著，他的名声也响遍了新旧大陆。因此，当他在1790年回到英国时，他已经是个相当成熟的革命家了。就在这时，他开始写《人权》。

《人权》于1791年问世，第二年又补写第二部分。从形式上看，《人权》是对伯克(Edmund Burke)攻击法国大革命的直接回答，① 但其中的内容远远超出了这个范围。

潘恩是个民主主义者，他以“人权”为武器，捍卫主权在民的思想。他说：“在社会中，人权不可分割不可转让也不可消灭，而只能代代相传，任何一代都无权打破和切断这个传统。”在他看来，所谓“人权”，最主要的就是人民决定自己的政治制度的权利：“主权作为一种权利只能属于国民，而不属于任何个人；一国的国民任何时候都具有一种不可剥夺的固有权利去废除任何一种它认为不合适的政府，并建立一个符合它的利益、意愿和幸福的政府。”从这一点出发，他提出“光荣革命”之所以好，是因为当时的人民行使了这个权利，推翻了一个暴君，而不是像伯克声称的那样，为子孙后代创立了永恒不变的政治制度。光荣革命的发动者并没有权利去剥夺后世人自行选择政府的权利，因为“政府是为活人而不是为死人服务的，所以，只有活人才对它有权。”这样，从“天赋人权”出发，潘恩就为政治制度的改革提供了基本的理论武器。“只有通过每个国家对自己的政府进行改革，整个世界才能得到改善，从而享有改革所带来的充分利益”。可见，潘恩的学说首先是变革的学说。②

潘恩又是个共和主义者，他说：“任何一个政府，如果不按共和国的原则办事，或者换句话说，不以公众的利益作为其独一无二的目的，

① 伯克于1790年写《法国革命感想录》，对法国革命大肆攻击，全面肯定英国的政治制度，否定人民主权，提出由光荣革命奠定的一切决不能更改，从而为以后半世纪中畅行英国的保守主义提供了理论大全。

② Thomas Paine, *Rights of Man*, Penguin Books, 1979, pp. 67, 146, 165, 239.

都不是好政府。”但他认为共和的名称只是个形式，民主才是实质。荷兰和波兰都自称共和国，实际上都是贵族制。革命后的法国虽然保留着国王，它却实行了代议制。因此，看一个国家是不是民主，不看它叫什么名称，而看它有没有实行代议制。“共和政府是为了个人和集体的公共利益而建立和工作的政府。它无须同任何特定的形式相联系，但是它却很自然地同代议的形式结合起来，因为代议制最适合于达到国民要付出代价来支持的目标。”①潘恩的这个说法显然与法国革命当时(1792 年)的发展阶段有关，因为他是在为法国的事态进行辩护。但这样一来，潘恩的共和主义就可以与不要求触动国王和上院，只要求改革下院实行人民代表权的政治设想和平共处了。这就说明为什么时隔许久，仍有那么多议会改革派奉他为先祖，即使他们不反对君主制也罢。

潘恩的代议制是彻底的民主制，这在《人权》中表现得相当清楚。在另一篇文章中，他说得更加明白。他说：“代议政府的唯一真实基础是权利的平等，选举中一人一票，不能更多。”他反对按财产资格规定选举权，说一旦以财产的多寡作为选民的标准，那就无异于“拥有这些财产的人联合起来排斥没有这些财产的人”。但有财产不等于有美德，无财产不等于品行低；相反，财产往往是奸诈的证据，贫穷往往是无辜的表现。如果把财产作为选民的标准，那就更应该把取得财产的手段当成选举的资格。社会不应当只保护财产，更应当保护劳动，因为劳动就是大多数人民的唯一的财产，劳动创造了一切。对劳动人民来说，“选举议会代表的权利是其他一切权利赖以得到保障的基本权利。取消这个权利即把人变为奴隶……”②很显然，这是在为劳动人民说话、为劳动人民伸张权利了。

但假如仅此而已，潘恩就只不过是个激进的民主主义者罢了，谈不上是工人阶级的启蒙师。他的特别之处，是把民主共和思想建筑在对社会贫困的分析上，把民权和产权联系起来，试图探讨其间的关系。这样，他就跳出了“天赋人权”的狭小圈子，而升华到一个更广阔的空间。

翻开《人权》，处处可以看到他对贫苦人民的深切关注。他一再大声

① Thomas Paine, *Rights of Man*, Penguin Books, 1979, p. 200

② Paine, “Dissertation on First Principles of Governmen” (1795), Philip S. Foner ed, *The Complete Writings of Thomas Paine*, New York, 1945, pp. 577-581.

疾呼，要人们注意泛滥成灾的贫穷和无知。这使人们感到，当他在写作时，心中想着的一定是劳苦大众。他说："当我们在号称文明的国家中看到老年人进济贫院，年轻人被绞死时，政府制度就一定是出了毛病。这些国家从表面看，似乎一切都是幸福的；但是在一般眼光观察不到的地方，却有那么多苦难的大众，他们除了在贫穷或屈辱中死去外，别无其他出路。"他哀叹"在所谓文明的国家中，有一大部分人却生活在贫穷和不幸之中，处境远远不如印第安人"。既然如此，贫穷的原因又何在呢？潘恩说，是税收："今天，一个有妻子和两三个儿女的男劳工，每年纳税不下七八镑。……由于捐税至少拿走了他一年收入的1/4。结果他就养不活一家人，特别是他自己或家中任何人生了病的话。"英国在赋税的重负下残喘："在所谓现存的宪政下，英国每人要纳税48先令6便士，大人小孩都一样，总共将近1700万镑，为数达100万以上的征税费用还不算在内。"①但在英国这样一个富庶的国家中，民政费用既很小，各地开支又无须由中央政府负担，甚至连"国家的内部防卫费也不由国库支付"，那么，这么多税收都用到哪里去了呢？潘恩回答说：是国王、贵族和贿赂成风的下院耗尽了民脂民膏。在他看来，国王只不过"意味着一年100万镑收入的挂名职位，其任务就是拿这笔钱"；"君主制百般盘算，就是要达到这个目的。君主制是政府的教皇制度，一种用来逗弄愚人，叫他们乖乖交税的手段。""贵族院的唯一用途……无非是要逃避地产税，而把负担转嫁给它本身受影响最小的消费品。"此外，贵族还通过各种挂名的公职领取干薪，"一个贵族阶级加给国家的负担，数目几乎同贫民的救济费相等"。至于下议院，它更是贿赂公行，鲜知廉耻的场所："这种类型的政府的动力是必须行贿……它非收买理性不可。"总之，"国家的财力都浪费在国王、宫廷、附庸、骗子和娼妓身上；连那些衣食无着的穷苦人也不得不去支持那种压迫他们的欺骗行为"。国家那种饥鸿遍野、饿殍满目的凄惨现象，就是由此而造成的，如果能把这些钱都省下来花在穷人身上，那就能"铲除"社会的"一切弊害，并改善除宫廷之外的每一个人的生活条件。"这就是潘恩对贫困根源的基本分析。②

从以上这些话可以看出：第一，他认为权利的分配决定财富的分

① Paine, *Rights of Man*, pp. 216, 233, 240, 262.

② Paine, *Rights of Man*, pp. 162-163, 216, 240, 246, 250, 251.

配，不平等的财产权是由不平等的政治权造成的；富人有权能抽税，富人抽税而致富。按照马克思主义的观点，这显然是本末倒置的说法，原因和结果弄倒了。第二，既然权利决定财富，那么贫苦人民就应该首先争取政治权利，建立起民主的代议制政府，然后用这个权利去消灭贫穷。第三，当他说政府各种机关都仅仅是为税收而存在时，他实际上是把社会分为两个阶级，征税的阶级和被征税的阶级(贵族和人民)。这当然不是什么新发明，而且资产阶级也是反对贵族税收制的多但当他把税收与贫困联系在一起时，他代表的就不是为发展工商业而反对贵族垄断的资产阶级，而是在为手工工匠和工资劳动者说话了。他实际上是在对劳动人民说：你们贫困是因为纳税，之所以纳税是因为无权。因此，要想摆脱贫困就必须取得权利，而要想取得权利就必须改变不合理的政治制度；但要想改变不合理的政治制度就必须首先控制议会，因为议会的法律能决定一切多而要想控制议会则必须取得普选权，因为只有取得普选权，才能使没有财产的劳苦大众都得到平等的政治权利，而一旦占全国人口绝大多数的劳动群众都取得选举权时，他们就能控制议会，就能够保证国家的政权为自己谋利了。可见，潘恩在《人权》中提出的，就是此后几十年中工人阶级要求改革的全套理论。正因为如此，工人激进主义把潘恩看作是理论上的开山鼻祖。

除了解释贫困的根源，潘恩还提出消灭贫穷的方法，这就是在人民掌握了立法权，建立起代议制政府后，通过立法手段取消苛捐杂税，设立累进所得税，用对富人的征税推行社会福利计划，解决贫穷问题。他提议给穷人的孩子每人每年 4 镑生活费，直至 15 岁；给 50 岁以上的穷苦老人 6 镑养老金、60 岁以上 10 镑；为 130 万穷人子弟开支教育费；穷人妇女每生一个孩子发给一镑津贴，穷人夫妇结婚可领取一镑补助；开办工场，为到首都来寻找工作的穷人安排临时就业；发放复员军人津贴费，取消长子继承。给死在他乡的穷人提供安葬费等。很显然，这简直就是 20 世纪“福利国家”的蓝图！他还特别指出，“需要赡养的是农民，普通工人、各行各业的工匠和他们的妻子、水手和退伍士兵、年老力衰的男女仆人以及穷苦的寡妇”。[①] 因此他的这个计划的阶级倾向是

① Paine, *Rights of Man*, pp. 261-283, 264.

相当明显的。当然，在这个计划中，很少或几乎没有社会主义成分，更谈不上所有权公有的共产主义因素。但在欧文主义出现之前25年就提出的这个方案，对受苦受难的劳苦大众来说无疑是一部美妙的福音。通过这个方案，潘恩第一次把政治改革的要求和劳动人民的切身利益联系起来，在英国历史上第一次向劳动人民指出了进行政治斗争的必要性。也正是因为这一点，早期的工人运动把《人权》视为自己的政治启蒙教科书。

《人权》在英国工人思想史上有深刻的影响。不仅在18世纪末人民运动的高潮中《人权》是作为工人激进派的必读之书在英国广泛流传的；而且直到宪章运动时，工人们还在不断重复潘恩的说教。① 他关于社会分为贵族和人民的看法，关于税收是贫穷的根源的分析，关于劳动人民有天赋权利管理政府的论点，关于政治权利将改善穷人的经济地位的理论等，直到工业资本主义已相当发展时，还在宪章运动的理论家们那里时隐时现。这样就提出一个问题：《人权》代表的究竟是什么人？应该说，《人权》代表的是工业革命时期工人阶级的重要组成部分——手工工人。在潘恩的思想中，赋税和贫穷的关系是问题的核心，共和主义、民主主义、政治权利和政治斗争等全都是围绕这个基本分析而展开的。如果承认“存在决定意识”是一个马克思主义的基本原理，那就会发现，在当时独立的或自以为“独立”的手工工人看来，他们受剥削的根源是沉重的税收，他们的压迫者是国王和贵族，他们每日的辛苦所得，都纷纷落入税收的罗网，终年操作劳苦，却不能满足妻儿的温饱，而造成这万恶的税收制度的，却只是一纸议会的法案。因此很自然地，他们把万恶之源归咎于议会，而这个议会，在当时又只是地主贵族的一统天下。由于“独立地”从事生产，他们是不受工业资本的直接压榨的，因此，他们也就不能理解工厂制剥削，不能理解资本主义社会的症结所在；要他们看出资本是剥削和压迫的根源，这几乎是不可能的事。正因为这样，潘恩

① 有人在谈到宪章时期苏格兰的手织工时说：“手织工为摆脱苦难而提出的最主要的解决办法是普选，这不是说他们以为给每个人一张选票这件事本身能改进他的环境，而是因为他们非常普遍地相信普选权是通向目标的手段，没有它就不能解除他们深深抱怨的疾苦，不管这些疾苦是真实的还是凭空的想象。”

参见 Kenneth D. Brown, *The English Labour Movement*, New York, 1982, p. 99.

的赋税致贫论对于手工工人来说，简直是千真万确的事。其实，潘恩的学说反映了工人阶级最初的意识水平，是和他们当时的现实经济地位十分相称的。潘恩的赋税致贫论后来随工业革命的深入发展而逐渐过时，被一种新的“反资本主义经济理论”（即“工人阶级政治经济学”）所取代，而这个过程，又和手工工人的衰落过程相一致。历史可以证明，不管给潘恩这个人怎样定性，说他是什么阶级的什么派，他的《人权》，却的确是被早期的英国工人阶级，主要是手工工人当作自己的理论来接受的。实际上，不能把潘恩的《人权》和资产阶级激进主义混为一谈，因为资产阶级激进主义是在有了产权的基础上要求政权，而工人激进主义是想通过取得政权来要求产权，二者间其实有本质的差别。《人权》提倡的是后者，它是工人激进主义最早的呼声。

二、威廉·科贝特和其他激进主义理论家

科贝特（William Cobbett，1763—1835）肯定不是工人阶级思想家，但他在工人中有很大的影响。1816 年，他首先发行两便士一份的大众报纸，这是对工人阶级进行大规模宣传活动的开始。科贝特的祖先都是长工，但父亲靠俭省开了酒店。他自己从小就下地种田，给人帮工，只是靠主人的藏书才识了一点字。后来他去当兵，被派往加拿大，然后在美国定居。法国大革命时，他竭力为英国的制度辩护，写小册子咒骂法国，因此很得英国政府的赏识。当他 1800 年回国后，就在政府资助下办报。但他很快就和托利党政府吵翻了，由保守派一变而为激进派，成为自由主义的头号旗手。两便士的《政治纪事》便是他政治上的转折点，从此他开始为工人阶级说话。从他的这些经历可以设想，他的思想中会带有某种农民意识和保守主义的倾向，而这正是他最大的弱点。他一生中的最惊人之举是把潘恩的遗体从美国盗到英国，当作圣物让激进派朝拜。但后来又把尸体弄丢了，以至直到现在无论是美国还是英国都无法为潘恩竖碑立冢。

科贝特的思想反映在他的《政治纪事》中，共 88 卷。但他的思想绝不成体系，而是就事论事，忽左忽右。不过在这些杂乱无章的政论文中，有两点却贯穿始终：第一是攻击“腐败的旧制度”，第二是追悼“快乐的英格兰”。“腐败的旧制度”是指光荣革命后开始的政府依靠贿赂控

制议会多数实行政治统治的方法，“快乐的英格兰”则是他想象中昔日那种一匹马三头牛老婆孩子热炕头的小康农民生活。这两点对手工工人有特殊的吸引力。因为第一，他们都认为沉重的赋税是压在头上的主要大山，亟望结束“腐败的旧制度”；第二，他们都和土地有千丝万缕的联系，渴望回到昔日那不受重税压榨、“独立”进行生产的“快乐的英格兰”去。因此当科贝特热情地喊出“我希望看到英国的穷人像我出生时那样生活”时，[①] 他受到真诚的欢迎。

有一点应引起注意，即严酷的事实曾使他看到，社会正越来越向两极分化：“我们正日益变得只有两个阶级存在了——主人及其鄙贱的从属。”[②]因此他的矛头不再只对准贵族，而是说：“我们没有新的要求，我们只要求祖先所享有的东西，即那些被股票经济人、争权夺利者、皮特之流和棉业大王们拿走的东西。”[③]这说明尽管他竭力往后看，时代的变迁终究把他向前推进了一步，发现“人民和贵族”的分化已经不能解释世界了，他的矛头已开始指向资产阶级。但他强烈反对有组织的行动，主张大家都单枪匹马地去与“暴政”战斗。

继《政治纪事》之后在工人中有巨大影响的是《黑矮人》报（the Black Dwarf），其编辑是工人出身的伍勒（*T. J. Wooler*，1786—1853）。伍勒是约克郡的印刷工，年轻时参加读书会，阅读了激进的报刊，因而受到激进思想的影响。他极力主张工人阶级进行有组织的斗争，说“那些责备结社的人要么是不知道他们能做什么，要么是什么也不想做”。[④] 这显然是针对科贝特的。在《黑矮人》的号召下，北方工业区掀起组织工人政治团体的高潮，最终导致了彼得卢事件的爆发。但伍勒只主张公开的合法的活动，认为这是挫败政府密探的唯一方法。在社会结构方面，《黑矮人》上曾刊登过这样的话：“支持现存制度的人希望人民的劳动果实只由少数富人来享受，温和改革派希望这个果实由较多的富人来享受，而激进改革派则希望人民自己来享受。”[⑤]这段话的意思是：第一，

---

① George Spater, *William Cobbett*, *The Poor Man's* Friend, Cambridge University, 1982, p. 191.

② E. P. Thompson, *The Making of the English working class*, New York, 1966, p. 759.

③ D. C. Somervell, *English Thought in the 19 th Century*, London, 1957, pp. 35-36.

④ *The Black Dwarf*, September 9, 1818.

⑤ *The Black Dwarf*, July 28, 1819.

权力的分配决定财富的分配，这显是在重复潘恩的观点；第二，社会上有三种人，其物质利益各自不同。因此，虽然没有明确使用"阶级"这个词，但利益集团至少是存在的，而且很明显这三个集团分别是指贵族、中等阶级和劳动人民即主要是工人。这个看法基本上反映了 19 世纪初社会阶级结构的客观现实。

除科贝特和伍勒外，还有卡莱尔(1790—1843)。卡莱尔是潘恩的忠实信徒。他曾说："潘恩之对于政治和神学，一如欧几里得之对于几何学。正像欧几里得的名字将永垂于光辉的几何学一样，潘恩的名字将永远和代议制政府联结在一起……潘恩奠定的政治制度不需要任何补充，也没有留下任何改进的余地；我们可以放心大胆地追随他前进，但舍此之外将没有其他的阳光大道。"他说潘恩"是人类的救星，伟大的再生之父。我因自以为是他的学生而感到自豪，因能尽力使他的著作更广泛地流传于世而骄傲……"①正因为如此，卡莱尔在战后率先翻印潘恩的《人权》和《理性时代》这两本书，并为此身系囹圄。但他显然把潘恩的结论看作教条了，而忘记了结论所由之得来的出发点。他是个彻底的共和派，认为共和就是一切，一切为了共和；而不像潘恩那样灵活，把消灭贫困和建立社会平等看作是目标所在，政府的形式并不那么重要。他又是彻底的无神论者，公开摒弃一切宗教；但又不像潘恩那样讲究策略，在谈论政治问题时故意回避宗教分歧，以免引起改革派分裂。但一个公开宣称自己既是共和主义者又是无神论者的人，在当时既是王权又是神权的英国，其勇气确实非凡。特别是他的无神论，更超出潘恩自认的自然神论之上。他曾公开地说："我把基督教看成是一种神话，现在它滑稽可笑，其起源和发展则粗鄙残酷。"他要人们在科学和神学间做出选择："你要么承认你的智力之所及能够使你理解那无所不在的运转力，这种力与其说给予自然以规律，不如说就是自然之本质，你要么就坦白地说，现时的或往昔的一切宗教，或过去都只是偶像尊崇和虚伪的膜拜。在我看来，这一切都起自那虚幻的概念，膜拜者把这个概念叫作神。"②他指责基督教"除了引起倾轧和屠杀外一无影响，它形成后所发

① R. Carlile to Joseph Brayshaw, February 20, 1821, in a broadsheet printed and published by M. A. Carlile, London, 1821, p. 7.

② R. Carlile to the Rev. W. Wait, February 12, 1821, ibid. pp. 12-13.

生的每一次战争，几乎都打着基督教的旗号。基督教是暴君的庇护所——是民族毁灭的根源，是通向科学的障碍！”①因此在宗教问题上，卡莱尔大大地超过了潘恩，代表着工人阶级意识形态的另一发展方向。

另外两个有特色的工人思想家，一是韦德，一是斯彭斯。韦德(John Wade)是分毛工出身，1818—1819 年间以编辑《女怪》(Gofgon)闻名。他的特点是企图把功利主义学说引进工人阶级理论，在功利主义中寻找工人权利的基础。他说：“普遍功利是社会唯一的最终目标，一切自然的或习惯的权利若与之相对，都决不能认为其正当或有效。”既然社会的最终目标是“最大多数人的最大利益”，那么，究竟是哪些人构成这个“最大多数”，而国家的政策必须为之服务呢？这就必须对社会结构作一个分析。韦德说，社会分为两大阶级，一是“寄生阶级”，二是“生产阶级”。寄生阶级包括由神俗显贵组成的“上层等级”和由政教官员组成的“中层等级”。生产阶级则是指一切从事实际生产的人，既包括各种专业人才和企业老板，也包括“那些通过劳动而增加社会基金的人，如农人、工匠和劳工等”，而且这些人对社会来说更重要，因为主要是靠了他们的劳动，才能创造社会的财富。韦德说：“在四种主要工业中，即棉、麻、毛、铁四业中，也许原材料平均下来占不到其价值的 1/10，其他 9/10 都是由织工、纺工、染工、铁工、刀工和其他几十种工人劳动创造的。”这样，在“生产阶级”中，实际上就包括两个组成部分了，即资本和劳动，而劳动更重要。于是，从功利主义出发，韦德把自己的思想不可避免地引向某种政治经济学。但韦德的政治经济学是混乱的，上面这段话就表明他的“劳动价值论”还拖着条十分之一的资本小尾巴。在工资问题上，他曾说工资和利润互为消长，工资提高了，就会“把资本挤出那个工业部门”，因而对劳资双方都有损害——这是典型的正统政治经济学。但几个月后，他说一切事实都表明工人的联合可以阻止生活状况的恶化：“工人的境遇一点都不取决于主人的繁荣或利润，而取决于工人有多大的力量去为他们的劳动开列—— 不，索取一个高昂的价格。”也就是说工资取决于“工人结社”的程度，因此这是在表达工会主义的看法。但再过 16 年，到 1834 年，他又退回到正统政治经济学上去

① *The Republican*, February 4, 1820.

了，说什么"劳动是一种供出售的商品(按：这还有一点近于真理)……因此商业的一切原则，凡适合于买主和卖主的，也一样适合于工人和雇主。工资像价格一样(按：这也有一点近乎真理)，必须由市场的自由竞争来决定!"①所有这些都说明：工人阶级理论家曾经在政治经济学方面混乱到何种程度!

无论是科贝特还是伍勒，是卡莱尔还是韦德，不管其思想有何种差异，有一点却始终和潘恩一脉相承，即都认为产权来自政权。在这一点上，斯彭斯独树一帜，最正确地解释了财产权和政治权之间的相互关系。托马斯·斯彭斯(Thomas Spence 1750—1814)是潘恩的同时代人，1750年出生在泰因河畔的纽卡斯尔。父亲是织网工，后来贩卖五金器具。他自己给人当过簿记员，以后又当教员，办过一个学校，最后到伦敦谋生，靠开书亭度日。从1795年起，他就不懈地宣传自己的土地计划。他把土地公有的主张印成传单，写成墙报，四处散发。但他的宣传并没有效果，他活着时默默无闻；他死后，才由其信徒们扬出名来——倒不是因为传播他的学说，而是由于他们自己的活动——激进主义运动史上最大胆的一次密谋尝试。②

但斯彭斯的思想的确闪烁着天才的光辉。他比潘恩高明得多的是，他认为财产是权力的基础；单纯的政治权利并不能帮助穷人摆脱贫困，在生产资料公有之前，将没有真正的平等可言。他把财产公有叫作"真正的人权"。1775年，他以此为题第一次表达了公有制思想："土地财产权和人民的自由在自然状态下必然平等，对这一点应当说很少有人会愚不可及地去否认的。既然如此，那么任何一个国家，在正常情况下当然是人民所共有，其中每一个人都拥有平等的地产，拥有用这份地产上的动物植物和其他出产去为自己和家人谋取生存的完全自由。"在另一篇文章中(《斯彭森尼亚叙事》)，斯彭斯更清楚地表达出私有制是一切压迫的根源："根据自然法律，土地私有制要么合理，要么不合理。它的不合理性从它所造成的不正常的压迫后果中表现出来。假如一切暴政和劣

① E. P. Thompson *The Making of the English working class*, New York, 1966, pp. 771-773; Patricia Hollis ed, *Class and Conflict in the 19 th Century England*, *1815-1850*, London, 1973, p. 44.

② 卡图街密谋案。

治都是从土地的垄断制产生的，那土地垄断制就一定是暴政的源泉；纵观历史就会看出，一切国家的政府过去是，现在也还是掌握在土地所有者手中。因此如果人民希望自己掌握政府，他们就必须首先把土地拿过来。”①

在这个前提下斯彭斯开列出他的救世良方——土地公有计划。他的土地公有制是一种教区集体所有制。教区以全体居民的名义占有土地，但不得买卖。教区的土地可以招标出租，教区向租种者收取地租。地租收入中一部分用来修路造桥、开办学校、设置医院和图书馆、照管病人及失业者，以及其他种种社会福利事业；其余的款项则在教区一切居民中平分，无论男女老少，一律平等。在这种公有制的基础上教区将成为国家的基层组织，由全体居民共同管理。教区居民大会是最高的权力机构，此外每个教区还有权向全国代表机构派出一名议员，由全体居民普选产生。中央政府只拥有国防、仲裁、协调等几项极有限的权力，其他社会职能全部由教区执行。② 可见从生产资料公有出发，斯彭斯推导出一个完全平等的理想社会：这和潘恩从平等权利出发去争取生活资料的公平分配，恰恰是反向运动。为实现这个计划，斯彭斯希望理性能教导各教区居民自觉地接管土地，实现土地公有化；但当人民已准备好时，应该有“几千个热情坚定、武装精良的人，由指定的军官领队，有一个由忠诚、坚定而有知识的人组成的委员会作为临时政府来指导他们的行动，实现既定的目标”，由这些人来制定革命的策略，把旧国家在一夜之间改造过来，而万一贵族进行反抗，就“把他们连根铲除”。③ 因此在斯彭斯的思想中，含有暴力革命的因素。

毋庸多说，斯彭斯代表的是一种前工业社会的农业社会主义，在他的理想国中根本就没有工业的地位。但假如把他关于“土地私有权”的提法换成“生产资料私有制”，那他关于“土地垄断制是暴政的源泉”的理论不就相当可取了吗？因为只要这样一改，就非常接近于马克思关于推翻资本统治的学说了。斯彭斯本可以给后世带来巨大影响的：一方面，主

① H. T. Dickinson ed. *The Political Works of Thomas Spence*, Newcastle-upon-Tyne, 1982, pp. 1, 32.

② Ibid, all pages concerning.

③ Ibid, pp. 36-37.

张革命的先锋队有可能从他的“土地公有”和“革命临时政府”的思想中吸取灵感；另一方面，他的救世良方中如果把“土地”换成“机器”，把“教区”换成“行业”，那简直就和后来的“基尔特社会主义”一模一样了。但可惜的是，他的理论没有能传播开来，他的著作也很快就被忘记了，他的思想像一颗明亮的火花，在长夜中倏忽一闪，很快就湮灭在无边的黑暗之中。

三、“工人阶级政治经济学”

19 世纪 20 代是工人阶级意识发生重大转折的时刻。机器的隆隆声终于把往昔的沉梦从现实中惊醒，潘恩的“赋税致贫论”不再能解释世界了。工人阶级若不提出一种新的理论说明他们受苦的根源，他们便不能在新的世界上立足。于是，一种被叫作“反资本主义经济理论”的工人阶级政治经济学，在时代的呼唤下应运而生。它的最杰出的代表，是托马斯·霍奇斯金(Thoma Hodgskin. 1787—1869)。

霍奇斯金是个海军军官，参加过拿破仑战争。还在 25 岁时就因为触犯军纪而退出了现役，靠半薪的年金打发余生。1823 年，他参加《晨报》的编辑工作，开始接触工人运动。几乎在同一时候，他与别人合办一份《技工杂志》(*Mechanics'Magazine*)，以此为基础，开始筹建技工学校。他是伦敦技校的最初发起人之一。伦敦技校成立之后，他主持该校的政治经济学讲座，用深入浅出的语言向工人讲授政治经济学。不过，他的政治经济学不是当时风靡的李嘉图学说，而是针锋相对，提出了一套为劳动申诉、反对资本的工人阶级学说。1825 年，他把他的讲稿在《技工杂志》上发表，这就是著名的小册子《反对资本、为劳动辩护》，这本书和威廉·汤普森(William Thompson)的《财富分配原理探索》(1824)一起，是最早用工人的眼光来看待资本与劳动的关系，而对李嘉图学说加以系统批驳的开创性著作，为工人阶级政治经济学打下了最初的基础。

在《反对资本、为劳动辩护》中，霍奇斯金一开始旗帜就非常鲜明，他全书的第一句话就是：“现在，劳资冲突正在全国各地激烈进行，……但迄今为止，绝大部分有影响的报刊书籍都站在资本家一边。……因此，提出一些有利于劳动的论点去反对资本，这就是本书出版的主要动机。"①因此，他的书的阶级性质相当清晰。霍奇斯金把他的立论主要建筑在劳动价值论的基础上，而这一点也是大卫·李嘉图的基本出发点之一。但他批评李嘉图等人在肯定了劳动是一切价值的源泉后，又把资本分离出来，使它成为一个独立的因素，让它和劳动对立，并且把资本说成是劳动得以维持下去的必要条件，从而把政治经济学变成了为资本辩护的教条。为驳斥这种理论，霍奇斯金从分析什么是资本着手，首先是分析流动资本。据资产阶级经济学家说，在工人开始劳动之前，必须有一笔流动资本，以商品货物的形式储存在那里，为工人提供衣食住行。没有这批存货。工人就无法生存，劳动也就无从开始。因此，没有流动资本就没有生产本身。霍奇斯金说，这种说法是完全错了。世界上有几个资本家，在开始生产前先给工人准备好衣食住房呢？全国的资本家阶级，难道先预备好一个星期的食品，然后才开始招工用人的吗？这显然很荒唐，即使资本家愿意这样做，也不可能这样做。因为绝大部分的食品都是在临吃之前，才由工人的劳动最终完成而供吃食的，根本不可能存放一星期之久。工人之所以能够从事各种劳动，只是因为他知道当他在从事某种劳动时，别人正通过其他的劳动为他准备吃食，他可以用自己的劳动(工资)去换取面包。因此，维持工人劳动的，不是流动资本，而是其他人同时的劳动多是工人们知道："当我们正在生产别人需要的东西的时候，别人正在生产我们需要的东西。"总之，是劳动在维持工人的劳动，全体工人相互依存，而那个关于"一批储存着的货物"，即"流动资本"的神话，根本就不存在。既然如此，资本家凭什么来雇用工人呢？霍奇斯金说："只是凭了他手中能够支配的一些人的劳动，而不是拥有一批存货，资本家才能维持并进而雇用其他工人。"②也就是说，对别人劳动的支配权，是资本主义雇用制的秘密所在。

接下来，他分析固定资本。据李嘉图等人说，资本家在生产中投放了资本，提供了机器和生产工具，因此有权获得产品的一部分，而且是主要的部分。霍奇斯金问道：这是凭什么呢？难道提供了固定资本，就

① Thomas Hodgskin, *Labour Defended against the Claims of Capital*, London, 1922, pp. 21-22.

② Ibid. p. 52.

可以不劳而获，而且获得主要的份额吗？然而作为固定资本的机器和工具，它们本身是死的，不能生产价值，更不能生产利润，只有在工人手中，也就是与工人劳动相结合后，才能进入生产过程。但在这种生产过程中，原先积聚在机器中的过去的劳动逐渐被消耗了，这些过时的劳动并没有产生新的价值，因此，“固定资本的实用性并非来自过去的劳动，而是来自现在的劳动，固定资本并不因其被储存而带给所有润，而是因为它是取得对劳动的支配权的一种手段”。① 此外，铁匠生产犁是因为他知道农人会提供粮食，农人生产粮食是因为他知道铁匠会提供犁，犁作为工具之所以被生产出来，是因为它可以交换粮食。由此可见，机器和工具并不是资本和劳动的共同产物，而仅仅是劳动本身的产物，“一切固定资本，不仅在开始时……而且在社会的每个阶段上，在人类历史的每个时期，都只是劳动与技能的产物，当然是各种不同的劳动和技能的产物，但仅此而已，绝无其他。”②这样一种由劳动和技能创造出来的东西，本来是人利用自然力战胜自然的表现，现在却被说成是一切劳动果实的唯一创造者，“工人的技能和技巧不见了，工人自己被说得一文不值，他亲手创造的东西则成了崇拜的对象”，这一套荒唐的理论由政治经济学家们创造出来，没有其他目的，仅仅是为了“说明现存社会制度的合理性”。③

霍奇斯金进一步指出，流动资本和固定资本用以增加生产的方式不同，二者差别很大。然而尽管如此，“相同数量或相同价值的这两种不同类别的资本，却给其所有者带来同样多的利润”。从这个现象出发，霍奇斯金得出了本书最重要的结论：“资本家因使用了固定资本而声称应得的产品份额，不是从增加了生产效益的工具中得来，也不是因使用了这些工具而得到，在这两种情况下，利润都来自资本家对工人的权利，这些工人消耗流动资本，而使用固定资本。”④也就是说，利润来自对工人的剥削。霍奇斯金说，正是这种剥削使资本家致富。资本家作为

① Thomas Hodgskin, *Labour Defended against the Claims of Capital*, London, 1922, p. 55.

② Ibid. p. 56.

③ Ibid. p. 66.

④ Ibid. p. 70.

资本的所有者，站到了生产粮食和生产衣服的人中间，站到生产工具和使用工具的人中间，他既不生产又不使用，却在交流双方产品的过程中只拿出一部分给另一方，而把绝大部分给自己留下。因此，当一个工人在得到一双鞋或一个面包前，“他必须在超出自然所要求的劳动量之上，给资本家一个大得多的劳动量”。他必须支付农场主的利润，商人的利润，工厂主的利润……以及整个资本家阶级的利润，这个利润率，可能是他本人所需的劳动量的6倍![1] 整个资本主义制度，就是建筑在这样一个剥削工人的基础上的。“正是资本(追求利润)这样一个压倒一切的本性，在社会法律的支持下，在人类惯例的支持下，再加上立法机关的支援，和政治经济学家热情的卫护，才造成并将永远地维持工人的贫困与苦难。”[2]因此，从劳动价值论出发，霍奇斯金得出了资本的剥削是苦难的根源这样一个正确的结论，而且霍奇斯金的探索已开始触及这种剥削的关键——剩余价值了。然而正是在这里，他未能向前推进一步，终于发现不了资本主义剥削的秘密所在。正如他自己承认的那样：资本家“是如何取得”对工人的权力的，“对此我暂不考察，而只想说这种权力是从全国到处取得的……”[3]而正因为发现不了剩余价值的秘密，他的理论，无论其如何天才，终未能发展成工人解放的科学理论。

尽管如此，霍奇斯金却是第一个全面阐述资本主义是一种剥削，资本是剥削的手段的人。他给“流动资本”和“固定资本”所下的定义，实际上是在向马克思的“可变资本”和“不变资本”靠近。他关于工人的超额劳动是一切利润的源泉的论断，已非常接近剩余价值论原理了。他还认为财产权的基础是阶级的对立，政权在任何时候都只是统治阶级的经济权力在政治上的表现，这就把从潘恩开始的头尾倒置的理论再颠倒过来了。而且，他的学说，在更大程度上反映了标准的工资劳动者——近代无产者的社会存在现实。这些工资劳动者虽然不一定是大机器生产的工厂工人，却也不是自以为“独立”的手工工匠。所有这些，无疑都曾给马克思相当大的启发，因而马克思在《资本论》中，曾多次提到过霍奇斯

① Thomas Hodgskin, *Labour Defended against the Claims of Capital*, London, 1922, p. 75-77.

② Ibid. p. 80.

③ Ibid. p. 70.

金。然而也正因为他主要的是代表了一个正在形成中的阶层，那个未臻成熟的工业革命的产儿——工厂工人，因而他特别不相信政治斗争，预言人民将对政治失去兴趣。他所开列的救世良方是工人阶级独立的教育加上工人普遍的联合，即组成工会。这些，对正在从事政治斗争的手工工人来说，是不能同意或觉得不够的；而因为他未能阐述剩余价值的科学理论，他的学说又满足不了日益成熟的工业无产阶级的求知要求。由于这些原因，霍奇斯金仅在1823—1832年的十年间对工人运动有影响。到宪章运动手工工人的政治热情极端高涨时，他已经被遗忘了。

四、工人阶级理论与工人政治运动

尽管如此，工人阶级政治经济学的基础理论却为工人运动中的先进分子所吸收，从而改造并发展了工人斗争的政治理论，其中奥布莱恩就是一个杰出的代表。奥布莱恩(1804—1864)出生于爱尔兰一个中产阶级家庭，父亲做过烟酒生意，亏本后离家出走去西印度群岛，不久死在那里，留下孤儿寡母艰难度日。由于受到故乡一家大户的青睐，奥布莱恩青年时受到很好的教育。26岁时，他从伦敦四法学院毕业，律师的灿烂前程已铺在他脚下。可是他违背了他那有钱的恩主的期望，开始投身到激进报刊运动中去。他和赫瑟林顿长期合作，1832年9月开始主编《贫民卫报》，1833年2月又兼管《毁灭》。他是伦敦工人协会第一批名誉会员，又是宪章运动的杰出领袖和优秀理论家。他的文章往往署以“布朗台尔”的笔名，因此在工人中，布朗台尔反而成了人们熟悉的称呼。

和早期、甚至同时代的工人激进领袖不同，奥布莱恩不再把税收看作是贫穷的根源，他已把矛头指向资本。他曾批评科贝特“像他的前辈潘恩一样喋喋不休地把国家的灾难归咎于赋税，而现在看来这只是幻觉。”他认为贫穷的根源不只一端，其中有地租、什一税、货币利息和通行税，特别是资本产生的利润，比所有其他负担加在一起还要重。[①] 不认识资本的剥削本质，就不能理解当代社会。他驳斥“资本来自勤奋”的说法，说“从‘低等级’爬上来的人可以百般吹嘘，说他们当工人时是如

① *The Operative*, November 18, 1838.

何地勤奋，并把他们的财富归结为这种勤奋，但略有一点知识的人都能清楚地知道，这些人不是作为工人，而是作为雇用工人的人才取得财产的……”①揭露私有财产的剥削本质，他说：“在贵族和资本家谈论财产的‘神圣’时，他的意思是说，通过资本的媒介，一个人有把其他人的劳动果实占为己有的神圣权利。”②所以说，资本一开始就是剥削，是产生贫困的根源。他接受霍奇斯金等人的理论，认为“生产阶级”生产的，要多于他自身所消费的，而这之间的差额，就是富人夺走并用以致富的那个部分。他曾用通俗的语言来表达这个思想，他说“生产阶级”靠辛勤的劳动每年创造出 4 亿 5000 万镑的财富，在这笔财富中，贵族首先从每镑中抽去 4 先令 6 便士的各种捐税，这就是总数的 1/40。“接下来是利润贩子——那些敲榨穷人哄骗富人……贱买贵卖，掺水作假、分发出售的人——他们从生产出来的每镑中提取 7 先令 6 便士”，比贵族的提成还要高；然后，还有“许诺你们死后进天堂”的教士，和“不准你们乱说乱动的”兵士，在所有这些扣除之后，“生产阶级”真正能拿到的，就只是每英镑财富中剩下的 4 先令 6 便士，这只是他刚好能维持生存的代价。但就连这一点收入都是没有保障的，失业的威胁时刻在等待他。一个出卖劳动力的人只不过是资本的奴隶。“当资本家需要他时，就叫他拼命地干，每天要干 12 到 14 小时，付给他的报酬则刚好能叫他活下去并维持在第二天继续干活；但当他对投机家们不再有用时，他这个倒霉鬼就被赶走，这时会有人告诉他先去挨上半个月的饿再说。”在这种情况下，资本主宰一切，“劳动在一个叫作资本的暴君控制下奴隶般地顺从，资本任意地停产或扩大生产，随心所欲地指挥着千百万人去吃或去喝，去死或去活，去享福或有祸。任何人都逃不出资本这个暴君的手心……一个人不管有什么能力有什么手艺，是有智能还是有技巧，离开了资本家他什么也做不成！结果是人类的多数成为奴隶，即使我们遮掩不说也罢。”而资本家呢，他们的生产目的不是“社会需不需要这种产品，而是这种产品能不能给他带来补偿的利润”。③ 如果回忆一下马克思在《资本

① Alfred Plummer, *Bronterre, a Political Biography of Bronterre O'Brien, 1804-1864*, London, 1971, p. 251.

② *The Poor Man's Guardian*, July 26, 1834.

③ *The Poor Man's Guardian*, pp. 39, 118.

论》中的许多论述，我们就会发现奥布莱恩的这些言论和马克思的说法多么相似；而所有这些言论，又都是在《共产党宣言》发表之前做出的，《资本论》的写作甚至尚未开始呢！这一切都说明，当《资本论》这颗种子还在胚胎中孕育时，英国工人中的阶级意识土壤已经很深厚了，当马克思从欧洲大陆移居英国时，他带来的只是一颗种子，而这颗种子只有在英国的这块土地上才能生根发芽，结出理论的硕果。

资本的实质是剥削，剥削有赖于剩余财富的存在，这一点在奥布莱恩那里是清楚了，但资本家如何能取得这笔剩余财富，换句话说，剥削的秘密何在呢？正是在这一点上，奥布莱恩又退回到潘恩的老路上去，而不能把反资本的理论推进一步。他和潘恩一样，认为产权来自政权，他曾说："大约 1/7 的人有选举权，其他 6/7 则被排斥在法律之外。前者，即有特权的那个部分，包括一切'有产'者；后者则包括所有的劳动者，即以劳动为生的人。那么，既然一切财富都是劳动的产物，而特权者自己又不生产，这些人靠别人的劳动为生就很清楚了。但既然每一个人都认为只要为自己工作就行了，靠别人为生又怎能做到呢？做到这一点半是靠欺骗半是靠暴力。'有产'者自己制定法律，设置并维持欺骗性的机构，靠这些机构他们设法(在虚伪的借口下)把生产者的财富据为己有。而国家一切有关土地和金钱的机构都是这种类型……"①就是说，剥削是靠政权实现的。正因为如此，他告诉工人说：

> 普选权归根结底是激进主义的真正试金石……没有选举权，你们就只能唯他人之马首是瞻……恶棍们说你们没有代表权是因为你们没有财产。我说相反，你们没有财产是因为你们没有代表权。每个勤劳而又为自己及家人生产出(在价值上)超过其自身需要的生产用品的人，都应当拥有那笔超额的财产……但你们为什么拿不到那笔差额呢？是因为法律和国家机构把它交给了制定法律的人。假如你们和他们一样有代表权，你们就能有完全不同的法律和国家机构，这些法律和国家机构就能把财富赋予挣得它的人，从而使最勤劳的人得到财富的最大份额。因此，你们的贫困是没有代表权的结

① *The Poor Man's Guardian*, July 26, 1834.

果，而不是原因。[1]

这样一来，“工人阶级政治经济学”就被纳入到潘恩开创的激进主义老路上去了，而“全力争取控制法律”便是工人阶级的首要任务。因为如果“没有控制法律的权力，我们就没有办法去控制土地和货”。[2] 正因为如此，奥布莱恩把争取普选权看得高于一切。

在把政治权利看作是公平分配财富的手段这一点上，奥布莱恩和潘恩一脉相承。也正是这个基本的共同之点，把从潘恩到奥布莱恩这几十年间工人阶级的意识形态连成了一条线。政权决定产权——通过争取政治权达到消灭贫困，这就是工业革命时期工人激进主义最基本的特色和理论核心，它有别于其他一切工人理论。对于奥布莱恩来说，由于认为权利不平等是造成财产不平等的根本原因，他就不必去设想财产平等的社会主义，他也就不可能成为社会主义者。这也是从潘恩到奥布莱恩几乎所有工人阶级思想家和活动家的共同特点。一般来说，工人激进主义者都不是社会主义者，这反映了当时工人阶级中一支最主要的政治力量——手工工人的经济地位现实。对那些“独立”或半独立的手工工人来说，出毛病的不是他们从事生产的方式，而是国家错误的政治制度，是没有“完全、真正的”人民代表权，他们在国家的直接压榨下残喘，因而总是把改革国家制度看作是消除贫困的根本手段。但奥布莱恩的时代终究和潘恩的时代不同，他的时代已是资本驾驭的社会。议会改革已经把工厂主塞进“有权阶级”的行列，工人和资产者的同盟关系已最终断裂，工人们于是把资产者也放在“有权”的一方加以反对，提出了反对资本的口号。但即使如此，手工工人们也还是更多地把工厂主看作是“有权的”阶级，而不是“剥削的”阶级来加以反对的。1834 年的新济贫法深刻地触痛了他们。这个由资产者倡导的法案无疑是要加快手工工人的消亡速度，把他们统统驱进工厂的魔窟。于是，手工工人真正感受到资本的威胁了。然而即使这样，这个威胁还是来自国家政权，因为还是议会通过了这个法案。手工工人的真正的悲剧是：他们永远体会不到资本的直接剥削。工业革命一旦使他们开始体会到这种剥削，他们就开始消亡；而

---

① *The Poor Man's Guardian*, pp. 117-118.

② *The Poor Man's Guardian*, March 1, 1834.

当他们完全体会到这种剥削时，他们就完全消亡了。因此，作为一个阶层，手工工人的思想意识将永远局限在激进主义的范畴内。

尽管如此，工人激进主义的后期思想家对揭示资本主义剥削的实质仍做出了巨大贡献。假如把奥布莱思的思想，和斯彭斯的社会学说结合起来，其中只要把“土地私有”换成“生产资料私有制”，那就和马克思的理论非常接近了。但这里只有一个缺环，却又是关键性的缺环——资本如何剥削劳动。这个缺环正是由马克思用剩余价值论接补起来的。正因为如此，恩格斯把剩余价值的学说称作是“马克思的第二个重要发现”。由于这个发现，就“彻底弄清了资本和劳动的关系，换句话说，就是揭露了现代社会内，在现存资本主义生产方式下资本家对工人的剥削是怎样进行的”。① 马克思的学说实质上是剩余价值的学说。

由于手工工人的悠久历史和丰富传统，加上他们在人数和文化上都曾一度占有优势，他们在工人运动的早期是一个比较成熟的部分，因此当时各种工人理论主要是反映他们的世界观。但从19世纪20年代起，工厂工人的意识形态开始表达出来了，这主要通过两个渠道，一个是欧文主义，一个是工会主义。欧文主义在社会主义发展史上的地位众所周知，此处不多谈。除了他的社会主义理论外，欧文还肯定了劳动价值论，指出：“人类劳动或人类所运用的体力与脑力的结合是自然的价值标准。”②这就第一次把正统政治经济学的原理引进工人阶级的价值观念，对马克思显然会有重大影响。工会主义则主要地不是一种理论，而是一种经验的积累，一种对外界存在的集体反应。组织工会虽不是工厂工人的发明，但在他们那里却发展成主要的斗争方式。欧文主义和工会主义尽管有很大区别，而且在许多原则问题上互相抵触，却又都有一个共同的特点，即他们都认为资本主义自由竞争是贫穷的根源。从消灭竞争这种愿望出发，欧文主义提出要铲除竞争的经济基础即生产资料私有制；工会主义则从长期的经验中得出结论，认为工人的集体行动能有效地抵御竞争的威胁，因此罢工和集体议定工资就成了他们的斗争法宝。

---

① 恩格斯：《卡尔·马克思》，见《马克思恩格斯全集》，第19卷，124页，北京，人民出版社，1963.

② [英]欧文：《致拉纳克郡报告》，见《欧文选集》上卷，柯象峰等译，第302页，北京，商务印务馆，1965.

从这个共同点又派生出另一个共同点，即它们都只注重直接的经济手段。工会主义的这种倾向自不消说；欧文也曾多次斥责过政治斗争，说即使实行普选制，“也不会给工人阶级带来多大好处，甚至根本不会有好处”。[①] 这个现象反映了工厂工人在早期时不理解政治斗争的重要性的现状；但到19世纪70—80年代，就连工联都开始投入到争取工人代表权的政治斗争中去，因此不能把排斥政治运动看作是工会主义的固有特色。

意大利共产党的卓越领袖，著名马克思主义者葛兰西(Antonio Gramsci)曾说过，一个阶级能不能开展阶级斗争，要看“这个社会集团是否有它自己的世界观，即使这个世界观还处在萌芽状态的也罢”；如果“由于卑躬屈膝和思想上的依附，这个集团只是从其他集团那里借来一个不属于它自己的世界观”，那么阶级斗争是不可能开展的。[②] 工业革命时期的英国工人阶级，特别是其中的手工工人集团，在长期的摸索中形成了自己的独特理论。尽管这些理论还相当幼稚，很不成熟，却足以发动起轰轰烈烈的阶级斗争了。

---

① A. L. Morton, *The Life and Ideas of Robert Owen*, London, 1962, p. 124.

② Antoio Gramsci, *Selections from the Prison Notebooks*, edited and translated by Quintin Hoare and Geoffrey N. Smith, London, 1971, p. 327.

20 世纪英国政治制度的继承与变异

20 世纪的英国政治舞台是比较寂静的，既没有 17 世纪的内战，也没有 18—19 世纪的人民运动和政治改革，但在这寂静的表象之后，英国的政治结构及其运作方式却发生了许多变化，有些方面甚至是质的变异。本文拟对 20 世纪英国政治制度是如何在保持传统架构的同时，又经历了巨大变动的问题进行考察和探讨。

一、“英国宪政”

自“光荣革命”以来，英国就走上了和平、渐进、改革的道路。所有的变化都在已有结构的框架内完成的，未再出现突发性的变革。在这种发展模式中起着基石作用的，正是所谓“英国宪政”(British Constitution)。

“英国宪政”是一种不成文的宪法，它由历史上形成的许多习俗、惯例或“先例”所组成。由于它建筑在深厚传统的基础上，因此在某种意义上它比“成文的”宪法更牢固。“成文的”宪法很容易被修改，甚至轻易地被推翻。法国历史上曾多次废止宪法，当今世界上一些发展中国家，类似的情形更是层出不穷。“英国宪政”作为一个抽象的概念，却被继承下来。18世纪末，英国保守主义之父埃德蒙·伯克曾说过：“我国的政体是约定俗成的体制，这种政体的唯一权威性就在于它的存在源远流长。”①对此，19世纪的德国社会学家马克斯·韦伯说，这是一种“传统的依据”，而英国宪政的合法性源泉在很大程度上就得益于这种“传统的依据”。

但这并不意味着“英国宪政”是僵死不变的。首先，“先例”本身在实践中不断得到发展和创新，推动了英国宪政的调整和完善。1975年，工党威尔逊首相为解决在加入欧洲共同市场问题上出现的党内和国内的分歧，决定进行一次全民公决。这在英国历史上是破天荒第一次，自此以后，全民公决就成了决定国家大事、特别是有争议的大事的一种可供选择的方式。例如，梅杰政府时期就对英国是否加入“欧洲联盟”的问题，进行了一次全民公决。

20世纪，类似的“先例”也不断形成。例如，在1895—1902年，仍然由出身古老世家的贵族担任首相，承继着18、19世纪的传统；但是后来的几十年中，则一直由“平民”出任首相，似已成为惯例。现在，人们一般都认为只有下议员才有资格充当首相，而贵族出身的首相似乎已经不合时宜了。所以，1963年霍姆勋爵在接任首相时，只好放弃贵族头衔，改称亚历克·道格拉斯-霍姆爵士。但无论是下议员担任首相，还是贵族在放弃爵位后担任首相，这样的“先例”都只是20世纪才形成的，比起更早的先例来，似乎较少“传统的依据”。况且，并没有哪一项法律条文规定首相应该是由平民或是非平民来担任。所以，今后若再出现一位有头衔的贵族首相，那也并非不可以，因为这种做法也有其“传统的依据”。由此可见，即使从先例出发，先例也是有差异的，所以“英国宪政”本身就包含着很大的灵活性，它允许在不同时期表现为不同的形式。

英国既然没有成文的“宪法”，那么它也就无所谓修改“宪法”的问题了；但“英国宪政”又是随时可以修正或者补充的，实际操作起来比有成文宪法的国家还要简单。在20世纪的英国，一项关系到国家政治制度的立法，哪怕涉及国家的政体，也只需要下议院的简单多数即可通过并最终

① [英]埃德蒙·伯克：《下院代表制度改革》，146页，伦敦，1782。

生效。举例来说,1911 年和 1949 年两个《议会法》对上院的权力大加削减,使权力集中到下院手中。这明显是英国政治制度的重大变革。但这个过程就是依靠下院的简单多数来完成的,并不需要复杂的修宪程序。

从理论上说，每一届政府都掌握着下院最起码的简单多数，否则这届政府就不可能存在下去。这就意味着任何一届政府都可以随意对英国政体的任何部分进行修改，甚至包括彻底改变政体，比如取消君主制或取消上院等。由此看来，不成文的宪法具有更大的不稳定性，随时都可能出现政治动荡。然而，激烈的变动在英国却始终没有出现。这是因为，按照英国的传统，创新也要以“先例”为依据，得不到“传统”支撑的创新很难为多数人所接受。正如一位英国政治学家所说，“英国政治文化的特点在于：在人民方面有合作和信任，在政府方面有温和与节制。由此便产生这样一种情况：政府有几乎不受限制的合法权力，但却以节制的精神行使这种权力。……如此就有必要强调那种真正的牵制力量了：它是由传统通过对温和、得人心、讲道理的政府的承诺而施加于政府的行为之上的。”①

有人把英国“宪法”叫作“柔性宪法”，这种宪法的特点是无定型、易变、多变。“一个具有柔性宪法的国家可以通过正常的法律程序改变它的宪法。”②例如，制定或废除一项法律就可能对宪法的某一部分做出或大或小的变动，长期地保持某种习惯或抛弃某种习惯也可能改变宪法。然而对于英国政治家来说，他们关心的是解决现实问题，“宪法”是否因此受到触动，对他们似乎并不重要。他们从来就不蓄意想要改变“英国宪政”，他们考虑的只是现实的需要。即便像《权利法案》(1689 年),《继承法》(1701 年)这样一些最接近于“根本大法”的法律文件，也只是为了应付当时紧迫的政治需要才制定出来的。英国政治家从来就没有想过要去制定一部“宪法”，在 20 世纪也是这样。“英国宪政”是在长期历史发展中自然形成的，而且永远处于形成与变动的过程中。这就使英国宪政既有一种在长时期中缓慢变化的特点，又有很强的连续性，始终维持在传统的框架中，而且要在很长的时间里才能看出其变动幅度和变化方向。在一个相对短的时间里，“英国宪政”似乎就是静止不动的——至

① R. M. Punnett, *British Government and Politics*, New York, 1968, p. 185.

② F. Randall, *British Government and Politics*, Plymouth, 1984, p. 42.

少在表面上是如此。

二、国王、上院和下院

英国政体由三部分组成：国王、上院和下院。按英国官方的说法："这三个部分集合在一起，就组成立法机关；作为宪政的单个方面，它们则发挥不同的作用，享有不同的权力与特权。"①

在英国历史上，这三个部分曾先后成为权力的重心。比如在专制时期国王是权力的重心，专制制度瓦解后上院成为权力重心，从19世纪起，重心明显向下院转移，到20世纪，只有下院才是真正的权力所在，其他两个部分都已经成为陪衬了。不过从形式上看，由这三个部分组成的政体结构却始终没有变化，其中每一个部分似乎仍保留着它昔日的传统地位。

"国王"，按理说他和现代民主制度是不相容的，但在英国君主制下不仅被保存下来，而且似乎与英国宪政不可分离。原因何在？曾任英国驻芬兰大使的詹姆斯·凯布尔说："英国君主制的尊严之增长恰与其实在的政治权力之下跌相对应。"②庞尼特说得更清楚："几百年来，君主制发展的本质特征就在于它对变化中的政权形式的适应性，尤其是近300年来，它演变成了立宪君主制。"③。也就是说，君主制在英国能延续至今，关键在于它改变了自己。

现代君主制的关键是立宪。君主制在20世纪的英国能安然无恙，其原因就在于国王已绝对地放弃了一切实际权力。1913年，伊谢尔勋爵对乔治五世国王说："君主只要按在下院多数支持下的政府大臣的建议行事，他就不会做违宪之事。政府负责制是君主制的保护伞，失去它，王位就不能在政治冲突和激情的急风暴雨中维持长久。"④同年，乔治五世(1910—1936年在位)不赞成爱尔兰实行自治，曾考虑使用国王的特权否决议会决定。首相阿斯奎斯给国王写了一份备忘录，告诫他不

① Central Office Of Information, *The British Parliament*, Her Majesty's Stationery Office, 1965, p. 2.

② James Cable, *Political Institutions and Issues in Britain*, London, 1987, p. 35.

③ F. Randall, *British Government and Politics*, Plymouth, 1984, p. 253.

④ J. Harvey and L. Bather, *The British Constitution*, London, 1965, p. 194.

要行使否决权。其中说："我们现在有一个牢固确立了两百年的传统，即：归根到底，王位的占有者接受其大臣的建议并据此行事。君主可能已经失去了一些个人的权力与权威，但王位却由此而避开党派政治沉浮的风暴。君主制扎根于一个坚实的基础上，支撑这个基础的是悠久的传统和普遍的信念，即：君主的个人地位对延续我们民族的生存起着不可估量的保障作用。"①后来，国王打消了使用否决权的念头，服从了内阁。

从理论上说，20 世纪的英王仍握有最高权力，他有权任命首相与大臣，解散议会，册封贵族，颁布法令，签署文件和宣战、议和、签订外交协议、授予荣誉称号等。但在实际上，国王只是按政府的决定办事，连国王私人的行动在某种程度上也要受到政府的限制，比如国王离开英国必须得到政府的同意或受政府委托，国王及王储的婚姻也会受到政府的干预。丘吉尔在《第二次世界大战回忆录》中曾记载说，海军军官出身的乔治六世国王（1936—1952 年在位）曾想乘军舰出海重温海军之梦，亲眼观看诺曼底登陆的作战行动，但内阁不让他这样做。②

那么，当代君主在国务活动中起哪些作用呢？第一，他是国家元首，参加礼仪方面的活动；第二，英王作为国家的人格化，为英国人提供了忠诚的对象，是英国民族团结的纽带；第三，在日常政治活动中，国王可以向政府提供咨询，为政府解决政治难题提出建议；第四，作为英联邦的首脑，英王还起联邦纽带的作用，英联邦至今犹存，与英王的存在不无关系。

国王还有一个很含糊的权力，即遴选首相。首相如何产生，并没有成文规定，只是按习惯办事。近 300 年来形成的习惯是：首相由议会多数党领袖担任，国王加以认可。但如果大选没有产生多数党（1924 年出现这种情况），或有多数党但没有产生明确的党的领袖（1957 年出现这种情况）时，国王就要发挥比较大的作用了。在 1924 年，乔治五世任命了一个少数党政府即第一届工党政府；1957 年，伊丽莎白女王二世则任命麦克米伦为首相。两次任命都相当出人意料，而且引起争议。虽然

---

① 1913 年 9 月阿斯奎斯致国王乔治五世备忘录，见 David C. Douglas, gen. ed, *English Historical Documents*, Vol. 12(2), Cambridge, 1977, p. 49.

② 1944 年 6 月 3 日丘吉尔致国王信，参[英]丘吉尔：《第二次世界大战回忆录》，第 5 卷，952 页，北京，商务印书馆，1975。

国王是在广泛征询意见特别是政界元老的意见之后才做出决定的，但国王个人的选择确实成了决定性因素。1931 年，乔治五世国王做了一个 20 世纪最引人争议的决定。当时，工党首相麦克唐纳辞职，按惯例应由反对党（保守党）领袖组阁。但乔治五世听从了自由党领袖塞缪尔的建议，组织了一个多党联合政府，由麦克唐纳继续担任首相，结果在工党内部形成了巨大的冲击，这个冲击直到第二次世界大战爆发也没有完全平息。① 不过到今天，国王在这方面所能发挥的作用已所剩无几了，因为两党都制订了产生本党领袖的正式程序。由于没有党的领袖而需要由国王挑选首相的情况不会出现了。

如果说国王的权力至少在名义上保留下来并在决策过程中仍有一些发言权的话，那么，上院在 20 世纪就完全丧失了实际权力。上院实行世袭制，全体贵族都是上议员，世袭的原则当然不符合现代民主精神，因此改造上院是迟早的事。但迄今为止英国人处理上院的方式仍很特别，只是在事实上剥夺上院曾经有过的大部分权力，而在形式上又尽量不去触动它，使其得以保持原有的尊严。

直至 20 世纪初，上院与下院的权力仍旗鼓相当，不相上下。除财政立法外，它有权否决下院的任何立法。但上院是世袭的，下院是民选的；上院代表较富有的阶层，下院则声称代表普通民众；上院总是为保守党所控制，下院则由选举结果而定。由于这些原因，人们把上院看成是特殊的利益集团，与现代社会的民主格格不入。更有甚者，每当其他党派在下院占多数、企图进行某些方面的改革时，保守党占多数的上院总是要阻挠，常与下院发生冲突，造成严重的政治危机。

1911 年，执政的自由党决心彻底解决这一问题。下院通过了《议会法》，其中规定：一项"非财政法案"如连续三次被下院通过而又连续三次被上院否决，那么，只要在下院第一次通过和最后一次通过之间相隔两年的时间，则"尽管上院未通过该法，该法案也将……呈送国王陛下并在取得陛下批准后成为法律。"②这意味着：上院最多只能将一项法案

---

① Malcolm Pearce and Geoffrey Stewart, *British Political History, 1867-1990* , London and New York, 1992, Chapter 7, "The rise of Labour 1867-1940".

② 《议会法》(1911 年)，见 Darid C. Donglas, gen. ed, *English Historical Documents*, Vol. 12(2), Cambrige, 1977. pp. 157-159.

延置两年，两年后法律就自动生效，上院的否决权由此受到极大的削弱。1949年，工党政府通过第二个《议会法》，将上院的延置权减为一年。在实际操作中，一项法案从下院通过到被上院否决至少也要几个月时间，因此，上院事实上能拖延的时间也不过半年多而已。《议会法》实际上把上院的权力几乎全部削减殆尽，一项法案只要在下院通过就可以成为法律，上院无法阻挡，国王则非批准不可。一次静悄悄的革命完成了。从此以后，下院成了国家权力的重心，国王与上院则形同虚设。可以说一个从17世纪内战起就开始的革命过程至此结束了，但是所使用的手段，则不是暴力和突变，而是和平与渐进。

在削减上院职权的同时，上院自身的构成也发生变化，这主要集中在改造上院的世袭性质上。1958年通过的《终身贵族法》规定可以册封“终身贵族”。到20世纪80年代末，上院贵族中约1/4是终身贵族，按这种速度增长下去，大约再过半个世纪终身贵族才会和世袭贵族在数量上持平。但《终身贵族法》并没有解决世袭问题，世袭贵族仍然存在，而且没有法律规定以后不再册封世袭贵族。事实上，从20世纪80年代末开始，又少量地册封世袭贵族了。

为彻底解决世袭问题，20世纪有过许多议论，其中有三次最为认真。第一次是1917年任命的下院委员会(“布赖斯委员会”)，翌年该委员会提出报告，建议3/4的上议员应由下院按地区原则选举产生，另外1/4是贵族和主教，由上下两院联合委员会共同选出。第二次是在1948年的各党会议上确定了许多原则，如上院多数不应始终控制在一党手中，世袭权不应自动成为上议员的资格等。会议提议任命“议会贵族”组成上院，未当选“议会贵族”的贵族可以竞选下议员。第三次是1968年由工党政府提出的一份白皮书，提出了以下建议：第一，上议员分为两类，一类有表决权，另一类没有表决权；第二，有表决权的贵族领取薪金；第三，世袭贵族将不再自动取得上院席位；第四，上院延置权减为半年。然而这三次议论最后都不了了之。现在，保守党和工党都承认上院有改造的必要，1981年保守党政府甚至还提出一项“上院(选举)法”，也未获成功。上院始终未能被彻底改造的原因是很奇怪的，按庞尼特的说法，人们害怕“一个经过改造因此得到加强的上院将成为下院的严重对手”[1]。20世纪，权力重心已完全转移到下院，如果真的把上院改造得“合理”起来并重新发挥其重大作用，那么英国的权力结构就会立即失去平衡。也许正是这个原因，英国上院的贵族传统才一直被保存下来。至少从表面上看，在20世纪，上院还是那个传统的上院，尽管它已经丧失了实际权力。[2]

那么，目前英国的上院还起哪些作用呢？第一，上院仍然有创议权，即提出法案的权利。各届政府都很乐意把一些两党都同意的法案交给上院去处理，以便让下院能集中精力去解决分歧严重、难度很高的重大问题。上院特别适于处理琐碎、庞杂的事务，1948年的《公司法》就是一例。这个法案有许多过细的条文，相对清闲的上院有充足的时间去讨论。第二，上院虽不能否决一项立法，但可以拖延对它的修改。上院的延置权可以起到政治“缓冲器”的作用。一项法案在激烈的辩论中被强行通过，经上院拖延一段时间，斗争双方的头脑都会冷静下来，也许能考虑得更周到一些。第三，上院是一个充分发表意见的理想场所，下院负担太重，有些次要问题得不到充分讨论，于是就转移到上院去辩论，各党都可在那里阐述观点。第四，上院是政府大臣的方便地储存所，上议员无须通过选举产生，因此如果出现某个政界要人落选下议员而政府又一定要他担任大臣，或某个专门人才不愿涉足党派之争而政府又希望他主管政府某个部门的情况时，政府就可以用册封该人为贵族的方法，使他成为上议员，从而将其延揽入阁。第五，上院是英国的最高上诉法庭，行使最高司法权，这一职能由9位“上诉司法贵族”执行[3]。上院还有一个特别的职务即大法官，他既是上院议长，又是内阁成员、高级行政长官，同时还是全国的最高司法官，集立法、司法与行政三权于一身，在英国政治结构中很独特。但他与内阁共进退，并不是终身职务。

1963年，议会通过《贵族法》，规定世袭贵族可以放弃贵族头衔。第一个这样做的是第二代斯坦斯盖特子爵（即安东尼·韦奇伍德·本），

---

① R. M. Punnett, *British Government and Politics*, New York, 1968, p. 267.

② 1998年11月工党政府通过上院改革法案，世袭贵族除自行选出的92人外，其他人不再有生而成为上院议员的权利。尽管此次改革相当不彻底，但仍然结束了世袭贵族对上院的垄断特权。

③ 2009年上院的司法职能正式废除，转由新设立的最高法院执行。

他放弃爵位，然后参加竞选，成为下议员，属于工党激进派。同年，保守党的霍姆勋爵也放弃爵位，然后进入下院，担任首相。至1979年，已有15个贵族放弃了自己的头衔。

上院在20世纪人数剧增，1901年只有贵族591人，1978年就达到1154人①，此后仍逐年增加，这恰恰是上院职权迅速削减的一个佐证。如今，一切社会名流及老资格的政治家(如退隐的前首相)都可能成为上议员，上议员在很大程度上已成了荣誉职位。20世纪是以上院的权力削减为标志的，英国上院今后向何处去？这将是人们密切关注的问题。

就在上院职权削减的同时，下院权势却急剧增长。下院是英国权力的真正重心，它由直接普选产生，在理论上获得了充分的合法性。因此，它自称是全体英国人民的代表，具有最高的权威，拥有最大的权力。按照惯例，下院多数在英国政治制度中具有无与伦比的威力，没有这个多数，政府就不能运转，法律就无法制定，一切政治机构都将瘫痪；而拥有了下院多数，就可以在英国做出任何想做的事——制定法律，废除法律，下达行政命令等，如果它愿意，甚至可以改换政体、废除君主制。

从理论上说，民主制在20世纪的英国下院体现得相当充分。在选举权方面，19世纪末已基本实现成年男子普选权，20世纪主要是使妇女取得选举权。1918年的《人民代表权法》规定，30岁以上“有财产”的女子可以进入选民行列，10年后另一个《人民代表权法》使全体妇女获得选举权。1948年起实行彻底的“一人一票”制，取消过去某些特殊人物所保有的复投票权(《选举权法》)；1969年第三个《人民代表权法》把选民年龄资格从21岁降为18岁。现在，凡年满18岁的英国公民都可以参加选举，用无记名投票的方式直接选举议员。

在被选举权方面，除公务人员、神职人员、贵族等少数情况外，凡年满21岁的英国公民都有当选为下议员的权利。下议员领取薪金，20世纪初年薪为400镑，1988年已近2万镑，此后仍不断增加，并享受各种补贴。议员领取薪金使社会下层人士(如劳工)也可以出任议员，否则，“工党”就站不住脚，但同时议员又成了一种“职业”，使他有可能从

① 本文各种数字均取自 David Butler and Anne Sloman, *British Political Facts, 1900—1979*, New York, 1980。

“职业”利益出发来考虑问题，把议会看成一个“同业公会”。

在议席分配方面，20 世纪实行单一选区制，即每个选区选出一名议员。名义上各选区的选民效应基本相等，但在一个流动性大、经济地理状况又很不相同的国家，这几乎是不可能的。英国最大的选区约有 21 万选民，最小的只有 1.1 万选民，而多数选区在 3.5 万～10 万选民之间。“平等选区”的原则多少还是存在的，基本上实现了 19 世纪人们所向往的这一原则。

从 1883 年起，议员竞选费用受到了法律的严格限制，以求杜绝贿选现象。目前规定候选人最高费用为 2700 镑，外加选民追加数(城市每一选民追加 2.3 便士，乡村 3.1 便士)。在实际操作中，选举费用差别很大，比如整个选区只有一个候选人时，费用不超过 200 镑；如果参选者多，情况就很难说了。1974 年 10 月大选中，全国的竞选费用达 216 万镑，平均每个候选人为 963 镑。通过对竞选费用的严格限制及其他种种措施，基本上消除了 18—19 世纪选举中曾一度盛行的腐败现象，使竞选大体上保持了公平和廉洁。

整个看来，英国的选举制度到了 20 世纪似乎是完美的，在各个方面都体现了民主的原则。但问题是，所谓的议会多数是如何产生的？“多数”的含义究竟是什么？回答这个问题，是理解 20 世纪英国政治制度的关键所在，因此需要给予特别的注意。

按照规定，议会选举采用“领先者获胜”的原则，即在同一个选区中，得票最多的候选人当选。得票最多并不意味着一定要过半数，当选的候选人也许得票率很低(比如 30％或 40％)。这种做法的优点是手续简化，避免一轮又一轮的反复投票，而且很容易在议会产生一个稳定的多数，为英国两党制提供了制度上的保证。但“领先者获胜”存在着很大的缺陷，即当选议员不一定体现本选区多数选民的意志(而这正是“民主”制度的基本原则)，假如在一次大选中全国有许多选区同时出现当选者得票率不到 50％的情况，这就意味着新选出的下院并不代表全国选民的多数，由此产生的“多数党”实际上并不由“多数”选出，英国议会制度中作为基本原则的“多数原则”就被破坏了。事实上，1945 年以来，没有一个政党在大选中得到过 50％以上的选票，1974 年两次大选中产生的“多数党”，其得票率甚至不到 40％。这样一来，前面说过的下院多数的权威性基础就动摇了。“多数党”既不能代表真正的多数，如何能以多数的名义进行统治呢？更有甚者，“领先者获胜”的原则还可能使得票较多的党反而得到较少的议席，成为“少数党”。比如在1974年2月大选中，保守党得到37.9%的选票，比工党多0.8%，但是它获得的议席却比工党少4个。出现这种情况的原因是：保守党选票分散在太多的选区里，结果在多数选区都没有“领先”。工党得票虽少，但选票集中在一批选区，从而赢得了更多的席位。

还有一个因素也影响到“多数”的真实性，这就是实际参加投票的选民数。20世纪参加投票的选民比例最高时达86.6%(1910年)，最低只有58.9%(1918年)，一般保持在70%以上。用百分比乘“多数党”的得票率，“议会多数”所代表的选民从来就只是少数。1979年撒切尔夫人政府上台时，保守党获得了43.9%的选票，当年的投票率是76%，比例并不算低，但若将这两数相乘计算，这届议会中保守党的“多数”实际上就只代表33.3%(即1/3)的选民了。[①]

既然选民的“多数”是如此，那么议会中的“多数”又如何呢？

英国实行的是“责任制政府”，即政府对议会负责。按惯例，在正常情况下，政府必须由议会多数派组成，这个多数派可以是一个党，也可以是几个党的联盟。首相由多数党领袖担任，各部大臣都必须是议员(或为下议员、或为上议员)，政府集体对议会负责。政府只有获得下院多数的支持才能维持下去，倘若下院多数对政府投不信任票，或在一项重大表决中击败政府，则政府要么辞职，要么建议国王解散议会，举行新的大选。政府的一切决定都必须经下院同意，政府要接受下院的质询，回答下院的任何问题，为自己的行为辩护。由此可知，只有掌握议会的多数，政府才能维持下去；一个由微弱多数组成的政府是极不稳固的，一个少数派政府随时都有可能倒台。因此，维持下院多数就成了每一届政府生命攸关的大事。那么，20世纪的英国，依靠什么来维持下院的“多数”呢？这需要从它的政党政治来说明。

---

① 以上数字见 David Butler and Anne Sloman, *British Political Facts*, 1900-1979, New York, 1980, pp. 206-210.

三、政党与政党政治

18 世纪，英国政府靠行贿、受贿、封官许愿操纵下院多数，腐败是政府运作的润滑剂。19 世纪中期，议会步入“黄金时代”，当时议员拥有较大的自由度，政府必须凭借政治手段才能维持微妙的议会多数。从 19 世纪后期起，政府越来越依靠政党来保证下院的多数；到 20 世纪，英国政治就成了典型的“政党政治”。

政党的作用在选区中就充分体现出来。和 19 世纪不同，20 世纪的政党都有完善的地方组织系统，专门负责竞选工作。按通行的做法，地方党组织负责推选本党在本地区的候选人，得不到某个地方党组织的支持，几乎任何候选人都不可能当选，他无法承担沉重的竞选费用，也无力在一个流动多变的社会中从事宣传、鼓动和组织工作。这些工作都是由地方党组织的专职干部来做的，候选人在很大程度上依赖他们。但候选人必须支持党的纲领，如果和党的地方组织有分歧，他就得不到支持。例如，1956 年，保守党议员尼科尔森因赞成废除死刑并在苏伊士运河事件中投弃权票，结果在保守党地方组织的信任表决中失利，于是他不得不表示下次不再竞选连任。同年，工党议员埃文斯也在苏伊士问题上投弃权票，结果工党地方党组织要求他辞职，他不得不服从。[①] 从这些例子可以看出，地方党组织在决定本党候选人方面起着决定性的作用，但这就使议会的“多数”原则受到进一步的损害，因为所有议员都是由一小批党的专职干部挑选出来的，根本谈不上选民“多数”。这种情况与 19 世纪有很大不同，当时由于没有党的地方组织，选民保留着较大的选择自由。

到了 20 世纪，议员一旦进入议会，就受到本党议会党团的纪律约束。英国政党对普通党员没有纪律要求，也无法控制他们如何投票。唯一能够约束的是议员，而且控制了议员也就控制了本党在政治上的实力。因此，各大政党在下议院都设“党监”及协助他工作的若干名“助理党监”。他们的任务是负责督促本党议员在议会服从党的纪律，与本党的正式立场保持一致。更重要的是：在重大问题付诸表决时，党监们便

① R. M. Punnett, *British Government and Politics*, New York, 1968, p. 250-251.

要求本党议员全体出席议会。有时候表决结果仅取决于一两票之差，因此议员不到会表决就要受到党的严厉惩罚。最有效的惩罚手段就是在下次选举时不提名他为议员候选人；有时，议会党团还会将其开除出党。

政党对议员为什么要严加约束？因为下院的表决决定着一个党的命运。执政党必须保证在一切重大问题上获得多数支持，否则就要下台；反对党要争取在关键时刻击败执政党，从而迫使政府辞职，或提前举行大选。当然危机出现在两党有严重分歧的问题上，两党都会将其视为原则性的问题。议员必须按照党的指示投票，否则就会失去本党的支持，断送政治前程。议会表决时的"多数"实际上是由党的领袖操纵的，在多数场合下则是由政府(执政党)操纵。政府通过政党控制议会的多数，因此，与代议制政府在理论上的运作方式恰恰相反，事实上不是政府听命于议会，而是议会听命于政府。这种理论与实践的倒置，是 20 世纪英国政治制度的最大特点。

议员若不同意本党政策，他可以投奔另一党，在众目睽睽之下从下院的一边穿过中间过道走到另一边，加入对方阵营。丘吉尔在 1905 年就是这样做的。[①] 不同意见也可采用另一种形式表达出来，即"后座议员"(本党普通议员)造反。1922 年保守党后座议员反对本党继续奉行支持自由党首相劳合·乔治的政策，结果导致联合政府垮台，党的领导也随之更替。[②] 1994 年梅杰首相也遇到后座议员造反，反对他对"欧洲联盟"的让步。议员叛党和后座议员造反都可能使执政党失去议会多数，进而导致政府更迭。这些情况使党的纪律显得更为重要，党必须牢牢地控制自己的议员。

既然政党在 20 世纪政治中发挥了如此巨大的作用，那么加强政党的组织建设就具有重要的意义。1832 年之前，下院中多数议员是在贵族的支持下当选的(1815 年前后 600 多名议员中有 471 人就是如此)，于是议员们都各事其主。当时操纵国家命运的大寡头只要在政治的最高

① 1905 年，丘吉尔以自由贸易问题上与保守党的分歧为由离开保守党，投奔自由党阵营，此后在自由党人领导的政府中担任了 16 年大臣；1924 年又回到保守党。参见[英]亨利·佩林：《丘吉尔传》，沈永兴等译，4、14 章，北京，东方出版社，1988。

② John Ramsden, *The Age of Balfour and Baldwin, 1902-1940*, London and New York, 1978, pp. 165-166.

层结成松散的同盟就可以控制议会。因此，那时的政党既没有固定组织，也无正式领导。辉格党和托利党都是这样。1832 年以后，中等阶层进入政治领域，对新选民的组织工作提上议事日程，于是一些地区出现了政党的地方组织，比如 1832 年在利物浦组成了保守党协会，此后类似组织又在其他地方出现。1867 年以后，工人阶级的一大部分取得选举权，政党的组织作用更加重要。第二年，保守党成立了"全国保守党同盟"，1870 年成立了中央办公厅，由"党监"们负责掌管。1874 年，保守党在大选中获胜，迫使自由党也建立全国性机构，很快就出现了"全国自由党联合会"；同时，两党地方组织也普遍建立起来，形成了从全国到地方的完善的组织系统。

工党的崛起，是 20 世纪英国政治史上的一件大事。1884 年，整个工人阶级获得了选举权，这使工人选民的政治组织工作迫在眉睫。1893 年，"独立工党"在布雷德福召开的一次工人代表会议上成立。1900 年，工会代表大会在伦敦召集会议，各社会主义团体（费边社、社会民主同盟等）派代表出席，会上成立了"工人代表权委员会"，专门负责选举工人议员的事务。1906 年，该委员会改称"工党"。工党成立后很快取代了自由党，在不到 20 年的时间里它就成了英国的两大政党之一。①

工党取代自由党的重要原因，是它夺走了自由党选民，使自由党成为无本之木。19 世纪末，保守党逐渐侵占了自由党的地盘，并争取到了许多中等阶级的选民。自由党不得不转而依靠新获得选举权的工人阶级选民，但在经济上，它又不能代表工人阶级的利益。工党成立后，工人选民很快就被它吸引过去。英国的政治传统一直处于两极化状态，其选举制度也保证两党制。自由党被挤到中间地位之后，很快就成了无足轻重的配角。

"中间立场站不住"，多年来的实践证明了这一点。在 20 世纪，还有一次对两党政治构成严重挑战的事件，那就是 1981 年成立的"社会民主党"。社会民主党一开始就站在工党和保守党之间，并且与残存的自由党结成同盟，企图建立一个强大的中间力量。但这种企图最终还是失

---

① 关于工党的早期发展，参见 Henry Pelling, *A Short History of the Labour Party*, London，1965。

败了。①

在其他小党中，有一些是极端的政治派别，如20世纪30年代出现的“法西斯同盟”。但多数小党是民族主义政党，如爱尔兰的新芬党、苏格兰的民族党、威尔士的民族主义党等，它们在英国政治生活中多少都起过或正在起某些实质性的作用。1993—1994年，新芬党与英国政府的会谈又一次引起人们对爱尔兰问题的关注。英国共产党成立于1920年，目前大约有9000名党员(1990年)，它在历史上一共产生过5名议员。

保守党和工党有哪些不同?在组织方面，保守党由三条交叉线组成：第一条是议会党团，第二条是全国同盟和党的地方组织，第三条是中央办公厅。议会党团是真正组织核心，它是党的领袖和中心实体；全国和地方党组织是党的“运动”，它为这一政治组织提供民众支持；办公厅是党的办事机构，为党的实际活动服务。全国同盟每年召开年会，讨论党的纲领，但年会却没有约束力。保守党实际上是由领袖控制的，政策也由领袖制定。议会党团中有一个后座议员的自发组织，称为“1922年委员会”，虽然属非官方性质，无权参与政策制定，但执政的保守党领袖却经常应召参加其会议，回答后座议员的问题，听取他们的意见。迟至1975年，保守党才制定出由议会党团选举该党领袖的程序。在此之前，其领袖是由党内元老征求各方意见后推荐出来的，他往往要经国王任命为首相后才正式成为党的领袖。

工党的基础是工会，1918年以前它只吸收集体党员，所有加入工党的工会和社会主义团体的成员，从理论上说都是党员。1918年以后开始吸收个人党员，隶属于地方党组织。工党设有全国执行委员会，由每年召开一次的党代表大会选出并执行其决议。执委会对工党议会党团有很大影响力，而工党议会党团在制定政策中又起着重大作用。工党领袖由选举产生，最初由议会党团选举，1981年调整了选举方法，使工会获得40%的发言权，选区工党组织和议会党团各得30%，因此工会对工党的发言权增大了。但1994年，41岁的托尼·布莱尔当选为工党新领袖，他上台伊始就声称要削减工会对工党的影响，这引起了英国朝

① Stephen lngle, *The British Party System*, Oxford, 1989, Chapter 8, “Liberal Democrats always the bridesmaid?”.

野的极大关注。今后工党如何调整和工会的关系，将是英国政界的一件大事。目前，工党议会党团有一个12人组成的委员会，称“议会委员会”，这12人加上党的正副领袖，上下院工党领袖和上下院工党党监等6人形成党的真正的领导集团，是工党的前排议员。

在党的领导层的社会构成方面，两党差别正逐渐缩小。根据20世纪初的统计，保守党议员主要由两部分人组成，其中专业人员(律师、医生等知识分子)占52%，经营管理人员占32%；而工党议员中工人占了72%，其“工人党”性质显得非常突出。但从40年代起，情况发生了很大变化。保守党基本维持原样，工党工人出身的议员则逐步降到40%以下，甚至只有20%多，专业人员比例则上升到30%～40%甚至近50%。现在，两党议员中最大的职业集团都是专业人员。两党议员在文化程度方面的差距也在迅速缩小，1906年(工党成立)，保守党议员中有57%受过高等教育，工党则无一人。1979年，保守党议员中受过高等教育的比例为73%，工党为57%，两党议员的社会经历和心理素质实际上在日益接近。①

这种接近越来越反映在政治立场上。工党刚出现时，曾被当时的两大党(保守党和自由党)共同视为危险的敌人，特别是1918年工党发表“以生产资料公有制”为基础的正式纲领后②，情况更是如此。但是工党在1924年和1929—1931年接连两次执政所取得的政绩表明，它不过是英国现存政治体制内的一支力量。这以后，工党就以两大党之一的面貌出现了，尽管其“公有制”纲领从未取消，但实际上它并不打算全面执行。③ 第二次世界大战后大约30年的时间里，两党轮流执政，其基本政策并没有太大差别，包括福利主义和部分工业部门的国有化问题。《泰晤士报》发表的一篇文章在谈到撒切尔夫人上台前的保守党时说：“那些人(指保守党)相信：像他们自己这样的人舒舒服服地坐在顶层，有责任关照处于底层的人，如军官照料他的军队、地主照料他的佃户那

---

① 数字见 David Butler and Anne Sloman, *British Political Facts, 1900-1979*, New York, 1980, p. 168.

② 参见[英]W. N. 梅德利科特：《英国现代史》，张毓文等译，109页，北京，商务印书馆，1990。

③ 从20世纪60年代起，工党领袖多次提出修改党章第4条(即“公有制条款”)的问题，一直没有结果。

样。由于他们的私人财产缩减了，他们就把国家当作行此善举的施主，于是福利国家被接受了，保守党几乎变成另一个工党。”①这 30 年是 20 世纪保守党和工党的“举国一致”时期。此后，以撒切尔夫人上台为标志两党间又拉开了距离。

两党的社会基础曾经有过相当大的差别，但从 70 年代开始则迅速缩小。1967 年还有学者认为：“阶级是英国政党政治的基础，其他都是摆摆样子的，是小事。”②但 20 年以后的情况就大不相同了，阶级的分野变得模糊起来。大体来说，工党的社会基础主要是体力劳动者及其家属，保守党的社会基础主要是非体力劳动者。这在 70 年代以前表现得十分明显，1966 年大选，工党的得票中 81％来自体力劳动者，保守党得票中 60％来自非体力劳动者。1963 年一项调查表明：在公开表示支持这两大党的选民中，72％的体力劳动者支持工党，75％的非体力劳动者支持保守党。1966 年以后情况发生了变化，工党支持者中体力劳动者比例减少，非体力劳动者比例增加；保守党支持者中则呈现出波动性变化。两党社会基础的差别正在缩小。下图是 1959—1979 年 7 次大选中两党获社会阶层支持的情况。

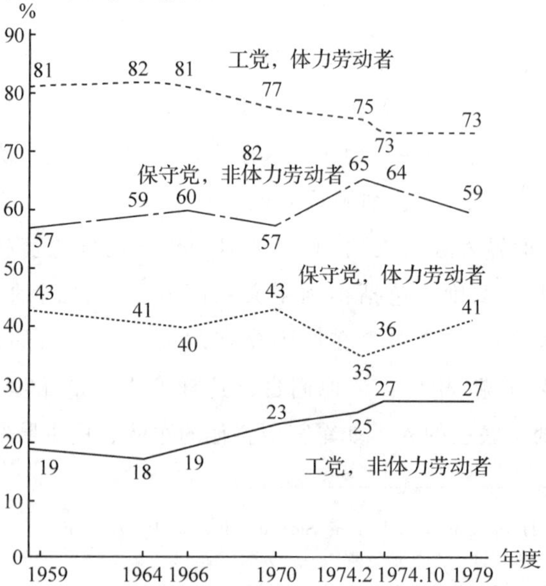

① Anthony Seldon, *UK Political Parties Since* 1945, New York and London, 1990, p. 18.

② P. Pulzer, *Political Representation and Elections in Britain*, London, 1967, p. 98.

该图表明，工党在更大程度上依靠的是单一社会阶层的支持，而保守党的社会支持面则比较广泛。[①]。这种情况导致工党在20世纪70—80年代的大选中成绩不佳，因为只要体力劳动者阶层与工党矛盾加深，工党就得不到足够的选票。1994年，工党新领袖布莱尔宣称要拉开与工会的距离，道出了工党企图争取更广泛的社会阶层支持的意向。

从图中还可以看出，两党虽然都有各自的社会基础，但都从对方的基础中控制了相当多的支持者。从20世纪初至70年代，体力劳动者占选民总数的大部分，保守党要想上台执政，就必须在体力劳动者中寻求支持。因此，在它的纲领中必须加进一些吸引体力劳动者的内容。这就是保守党为什么认可福利制度的根本原因。另一方面，工党能够吸引的体力劳动者逐渐减少，它要赢得多数的支持，就必须到非体力劳动者中去拉选票。可是这样一来，又要偏离党的既定政策：到底对“中等阶级”做多少让步才恰如其分？工党的内部政策分歧一直比保守党大得多，这是影响它在多次大选中成绩不佳的重要原因。

四、政府运作与首相

以上考察了英国政治制度中的许多方面，最后来考察一下其政府的运作情况。政府实际上是当代英国真正的权力聚焦点，有些学者说它是“内阁独裁”或“行政专制”。撇开各种纯理论的推断，如今英国政治制度的真正运作情况是：政党以竞选为手段，产生一个选举出来的议会“多数”；借此组成政府，由多数党领袖担任首脑；政府组成之后，再反过来通过政党控制议会，使英国的政治机构在“多数”的原则下得以运行。从理论上说，是议会立法来指导政府；然而在实践上，立法草案绝大多数出自于政府之手，因此又是政府在指导议会的立法，政府依靠政党来约束本党议员，使他们在表决时与政府保持一致。在20世纪，议会和政府的关系实际上是颠倒的：不是议会控制政府，而是政府控制议会。关于这一点，担任过工党大法官的埃尔温·琼斯勋爵于1984年在上院说，“政府正对议会做出巨大的伤害……人们越来越担心下院和上院正在变成符号，而政治权力已完全落入行政之手。”[②]甚至早在1950年5

① Michael Moran, *Politics and Society in Britain*, London, 1989, p. 6.

② Lord Longford, *A History of the House of Lords*, London, 1988, p. 185.

月17日，上院在辩论一项决议时就指出，“内阁正在增长的权力对国家的民主宪政是一个威胁”[①]。在20世纪只发生过一次政府丢掉控制议会多数的情况，即1979年的卡拉汉政府[②]；其他历届政府都成功地保持着对议会多数的控制。由此可见，英国的行政权是相当稳固的。

人们还发现：政府作为一个整体也失去了权威，其实权已落到了首相手里。1964—1970年在工党政府中连任数职的克罗斯曼曾抱怨说，他任职期间从未对政策的制定发生过影响，政策都出自首相一人。丘吉尔担任首相时说过：“我所需要的一切，就是在适当的讨论之后听从我的意见。”[③]霍姆勋爵在担任外交大臣时则说：“每个阁员在某种意义上都是首相的代理人——是他的助手。……内阁是首相的，首相是为内阁的所作所为直接对女王负责的人。虽说内阁还讨论某些事，但却是首相决定内阁的集体意见是什么。大臣的任务是尽其所能为首相分担工作，但无论哪个大臣都不能在未与首相商量前采取任何真正的重要行动。不过，如果首相想采取某个步骤，那么有关的内阁大臣要么同意……要么他就辞职。”[④]因此有人说，英国政府起初是“国王陛下的政府”，然后是“内阁政府”，现在则是“首相的政府”。

20世纪，首相的权势确实很大。1936年，国王爱德华八世(1936年1—12月在位)退位时，首相鲍德温在这次事件中就起了决定性的作用，国王几乎是被他强迫退位的。第二次世界大战中，丘吉尔的权威无与伦比，一切重要决策大都是他一个人说了算——这当然和战争有关。[⑤] 1962年7月，麦克米伦一次就解除了7名内阁大臣(占内阁总数1/3)和9名非内阁级大臣的职务，此事曾被称为“长刀之夜”，表明首相的地位远远超出于大臣之上。撒切尔夫人更是以其领导作风强硬而著称，正如有的学者所说；“与多数首相不同，她不仅主持内阁讨论，还

① 哈维格斯特：《转型中的英国》，627页。

② 政府的这次失败，导致撒切尔夫人上台，开始了保守党长达16年的执政。参见皮尔斯、斯甲尔特：《英国政治史》，500～501页。

③ 转引自Bernard Grick, *The Reform of Parliament*, London, 1966, p.18.

④ Ibid, pp.36－37.

⑤ “我决不能允许目前政府成员之间出现任何裂痕。我们这个政府是在危机时刻成立的，其任务是团结各党派，协调各方面的意见”。参见[英]亨利·佩林：《丘吉尔传》，沈永兴等译，476页，北京，东方出版社，1988。

积极参与其中，通常出现的情况是，她支配他们。”[1]就连在一般人眼中温文尔雅，无甚魄力的梅杰首相，也在 1994 年夏天一次更换了 4 名内阁大臣和几名非内阁大臣，重演了另一出“长刀之夜”。许多人认为，英国首相的权力实际上比美国总统还大。美国总统必须随时当心国会惹麻烦，随时准备应付国会的挑战；英国首相则在绝大多数场合下控制着议会，不必担心议会捣乱。美国政府必须为他所任命的每一个政府部长争取国会的批准，英国首相则可以愿意任命谁就任命谁，愿意打发谁就打发谁，并没有义务一定要和什么人商量政府的组成。美国的立法权完全控制在国会手上，英国的法律草案则基本上出自于政府，而政府这条船的船长是首相，一切有关航行的命令都是由首相发出的。

五、结语

我们可以用这样一个比喻来简述英国政治制度以及它在几百年中的变化情况：英国政治制度仿佛是一架大机器，它依靠传统的惯性在运转。在运转的过程中，有时这个部位显露出来，有时那个部位显露出来，于是人们看到的是，国家的权力重心从国王转到上院，再从上院转到下院，首相和政党都在这部机器中运转，只不过它们彼此间的相对位置不同而已，各个部分在不同时期表现出不同的重要性。然而从整体上看，这架机器似乎从来都没有被改装过，因此在表面上它始终是那同一架机器。20 世纪的英国政治制度，就是这样一个连续过程中的延续阶段。

① Anthony King , *The British Prime Ministers*, London, 1986, p. 117.

20世纪英国的贫富问题及福利制度演进

一、严重的贫困现象

1905年，英国自由党议员L.C. 莫尼出版了一本书，名曰《富与贫》。他在考察英国当时贫富不均的情况时说："国家全部收入的将近一半是由人口的九分之一享有的，我们还应该加上另一个更为惊人的事实，即：联合王国全部收入的三分之一以上由国民的不到三十分之一享有。"①确实，在20世纪刚开始的时候，贫与富的差距非常之大。这时，土地仍然是最坚实的财产，新富和老富都以土地为归宿，将土地看作财富和身份的最终标志。

20世纪初，第十七代德比伯爵拥有几处大庄园，7万英亩土地，从矿井、房租和地租中每年收入30万英镑。军火商威廉·阿姆斯特朗爵士靠军火生意发财，1900年殁世时已经有两个大庄园，16000英亩土地，曾经花125万英镑改造他

① K. O. Morgan, *The Age of Lloyd George*, London, 1978, p. 132. 着重号为原文所有。

的第二个庄园。第一代威斯敏斯特公爵在1899年去世时，留下1400万英镑财产，他的金融帝国分布在四大洲，而伦敦市中心则拥有300英亩土地，这是一笔巨大的财富。

在贵族与金融巨头之下，是中等阶级的行列。那时，一个成功的大律师年收入可达28000英镑，一个高等法院法官固定的年薪应该是5000英镑；1000英镑以上的收入就可以维持很舒适的生活了，而500英镑收入则可能随时感到捉襟见肘。另一方面，一个已经有4年教龄的私立学校教师每年只会有200英镑的薪水。即使教满10年书达到教师的最高薪金，每年也只有300英镑。小学教员每年的收入不到100镑，一个乡村小教区的牧师每年薪水也差不多，他们跻身于“中等阶级”，主要是由于地位和职业而不是收入。中等阶级的生活水平千差万别，从接近一个奢华的贵族到几乎是个普通的工人。

与有产者相反的社会的另一极，20世纪初的工人阶级平均工资每周27先令，亦即年薪70英镑出头。技术工人与非技术工人的差别很大，技术工人每周40先令，非技术工人则只有这个数字的一半多一点。依靠这笔收入，一个四口之家很难维持像样的生活。1913年有人估计，全国有200万男子或总共800万人口在每周25先令以下的收入水平中生活，而工资越低，失业的可能性越大，因此低工资家庭的实际收入要比人们所能估算的更低。1904年对2000个工人家庭所做的调查表明：每周收入在25先令以下的家庭要将收入的67%用于伙食，而且只能以面包、土豆、茶和罐装牛奶为主。工人们的住房肮脏、狭小，卫生设备很差，每个城市都有大片大片的工人住宅区。这种住宅低矮、阴暗，狭窄的街道满是污泥浊水。根据1911年的统计，全国有1/10的人口居住在过度拥挤的房屋里(即每间房超过两人)。在伦敦，这个数字是16.7%，在桑德兰则是32.6%。许多偏远乡村似乎没有受到工业化的影响，生活方式还是传统的，一切生活品都在农场上自行生产，许多人从来没有离开过出生地。据估计，农业工人每星期收入平均只有17.5先令，其中包括以货币形式支付的工资，也包括一切实物形式的收入，如免费的住房、牛奶、土豆等。

1899年，博姆·朗特里在约克市进行了一次社会调查，他发现有10%的人生活在贫困线以下，另有18%接近于贫困线。他所测定的贫困线是指家庭收入只够“单纯维持体力”，这意味着一家人“决不花一个子儿去坐火车或坐汽车，不到乡下去，除非走着去，不花半个子儿买报纸，不花一个子儿买通俗音乐会的门票，他们买不起邮票，所以决不会给在外地的孩子写一封信……”孩子不能买玩具，父亲不能抽烟喝酒，母亲不能买新衣服，“除了维持体力所需要的东西外，他们不能买任何东西，而要买东西就必须是最简陋最省钱的品种”。[①] 1913 年，朗特里又发表对农村的考察，其中认为除五个郡之外，英格兰和威尔士所有地区的农业工人平均收入都在“单纯维持体力”的贫困线以下。[②]

第二次世界大战之前的各种调查表明：大约有 1/3 的人生活在贫困之中，其中又有相当数量的人生活在赤贫中。社会学家们发现：贫困的原因依次是：老年；家庭因疾病或死亡而丧失劳动力；失业；低工资和无固定工资；家中人口过多。由此可见，解决年老、疾病和失业问题是解决贫穷问题的关键。

总之，贫穷以及与贫穷有关的诸多问题已经成了社会的显患，不解决贫穷问题，社会便不能和谐地发展。贫富之间的沟壑使解决贫穷问题具有特别的紧迫性，19 世纪最后十年爆发的激烈的劳资冲突充分地显示了这一问题潜在的爆炸性。

二、社会互助型的解决方案

从 1906 年开始，新上台的自由党着手解决贫穷问题，由此而开始了 20 世纪大规模的社会立法过程。1906 年“工伤赔偿法”将工伤赔偿的范围扩大，使 600 万工人能得到此法律保护。同一年的“学校就餐法”授权地方当局向家贫的学童提供免费午餐，尽管到 1914 年只有一半的地方当局执行了该项法律，但却有 31000 名穷人的孩子从中获益。1907 年一项法律规定对儿童进行体检并允许做治疗，到 1914 年有 3/4 的地方当局加以执行。1908 年的“养老金法”规定向 70 岁以上，每年收入不到 26 英镑的老人发放每周 1 先令的养老金，这是国家用行政手段向穷人提供生活补助的第一个举措，是用社会的力量认真地清除贫穷的第一

---

① W. H. B. Court, *British Economic History 1870-1914* , Cambridge, 1965, pp. 302-303.

② W. H. B. Court, *British Economic History 1870-1914* , Cambridge, 1965, pp. 314.

次尝试。

1909 年，自由党政府提出一份前所未有的预算法案，把矛头直指富裕阶层，由此而得到“人民预算”的美名。根据该项预算，政府将对年收入 5000 英镑以上的人征收超额所得税；同时，对低收入家庭发放儿童补助金，从而在实际上减轻了穷人的负担。需要交纳超额所得税者在全国只有 12000 人，但这种征富人税用来补贴穷人的做法却带有革命性。与此同时，“人民预算”还对土地增值部分征收 20％转手税，对未开发的土地、矿山加收每英镑 3 便士的附加税，对租约期满的土地征收增值部分的 10％为回归税。尽管这些税收只给国库增加了 50 万英镑的收入，但却是向传统的统治阶级开刀，因此意义重大。

1911 年，自由党政府又挟初胜之勇，在议会提出了“国民保险法”。在医疗保险方面，法律规定在强制交纳保险金的基础上，为 16—70 岁的体力劳动者，及年收入低于 160 英镑的其他工资收入者(如低级文职人员)提供保障。职工在生病的前 13 个星期，男性可领取每星期 10 先令的生活补助，女性为 7 先令 6 便士；在随后的 13 个星期中，无论男女都领取 5 先令。在伤残情况下，基本保障是每星期 5 先令；投保人的妻子生产时，可领取 30 先令津贴。为取得受保资格，男工每星期须交纳 4 便士，女工交纳 3 便士，雇主为每个雇员交纳 3 便士，国家补贴 2 便士，由此组成全国性医疗保险基金，法律委托所谓“授权团体”如工会、互助会等负责具体执行。在失业保险方面，法律规定职工和雇主每星期各交 2.5 便士，国家补贴全国总金额的 1/3，从这笔资金中，工人失业时可每星期领取 7 先令生活补贴，但每交纳 5 个星期才可以领到 1 星期补助，而且每年最多领 15 个星期。尽管如此，这项法律却第一次为低收入者提供了全面、广泛的社会保险，使他们在很大程度上摆脱了贫病交加的威胁。但法律适用范围很小，只适用于某些特定行业的工资劳动者，已参加其他保险项目者不在其列，不受雇于他人的人(如独立劳动者)也不在适用范围内，职工家属也未受到保护。法律刚生效时，只有 225 万人受益，后来，法律经过两次修改(1920、1942)，降低了标准，扩大了范围，到 1938 年，大约有 2000 万人受到该项法律的保护。

第一次世界大战时，物价上涨，工资也上涨，且涨幅高于物价涨幅，工人的生活水平大为改观。比如，在非技术工人方面，泥水匠帮手的工资从29先令1便士提高到65先令2便士，机械工帮手的工资从22先令10便士提高到58先令3便士。据推算，如果以1930年的数字为100%，那么1913年的工资指数是52.4%，1920年是143.7%，扣除通货膨胀因素，1913年实际工资是82.8%，1920年的实际工资是91.2%。因此，战争结束时工人的生活强于战前，而且越是收入低的阶层获益越大，以至1918年伦敦负责学生保健工作的官员说："营养不良的孩子比例已不足1913年的一半。"

战后各阶级生活水平普遍提高，首先表现在收入方面。比如，高级律师在1913年收入为478英镑，到1937年达到1090英镑；开业医生在1913年收入395英镑，1937年1094英镑；政府职员1911年收入116英镑，1935年260英镑；火车司机1906年收入119英镑，1935年258英镑；排字工人1906年收入91英镑，1935年218英镑。就连农业工人的工资也从1906年的48英镑提高到1935年89英镑。① 收入虽是成倍增长，物价在1913—1935年间却几乎没有什么变化。比如，1913年的批发价指数是26，零售价指数是21；1935年的指数则分别是27和30。可见，到1935年，各阶级的实际收入都比第一次世界大战爆发前高出了许多，因此消费水平和生活水平都大为提高。有人统计说：1910—1914年间，食品消费增长了30%—35%，其中水果增加88%，蔬菜增加64%，黄油增加50%，鸡蛋增加46%。随着营养增加，国民健康状况也明显改善。两次世界大战期间，人口死亡率降低，平均寿命延长，青少年体重增加，身高增加。

收入的增加还改变了消费结构，1914年工人阶级家庭要把60%收入用于食品，另外16%用于房租和纳税；到1935年，用在这两方面的比例已下降到35%和9%，余下部分可用于物质和文化娱乐方面的消费。约翰·希尔顿在《富与贫》一书说：工人阶级增加的收入不仅用于更好的吃、更好的穿，而且用于"打赌、烫发、下酒馆、抽香烟、看电影、打球、游泳、上公园球场、看赛马、玩乐器，以及其他各种一两个便士的玩意儿"。② 财富的分配也比过去合理。1913年，人口中71.4%的人从事体力劳动，1938年只有41%，但他们在国民收入总数中所占的比

① J. Burnett, *A History of the Cost of Living*, Penguin, 1969, pp. 298-301.

② John Stevenson, *British Society 1914-1945*, Penguin, 1990, p. 127.

例却几乎没有变，这说明体力劳动者的总体收入提高了。1945 年进行的一项研究表明：通过税收及国民保险法的渠道由富裕阶层流向贫困阶层的财富，在 1937 年达到 2 亿～2.5 亿英镑，其中多数以生活补贴的形式支付给年收入低于 125 英镑的阶层。如此造成的结果是：工人阶级的总体收入提高了 8%～14%，上层和中层的收入则减少了10%～18%。

尽管如此，贫富之间的差距仍然很大，1938 年，人口中 88%的人年收入在 250 英镑以下，即每星期不到 5 英镑，其中 31%周工资不足 2.5 英镑。假如把家产变换为货币，那么有 3/4 的家庭其财产总值不超过 100 英镑。另一方面，大约有 50 万人每年收入超过 685 英镑，其中约 2000 人收入在 2 万英镑以上，其纳税前的平均收入是 43500 英镑，他们是英国真正的富翁。在 1937 年，1%的人拥有国家财富的 55%，5%的人拥有国家财富的 79%。由此可见，在两次世界大战期间，一方面是生活水平的普遍提高；另一方面却是贫富差距继续明显。

1936 年，朗特里对约克市进行了第二次社会调查。他使用的判断标准与 1899 年基本相同，但最低贫困线有所提高。结果，他发现大约 18%的人(占工人阶级的 32%)处于新的贫困线之下，其中约一半属于赤贫。他还发现，贫穷的三大原因依次是：低工资(32.8%)；失业(28.6%)；老年(14.7%)。这和 1899 年已有所不同。在指出贫穷依然存在的同时，他认为与 1899 年相比，工人阶级的总体生活水平提高了大约 1/3，因此在两次世界大战之间，工人阶级的生活水平虽有所提高，但却未能消除贫穷。

失业是贫穷的重要原因，失业问题在两次世界大战之间特别严重。1921—1940 年，失业人数从来没有少于 100 万人，1921—1922 年、1931—1935 年甚至超出了 200 万。四大支柱产业受失业的打击最大。1936 年，威尔士每 1000 工人中有 322 人失业，英格兰东北部有 212 人失业，英格兰西北部有 186 人，中部地区有 101 人，西南部有 89 人，伦敦地区有 76 人，东南部有 62 人，许多人失业时间超过一年。全国各行业长期失业者平均比例为 4.1%，而四大支柱产业占了其中的

40%。[1] 失业给工人的心灵蒙上一层阴影，纽卡斯尔一个工人回忆说：在大萧条时期，“碰到熟人……问候时不是说‘嗨，你好’或‘家里都好吗’，而是说‘你还有工作吗？’”一个已失业两年，曾参加过第一次世界大战的工人说他感到“孤独无望”；他说在打仗的时候人们对他说“国王和国家需要你”，但现在怎么不说“国王和国家不需要你”呢？[2]

贫困的另一原因是老年。1934 年出版的《伦敦生活与劳动新考》中说：“任何年龄在 65 岁以上者，若其单独生活，除养老金外又无其他生活来源，在 1929 年就一定要落于贫困线以下。”多子女是贫困的另一原因，贫困线以下生活的人口中，16 岁以下者比例较大。贫穷意味着生活条件恶劣，1943 年“妇女关心公共福利小组”曾说：“伙食差、睡眠不足、空气不好、没有健康的运动和娱乐，这些都影响人们的心身。”虽然 1911 年的国民保险法为缓和贫困做出了很大努力，但领取补助金并不是无限期的，超过一定期限就会丧失资格，因此，长期失业者前景非常不妙。此外，许多行业被排除在保险范围以外，其中最大的群体一是农业工人，二是家庭仆佣，三是小手工艺者。20 世纪 20 年代末开始，失业人口激增，国民保险制度承受很大压力，政府为应急，便允许预支以后可能得到的生活补助金，待今后经济形势好转时再偿还。1931 年，经济衰退更趋严重，失业人口更多。为减少开支，政府引进了“家产检查”制度，即派员去申请者家里检查其家庭的整个经济状况。检查官要求被检查者出示一切家产，包括家具、家用设备、存款、儿女的收入等，根据这些情况决定是否补助及补助多少。检查官还多提出一些“建议”，比如卖掉某些家具，节省某些开支等。“家产检查”使大批工人失去受补助的资格，据称在兰开郡，只有 16%的申请者能够领到补助，有 1/3 的人被完全拒之于外。

总之，到 20 世纪 30 年代，国民保险制度已充分暴露其不足之处，无论从其覆盖面之小，其资金额之不足，还是从它不得已而实行的“家产检查”制度来看，它都跟不上形势的需要了：1911 年的国民保险法只着眼于缓和某些职业集团的贫穷，而不认为国家应该承担责任，彻底清

① Stephen Constantine, *Unemployment in Britain Between the Wars*, Essex, 1992, Appendix.

② J. F. C. Harrison, *The Common People*, London, 1984, pp. 369-370.

除贫穷现象。

三、“福利国家”式的解决方案

第二次世界大战中，由国家来承担责任的想法开始形成。1941 年 6 月，政府组成一个有 12 个部参加的委员会，“调查现存的国民社会保险方案及其有关的服务措施……并提出建议。”①1942 年 12 月，委员会提出正式报告，对战后的社会发展方向设定了一系列原则。报告认为：社会保险是社会进步的一个重要表现，它只有在个人与国家合作下才能完成。报告建议在全国建立统一的社会保障制度，不分阶级，不分贫富，适用于一切人，按统一标准收费、管理并分发补助费。它主张制定全国最低收入标准，标准的制定以生活需要为根据；一个人即便丧失工作能力，也应该得到最低的生活保障。通过这些措施，委员会指望可以彻底清除贫困，将社会推进到一个新的发展高度。

“报告”发表后引起强烈的社会反响，在战争中做出了巨大牺牲的人憧憬着“报告”所勾勒的蓝图，对“报告”寄予无限的期望，迫于强大的舆论压力，政府于 1943 年发表白皮书，基本上接受了“报告”的原则。1945 年工党政府开始兑现白皮书的内容，于是当年通过“家庭补助法”，法律规定对各家庭从第二个孩子起每个子女每周提供 5 先令生活补贴，以解决因多子女而引起的贫穷问题。1968 年，这项补贴已增加到第二个孩子每周 15 先令，以后的孩子每人每周 1 英镑。

1946 年，工党政府连续通过两项重要法律，从而为“福利国家”打下了关键性的基石。根据新的“国民保险法”，一切有收入的英国人都定期向“国民保险基金”交纳同等数目的投保金，任何人失业后，都可以从基金中领取 12 个月的失业津贴。1948 年法律生效时，失业津贴数额为每周 26 先令，外加妻儿补贴。为保证由于种种原因来被此项法律所覆盖的人也能过上温饱生活(如残疾人从来没有工作，失业时间过长丧失受保险资格等)，1948 年又通过“国民救助法”，使这些人生活也有了保障。

根据“国民医疗服务法”，全国几乎所有医院都收归国有，由卫生部

① Alfred F. Havighurst, *Britain in Transition*, Chicago and London, 1985, p. 330.

及所属地区医院理事会、地方执行委员会等机构管理。全国实行免费医疗，医疗费用由国家支付。全国按地区建立中心医院，为国民提供最高水平的综合医疗服务。“国民医疗服务法”最终解决了贫穷阶层的医药问题，使英国人不用为疾病而担忧。后来，由于费用负担沉重，“国民医疗服务法”屡经修改，规定某些医疗项目实行收费服务，不过基本的医护费仍然由国家负担，这个原则并没有改变。

国民保险制度经历过两次重大修改。1959 年的“国民保险法”允许投保人交纳比别人多的老年保险金，作为交换，他在退休后也将领到比别人多的养老金。1966 年，工党政府将失业投保与收入联系起来，按收入比例交纳投保金，在失业后的一定时期内，投保人也将按原有的工资比例领取失业津贴，这就是说，原有的收入越高，失业后的津贴也越高。与此同时，政府还通过“社会保险部法”，将维持最低的生活水平作为一项权利确定下来，凡是其中收入达不到法律所规定的生活标准的，将补足到该标准，而不论其交纳投保费的情况如何。总之，从战后直到 70 年代末，历届政府都不断制定各种立法，完善和改进社会福利体系。各种立法涉及伤残、老年、产妇、孤儿、精神病患者、鳏寡、儿童等。由于一系列立法，福利制度确立起来，英国成为“福利国家”。

福利制度使贫穷问题得到比较彻底地解决。在济贫制度实行的 300 年中，贫穷愈演愈烈，终至成为社会的恶瘤。福利制度建立后，济贫制度就终止了，福利制度把基本的生存保障作为“权利”确立起来。所有人都应该达到基本的生活水平，贫穷问题消失了，剩下的只是生活水平的差距。在这种情况下，朗特里于 1950 年对约克市进行第三次调查。他发现只有 2.8％的工人(占居民总数的 1.7％)仍生活在贫穷中，贫穷的主要原因第一是老年(68.1％)，第二是疾病(21.3％)。朗特里根据调查结果宣布：贫穷——人们所熟知的 18、19 世纪式的贫穷，到 20 世纪下半叶已经消失了。但他为贫穷画了一条新的标准线——“国民救助法”所规定的领取救助线，在这条线之下，仍有 5.8％的居民(占工人阶级的 9.7％)需要补助。

无论如何，繁荣已成为战后英国的现实，一个全民富裕的社会可以说已经到来。20 世纪 80 年代以后，放像机、微波炉、家用电脑、电话、冰箱冰柜、电话普及率相当高。现代的家庭设备已经是基本的生活条件了，进入 90 年代，这个数字还在增加。住房是衡量生活水平的一项重要标准，20 世纪初，人口多数的居住条件还相当差，许多人住在拥挤的小屋里，空间狭小，环境恶劣，没有厨房，也没有卫生设备。为解决这个问题，历届政府都把建筑住房作为大事来抓，而且视之为判断政府业绩的主要依据之一。由此在英国掀起规模宏大的建房热潮。在这种持续不断的建筑热潮冲击下，住房问题已基本解决。据 1977 年统计，有 54%的住房为居住者自己所有；到 1987 年底，由于政府鼓励住房私有化，这个数字已增加到 64%，按现在英国的标准，平均每间房住两人以上就算拥挤住房。

国民健康状况也有了很大改进。1850 年，有 15%的初生儿在出生后一年内死亡，1970 年这个比例下降为 1.5%，1900 年，只有 5%的人活到 65 岁以上，1991 年有 21%的人活过这个年龄。1890—1970 年，男性的平均寿命从 44.1 岁增加到 69.6 岁，女性的平均寿命从 47.8 岁增加到 75.8 岁。一个 15 岁的男孩在 19 世纪末可指望活到 60.2 岁，女孩可指望活到 62.6 岁；到 1970 年，男孩可指望活到 71.2 岁，女孩可指望活到 77.1 岁。19 世纪末最致人命的病疾是传染病；20 世纪 80 年代则是心脏病、循环系统病和癌症。1983 年全英国只有 923 人死于 19 世纪末的致命传染病，但是有 7189 人死于车祸。

财富不均已大为缩小。1911 年，最富裕的 1%人口拥有国家财富的 69%，1946 年已减少到 50%，1951 年这个数字再减少到 42%，1977 年只剩下 24%。1938 年，10 万收入最高的人得到国民收入总数的 11.7%，到 1955 年只得到 5.3%；1938 年，100 万收入最高的人其收入总数占国民总收入的 21.5%，到 1955 年只剩下 12.3%。1938 年，2200 万在职人员中，1200 万收入最低的人其收入在 123 英镑以下，1955 年已提高到 510 英镑，尽管当时的币值大约只有 1938 年的一半。他们在国民总收入中所占的比例虽说没有提高，但 1949—1955 年，他们的实际收入却增加了 24%，而收入在他们之上的另外那 1000 万人，其实际收入只增加了 14%。1953—1973 年，最贫穷的 5%至 10%的人其实际收入都提高了 75%；而在 1953 年最底层 1/5 人口所过的那种生活，到 1978 年只剩下 1/40 的人仍停留在那个水平上。

不过，生活水平的差距仍然是巨大的。从 1970—1972 年 45～64 岁各职业类型人口死亡率的统计中，可清楚地看出这一点。比如说，工厂经理和专业技术人员每10万男性人口平均死亡数字为559人和512人，非体力劳动的低级职员和体力劳动的技术工人则达到832人和784人，半技术工的死亡数字是828人，提供私人服务的工人和非技术工人则高达1069人和1079人。[①] 死亡率依职业地位下降而急剧上升的情况，表现了收入差距对生活水平和健康状况有决定性影响。

资金的大量投入虽然使社会发展水平达到一个全新的高度，但也使财政开支的承受能力抵于极限。70年代后期，失业人口剧烈增加，失业津贴直线上升，人们的期待值又越来越高，福利制度面临严峻的考验。撒切尔政府上台后，以“鼓励私人创造性”为名节制福利开支，绝对价值虽仍旧增加，但占国民生产总值的比例却持续下降，比如用于医疗服务的开支从1983年的6.29%降为1985年的6.02%，再降为1987年的5.2%，比她1980年上台时的5.98%还要低。1986年撒切尔政府还制定一个“社会保障法”，对60年代以来名目繁多的各种补助加以削减，申请补助者要经过严格的财产审核，失业津贴只向确有能力工作者发放。一视同仁的原则被取消了，福利补助只适用于在一定财产以下的人。总之，福利制度在英国解决了不少问题，但也有许多问题仍未解决，而同时又产生了不少新问题。

---

① Touy Cutler, Karel Williams John Williams, *Keynes, Beveridge and Beyond*, London and New York, 1986, p. 57.

20 世纪英国的妇女与家庭问题

20 世纪，妇女与家庭问题在全世界都是大问题，英国的变化则可说是西方社会的一个缩影。本文拟就此做一些初步的探讨，以发掘当代世界潮流中一个重要的社会现象。

一、妇女的地位

20 世纪是妇女摆脱家庭束缚、取得独立人格的一个世纪，妇女的地位在 20 世纪有很大提高。妇女地位其实包括以下几个方面：一是政治地位，二是经济地位，三是社会地位，其中最容易解决的是政治地位问题，最难改变的则是社会地位。因此，政治领域是最先取得突破的领域，20 世纪刚刚开始，妇女政治权就取得突飞猛进的发展。

早在 19 世纪下半叶，中等阶级妇女就已萌发妇女解放的意识，她们组成政治团体，要求取得选举权。1897 年成立的"全国妇女选举权协会联合会"是妇女政治组织的全国性联合团体，妇女参政运动者做了许多工作，还召开过群众大会，组织过街头游行。这些活动在那个绅士风度的“维多利亚时期”都引起过不小的震动——窈窕淑女上大街游行，在当时简直是不可思议。

但她们的活动并没有取得很大成果，在绅士风度的英国社会中，女性虽然有“女士优先”的典雅特权，但妇女在社会和家庭中却都依附于男子，社会的主导思想是把妇女看作摆设品。

于是在20世纪初，出现了“战斗的妇女参政运动者”，她们对温柔的妇女运动感到不满，主张用激烈的手段争取妇女权利。1903年，潘克赫斯特夫人和她的两个女儿领头成立了“妇女社会政治同盟”，标志着妇女运动进入一个新阶段。这些新上阵的女权主义者摆出战斗的姿态，让社会立即感觉到她们咄咄逼人的风格。战斗的妇女运动者们不仅使用集会、游行、出版等常规手段，而且还在各种公共场合围攻政府大臣或者议员，甚至对他们动手动脚，使那些派头十足的高雅绅士们脸面丢尽，狼狈不堪。战斗妇女们还冲击议会，阻碍交通，砸毁商店橱窗，切断电话线，放火烧毁教堂，做出种种招惹社会注意的行动，目的是提请公众重视她们的要求。60年代后，当历史学家们评论当时的情景时，珍妮·布莱克曼说：妇女们采取这些狂暴的行动，“也许是出于失落，反映了她们没有其他办法与权力部门接触”。①

妇女的活动终于改变了社会的态度。从1907年起妇女可以当选为市、郡参议员；到1914年，全国已经有48位妇女当选，1920年则达到320位。这一年，有2039位妇女在担任地方济贫法督察，有几百位妇女在地方教育委员会任职，进入区一级参议会的妇女则更多。各政党都已经意识到妇女是一支重要的力量，尽管各党在正式场合还是反对妇女取得选举权，但每一个党都成立了妇女组织，为本党在大选中拉选票，竞选时还派出妇女演说员等。②

突破点发生在第一次世界大战中。战争爆发后，英国军力迅速扩充，在战争的头14个月里就有225万人走上前线。1916年实行义务征

① David Rubinstein, ed., *People for the People*, London and New York, 1973, p. 181.

② Pat Thane, “The Social, Economic and Political Status of Women”, in Paul Johnson, ed., *Twentieth-Century Britain, Economic, Social and Cultural Change*, London and New York, 1994, pp. 102-103.

兵制，到1918年战争结束，英军总兵力已达到536万，占全国男子总数的22%。如此多的男子走上前线，妇女便承担起他们的工作。1914年，在机械及军工部门工作的妇女仅21万人，到1918年已接近100万人。农村妇女承担了绝大部分农业劳动，从而保证了战时的粮食供应。数以10万计的妇女在运输、文秘、商业及政府部门工作，还有15万妇女直接参加战争，在诸如医疗、通讯、运输等部队服役。妇女在各条战线上的出色表现，使许多人意识到，没有妇女参与，战争是打不赢的，于是先前反对妇女选举权的人现在也改变了态度，著名记者加文在1917年写道："过去我认为是男人单独支撑了国家，现在我知道，现代国家对男人和女人必须同样依赖。"就在这一年，曾坚决反对妇女选举权运动的前首相阿斯奎斯在议会提出一项动议，要求尽早"讨论妇女选举权的方法"。①

1918年，议会通过"人民代表权法"，让30岁以上有一定财产的妇女取得选举权；1928年"平等选举权法"使21岁以上的女子和男子有平等的选举资格，妇女的政治权利现在得到保障了，但经济与社会权利却仍需继续争取。

妇女的社会经济权利在第一次世界大战后开始进展。1919年，议会通过一项意义深远的法律"性别失衡法"，规定不能因性别或婚姻的原因使任何人丧失担任公职的权利。法律颁布后，尽管执行起来仍有许多障碍，但至少在法理上，妇女取得了平等的工作权利：一切公职现在都必须向妇女开放了，妇女也可以在所有领域参加工作。这项法律可以说是一个划时代的法律，它为20世纪妇女的社会、经济解放设定了方向。

第一次世界大战后，妇女的地位继续提高。尽管多数妇女现在又回到家中，让前线复员的士兵重新走上工作岗位，但就业妇女在1921年还是比1911年多出25万。许多妇女离开环境恶劣的"血汗行业"，女仆的人数也大幅度减少。女工的工资比战前增加了一倍，有些女孩的工资之高在战前是难以想象的，已婚妇女在家庭经济中的作用也越来越重要。此后，妇女的社会经济地位持续提高，据1924—1978年的统计，从事体力劳动的男工的平均工资按币面价值算增加了27.8倍，女工的

① Asa Briggs, *A Social History of England*, Penguin, 1985, p. 262.

工资则增加 34.2 倍；1959—1978 年，从事非体力劳动的男工的工资增长 4.6 倍，女工的工资则增长 5.1 倍。妇女的收入增长显然比男子快，尽管从绝对数字上看，妇女的收入仍不如男子。1970 年，议会制定“同工同酬法”，规定做同等工作的人必须领取同等报酬，雇用的条件及环境也不得因性别不同而有所区别。1975 年议会又制定“性别歧视法”，对妇女的平等就业与受教育权利做出更明确的保障。这一年还通过一项“就业保护法”，规定不许因怀孕或生育而解雇妇女。

表 1 是 20 世纪妇女参加工作的统计数字，可见 1901—1977 年妇女劳动力变化情况①。

表 1　1901—1977 年妇女劳动力变化情况

年　份	总劳动力	妇女劳动力	妇女劳动力所占比重/%
1901	16312	4763	29.2
1931	21055	6265	29.8
1939	19750	5094	25.8
1951	24600	9661	39.3
1977	25487	9641	37.8

从表 1 中可以看出：一直到第二次世界大战爆发，妇女劳动力一直维持在总劳动力的 30%以下。第二次世界大战中，妇女再次被动员起来大量参加工作，接替由男子腾空的工作岗位，根据 1943 年 6 月的统计，有 775 万妇女受雇于各个部门，还有许多妇女从事独立的工作。战后，受雇妇女人数再一次下降，低至 600 万以下，但以后重新掀起妇女参加工作的热潮，这和女权主义运动兴起恰成对应。1961 年，受雇妇女人数已达到 840 万，1977 年更上升到 900 万以上。妇女在劳动力总数中所占的比例也逐步上升，20 世纪 80 年代达到 40%，表 2 为 1951—1981 年妇女劳动力变化情况。②

---

① David Butler & Anne Sloman, *British Political Facts, 1990-1979*, New York, 1980, p. 328.

② Pat Thane, “Women Since 1945”, in Paul Johnson, ed., *Twentieth-Century Britan, Economic, Social and Cultural Change*, London and New York, 1994, p. 393.

表 2　1951—1981 年妇女劳动力变化情况

年　份	1951	1981
占劳动力总数的百分比	31	40
占 20—64 岁妇女总数的百分比	36	61
其中非全天工作者占妇女劳动力总数的百分比	12	42

从表 2 中可以看出：到 20 世纪 80 年代，参加工作的妇女比例已经相当高了，尽管有很多妇女只是部分时间参加工作。

20 世纪 60 年代以后妇女大量参加工作，第一是因为当时兴起全球性的女权运动，妇女的独立意识再起高涨；第二与当时的产业结构发生变化有关，传统经济部门相对衰落，第三产业勃然兴起，妇女就业恰巧适应了这种变化，衰落的经济部门正是男子占优势的部门，而第三产业中有许多适合妇女从事的工作。但这种情况也给妇女就业带来问题，20 世纪上半叶妇女占优势的两个行业是教师和护士，20 世纪下半叶又加上两个——文书和售货员。妇女在这些行业中任职，虽然使行业的形象变得亲切、温柔，很适合行业自身的要求，但所有这些行业都是低技能、低要求的行业，不需要复杂的专业训练，工作时间上的要求也不很严格。这虽然很适合妇女的特点，但工资也相对低，做出成就的可能性也相对小。所以尽管到 20 世纪末妇女就业已取得很大进步，但她们在就业选择方面仍处于不利地位。

另一方面，由于妇女的经济地位日益提高，她们的财产权利也得到保障。19 世纪末，已婚妇女获得一定的财产权，但男子仍保留相当大的支配权。1926 年议会制定“新财产法”，妇女取得了与男子一样的财产权；1935 年的“司法改革法”使已婚妇女与未婚妇女一样可以立遗嘱处置自己的财产。1970 年的“婚姻程序与财产法”是一项重要的法律，它用法律手段规定夫妻双方都对另一方及家庭子女承担赡养义务，而且妇女的家务劳动也应该算在双方的共同收入之内，因此她取得对家庭收入的共同所有权。这项法律使“妇女劳动”的含义大大地扩大了，家庭妇女也取得完全独立的经济地位，她不再被看作是由丈夫所赡养的人。

二、家庭的变化

妇女既然在经济上取得独立，家庭的功能便发生变化。18 世纪时，家庭是基本的生产单位，父母子女在一起，从事某个过程的完整的生产。工业革命改变了这种情况，劳动与生活分开，家庭逐渐成为单纯生活的场所，是建立感情和养育子女的地方。20 世纪家庭的功能再次变化，由于妇女取得独立的经济地位，家庭作为一个基本的经济单位的功能便逐渐消失了，1971 年一项法律（“财政法”）甚至允许夫妻双方分别纳税，这说明社会已不再把家庭当作整体的经济单位。在这种情况下，性爱便是家庭唯一的基础了，而性爱的结束便意味着家庭的破裂。

但在 20 世纪上半叶，妇女对家庭的依赖仍然很强，“贤妻良母”仍然是女性的标准形象，即使她外出工作，她的基本位置仍然在家庭。萨福德一个工人阶级妇女在回答社会工作者的调查时曾经说：“假如你是个好母亲，你就要照管好孩子，其他事你别管，只要孩子们好就行了。”一直到 1948 年当有人问一个曼彻斯特的小伙子她的姐姐是否参加任何俱乐部的活动时，那小伙子还回答说：“不，她要么出去谈情说爱，要么待在厨房里，那地方是归她的。”①根本变化发生在下半世纪，第二次世界大战再一次证明了妇女的重要性，福利制度则使每一个人的生存得到保障，不再要家庭作生存的依托。妇女在福利制度下取得独立地位，洗衣机、电冰箱等家用电器的普及更使妇女从家务劳动的束缚中解脱出来。生育的减少使她们减轻了那项永久的生存负担——妇女这时不必为养儿育女付出终生的代价了，她们可以享受生活，家对她们来说越来越成为感情寄托的场所。于是，妇女真的从家中“解放”出来了，她们成了完全独立的“人”。

但接着离婚率也提高了，妇女不需要依附于男子，也就不必忍声吞气地接受男子的颐指气使。家庭的经济功能既已消失，结婚和离婚也就可以不从经济的角度来权衡利弊。社会对离婚的看法也改变了：既然感情已经破裂，婚姻再维持下去也就有害无益。最后，法律的变化也使离婚变得更加容易，20 世纪曾通过许多关于离婚的法律，都是让妇女取得像男子一样平等的离婚权。1969 年的“离婚改革法”将感情破裂作为离婚的充足理由，任何一方都可以随时提出申诉；夫妻双方若已分居 5 年，则无须申诉也自动解除婚约。所有这些因素加在一起，就使 20 世

① Audrew Davis, *Leisure, Gender and Poverty, Working-Class Culture in Salford and Manchester, 1900—1939*, Open University Press, 1992, pp. 55, 57.

纪的离婚率不断上升，1910 年全国只有 801 起离婚案，到 1940 年已经有 8396 起，1970 年达到 62010 起，1977 年翻倍，达到 134252 起。① 1984 年一项法律使离婚变得更加容易了，导致离婚率在 1985 年就达到创纪录的水平。

结婚率在 20 世纪经历一个驼峰形变化，1900 年每 1000 人口中只结成 15.1 对婚姻，此后时有升降，到 1940 年达到每 1000 人口 22.2 对，此为 20 世纪的峰巅，这以后驼峰又有升降，1977 年就退回到世纪初的水平，降到每 1000 人口 14.4 对。② 20 世纪 80 年代，尽管人们大谈婚姻和家庭的重要性，但结婚率仍不断下降。于是，一方面是结婚率下降，另一方面是离婚率上升，结果在 20 世纪末造成一个很显著的现象，即单亲家庭增加，1988 年达到家庭总数的 8%。

家庭规模在 20 世纪持续缩小，20 世纪以前，英格兰和威尔士家庭平均人口维持在 4.6～4.75 人之间(不同阶层有不同的数字，比如彼得·拉斯莱特研究工业革命以前的家庭人口，发现绅士家庭平均每户 6.63 人，农夫家庭平均每户 5.09 人，农业工人家庭平均每户 4.51 人③)，1911 年降为 4.4 人，1931 年降为 3.7 人，1951 年降为 3.2 人，1971 年降为 2.9 人，1981 年降为 2.70 人。这个趋势在 20 世纪下半叶特别明显，比如 1971—1988 年间，由一个人组成的家庭从 17%上升到 26%，6 个人以上的家庭则从 6%下降到 2%。家庭人口减少，家庭总数却增加了，1911—1931 年，家庭总数增加 25%，1971—1988 年，增加幅度也达到 20%。④

出现这些变化的原因，第一是“大家庭”消失，“核心家庭”兴起，即父亲母亲携未成年子女组成的家庭成为家庭主要形式，祖孙多代同堂的情况越来越少。子女结婚后就另组家庭，不与父母同住，留下老夫妻甚

---

① Audrew Davis, *Leisure, Gender and Poverty, Working-Class Culture in Salford and Manchester, 1900-1939* , Open University Press, 1992, pp. 296.

② Audrew Davis, *Leisure, Gender and Poverty, Working-Class Culture in Salford and Manchester, 1900-1939* , Open University Press, 1992, pp. 294.

③ P. Laslett & R. Wall, *Household and Family in Past Time*, Cambridge, 1972.

④ John Stevenson, *British Society 1914-1945* , Penguin, 1990, p. 163. A. G. Champion & A. R. Townsend, *Contemporary Britain, a Geographical Perspective*, London and New York, 1980, p. 48.

至老父、老母一个人单独过日子，两口人(小夫妻或老夫妻)和一口人(老父、老母一个人)的家庭大量增加。

第二是生育减少，晚育少育成为风气。这与社会对生育的看法发生变化有关。基督教文化一贯认为：生育是上帝安排的，人不可以强行。现代社会改变了这种观念，生育成了可以控制的事，减少生育不仅可能减轻家庭的经济负担，而且可以提高妇女的地位，让她们减轻哺育儿女的重负。20世纪初有一个叫汉娜·米切尔的妇女写过一本自传，其中说："尽管计划生育可能不是解决社会问题的完善办法，但现在对穷人来说，却是首要而最简单的自我帮助办法；对于妇女来说，它还是取得某种程度的自由的最可靠的方法。"①对中等阶级来说，节育意味着生活更舒适，时光更悠闲，随着消费型社会的形成和教育经费急剧增长，计划生育还成了给子女提供较好教育机会的保障，同时，婴儿死亡率的下降也使多生成了没有必要的事。因此在20世纪，避孕成为社会的普遍现象，人们在公开场合谈论避孕，各种避孕器具也是公开出售。社会本来是反对避孕的，但教会在30年代开始软化立场，政府则允许传播避孕知识。60年代，面对汹涌澎湃的女权运动，1967年终于通过一项法律，使堕胎行为合法化。节育的结果，是出生率大大下降，1900年出生率是28.2‰，1930年就下降到16.8‰，以后一直到1970年都维持在14‰—18‰，1977年下降到11.8‰，② 1988年的数字则是13.8‰。出生率下降，使家庭人口减少。过去一家六七个子女是司空见惯，现在两个孩子就已经不少了。

随着家庭规模的缩小，家庭功能的变化，家庭关系也改变了。夫妻间关系变得比较平等，男性不能再以养家活口者自居，以男性为中心的家长制权威开始动摇。除极少数上层家庭之外，仆役已从一般家庭中绝迹。男子也要分担家务，特别是在妻子也参加工作的家庭中更加如此。家庭变小了，空闲时间增加了，成员间的关系变得更亲密，家庭作为一个整体共同享受假日的乐趣，夫妻子女一同出门旅游，一同看电影，一同观看艺术表演。长辈与晚辈间的关系变得平等，父母更多地不是以家

---

① John Stevenson, *British Society 1914-1945*, Penguin, 1990, p. 161.

② Audrew Davis, *Leisure, Gender and Poverty, Working-Class Culture in Salford and Manchester, 1900-1939*, Open University Press, 1992, pp. 294.

长的姿态出现，而是以朋友的身份出现，子女从小就养成独立的人格，在走进大学之门后就事实上脱离了家庭。

三、两性关系的变化

20 世纪一个重大的变化是人们对性的态度的变化。19 世纪，在所谓“维多利亚遗风”的约束下，人们的性道德十分拘谨，至少从表面上看是如此。婚姻被视为神圣的事，婚外性行为被社会斥绝，性是社会的一个禁忌，它只存在于隐私之中，在公开场合是不可抛头露面的。妇女尤其被看作是性道德的守护神，性对于妇女来说，只不过是生活中必须接受的一个事实，而不是她们的本能需要。在这种情况下，实际上有两种道德标准，一种针对男子，一种针对女子。

第一次世界大战后，人们对性的看法开始改变了，人们开始谈论妇女的性快乐与性享受，学者开始研究人类的性活动，作家开始写作性与健康的关系。妇女杂志也开始谈论性问题，在妇女中当然影响更大。作为结果，婚前性行为增加了，1904 年以前出生的妇女中，只有 19％的人有过婚前性经历，1904—1914 年间出生的人就有 36％有这种经历，1914—1924 年出生的人则有 39％有过这种情况，这意味着，在 1918—1945 年间，以处女身份结婚的比例已从 80％降为 60％。①

与此同时，妇女的衣着向短、轻、露的方向发展。19 世纪的鲸骨长裙已经没有了，轻便的衣裙取而代之，裙边日益上移，已经移到膝盖以上。厚重的内衣内裙逐渐被淘汰。兴起的是各种人造纤维的轻薄胸衣和内裤。毛袜被丝袜取代，泳装不再有袖子和裙子，而成了“露背”的式样。在两次大战之间，妇女的衣着表现着变化的时代价值。

第二次世界大战后，人们对性的态度更开放了。杰弗里·戈勒在 1952 年做的一项调查表明：在接受调查的人中，只有刚过半数的男子和不到 2/3 的女子不赞成婚前发生性行为，43％的人承认有过婚前或婚外性关系，47％的人明白无误地予以否认。1969 年他又做了一次调查，这次调查表明：只有 26％的男人和 63％的女人在结婚时尚未与人发生性关系，另有 20％的男人和 26％的女人是先有性关系再结婚的。这时，

① Audrew Davis，*Leisure*，*Gender and Poverty*，*Working-Class Culture in Salford and Manchester*，*1900-1939*，Open University Press，1992，pp. 179.

67%的女人和65%的男人声称他们把性生活看作婚姻中非常重要的部分，舍此便不成其为婚姻；而在1951年的调查中，持这种观点的男人比例不变，也是65%，女人比例只有51%，可见在这十年中，妇女作为整体对性的态度有了很大变化——这恰恰就是60年代性解放的结果。①

1960年，法庭大张旗鼓地对企鹅出版社进行审判，原因是它出版了《查泰莱夫人的情人》，这本书中有许多章节露骨地描写性行为，因此自20年代写成以来，就一直不能在英国出版。审判以原告方败诉为终结，结果对所谓的"黄色书报"的禁令被突破，性的描写及性的暴露可以在书刊上大胆地表现。在衣着方面，则表现为超短裙和比基尼泳装，甚至天体主义。

1980年《十九岁》杂志做了一次问卷调查，受调查的一共有一万名少女，其中，在17岁年龄层上，只有43%说她们没有性经历；18岁年龄层上没有性经历的则降为22%，19岁年龄层的降为17%，20～21岁降为12%，22岁以上的只有8%仍然是处女。② 这时，两性间的关系已相当随便，许多人不结婚而同居，不愿劳神去经历婚姻的正式仪式。尽管如此，婚姻作为一种规范还是保留下来了，第一次婚姻的比例虽然降下来，第二次婚姻的比例却急剧上升，结果，结婚率仍然很高，使家庭维系在婚姻的基础上。

从社会生活的角度说，没有什么比两性关系在20世纪的变化更大了。人们的性态度已彻底改变，人们的性行为也放松得很多。这主要表现在女子这一方，因为男子的性行为从来就不是很严格。然而到80年代末，由于艾滋病出现，人们在性方面又出现回归现象，越来越多的人对性采取比较谨慎的态度，性行为也比20世纪中期有所节制。同性恋本已被社会容忍，但根据统计，说同性恋不好的人已从1972年的62%上升至1987年的74%。两性关系也趋向严肃，1983—1987年，虽说反对婚前性关系的人从28%降为25%，但反对婚外性关系的则从83%升为88%。工业社会明显改变了人类的家庭、婚姻和两性观念，进入21世纪会出现什么新的动向？这在现在自然是很难预测的事。

---

① Arthur Marwich, *British Society Since* 1945, Penguin, 1990, pp. 66, 169.

② Arthur Marwich, *British Society Since* 1945, Penguin, 1990, pp. 66, 249.

四、结语

总结20世纪英国的妇女与家庭问题，可以看出以下两点：

第一，20世纪对妇女来说，是一个逐步摆脱依附地位、取得独立人格的世纪，因此站在妇女的立场上看，20世纪意味着相当程度的“解放”。之所以出现这种情况，首先要归功于20世纪科学技术的发展，是这些发展使妇女有可能走出家庭，参加到劳动大军中去，从事过去只有男子才能从事的工作，从而取得独立的经济地位，这是妇女地位提高的基本物质条件。其次要归功于妇女自己的解放意识，归功于妇女坚持不懈的长期努力。无论是20世纪初取得平等的政治权利还是20世纪中期妇女提高经济、社会地位，都是与妇女的女权意识及对平等权利的追求分不开的，没有她们的争取，妇女就不能得到自身的“解放”。最后，正因为有了她们的争取，才逐渐改变了社会的成见，20世纪妇女地位的改变与整个社会对妇女的看法发生变化有密切的关系，良好的社会环境与现代价值观念的出现是导致妇女地位提高的重要因素。

第二，随着妇女地位的变化，家庭与两性关系也发生重大变化，千百年来形成的家庭固有模式及两性间以家庭为基础的相互关系正受到巨大冲击，有许多变化与传统的道德规范正发生剧烈的冲突。面对这些变化，人们会做出不同的反应，但变化的方向却十分明显，很难加以遏止。为什么出现这种变化？社会生产结构的变化应该是根本的原因，妇女经济地位的变动及独立“经济人”的出现必然使家庭作为生产的基本单元和经济的基本单元的传统存在方式受到根本的动摇。无论对英国(及对整个西方世界)家庭与两性关系的变化人们会做出何种价值判断，有一点却是确定无疑的，那就是恩格斯在100多年前所做的论断：人类的家庭形式将随着生产方式的变化而变化。[①] 因此，变化总是必然的，尤其在生产方式发生如此巨大变化的20世纪就更加如此。

---

① 恩格斯：《家庭、私有制和国家的起源》，第一版序言、第四版序言、第二章“家庭”及第九章“野蛮时代和文明时代”。

中国的英国史研究

中国有悠久的历史学传统，但中国对外国历史却长期处于无知状态，这和世界各个部分在很长时间中相互隔绝有关，也和明清政府的封关锁国政策有关。19世纪中叶，中国开始经受西方列强的侵略，这使一批知识分子开始注意西方的历史文化，试图从中寻找中国孱弱的原因，由此而开始了对外国历史的了解，其中包括英国历史。中国的英国史研究和整个世界史研究一样，从一开始就与中国走向世界、实现现代化的目标联系在一起，反映了国人寻求国家强盛的曲折经历。中国的英国史研究经历了几个阶段，每个阶段都带有那个时代的特色。

一、早期的了解和介绍

鸦片战争的爆发加速了中国人对西方的了解，最早介绍西方的人中，有战时的两广总督林则徐。道光十九年(1839)，他在广州组织编写《四洲志》，其中关于英国历史的记载有一两千字，这是最早关于英国历史的有系统的记载。1841年，魏源将《四洲志》和其他资料合为一书，取名《海国图志》。在中国了解西方的过程中,《海国图志》是开端之作。

这以后,对西方的介绍逐渐多起来,目的是探求西方富强的原因,为中国寻找出路。许多西方的历史著作被译成中文,其中包括英国史著作。我所见到的最早一部纯英国史译著是《大英国志》,该书译者是一位英国传教士,他向中国介绍英国历史,意在说明英国的强盛是上帝的旨意,一切国家"所以盛衰升降者之原于上帝"[①]。这是第一部比较完整地介绍自古代至维多利亚女王时期的英国史译著。

英国史知识也出现在早期出版的世界通史译著中,这些译著包括《泰西新史揽要》(1898)、《万国通史》三编(1900—1905)、《万国史略》(1906)等。[②]其中《万国通史》30 卷包括"英吉利志"4 卷及"大英属地志"2 卷,有关英国的内容是在所有各国中占篇幅最多的。当时的中国人对英国的情况最为留意,因为英国是第一个打开中国大门的西方列强,也是中国与之打交道的第一个西方国家。许多中国人认为中国欲富强,应以英国为榜样。1907 年出版的《英民史记》就认为:英国的各方面都可成为"我国异日之准绳"[③]。

20 世纪初发表和出版的文章书籍,越来越多地注意对英国政治制度的介绍。1906 年,《北洋学报》连续 14 期刊登了《英国变政小史》。这是中国学者所作的第一部向国人全面介绍英国政治制度及其沿革的长篇著述,其中涉及英国的议会、宪法、国王、内阁、地方自治等各个方面。"冀借古事以申今情,采邻輶而鸣遒铎,或于吾国政界亦无小补乎"。那几年,好多杂志刊登介绍英国宪政发展的文章,如《英国宪政论》、《英国责任内阁之沿革》、《述英国地方自治》[④]等。当时中国知识界对英国政治变革发生如此强烈的兴趣,是希望以英国的政体为蓝本,将中国建成一个民主、富强的国家。但另一些中国人从英国历史中得出不同的结论,清光绪二十九年(1903)出版的《英国维新史》一书以英国革命为题材,记叙了查理一世从继位到内战结束后被斩首的历史,全书 132

① [英]慕维廉编译:《大英国志》,2 页,上海,上海益智书会,1881。

② [英]马恳西:《泰西新史揽要》,[英]李提摩太、蔡尔康译,上海,上海书店,1898;[英]彼德巴利:李思伦白辑译:《万国通史》,上海,上海广学会,1900—1905;《万国史略》,南京,江楚编译局,1906。

③ [英]葛耺:《英民史记》,[英]马林译,(清)李玉书述,上海,上海美华书馆,1907。

④ 分别载《政艺通报》,1906;《中国新报》,1907—1908 年连载;《宪政杂志》,1908。

页，最后得出的结论是："英国所以能至于今日之强盛者，不可谓非革命之功也！"①

更多学者感兴趣的是英国的外交与殖民史。当时，中国饱受西方列强侵略之痛，而英国又是第一个入侵中国的西方国家和世界上最大的殖民帝国。因此，从19世纪90年代起，中国报刊大量登载翻译文章，介绍英国的殖民史和争霸史，如《记英俄争中部亚细亚始末》、《英人经营阿非利加洲大略》、《论英德势不两立》、《述英国扩张属地贸易办法》②等。与此同时，一些书刊也开始登载带有研究性质的评论文，标志着对英国史从介绍到研究的转变，20世纪最初几年，《东方杂志》就发表了几篇颇有深度的分析短文，如《论英人侵略西藏》，《论英国经营西藏之政略》，《论英国与殖民地之关系》③等。从选题可以看出中国人对英国入侵西藏的愤怒。

第一次世界大战结束后，大英帝国的形象在中国人心中渐趋黯淡，许多杂志开始介绍英国殖民地的民族解放运动史，如《埃及与英国》、《英国与印度》、《英国帝国主义的前途》④，1921年《东方杂志》接连刊出了数篇有关爱尔兰民族运动取得胜利的文章，这些文章的出现，反映了当时中国人民要求摆脱外来压迫的愿望。1932年出版了第一部由中国人撰写的英帝国史专著《霸气消沉之英帝国》。该书虽然篇幅不大，仅126页，但却清楚地叙述了英帝国从形成到瓦解的过程，并指出："世界政治演进之迹，均不能超脱盛衰消长大法则之外"，而今日"英帝国巨大之足迹，能有不踏上斜阳衰草萧萧墓门之途境者乎！"⑤

二、研究工作的起步

这以后，了解与介绍的阶段算是过去，真正的研究工作开始了，而最早拿出受公认成果的是中英关系史领域，这是20世纪上半叶取得成

① 作新社编纂：《英国维新史》，132页，北京，作新社，1903。

② 分别载《亚东时报》，1898年2号；《中外大事报》，1899年4、5册；《清议报》，1901年92、93册；《商务官报》，1908年19号。

③ 分别载《东方杂志》，1904年8期；1904年6期；1905年3期。

④ 分别载《东方杂志》，1919年16卷12号；1922年19卷10号；《现代评论》，1925年3卷55期。

⑤ 余汉华：《霸气消沉之英帝国》，5页，上海，华风书店，1932。

果最多的一个领域，也是学术性起步最明显的领域。这个领域之所以首先受关注，当然与中国当时深受帝国主义欺辱之格局有关，因此民族主义情怀寓于研究之中。

研究是从史料发掘着手的，如《史料旬刊》1930年第18期登载的《清咸丰十年英法兵入京焚毁圆明园案》史料，《史学年报》1931年刊载的在燕京大学图书馆新发现的《夷务始末外鸦片战后中英议和史料数件》等。在史料整理的基础上，有学者撰写了关于英国侵华史的研究性论文，最早的一篇是《新生命》杂志1930年发表的《在华英帝国主义之史的发展》。此后这方面的论文便越来越多。其中多数不限于对英国侵华进行简单的谴责，而是注重从学术上进行探讨，并就某些史实进行考证。比如，李惟果的《英国侵略西藏之肇端》较详细地论述了18世纪英人赫斯定第一次尝试侵略西藏的经过；杨体仁在《英人经营滇缅边界之史实》中剖析了英国在滇缅边界“开发”的目的；朱杰勤在《英国第一次使臣来华记》中叙述了1792年英国使臣马嘎尔尼来华的经过；陆钦墀在《英法联军占据广州始末》中探讨了1842—1858年在广州入城问题上的中英争端[①]等，这些论文都大量引用双方的档案资料，包括英国外交部档案、信件等，是一些高质量的学术论文。

在这种学术氛围中，中英关系史研究结出了硕果。20世纪30年代末一批中国留学生求学于英伦三岛，受到了英国现代史学的正规训练。其中两位年轻学者在中英关系史研究方面取得了突出的成就。第一位是蒋孟引，他以第二次鸦片战争为素材，撰写了《中英关系：1856—1860年》(*Sino-British Relations* 1856—1860，1939年完成)[②]，并因此获得了伦敦大学博士学位；第二位是王绳祖，他以马嘉里案(即滇案)发生的经过为题，在牛津出版了《马嘉里案和〈烟台条约〉》一书(*The Margery Affair and the Chefoo Agreement*，1940年出版)[③]。这两部著作都以大量的中英文史料，尤其是英文史料为基础，忠实地反映了历史真相，

① 分别载《中山文化教育馆季刊》，1935年2卷1期；《民族》，1935年3卷5期；《现代史学》，1936年3卷1期；《史学年报》，1938年号。

② 该文中文本1965年以《第二次鸦片战争》为名由三联书店出版。

③ 该文第2～7章之中文版本收录于王绳祖：《中英关系史论丛》，北京，人民出版社，1981。

揭露了英国的侵略行径。两本书的出版标志着中英关系史的研究已进入成熟阶段。蒋孟引后来成为中国英国史研究的奠基人，王绳祖成为中国国际关系史研究的奠基人。

除中英关系史之外，这一时期在其他方面没有出现多少成熟的作品，但张忠绂的《英日同盟》(新月书店，1931)和楼邦彦的《不列颠自治领》(商务印书馆，1944)是例外，前书对英日同盟形成的过程作了清楚的交代，后者则讨论了英联邦自治领各种法律地位的演变过程。到40年代，由于持续的战争，研究工作被打断，英国史研究的进一步发展只能留待下一个历史阶段了。

三、新中国成立后30年的研究状况

1949年中华人民共和国成立，中国的学术界出现重大转型，这以后中国学术界开始按苏联模式进行研究，在英国史方面则用苏联教科书观点进行解释。苏联模式是一个完整的体系，它有很强的学术性，但也有很强的意识形态色彩。苏联体系传入初期，对中国的外国史研究带来很多正面影响。首先，迄至彼时，外国史(包括英国史)在中国学术界不被承认，它被看作是一种“知识”而不是“学问”，所以在国外学习外国史的学者，回国后都必须改做中国史。但俄国历史学有研究外国史的传统，在这方面它是与欧洲历史学一脉相承的。苏联体系传入中国就迫使中国学术界承认了外国史的学术地位，也包括英国史学科。其次，它扩大了研究的范围，就英国史而言，中英关系史不再是唯一的课题，甚至不是主要的课题，英国史上的一些重大事件开始引起注意，其中包括圈地运动、17世纪革命、工业革命、宪章运动、工人运动、争夺世界霸权等。但必须指出，苏联体系的影响是双面的：它在把外国史变成独立的学科门类时，也把一些固定的结论带进来，并将其说成是唯一正确的。

“文化大革命”前的16年(1949—1965年)就是这种情况，当时课题的研究比较集中，基本上追踪苏联史学家的兴趣。17世纪革命是关注较多的一个课题，1954年田农的文章《英国的资产阶级革命》[①]是我见到的关于这个课题的第一篇文章，文章不长，并且很难说是研究性的，但

① 田农：《英国的资产阶级革命》，载《历史教学》，1954(1)。

它为英国革命定了性。同年10月，林举岱的《十七世纪英国资产阶级革命》一书出版，这是新中国成立后出版的第一部有影响的英国史专著。然而，用作者自己话说："编写这本小册子……是学习苏联历史科学的第一课"，因此，"本书大部分材料和论点，采自《近代史》（即苏联《近代史》教材——笔者）第一卷；有些节和段，是完整地从俄文本中翻译过来的"，包括篇章结构似乎也如此。[①] 这反映了中国学者在引进苏联体系初期的真实情况。

相比之下，刘祚昌的《英国资产阶级革命史》就比较成熟。作者在"前言"中声明，本书旨在把"苏联历史科学工作者及英国进步史学家"的研究成果"介绍给我国的广大读者"。当然在此过程中，作者自己也"下了一定程度的斟酌取舍、分析批判及独立钻研的工夫"。[②] 因此，本书已经不再限于单纯的介绍，而是相当程度的独立研究的成果。

这个时期学者们关注的另一个课题是工业革命，林举岱的《英国工业革命史》[③]值得一提。这是一本只有几十页的小册子，该书内容采用"前提—过程—后果"三段式，这不仅成了后来著述工业革命史的"标准格式"，也是各种各样世界史教科书的"标准"写法。严格地说，《英国工业革命史》写的并不是工业革命自身，而是"关于工业革命"的历史；它论述的是在工业革命期间，英国经济与社会政治变化之间的因果关系，进而论证英国社会发展的趋势，这种写法，也反映了苏联史学的影响。

第三个问题是"宪章运动"。令人奇怪的是，尽管从小学至大学的历史教科书都把宪章运动列为重要内容，但有关它的专门著述却不多，笔者只见到《英国工业革命和宪章运动》[④]这一本，是根据英国共产党编印的《马克思主义学习读本》中的"工人阶级运动的历史"编译而成的小册子；除此之外，就只有少数几篇论文。不过，虽然著述不多，但关于宪章运动和工业革命时期的工人运动的观点却几乎是众口一词，即英国工人运动经历三个发展阶段：捣毁机器、组织工会和进行政治斗争，宪章

① 林举岱编著：《十七世纪英国资产阶级革命》，151～152页，上海，上海人民出版社，1954。

② 刘祚昌：《英国资产阶级革命史·前言》，上海，新知识出版社，1956。

③ 林举岱：《英国工业革命史》，上海，上海人民出版社，1957。

④ 戴克光编译：《英国工业革命和宪章运动》，上海，四联出版社，1954。

运动就是一种政治斗争。这种说法，当然也是苏联的说法。

其他课题包括圈地运动、殖民扩张等。总体而言，在那十几年，虽说英国史研究的领域已经建立，研究规范也已确立，但研究的范围却狭小，限于若干课题；使用的材料也很少，基本来自苏联参考书。相比之下，中古史研究就比较丰富多彩，原因是中古史离现实较远，不大受现实政治的影响，所以选择的空间就比较大。比如这样一些文章：喻松青的《英国大宪章历史分析》，辜燮高的《十一至十七世纪初英国的钱币问题》，马克垚的《英国盎格鲁撒克森时期国王赏赐土地的问题》，蒋孟引的《15 世纪英国封建制度的危机》、《英国封建化过程的特征》等[①]，这些论文运用较多的史料，论述比较精细，体现了实证的研究方法。这十几年中，蒋孟引对英国史研究做出重大贡献，他发表一大批论文，成为对英国各时期历史都有所著述的唯一的中国学者，从而巩固了他作为中国英国史研究的学术奠基人的地位。1980 年，中国英国史研究会成立，蒋孟引成为当仁不让的第一任会长。

与过去一百年相比，这十几年既值得肯定，又有不如人意之处。需肯定的是英国史作为一个学科已经出现了，而且被中国学术界所接受。不如意之处是它完全受苏联影响，长期与国际学术界脱离，不了解新的学术动向，因此发展缓慢。60 年代以后情况发生重大变化，首先是中国开展对“苏联修正主义”的批判，使原来以苏联理论和方法为基础的整个中国学术包括历史学陷入困境。为了摆脱这种困境，历史学出现了直接参与现实政治斗争的倾向，比如大谈特谈历史上的“复辟与反复辟”，这是针对“苏共修正主义”在苏联“复辟资本主义”而言的。1962 年，一篇名为《英国资产阶级革命时期的封建王朝复辟问题》的文章发表在中国共产党机关刊物《红旗》杂志上，反映的就是这个背景。“文化大革命”开始后情况更坏了，中国的政治环境受极“左”思想干扰，整个学术界受到严重影响，学者和学术著作都受到政治性批判，被指责为宣扬西方资本主义，或尾随苏联修正主义。以后，一切学术活动都停止了，学校被关闭，教师送到农村或工厂接受“改造”。这十年造成的损失是无法弥补的，直至今天我们仍感到极其痛心。

---

① 喻文和辜文均载《南开大学学报》，1956(1)；马文载《北京大学学报》，1963(1)；蒋文分别载《南京大学学报》，1956(4)；《江海学刊》，1962(3)。

四、改革开放以后的巨大发展

改革开放以后，中国出现了前所未有的学术繁荣，进入几百年来最好的时期。与所有其他学科一样，英国史研究也取得重大进展。

恢复工作始于通史(包括断代史)。最先出版的英国通史是程西筠、王章辉合写的《英国简史》①，该书只有130多页，内容不详，研究也不深，但它毕竟是“文化大革命”后英国史研究迈出的第一步，对英国史研究起了承上启下的作用。接着是多种通史先后出版，其中有陶松云、郭太风合著的《英国史话》②，这是一本供青少年阅读的普及读物，是学者将学术问题写成严肃的通俗读物的一次尝试。之后是王荣堂的《英国近代史纲》③，其中较完整地记叙了1640—1914年的英国史，这是中国人第一次比较完整地撰写这一段英国史，但根据当时中国学者研究的习惯，它偏重于政治史。

在众多学者编写通史的基础上，由蒋孟引主编，辜燮高、王觉非、张云鹤、孔令平参加写作的《英国史》于1988年出版④，这是中国学者撰写的第一部有分量的英国通史作品，体现着那个时代的最高研究水平。全书62万字，从英国远古一直写到当代。书中吸收了许多国内外研究的新成果，打破了以往偏重政治史的写法，从多个角度再现了英国历史发展的全貌。这本书的出版，改变了中国没有一本自己的英国通史的局面，为国内的大学课堂提供了一部完整的英国史教材。

21世纪初，三部新的英国通史著作相继出现，它们是钱乘旦和许洁明的《英国通史》⑤，阎照祥的《英国史》⑥和高岱的《英国通史纲要》⑦。这三部书都出自新一代学者之手，其观点和知识体系都更加新颖，更能反映国际学术界近期的研究成果。努力靠近国际学术研究前沿，这是改

---

① 程西筠、王章辉：《英国简史》，北京，商务印书馆，1981。

② 陶松云、郭太风：《英国史话》，北京，中国青年出版社，1985。

③ 王荣堂：《英国近代史纲》，沈阳，辽宁大学出版社，1988。

④ 蒋孟引主编：《英国史》，北京，中国社会科学出版社，1988。蒋孟引生前所撰写的英国史论文，后收入蒋孟引：《蒋孟引文集——英国历史：从远古到20世纪》，南京，南京大学出版社，1995。

⑤ 钱乘旦、许洁明：《英国通史》，上海，上海社会科学院出版社，2002。

⑥ 阎照祥：《英国史》，北京，人民出版社，2003。

⑦ 高岱：《英国通史纲要》，合肥，安徽人民出版社，2002。

革开放后英国史研究的重要特点，它反映着中国的英国史研究水平在不断提高，也体现了中国学者的新的学术抱负。

断代史方面，王觉非主编的《近代英国史》①值得一提，从学术含量方面说，这本书达到了一个新的水平，它开始突破新中国成立以后的苏联禁区，让读者对近代英国的历史第一次有比较全面、细致的了解。王觉非在改革开放后很快与英国历史学界建立了密切的联系，在发展中英学术交流方面做出了重要贡献。

如果说在改革开放后的短短时间里，英国通史著述方面取得了令人瞩目的进展，那么在英国史论文写作方面的快速变化就令人感叹。据不完全统计，改革开放第一年，1978 年，全国发表的英国史论文只有 2 篇，1979 年 11 篇，1980 年 18 篇；而到 1981 年就猛增至 53 篇，以后 10 年中，每年均有五六十篇论文发表，平均每年公开发表的论文数都相当于“文化大革命”前 17 年的总和。这种情况到 2000 年以后又有重大进展，那以后，每年发表的论文数达到一二百篇。这是从数量方面看。

从研究内容方面看，改革开放后不断发生变化，表明英国史研究越来越摆脱自我封闭的状况，向国际学术界前沿靠近。苏联教科书中有限的几个课题很快被突破了，英国历史的各个方面不断进入学者的眼帘。可以看以下数字：

1979—1981 年发表论文 85 篇，其中有关 17 世纪革命的 16 篇，占论文总数的 18.8％；有关工业革命的 9 篇，占总数的 10.6％；有关工人运动的 8 篇，占总数的 9.4％；有关圈地运动的 3 篇，占总数的 3.6％，4 类加在一起共占总数的 42.4％；另有关于殖民与外交的 15 篇，占总数的 17.6％。这种情况说明在“文化大革命”刚结束时，“苏式”传统课题占主导地位，人们的视野仍局限在“苏联体系”内。

10 年之后，1989—1991 年，情况发生了很大变化。在所发表的 185 篇论文中，有关革命的 13 篇，占总数的 7.0％；有关工业革命的 7 篇，占总数的 3.8％；有关工人运动的 3 篇，占总数的 1.6％；专论圈地运动的只有 2 篇，占总数的 1.1％，4 类加在一起共占 13.5％，与 10 年前的 42.4％相比，分量大大缩减。

① 王觉非主编：《近代英国史》，南京，南京大学出版社，1997。

相比之下，讨论英国政治制度(包括立宪制度、政党制度、文官制度、司法制度等)的31篇，占总数的16.8%；有关宪政改革的12篇，占总数的6.5%；其他政治内容(除17世纪革命)的10篇，占总数的5.4%，这3类占总数的28.7%。因此，即使在"政治史"这个大范围内，人们的目光已转向宪政、制度改革、党派活动等了，而不再是革命、工人运动等。这种兴趣的转向说明在改革开放的时代背景下，人们试图从制度及制度变革的角度观察英国史，从中寻找对中国的启示。

剩下的论文中，有关社会的内容(宗教、妇女、教育、阶级、社会政策等)27篇，占总数的14.6%；有关思想文化的内容17篇，占总数的9.2%，两类相加占全部总数的23.8%，接近总数的1/4。这里面隐含着一个更加深刻的转向，即"历史意义"的转向。有些文章内容在改革开放前是人们所不知甚至属于"禁区"的，可见"解放思想"对英国史研究的深刻影响。①

在研究方法上，实证的、注重史实的风气已成为主流，偏重观点而忽视史实的倾向已得到克服。新的史学分支，如社会史和计量史学等开始受到重视。多数论文都是在阅读了大量书籍和史料之后写出来的，选题一般都比较具体、集中，泛泛而论的文章不多见了。应当特别指出，随着研究能力的提高和方法的改进，中国学者不再照搬外国(包括西方和苏联)学者的现成结论，而是对前人的研究成果进行重新审视。

20世纪最后20年,学者们主要关注以下问题,这些问题都和改革开放的现实发展有关联性,再一次体现了英国史学者对中国命运的关怀。

首先是英国政治制度的沿革，英国政治制度是怎样形成、发展的，有什么特点？其中是否有某些因素可以作为中国建立社会主义民主与法制的参考？程西筠在《由恩赐官职到择优录仕——十九世纪中叶英国文官制度的改革》②一文中，肯定了文官制度的合理性，指出19世纪英国

① 有些选题很有趣，如李宏图：《阶级意识与阶级的形成——英国工业资产阶级之研究》，载《世界历史》，1990(3)；杨豫：《论原工业化的解体》，载《世界历史》，1991(1)；马嵘：《19世纪英国大众闲暇活动浅析》，载《南京大学学报》，1990(2)；高德步：《16—17世纪英国流民问题》，载《中国人民大学学报》，1992(1)，等等，这些选题表明中国学者已经注意国际学术界的研究热点并开始表达自己的观点。

② 陈西筠：《由恩赐官职到择优录仕——十九世纪中叶英国文官制度的改革》，载《世界历史》，1980(5)。

议会改革的“历史进步作用”，从而开辟了研究英国政治制度史的先河。林志敏、冉隆勃、胡其安、王铭等也先后对英国文官制度的沿革加以考察，胡康大在其《英国的政治制度》一书中还专辟一章加以介绍。①

对英国政治制度的主体——君主立宪制、议会制、内阁制等，学者们更是注意有加。《世界历史》1982年第4期发表了程西筠的《评英国1832年议会改革》和钱乘旦的《试论英国各阶级在第一次议会改革中的作用》，两篇文章都充分肯定了1832年议会改革的历史意义，认为这次改革是“英国近代史上一个重要转折点”。正如程文指出的，改革“构成了19世纪中叶英国资本主义社会一系列上层建筑改革的先导或为之提供了前提条件”，因而对“促进英国资产阶级议会制度的民主化”具有“积极意义”。这两篇文章率先突破了史学界长期流行的关于肯定改革就意味着“否定革命”的观点，从而推动了学者们对英国改革问题的进一步研究。此后有关这一问题的论文相继发表，多种杂志纷纷刊文。②经过近十年的研究，学者们对英国改革问题已基本形成共识，即认为英国的政治制度的变革基本上是以改革的方式实现的，改革与革命一样，也是历史发展的强大推动力。

在对“改革”问题达成基本共识的前提下，学者们又对英国历史的发展道路问题进行探讨，钱乘旦、陈晓律的《在传统与变革之间——英国文化模式溯源》一书对此做出了尝试。该书指出，现代英国的基本要素都是相互对立的各个方面在历史长河中经过激烈的斗争融合而成的，“与其他国家一样，在英国的历史上也充满斗争；所不同的是，斗争的结果在英国不像在某些国家那样是一方吃掉另一方……而是双方都在斗争中自我更新，最后融合成一种新文化”。英国发展道路充分体现了这种在冲突中融合的特色，它“推动英国率先敲开现代文明的大门”。③这

① 林志敏：《英国文官制度的改革》，载《复旦学报》，1981(3)；冉隆勃：《文官制度在英国政治生活中的特殊作用》，载《西欧研究》，1986(6)；胡其安：《英国文官制度》，载《群言》，1988(7)；王铭：《英国文官制度的演进、特点及其影响》，载《史学月刊》，1990(2)；胡康大：《英国的政治制度》，北京，社会科学文献出版社，1993。

② 关勋夏：《十九世纪英国的三次议会改革》，载《历史教学》，1985(2)；沈汉：《突变还是渐变——英国资产阶级革命模式辨析》，载《南京大学学报》，1986年增刊；刘超雄：《论本世纪初英国自由党政府的社会改革》，载《世界历史》，1989(1)；陈仲丹：《从自由放任到国家干预：论英国维多利亚时代的改革》，载《南京大学学报》，1991(4)，等等。

③ 钱乘旦、陈晓律：《在传统与变革之间——英国文化模式溯源》，2页，杭州，浙江人民出版社，1991。

种看法，后来被学术界普遍接受。

其他一些著作同样表现学者们对英国制度发展的兴趣，程汉大的《英国政治制度史》[①]认为，英国政治制度发展的过程体现出四大特点，即连续性、渐进性、经验性和灵活性；他还对英国封建君主制的演变阶段提出看法，引进了“等级—代议君主制”这个概念。沈汉、刘新成的《英国议会政治史》[②]一书提出，英国在一种社会形态向另一种社会形态过渡时，“国家”呈现“模糊性”状态，这一结论的提出，对于克服在历史分期问题上出现的简单化倾向、确立历史发展的不间断性和整体性观点显然是有助的。阎照祥的《英国政党政治史》[③]一书将“政党政治”和“政党制度”区分开，认为在英国两党制形成过程中，先有政党政治，再有政党制度；政党政治促成了内阁制度的形成，而议会制和内阁制又促进了两党制的产生。他后来还写了《英国政治制度史》[④]。高岱的《英国政党政治的新起点》[⑤]则从第一次世界大战导致自由党没落这一点切入，讨论了 20 世纪初英国政治结构变化中的一个转折点。

刘新成的《英国都铎王朝议会研究》[⑥]一书从议会发展的角度，证明了英国历史上不同政治派别间既相互对立又互相“包容”的特点。书中认为，都铎王朝时期的议会，既不是一般人所说的王权的“谦卑使女”，也不是与王权进行斗争的场所；它体现了英国近代政治制度形成的“过渡”性质，即既有巩固王权、为专制服务的一面，又有与王权抗衡并维护“自由”的一面。在都铎王朝，当王权的地位提高时，议会的地位也提高了，议会与王权在这时是相辅相成、共存共荣的，并没有出现一方压倒另一方的局面。

以上这些著作有一个共通之处，即认为改革与“渐进性”是英国历史发展的一大特点。把握住这一点，就会对许多问题有新的认识。比如 20 世纪 80 年代中国学者曾就英国革命的“保守性”和“彻底性”进行讨论，但如果抓住英国历史发展中渐进的特点，“保守”或“彻底”之争就容

---

① 程汉大：《英国政治制度史》，北京，中国社会科学出版社，1995。
② 沈汉、刘新成：《英国议会政治史》，南京，南京大学出版社，1991。
③ 阎照祥：《英国政党政治史》，北京，中国社会科学出版社，1993。
④ 阎照祥：《英国政治制度史》，北京，人民出版社，1999。
⑤ 高岱：《英国政党政治的新起点》，北京，北京大学出版社，2005。
⑥ 刘新成：《英国都铎王朝议会研究》，北京，首都师范大学出版社，1995。

易解决了。实际上，17世纪革命中所表现出来的“不确定”性是英国历史的特征之一，评价英国革命的历史地位，不在于它是“保守”还是“彻底”，而在于它对英国历史发展方向的影响。对其他一些问题，如“光荣革命”、议会改革、工会运动、工党、自由党、保守党的评价等，若放在这样的视角下考察，也就能得到更加公允和中肯的结论。

除政治制度史之外，社会史是日益受到重视的一个领域。马克垚的《英国封建社会研究》①是我国学者研究英国中古社会史的标志性著作，其中对5—15世纪的英国社会，包括它的封建组织、土地制度、法律制度、政治制度、阶级结构、城市、商业、货币、信用等都做了详细的分析，在各方面都提出自己的看法。2005年该书在原版基础上又作了较大的修改与补充，篇幅增加近四分之一，而作者的思考也更深刻了。

中世纪史是近年来英国学术界的研究热点，中国学者对此也充满兴趣，这不仅因为它涉及封建主义的理论问题，也暗含着当代学术界研究范式的转向。改革开放后，中国在英国中世纪史研究方面取得长足的进展，在很大程度上是对过去一个空缺领域的补白。侯建新的《现代化第一基石：农民个人力量增长与中世纪晚期社会变迁》②及刘城的《英国中世纪教会研究》③都属于这种情况，前者认为英国向近代转型的第一个动力来自中世纪农民个体经济的发展，这是一个很有趣的观点；后者对于中国学术界来说，是个非常生疏的领域，可是又绝对不可忽视，因此，作者的工作具有相当程度的开创意义。侯建新后来又写过《农民、市场与社会变迁：冀中11村透视并与英国乡村比较》④，其中对中国和英国在转型时期的农村社会做了细致的对比。黄春高的博士论文《14—16世纪英国农民经济》也是对中世纪农民问题的探寻⑤；孟广林的《英国封建王权论稿》⑥则讨论中世纪王权问题，从这些著述中，可以看出新一

---

① 马克垚：《英国封建社会研究》，北京，北京大学出版社，1992。

② 侯建新：《现代化第一基石：农民个人力量增长与中世纪晚期社会变迁》，天津，天津社会科学院出版社，1991。

③ 刘城：《英国中世纪教会研究》，北京，首都师范大学出版社，1996。

④ 侯建新：《农民、市场与社会变迁：冀中11村透视并与英国乡村比较》，北京，社会科学文献出版社，2002。

⑤ 黄春高：《14—16世纪英国农民经济》，北京大学博士学位论文；黄春高：《西欧封建社会》，北京，中国青年出版社，1999。

⑥ 孟广林：《英国封建王权论稿》，北京，人民出版社，2002。

代历史学家对英国史学界最新成果的了解以及他们自己对问题的思考。

作为第一个现代化国家——英国在起步之初走了不少弯路，这些弯路所造成的社会恶果最突出地表现在劳工问题、妇女问题和贫穷问题上，重温这段历史，回顾英国怎样纠正这些弊病，对后发展国家显然有警示作用。钱乘旦、马嬰、陈晓律出于这一动机，分别写了《工业革命与英国工人阶级》、《工业革命与英国妇女》、《英国福利制度的由来与发展》三本书，从三个方面重现了英国社会转型的曲折历程。① 丁建定的《从济贫到社会保险——英国现代社会保障制度的建立》与刘景华的《城市转型与英国的勃兴》也都从各自的角度讨论英国现代社会的转型问题，以求从英国现代化中寻找对中国有意义的启示。② 许洁明的《十七世纪的英国社会》③ 是一部英国断代社会史，它用全方位的扫描方法，再现 17 世纪的英国社会；当然，有心人在读的时候，会联想到中国社会。

相比之下，经济史研究却显薄弱，1982 年出版的刘淑兰的《英国产业革命史》④ 只有 150 多页。王章辉、孙娴主编的《工业社会的勃兴》⑤ 打破了苏联教科书中工业革命研究的“三段式”模块，对“农业革命、开放体制、工业化道路、人口问题、城市化、教育和科学技术的作用等专题”分别做了比较深的探讨。陈紫华的《一个岛国的崛起——英国产业革命》⑥ 试图从商业、农业、人口、科技、工业、交通、生产组织形成及“工业文明”诸方面反映工业革命的成果，是改革开放后出现的一本较全面阐述英国工业革命史的专著。但所有这些作品都未能反映国外新近的研究进展；相反，关于“原工业化”的讨论虽然跟进了国际学术前沿，拓宽了读者的眼界，但都只把英国作为书中的一小部分来阐述。⑦ 比较好

---

① 钱乘旦：《工业革命与英国工人阶级》，南京，南京出版社，1992；马嬰：《工业革命与英国妇女》，上海，上海社会科学院出版社，1993；陈晓律：《英国福利制度的由来与发展》，南京，南京大学出版社，1996。

② 刘景华：《城市转型与英国的勃兴》，北京，中国纺织出版社，1994；丁建定：《从济贫到社会保险——英国现代社会保障制度的建立》，北京，中国社会科学出版社，2000。

③ 许洁明：《十七世纪的英国社会》，北京，中国社会科学出版社，2004。

④ 刘淑兰：《英国产业革命史》，长春，吉林人民出版社，1982。

⑤ 王章辉、孙娴主编：《工业社会的勃兴》，北京，人民出版社，1995，这本书其实是“欧洲五国的工业革命史”。

⑥ 陈紫华：《一个岛国的崛起——英国产业革命》，重庆，西南师范大学出版社，1992。

⑦ 杨豫：《欧洲原工业化的起源于转型》，南京，江苏人民出版社，2004；王加丰、张卫良：《西欧原工业化的兴起》，北京，中国社会科学出版社，2004。

的经济史作品似乎来自经济学家之手，如罗志如、厉以宁的《“英国病”研究》[①]和丁维霈的《当代英国经济：医治“英国病”的调整与改革》。[②]经济史的过分薄弱是一个奇怪的现象，也许与国际学术界一段时间以来轻经济史的思潮有一定联系，不过对中国学者来说，这种影响是不确定的，也是不自觉的。

在都铎史研究方面，应特别指出戚国淦的重要贡献。他在改革开放之初即写了《英国历史学家乔·鲁·埃尔顿及其学说》一文，倡导开展对都铎王朝史的研究。以后约20年，他领导的首都师范大学研究团队成果颇丰，不仅出版了一批富有新意的论著，而且在研究方法上也有较大的创新。后来出版的《灌园集》中，收集着他的多篇著述。[③]

中英关系史研究一向受到学者们重视。老一辈学者王绳祖的《中英关系史论丛》于1981年出版[④]，书中收有6篇论文，都是他在英国留学时查阅了大量档案后写成的，体现了他在中英关系史研究方面的档案功底。徐蓝的《英国与中日战争，1931—1941年》[⑤]是新一代学者的外交史力作，它继承了老辈学者的优良传统，在史料方面下大功夫，以资料服人，显现了较高的学术水平。萨本仁和潘兴明的著作《20世纪的中英关系》[⑥]是对20世纪中英关系的一个总结，其中较全面地记叙了近100年来中英两国关系的演变过程，真实地再现了中国国际地位变化的趋向。其他如《英帝国与中国西南边疆》、《西藏问题的历史渊源》、《香港与英国的殖民撤退》[⑦]等，都是对中英关系中一些具体问题的研究。这些著作都大量地使用中方史料，为阐释中国的立场提供了依据。在外交史方面，计秋枫和冯梁合著的《英国文化与外交》尝试[⑧]从政策和思想角度阐

① 罗志如、厉以宁：《“英国病”研究》，北京，人民出版社，1982。

② 丁维霈：《当代英国经济：医治“英国病”的调整与改革》，北京，中国社会科学出版社，1990。

③ 戚国淦：《灌园集》，北京，商务印书馆，2007。

④ 王绳祖：《中英关系史论丛》，北京，人民出版社，1981。

⑤ 徐蓝：《英国与中日战争，1931—1941年》，北京，北京师范学院出版社，1991。

⑥ 萨本仁、潘兴明：《20世纪的中英关系》，上海，上海人民出版社，1996。

⑦ 吕昭义：《英帝国与中国西南边疆》，中国藏学出版社，2001；黄鸿钊：《西藏问题的历史渊源》，香港，商务印书馆，1991；陈启能主编：《香港与英国的殖民撤退》，北京，中国社会科学出版社，1993。

⑧ 计秋枫、冯梁：《英国文化与外交》，北京，世界知识出版社，2002。

释从中世纪一直到布莱尔的英国外交，很有一点新鲜的感觉。

最后谈一谈史学方法和史学观点：经过20多年的发展，国际史学界出现的各种新方法、新观点渐为中国学者所熟悉，社会史、文化史、心态史、全球史、计量史学、人口史、家庭史、性别史等新的史学分支和新的史学方法被不同的学者采纳运用，中国学者不再照搬外国的现成结论（无论是苏联的还是西方的），而是对前人的研究成果进行重新审视，从实证的研究中提取自己的观点。学者们经常交流不同的看法，在争论中发展学术研究。这种新风气的形成对英国史研究的发展尤为重要，它将保证我们今后的成功。

综上所述，改革开放以后中国的英国史研究取得了巨大的成就，经历了快速的发展。如果说在“文化大革命”刚结束时苏联教科书的影响根深蒂固，僵化了学术的发展；那么跨越到21世纪时，人们看到的是一个充满活力、生气勃勃的英国史学科，无论其选题、内容和方法都已经呈现多样化。中国学者开始用自己的声音说话，对英国历史提出自己的见解了。

五、近五年的英国史研究

最近五年英国史研究有更快速发展，具体表现如下。

2005—2009年，共发表英国史论文不少于1200篇①，平均每年240篇，这个数字是惊人的，大大超过在此之前25年。在选题方面，人们的兴趣更加广泛，多样性特点更加突出，政治、军事、外交等传统课题比例更小，社会、文化、帝国三类课题备受关注，相加后接近总数的60%，这和国际学术界的近期趋势相符。如表3所示。

表3　2005—2009年英国史论文选题分类

	政治	经济	社会	文化思想	军事	殖民帝国	外交	其他	横向总和
2005—2009	165	173	224	228	18	230	137	25	1200
百分比	13.75	14.42	18.67	19.00	1.50	19.17	11.42	2.08	1

① 这是不完全的统计，由于搜索的原因，我们只能统计标题中带有明显英国史标记的论文，因此实际数量远远超出文中的统计数字。

这一时期出版专著100多种，从数量上说也很可观。专著选题也偏重于社会、文化(如社会分层、阶级、性别等)，其他如法律、外交、政策方针等也占一定比例。

郭方的《英国近代国家的形成》从16世纪国家的机构和职能变化方面入手讨论都铎时期的英国社会，涉及社会多方面如阶级结构、国家财政、司法制度、宗教和地方政府等，提出了近代国家形成的8个条件。书中讨论的是中世纪国家向近代国家过渡的问题，这是国际学术界相当关注的问题。①

阎照祥的《英国政治思想史》是一部思想史的通史性著作，梳理了从大宪章一直到“新工党”的思想史脉络，写这样一部书难度显然很大，即使仅作介绍，也需要花很大的力气。从内容上说，它是一部补白的作品。②

女性问题引起了许多女学者的注意，这方面的著作有《英国社会转型时期的家庭研究》、《现代英国社会中的妇女形象》、《19世纪英国现代化与女性》、《激进的女权主义——英国妇女社会政治同盟参政运动研究》、《弗吉尼亚·伍尔夫与女权主义》③等，它们从不同角度切入近代英国妇女的历史，有些角度很独特，如女性在男性眼中的形象变化。

关于阶级问题，中国学者一向都比较感兴趣，但近十年中出现的趋向是，人们不再空谈泛论，而是脚踏实地、深入探讨，用史实和资料来分析社会阶级的真实存在，将其鲜活地展现在读者面前。下面这些作品多少都体现了这个特点，包括《当代英国阶级状况》、《英国工业革命时期工业资产阶级研究》等。④

经济史方面出现改观，集中推出了一批作品，其中沈汉的《英国土地制度史》值得注意，他历经多年做这本书，体现出充裕的史料积累基础。此外还有《英国的工业革命与工业化：制度变迁与劳动力转移》、

---

① 郭方：《英国近代国家的形成》，北京，商务印书馆，2006。

② 阎照祥：《英国政治思想史》，北京，人民出版社，2010。

③ 傅新球：《英国社会转型时期的家庭研究》，合肥，安徽人民出版社，2008；王萍：《现代英国社会中的妇女形象》，南京，江苏人民出版社，2005；潘迎华：《19世纪英国现代化与女性》，杭州，浙江人民出版社，2005年出版；王赳：《激进的女权主义——英国妇女社会政治同盟参政运动研究》，上海，上海三联书店，2008；吴庆宏：《弗吉尼亚·伍尔夫与女权主义》，北京，中国社会科学出版社，2005。

④ 崔树义：《当代英国阶级状况》，杭州，浙江大学出版社，2006；宋严萍：《英国工业革命时期工业资产阶级研究》，哈尔滨，黑龙江人民出版社，2006。

《现代工业的起源：英国原工业与工业化》等，其书名和内容都说明：即使像“工业革命”这样的老课题，也在转换新的视角、发掘新的深度。①

法律史成为新热门，出现了一批专著，其中包括《英国土地法律史：以保有权为视角的考察》、《英国家庭法历史研究》、《英国民事诉讼的演进与发展》、《英国信托法：起源、发展及其影响》、《英国文艺复兴时期的法律与社会》、《英国司法制度史》等，可见其涉及内容之丰富。②对法律史的重视体现着中国法制建设的迫切需要，真正认真地思考外国法制建设的经验，无疑具有现实启发性。

外交史方面已越来越不限于中英关系史研究了，相反，人们对广泛的英国外交活动进行探讨，而且深入到具体问题。这方面的作品包括《英国对土耳其海峡政策的演变》、《英国工党与印巴分治》、《英国在中东的委任统治研究》等。③随着研究手段的不断改进，档案资料更加容易获取，这就为外交史的深入研究提供了条件。

从1200篇发表的论文中，可以看出研究选题更趋多样性，中国学者的兴趣已扩展到方方面面，呈现出一幅丰富多彩的历史画卷。

关于中世纪与近代早期，刘城的《十六世纪英国“王权至尊”的确立与教皇权的衰落》、孟广林的《西方史学界对中世纪英国“宪政王权”的考量》、蔺志强的《中古英国的幼主托孤与王权运作》都以“王权”作考察对象，反映出学者对中世纪“王权”的浓厚兴趣。王权在从中古向近代的转变中显然发挥特殊的作用，这大概是人们注意王权的原因所在。④

---

① 沈汉：《英国土地制度史》，上海，学林出版社，2005；高德步：《英国的工业革命与工业化：制度变迁与劳动力转移》，北京，中国人民大学出版社，2006；张卫良：《现代工业的起源：英国原工业与工业化》，北京，光明日报出版社，2009。

② 咸鸿昌：《英国土地法律史：以保有权为视角的考察》，北京，北京大学出版社，2009；李喜蕊：《英国家庭法历史研究》，北京，知识产权出版社，2009；毛玲：《英国民事诉讼的演进与发展》，北京，中国政法大学出版社，2005；余辉：《英国信托法：起源、发展及其影响》，北京，清华大学出版社，2007；张乃和主编：《英国文艺复兴时期的法律与社会》，哈尔滨，黑龙江人民出版社，2007；程汉大：《英国司法制度史》，北京，清华大学出版社，2007。

③ 赵军秀：《英国对土耳其海峡政策的演变》，北京，中国社会科学出版社，2007；谌焕义：《英国工党与印巴分治》，北京，社会科学文献出版社，2004；王三义：《英国在中东的委任统治研究》，北京，世界知识出版社，2008。

④ 刘城：《十六世纪英国“王权至尊”的确立与教皇权的衰落》，载《历史研究》，2006(2)；孟广林：《西方史学界对中世纪英国“宪政王权”的考量》，载《历史研究》，2008(5)、蔺志强：《中古英国的幼主托孤与王权运作——以亨利三世时代早期为主的考察》，载《历史研究》，2009(2)。

刘新成的《“乡绅入侵”：英国都铎王朝议会选举中的异常现象》讨论“乡绅入侵”，这是一个中国读者很不熟悉的话题，但中国学者显然开始关心了。作者提出的观点是：史家对“乡绅入侵”的解读有很多是“误读”，过去的理解有浓厚的时代诠释色彩。向荣的《啤酒馆问题与近代早期英国文化和价值观念的冲突》从文化的角度进行观察，认为“啤酒馆问题反映了基督教禁欲主义同传统习俗的冲突、新教个人主义同睦邻文化的冲突，以及新兴‘中等收入者’的价值观念和生活态度同传统价值观念和生活态度的冲突”，由此，而折射着从传统向近代过渡时期思想文化的转变。侯建新的《工业革命前英国农业生产与消费再评析》和《富裕佃农：英国现代化的最早领头羊》两篇论文都是关于农业增长与工业化关系的讨论，作者重申了他的一贯主张，即农业(而不是商业或手工业)是英国资本主义发生的策源地。钱乘旦在《社会变革的和平方式：英国的范例》中指出：在建立现代政治制度的过程中，英国走了一条和平、渐进的路，英国在历史的教训中认识到和平解决内部冲突的必要性，也逐步学会了用和平的方式来改变政治制度。①

其他选题包括陈晓律对英国民族主义的探讨，施义慧对19世纪儿童生活史的介绍，叶建军关于“牛津运动”的研究，潘兴民关于“殖民城市”的讨论，刘景华、徐艳丽关于“尼德兰因素”在英国崛起过程中的作用的阐述，俞金尧对煤与英国经济增长之关系的关注，等等。②值得欣喜的是作者中有一批刚刚毕业的博士研究生，表现出英国史研究之后续的潜力。

六、学术组织和学生培养

就英国史研究而言，学术团体、学术交流和学生培养是不可或缺的

① 刘新成：《“乡绅入侵”：英国都铎王朝议会选举中的异常现象》，载《中国社会科学》，2008(2)；向荣：《啤酒馆问题与近代早期英国文化和价值观念的冲突》，载《世界历史》，2005(5)；侯建新：《工业革命前英国农业生产与消费再评析》，载《世界历史》，2006(4)；侯建新：《富裕佃农：英国现代化的最早领头羊》，载《史学集刊》，2006(4)；钱乘旦：《社会变革的和平方式：英国的范例》，载《学习与探索》，2005(6)。

② 陈晓律：《第一个工业化民族的民族主义》，载《世界历史》，2008(3)；施义慧：《19世纪英国下层儿童生活史研究述评》，载《史学月刊》，2008(4)；叶建军：《评19世纪英国的牛津运动》，载《世界历史》，2007(6)；潘兴明：《英国殖民城市探析》，载《世界历史》，2006(5)；刘景华、徐艳丽：《试论英国崛起中的尼德兰因素》，载《史学集刊》，2009(2)；俞金尧：《近代早期英国经济增长与煤的使用——西方学者研究经济史的新视角》，载《科学文化评论》，2006(4)。

方面。

1980 年，中国英国史研究会成立，这是全国性的学术团体，目前有会员 200 多人，每 4 年举行一次全体会员大会暨学术讨论会，迄今已举办过 9 届；此外，还不定期举行专题学术研讨会。从最近一次全体大会可看出这类会议的活动情况：该次会议于 2007 年 11 月在北京举行，出席者 130 多人，来自全国 40 多所高校、科研机构和学术刊物，共提交论文 80 余篇。会期 3 天，除 6 位主题发言外，其他与会者在 4 个小组会上进行交流，议题分别是“古代中世纪英国的社会经济问题与政治制度”、“近代英国的社会转型、工业化城市化进程、社会冲突和社会治理”、“20 世纪以来的英国社会经济变化、社会矛盾及政策得失”和“英联邦和国际关系问题”。全国性的学术会议有其特殊意义，它使同行们彼此熟悉，了解动态，有机会进行面对面的讨论，为启发思路提供平台。除全国性会议外，学会还组织地区性学术研讨会，这类会议一般为时一天，由某一地区的英国史同行组织并参与。

全国性学术团体的建立对推进中国的英国史研究起很大作用，今后它还将发挥更大的作用。

在国际交流方面，自 1980 年 Harry Dickinson 首先到中国讲授英国史以来，已经有大批英国历史学家到中国讲学，其中包括 E. P. Thompson 夫妇，Martin Daunton，Peter Laslett，Pat Thane，J. F. C. Harrison，Michael Biddiss，Arthur Marwick，Alvin Jackson 等；也有其他国家的英国史专家访问中国，如美国的 Derek Hirst，David Underdown，爱尔兰的 Thomas Bartlett，法国的 Francois Crouzet 等。这些学者给我们带来了新的观点和新的研究方法，中国的英国史研究能够发展到今天，与他们的帮助分不开。其中特别要提到著名历史学家 Harry Dickinson 教授，他是两国学者学术交流的开拓者，1980 年他第一次来中国时，中国刚开始改革开放，百废待兴，中国的学术也亟待恢复，Dickinson 带来了英国历史研究的最新动态，帮助我们和英国学者建立联系，也帮助我们走向国际舞台。30 年间，他 14 次来华讲学，施惠于大批听众，还协助培养了一批又一批博士和硕士研究生。今天活跃在中国英国史研究领域的资深学人，很多都得到过他的直接帮助。现在，他又在帮助我们培养 20 多岁的最年轻一代，这一代人，将是中国英国史研究未来的中坚。

与此同时，中国学者也日益频繁地到国外学习，有些读学位，有些长期或短期进修、查看资料。今天，大多数专学英国史的中国学者都有在国外学习的经历，这些经历帮助我们提高了研究水平，也推进了中国的英国史学科发展。国际学术交流对我们来说是十分重要的，一定要长期坚持下去。当 Harry Dickinson 第一次来中国时，中国是一个穷国；今天，中国的经济实力已允许我们用中国的经费派遣留学生，这对于学习英国史，无疑是有利的条件。

在学生培养方面，自 1978 年中国建立学位制度并开始招收研究生起，已培养出一大批英国史专业博士和硕士生。据不完全统计，1999—2008 年的 10 年内，全国获答辩的英国史博士论文约 150 篇，硕士论文加倍。虽说这些学生毕业后并非全都从事英国史专业工作，但他们为英国史学科的延续和发展提供了坚实的人才基础，并且也为多种行业输送了有独特观察视角的专门人才。

从 19 世纪中叶国人开始接触英国历史至今，英国史学科一直是中国的外国史研究中力量最强、也是人数最多的领域之一。我们期待，今后发展过程中，它将继续保持强劲的势头，更多地得到国内与国外的承认。

七、总结

中国的英国史研究是一个非常年轻的学科，真正的研究工作是在 20 世纪 30 年代才开始的，但由于战争、政治动荡等多种原因，到 80 年代才出现繁荣发展的局面。从那时开始的 30 年中，我们已取得很大的成就；可以预见：今后将取得更大的成功。我们预言：今后的研究将向着更注重发掘史料、更注意系统开发的方向发展，既要密切追踪英国学界的最新动向，不封闭自己，又要自己充分思考，拿出自己的视角，提出自己的问题，得出自己的结论。我们的研究水平需要再上几个台阶，我们应形成自己的特色，不仅与国际学术界对话，而且为中国现代化做出应有的贡献。中国的外国史研究仍然面对漫长的发展道路，英国史研究也不例外。

历·史·学·家·文·库

钱乘旦卷

中编

其他世界史研究

前资本主义世界发展：东方普遍性与西方特殊性

一、四大文化圈的形成

资本主义最初发生在14、15世纪的西欧，在此之前，人类文明已经历了长期而缓慢的发展过程。

文明的形成犹如点燃一支蜡烛，烛光所及，照亮周围的一小片。烛光不断扩散，离烛光越远，文明也就越消散，最后又湮没于黑暗之中。一支蜡烛很容易熄灭，早期人类历史上大概出现过不少一支烛的文明曦微，但多数都没有能留传下来，或者没有能发展下去，而是停留在它们发生时的初始阶段上。

但如果有许多蜡烛不断点燃，情况就不同了。烛光接二连三地点亮，就连成一片光明。这时，光亮不是发自一个光源，而是出自许多光源，它们间彼此交融，把彼此的光糅合在一起，此生彼灭，越传越远。这样形成的文明兼含了许多文明发源地的特色，兼容并取，相得益彰，生命力强，就延续下来了。

文明的扩散与融合就是这样进行的。大约在

7000年前，尼罗河流域率先点燃文明之光，两河流域、印度河流域和黄河流域也相继出现远古文明，这些就是人类最早的文明发源地。起初，这些文明波及的范围都很小，随后逐渐扩大，开始了文明扩散的过程。某种较高程度的文化从一个中心向四周扩散，使周围较低发展水平的文化受其影响而融合起来，在这个过程中，形成地区性的文化。当地区性的文化固定下来并继续向外扩散时，它可能碰到两种情况：如果它周围没有比较发展的人类文化，那么它就像一支蜡烛，很容易在严酷的自然环境中熄灭；如果它的扩散遇到了其他发展的文化，那么这些文化就会互相交融，并且在交融中继续发展。古代地中海地区及西亚地区显然就出现了这种情况：地中海周边出现了许多文明中心，彼此相互影响；西亚地区，从地中海东岸到伊朗高原，也接连出现远古文明，都曾经有相当高度的文化成就。此外，在东亚，中国古代关于黄帝、炎帝以及其他许多远古帝王的传说以及夏商周的相继出现，似乎也说明了这种情况。总之，大凡在文明延续并扩展起来的地区，往往都不止一个文化中心。许多地区性的文化通过接触交流(包括文化交流及战争等)融汇出共同的特征，最终形成一种"模式"，这时候，文化圈的雏形就形成了。在同一个文化圈内，"模式"主宰着地区文化，使这些文化多少相似。"模式"的核心是"价值体系"，也就是说，同一类型的文化必须具有大体相同的价值体系，由此而构成一个文化圈。

但"文化"是一种无形的存在，它只有借助于有形的载体才能固定下来，并向外扩散。这些有形的载体就是社会建制，其中最重要的两项是国家与宗教(意识形态)。文化主要就是借助于国家与宗教(意识形态)的力量而凝固并向外扩散的，这二者缺一不可。因此，一个社会的凝聚最重要的是文化的凝聚，而成功的社会扩散归根到底也必须是文化的扩散。

在资本主义发生前的几千年中，人类文明的发展就经历了这样一个由文明产生到地区性文化扩散再形成文化圈的过程。到资本主义发生时，全世界已形成四个文化圈，从东到西排列，它们是"中国文化圈"、"印度文化圈"、"伊斯兰文化圈"和"欧洲文化圈"(也可称"基督教文化圈")。除这四大文化圈之外，应该说还有一个准文化圈正在形成中，但还没有完全成形，特别是还没有出现作为价值的高度体现的统一的宗教

(意识形态)。我这里指的是中南美洲的印第安文化，这些文化是在完全隔绝于世界其他地区之外的状态下发展的，但它们已经形成地区性文化了，而且有继续扩散的趋势。

国家与宗教既是文化的载体，用它来观察四大文化圈，就可以看出这样一个现象：在古代地中海沿岸及两河流域，国家的出现虽然很早(公元前4000年中期在埃及出现，公元前3000年前后在两河流域出现)，但统一的意识形态却形成得很晚，因此文化圈的定型也就相对较晚。古代希腊世界和罗马帝国都曾一度幅员广大，但它们都只是在军事力量强制下形成的政治集合体，并没有形成统一的价值观，也就没有出现统一的文化模式。换句话说，这些政治集合体不是靠文化的扩散，而是靠强力形成的。在这个阶段上，地中海沿岸和西亚地区都只完成了地区性文化形成的过程，在希腊世界和罗马帝国内部，实际上都存在着许多差异很大的地区性文化，比如犹太文化和意大利半岛上的希腊—罗马文化就迥然有异。因此，这些政治实体很容易崩溃，崩溃之后便荡然无存，再也不可能恢复起来。地中海地区出现能够使地区性文化融合起来的统一的宗教，是在罗马帝国后期，当时罗马皇帝接受了基督教，使它成为国教。从此以后，基督教文化就在欧洲传播，成为欧洲世界(但不是罗马世界)的文化模式，基督教价值也成了欧洲文化圈的共同价值体系。更晚一些时候，伊斯兰教出现之后(公元7世纪)，另一个文化圈才最终形成，这个文化圈囊括了欧亚非三洲交界处绝大多数的文化发源地，包括埃及和两河流域，但它是多种地区性文化的融合。到伊斯兰文化圈形成之后，地中海—西亚地区文化融合的过程才算完成。从此之后，有两个泾渭分明的文化圈彼此对峙，自远古时期就开始的多种文明冲突交融、争雄不下的局面终告结束。

与地中海—西亚地区不同，在东亚及南亚的文明发源地，国家的出现虽然较晚(中国约在公元前2000年，印度则更迟)，但统一的价值观念却形成得相当早，因此文化圈也较早定型。古印度文明的价值观念核心是种姓制度，婆罗门教就充分体现了这种价值观。婆罗门教的出现，标志着印度文化圈的核心基本形成，以种姓制度为特征的共同意识形态成为维系印度社会的主要文化纽带。尼赫鲁曾以赞许的口气说："在印度人们保持着种姓制条件之下，印度终归是印度；但是从他们与这个制度脱离关系的那一天起，印度就不复存在了。”[①]婆罗门教的主要价值观念后来融合到印度教中，它的正统地位也由印度教取而代之。佛教曾企图打破种姓制度，但最后则必须与之相妥协。

中国也出现了类似的情况。在中国，以宗法关系为出发点的家族主义一直扮演重要角色，并成为中国文化圈的显著特色。[②] 这种价值体系形成于西周，孔子的学说是这种价值体系的集大成者。儒学在中国文化圈中相当于其他文化圈中统一的宗教的地位，起着使文化特征凝固下来的有形载体的作用，并且承担文化扩散的功能。中国文化传统之所以几千年来经久不息，就因为这种价值体系相当坚固。儒学不仅是中国正统的意识形态，而且还在中国周边民族与国家中传播与发展，中国文化圈确实是借助儒学的传播而形成起来的。

总之，在世界几千年历史中，东方两个文化圈先于西方两个文化圈形成。

二、西欧的特殊性

到资本主义发生时，世界的格局基本上是：经过长期的凝固与扩散，四大文化圈都已扩张到各自的极限，由于受地理障碍的限制而不能再扩展了。基督教文化已经弥散到整个欧洲，它唯一可以继续扩展的出口在东部，但那里是西伯利亚无人的寒冷大森林。伊斯兰文化已渗入北非沙漠，再往南，是难以穿行的热带丛林，在那里文明似乎还未觉醒。印度次大陆三面环海，北面则被喜马拉雅山拦住了去路。中国文化圈东面抵达大海。北面已到荒漠，西面进入戈壁，南面正对丛林——里面是中国人自古就害怕的“瘴气”。在每两个文化圈之间，还有一些文化的过渡区或缓冲区，比如在中国与印度之间是东南亚(印度支那)，在中国与

① [印度]尼赫鲁：《印度的发现》，齐文译，315页，北京，世界知识出版社，1956。

② 范文澜说：“宗法与土地的分配法关系如此密切，因而不论是统治阶级或被统治阶级，祖宗崇拜在意识形态里占唯一重要的位置……这是历史上汉民族特征之一。”范文澜：《中国通史简编》，修订本，第一编，38～39页，北京，人民出版社，1964。余英时说：“在(中国)各层社会集合之中，‘家’无疑是最重要最基本的一环，‘国’与‘天下’也都是以‘家’为范本的。所以有‘国家’、‘天下一家’、‘四海之内皆弟兄之类的观念……”余英时：《中国思想传统的现代诠释》，28页，南京，江苏人民出版社，1989。可见，学术界虽有不同观点，但在家族主义问题上的意见是基本一致的。

伊斯兰之间是中亚沙漠，在伊斯兰与欧洲之间是东南欧；过渡区中两种文化的影响都有。除了四大文化圈所覆盖的这些地区以及中南美的准文化圈之外，文明在世界其他地方就只有星星点点的火花了。它们分得很散，全然不成体系。世界上有一些文明遗址至今仍得不到充分的解释，也许它们是一度发达的古代文明，但由于太孤单了，因此而得不到充分发展和扩散。它们大概就是前面所说的“一支烛”的文明。①

由于当时人类的技术水平，各文化圈要克服面临的地理障碍，继续扩散是很难的。正是在这个意义上，我们要来理解马克思、恩格斯对资本主义历史地位所做的解释。他们说：“资产阶级，由于一切生产工具的迅速改进，由于交通的极其便利，把一切民族甚至最野蛮的民族都卷到文明中来了。它的商品的低廉价格，是它用来摧毁一切万里长城，征服野蛮人的最顽强的仇外心理的重炮。它迫使一切民族——如果它们不想灭亡的话——采用资产阶级的生产方式，它迫使它们在自己那里推行所谓文明制度，即变成资产者。一句话，它按照自己的面貌为自己创造出一个世界。”②也就是说，资本主义造就了一个世界性文明。

资本主义创造了强大的生产力，它所召唤的科学技术发展打破了各文化圈间天然疆界的限制，而把人类带入一个共同文明——现代文明中来了。然而，现代文明并不是哪一种文化的自动延续，而是各文化圈交融的过程。现代文明最大的特点就是其世界性，它是全人类共同创造的成就。布莱克说：近代较先进的国家对较落后的国家确实有很大影响，但现代化不等于“西化”，因为“它不仅未能考虑到先进国家本身最初的转变，而且也未考虑到较落后的国家对更落后的国家的影响”。③ 全世界任何一个国家毫无例外地都有一个改造自己的传统使之进入现代文明

---

① 比如现在津巴布韦丛林中有古代“石头城”(音即“津巴布韦”)的遗址，这就是一种古老文化的有力证据。这种文化隔离于其他文明中心，长期独立地发展，但后来却未能发展下去，“石头城”也埋没在荒草密林之中了，到1868年才重新被发现。这类神秘的文明遗址在南部非洲还有多处，巴兹尔·戴维逊曾说：“漫长的(非洲)东海岸以内的大陆，在文化上并没有，也从来没有形成一个整体。”[英]戴维逊：《古老非洲的再发现》，屠尔康、葛信译，309页，北京，生活·读书·新知三联书店，1973。这大概就解释了为什么在非洲腹地，文明曾经发生，却没有能扩散并延续下来的原因。类似的情况在太平洋岛屿及南美洲也有。

② 马克思、恩格斯：《共产党宣言》，见《马克思恩格斯选集》，第1卷，255页，北京，人民出版社，1972。

③ C. E. Black，*The Dynamics of Modernization*，New York，1967，p. 6.

的过程，再先进的国家也都经历过并仍在经历“现代化”。我们在谈论“现代文明”的时候，首先必须明确这一点。

但现代文明一开始是在欧洲萌发的，当它最早出现时，它以资本主义的形式表现出来。这就是上文所引用《共产党宣言》那段话中所表达的意思。

欧洲为什么产生资本主义，这是个很大的问题，我们在这里显然不能一言以蔽之，但我们仍可以把欧洲在资本主义发生前的社会状态作一简单的回顾，并将它与其他文化圈进行比较，这样，也许就可以对这个问题看出一点端倪来。

欧洲文化模式起源于古代希腊社会，这一点是世界上大多数学者所公认的。汤因比说：“我们西方社会和古希腊社会的关系……好像子女和父母的关系一样。”①战后美国一本流传很广的大学教科书在谈到希腊文化时也这样说：“在古代世界各民族中，其文化最能体现西方人精神的是古希腊人。”②的确，古希腊社会以个人为基础的价值体系和商业精神以及其他种种特征不仅留传给罗马，使古代罗马文化具有典型的西方文化的特征，而且影响到后来欧洲整个的历史发展，至今欧洲(特别是西欧)的许多文化现象都可以追溯到古代希腊社会。

但作为一种文化模式，“欧洲文化圈”成形并固定下来却应该从基督教传播算起。基督教扮演了统一的意识形态的角色，同时也担任欧洲文化扩散的工具。接受基督教意味着野蛮人皈依文明，同时也意味着对超国界的欧洲文化的认同。由于基督教的传播，日耳曼人消灭了西罗马帝国却归顺了罗马天主教会，斯拉夫人威胁着拜占庭却接受了东正教的洗礼。随着基督教的传播，欧洲文明从地中海扩散到整个欧洲。到资本主义发生时，欧洲是一个基督教的大世界。但这个世界一分两半，最早的资本主义是在天主教的西部地区发生的，因此我们对这个地区就应当特别关注，找出它的特殊之处。

中世纪的欧洲有一个显著的特色，即它的封建主义。封建主义既是一种经济结构，也是一种社会组织形式。

封建主义在欧洲有严格的含义，但这个词后来被广义化了，用来泛

① [英]汤因比：《历史研究》，曹未风译，14页，上海，上海人民出版社，1959。

② Edward. M. Burns, *Western Civilizations*, Vol. 1, New York, 1973, p. 113.

指世界许多地区的前资本主义社会形态。在西欧，以及在很大意义上的整个欧洲，封建主义与领地分封制联系在一起，“土地不再作为私人财产分出去，而是由国王分配给他的封臣，以换取军役义务。封臣们在自己的地产上征集受过训练的人，带领他们去打仗”①。土地的占有与军役义务相关联，而且可以一级一级地分下去，由大封建主封给小一点的封建主，最后及至农民，这就是封建主义在经济结构方面的内容。

土地分封制造成相应的社会等级结构，形成金字塔式的社会。在金字塔的顶端坐着世袭的君主，其下是一层一层的封建主，农奴处在金字塔的最底层，他们是社会的基础。封建化的程度越高，“无主的”自由农民就越少。“人各有其主”，这是封建社会的基本特色。但这个金字塔并不是浑然一个整体，它只在相邻两个层次间存在着有机的联系。在典型的封建社会中，高一层的封建主只对他的直接受封人发号施令，因为他的土地是封给这些受封人的。反过来说，低一层的封建主也只对他的直接封主有服从义务，因为他从直接封主手中得到了土地。这意味着国王并不一定能号令所有的贵族，大贵族也不见得能号令全体小贵族，所谓“我的附庸的附庸不一定是我的附庸”。

这种情况造成两个后果，其一是封主与封臣用契约的形式固定其相互关系，彼此都有权利，彼此也都有义务。“小领主成为大领主的‘封臣’，置自己于大领主的保护之下并同意效劳，其性质往往是军事的；大领主则同意保护其封臣的土地作为回报”，“并答应对其封臣‘主持公道”。② 任何一方不履行义务便违反了封建契约，因而封建秩序也就遭到破坏。

其二是权力极为分散，每一个领主都行使完全的司法、行政权，每一个庄园都是一个独立的司法、行政单位。这种现象在现代社会是完全不能容忍的，因为它不符合“国家主权”的原则。但在西欧封建社会，它却有一定的合理性。当时交通很落后，各地区几乎完全处于封闭的状态中，彼此间很少联系。在这种情况下，与其权力集中而不能行使，倒不

---

① Y. Zubritsiky, V. Kerov & D. Mitropolsky, *A Short History of Pre-Capitalist Society* Moscow, p. 95.

② Carlton J. H. Hayes & Frederick F. Clack, *Medieval and Early Mordern Times*, New York, 1966, pp. 91, 92.

如分散权力，实行比较有效的治理。

权力如此分散自然也受制于生产发展的状况。在当时西欧，每一个庄园就是一个经济独立体，实行自给自足的经济。各地在经济上既然没有多少联系，在政治上自成一统当然也就有可能。

自给自足的经济、分散的权力、松散的社会联系，这些就是中世纪欧洲的特色。这些特色使欧洲文明在一千年中发展迟缓，失去了古希腊罗马的光辉。举一个例子：欧洲古代发达的医药学在中世纪失传了，相反却在阿拉伯人的药典里保存下来。与其他几大文明相比，欧洲(特别是西欧)明显地落在后面，西方有些学者把这一千年称作是“黑暗的中世纪”，显然有一种痛心疾首之感。

但资本主义最终在欧洲(严格地说是在西欧)萌发，其中一个重要的因素是存在着一种异己的力量——商业和城市。

西欧的商业和城市是一种相当特殊的历史现象。就连欧洲东部也不具备西欧的这种特殊性。说西欧特殊，并不是说它的城市特别繁华，商业特别发达。相反，无论与古代的希腊、罗马相比，还是与同期的东方世界相比，中世纪西欧的城市与商业都相当凋敝，十分冷落，即便是意大利的威尼斯和热那亚，也大不如中国的诸如泉州和扬州。无怪乎一个威尼斯商人马可·波罗到了中国，要感叹东方城市的繁华富庶。而马可·波罗回国后写的游记，刺激起西方人到东方寻宝的热望，正是这种热望，导致了后来地理大发现，以及由地理大发现引起的世界面貌的改变。

西欧的城市与商业之特殊，就特殊在他们始终游离于主流体制之外，未成为体制内的力量。西欧的城市从封建主手中赎买(或夺取)自由，发展出一套完全异化的价值观念，形成封建社会内部的特殊体系。我们可以从两方面来看待这种特殊性。在经济上，城市的经济活动不纳入封建庄园的经济体系，城市的生产与销售均由市民自行组织，不受封建主干预，城市还有征税权，有独立于领地之外的财政管理系统。在政治上，城市形成自治，不存在封建制度下封主与封臣的关系。它不隶属于任何一个封建主，同时对别人也没有封授土地的关系。它可以推选自己的行政官员，而且有独立的司法权，城市法庭与封建主的庄园法庭有同等地位，不受领主法庭制约。这种情况意味着西欧城市在经济上不依赖于封建领主，在政治上则独立于封建领主。城市的这种独特性还可以从个人的社会关系上看出来，任何人一旦成为市民，他就脱离了封建关系，成了不受封建关系约束的“自由人”。“人各有其主”在城市是不适用的。于是，在一个庞大的封建农村社会旁边，就站起了一个弱小的市民社会，这个社会虽然弱小，却充满了生机，它是在封建社会的主流体制之外不断发展的，形成了新的价值标准，创造了新的文化。正是从这个体制外的力量中，孕育出早期的资本主义。马克思、恩格斯曾经说：“从中世纪的农奴中产生了初期城市的城关市民，从这个市民等级中发展出最初的资产阶级分子。”①一个异己力量在封建社会中受默认的存在，是西欧萌发资本主义的重要原因。

相比之下，在世界其他地方就不存在这种情况。比如，中国的城市与商业一贯很发达，在春秋战国时期就“手工业发达”，“商业兴盛”②；与欧洲中世纪盛期同时的唐代，都城长安就是一个很大的商业城市，东西两市有108坊，400多个行，通过丝绸之路与中亚、西亚互相交通，是对外贸易的中心。宋代词人柳永咏杭州为“烟柳画桥，风帘翠幕，参差十万人家”，而且“市列珠玑，户盈罗绮竞豪奢”③。这显然比同期的威尼斯、佛罗伦萨等意大利城市繁华。但中国的商业与城市一向都是在体制内发展的，受社会主流体制的节制与约束。商人与社会上其他成员同流，并不具备超主流体制的特殊身份。商人发了财总是要投资土地，因为土地被看成是财产与社会地位的最终归宿；同时，商官合流，又使商业与政权勾结在一起。而且，历朝历代都有非常强大的官办商工，这几乎成为中国社会的一大传统。中国的城市主要不是起商业功能，而是起政治功能，是中央政府统治全国的政治中心。中国虽也有“商会”、“行会”等组织，但“隋唐以来，行会主要是政府控制工商团体的工具”④，与其说它起自治的城市经济的管理者的作用，不如说它是把城市与商业纳入到体制内去的准衙门机构。

---

① 马克思、恩格斯：《共产党宣言》，见《马克思恩格斯选集》，第1卷，252页，北京，人民出版社，1972。

② 范文澜：《中国通史简编》修订本，第一编，244、245页，北京，人民出版社，1964。

③ 柳永《望海潮》词。

④ 余英时：《中国思想传统的现代诠释》，32页，南京，江苏人民出版社，1989。

在印度，商业也明显地融合在体制之内。商业(包括手工业)本身就是一种种姓，很好地嵌在种姓制度的框架中。工商事务一般在种姓内部处理，种姓既是经济管理部门，又是社会管理机构，起着双重作用。因此种姓(特别是包括工商业在内的第三级种姓吠舍)虽然表面上很像是其他社会中的自治行业公会，它却把工商业纳入到主流体制之内去。

伊斯兰世界的商业与城市与中国很相像。阿拉伯的商业在中世纪非常发达，阿拉伯商人一度曾垄断东西方贸易，活跃在从印度洋到地中海的广大区域中，并曾把商业活动向南推进到非洲的莫桑比克沿海。但阿拉伯的商业始终是在政权力量的控制下，活动的范围从未超出于体制之外。城市首先是政治中心，然后才是商业和手工业中心，在这种情况下，城市的统治力量比任何地方都强。类似的情况甚至在欧洲东部拜占庭统治下的地区也多少如此。可见，城市与商业滞留于体制之外，实在是西欧特有的一种现象。

三、西欧与其他地区比较

看出了这一点之后，我们不妨对前资本主义世界几个文化圈的其他方面再做一些比较，以求找出其中异同。

相同之处，大约表现在以下四方面。

第一，在经济方面，各文化圈都发展出发达的农业经济，特别是在各文化圈的中心区，农业技术和农业生产力都发展到前工业社会所能达到的极限，或接近极限，如中国的黄河、长江流域，印度的恒河、印度河流域，中近东的两河流域等。有趣的是，西欧在农业生产方面长期处于相对滞后的状态，在技术水平和生产力方面都不如其他文明中心。西欧后来在资本主义发生后出现的农业技术改良，如人工施肥、作物轮种、条播播种、牲畜越冬等技术，在其他文化圈中可能已经有了上千年的历史。但不论其发达程度如何，各文化圈都只是农业文明而已，商业和手工业建筑在农业生产的基础上，农业社会是全世界的共同特征，而其分散、缓慢、封闭、保守等特色，在各文化圈都完全一样。自给自足的农业经济是前资本主义世界的基本特点，但这并不排斥在主要商道途径的地区出现以商业为主的经济方式，但这种商业仍是以农业为基础的。

第二，在社会方面，各文化圈都呈现出等级社会的阵态，社会是垂直排列的，有明显的上下尊卑之分。等级的结构状态未必相同。比如欧洲是以土地分封为基础的阶梯结构，印度是种姓制度，中国有等级森严的官僚体系及官与民的显著划分，伊斯兰世界也因为部落、血统、宗教、职位而形成复杂的社会等级。在等级社会中，财产不是社会地位的最主要标准，血统和身份对个人来说更重要。人与人之间不仅在财产上不平等，而且在社会权利、政治地位、司法待遇、税收特权等方面都一概不平等，“上”和“下”的区分时时处处表现出来。

第三，在政治方面，由于社会的等级结构，都表现出居高临下型的统治方式。欧洲的封主对封臣，亚洲的君主对臣民，一概以超越的姿态高居于上，要求被统治者服从。统治是统治者的职业，统治只是少数人的事，多数人被排斥于政治之外，其唯一的职责就是服从。而且这种服从往往呈等级向上的趋势，一级服从于另一级，与社会的等级结构完全一致。

第四，在意识形态方面，都确立单一学说的正统地位，并且以这种学说控制社会；把思想一致看作是统治的必要前提，而思想分歧被看作是政治混乱的原因。因此，为求思想一致，就使用思想禁锢的种种方法，包括鼓励愚昧和实行文字狱，以及宗教裁判所。异端虽不一定受到残酷的肉体消灭，但正统之外的集团与个人进不得权力结构，这一点却是确定无疑的，由此而保证价值体系的延续性以及正统性。值得注意的是，被确定为正统意识形态的正是最能体现某种文化模式中基本价值观念的学说，统治者必须利用这种学说进行统治。政权与正统学说相结合，严密控制社会，这是中世纪各文化圈的共同现象。

以上四个特点，可以看作是资本主义发生前人类文明的共同特点。

但直到这时，人类文明尚未超出地域的发展，文化圈之间的交流与相互影响都相当小，因此，各文化圈之间的差别也就很容易清楚地显示出来，从而体现出社会结构方面的巨大反差。

在经济方面，虽然都是农业经济，但土地的占有形式(在很大程度上表现为所有制)有很大不同。比如说，中国很早就确立了相当牢固的小地主所有制，土地可以继承，可以分割，也可以买卖，土地“私有”似乎是不成问题的。但这往往掩盖了一个重要的事实，即国家对土地有最终的决定权。土地被看作是国家交付给农民的，因此随时可以由国家收回，或由国家进行重新分配。全国的劳动力都可以由国家任意调拨使用，事实上无须给予报酬。任何人的任何财产都可以由国家“籍没”、“归公”，因此，私有财产并不具备“神圣”的性质。在小土地私有后面站着国家，私有权的发展并不充分。① 印度的土地归村社使用，尼赫鲁称这是印度社会的三大支柱之一。② 事实上印度的土地所有权最终仍在国家手里，马克思在注意到这个现象后提出了著名的“亚细亚生产方式”的概念。按马克思的说法，亚细亚生产方式“没有私有土地的所有权，虽然存在着对土地的私人的和共同的占有权和使用权”③。马克思认为亚细亚生产方式的概念适用于整个“东方”，也包括所有的伊斯兰国家在内。④ 事实上，伊斯兰世界虽然有多种土地占有形式，从埃及的土地国有制⑤到奥斯曼的军事封地制⑥都有，但究其根本，确实可以说“亚洲的制度(国家是真正的土地所有者)”⑦。这正是东方世界土地占有形式的隐秘的本质。

相比之下，欧洲(特别是西欧)的土地占有形式却是纯个人的，国家并没有参与在内。中世纪西欧虽然也不具备完整的土地私有权(否则分封制就没有意义了)，但君主不是以国家的名义占有土地，而是以最高领主的私人身份分封土地的，各级封建主再依次以类似的名义对土地进行再分封。这样一种不由国家参与其间的所有权，很容易转化为完全的私有权。而这正是西欧后来所发生的事。

---

① 有人说中国在明代就出现了农业中的资本主义经营方式。但是在私有权未能充分发展前，资本主义的确立似乎是不大可能的。关于这个问题可参见田居俭、宋元强编：《中国资本主义萌芽》，75～102页，成都，巴蜀书店，1987。

② [印度]尼赫鲁：《印度的发现》，齐文译，316、327页，北京，世界知识出版社，1956。

③ 马克思：《资本论》，见《马克思恩格斯全集》，第25卷，891页，北京，人民出版社，1974。

④ “从撒哈拉经过阿拉伯、波斯、印度和鞑靼区直至最高的亚洲高原的一片广大的沙漠地带。”马克思：《不列颠在印度的统治》，见《马克思恩格斯全集》，第9卷，145页，北京，人民出版社，1961。

⑤ 郭应德：《阿拉伯中古史简编》，第10章，北京，北京大学出版社，1987。

⑥ [德]卡尔·布罗克尔曼：《伊斯兰教各民族与国家史》，孙硕人等译，343页，北京，商务印书馆，1985。

⑦ 马克思：《战争问题。——议会动态。——印度》，见《马克思恩格斯全集》，第9卷，244页，北京，人民出版社，1961。

在社会方面，虽说都是等级制度，但西欧是一种宝塔式（阶梯式）的等级，每一级都受制于它的直接上一级，又制约它的直接下一级，一级只对直接的上级有服从的义务，对间接上级却不一定服从（“我的封臣的封臣不是我的封臣”）。相比之下，东方存在的却是一种大殿式（覆盖式）的等级，一切等级都覆盖在同一个大屋顶下，对凌驾于社会之上的君权有绝对服从的义务，彼此间却很可能是一种横向的联系：只有地位尊卑之分，不一定有受制约的关系。正如马克思所说：“在这种情况下，依附关系在政治方面和经济方面，除了所有臣民对这个国家都有的臣属关系以外，不需要更严酷的形式。”①

由于等级制度在结构上的这种差别，就很容易看出：欧洲社会的基本单元可以是个人，而其他社会的基本单元则必须是团体（如中国社会的基本单元是家族，印度社会的基本单元是种姓，伊斯兰社会的基本单元是部族等）。因为阶梯式的结构可以把每一个人放在一个固定的位置上，上下左右都有约束，同样身份的个人由此而结成块状整体，再把这些块状按一定顺序连接起来就可以组成等级社会。而在大殿式的结构中，社会的每一个分子从理论上说都是可移动的（这就解释了东方社会在中世纪为什么比欧洲社会有更大的流动性），事实上中国社会就充分体现了这种可移动性（“王侯将相，宁有种乎？”）。为消除这种流沙式的不稳定性，就只有把流沙事先就捏成一个一个的团块，让它们受到相当的束缚，才不致使大殿建筑在稀散的流沙之上。而这些团块就表现为家族、种姓、部族等形式。反过来说，正因为已经把个人捏在一个一个的团块中，因此只需要一个大屋顶，就能把整个社会覆盖住，而以个人为单元的社会则首先要把每一个人放在一个固定的位置上，不让他们有太大的活动余地。

这样，在意识形态方面，“东方”意识形态就必须强调“团体”，而欧洲（特别是西欧）却可以提倡“个人”，这是由社会基本结构造成的。由此就产生一种矛盾现象：在中世纪西欧，看起来被严格束缚在固定位置上的个人其社会存在却是以个人权利为基础的（即使是社会最底层的农奴，也有其特定的社会权利，即领主要保证其份地不受侵犯）；而东方社会

① 马克思：《资本论》，见《马克思恩格斯全集》，第25卷，891页，北京，人民出版社，1974。着重号为引者所加。

中，个人似乎有更大的流动性，但社会却只承认团体的存在，而把个人放在集团中来对待。反映这些价值体系的意识形态于是呈现出很大的差异性，可想而知，最强调个人价值的思想体系应该出现在欧洲，而事实上也正是如此。此外，在意识形态方面还有一点值得注意，即东方的教会都是国家的教会，受政权的控制；而西欧的天主教会却超然于国家之外，形成超国界的二重性实体。这种情况也是由等级结构的不同形式造成的——西欧不存在那个无所不包的"大屋顶"。

最后，在政治方面，我们看到东方"大屋顶"笼罩一切，国家对社会的一切方面加以控制。这个国家是专横的，表现为君主的绝对权力和臣民的绝对服从。国家为有效地行使权力而建立起庞大的官僚体系，正是这官僚体系使东方国家在中世纪的管理水平和组织能力都达到异乎寻常的高度。但同时，它也产生巨大的周期性破坏力，把社会抛进由腐败而造成的震荡与大解体之中去。亨廷顿曾经说：传统制度越接近现代标准就越难产生现代政体。① 他指的就是这种中世纪近乎完美的东方"大屋顶"。相比之下，欧洲大部分地区在中世纪却存在一个由权利与义务所制约的、与土地的封授关系相呼应的权力分散的政体结构，即等级君主制。等级君主只是领主们的头，它不能对所有的臣民直接发令。因此，欧洲历史上很早就出现分权机制：教会与君主的分权，城市自治的分权，领主在每一个庄园上独立的司法权，以及在每一块领地上半独立的治理权等。

总之，欧洲在中世纪是最杂乱无章的，社会在每一个方面似乎都表现出混乱，以个人为本体的社会的确很难纠合在一起。与其他地区相比，欧洲在许多方面落在后面，它的农业发展技术水平落后，生产力相对低下，城市和商业相对不发达，政治机构显然很不完善，社会发展水平很难用"繁荣"二字来形容。在资本主义发生之前的历史上，东方三大文明有更多的相似之处，欧洲(特别是西欧)则显得比较独特。看来可以这样说：东方的情况是普遍的，欧洲的情况是特殊的。从发展趋势看，欧洲好像在向其他地区靠拢。站在14、15世纪时，情况就是这样——土地分封制慢慢过时了，领主经济变成地主经济，"国家"渐渐形成起

① [美]塞缪尔·P·亨廷顿：《变化社会中的政治秩序》，王冠华等译，160页，北京，生活·读书·新知三联书店，1989。

来，一个“大屋顶”以专制王权的形式开始出现。然而欧洲终究没有走东方的路，它独特的社会状态使资本主义在西欧出现了。结果，欧洲率先进入资本主义，把世界推进到现代文明中来。

看来，说资本主义产生在欧洲的特殊性之中，这是站得住的。但也许正因为它产生于欧洲的特殊性之中，因此当欧洲最先用资本主义方式闯开现代世界的大门并指出现代化是人类共同的追求时，其他文明却要寻找不同的途径，才能走进那扇大门。

欧洲民族问题的历史轨迹

一、当代：民族问题再次浮现

1991年，当苏联解体的趋势终成定局时，西方世界舒舒服服地松了一口气。然而就在西方世界庆贺胜利，自以为从此天下太平时，一些危险的信号却从不同的角落发出，预示着未来的欧洲并不太平。人们看到：巴尔干半岛烽火连天，冲突不断，波黑战争成为第二次世界大战以来欧洲最大的一场战争，其无目标、无原则的性质使全世界感到吃惊。人们看到：解体后的苏联境内埋藏着许多冲突的种子，各新独立国家不仅内部潜伏危机，随时可能爆发冲突，而且相互间心存疑虑，彼此戒备，有些已发展成公开的抗争。在俄罗斯联邦，骚动的因素已经公开表现在车臣冲突中，如果车臣分离成功，新的一轮领土分裂有可能使俄罗斯成为巨大的动荡根源。在东欧，改变了政治颜色的各国之间并不亲近，相反，几十年销声匿迹的民族问题又开始露头，边界、领土等争端重新成为人们关注的焦点。回顾苏东剧变后的欧洲局势，人们突然意识到：共产主义退却了，民族主义却可以卷土重来。目前，欧洲所有动荡的根源几乎都与民族问题有关，就连苏联自身的瓦解，在很大程度上也是由民族问题造成的。民族问题的严重性使人们有理由感到忧虑。毕竟，自19世纪以来，欧洲历史重大的战争都起源于民族的冲突：拿破仑战争、克里米亚战争、意大利诸次统一战争、德意志诸次统一战争、第一次世界大战乃至第二次世界大战，哪一场大战不是如此？人们于是担心，新抬头的民族冲突是否会把整个欧洲——乃至世界——再次拉进一场大战？

然而就在东欧的民族问题趋向严峻，引发诸多冲突时，西欧的民族矛盾却似乎在缓解，民族间出现一种亲和的趋势，往日的互斥心理正在被一种彼此接近的倾向所取代。这不是说民族间的分歧都已经消除了，而是说，许多重要的差距正在缩小，价值观和生活方式正在接近，相互间产生了一种共同的感情，国与国、民族与民族之间感到了“相互依存”(interdependence)的必要性：在一个日趋“全球化”的世界上，不相互依存，就不能生存。“相互依存”的思想在伊奥内斯库的书中表达得很清楚，其中说：过去四五十年中，人类社会进入一个相互依存的新纪元，这个纪元体现着“20世纪中叶出现的科学信息革命对人们在国内国际事务方面的行为的影响，这场革命将这些事务紧紧地联系在一起，通过协同作用，它们形成一体又高于并不同于全体相加的总和。”①

在现实中，这表现为战后西欧的“一体化”，英、法、德三国几百年来连横合纵的循环到第二次世界大战后看来已告一段落，三大国鼎立的状态让位于欧共体内部的合作与竞争。在不到50年的时间里，西欧的联合好像已难以逆转，人们憧憬已久的一个“欧洲的联邦”似乎就要从梦想成为现实。1991年12月，正当苏联解体、前南斯拉夫日益深陷在内战之中时，西欧国家却在荷兰签订了马斯特里赫特条约，为欧洲的“统一”制定了时间表。西欧联合是“相互依存”思想在现实中最突出的体现，它为一个迷茫的世界提供了希望。“欧盟”的实践使理论家们备受鼓舞，他们认为：长期使人类社会困扰不安的民族冲突有可能得到最后解决，其途径是让一个超国家超民族的实体接管“国家”的大部分功能。按历史学家比迪斯的说法：“由民族主义唤醒的热情有时会致力于解放，有时

① Ghita Ionescu, *Leadership in an Interdependent World: the Statesmanship of Adenauer, De Gaulle, Thatcher, Reagan and Gorbachev*, London, 1991, p. 5.

会效劳于压迫，知道了这一点，我们就不禁要问：民族国家再维持自一战以后在欧洲的状态，即作为对内进行治理、对外从事外交的正式实体，现在是否合适？相信这样一个实体仍应该行使完整的主权、而这个主权又必定不可分割——这样看是否还明智？换一种表达方式：假如一个民族的政府放弃某种程度的主权，它是否就不可避免地会丢失一切？”①

当然，西欧并不是完全沉浸在民族和谐的蜜汁里，民族间的龃龉仍不时发生。比如说，爱尔兰共和军(1996 年 2 月)宣布终止为时 17 个月的“停火”，新的一轮暴力活动似乎又要在英伦三岛蔓延。西班牙的“加泰罗尼亚主义”或“巴斯克主义”仍不时发出强烈的呼喊，至少在文化上，它们将长期存在下去。比利时的民族问题虽然处理得颇有技巧，但明确划分的语言地域界线和按语言划分的政党结构却在清楚地提醒人们：事关民族问题的大小事务都必须谨慎从事。意大利和德国出现的新法西斯主义、新纳粹主义运动虽然人数不多，但它们强烈的种族主义倾向却足以使人们感到担忧……种种现象表明：在西欧，民族问题仍然是存在的，人们并不可高枕无忧。

不过当前欧洲民族问题的现状仍然是：东欧趋向恶化，西欧趋向缓和；东欧趋向“分”，西欧趋向“合”；东欧前途难卜，西欧则有成功的希望。如何解释这种东西两面差异鲜明的现象？这正是我们探寻欧洲民族问题的历史轨迹的目标所在。

二、古代：民族与“文明”

已知最早的欧洲居民，是使用粗糙石器的远古人，考古学家称之为尼安德特人。后来克罗马农人取代了他们，克罗马农人同样属于旧石器时代，是一种旧石器时代的遗迹。再后来，新的人群在欧洲大陆上来来往往，过往交替，渔猎采集也过渡到半游牧半耕作的生活，但漂泊移动始终是这些远古人群的共同特点。为争夺猎物和牧场，远古人经常发生激烈的打斗，争夺的过程现在当然不可能知道，因为没有文字的记载。

① Michael Biddiss's Presidential Lecture given to the Historical Association Annual Conference at the University of Wales, Swansea, on 8 April 1994, titled as “Nationalism and the Moulding of Modern Europe”.

但争夺一定是很壮烈的，争夺的结果是一些人被驱逐，另一些人占据丰腴的生存空间，在史前几十万年时间里，欧洲大地上就流动着一群一群这样的人，有一位作者在想象克罗马农人取代尼安德特人的经过时说："这些高个子的猎人，是不是入侵了尼安德特人的土地，占据了他们的洞穴，并把矮胖的尼安德特人杀掉了呢？我们可以想象到一场残酷的战争，用棍、木矛、手斧相互厮杀，尼安德特人勇敢地捍卫他们的家庭、居处和猎物，但最终却以失败告终了。那些儿童们是不是被战胜者所收养呢？妇女们是不是被劫为妻室呢？如果我们能够知道确实发生过什么事情。这就可以写成一段很好的故事。"①

远古人群虽然是一拨一拨的，却绝不是我们所说的"民族"，即便拿斯大林关于民族的比较经典的定义去衡量它们，它们也完全不符合标准。② 现代民族学家更强调"民族"对它自身的意识，强调文化对民族的积淀作用，③ 如果拿这些标准去衡量它们，它们就更不是民族了，因为它们根本不可能意识到自己是作为"民族"的一种共同体，即使是在与古罗马帝国同时、社会组织形态已经发展到相当高度的日耳曼人那里，情形也仍然如此。日耳曼人尚且不以为自己是"民族"，④ 而在他们之前那些早已消失在史前茫茫烟霾之中、跌落在攀登文明的悬崖之下的更古老人群，⑤ 当然就更不会有民族的意识。

"民族"的概念形成于文明之光在地中海沿岸显现时。有意思的是，"民族"这个词的西文形式（nation）所包含的意思除我们所理解的"民族"之外，还可以指一个巨大的独立的地域，在这个地域内居住着许多有不同民族属性的人；它也可以指部落或部落联盟，比如美洲的印第安人部

---

① ［美］海斯等：《世界史》上册，21页，北京，生活·读书·新知三联书店，1974。

② "民族是人们在历史上形成的一个有共同语言、共同地域、共同经济生活以及表现于共同文化上的共同心理素质的稳定的共同体。"斯大林：《马克思主义和民族问题》，见《斯大林全集》，第2卷，294页，北京，人民出版社，1955。

③ "民族这个概念体现着主观态度与客观政治意愿环境的结合，这是一种永远变化着的结合，其形式对每一历史事例都是独一无二的。"（Peter Alter，*Nationalism*，1989，p. 16）民族是一种"想象中的群体"，因为"即使是最小的民族，其成员也不可能认识其同族中的大多数人，不可能见过他们，甚至不可能听说过他们；然而在每一个人的心中，都存在着一种想象中的交流。"（Benedict Anderson，*Imagined Communities：Reflections on the Origin and Spread of Nations*，1983，p. 15）

④ 参见［罗马］塔西佗：《日耳曼尼亚志》。

⑤ 参见［英］汤因比：《历史研究》，第二部，"文明的起源"。

落等。[①] nation 的词源是拉丁文 natio，反映了在古罗马人那里，“民族”的含义与这个词所指的当时的客观现实相符，而与我们现在理解的意义有一定差别。罗马的现实是：它征服了许多“异族”，把它们纳入帝国的版图，因此形成拉丁文中的 natio 一词，它既带有地域、又带有部落的暗指。罗马的疆界越大，它就越要和更多的“异族”发生正面冲突，而这些异族在罗马人眼里又都是“蛮族”，因此他们与罗马的冲突在很大程度上带有“文明”与“野蛮”冲突的性质。所以严格地说，“民族问题”更关系到“文明”与“野蛮”的差异，这是古代世界“民族冲突”的最大的特点。在“文明”与“野蛮”各自的内部，民族问题并不那么显眼：在“文明”的罗马，被征服“民族”沦为奴隶，他们与罗马的矛盾成了罗马奴隶制社会的基本矛盾；在“蛮族”方面，日耳曼人、斯拉夫人、西徐亚人之间更无一致可言，况且作为史前的人群，它们各自都还离“民族”很远，最多也只是一些比“民族”松散得多、尚未产生相同认同感的群体，可以把它们叫作“族群”。族群内部尽管有些共同特征，但人们以部落为单位，部落是认同的对象，也是效忠的对象。只是在后来的发展中，通过部落间的许多交融，以及这些部落和其他族群间的复杂交混，才形成了今天欧洲的各个“民族”。(在此应该提醒一下：nation 本来就有“部落”的意思。)

比罗马更早的希腊其情况也多少相似。在希腊城邦时期，城邦的差异是主要的差异，城邦的认同是主要的认同。城邦以部落为基础，希腊人在从“野蛮”进入“文明”的时候，只是在部落之上安一个“城邦”。城邦间的分歧使人们很难把希腊人看成是一个“民族”，但“希腊民族”的概念还是有的，只不过是在整个希腊共同对抗非希腊世界时才显现出来，这与后来罗马对抗“蛮族”时的情况十分相似。事实上，马其顿对希腊入侵并最终扩张为一个庞大的“希腊世界”，几乎就是一次“蛮族入侵”。

总之，在古典时代，“民族”并没有和“族群”、“部落”等完全分开；即使那时有“民族”这个概念，它主要也是将“文明”和“野蛮”区别开，“民族”到底是什么东西，在那时是十分模糊的。

---

① Cf. *Webster's Ninth New Collegiate Dictionary*, Springfield, Massachusetts, 1984, word “nation”；王同亿主编译：《英汉辞海》，“nation”条，北京，国防工业出版社，1991。

三、中世纪：民族与领地分封

公元5世纪，“蛮族”大举南下，西罗马帝国灭亡。日耳曼各部落如哥特人、汪达尔人、法兰克人、伦巴德人、盎格鲁－撒克逊人等如潮水般涌下来，分割占据了原西罗马帝国各地，建立起大大小小的封建王国。与此同时，匈奴人、斯拉夫人、保加尔人等也向东罗马帝国边境压下来，在以后的几个世纪中，在黑海和巴尔干之间建立了许多国家。

“蛮族”在入侵过程中互相融合并融合了当地原有的居民，形成后来欧洲各民族的轮廓。在入侵过程中，“蛮族”消灭了古典文明，但“文明”却以基督教的形式传播给“蛮族”。整个过程中有两个方向相反的运动，一是“蛮族”从北向南、由东向西的迁徙运动，二是基督教徒从南向北、由西向东的传教运动。等这两个运动基本结束时，欧洲已经成了基督教的大世界，古典时期“文明”与“野蛮”的差别消失了，文明发展的不平衡状态已基本拉平。因此，以这种不平衡为基础的古典“民族问题”就不存在了，古典形式的“民族”差异也一同消失。

新社会的基础是领地分封制，按照封建原则，土地从国王开始一级一级往下分，由大贵族到小贵族，最后再到农民。随着土地的分割，行政司法权也被分割了，接受领地的人同时也从高一级封建主那里接过领地的管理权，在典型的封建制度下(比如封建早期的法国)，领地是一个个独立的单位，封主不能直接插手封臣领地上的事务，而且，封臣的封臣也不再是他的封臣，所谓“我的附庸的附庸不是我的附庸”，封建社会是一个按领地分割的社会。

封主与封臣间结成权利与义务的关系，这是整个封建社会的纽带。在封建关系下，小领主“置自己于大领主的保护下并同意效劳”，大领主“则同意保护其封臣的土地作为回报”。① 封臣最大的义务是为封主服军役，土地“由国王分配给他的封臣，以换取军役义务，封臣们在自己的地产上征集受过训练的人，带领他们去打仗”②。随着封建社会的发展，

① Calton J. H. Hayes & Frederick F. Clark, *Medieval and Early Modern Times*, New York, 1966, pp. 91, 92.

② Y. Zubritsiky, V. Kerov & D. Mitropolsky, *A Short History of Pre-Capitalist Society*, Moscow, p. 95.

军役义务不一定由封臣自己直接履行，军事贵族到后来也可以变成政治贵族，但有一点是确定不变的，即封臣效忠于封主，在任何场合下都必须服从封主的权威。违背了这一点，封建关系就被破坏了，领地可以被没收，封主可对其进行讨伐。

有两个问题应该注意：第一，在典型的封建制度下，封臣只效忠于他的直接封主，也就是谁给他土地，他就效忠于谁。这在多数场合使土地的终极来源——作为“国家”的象征的国王，不成为多数领主效忠的对象，“国家”于是成了一个空洞的概念，任何领主都可以带领他手下的封臣武装反叛国王，因此对领主而言，“国家”无可无不可。

第二，领地不具备“民族性”，也就是说，接受领地的人可以是任何人，领地也可从任何封主那里接受，而不受“国籍”或“民族”的影响。举例来说：诺曼征服[①]后，大批英国领地落入法国贵族之手，成为法国人在英国的领地；反过来，在12、13世纪，英国国王又拥有大片法国领地，他自己是法国国王的封臣，他在法国的领地，既可分封给英国人，也可分封给法国人。这种情况在整个欧洲都是如此，由一个“外国人”来接受某块领地甚至整个“国家”的事，在中世纪欧洲不乏其例。

由以上两点可以知道：如果封建主发生冲突，那么冲突是以领主间的依附从属关系为基础的，封建原则高于一切，人们认同于领地，而不认同“国家”或“民族”。

对于广大农奴来说，情况也几乎雷同。农奴被固定在领主的土地上，不可任意走动，从社会归属来说，他们属于某个庄园，一旦他出生在这个庄园，他就永远隶属于这块土地，随着庄园的转手而改换主人。他们的封建义务是属于庄园的，领主是谁并不重要，领主是“外国人”还是“本国人”对农奴来说无所谓，“国家”对农奴来说则是一个遥远的东西，管辖他们的是庄园而不是“国家”。

所以，对中世纪的几乎一切人——领主或农奴来说，“国家”和“民族”观念都很淡薄，在一个分割的封建社会里，与人们息息相关的是领地而不是其他。在这种情况下，“英格兰”、“法兰西”、“德意志”、“波希米亚”等主要还是一些地理概念，而不是作为政治实体的“国家”；“英

① 1066年，诺曼底公爵威廉带领法国贵族争夺英国王位，在英国建立诺曼底王朝，史称“诺曼征服”。

格兰人”、“法兰西人”、“德意志人”、“波希米亚人”等也主要表示他出生于哪一块土地上，而很少带有“民族”区分的意义。事实上，中世纪欧洲作为基督教的大世界，一切“国界”都是开放的，自由人可以在基督教世界里自由地来往，并不因为他的“国籍”而受阻。相反，“领地”却未见得对一切人开放，每一块领地都是相对封闭的实体。

不过“民族问题”还是有的，特别是当这个基督教的大世界受到来自外部的威胁时，人们对“民族”的理解就会突然升温。这种情况发生在阿拉伯人入侵西班牙、蒙古人入侵东欧中欧、土耳其人入侵巴尔干半岛时。欧洲的基督教徒清楚地意识到入侵者是“异族”，但这种意识是和“异教”联系在一起的：阿拉伯人、土耳其人、蒙古人等都是“异教徒”，异教信仰使他们与欧洲人有着根本的不同。欧洲人自身虽然也有差别，但那仅仅是地域的差异，共同的宗教信仰使他们彼此认同。不同的宗教信仰可以成为“民族”差别的标志，比如犹太人、亚美尼亚人就是这样。在中世纪欧洲，“民族问题”和宗教问题纠缠在一起，“异教”和“异族”混为一谈。要理解这种现象，就必须记住：基督教是一种普世的宗教而不是民族的宗教，它包容一切信徒而不分其民族。当整个欧洲都包容在基督教大世界里时(尽管分为东西两个部分)，人们对宗教的认同感产生出强大的亲和性，从而大大地掩盖了“民族”的差别。再加上，中世纪欧洲只使用一种书面语言即拉丁文，这使得民族的属性更加不清楚。与此同时，把社会划分开的是领地而不是国家，冲突发生在领主之间，领主与领地又都不讲民族性——由于这种种因素，中世纪的“民族”和中世纪的社会一样，被封建社会分割得支离破碎。现代意义上的民族在这种情况下是不可能产生的，在一个浑浑噩噩的基督教大世界里，一切“民族的”差异几乎都被填平了。

四、近代：民族与民族国家

迄今为止，“民族”这个概念在欧洲人脑海里都很模糊，原因是“民族”始终没有找到一个有形的依附实体，因而一直是一个飘忽不定的存在。在欧洲，认同和效忠的对象已经有过许多，它们是氏族，是宗族，是部落，是家庭，是封主，是领地，是教会，是宗教，但始终不是民族。没有人为“民族”而死，没有人为“民族”献身。只是到了近代，情况才发生变化，“民族”与“国家”结合起来，成为有形的实体，而它作为清楚的意识也开始在脑海里形成并成为国人共同的效忠对象。近代民族最大的特点是民族与国家等同，“民族国家”成了民族必须赖以生存的支柱。这个认识最终以“民族主义”的形式表达出来，而“民族主义”最基本的信念(按现代学者的说法)就是：“政治与民族的单元应该同一”,① 用通俗的语言表达出来就是：国家与民族同一，国家等于民族，民族等于国家。

国家与民族同一的过程起源于中世纪后期，当时，欧洲发生了一系列战争，结果造就了一批现代意义上的民族。比如，西班牙收复失地战争驱逐了阿拉伯人，造就了现代的西班牙民族；英法百年战争划开了英法两个国家，铸造了两个不同的民族。在北欧，人们看到瑞典从丹麦的统治下挣脱出来，形成丹麦与瑞典两个民族。在东欧，俄罗斯摆脱蒙古人的统治，形成统一的俄罗斯民族。俄罗斯与波兰的相互入侵与抵御，又清楚地划分出这两个民族。在形成民族的过程中，王权发挥了关键的作用，它把民族与国家结合起来，形成最早的“民族国家”。王权在这个过程中也成了专制的权力，成了凌驾于民族之上的“独占的权力”，黑格尔对此十分欣赏，说“这就使国家有了一个不可撼动的中枢”②。亨廷顿对此也加以肯定，他曾说：“现代化需要推动变化的权威”，在16、17世纪，“专制君主”正是这种权威。③ 总之，专制王权是民族国家的第一个阶段，在这个阶段上，国家统一了，民族自立了，中世纪的混乱状况得以清除，国家的发展具备了初步的条件，正是从这个意义上说，专制王权是时代的需要。

民族国家的第二个阶段是真正的“民族的”国家的建立，在这个阶段上，国家不再属于个人，它应该属于整个“民族”。“民族”与王权发生对抗，最终推翻专制王权。这以后，阻碍国家发展的最后障碍消除了，国家可以开始全力发展。④ 为克服专制王权，欧洲发生过许多革命，法国

① Ernest Gellner, *Nations and Nationalism*, Oxford, 1983, p. 1.

② [德]黑格尔:《历史哲学》,王造时译,475页,北京,生活·读书·新知三联书店,1956。

③ [美]亨廷顿：《变动社会的政治秩序》，张岱云等译，110、112页，上海，上海译文出版社，1989。

④ 关于这个问题我曾在《走向现代国家之路》一书中详细讨论过。见钱乘旦、陈意新：《走向现代国家之路》，第二章，成都，四川人民出版社，1987。

大革命被认为是其中的典型，因此许多学者说法国大革命及以后发生的拿破仑战争是近代欧洲民族主义的起源。[①] 亨廷顿也说，在法国大革命之前，欧洲的冲突是“君主的冲突”，在它之后则是“民族国家冲突”，[②]这显然把法国大革命作为民族国家诞生的标志。但事实上，早在法国大革命发生之前，民族国家就已经形成了，只不过在当时的条件下，君主必须以最高权威的姿态出现，把“民族”与“国家”强行撮合在一起。

为什么要形成民族国家？因为民族国家是现代化的载体，没有这个载体，现代化就不能发生。请想象这样一个过程：在一个中世纪的基督教大世界里，整个欧洲的发展水平基本拉平，各地的社会、经济结构都很相似，意识形态和价值观念都大体相同，因此“国家”和“民族”的差异都很狭小。这时，突然有一两个地区先发达起来，它们以“民族”为依托，关上“国”门致力于发展，“民族”的凝聚力突然间加大，因为每一个人都开始意识到：自己与“民族”息息相关。这是一种“先富起来”的解决办法，每一个“民族”都只自己顾自己，而不让其他基督教兄弟们拖住自己的后腿。于是，“民族”间的差异扩大了，“国家”间的壁垒树立起来。先发展的“国家”立即对后发展的国家形成压力，让它们感到不发展就难以生存。但要发展就必须调动“民族”的力量，从而必须形成“民族的”国家。因此，近代民族差异实际上是发展的差异，近代民族问题是发展所生成的问题。现代化事实上是以民族与国家为单位的，民族国家是现代化不可缺少的支架。

由于现代化发展是不平衡的，民族间的差异也必然拉大，这使得各“民族”清楚地感觉到彼此间的不同，从而也就意识到自己的存在。近代欧洲各民族就是在这样一个漫长的过程中逐一产生的，在这个意义上，我们可以理解为什么斯宾格勒说“‘民族’是一种心灵的单位”[③]。事实上，在民族意识没有清楚地形成之前，我们很难说现代意义上的“民族”

① “公认的看法是：在现代意义上引起欧洲民族问题的真实推动力，是法国大革命及拿破仑战争。”(Mikulas Teich & Roy Porter ed., *The National Question in Europe in Historical Context*, Cambridge University Press, 1993, editors' Preface, p. xix. 亦见 Biddiss's Presidential Lecture)

② Samuel Huntington: “Conflict of Civilizations?”, *Foreign Affairs*, Summer issue, 1993.

③ [德]斯宾格勒：《西方的没落》，齐世荣等译，198页，北京，商务印书馆，1995。

已经形成。民族意识一般表现为民族主义的出现，当民族主义用清楚的语言表达出来时，近代民族才算形成。

民族主义从本质上说是民族利己主义的，因为近代的民族主义与发展问题连到了一起，每一个民族都想为自己的发展创造最好的条件，争取最有利的发展机遇。正因为如此，自近代以来，民族问题一直是欧洲动荡的一个最重要的根源，在发展的不平衡问题没有得到根本解决之前，民族冲突会始终存在。

随着民族主义在欧洲兴起，一个引人注目的现象出现了，即新的“民族”与“民族国家”相继产生，在一些原本不认为存在特定“民族”的地区，也不断形成新的“民族”。这一现象在尼德兰地区表现得很充分，16世纪之前，尼德兰(意为“低地”)只是一个地区的名称，没有人认为这时有特定的民族，历史上也从来没有形成过国家。16世纪下半叶，尼德兰北部从西班牙统治下脱离出来，形成荷兰。19世纪，比利时脱离荷兰，卢森堡又脱离比利时，各自成为“民族国家”。到20世纪，比利时的弗莱芒人和瓦隆人又都声称自己是“民族”，有权享受民族自决权。类似尼德兰的情况在欧洲许多地区都出现过，这使得欧洲的“民族”不断增多，比如在19世纪50年代，作为坚定的民族主义者的马志尼曾经说欧洲只有11个“真正的民族”。然而到1870年，按当代历史学家霍布斯鲍姆的说法，民族主义运动已经在欧洲遍地开花，其中包括亚美尼亚、格鲁吉亚、立陶宛、克罗地亚、马其顿、阿尔巴尼亚乃至西班牙的巴斯克和加泰罗尼亚等，就连撒丁岛这种“迄今为止想不到会出现地方民族主义的地区，民族主义也勃然兴起。”[①]“民族”的裂解现象到第一次世界大战结束时形成高潮，当时出现了许多新的国家。1989年以后，东欧也形成民族裂解的现象，导致东欧的民族问题骤然升温，引起全世界的普遍关切。

如何解释这种现象？可以用沃勒斯坦的世界体系理论：在一个较大的地区共同体内，某些地段先发展起来，形成发展的“中心”；后发展地带成为“边缘”，受“中心”剥夺。为摆脱这种地位，“边缘”在某些特定条件下以地方主义为号召反抗“中心”，而这些条件如果带有特殊的文化和

① E. J. Hobsbawm, *Nations and Nationalism since 1780 : Programme, Myth, Reality*, Cambridge, 1990, p. 106.

历史背景，就很容易发展成一种“地方民族主义”。于是，一种新的意识产生了，新的“民族”有可能形成，建立新的“民族国家”则是其奋斗的目标，而整个过程的根本目的，是后发展地区企图改变从属地位，变“边缘”为“中心”。① 西方学者对欧洲近代历史上民族裂解的现象十分注意，有些西方学者声称：“是民族主义产生民族，而不是相反。”②如果考虑到民族的自我认同过程在近代民族形成的过程中所起的巨大作用，这种观点是有一定道理的。

前面已经说过，近代民族主义最大的特点就是把民族与国家等同，如果用某种概念表达，就是“一个民族，一个国家”。换句话说，同一个民族应当组织在同一个国家里，同一个国家也就应该只包括同一个民族。然而在现实中这种情况是不可能的，随着历史的进展，民族间的混居现象十分普遍，要想在各自民族间清清楚楚地划出一条线，建立纯洁的“民族国家”，在实践中绝对做不到。因此民族主义的这种追求就使民族间的龃龉永远不会消除，并随时可能发展成公开的冲突。

在近代，民族问题与发展问题联系在一起，民族主义是发展的条件也是其后果，发展需要把欧洲按民族分割开，这是近代民族问题最大的特点。

五、未来：民族问题何去何从

曾经对权力与腐败作过精辟论述的英国阿克顿勋爵在谈到民族主义时说：“民族属性的目的既不是给人自由也不是使人富庶，它将两者都牺牲给把民族作为国家依托的紧迫需要，其经过过程将打上物质与道德沦丧的印记，结果可以使一种新的发明凌驾于上帝的创造与人类的利益之上。”③民族主义在欧洲的几百年历史证明，它既有功勋，又有罪责。功勋在于它保证了各个国家的现代化发展，罪责在于它造成了长久的动荡不安，既可给本民族造成灾害，也可给其他民族带来苦难。

---

① 类似的观点已经在国内学者的著述中表达出来，可参见宁骚：《论民族冲突的根源》，载《中国社会科学辑刊》(香港)，1995年夏季卷。

② Geller，*Nations and Nationalism*，p. 55.

③ Hans Kohn，*Nationalism：Its Meaning and History*，Princeton University Press，1965，p. 125.

民族主义推动现代化发展，是因为现代化以民族国家为单位。现代化发展需要有一个依托，需要调动它可以调动的可能的资源，而民族正是调动各种资源的方便途径，民族主义则为动员民众提供口实——这个过程在一切现代国家几乎都得到了证明。但民族主义并不是绝对地有利于现代化，从民族主义出发也可以引申出强烈的仇外情绪，结果是拒斥一切外来文化，封闭自己，使自己沉湎于民族自大狂的迷幻之中。[1]

就其罪责而言，民族主义的副作用已经被历史表现得很清楚了。欧洲几百年动荡的一大根源是民族主义，多少次震撼欧洲的大战起源于民族主义，就连现在的东欧动荡，也不能不说是迷失了方向的民族主义负面性质在起作用！

但是以民族国家为单位的现代化过程在欧洲进行到现在，已经出现新的转机。新转机主要表现在西欧。在西欧，对几乎所有国家来说，现代化都已经基本完成。人们于是看到：几百年前，当现代化即将起步时，西欧各地几乎都处于同一状态中；现代化起步时，差距开始拉开了，有些国家先走，有些国家后行，民族间的差异越来越清楚，造成总体发展的不平衡。民族间的冲突由此开始，纠纷与隔阂成为西欧近代史上的一大主题。但时至今日，这种不平衡又被平衡的发展相对拉平了，民族的纠纷于是开始平息。正是在这个时候，西欧一体化运动开始了，其结果就是今天的欧盟。可以说，从同到不同再回到同，西欧已走完了一个“同——差异——同一”的循环，以民族对抗为特征的“近代古典”民族主义，到现在可以告一段落了。

然而在东欧，这个循环还没有走完，地区与民族间的差距仍然很大，尤其在一些“帝国型”的国家(多民族、高度集权)长期占主导地位的地区，“中心”与“边缘”的区别还很明显。可以预测，在这些地区，民族纠纷还要持续一段时间。苏联的解体与东欧的变化反而使东欧变得动荡了，正如学者盖尔纳所说：“继之而起的都是小国，它们缺乏经验，而且一般都比较弱，然而却都具备以前帝国所具有的一切不利因素——它们被附带进去的少数民族所困扰，而那些民族中还包括以前处于主宰地位文化属性的人，这些人对现在这种新的从属地位很不习惯，他们还拥

① 国内学者已开始注意到这个问题，可参见孙立平：《汇入世界主流文明》，载《东方》，1996(1)。

有相同文化的同族兄弟，可以在时机到来时帮助他们抗拒这种从属地位。”①两三百年前在西欧发生的情况，一百多年前在中欧发生的情况，正是今天在东欧许多地区发生的情况，“中心”与“边缘”正在调整位置，动荡仍会有所持续。

民族的积怨是冤冤相报的，如恶性的循环，难以化解，彻底解决欧洲的民族问题，除有利的时代潮流与强大的国际压力外，最主要寄希望于发展差距的缩小、不平衡状态的尽速消除，如西欧经几百年发展所做到的那样。19 世纪末一位法国学者曾说过这样的话：“民族并不是永存的，民族有其始，也有其终，也许一个欧洲的联邦取代各民族，但在我们所生活的这个世纪情况还不是这样。在当前，民族的存在是一件好事，甚至是必要的事。民族的存在能保障自由，假如世界上只有一部法律、一个主宰，那自由就会丧失了。”②

且不论他对自由的说法带有何种理想的色彩，他关于“民族”终将消失、但在目前的条件下又不得不继续保留的矛盾之分析，在我们这个世纪即将结束时，却依旧反映着时代的困惑。

① Ernest Gellner, “From the Ruins of the Great Contest: Givil Society, Nationalism and Islam”, *Times Literary Supplement*, 13 *March* 1992, p. 10.

② E. Renan, *Qu'est-ce qu'une nation*? Paris, 1882, p. 28.

欧洲国家形态的阶段性发展：从封建到现代

在欧洲发生封建主义向资本主义转型的过程中，政治发展有明显的阶段性。这种阶段性之所以特别引人注目，不仅在于每一个阶段都体现着当时社会的需要，而且在于几乎每一个欧洲国家都经历了同样的阶段发展，按一定的顺序依次从某一个特定阶段进入下一个发展阶段。尽管各国在发展的速度上有快有慢，发展的方式也会有所不同，但这种发展的顺序却几乎都是一样的。这就使人们不禁自问这种现象是否隐含着某种必然性？如果是，它意味着什么？我们在下面这篇文章中就企图对这个现象做一些探讨，并对其中可能包含的意义做某种解读。

一、封建国家

在《英国历史评论》杂志担任过主编的约翰·罗伯茨曾经说：“近代世界的政治结构有两大基本概念，一是土地应划分成统一在独立当局之下的区域，它们在确定的疆界内有决定其内部事务的最终发言权。二是这些区域只要有可能，就应该由具有一体感的人们所居住，他们形成民族关系或民族性。”[1]这里提到的就是近代民族国家最重要的两个因素，即国家主权与民族一体性。具备这两个因素的政治实体，是近代意义上的国家。但在中世纪欧洲，封建国家所缺乏的正是这两个因素。中世纪欧洲是一个只有“领地”没有“国家”的大世界，由基督教充当文化与意识形态的纽带，把各地区松散地联结在一起。由于实行土地分封，大小领主都把领地视为个人私有，在领地上行使近乎完全的司法权与行政权。这种情况造成两个后果，一是所谓“国家”只含有地理上的意义，即仅指某一特定的地区而已，比如“英国”是指英格兰这个地区，“法国”仅指法兰西这个地区；“国家”与权力没有重叠，“国家主权”这个概念当然也就不存在。事实上，在任何一个所谓“国家”中都有许多领地，而每一个领地都可以是一个准独立的政治单元。国家也许有一个名义上的政治代表，即君主(prince)，但君主也只把国家看作是他自己的私人领地，他把这个领地分割成许多片，然后分封出去，同时也就把权力分散到各个领地上去。在这个方面他和其他领主没有两样，而事实上所谓“土地分封”正是从他那里开始的。因此中世纪封建国家的第一个显著特征，就是中央权力或缺，有时甚至连中央权力机关都没有，也没有中央政府必不可少的所在地——首都。权力与土地一起逐级分散下去，在任何一级上都积聚不起足够的凝聚力，无法形成稳固的经济—政治体。中世纪欧洲的政治力量因此建立在个人效忠的基础上，“国家”这个概念太抽象了，不存在个人对“国家”的忠诚。

由于社会的分散状态，“民族”这个概念也就十分模糊，这就导致第二个后果，即权力与民族属性无直接关系。在一个民族内部，权力是裂解的；在不同民族之间又形成交叉状态。换句话说，领地分封制从理论上说可以给任何人以领地权，于是这个“任何人”就可以不区分民族属性——只要封主高兴，就可以把土地分封给任何人，从而使他得到这个“国家”的一部分权力。比如说，在中世纪欧洲，英国的国王曾经在法国领有 2/3 的领土，因此，他虽然在名义上是法王的臣属，在事实上却享有法国 2/3 的权力，而他又把这些权力分割给他的臣属。他的臣属可以是随他前来法国的英国贵族，但也可以是愿意臣服于他的法国贵族。于

---

① John Roberts: *Revolution and Improvement*, London, 1976, p. 46.

是，权力的交叉分配是与民族属性无关的，它只建立在土地分封及由此而出现的个人效忠关系上。类似的现象在欧洲封建时期比比皆是，比如奥地利的哈布斯堡家族在很长一段时期中不仅领有奥地利而且还是波希米亚(捷克)国王、匈牙利国王、意大利好几个小邦的领主(公爵和伯爵等)；勃兰登堡选帝侯则在接受了波兰的领地后，成为波兰国王的臣属，因而分享了一部分波兰王国的权力。由此可以意识到，中世纪欧洲人更知道自己属于哪一个领主，在哪一个领地上，而不必关心这个领主是不是自己的同“国”人——君主不分国界，臣民也无论民族。

除了以上这种情况，还要再加上天主教会在西欧世界的世俗权力，才能理解中世纪欧洲权力分裂的程度。作为超国界的世界性组织，教会的权力主要表现在两个方面，一是征税权，对所有天主教国家收取十分之一的生产品(什一税)；二是司法权，凡是涉及教会的人和事，包括全体教士在内，其司法管辖权属于教会。因此，教会不仅是一个国际性的宗教组织，而且是一个国际性的权力组织，在相当长的时期内，教权甚至被宣布为是最高的权力。

君主与教会分权，贵族与国王抗衡，这就是欧洲中世纪的全部政治史。这种情况使欧洲在一千年中四分五裂，权力分散，没有集中的权力，也就不可能有在集中的权力保护下的经济发展及对这种发展的冲动。和世界其他文明地域相比，欧洲在中世纪相对落后，权力太分散是一个重要原因。封建分裂最好的例子就是德意志。“德意志民族的神圣罗马帝国”在成立后经历了大约一百年短暂的强盛时期后就权力解体了，大大小小的邦君在各自的领地上行使近乎完全的统治权，他们不仅可以自铸钱币、自定法律、自施行政，最后甚至还取得了彼此间的相互宣战的权力，各邦视他邦如同外国。这种状况把德意志拖进分崩离析的灾难深渊，它政治黑暗，国力羸弱，最终变成欧洲列强角逐的战场。德国后来在近代发展中步步落后，处处表现出中世纪分裂的后遗症，在欧洲历史上留下一个重大教训。然而即便在中世纪权力比较集中的英国，国王与贵族间的斗争也未曾中断过。13—15 世纪的两百多年中，英格兰始终深陷在各式各样的领地战争中——不是国王与贵族争夺权益，就是一起到国外去争夺领地。中世纪史专家沃伦·霍莱斯特曾描写中世纪这种频繁的战争状态：“中世纪盛期，战争极为普遍，不仅发生于国王与大公之间，邻近的贵族与小城堡主之间亦常发生战事。……对某些人来说，除了与敌人——任何敌人——开战之外，就没有别的事可做。”①事实上，中世纪的统治集团——骑士，正是以战争为业而混战不已的。战争在各地造成田原荒芜，商业凋零，中世纪欧洲经济落后的停滞状态与权力分裂有明显的对应关系。尽管当代许多中世纪史专家都坚持说中世纪仍旧有很大的发展，并不像人们所想象的那么“黑暗”，② 但中世纪的发展十分缓慢，常呈现周期循环状态，这却也不容否认。

总之，封建的权力结构在很大程度上妨碍着社会的进步和经济的发展，它最主要的特点是把社会撕裂成无数碎片，无法形成发展所需要的一体合力，也就是很难用社会本身来作为社会发展的推动力。因此，发展的需要使权力的集中成为必要。亨廷顿曾说：“权威的合理化和权力的集中，不仅对于统一是必要的，而且对于进步也是必要的。权力的集中对于铲除旧秩序，摧毁封建特权和封建束缚，并为新社会集团的崛起和新的经济活动的发展都是必要的。”③由此得出的结论是：要想进步，就必须实行权力集中。

二、专制制度

本文作者曾表达过如下观点：“（现代的）国家必须是统一的，因为不统一就不能把全国的人力、物力集中起来，形成一股统一的力量。……对欧洲来说，国家的统一就意味着消灭领地分封制，制止贵族割据，限制贵族权力，尤其要剥夺他们在各自的领地上行使政权的权利，而把权力集中到国家手里。”④因此，统一的先决条件之一，就是权力集中——以“国家”的名义集中权力。到中世纪晚期，能够以“国家”的名义把权力集中起来的力量，恰恰就是封建国家在名义上的代表——王权。

---

① ［美］沃伦·霍莱斯特：《欧洲中世纪简史》，陶松寿译，157～158页，北京，商务印书馆，1988。

② “仅在最近历史学家才开始重视（中世纪）这些变化的程度，而这又导致其中许多人开始激烈地重新估价中世纪对西方发展的贡献。”Mortimer Chambers etc.，*The Western Experience*，forth edition，New York，1987，p. 272.

③ ［美］塞缪尔·亨廷顿：《变化社会中的政治秩序》，王冠华等译，144页，北京，生活·读书·新知三联书店，1989。

④ 钱乘旦、陈意新：《走向现代国家之路》，80页，成都，四川人民出版社，1987。

理解这一点并不难。在封建分裂的状态中，王权处于封建阶梯的最顶层，它从来就具有执行“国家”职能的潜在优势。此外，它的利益之所在是尽可能地把整个“国家”置于最大限度的直接控制下，为此就要在政治、经济、宗教等各方面清除一切异己的力量。亨廷顿说：“现代化的敌对力量主要来自宗教的、贵族的以及地区的和地方的传统势力。”①王权翦除这些势力，恰恰有助于国家的统一。因此，王权的利益在这个阶段上是与“国家”的利益相一致的，国家的统一于是就以王权为中心。权力的集中使王权变成专制的权力；而为了制服中世纪各种强大的分权力量，专制的王权又是必要的。由等级君主制向专制君主制的转变，是欧洲向现代国家发展的第一个阶段。

王权能够集中权力，还在于它能充分利用“国家”代表的身份，当民族的意识开始萌发时，王权可以把自己的利益说成是民族的利益，把自己与其他君主的抗争说成是本民族与外来民族的抗争。在另一方面，当“民族”仍然是非常弱小时，它也不得不寻求君主的保护。于是，封建关系下封主对封臣的保护义务，这时就演变为君主对民族的“保护”。专制王权就是在这种背景下形成的。

专制王权最早在15世纪的伊比利亚半岛形成，尤其以西班牙为最典型。当时，在斐迪南二世和伊萨贝拉的联合统治下(1474—1504)，“中世纪的行政管理经由漫长而逐渐地过程转化成文艺复兴式的国家”，而“所有这些改革的中心原则是：权力集中于国王”。② 几乎同时，权力集中的过程也在英国和法国出现。弗朗西斯·培根曾经把英王亨利七世(1485—1509)，法王路易十一(1461—1483)，西班牙的和斐迪南二世统称为近代国家的“三个智者”。此后，在16、17世纪，集中的权力又陆续在奥地利、瑞典、丹麦、俄国等地形成，并且在奥地利、西班牙所控制的领地上(如低地国家、两西西里、中南欧等)扩散开来，这样专制王权就成为欧洲的主要政权形式了。

在这个过程中，谁先克服分裂状态，谁就走在了时代的前列，成为

---

① [美]塞缪尔·亨廷顿：《变化社会中的政治秩序》，王冠华等译，144页，北京，生活·读书·新知三联书店，1989。

② G. R. Potter: *The New Cambridge Modern History*, Vol. i, Cambridge University Press, 1971, p. 328.

欧洲强国。西班牙和葡萄牙最早出现集中的权力，因此它们最早成为“超级大国”，居然可以在15世纪末，由教皇主持而瓜分世界，划定势力范围。此后，英国和法国也相继崛起，一个雄居海上，一个称霸大陆，这种态势一直维持到18世纪末。奥地利、瑞典、丹麦、俄国等也都曾在不同的时期各领风骚，称雄一方。例如，奥地利从马克西米连一世(1493—1519)到查理五世(1519—1556)，它的统治家族几乎控制了半个西欧；到17世纪，奥地利仍然是中欧唯一的强国，因为在中欧，它是唯一的中央集权国家。

在权力集中的过程中，市民等级也曾发挥过重大作用，这是因为他们的利益也能与国家的利益取得一致。城市在西欧封建社会中是一种异己力量，它在社会主流体制之外发展。这不仅是说它有独特的经济生活，而且是说它有独立的政治结构。意大利经济史学家奇波拉曾说：“中世纪城市自由民是在国家实际上尚不存在的环境中兴旺起来的。自由民把城市建成一个独立的共同实体……实际上创造了如我们所想象的现代国家。”①在这样一个政治实体中，不存在以土地分封为基础的权力分割。它有的是统一的权力，以及由此而受到保护的市场和货币体系。这样，在最先完成权力集中的国家中(主要是在西欧)，君主与城市结成同盟，共同对抗分割势力。正因为如此，近代国家的“三个智者”无一不是靠城市的力量战胜对手的，比如15世纪末卡斯蒂尔与阿拉贡合并成统一的王国后，斐迪南就是依靠城市的力量才挫败大封建主反抗。在这个意义上，马克思说：“中央集权的国家政权……是起源于君主专制时代，当时它充当了新型资产阶级社会反对封建制度的有力武器。”②但国王与市民的利益事实上有很大的不同，这就隐含了专制国家内部的矛盾与斗争。

王权与城市结盟的现象在东部欧洲却没有发生，相反，出现了王权依靠小贵族地主建立专制制度的情况，这使得欧洲东部与西部在发展方式上呈现出极大的反差。

很有意思的是，专制王权虽然以消除中世纪战乱为存在的合理依

① ［意］奇波拉主编：《欧洲经济史》，第一卷，12页，北京，商务印书馆，1988。

② 马克思：《法兰西内战》，见《马克思恩格斯选集》，第2卷，372页，北京，人民出版社，1972。

据，但它往往是在这种战乱中诞生的，它似乎要在战争的洗礼及民族危机中才磨难而成。西班牙专制王权是在收复失地的战争中成长起来的。英国专制王权诞生在红白玫瑰战争的废墟上。法国专制王权更是历经多次战乱才巩固下来，而且每经过一次战乱，专制的力量就更强大。历史的逻辑似乎是：建立专制的过程越艰难，最终确立起来的专制制度就越牢固，权力也就越集中。这方面最好的例子就是法国。法国在英法百年战争中差一点亡国，民族生存经受重大危机，但法国国王却在战争最终胜利时取得了前所未有的统治权力，第一次把法国统一在国王的领导下。这以后，大封建主多次发动反对王权的战争，比如路易十一时的"公意同盟"，宗教改革时期的"胡格诺战争"，路易十四时的投石党运动等。但每一次战争的结果，都是一个新的王权在战争的废墟上重新确立，而且比前一个王权更加强大。法国专制王权后来发展成欧洲专制主义的典范，就与一次又一次地克服分裂势力的反抗有关。似乎可以说：国家的分裂力量越大，统一的使命就越艰难；统一的使命越艰难，就越需要一个专制的王权。小巴林顿·摩尔说："贵族的衰落与王权巩固扩展其权威是同一个过程的不同方面。"①这句话已触及王权扩展与贵族衰落的相互关系了。但他似乎并没有指出二者间盛衰的直接反比联系，而正是这种反比联系应引起人们特别注意，因为它能够解释一个国家专制的力量为什么产生，以及产生后可以强大到何种地步。同时，它也决定了一个国家能不能迈出近代政治的第一步，以及这一步以何种方式走出去。

英国是最幸运的，因为它的专制王权确立时，国内主要的分裂力量已经在红白玫瑰战争的火并中消灭掉了。专制制度来的相对容易，它也就只停留在专制制度最基础的阶段上，维持权力最低限度的集中。都铎时期著名的法理学家理查德·胡克对英国专制制度做过精彩的阐释，他一方面肯定王权的绝对性质，认为服从是臣民的天职；另一方面又清楚地表明权力应当受到限制，不可无节制地任意膨胀。② 这种情况在英国

① ［美］小巴林顿·摩尔：《民主和专制的社会起源》，拓夫等译，33页，北京，华夏出版社，1987。

② Christopher Morris: *Political Thought in England*, Oxford University Press, 1953, Chapter 9.

的专制制度中留下了一道隙缝，使“自古就有的天赋人权”可以一息尚存。英国在专制统治时期仍然实行地方自治，并且没有常备军，就是这种现象的表现。

在法国，由于各地贵族反抗统一和削弱中央集权的力量过大，结果专制的权力也就特别强大，如路易十四时期那样。如果王权不是这么强大，它就不能完成统一法国和巩固这种统一的任务。相比之下，法国专制主义的代言人就不像胡克那样善良地提醒大家，权力应有节制了。路易十四自己说：“只有当全部权力完全集中在唯一的国君手里时，臣民的幸福和安谧才有保障……臣民没有权利，只有义务。”①

在德国，主张分裂的势力占绝对优势，导致迟迟形不成集中的权力。恩格斯在谈到16世纪法国社会时曾说：当“英法两国工商业的成长促使整个国家中各种利益联成一气，因而促成政治上的中央集权”时，德国“却只是环绕着一些地方中心按照省区归并成许多利益集团，因而只是促成政治上的分离。”②结果，德国始终四分五裂，直到19世纪下半叶才艰难统一，而到统一时出现的又确实是一个以“铁血”为务的集权权力。不过，这时候其他西欧国家已经在近代政治的发展道路上走得很远了，德国姗姗来迟，每一步都落在其他国家后面，每一步都要为先前的落后偿还债务，结果它的集权权力已经不合时宜。

无论是迟是早，几乎所有国家都必须在经历了专制王权这个阶段之后才能跨进近代国家的大门，因此专制国家标志着近代国家的起点。未完成由封建国家向专制政体的转变，意味着未能进入近代世界，从而，意味着国家在现代化第一阶段上的完全失败。在这方面的典型是波兰。波兰在中世纪曾经强盛一时，1569年兼并立陶宛后，更成为东欧主要的大国。但波兰的贵族分裂力量始终未得铲除，它甚至与王权的增长同时增长。王权在统一波兰的过程中依靠小贵族，割让许多特权，以后居然就再也没有能力驾驭这些势力了。小贵族只考虑小领地的利益，从来不把“国家”放在心上。他们最关心的是制约王权，保护自己的特权。从

① [苏联]罗琴斯卡娅：《法国史纲》，刘立勋译，25页，北京，生活·读书·新知三联书店，1962。

② 恩格斯：《德国农民战争》，见《马克思恩格斯全集》，第7卷，387页，北京，人民出版社，1959。

1572年起，国王由贵族选举产生，1652年小贵族们又取得“自由否决权”(议会中一票反对即可推翻整个议会的决议)。这样，能把民族扭合到一起的天然纽带被拧断了，君主无法起统一国家的作用。结果是，波兰从来没有出现过专制政体，构建与保护民族共同体的任务也就无从谈起，波兰没有形成有力的民族国家。在当时民族国家激烈竞争、你争我夺的欧洲，波兰不能立足，到18世纪末被彻底瓜分了。

欧洲还有一些地区由于未能及时形成民族国家，而被历史的潮流抛到后面。它们由于内部的纷争，在“民族”尚未充分扭结时，就已经被其他强大的邻国吞并了。究其失败的原因，其中很重要的因素是它们未能形成集中的权力，用以动员民族的力量和保卫民族的生存，结果付出沉重的代价——在几十甚至几百年的时间中，丧失民族自主权，长期生活在异族统治下。在奥地利君主国、奥斯曼帝国和沙皇俄国统治下，东南欧许多地区就是这样。

德国与意大利似乎也要经历同样的厄运，但这两个国家在19世纪成功地实行了统一，从而建立起集中的权力，摆脱了分裂(以及受人宰割)的状态，进入强国之列。然而这两个国家因为近代转型过程中第一步姗姗来迟而留下巨大的后遗症，埋下了后来变态发展的伏笔。

三、从国王统治到贵族政治

专制主义对国家最大的贡献是用强制的手段消除分裂，把国家带上近代民族国家发展的道路。换句话说，它把国家强制(虽说是无意识地)推入近代发展的过程，而这是在所谓“国家至上”的名义下进行的国家利益高于一切。

在政治上，“国家至上”(raison d'etat)意味着专制政府至高无上，对当局不允许有丝毫的反抗。专制主义最关心的是维持秩序，把秩序看作是国家的最高原则。为此，它把王权视为绝对，把王权与国家等同起来：“朕即国家”。无论王权是对是错，也不论国王是智是愚，只要王权做出裁定，整个国家都必须服从，不得持有疑议。这就是说，国家只有一个中心，任何背离这个中心的企图，都被看作是叛逆。无疑，这对刚从封建分裂状态中摆脱出来、迫切需要巩固的新兴民族国家来说，是迫不得已的。一个在都铎国家创建伊始去英国访问的威尼斯人记载说：

"英国人对红白玫瑰战争记忆犹新，他们知道在过去20年中，3个王子，4个公爵，40个伯爵和300多个其他人死于战乱"，因此，英国人决不想再回到这种混战中去，他们支持新创的王权。托马斯·埃利奥特爵士也在《总督书》中写道："若离开了秩序，还有什么剩下?"这本书在1531—1600年间竟再版10次，反映了当时英国人的共鸣。[①] 在这种情况下，专制制度认为有理由用一切手段维持秩序，建立强大的军队，警察，实行最残暴的镇压，以及在各个领域进行高压统治。这些手段之所以在一定时期行得通，甚至得到相当广泛的社会支持，其原因，就是国家在这个时期对分裂的痛苦记忆犹新，因而产生强烈的追求稳定感，不希望战乱的噩梦重现。

在经济上，专制主义最大的功绩是促进全国统一市场的形成，并以"国家至上"的原则指导民族经济。"国家至上"最重要的经济措施是重商主义，由于商业与国家的利益联系起来了，贸易就成了国家的至宝。法国历史学家达尼埃尔·维莱甚至说："是重商主义者发明了民族。"[②]重商主义的基本理论是：国家的实力主要看这个国家贮藏的贵金属有多少，路易十四的财政总监科尔伯曾说："一国的强盛与伟大完全由它所拥有的白银量来衡量"；西班牙重商主义者唐埃尔南多·卡里洛也对腓力三世说："一切都因白银而运作……陛下的力量主要形成在白银中。"[③]为吸引并保存金银，国家就必须尽量设法扩大出口，减少进口，在贸易顺差中积累金银，然后在国库中妥善保存。实行这种经济政策的关键是扩大生产，特别是手工业生产，以保证满足国内市场的需要，防止金银外流，同时又可以有充分的产品用于外销，吸引外国金银流入国内。与此相关的，是树立关税壁垒，保护本国商业，同时大力争夺殖民地，既掠夺金银，又开拓海外市场。由此可见，国家在重商主义政策中作用显赫，没有国家这个角色，重商主义便不能推行。由于专制国家推行重商主义，英、法(甚至西班牙)等国在16—17世纪完成资本原始积

① Asa Briggs, *A Social History of England*, Penguin Books, 1985, pp. 106-107.

② Fernand Braudel: *The Wheels of Commerce* (English translation), New York, 1982, p. 544.

③ Fernand Braudel: *The Wheels of Commerce* (English translation), New York, 1982, p. 544.

累，很明显，专制主义在它的初期阶段促进了资本主义发展。

然而，在“国家至上”的概念中，君主与国家合为一体，君主即国家，国家也是君主，君主视国家为私产，如家长之于其家庭一般。“朕即国家”——法国之所以被看作是欧洲专制主义的典范，在很大程度上正是因为路易十四明白无误地提出并且实践了专制主义这个基本原则。因此，国家被放在一个人的手中了。“朕即国家”在一切专制国家中都是一样的，普鲁士的腓特烈·威廉一世(1713—1740)声称只有他才知道人民需要什么，“朕乃君主，故可为所欲为”。① 即使到后来，“君权神授”的专制主义面临全面危机，各专制政府改行“开明专制”后，“朕即国家”这种思想仍然牢固不可变更。连欧洲历史上最“开明”的君主奥地利的约瑟夫二世(1765—1790)也把绝对的权力看作是统治的根本，在“专制”这一点上绝无动摇。②

权力集中的需要就这样把君主放在与国家等同的位置上，专制君主集行政、立法、司法诸大权于一身，他本身也就成了国家权力的人格化。西班牙从斐迪南和伊萨贝拉开始，就建立一套以国王为中心的王家行政委员会制度，并利用宗教法庭作为全国性的司法机构。腓力二世(1556—1598年)已经把所有权力集中在手中，事无巨细，他都要过问，“在他不亲自主持工作的时候，就严密监督大臣们工作。”③英国议会在1533年通过《上诉法》，宣布国王有“完全、绝对、全部之权力”，“整个国家政治体”都应当“天然谦恭地服从于他”。④ 法国国王充当“上帝的臣子和他在世上的代理人”，⑤ 路易十四履行“国王的职业”，同时又充当自己的首席大臣。普鲁士国王、奥地利皇帝和俄国沙皇也都是这种无所不在的统治者，素有“开明君主”之美誉的普鲁士国王腓特烈二世虽称说君主“只是国家的第一仆佣”，却要求全体官员不准有任何主动性，“服

① Carlton J. H. Hayes & Frederick F. Clark, *Medieval and Early Modern Times*, New York & London, 1966, p. 421.

② Stephen J. Lee, *Aspects of European History 1494-1789*, London & New York, 1984, Chapter 31.

③ J. H. Elliot, *Europe Divided 1559-1598*, Glasgow, 1979, p. 79; also Stephen J. Lee, *Aspects of European History 1494-1789*, London & New York, 1984, Chapter 7.

④ "Act of Appeal".

⑤ Carlton J. H. Hayes & Frederick F. Clark, *Medieval and Early Modern Times*, New York & London, 1966, p. 397.

从命令，不要干涉”。① 在这种情况下，君主们很容易被神圣化，而且事实上所有的君主都被塑造得完美无缺。西班牙有一句格言：“国王之于人民，雨水之于大地”；法国把路易十四称为“太阳王”，意思是万物生长离不开太阳；到“开明专制”时期，这种非理性的“君权神授”宣传显然已很荒唐可笑了，但“开明君主”却又被打扮成哲学的化身，成了“哲学王”，似乎他就体现着最高的哲理和理性。

对这种孤家寡人式的国家，普鲁士政治改革家施太因曾说：“只要伟人仍在领导国家，精力旺盛，政策如一地指导它，这种制度就会产生辉煌卓越的成果，而把许多隐现而没有做的事掩蔽起来，不让人看见。”②专制主义就是这样一种制度，当一个当朝的君主精力充沛，深思远虑时，他能把国家装饰得金碧辉煌，仿佛没有丝毫瑕疵，这时，他就能声称自己等同于国家，国家的繁荣有赖于他的统治。但这种制度却隐含着一种潜在的危机：它必须依赖“伟人”的存在，这个伟人必须是大智大睿、无所失误，而且必须是全心全意协同于国家利益的。然而具有这种品行的人无论何时何地都难以找到，人不仅会犯错误，从而把国家引入歧途；而且他有私利，即便是再伟大的政治家，都不可能把自己的私利完全等同于国家的公利。在这种情况下，他就往往反过来把国家的公利等同于他自己的私利，让国家服从他一个人的利益。这样，专制制度的基本矛盾就是：王权迟早要与国家和民族的利益发生冲突，一旦如此，与专制君主的矛盾就具有全民的性质，而这与专制权力“代表”国家的说法是矛盾的。专制国王明智与否，全在于他在多大程度上能把自己的利益与民族的利益尽可能维持一致；而在出现分歧时，尽量将其掩饰起来，一旦非公开不可，又不至于发展到激烈对抗的地步。因此，它要能够把“许多隐现而没有做的事掩蔽起来不让人看见”。施太因任首相时经历了普鲁士专制制度的危机，他力图补救这些“不让人看见”的事，实行了有限的改革，但只取得了有限的成功。其他专制国家也都多少出现

① Carlton J. H. Hayes & Frederick F. Clark, *Medieval and Early Modern Times*, New York & London, 1966, p. 422; Stephen J. Lee, *Aspects of European History 1494-1789*, London & New York, 1984, Chapter 190.

② W. Hubatsch, *Frederick the Great: Absolutism and Administration*, London, 1973, Chapter 6.

过这种“修补”的企图，但效果似乎都不大，难以解决根本问题。

事实上，专制制度确实难以克服它自身的内在矛盾，君主以全民族的代表自居，自称是国家，从而掌控了国家的权力。但君主在多大程度上能够代表民族呢？比如说推行重商主义，君主只想掠夺金银，增加库存，满足自己的宫廷开支和战争需要。但民族却反对宫廷的奢侈和莫名其妙的王朝战争，因而希望控制宫廷的开支和战争花费。君主为搜刮钱财必须开征赋税，并推行专卖制，否则因重商主义而流入本国的金银就到不了宫廷手里。但这样一来，国库虽说是“国家之库”，事实上却是君主之库，以国家的名义聚敛的钱财不属于国家，君主以国家的名义侵占了它。而民族在其组织为国家后，并不希望看到这种后果。

君主为实行有效的统治，还必须建立官僚体系，这又是负载于民族之上的一颗巨瘤。西班牙的王家行政委员会，法国的“司法、警察和财政监督官”，普鲁士的“财政、军事与王室领地总管理处”，奥地利的“公共及宫廷事务督导部”等，都是这种性质的官僚机构。这些只对宫廷负责的权力机关很容易滋生欺上瞒下、贪污腐败的风气，公款私吞，为官不正的现象从来就十分普遍，明显招惹民间的怨愤。君主明知这种情况对国家不利，也对自己不利，但为了实行统治，又不得不依赖官僚队伍，并对其腐败现象睁一只眼闭一只眼。法国专制政府面临严重的财政危机，曾好几次企图整顿吏治，清除贪污，但执行起来又总是虎头蛇尾，毫无效果。1661年路易十四曾建立一个专门审理官员贪污的法庭，8年之后却不得不自行撤销，原因是在官员中引起的恐慌太大了。

再者，专制制度并不总是有“伟人”在掌舵的，相反，专制制度的本质却总是把平庸之辈最终抬到权力的顶峰，他们的无知与愚昧又总是以个人好恶为标准，把国家引到错误的方向上去。奥地利皇帝斐迪南一世认为驿道上的马车都载不满客，因此没有必要修造铁路，这是统治者的无知导致国家落后的一个很好的例证。然而即使有“伟人”掌舵，也不能保证他永远不迷失方向，因为不受限制的权力很容易蒙蔽他的眼睛。路易十四可算是专制君主中的佼佼伟人了，但他晚年好大喜功，一意孤行，把法国拖累在无休无止的战争中，结果把国家弄得民穷财尽，落到了破产的边缘。

最后从资本主义发展这个角度来看。资本主义是一种以不断扩张为生存条件的经济形式，当它扩展到一定规模时，就要求突破国家的界限，建立国际市场。这样，专制王权作为民族资本主义的保护人就不足取了。即便它确实吻合过民族的利益，这时也对资本主义的发展产生障碍，而必须被突破。况且，专制王权连让资本主义在国界内充分发展也难以做到，例如它限制经济活动，只扶持有利于王室收益的部门，控制商品价格，阻碍技术创造等。这些都使资本主义在专制政体保护下经历初期发展之后就遇到强大阻碍，正如著名年鉴学派历史学家布罗代尔所说："国家无疑促进了资历本主义并帮助了它，但情况也可以倒过来：国家阻碍资本主义发展，资本主义则反过来伤害国家的利益。"①

总之，当资本主义度过它初生阶段时，它就与专制制度尖锐对立，再也不能在专制的束缚下继续发展了。反过来说，当专制国家与民族共度的蜜月结束时，它也就开始妨碍经济的成长，成为国家前进的绊脚石。

于是我们看到，欧洲国家发展的下一阶段就是摆脱专制制度的束缚，克服专制统治。先迈出这一步的国家走到了时代的前列，为现代经济的起飞创造了条件。后迈出这一步的国家遭受更多的挫折；而不能完成这一次转型的国家就落到了时代发展的后面，引发后来一系列问题。

具体而言，英国在17世纪完成了这次转型，成为第一个推翻专制制度的国家，而它在18世纪也就迅速走上经济发展的路。法国紧接其后；法国的专制王权太强大了，结果用更大的劲才将其扫除，而同时它又不得不面对由英国的挑战而带来的工业化问题。荷兰、比利时、丹麦、瑞典等也相继出现这种转型，资本主义在这些国家发展得比较顺利。西班牙、葡萄牙这两个最早建立专制制度也最早强大起来的国家却在这次转型中掉下去了，它们迅速衰败，一蹶不振，居然一直落伍到20世纪，第二次世界大战后才重见起色。在德意志邦国中，未能跨过这道门槛的奥地利迅速落伍了，而奥地利原本是帝国范围内实力最强的邦。普鲁士的专制力量一直是比较强大的，但它的贵族集团容克地主一方面容忍了这个力量，成为这个力量的社会基础；另一方面又挺身领导现代化，统一了德国，并且把整个德国带上了军国主义的工业发展

① Fernand Braudel: *The Wheels of Commerce* (English translation), New York, 1982, p. 554.

道路。

所有这些变化都产生一个结果，即从国王的统治变成了贵族们的统治。

四、从贵族政治到“大众”形态

专制制度被克服后往往出现贵族政体即寡头政治。如果说在君主专制时期，权力集中在一个人手里；那么在贵族政体下，权力集中到一小批人手里。在贵族政体下，这一小批人在某些共同遵守的规范下一起掌权，他们构成一个统治集团，控制着国家所有的权力。但他们又彼此制约，权力在他们中间是彼此抗衡的，不存在一个人的权力中心。出现这种权力结构大概是因为三方面原因：其一是贵族政治和专制制度从本质上说都是一种权力向上的结构，专制制度结束后，传统的惯性很容易继续维持这种指向。其二是国家的经济实力仍然由少数人掌握，这些少数人就是贵族，他们控制着国家的经济命脉，在当时就是土地资源。其三是贵族们在专制时期已经很靠近权力的中心，他们曾经是专制王权的辅佐，因此当权力扩散时，就成为扩散的第一批受益者。像法国这样的国家，尽管大革命消灭了贵族，然而在以后半个多世纪的时间里，仍然是一批权贵人物统治着国家。

英国是建立近代寡头政治的最早几个国家之一。1688 年，英国贵族发动“光荣革命”，推翻了复辟王朝的专制统治，建立以议会为中心的新的权力结构，在这种结构中，国王失去实权，权力控制在操纵议会多数的几十个贵族及少数几个政要手中，按 20 世纪初英国首相阿斯奎斯的说法：英国有一个“确立了两百年的传统，即归根到底，王位的占有者接受其大臣的建议并据此行事”，国王失去了个人的权力，但国王的地位却保留下来。① 贵族通过对议会的控制掌握政权，这就是君主立宪制。

英国的制度很快成为欧洲各国效仿的对象，这是因为这个制度与英国快速的经济成长联系在一起。18 世纪上半叶，英国政局一直稳定，保证了经济的稳定发展。在此基础上，从 18 世纪下半叶开始，英国开

① David C. Douglas, gen. ed., *English Historical Documents*, Vol. xii(II), Cambridge University, 1977, p. 49.

始工业革命，首先开辟工业时代的道路。英国在经济上的伟大成就显然吸引了欧洲其他国家的注意力，许多人把它归功于英国的政治制度。法国的启蒙思想家明显受英国政体的影响，比如伏尔泰的《英国通信》(即《哲学通信》)就是他在英国流亡时写成的。孟德斯鸠关于理想的君主政体的设想，也以英国的君主立宪制为蓝本。洛克关于“不可转让的人的自然权利”的学说，不仅对法国，而且对欧洲乃至世界都有重大影响。由于英国的榜样，欧洲许多国家都把克服专制、实行立宪作为目标，长期为之奋斗不已。法国经历了大革命，到“七月革命”建立了类似的制度，进一步加强了其他地区人民的信心。此后至19世纪末20世纪初，争取立宪的斗争从西向东风云滚滚，立宪的趋势不可避免。

事实上，寡头制不一定以君主立宪的形式表现出来，其他形式的寡头政治也是存在的。比如在荷兰，推翻西班牙统治后就建立起寡头制的联省共和国；在法国，第三共和国初期(所谓的“公爵们的共和国”)也不可谓不是一种寡头统治。可以说，在国王的专制被克服后，出现一个寡头(贵族)统治的时期，是欧洲各国的共同经历。

近代工业就是在寡头政治下兴起的，经济“起飞”始于这个时期，这是一个非常值得重视的现象。对这个现象我们虽然仍难以在理论上做出阐释，但它却是一个历史事实。英国在“贵族的优势”时期(即18世纪)发生工业革命，法国在“七月革命”以后开始工业起步，即便是普鲁士，也是在“立宪”(尽管在很大程度上是一个假象)后才有工业的突飞猛进的。其他较早开始工业化的国家如低地国家、北欧国家等情况也是这样；反之，像西班牙、奥地利这些迟迟未能克服专制的王权的国家，却未能顺利地开始工业化。

工业化造成巨大的社会变化，其中最重要的变化之一，是产生两个全新的阶级，即工业资产阶级和工业无产阶级。这两个阶级都以工业生产方式作为生存前提，在工业社会中控制着国家经济的命脉。这种情况意味着社会力量发生变化，少数人垄断权力的状况无法维持下去。于是，在寡头政治下成长起来的经济发展成为改变这种制度的决定性力量，新的发展阶段随之而来。这一次，它要求向“大众”型的国家形态发展，也就是让尽可能多的公民参与到国家政治生活中来，无论这种参与在事实上有多大意义，也无论大众是否愿意行使这种权利，但至少在理论上是给予他们参与的机会的。在这个阶段上，先完成转型的国家最早完成社会整合(这意味着把所有社会力量整合到体制内来)，而遭遇挫折的国家则可能出现经济与政治发展的严重脱节，导致社会紧张状态加剧。亨廷顿说："一个政治体制还应当能够成功地同化现代化所造就地获得了新的社会意识的各种社会势力。当这些新生的社会集团要求参与政治体制之时，政治体制或是以各种与现存制度继续存在相和谐的方式提供参与关系，或是将这些集团排斥在政治体制之外，从而导致公开的或隐蔽的内乱和叛离。"①显然，扩大参与是保持社会和谐的唯一正确方法，这成了欧洲近代国家形态变化的最终归宿。

当然，变化的方式和变化的速度在不同国家就会不同，限于篇幅限制，本文就不作详谈。

总之，从封建国家向现代国家过渡，是封建社会向资本主义社会转型过程中政体方面的主要内容，也可以说是从传统的欧洲向现代的欧洲转变中最主要的政治内容。这是一个长期缓慢的变化过程，它包含好几个阶段，每一个经历变化全过程的国家，事实上都逐一经历了每一个阶段。只有最顺利(而且往往是最及时)通过每一个转折关口的国家，才最顺利地到达了现代国家的终点。在任何一个转折关口上的失败都将导致整个转型过程的重大受挫，意味着在这个关卡上的长期受阻。想跳过某一阶段似乎是不可能的，欧洲好像还没有这种先例。想绕开或躲避某一个阶段几乎更不可能，因为在某一阶段上的落后，会造成以后每一个阶段上的被动局面，并不得不对前一个阶段的缺失进行"补课"。最典型的是德国，它在第一步即构建统一国家问题上的延缓造成以后步步被动，最终以近乎悲剧的方式艰难地走过了转型的全过程。

---

① [美]塞缪尔·亨廷顿：《变化社会中的政治秩序》，王冠华等译，127页，北京，生活·读书·新知三联书店，1989。

资本主义体系下的“世界强国”问题[①]

世界进入近代以来，一些国家先后兴起，成为世界性的支配力量，扮演了“世界强国”的角色，对“强国”的研究，也就成为学术界的一个兴趣点，长期以来议论不断。但“强国”的兴替与资本主义的阶段变化有密切的联系，这一点似乎尚未被人清楚挑明。本文试图从“大国兴衰”的角度讨论“强国”与资本主义发展的关系，由此探寻一些有意义的想法。

一、葡萄牙、西班牙的时代

“世界强国”是近代以后的新现象。近代以前，世界上也曾有过“强国”，但那时的“强国”都是地区性的，只发挥地区的影响，一般不具备世界意义。“世界强国”则是在世界进入一个共同体系即“世界体系”之后才出现的，这个“世界体系”就是资本主义的世界体系。马克思、恩格斯对此

① 本文仅讨论资本主义“世界强国”与资本主义发展的关系问题，因此未包括苏联。苏联建国后走社会主义道路，其中的体制创新意义是不言而喻的，正是这些使苏联在20世纪能够成为“世界强国”。

有过精辟的论述，他们说："资产阶级，由于开拓了世界市场，使一切国家的生产和消费都成为世界性的了。……资产阶级，由于一切生产工具的迅速改进，由于交通的极其便利，把一切民族甚至最野蛮的民族都卷到文明中来了。……资产阶级使农村屈服于城市的统治……使未开化和半开化的国家从属于文明的国家，使农民的民族从属于资产阶级的民族，使东方从属于西方。"①很显然，"世界强国"从一开始就是资本主义的产物，它们与资本主义的诞生有天然的联系。

在资本主义发展史(也是整个人类的历史)上，最早出现的"世界强国"是葡萄牙和西班牙，它们的兴盛，标志着重商主义时代的来临。

葡萄牙和西班牙都是小国：葡萄牙在强盛时只有 200 万人口，土地面积不到 9 万平方千米；西班牙稍大，土地面积 50 万平方千米，但是直到 1700 年，也只有 600 万人口。两个小国竟可在近代刚开始的时候扮演"世界强国"的角色，这不免让人感到意外。但其中还是有必然因素的，原因在制度方面：葡、西两国在从中世纪向近代过渡的过程中最早建立了民族国家，又最早用国家的力量推行重商主义。这两个原因使它们在资本主义发展的最初阶段抢占先机，先争得一杯羹。

葡、西两国的民族国家在反抗阿拉伯人的统治中形成。中世纪，阿拉伯人侵占伊比利亚半岛，对当地人进行统治。经过几个世纪的"收复失地"运动，葡、西两国驱逐了阿拉伯人，解放了国家，同时也统一了国家。在驱敌和统一的过程中国王发挥了最大的作用，于是就创造出一种新型的国家体制：君主专制。与中世纪的分裂状态相比，君主专制标志着国家的统一，也标志着民族国家的初步形成。尽管在这个时候君主以国家化身的身份出现，对国家实行专制统治，但民族国家的形成仍然是关键的一步。后来的历史证明：在中世纪向近代转变的时刻，谁先建立民族国家，谁就先发展。葡、西两国在这方面抢先一步，也就抢占了近代早期的发展机遇。

统一的王国政府推行重商主义，而重商主义是资本主义的早期表现形式。重商主义把"民族国家"和"资本主义"连接起来了，早期"民族国家"的重要性也就体现在这里。在政府支持下，葡、西两国发动"地理大

---

① 马克思、恩格斯：《共产党宣言》，见《马克思恩格斯选集》，第 2 版，第 1 卷，275～277 页，北京，人民出版社，1995。

发现”，从中得到了巨大的利益。“地理大发现”由葡萄牙人绕过好望角开辟到达印度的新航线，以及西班牙人“发现”美洲而达到高潮，这样，葡、西两国就成为近代以来最早具有“世界”影响的国家，同时也具备了从“世界”范围内攫取财富的能力。在“地理大发现”中，葡、西两国掠夺殖民地，分别建立了自己的大帝国：葡萄牙人垄断了欧洲与东方的贸易，尤其是香料贸易；西班牙人则从美洲的贵金属开采中牟取巨利，据估计，1503—1660 年间，西班牙获取黄金 200 吨，白银 18 600 吨。①经济史学家奇波拉认为：在这段时间里，从美洲流入的金银使欧洲的黄金总量增加 5%，白银总量几乎增加 50%，从而引发了“价格革命”。②两个小国从“发现世界”中获取巨大利益，而“发现”世界同时也引起争夺世界。1493 年，在教皇的主持下，葡、西两国划定“教皇子午线”，规定该线以东属葡萄牙，以西属西班牙，这是西方国家第一次“瓜分世界”，标志着殖民时代的开始。

财富、领地、世界霸权给葡、西两国带来了“领袖地位”，西欧各国难以望其项背。西班牙更成为近代以来第一个西方“霸主”：在 1516—1556 年查理五世统治时期，西班牙不仅占有美洲殖民地，而且据有意大利一部分、奥地利及其属地、尼德兰地区(今天的荷、比、卢)，一度还占有葡萄牙，其力量超过欧洲所有各国。欧洲国家联合起来共同对付一个国家称霸的努力就是从这时开始的，近代国际关系可以从反西班牙的斗争算起。

关于葡、西两国的“地理大发现”，人们可以提出许多动因，例如，文艺复兴改变了人们的思想，科学与理性正在传播，这是“地理大发现”的知识基础；城市和商业已经发展，盈利的动机正在积聚，这使人们去海上冒险；社会价值观发生变化，“享乐主义”形成风气，人们追求更多的财富；等等。这些动机都是存在的，但我们要强调的是民族国家的作用：没有民族国家，就不可能有大规模的海外活动，也不可能把重商主义付诸实践；重商主义是一种国家行为，没有国家的参与就没有重商

① [美]斯塔夫里阿诺斯：《全球通史：1500 年以后的世界》，吴象婴、梁赤民译，147 页，上海，上海社会科学院出版社，1992。

② [意]奇波拉主编：《欧洲经济史》，第 2 卷，贝昱、张菁译，451 页，北京，商务印书馆，1988。

主义，没有国家的动机就不存在葡、西两国的早期崛起。

葡、西两国的强盛维持了一个世纪左右，随后便衰落了，其中一个重要原因是过度扩张。以西班牙为例：为维护霸权，从查理五世登位起(1519)，西班牙连续打了140年的仗，直至1659年签订比利牛斯条约认输为止。连年的战争摧毁了西班牙的经济，王朝政府在1557年、1575年、1596年、1607年、1627年和1647年6次宣布破产。一位西班牙参议员说："荷兰的战争是毁灭这个王国的祸害。"1566—1654年，为镇压荷兰的起义西班牙花费了2.18亿达卡，而它从西印度群岛搜刮的总财富却只有1.21亿达卡——的确是得不偿失！[①]

但更重要的原因是制度方面的。有中国学者说：西班牙的扩张是"资本主义与封建主义的联合扩张"[②]，这句话一针见血。葡、西两国所体现的早期资本主义非常不彻底，还只是刚刚从封建主义向资本主义的过渡。葡、西两国的贵族其实是旧的封建军事领地贵族，他们的"重商主义"只是赤裸裸的掠夺，他们用纯粹的暴力去抢劫金银——只是在积聚金银这一点上，他们是"重商主义者"！国家的注意力也不在发展商业方面，对生产性活动就更不在意，有这么一件荒唐的事：西班牙政府在很长时间里给"羊主团"(养羊业行会)保留特权，让羊可以任意吃庄稼，农业由此荒芜，长期停留在极低的生产水平上。[③]强大的封建势力阻挡了葡、西两国发展的趋势，终于使它们过早停滞，很快就被别国超越。

二、荷兰的时代

取代葡萄牙、西班牙的是荷兰(尼德兰)，这是个在反抗西班牙统治的民族战争中兴起的国家。

荷兰地处欧洲西北角，当葡、西两国逐渐衰落时，西北欧涌现出几个新兴民族国家，其中包括英国、法国和荷兰。当时，欧洲的经济中心正在向西北方向转移，因此西北欧取代西南欧称雄欧洲，便有其经济基础。经济学家凯恩斯曾经说：1550—1650年这段时间是"商人、投机者

---

① [美]保罗·肯尼迪：《大国的兴衰》，王保存等译，61页，北京，求实出版社，1988。

② 王加丰：《扩张体制与世界市场的开辟》，81页，北京，北京大学出版社，1999。

③ [美]道格拉斯·诺斯、罗伯斯·托马斯：《西方世界的兴起》，厉以宁、蔡磊译，第10章，北京，华夏出版社，1999。

和暴发户”的大好时机，“在这些黄金般的岁月里，近代资本主义诞生了”。[①] 这句话含义深刻，因为它表明：如果葡、西两国的兴起是“资本主义与封建主义联合扩张”的结果，那么西北欧诸国的勃兴则意味着“近代资本主义的诞生”。近代资本主义是从西北欧开始的，作为一个制度，“资本主义”在荷、法、英三国开先河。放在这样的大背景下来理解荷兰的兴起，就知其意义所在了。

荷兰也是个小国，实际上比葡萄牙还要小。但荷兰却是个商人国家，17 世纪有一半人住在城市，城市人口主要从事商业。当欧洲经济中心北移时，荷兰成了面对大西洋的商品集散地，1560 年前后，它有 1800 多艘海船，这已是地中海商业中心威尼斯一百年前在它鼎盛时拥有船数的 6 倍之多；40 年后，荷兰的商船超过了 10000 艘——即使在今天，这仍然是个惊人的数字！沿荷兰海岸布满了大大小小的港口，从这些港口出发，荷兰商船驶往世界各地，几乎垄断了全球贸易，这使它在商业资本主义兴起时，一下就站在了时代的最前列。荷兰人成了“海上马车夫”，17 世纪也变成“荷兰的世纪”。荷兰的世纪是商业的世纪，这是我们理解荷兰崛起的关键。

荷兰的成就充分体现了制度创新的重要意义：荷兰创造了新的经济制度和新的政治制度。在经济方面，荷兰人发展出近代的信贷、金融、簿记体系，把阿姆斯特丹建成世界上第一个现代意义的资本市场。荷兰人使用了一整套现代手段规范金融业务，尤其是由政府出面提供担保，在此基础上创造了“银行”这种现代的金融机构，从而为借贷、存款等提供了高度保障。由于把借贷率从 16 世纪初的 20%～30%降到 17 世纪的 3%甚至更少，荷兰就能够把全欧洲的资本都吸引到自己这里来，构成荷兰商业的金融基础。荷兰用这种方法把自己变成一个“富国”，它虽小，却成为新、旧两个世界的金融中心。荷兰的经验说明金融的重要性，后起的强国，如英、美、日等无不仿效。

在政治方面，荷兰也创造了一种新制度。荷兰历史上从来没有形成过独立的国家，它一直在各国君主间互相转让，是异国君主的附属地。16 世纪初，荷兰接受西班牙的统治，而西班牙是当时的超级大国，它

---

① ［美］斯塔夫里阿诺斯：《全球通史：1500 年以后的世界》，吴象婴、梁赤民译，158～159 页，上海，上海社会科学院出版社，1992。

把荷兰当作钱袋，无情榨取，终于把荷兰逼上了造反的路。1566年荷兰开始反抗西班牙的统治，战争打了40多年，结果以建立“联省共和国”告终，取得独立地位。荷兰的经历再一次说明民族国家对现代化发展是何等重要：没有国家的独立，发展是不可能的。在反西战争中，荷兰创造出一种新的政府形式，即“共和国”：7个省协商推举共同的元首(即执政)负责联省行政，各省则高度自治，管理内部事务。荷兰的独立与联省制使荷兰得到一个有效的国家，正是在这个国家的保护下，荷兰走上了强国之路。因此经济史学家诺斯和托马斯说：“荷兰不是依靠自然的恩赐，而是发展了比其对手有效的经济组织并在这样做的过程中获得了在经济上和政治上都与其国家之小规模不相称的重要性。”①荷兰之所以取代葡、西，是商人共和国取代受重商主义影响的“君主＋贵族”，封建的残余被铲除了。因此，尽管荷兰也处在重商主义的早期阶段，这却是一个成熟的商业资本主义阶段。

荷兰的强盛维持了约一个世纪，然后就衰落了，过度扩张也是其中的重要原因。荷兰太小，经不起其他国家的竞争。起初它还吸取葡萄牙的教训，尽量不直接占领殖民地；但后来它发现要保护它的商业垄断地位就不得不占领土地，东印度公司总督安东尼奥·范迪门说：“每日的经验使我们懂得，公司在亚洲的贸易若无土地征服即无法存在下去。”②如此一来，它便卷入与欧洲各国无休止的争斗之中，而这是一个小国所无力承担的。

但荷兰落伍更重要的原因是随着商业上的巨大成功，其制度创新精神迅速消退，它一直停留在重商主义的早期阶段，没有再向前跨一步。这一步后来被英、法两国跨出了，因而也就被它们所取代。英、法两国本来就比荷兰国土大、人口多、资源丰富，一旦荷兰在制度方面失去更新的活力，它被超越便是注定的。17世纪下半叶，英国通过三次战争打败荷兰，剥夺了荷兰的贸易垄断权。18世纪末，拿破仑法国消灭了联省共和国；虽说在1815年荷兰复国，但这时它已经无足轻重了。英、法间的争夺已成为“强国”关系的主题。

---

① ［美］道格拉斯·诺斯、罗伯斯·托马斯：《西方世界的兴起》，厉以宁、蔡磊译，165页，北京，华夏出版社，1999。

② ［美］戴维·兰德斯：《国富国穷》，门洪华等译，188页，北京，新华出版社，2001。

三、英、法的崛起

英、法各方面的条件都比荷兰好，只要时机成熟，就更能发挥世界作用。

英、法的崛起也是从民族国家开始的。1337—1453年英法百年战争，战争的结果是把两个民族分开，各自向民族国家的方向发展。1485年英国建立都铎王朝，这是英国民族国家形成的标志，也是专制王权确立的界石。在都铎王朝统治下，英国社会稳定，国家太平，经济得到长足的发展，开始成为欧洲大国。英国的海上力量就是在这时形成的；1588年，英国打败西班牙的“无敌舰队”，正式宣告西班牙的没落和英国的崛起。这以后，英国连续向海外扩张，英帝国也逐渐形成了。

与此同时，法国也努力建立民族国家，但它的过程要曲折得多，挫折也更大。王权和贵族长期相持，经过100多年的较量，到1589年波旁王朝建立时王权才占上风。但波旁王朝建立后，法国的局势并未稳定下来，大贵族继续动乱，并勾结外敌入侵。在这种情况下，只有进一步加强王权，才能维护国家的统一。结果，到路易十四时期(1643—1715)，法国的专制制度达到了当时欧洲的顶点，路易十四自诩“朕即国家”，把国王与国家等同为一体。他建立一个自上而下的强大的官僚体系，把全国置于他一人控制之下。由此，国王成了国家，反国王也就是反国家！法国依靠这个专制制度维护了国家的统一，但也为日后的挫折埋下伏笔。

统一国家的优势是显而易见的，在专制王朝统治下，英国成为海上强国，法国成为欧陆霸主。两国王权都推行重商主义，因此我们看到，在两国早期的强盛中，“民族国家＋重商主义”的公式依然有效。但英、法两国的重商主义都向前发展了一步，都从早期重商主义发展到晚期重商主义。晚期重商主义的最大特点是重视生产，这就在重商主义和工业主义之间架起一道桥梁。晚期重商主义认为：积累金银的关键是多生产，多生产才能少买多卖，从而在国际市场上赚取金银。出于这种考虑，国家大力鼓励生产，奖掖工业，一方面满足国内的需要；一方面使更多的产品流向国外。为此，两国政府都把发展手工业作为重要的国策，这就为两国的繁荣奠定了基础。写到这里我们就明白：荷兰正是在这一点上落败的，它一直没有能推进到重商主义的晚期阶段，从而把引导世界潮流的地位拱手让给了英、法。

不过英、法后来的经历却大相径庭了。当法国在不断强化专制体制的时候，英国在17世纪经历了一场革命，结果把专制制度推翻了！英国的革命是一个信号，表明英国在制度创新方面继续前进。1688年，英国再次爆发革命，称“光荣革命”，这次“革命”确立了议会的统治，王权逐渐虚设，成了立宪君主。“民选”的代表通过议会治理国家，并掌管国家的财政。通过这样一个改造，英国政府似乎变成了一个公司董事会，有产者管理国家，执行自己的意志。也就是说，财产权和政权相互吻合，不再脱节，一种与资本主义制度之本质相适应的政治形式被创造出来，专制国王不复存在，国家被交到“民族”手中，成了真正的“民族国家”。这是一次巨大的制度创新，从此后，英国就走到了整个资本主义世界的前列。有西方学者说：英国“代表了现代资本主义发展的早期阶段”①，从这个角度理解英国的崛起，就能懂得其中的历史意义。

“光荣革命”后，英国全面接收荷兰的遗产：银行、证券、信贷、流通、资本市场、股份公司、保险业务等这些现代资本主义的金融组织手段都在英国建立并完善起来。不久，伦敦取代阿姆斯特丹，成了世界金融中心。同时，英国又顶替荷兰，控制了大部分海上通道，通过发展贸易，特别是大规模的奴隶贸易，聚敛了大量财富。殖民活动也在此时进入高峰，英国在全世界发展殖民地，构成它“第一帝国”的基础。国内手工业蓬勃发展，市场不断扩大，以毛纺织业为支柱的对外贸易与日俱增，为了满足日益增长的市场需求，技术革新一触即发。更重要的是，“光荣革命”给英国人创造了一个自由、宽松的社会环境，让一切人都可以去努力追求财富。总之，在18世纪，英国已存在合适的政治和社会环境，由英国发动工业革命，已经是水到渠成了。

但法国也在发展。路易十四时期，法国形成重商主义的高峰，专制制度竭尽全力发展工商业，其执行者就是路易十四的财政大臣柯尔伯。在这个时期，法国修筑道路，疏通河道，鼓励商业，设立工场。柯尔伯曾经说：“贸易公司是国王的正规军，法国的工场则是他的后备军”②，

① [美]托马斯·麦格劳：《现代资本主义》，赵文书译，3页，南京，江苏人民出版社，1999。

② 转引自陈晓律等：《发展与争霸》，120页，南京，江苏人民出版社，2003。

可见政府的重商主义精神之坚定。为发展外贸，法国向全世界伸出触角，力图建立庞大的殖民帝国。路易十四时期，法兰西帝国已见雏形，柯尔伯则是帝国的缔造人。

就实力而言，法国并不差。1700 年，法国有将近 2000 万人口，是欧洲各国中最多的(英国只有 900 万人口)。法国地大物博，自然条件好，农业一向发达，传统的制造业(如奢侈品、酒、工艺品等)享有盛名。路易十四登位后，政府权力集中，财政坚挺，君主有能力，励精图治。他亲政后，把陆军从 1659 年的 3 万人扩充到 1690 年的 40 万人，几乎是当时英、奥、普、俄、荷五国军队的总和。1689 年法国海军有主力舰 120 艘，而英国只有 100 艘，荷兰是 66 艘。① 凭借这支军队及法国的国力，路易十四要与英国争雄，并非不可成功。

但法国的问题出在制度上。从大的方面说，专制制度已经过时了，它使法国僵化。专制制度把权力集中在一个人手里，虽说在克服封建混乱、维护国家统一的时候有合理性，但统一完成后，就只会伤害国家。比如，路易十四野心太大，他既想争夺海洋，又要称霸大陆，结果他四面出击，两相作战，在亲政 54 年中打了 32 年仗，乃至柯尔伯也抱怨说：国王打仗时“从未考虑过……总共有多少钱可以支配”②从 1688 年到路易十四去世，法国一直在打仗，他的继任者又继续打，几乎打了整整一个 18 世纪。如此穷兵黩武，法国终于穷困潦倒；事实上路易十四留下一屁股债，直到法国大革命都没有还清。

同时，政府的收入越来越糟。收入靠官僚队伍去征集，但这支队伍不仅耗资巨大，而且没有效率，并且贪污。法国还有一个情况，就是特权阶层不纳税，这就使许多人通过买官去逃税。王朝卖官本是想增加收入，现在却进入一个怪圈：有钱人买官而不纳税，纳税人无钱而纳不起税。这样做起初的出发点是摆脱议会的控制，避免像英国那样由议会来控制财政权，从而大大提升国王的专制权力。但这样做的后果是特权问题突出，国家大受其损。专制政府及其支柱特权阶层已明显与国家利益

① [美]保罗·肯尼迪：《大国的兴衰》，王保存等译，117～118 页，北京，求实出版社，1988。

② [美]罗伯特·E·勒纳等：《西方文明史》，王觉非等译，578 页，北京，中国青年出版社，2003。

相对立，不推翻专制政权，法国就不能继续发展。

由此可知，18 世纪的英、法争霸以英国胜利告终，是有其原因的，英国的经济力量及造成这种力量的制度因素起了决定性作用。1688—1815 年间，英、法进行了 7 次较量，其中除第 6 次(法国帮助美国独立那一次)法国略占上风外，英国都取得决定性胜利。较量的后果在两国不同：在英国，它扩大了需求，刺激了经济，推动了工业革命的到来；在法国，它增加了负担，毁坏了财政，激化了社会冲突，进一步挖掉专制制度的墙脚。在争霸过程中，英国从晚期重商主义推进到工业时代，登上了资本主义的一个新台阶，它自己也成为工业革命的旗手。1848 年，英国铁产量占世界总量的一半，煤是 2/3，棉布达 1/2 以上,铁路已超过 1 万英里,其密度到 20 世纪末都未被多数发展中国家所赶上。它的贸易额占世界总量的 20%～25%,但它的国土面积只占世界陆地的 0.2%,人口还不到 2 000 万。[①] 工业革命带给英国的,是一个国家可以控制全世界,这是以前任何国家都做不到的。英国以唯一的世界霸主的面目出现了。至此,我们看到:英国之“强国”之路连续向前走两步:一步从早期重商主义走向晚期重商主义,再一步从重商主义走进了工业时代。英国引领潮流的能力已经超常发挥了,这使一个小国长期地独占霸权。

有意思的是，法国也走出了这两步，但总是落在英国后面。18 世纪末，法国爆发大革命，对专制制度发动猛烈的攻击，这是法国全面现代化的开始。以后近百年时间中，经过几次革命，再经过长期的政治动荡，到 19 世纪末，法国终于解决了政治制度问题，确立了共和制。法国的政治革命震动了整个世界，给人类留下辉煌的遗产。但政治的长期动荡也给法国的发展带来不利的影响，法国被迫在动荡的社会环境中进行工业革命，其起动已比英国晚，速度更比英国慢，政治与经济的“双重革命”让法国不堪重负，这让它在与英国的争夺中备感艰难。虽说最终法国还是把“双重革命”都完成了，但它终究屈居第二，不得不接受仅次于英国之后的第二强国，同时，也建立起仅次于英帝国之后的第二大殖民帝国。

英国和法国是工业资本主义时期的世界强国，它们的经历说明：工

---

① 钱乘旦、许洁明：《英国通史》，220～221 页，上海，上海社会科学院出版社，2002。

业社会的出现需要有合适的制度保障；只有先创造制度保障，才能走进工业化的轨道。在创造制度保障的过程中，英、法两国各自走了自己的路，各自都有巨大的创建。在创新过程中它们各自引领了潮流，留下宝贵的遗产，这是它们领先工业世界的秘诀。

四、德、日的波折

相对英、法而言，德国、日本是后起的国家；作为后起国家，它们尝试走不同的路，希望能超越英、法。

德国一直非常落后，原因在于它始终未能建成民族国家。没有民族国家的卫护，德意志的现代化也迟迟不能起步。1848 年，德意志曾发生革命，革命的重要目标是建立统一的德国，同时也要推翻各邦国的专制主义。革命的失败造成严重的后果，从此后，德意志现代化的领导权落到了旧统治集团手里，这使得德国的发展道路与英、法完全不同。领导德国现代化的是普鲁士的容克地主，它通过对外战争建立了德意志帝国，时间是 1870 年。统一的德国姗姗来迟，可是它一旦来临，就表现出无比的威力，再一次证明了民族国家在现代化过程中的决定性作用。德帝国建立后飞速实行工业化，在短短 30 年时间里就完成了英国近百年才取得的经济发展。到 19 世纪末，它已是工业强国了：1870 年，德国工业生产只占世界总额的 13%，英国占 32%；到 1900 年，德国赶了上来，占 17%，英国是 20%；1913 年，德国已超过英国，占 16%，英国却只是 14%！①

德国的成功归功于它独特的工业化道路。迄至当时，资本主义工业化的“正统”是自由放任，即亚当·斯密的自由主义经济学说，它认为国家干预越少越好，“看不见的手”是最有力的手。但德国却认为国家是经济发展的推动力之一，在国家指导下，经济能更顺利发展。这种观点在理论上的代表人物是弗里德里希·李斯特，在实践中的执行者是俾斯麦。德国的做法在世界工业化史上是重大的创新，国家的力量被重新调动，不再只充当经济发展的“守夜人”。在国家的指导下，人力、物力可以更合理地利用，经济活动的目的性也更强。工业化成了国家的目标，

① [日]宫崎犀一等编：《近代国际经济要览》，陈小洪等译，22 页，北京，中国财政经济出版社，1990。

也是国家的行为。从19世纪70年代起，帝国政府有意识地指导重工业发展，致使电气、化工、铁路、钢铁等产业迅速跃居世界前列，由此，德帝国超越第一次工业革命而直接进入第二次工业革命，实现了“跨越式发展”。德国的榜样对世界其他国家有很大影响，越到后来，人们越依靠国家的力量来完成工业化，20世纪的世界更是如此。

但在容克集团的指导下，经济发展却指向了军事目标，经济学家凯恩斯曾说：“德意志帝国不是建立在铁和血上，而是建立在钢和煤上。”①德国的问题出在“领导者的错位”上，历史把一个旧普鲁士统治集团放到了德国现代化的领导地位上，这个集团把德国引向军国主义，用军事力量直接挑战世界霸权。从立国之时起，德国的扩张意图就十分明显。德意志民族长期受压，一旦国家发展，民族主义就突然膨胀，爆发成不加掩饰的沙文主义。德国资产者抱怨在未能投入竞争之前，殖民地已经被瓜分完了，因此竭力要求向外扩张，夺取德国应有的份额。容克统治者则把扩张看作是自己统治之合法性所在，不扩张，就难以维持统治。在这种情况下，威廉二世开始执行“世界政策”，即所谓“我们也需要阳光下的地盘”②，也就是抢夺殖民地，争夺欧洲霸权。这就把德国推到了几乎所有大国的对立面上，德国因此而太自不量力：1913年，德国只占世界工业生产总额的16%，英、法、俄三国加起来占26%，美国则占36%，③ 所以在第一次世界大战中德国就必败无疑。但第一次世界大战的失败没有使德国吸取教训，20世纪30年代，纳粹党夺权，继续执行旧帝国政策，其野心更大、手段更狠毒。纳粹夺权是德国的灾难，同时也是整个世界的灾难，世界人民付出巨大的代价才打败纳粹德国。第二次世界大战后，德国走上正常发展的道路，它用武力争夺世界霸权的做法也彻底失败了。

与德国相似的一个国家是日本。日本早期工业化的历史和德国十分相像，它同样用国家的力量推动工业化，也同样走上了军国主义道路。明治维新后，日本用资本主义的方法追求工业化，和德国一样，日本的

① J. N. Keynes, *The Economic Consequences of the Peace*, London, 1919, p. 40.

② 转引自邢来顺：《迈向强权国家》，300页，武汉，华中师范大学出版社，2002。

③ [日]宫崎犀一等编：《近代国际经济要览》，陈小洪等译，22页，北京，中国财政经济出版社，1990。

工业化也是在政府蓄意指导下进行的，因此速度相当快。从19世纪80年代算起，它大约用了50年时间就跨越了两次工业革命，只相当英国费时的1/3。50年中，它的工业迅速发展，第二产业在国民收入中所占比例从大约12%增加到42%(第三产业是38%，第一产业即农业则降到20%左右)。[①] 第一次世界大战结束时，它已基本上是一个工业国，虽与西方列强相比仍有距离，却是非西方国家中第一个摆脱了西方欺凌、顺利走向工业化的国家。日本的成功给许多非西方国家很大鼓舞，当时中国就有很多人去日本学习，试图寻找救国的方略。

但日本自己却走错了方向。明治维新后，日本提出“文明开化”、“脱亚入欧”，竭力模仿西方，企图一举而成为“大国”。1871—1873年是关键时刻，当时明治政府派出强大的代表团出访欧洲，成员中有多位决策人物。代表团回国后提出的结论是向德国学习，这成为日本后来的国策，其理由是：英、法、美等国家“太先进”，不符合日本的国情；德国的情况最接近日本，因此是学习的好榜样。[②] 此后几十年，日本走德国道路，不仅在经济发展模式、政治体制建设上仿效德国，而且国势初振就对外扩张，要为日本争“大国”地位。明治维新后不久，日本就“征韩”；接着与中国开战，抢走台湾；再与俄国开战，争夺中国东三省。几次得手后它就更加狂妄，终于发展到要建立“大东亚共荣圈”、独霸太平洋和印度洋的地步。其实，日本一直到1938年也只占世界工业生产总额的4%(英国是9%，法国是5%，美国是32%，苏联是19%)，[③] 以这样的力量对抗世界，当然如以卵击石。

日本之所以走德国道路，根本原因是因为在明治维新后它的社会结构和德国非常相像，出现的问题也和德国几乎一样：旧的统治集团控制了国家发展的主导权，因此出现“领导者的错位”。明治维新是在旧统治集团领导下进行的，这个集团是武士集团。武士集团长期把持着现代化的发展方向，民众的力量被压制了，新的社会集团则天生残缺。正是这

---

① [美]托马斯·K. 麦格劳：《现代资本主义：三次工业革命中的成功者》，赵文书、肖锁章译，501、508页，南京，江苏人民出版社，1999。

② 参见[日]信夫清三郎：《日本政治史》，第二卷，周启乾等译，360～410页，上海，上海译文出版社，1988。

③ [日]宫崎犀一等编：《近代国际经济要览》，陈小洪等译，22页，北京，中国财政经济出版社，1990。

些情况让明治政府坚信日本与德国国情相近，因此应该走德国的路。

总结上述，德国和日本的“强国”模式是这样的：它们动用国家的力量高速发展经济，创造了一种与自由主义经济模式不同的发展模式，我们可称之为“统制主义”模式。统制主义模式是对自由主义模式的否定与修正，它在保留资本主义基本性质的前提下，改变了经济运行的方法，使国家成为主导力量，追求快速工业化。然而，德、日两国强大的专制主义传统，它们在现代化过程中旧统治力量的优势，旧统治集团领导下国家在经济发展方面的巨大成就，都使社会缺失了西方诸国所经历的自由主义洗礼。统制主义的经济模式加上非自由主义的社会与国家，使德国和日本之“强国”特征体现为资本主义的一个变种。这个变种因其强烈的侵略性而最终被扑灭；尽管如此，两国在经济发展过程中许多成功的因素，却仍是值得人们注意的。

五、当代美国资本主义

超越英、法的其实是美国，美国是当代资本主义的集大成。

1776 年，英国在北美的 13 个殖民地奋起反抗英国的统治，通过战争，取得了独立，建立了美利坚合众国。这是一个新型的国家，第一，它建立于“新大陆”，是新大陆第一个独立的国家，它没有“旧大陆”的传统包袱，一张白纸，可以任意作画。第二，它又受英国政治传统的强烈影响，当时英国已摆脱了专制主义统治，确立了议会的最高主权，所以在作画时其实有一个摹本，这就是英国议会制。第三，在这样两个基础上，新国家创造了新的国家制度，这个国家用一套新的原则立国，这些原则是：平等、自由、民主、法制以及权力的平衡。它否定王权，建立了共和国——如果考虑到法国大革命在那时还没有爆发，美国的创举就特别具有划时代意义。由此我们看出：美国在立国的最初一瞬间，已经汇聚起当时资本主义国家制度发展的最高成就，站在时代潮流之前了。

在谈到美国政治制度时，人们常常强调它的分权，强调它的联邦制度和它高度的地方自治。人们会说：这些是美国的特殊性，特殊性使美国得到了特殊的发展。但人们常常忘记：美国国父们创造的是一个高度统一又高度集中的国家政权，正如美国官方的说法所言：“他们创立了人类有史以来最复杂的政府组织——在一定界限和明文规定的范围中具有最高权威的政府。”①美国国家首先是强大而统一的，没有这个基础，美国不可能富强；因此从民族国家的角度说，美国并不特殊。美国的创新是：它建立了这样一个政府，它分权但不分裂，制衡却不抗衡；在强大的中央政府下，地方政府又高度自治；人民有充分的自由，却不可胡作非为——其中的秘诀是：国家的法治。如今，我们常会把这种状态看作是许多西方国家的标准状态，但究其所以，却是美国的创造。美国的幸运就在于它在英国统治下已经搭车行驶经历了资本主义的前期发展阶段，甚至和英国一同站在了工业革命的门槛前；它缺少的只是一个国家，即美国民族的民族国家。独立战争恰恰给它带来了这个国家，而一旦有了这个国家，它就可以向工业社会挺进了。

经济方面的情况也是如此。独立之前，它一直处在英帝国重商主义的庞大体系中，是英国世界商业网的主要支撑点之一。它既为英国提供原料，又为母国提供市场，据估计：18世纪时，美洲有80％的进口来自英国，30％的出口去往英国，其他出口则大部分去往加勒比的英国殖民地。② 晚期重商主义把美洲殖民地放在工业社会的门口，一旦摆脱英国的控制，它自己的工业革命就随时可以发生。事实上，由于种种天然的联系，英国的技术发明很快就能传到美国，美国的工业发展几乎是紧跟在英国之后。19世纪上半叶，西进运动更为工业革命打了强心针，从这时起，工业革命就在美国如火如荼地开展起来了。

19世纪的两件大事特别有意义：其一是西进运动；其二是南北战争。西进运动造成两大后果：一是个人价值观的勃兴，人们普遍认为在美国这块土地上，只要个人奋斗，就能获得成功；二是一个庞大国家的出现，这个国家从大西洋到太平洋，横贯美洲大陆，硕大无比。这两大后果，一是无形的，一是有形的，都为缔造一个“大国”准备了条件。南北战争除了人们常说的解放黑奴外，对国家而言有两点更重要：一是保全了国家的统一；二是工业的北方战胜农业的南方，国家从此在工业化的道路上飞奔。半个世纪中，美国的农业生产增长了3倍，工业生产增

① 美国大使馆文化处编译：《美国历史简介》，第2版，48页，香港，英国大使馆文化处，1982。

② 参见［英］R. C. 西蒙斯：《美国早期史》，朱绛等译，260、262页，北京，商务印书馆，1994。

长了15倍；20世纪初，美国的制造业生产总量超过了英、法、德三国的总和，它已经成为最大的工业国家。约翰·杜威说："历史上曾有过这样一场如此迅速、如此广泛、如此彻底的革命，真是让人难以置信。"马克·吐温说：这是美国的"镀金时代"。[①] 总之，在20世纪开始的时候，美国已经站在"世界强国"的大门口了。

但美国最终超越英、法，成为资本主义世界的"领袖"，则归功于一种"美国式"资本主义的出现，这种资本主义体现着当代资本主义的一切特点，是当代资本主义的集大成。美国的国家发展(包括政治与经济发展)是在英国式的自由主义传统影响下进行的，尤其其经济发展模式，是典型的自由主义经济模式。但20世纪20年代末的世界经济大危机改变了美国的资本主义，也使美国成了新资本主义的领头羊。为摆脱危机，罗斯福实行"新政"，开创了资本主义新的发展方向，在这种新方向中，"看不见的手"和"看得见的手"联合起来，共同操纵经济。具有讽刺意思的是：为了拯救市场，拯救在市场条件下继续维持的"自由"资本主义，唯一的办法居然是"中止市场"！但"中止市场"又不是"消灭"市场，市场的一切形式都必须保留下来，买卖的过程也应该一如既往，需要的是一种能够"控制"市场的权力，而执行这种权力的恰恰是国家！[②] 于是，国家和市场就如此巧妙地结合起来了，市场的作用和国家的作用都得以发挥，混乱的市场竞争中加进了"计划"的因素，它改变了迄今为止自由资本主义运作的方式，却又并非使用"统制主义"手段。这是资本主义各种因素的集大成，是一种新形势下的资本主义。新模式使美国克服了自英国创立自由资本主义经济模式后一直存在的经济发展中的制度性障碍，从而成为新时期资本主义国家的领头羊。

第二次世界大战帮助美国登上了世界最强国的地位，欧洲列强都受到重创，只有美国大获其益。1938年，美国的GDP相当于英、法、德、意、荷、比、卢各国的总和，大约是苏联的3倍；1948年，则相

① [美]埃里克·方纳：《美国自由的故事》，王希译，175、176页，北京，商务印书馆，2002。

② 可参见[意]杰奥瓦尼·阿锐基：《漫长的20世纪》，姚乃强等译，319～354页，南京，江苏人民出版社，2001。

当于上述西欧国家的 2 倍多，苏联的 6 倍。[①]“布雷顿森林体系”又使它控制了世界的金融；此后，美国经济一直独占世界鳌头，虽后来受日本和西欧的挑战，以及苏联的竞争，至今却仍然如此。高速发展得益于它对科学技术的高度重视，得益于它始终保持创造活力。第二次世界大战后，美国的科技水平始终居于世界前列，它对高科技的敏感，使它的生产力水平不断突进，在旧技术条件下眼看已达到极限的时候却又上一层楼，因此能一再摆脱其他国家的追赶——20 世纪 80 年代出现的“信息经济”就是一个很好的例证。很显然，美国的“强国”地位置身于战后资本主义的新阶段，它在各个方面都体现着当代资本主义的基本特征——包括“后工业时代”的特征。

然而，凭借其强大的经济力量，美国在第二次世界大战后执行霸权主义政策，企图独占世界。这种趋势在冷战结束后更肆无忌惮，美国以“一强独大”的身份强权控制世界舞台，其所作所为，引起越来越多的指责与不满。可是，我们并不认为美国的独大局面会永久维持下去，历史上也没有哪一个国家曾经做到这一点。入侵伊拉克是它单边主义的大暴露，同时也是它无力独霸世界的清楚表现。在一个现代化进程日益深入、“多极化”特征也越愈明显的世界，国际协商和合作是唯一的出路。和在它之前的其他“世界强国”一样，美国的“强国”地位也只是一个历史的范畴，而美国的未来，在很大程度上取决于它自己的作为。

六、几点思考

考察了以上“世界强国”兴替的过程，我们可以有以下几点思考：

第一，在讨论资本主义问题时应该有一个基本出发点，即资本主义是一个变化的过程。资本主义有它的产生和发展，直到现在还在延续。从它产生到现在已经有几百年时间，其间发生了许多变化。今天的资本主义与几百年前的资本主义不同，与 19 世纪中期的资本主义也已经不同。不能用静止的眼光看待资本主义，否则理解不了资本主义是一个过程，也理解不了资本主义的变化。作为一种制度，资本主义在 15 世纪就已经出现，西班牙和葡萄牙的崛起就体现了这一点。此后，资本主义

① 可参见[意]杰奥瓦尼·阿锐基：《漫长的 20 世纪》，姚乃强等译，第四章（尤见 326 页），南京，江苏人民出版社，2001。

经历了阶段性的发展，每个阶段都有其各自的特点。我们习惯于把19世纪中期英国的自由资本主义看作是资本主义的“标准”形态，这是一种误解，也是形而上学的观点。这样来看待资本主义就很难理解许多历史现象，包括资本主义“世界强国”相互更替的过程。

第二，从资本主义阶段性发展的角度来观察“世界强国”问题，我们发现“世界强国”与资本主义的发展阶段有相连关系，资本主义的阶段变化影响着“强国”的沉浮，反过来说，“强国”体现着资本主义的发展阶段。一国之“起”，一国之“落”，一国之“兴”，一国之“衰”，都有各自的时代大背景，体现着某种隐含的“必然性”。但这不是说只要是历史发生的就一定是“必然”的，绝对的“必然”无异于宿命。国家的兴盛有它的自身因素，它的活力，它的奋进，它的积累，它的信念，都使一个国家有可能积聚起比同时代其他国家更有利的条件，从而在一个同样的大背景中获取先发之势。在资本主义某一个发展阶段上，凡能够抓住潮流、逐波而上者，就常常抢占发展的优势，成为那个时代的领头羊。能动性与创造力实际上是很重要的，对时代变化的敏锐掌握引导着国家的运行方向；而所谓“强国”地位，实际上就是引领潮流的能力。不同时代的资本主义“强国”引领了不同阶段资本主义发展的趋势，这些国家自身于是也就体现了这些时代的潮流。我们在这篇文章中看到的那些国家都从不同角度、不同程度上说明了这个问题，而一旦这些国家丧失引领潮流的能力，它们也就不再是“世界强国”。

第三，资本主义既然是阶段性发展的，那么新阶段与旧阶段之间就存在着承接关系，新阶段是旧阶段的接替者，新旧之间既有继承，又有变更。新的阶段于是既保留旧阶段的基本特征，又必须对旧阶段做出实质性的变更，这就是创新。新的领头人于是从旧阶段中脱胎而出，从原先跟进的地位走到了领头的地位。地位变换的根本条件是它对旧阶段做出了实质性的突破，用新的创造开辟了一个新阶段。创新的内容恰恰是新阶段的主要特征，因此，新的“强国”体现了新阶段的新特点；反过来，资本主义新阶段又因为新“强国”的出现而得以形成。于是，在资本主义不同发展阶段上的强国，一方面是时代的产物；另一方面又是时代的创造者：在资本主义“强国”与资本主义阶段变化之间，形成了一种互动。

现代化理论问题

现代化是当代中国最热门的话题，没有哪一级政府不把现代化作为目标，也没有哪一个中国人不希望早日实现现代化。然而，“现代化”是什么？为什么要实现现代化？如何才能比较顺利地实现现代化？对这些问题，应该有比较认真的思考。

一、“现代化”是什么

现代化是一个全球性运动。因此，不把它放在全球的视野下来考察，便不能理解“现代化”。

严格地说，“现代化”这个说法很不确切。因为：第一，现在存在的东西都是“现代”的，如何再将它们“现代化”？如果“现代化”意味着现在还没有、要经过争取才能在将来成为现实，那么“现代化”这个词就更加文不达意。

第二，人类每一个时代都有它当时的“现代”，100年前的“现代”和100年后的“现代”显然是不同的。因此，“现代化”以哪一个“现代”为标准？

所以，从字面上理解“现代化”是不行的。

“现代化”并不表达明确的时间概念，它表达的是一个过程。它从过去某一个时间开始，一直延续到现在，而且还会延续到将来。在这样一个宽广的意义上，使用了“现代”这个词。

但这样还是理解不了“现代化”。无论时间的界限多么宽广，存在于“现代”的东西还是太多，而且其中许多东西正是人们企图改造、企图用“现代化”来加以排斥的。因此，“现代化”其实与时间没有太大的关系，它表达的是一个历史发展的方向，是某种社会的蓝图。对正在经历现代化的国家来说，它的时间坐标在未来；对已经完成现代化的国家来说，它的时间坐标在过去；只有把已完成“现代化”和未完成“现代化”的国家放在一起作参照时，“现代化”才具有现在的含义。

因此，我们不能从时间的含义上理解“现代化”，不可把“现代化”等同于“现在”，即使这个“现在”目前只在别人那里有，我们这里还没有也罢。现在的东西有些也属于过去，而且可能和现代化格格不入。有些东西要经过改造才能融入“现代”，成为“现代化”的一个内容。正因为如此，人们提出“传统”与“现代”之分，人们说：在现在正存在的东西中，有些属于“传统”，有些属于“现代”，“现代化”就是从传统的属性向现代的属性转变，对一个社会来说，它意味着走出“传统”，走向“现代”。这种说法尽管把“传统”和“现代”绝对化，似乎它们势不两立；但它却很有可取之处，因为它把“现代”看成一个过程，看成是从“传统社会”向“现代社会”的转变。但这里又产生另一个问题，即什么是“传统”，什么是“现代”？判断“传统”和“现代”的标准是什么？

发展中国家很容易在经济增长与“现代化”之间画等号，把高度发展的经济和高度发达的技术（这些在别人那里已经存在的东西）作为现代化的标志。这就犯了以偏概全的错误，很容易为现代化制定片面的目标。其实，现代化的含义要丰富得多，它包含着社会的整体变动，包含着从“传统”到“现代”的全部转变。即使只就经济发展而论，它也必须有其他方面的支撑，甚至提供前提条件；而经济发展了又必然要求其他方面有相应变化，没有这些同步的变化，就有可能破坏平衡，导致社会结构断裂，阻碍经济进一步发展。

谈到这里，“现代化”究竟是什么？我们认为：现代化是一次巨大的社会变动，是人类文明的一次转换，它在工业生产力取代农业生产力的基础上，实现了农业文明向工业文明的转化。换句话说，现代化是一种新的文明形式(工业文明)逐渐确立的过程，它包含着整体的社会变动。旧有的一切将依据能否适应工业文明而决定其取舍，不能适应者将消失，能够适应者经过改造而融入现代。判断"传统"与"现代"的标志就在于此，工业文明是衡量的尺度。依照这个看法，工业化只是现代化的一个方面而已，认识到这一点是非常重要的。

二、现代化的准备

既然把现代化界定为工业文明的确立，那么工业革命就是它合适的起点，然而达到这个起点要经历漫长的准备，没有这些准备工业革命就不能发生。

在农业生产力条件下，中国几乎发展到农业文明的最高境界。唐宋以后，中国的农业技术高，生产力十分发展，社会组织形式完善，国家功能全面，社会自我调节能力很强，文官队伍很有效率，手工业发展，商业规模很大。国家在多数情况下是统一的，从社会整体状况看，它似乎离"现代"的标准最近。

但"现代化"没有从中国开始，究其原因，是因为中国社会发展的方向不是为"现代化"做准备。

相比之下，西欧中世纪十分混乱，大国小国林立，贵族混战，生产力低下，技术十分落后，手工制作粗糙，工艺水平低，国家职能不全，管理水平差，专职的行政官僚队伍迟迟难以出现，距离现代国家的差距似乎最遥远。

但两相比较，很容易发现一个事实：像中国这样的国家，整个社会机制都是为农业文明服务的，发达的社会结构功能以巩固农业文明为宗旨，典章制度为农业文明设置，价值取向和思想意识形态为农业文明辩护，农业为本，其他都是末。强大的国家机器只保护农业的利益，其他一切都必须服从农业。而中世纪西欧却不像这样铁板一块，在其主体的封建农业社会旁，还站着一个半独立的市民社会。这个工商业的市民社会尽管十分弱小，但它很早就从农业主体结构中分离出来，并不包容在农业主体结构中。市民不受封建领主管辖，不以农业为生，他们有自己的生存目标，还有自己的经济和政治组织(市政府、行会等)，自己管理自己。由于游离于农业主体结构之外，他们可以不受约束地发展自己的生存方式和价值取向。

结果，中国社会越完善，农业文明就越巩固；西欧社会越发展，背离农业文明的离心倾向就越大。由于这个原因，孕育着新文明的种种因素在西欧社会中逐渐形成，像地理大发现、文艺复兴、宗教改革、启蒙运动等，都是在向这个方向发展，最终导致农业文明渐趋衰退，为工业生产力的勃然迸发准备了条件。相反，像中国这样农业文明高度完善的地区(印度、中东、西亚等)，虽说也发生过许多重大事件(如中国的清军入关、日本的封关锁国、印度建立莫卧尔王朝等)，却都是向更加巩固农业文明的方向发展，现代化的准备阶段迟迟不可到来——现代化由西欧开始，当然不是偶然的事。

概而言之，农业文明在某种程度上的解体是现代化的必要条件。在西欧社会，它经历了某种自然解体的过程，为现代化的源起做好了准备。其他地区的农业文明是后来在欧洲工业国家的冲击下才开始瓦解的，农业文明的解体和工业文明的生成同时进行，从而使现代化过程更加复杂。

三、现代化的启动

工业生产力最早在英国出现，它的标志是工业革命。但工业革命在英国发生时，人们几乎无所察觉，人们对正在发生的变化并不感到突然，也没有意识到自己正迈向一种新的文明。其原因是：英国现代化源出于社会内部，它自身的因素孕育了现代化的动力。

英国现代化的动力是什么？是社会对人欲的高度释放。18世纪的英国与其他欧洲国家相比，它的社会宽松得多，人民有比较大的自由度。社会承认个人追求幸福的合理性，承认对财产的绝对权利。所谓“财产权”，指的是私人对财产的绝对占有，学术理论早就为私有制鸣锣开道，从洛克到亚当·斯密到边沁，都指向同一个方向。英国贵族带头从事经营活动，结果在社会上形成一种风气：并不以经商赚钱为耻。这些情况把英国人最早从中世纪的束缚中解脱出来，让他们最早成为“自由”的人。

中世纪为什么缺乏创造力？因为它束缚人。机械的原理在中世纪就产生了，到工业革命才可能成为机器；蒸汽的力量甚至在古代希腊就知道了，但到工业革命才成为蒸汽机。在中世纪，发明创造是很危险的，发明家被视为异己，往往不会有好下场。基督教斥责财富也斥责创造，发财和创造都被说成是魔鬼的诱惑。只有当英国解除对人的束缚，给人追求财富的"自由"后，人的创造力才充分发挥出来，这就是英国工业革命的动力。

英国现代化由此起步。但在当时，它从哪里来，要到哪里去，人们都不甚清楚。人们甚至不知道他们已经开始了一场文明变更的世界性运动，不知道他们起动了"现代化"。然而当英国的工业产量比全世界其他国家加在一起还要多，英国因而能单独对抗整个世界时，工业革命的伟大意义就显露出来了。对其他国家来说，现代化的动力不再来自内部，而主要来自外部。强大的工业化邻国是一种巨大的压力，迫使每一个国家先后追求工业化，从而不可逆转地走上了现代化道路。现代化不再是一个自然而然、可紧可慢的过程，它成了急迫的任务，关系到国家的兴衰、民族的存亡。如果说这种意识在19世纪欧洲还只是若隐若现的萌芽，那么到20世纪，对广大发展中国家来说，它就是痛定思痛后的切肤之感了。现代化不是个要不要的问题，它是非要不可、无可选择的。这里的原因其实很简单：工业生产力无论如何都比农业生产力强，因此要改变被动挨打的局面，就只有实现工业化。但也正因为这个原因，后发展国家在急匆匆追求现代化时，往往把工业化等同于现代化，因而在现代化过程中很容易走弯路。

四、现代化的执行方式

英国以内部的压力开始现代化，其他国家则在外部压力下被迫跟上，不同条件决定了不同的执行方式，这往往不是人所左右得了的。

对于像英国这样的国家，现代化是在不知不觉中发生的，中世纪的束缚一点点地解除，社会容忍度一点点增加，人的"自由"度慢慢扩大，新的价值标准和新的愿望逐渐被社会接受，所有的变化都是在自然而然中发生的，人并没有刻意去追求什么。这样一种"现代化"进行得慢慢悠悠，从从容容，既无须急躁，也不必设定目标，事实上人们最初并没有意识到什么，他们只是随波逐流，走到哪里算哪里，无所谓现现代化，也无所谓不现代化。这时对国家的要求，只希望它不要干涉，让所有这些变化自然而然地发生，不受任何阻碍。其实，这时的国家干预只会是一种障碍，中世纪束缚太多，解除束缚正是时代的需要。

对其他国家来说，情况就不是这样了。现代化是一项紧迫的任务，需要动员一切人力物力来“从事”。现代化是一个目标，是一种追求，国家的力量于是就很重要了，要依靠国家来推动现代化，有时(如果遇到较强的阻力)还需要强制实行现代化。就欧洲范围来说，当现代化波及德国时，它的执行方式就已经很不同了，德国采取了强行推进工业化的办法，加速发展经济，在短短的三四十年时间里走完了英国一百多年的路。俄国则采取了更加强力的手段，几乎是在靠强制命令实行工业化。强力手段虽然粗暴，但往往是有效的，就经济发展而言，它能在较短时间里取得较明显的成就。

但这种方式有很大的缺陷，它往往把工业化从现代化其他含义中剥落出来，成为国家唯一的追求目标。这里的国家指的是作为权力机构的国家(state)；但在另一方面，作为民族共同体的国家(nation)却不会忘记现代化的其他内容，而在工业化的同时孜孜以求于更多的目标。权力的国家与民族共同体的国家之间于是有可能出现紧张状态，导致剧烈冲突。19 世纪许多欧洲国家内部的冲突，正是围绕这个主题展开的。至于 20 世纪，类似的冲突在发展中国家更是屡见不鲜，形成不稳定的因素。

尽管如此，国家推动现代化的方式却越来越不可避免，现代化越迟，越需要国家推动。原因有二：第一，现代化启动越迟，离先行国家差距越远，迫切性就越强烈。为在尽可能短的时间里尽可能缩小差距，国家的组织力量就越发重要。第二，越是迟开始现代化的国家在地理位置上离现代化的先行地区越遥远，民众在心理上和文化上对现代化的认同能力就越差(文化上的差异问题将在下一节中继续讨论)，现代化因此必须靠社会精英来强力推进，而推进的工具只能是国家。

五、现代化的全球推进

工业生产力有一种扩张的本性，工业文明也具有很强的渗透力。农业文明经过几千年传播只覆盖了欧亚及非洲、南美的某些部分，而工业文明从发生到现在仅200年时间，已几乎渗透到世界各地。这不仅因为工业文明基于不断更新的技术，而且因为它对“落后”地区有很强的冲击力，它能瓦解原有的文明，强迫这些国家实行“现代化”。有一位学者说得好：在工业文明出现之前，通常是“落后”地区向“先进”地区进攻，“蛮族”征服“文明”的民族；工业文明出现后，征服的方向就改变了，发达地区向不发达地区进攻，“文明”征服“野蛮”。其中的原因是：工业生产力必须扩张才能生存，它需要不断扩张的市场和不断增加的原料。工业生产力走到哪里就把工业文明带到哪里，而这种文明所特有的生活方式和价值取向则总要和原有的文明体系发生冲突，从而引发现代化的全过程。

当工业文明向西欧北美推进时，遇到的抵抗还小一点。西欧在历史上有与英国十分接近的经历，其社会结构和文化背景也十分相似。当英国发生工业革命时，西欧其他国家也多多少少具备着工业革命的启动条件，因此当工业革命真的发生时，西欧国家并不感到冲击很大。更重要的是，共同的文化背景、思维方式和行为方式使西欧各国间易于交流，容易相互了解，因此当一种新的文明在英国的传统中破土而出时，西欧并不感到十分陌生，相对来说也比较容易接受。这种情况解释了现代化为什么首先在西欧扩展；由于同样原因，美国也是现代化起步最早的国家，它的文化实际上是英国文化的移植。英国其他“白人殖民地”(加拿大、澳大利亚、新西兰等)也是这种情况。

尽管如此，西欧北美现代化仍不是风平浪静，社会转型一波三折，工业文明的确立经历了相当漫长的过程，其中不乏尖锐的冲突。在有些国家，冲突可以是白热化的、流血的。即便在英国，工业革命时期也充满了动荡，有时还是激烈的动荡；工业革命完成后，社会变动仍继续进行。所以现代化尽管是大势所趋不可阻挡，但在实际操作过程中却又是障碍重重，举步艰难。

当工业文明向世界其他地区推进时，遇到的阻力就更大。世界其他地区在文化传统上与欧美有很大不同，其文明取向很可能与所谓“西方文明”格格不入。一个从“西方文明”中生长出来的“现代化”，很容易引起这些地区的疑虑。更有甚者，世界其他地区都吃过“西方列强”的亏，“西方”凭借它们在工业化道路上先行一步，就以强恃弱，盛气凌人，把它们沦为殖民地或附属国，变成商品倾销地或原料供应场。这些地区因此对“现代化”抱有矛盾的心理：一方面它们知道工业的厉害，因此竭力追求工业化；另一方面又对“西方文明”充满敌意，生怕现代化带来“全盘西化”，因而丧失更多的民族特性。出于这样一种矛盾心理，世界其他地区在设置现代化目标时常常陷于两难境地：要“现代化”却又担心被“西化”，不要“西化”却又害怕丢了“工业化”。

其实，把现代化同“西化”画等号是一种误解。现代化意味着新文明的确立，它以工业生产力为基础，对传统文明形成冲击。它不仅破坏其他地区的传统文明，也破坏了“西方”的传统文明。相对于西方传统而言，“现代化”也是一种异质，也是一种“西化”。

非西方国家把现代化看成“西化”因而自觉排斥现代西方的种种社会文化现象，这是缺乏分析的。第一，“现代化”不是西方的专利，而是个全球的过程，若把“现代化”看成是单纯的西方属性，那就太抬举“西方”了。第二，现代西方的社会文化现象有些是现代化的结果，有些则只是西方文化的延续或变异，不一定与“现代化”有关，所以不必事事迁怒于现代化。第三，即便撇开“现代化”不谈，现代西方社会文化中有许多仍是很优秀的，何苦一概排斥？其实，将现代化等同于“西化”是将现代化等同于工业化的同一个铜板的另一面，其实质都是把工业化与现代化的其他目标割离开来，而不承认现代化是一个整体过程。至于现代西方的影响，那么其中有许多即使没有“现代化”也依旧会有；而凡属现代化所必然引发的过程，则是没有西方影响也仍然要发生的，关键是如何判断现代化。

六、现代化的价值判断

于是就涉及现代化的价值判断问题，即应该如何看待现代化？用更通俗的语言表达就是：“现代化”是好是坏？

“好坏”的标准是无法判断现代化的，和人类历史上曾经有过的其他过程一样，“现代化”是一个趋向，无可避免。它既好也坏，既有利也有弊，既能解决老矛盾老问题，也能带来新矛盾新问题。仅以人们最关心的生活水平为例：现代化当然能大大提高人类的物质享受能力，使人的生活前所未有地舒适；但同时它又是以人类支付更多的劳动为代价的，以人服从生产工具(如机器)为代价。大规模的生产还消耗大量资源，造成巨大公害，因此在这个意义上又是以牺牲人类将来的生存为代价。如此看来，现代化是“好”还是“坏”?

再举数例：现代化意味着发达的技术，用技术的力量造福人类；但技术也能危害人类，像核能和生物工程这样的技术，稍有闪失就能导致人类自己消灭自己。

现代化意味着社会流动程度加大，从而使社会有更大的活力；但广泛的社会流动也能增加社会管理的难度，犯罪问题能否得到有效的控制?

一个更小的例子也能说明问题：现代生活方式为每一个人提供了接受教育的可能性，但现代教育制度把人像商品一样成批生产，人在这种教育中是增加了创造力，还是减少了创造力?

现代化处处都在提出新问题，因此用“好”和“坏”的标准是无法说清楚的。纵观历史，人总是面临种种困境，老问题解决了，新问题又产生，新的有时比老的更糟糕。

但发展中国家却很容易对现代化抱太高的期望值。这些国家鉴于过去受凌辱的历史，积压了许多难返的重负，它们指望依靠“现代化”(常被曲解为“工业化”)这服灵丹妙药而一举解决所有问题。它们把“现代化”当成一种理想来看待，仿佛它是“天国”，似乎只要有了“现代化”，一切就都有了，一切就都好了，所有问题一蹴而就，国富民强，国泰民安，太平盛世，地久天长。然而现实却不是这样的，当“现代化”不仅不能解决全部老问题，而且还会生出许多新问题时，一种幻灭感就会产生，强烈的幻灭感会使理想破灭，从而严重阻碍现代化。

其实作为一个过程的“现代化”绝不可能是一个“天国”。人类历史上有哪一种文明是十全十美的呢?工业文明作为一种新的文明，只不过为人类的生存提供一种新的可能性，不能期待它完美无缺。非但如此，还应该预期在完成它的过程中将遇到种种阻力，会有挫折，产生新的问题。唯具有这样一种心理准备，才会对现代化的艰辛有比较大的承受能力。

既然“现代化”无所谓好坏，何苦又去追求它呢?说实话，问题不在于追求还是不追求。“现代化”自它发生的那一刻起就具有全球扩张的本性，除英国等少数一两个国家是属于自身的动力原始推进现代化之外，其他国家都多多少少是被迫实行现代化的。现代化不容选择，它只要求接受。进一步说，发展中国家之所以有一段受欺凌的历史，不正是因为未能得到现代化最初的机遇吗？不管是好是坏，现代化作为一个过程，一切国家都非经历不可。

七、现代化的失误

不仅“现代化”这个存在本身并不完美，现代化的过程还充满失误，这种情况更会加剧人们的失落感，对现代化滋生出失望的情绪。比如在英国工业革命时期，失误现象就十分严重。英国工业革命是在一种完全“自由”的状态下进行的，这种“自由”在当时虽是一种必要，但结果却导致全面的社会失序。经济活动在根本没有计划的情况下“自由竞争”，引起一次又一次过剩—萧条—危机的循环。社会动荡很厉害，尤其是当利润成为经济活动的唯一杠杆后，劳动者的生活失去了保障，贫穷比工业革命之前还要严重，出现了一方面生产过剩，一方面更多的人得不到足够的生活资料的反常现象。人们过了很长时间才意识到这是现代化过程中的失误，又过了很长时间才把它纠正过来。但这种失误使英国工业革命的道路受到人们的怀疑，至今人们提起它，都忘不掉英国工人的苦难。

从理论上说，任何过程都不可能没有失误，历史正是在失败中发展的。像现代化这样一个巨大的历史运动，更不可能没有失误。但现代化的成败对一个个具体的国家来说却又是性命攸关，它不允许反复试验，不允许一次次交“学费”。中国自鸦片战争以来便面临着现代化的挑战，中国曾做出一次次努力，企图实行现代化。但一次次努力都未能成功，中国交的“学费”太多，学的却太少。其中原因，没有真正睁开眼睛看世界是一个重要因素。“天朝”意识太浓厚，看别人长处少，看别人短处多，尤其对别人的失误，总想到可以证明别人不行，不想到这恰恰是求之不得的珍贵教训，对自己也适用。

在现代化过程中，其他国家犯的错误已够多了，若能对这些教训认真研究，引以为戒，那就真的可以成为“前车之覆，后车之鉴”。在现代化过程中，应该有强烈的失误危机感，生怕出错，才能最有效地防止出错，而最有效地防止出错，就要知道在哪些方面最容易出错。因此，别人的失误就很重要了。在这里，有一个认识方面的问题几乎是关键：不能把别人的失误统统归结为人家的制度不好或文化恶劣，似乎只要没有那种制度或那种文化就根本不会出现失误。实际上，现代化在世界各地都具有大同小异的过程，别人失误之处，也是自己潜在的陷阱。

举一个例子：现代化伴随着城市化，人口大量涌向城市，造成住房短缺、居住环境恶化。这方面的失误在英国工业革命时就已经十分突出，在其他国家也曾反复出现。然而是否每一个国家在实行现代化时，都需要亦步亦趋，不断重复英国的失误呢？许多问题，只要诚心诚意地了解一下别人的经历就可以知道了，甚至连解决问题的办法都能找得到，至少可以作为参考。其他问题，如经济发展与社会、政治、文化全面发展脱节的问题、二元现象对立的问题、物质至上和文化空虚的问题、利益分配失调的问题、社会集团冲突的问题、扩大自由度与加强社会控制之平衡的问题、领导现代化的精英集团道德之纯洁性的问题、保障全体社会成员基本生存条件的问题，等等，都是一些极容易产生失误的危险区。

认识现代化过程中的失误现象，对正在追求现代化目标的国家来说是至关重要的。现在，一切现代化都是在国家推进下的现代化，人为操作往往起关键作用，在制定实行现代化的规划时，若不有意识地避免别人的失误，那么同样的错误在自己这里出现，几乎是不可避免的。

现代化是一个复杂的过程，现代化的完成极其艰巨。对现代化的正确理解是决定现代化成败的第一个因素，但愿在这个问题上，国人不再走弯路。

西方政治现代化道路比较

在当今世界上，现代化已是个普遍的潮流，一切国家要想置身于外是不可能的；现代化又是个整体的进程，它包括经济、思想、政治、社会多方面的同步发展，不是用哪一方面的“现代化”所能包容得了的。然而，在所有各方面的“现代化”中，应特别提到政治现代化，这是个世界上一切国家都曾经历过或正在经历的过程，它的完成与否将在很大程度上决定一国能不能成为现代国家、能不能(或能多快)完成向现代化转变这一历史任务。各国的政治现代化曾呈现出各种不同的特色，从而对各国历史发展及它们在当今世界上的地位有过重大影响。我们愿从历史的角度考察这些特色，从中总结经验，以帮助人们思考。

一、政治现代化的起点

若把世界看作是一个整体，它的“现代”大约是从1500年开始的，这以后的历史可以叫“现代史”(modern history)。这种划分当然以欧洲为着眼点，因为这时欧洲出现了一些根本性的变化。但这些变化演绎的结果，是使世界发生大变，我们今天所处的世界，多多少少是从那些变化中发展出来的。所以我们就不妨接受那种观点，从1500年开始考察世界。

1500年左右，欧洲开始走出中世纪，这表现在以下几个方面。第一，它的船队打开世界，新航线逐一开发。但欧洲人漂洋过海不是为了探险，而是为了发财。地理新发现给世界带来一种新的精神——商业资本主义精神，商业资本主义很快成为欧洲经济的一个重要支柱，在这个基础上，才逐渐形成现代经济体系。

第二，欧洲发生文艺复兴运动，由于这个运动，埋没在中世纪神学污垢下的古代文化又放出光彩。文艺复兴使欧洲人在成为“人”的道路上迈进了一大步，一个简单的真理开始萌发：人的未来不靠神谕，而靠理性。这样，宗教改革运动和启蒙运动继之而起，人的价值观念发生变化，新思想迅速传播，旧观念发生动摇。事情很清楚：要么社会和新思想一同前进，要么在新思想冲击下旧社会轰然崩溃。

第三，我们更重视政治结构的变化。1500年前后，欧洲开始出现强大的王朝，以前那种以城堡和骑士为基础的领地分封时代过去了，王朝战争代替诸侯的纷乱，政治权力开始向中央积聚，统一的民族国家在欧洲兴起。这种情况给欧洲提供一个向未来发展的政治基地，王朝使欧洲摆脱软弱和混乱，为欧洲的强大创造条件。没有统一的王朝，就不能发展现代的民族国家的政治。

总之，1500年的变化是重要的，它成为后来变革的基础。但这些变化并未使欧洲摆脱传统社会，更伟大的变革还留待后来。这个更伟大的变革就是人类从农业社会进入工业社会，工业革命改变了世界，它使落后的欧洲奋起领先，使其余的世界目瞪口呆。它在几十年中创造的财富，抵得上人类几千年中共同的积累，它使先完成工业化的国家迅速强大，落在后面的国家则被动挨打。它改变了世界的格局，文明最悠久的地区变得落后，而原先后进的国家则成为新文明的旗手和先锋。它迫使一切国家走工业化的道路，时至今日，工业革命的冲击波仍在世界上四处传播，那些尚未完成工业化的国家，无一不把它作为自己的主要目标，企望着经济早日“起飞”。

但“起飞”的时机却很难以人的意志为转移。许多国家追求它，却始终得不到它，许多国家等了很久，才颇为费力地得到它。然而对某些国家，它却表现得特别慷慨，它们不费吹灰之力，不知不觉地得到了它。谁会想到在18世纪中期出现的一些技术发明，会是人类第一次工业革命的先兆，其结果，是使英国发生工业革命，让北海中这弹丸小国接过人类未来的命运？

但英国经济最先“起飞”是有它的原因的，长期以来为探讨这些原因历史学家曾不断地争论。他们提出过各种假说，却始终不能使所有人信服。假如要我们来回答这个问题，我们就宁愿不直接回答，而愿意提出另一个问题：在什么条件下一个国家的经济开始“起飞”？我们觉得，一切经济的、环境的因素无疑都有重大影响，但决定“起飞”时机的却是政治因素。政治结构犹如一个发射架，只有在合适的发射架上，国家的经济才能“起飞”。这里涉及的实际上是政治和经济的相互关系，是马克思主义经常谈论的问题。我们认为政治和经济的关系是交互的，不能简单地使用“基础”和“上层建筑”这个比喻。当一个国家受到传统社会的各种强力束缚时，政治因素就尤能决定经济发展。没有一定的政治条件，即使刻意追求，经济也不能进步。

从政治上说，必须具备哪些条件才能使经济“起飞”？我们认为：

第一，这个国家必须是统一的，它克服了分裂。

第二，这个国家必须不受外国挟制，也不受外国干扰，它必须是真正独立的。

第三，这个国家必须克服个人专制，不能由一个人决定一切。

具有历史讽刺意味的是，在许多国家(包括多数欧洲国家)，前两项任务是由专制王权来完成的，因为在一个诸侯割据的国家里，只有王权是唯一能和贵族抗衡的力量；而在维护民族自决和建立民族国家的斗争中，王权又是现成的民族工具。王权正是在完成这两项任务的过程中取得“专制”的权力的，统一和独立需要强力，王朝战争正是这种强力的体现，在战争中，王权把国家置于自己的绝对控制之下。正是由于这个原因，1500年开始的变化才对欧洲有特别的意义：专制王权成为普遍的政治形式，使欧洲许多国家一下子完成了三项任务中的两项，从而为经济发展扫除了两个障碍，欧洲迅速从政治上落后的地区，一跃而为世界上先进的地区之一。

但第三项任务是最难完成的。专制王权曾执行过民族的意志，在消除分裂、建立民族国家斗争中立过功。现在，由于它的专制性质，它却成了民族的羁绊。它让国家屈从一己的私利，把一个人放在国家之上。它超出社会，让全社会服从这一个人的利益，只有当这个人觉得经济的发展对他有利时，他才会松开枷锁，让经济稍微活动一下。这个人不要政府，“朕即国家”；他若贤明，则国家尚可安生，他若昏聩，则国家无以生存。专制王权阻碍国家进步，只有克服它，国家才能前进。过去，当国家分裂，民族不能自决时，谁先统一，谁先独立，谁先建立强大的王朝，谁就能最先走出中世纪的黑暗；现在，谁先克服个人对国家的专制，谁才能先完成最伟大的变革——由农业社会进入工业社会。欧洲各国在“起飞”时间上的差异，往往就是由这个因素决定的。这是国家向现代化发展的新阶段。用这个观点看问题，就可以解释 16 世纪的一流大国为什么会是西班牙和奥地利——因为它们率先建立了强大的王朝；但 18 世纪时它们已迅速落伍，而原先谁也不以为然的小国英国，却发展成强大的资本主义先进国，一跃而居世界之首。

二、现代化第一阶段比较

克服专制的斗争是如此复杂，它使欧洲各国走上了不同的发展道路。本来，从罗马帝国灭亡起，欧洲大部分地区沿着大致相同的路线发展：民族迁徙、封建小国、土地分封、贵族混战、骑士时代没落、专制王朝出现。各国的历史事件虽不相同，但发展方式却大同小异，几乎是相同模式的不同版本。但就在专制王朝建立起来，现代化进程刚刚起步时，欧洲各国却分道扬镳，各国沿不同的路线发展了。虽说到今天，经过几百年变迁，我们看见欧洲大部分国家（“西方国家”）在政治和社会方面又呈现出相当大的一致性，可以说都完成了现代化改造，但它们的遭遇却很不同。它们经历不同的道路，结果是前进中有易有难，发展时有快有慢，结局上有成功有失败，使世界现代史呈现出眼花缭乱的多样性。

这种多样性是在克服专制的过程中形成的。专制王权既曾是一种进步的历史运动，因此战胜它就更不容易。这不仅因为它掌握着统一国家的强大机器，更因为它曾代表一种进步，克服它，是否会引起历史的倒退？谁也不能排除这种可能性；于是，民族会在矛盾的交叉路口徘徊不前。而且，向王权开战还必须有合适的国内外形势，如果分裂势力和外敌入侵有可能出现，王权恐怕还是暂时保留为好。这样，在错综复杂的政治形势中各国走上不同道路，而一旦走上某条路，历史就会形成一种惯性，要摆脱这种惯性是很不容易的。

总括起来，克服专制的方式有三种，分别以英、法、德为代表。

(一)英国

在英国，中世纪留给“现代”的最宝贵财产，是争取“自由”的意志。最初，这是从贵族开始的。中世纪英国和其他地方一样，充满贵族和国王的斗争。但贵族和国王谁也不能压倒谁，始终存在某种平衡。贵族向国王斗争的结果，是国王承认贵族的权利，这以“大宪章”的形式固定下来。贵族造反还迫使国王召集议会，把议会作为上下沟通、商定税额的手段。在当时，谁也想不到它会发展成人民对抗国王的工具。

总之，中世纪的“自由”是贵族的自由，贵族用它来保护自己的权益，但“自由”这个概念却抽象地继承下来，既然贵族可以用“自由”保护自己，而且取得历史的合法性，那么任何阶级、任何个人，为什么不能接过这个口号，用它来为自己服务呢？“自由”作为概念存在时是抽象的，但它为各阶级所利用时却又有具体的含义，因此，一切英国人都以“自由”为荣，“生而自由的英国人”是他们世代相袭的光荣称号。

正因为有这种民族性，英国人最早对专制王权发动攻击。1485年，亨利·都铎统一英国，建立专制王权。在都铎王朝统治下，英国制服了贵族，挫败了外敌，民族的、独立的、统一的国家建立起来，发展成欧洲的强国之一。而就在这时，英国人反抗专制王权本身的斗争也就开始了，他们毫不停顿地投入新的战斗。

战斗在斯图亚特王朝统治下爆发。斯图亚特王室来自苏格兰，它既没有为英国的统一和自立出过力，又狂妄地坚持“君权神授”，想建立比都铎时期更专断的绝对王权。国王不肯向议会妥协，不知道由于自己的专横，已经把议会推向对立面，让它成为人民的代表。这样，人民与国王的对抗开始了，这个斗争通过议会进行。

斗争到最后发展成内战，双方不得不诉诸武力，这是大家都知道的历史。但内战是由谁引起的，谁应该对它负责？人民并不想发动革命，开始时，他们甚至没有向王权提出挑战。议会最早的公开抗议行动是

1628年的《权利请愿书》，单凭“请愿书”这三个字，就可以看出议会的谦恭意向了。但查理二世先承认它，以骗取议会的拨款，然后又否认它，还把它的主要领导人之一埃里奥特爵士投入监狱，让他在狱中受折磨而死。即便如此，埃里奥特还是在狱中写了本《主权论》，其中说到即使君主十恶不赦，臣民也应服从，否则会引起更大的灾难。可见反对派并不想图谋造反。

但查理一步步把人民逼到那条路上去，从1629年起实行无议会统治，完全按自己的意志进行治理；1640年他因内外交困而不得不召开长期议会时，又始终不满足议会的要求。1642年1月4日，他带着一批武装扈从闯进议会企图捕人；事败后他又逃离伦敦，在诺丁汉树起王旗，正式向自己的人民宣战。在英国，国王向人民宣战会有什么结果最终是由查理的头颅证明了；但革命没有能解决政治制度问题，到后来，国王的专制让位给军队的专制，革命消灭了旧制度，却未能建立新制度。克伦威尔也许并不想独裁，但形势逼迫他这样做；而一旦他实行独裁，革命也就宣布自身达不到目的了。于是，旧制度复辟。

克服专制的任务是由光荣革命完成的。贵族们不满国王的专横，便暗中联络，把国王的女婿、荷兰的执政威廉请来做国王。接着议会和威廉达成协议，威廉承认议会的决策至高无上，议会则同意让威廉和他的妻子继承王位，当他们名义上的主上。通过这一纸协定——“权利法案”，英国人突然发现：为时二十年之久又挥洒大量鲜血的内战所未能解决的问题——建立新政治制度的问题，竟被光荣革命用不流血的方法轻而易举地解决了。从表面上看，政权的形式并没有变，国王依然在，而且仍旧是国家之首；但权力的结构起了变化，国王和议会交换了位置，一个人的专制让位给一批人的共同执政，在这批人中，平衡和互相牵制将是他们行使权力的基本条件。这就为后世提供一种历史的教训，使他们认识到权力结构可以在不改变政权形式的前提下加以改变，而这样做的条件是：被统治者若坚决要求，统治者应作适时的让步。光荣革命对英国来说犹如一块未来的基石，它向后世表明：革命并不一定非有不可，社会可以在比较平静的气氛中发生变化。英国在克服个人专制、建立寡头统治的经历中接受了一笔“改革遗产”，这以后，改革就成为英国社会进步的特色了。

(二)法国

法国人也不乏斗争的信念和意志，早在封建社会初期，法国的城市就经常发生暴动，市民们拿起武器，高喊“公社！公社！”向封建领主争取城市自治权。“公社”这个词也就成了法国人心目中“自由”的象征。这个斗争传统一直保存下来，法国历史上曾有过多少个“公社”啊！

法国的历史充满革命和暴力，这是由旧势力十分强大造成的，社会每前进一步都要付出巨大的代价，结果是道路曲折，艰苦卓绝。法国贵族曾在民族战争(英法百年战争)中立过功，为国家出过力，他们因此有存在的合法性，分离势力也就比英国强得多。为制服这种势力，法国的王权也就采取更专制的形式。到路易十四时，专制主义登峰造极，“朕即国家”是他不可动摇的信条。这样，当法国需要摆脱专制的束缚时，法国人面临的却是一个空前强大的专制制度，这个制度在欧洲可以说闻所未闻。这种情况使法国反专制的斗争姗姗来迟，而为推翻这个专制，人民斗争的激烈程度也闻所未闻。

专制制度的支柱是官僚机构，路易十四实行统治的工具，就是一套从上到下的官僚体系，通过这个体系国王可以把手一直伸到国家的最基层。官吏是国王的臣仆，他们大多出身于中等人家，祖上曾在商业经营中发过财，国王起用这批人，是企图把这个阶层作为专制的基础。但这样做就使全国最有经营才能的人总是退出经济活动，他们不再在生产、流通中聚敛财富，而是到官场中去找金银，靠损公肥私、搜刮百姓发财致富。法国的情况和英国恰好相反，英国的地主大半都喜欢投资经商，从而获得商人的进取精神；法国的商人却总是去买官，把买官看作最可靠的投资，可以保证几代人不愁吃穿。这样一来，法国的社会就整个地腐化了，这是官僚制度给社会造成的最大恶果，而一切靠官僚维持专制的国家，都摆脱不了这种厄运。

国王也知道官僚的腐败是政权的致命伤，但他要靠官僚进行统治，便不敢太得罪官僚，他最多只是间或地找一两个替死鬼开刀，以求杀一儆百，使其他人略有收敛。路易十四曾屡次打击腐败的官员，1661年还建立一个专门审理官员腐败案的法庭，但1669年却不得不把它撤销，因为在官僚中引起的恐惧太大了。具有讽刺意味的是，1789年的革命恰恰是以穿袍贵族(官僚集团)的反叛为导火索的。当时代表官僚新贵族的巴黎高等法院不肯登记国王关于普遍征税的命令，不肯放弃免税特权。在这种情况下，国王不得不召开175年以来的第一次三级会议，亲手点燃了法国革命的导火线。

法国大革命比英国内战激烈得多，其曲折和暴烈程度也高得多。但它和英国内战一样，也未能解决建立新制度的问题。国民公会以最彻底的直接民主——革命俱乐部为基础，但它却不得不仿效专制时期的做法，向各地派出钦差大臣似的特派员。罗伯斯庇尔大概是最衷心拥护三权分立原则的，但他掌权后，却要以革命的名义实行独裁！人们越来越感到现实离理想相差太远，这最终使人民脱离革命。但不是革命不要民主，而是法国的现实容不得民主，革命的潮流冲击得太快，它不允许人们思索，就把人们卷得更远，人们在新形势中必须不断地表现出更大的热情，否则就会有灭顶之灾。由于这种情况，革命先消灭自己的敌人，然后就消灭朋友，最后则消灭自己。当罗伯斯比尔试图消灭一切人挽救革命时，他自己却被革命吞噬了。此后，革命倒退的速度甚至比前进更快，人们本来就失去的热情这时迅速消退，当拿破仑实行政变时，人民居然全无反应！而一旦拿破仑称帝，旧王朝的复辟也就必不可免了。法国革命的教训在于：它发展得太快，摇摆得太厉害，人们一早上起来就会发现世界变了样，以至革命消化不了它所吞噬的旧世界。结果旧世界就在革命内部作怪——未经全社会吸收的理想，是挡不住传统势力的腐蚀的。

但革命是如何产生的呢？假如贵族曾满足第三等级的要求，就不会有凡尔赛宫外的网球场事件；假如路易十六不调兵镇压三级会议，巴士底狱就不会被攻克；路易十六若真心接受立宪的原则，25年的动乱就不会发生；他若不暗中乞求外敌的干预，斐扬派也就不会被推翻；而一旦外敌入侵，就连吉伦特派都保不住政权了。在革命中就是这样：当一个阶级或阶层不能维护革命已有的成果时，它只好让位给另一个更低的阶层，用更激烈的措施去保卫受威胁的革命。法国人被迫用过度的革命，或者说革命被迫表现出过度的色彩，仅仅是因为统治者不肯妥协，杜绝了用温和手段解决问题的途径。

其实，解决法国问题的基础是1791年宪法，这一点到1830年才被普遍承认。从法国大革命开始到这时已经四十年了，其间发生那么多的革命和反革命，那么长期的流血和战争。假如统治者能够对人民的要求稍有让步，法国的历史就不至于这样。然而，波旁王朝并没有从革命中吸取教训。1815 年，它是由联军的炮车送回法国的，因此在它看来，革命是用武力征服的，人民必须用高压统治。查理十世有一句名言："宁可去锯树也不能按英王的方式进行统治"，因此在他的统治下，国王与人民的对抗一再升级，终于导致七月革命。

七月革命的结果在很大程度上与光荣革命十分相像：国王出逃，议会拥立新王，新王接受君主立宪、颁布宪章……但七月革命不同的是，它是一次真正的革命，法国人是通过街垒、巷战、流血和枪弹推翻君主专制的。从统治者方面说，他们不肯让步，因而被推翻；从人民方面说，他们得不到满足，因而发动革命。这样一个传统从旧社会继承下来，将长期存在下去，即使在法国摆脱专制的束缚后，仍将困扰法国达半个多世纪。

(三)德国

德国人在历史上形成崇拜权威的特性，他们遵守纪律、办事严谨，工作效率极高，但这些美德都来自一个原则——"服从"。黑格尔说："社会的中心是由自动的团结和自动服从军事领袖、君主而成立的。这里的联系就是'忠诚'，'忠诚'是日耳曼人的第二个口号……"黑格尔所竭力掩饰的民族弱点，给德意志带来极大的灾难。

德国历史的特点是统治者太强大，人民又太沉默。自查理曼帝国分裂以来，德国就一直在一帮为所欲为的诸侯手里，他们上不服从帝国皇帝，下不顾及平民百姓，其颐指气使，暴虐至极，而人民就在这些小暴君蹂躏下长期忍耐，学会服从。宗教改革和农民战争并未为统一做出多少贡献，30 年战争则使德国的分裂更合法化。到 19 世纪初期，德国仍分为 260 个大小诸侯国，1000 多个独立骑士领地，还有一批自治的帝国自由市。自古以来，德国既分裂，又受外国干涉，国家的发展是无从谈起的。当欧洲其他国家已在为推翻专制而斗争时，德国还不知道统一的民族国家为何物。这种情况，使德国的现代化加倍艰难。

拿破仑入侵对德国是件大好事，他把支离破碎的诸侯国强行合并；拿破仑失败后，德国只剩下 34 邦 4 个自由市，外国势力也不存在了。战争中，民族意识开始萌发，德国终于跳出中世纪的泥潭。但德国向现代挺进的第一个推动力是从外面来的，这给德国的未来蒙上阴影。

这以后，德国有两个政治障碍必须扫除：分裂和专制王权。在其他国家，分裂由专制王权克服，人民再克服专制王权。在德国，两个任务却同时提出，而且摆在一个极端崇拜权威的民族面前——一个反动势力太强、人民又太习惯于保持沉默的民族面前，其结果就只能用王朝的权威解决问题，而王朝的权威一旦确立，崇拜权威的德国人就更崇拜王朝，这就是一个多世纪来德国历史的矛盾所在。

1848 年革命就是在这种矛盾中爆发的：柏林和维也纳的巷战要推翻专制，法兰克福的帝国议会则想完成统一，按照当时历史的要求，德国最好是两项任务同时解决，而且事实上这两项任务是互相纠缠在一起的：德国分裂是因为它有许多各自为政的专制小朝廷，而小朝廷的专制又因为德国人民的分裂状态而变得更加飞扬跋扈。如果德国人能实行革命的统一，进行统一的革命，那就能把德国的历史掌握到人民的手中。然而，在把服从看作是第二天性的德国，这几乎是不可能的。

于是，1848 年革命中出现滑稽的局面：在柏林和维也纳，人们发动半心半意的革命，接着就准备和敌人谈判。没有人想把王权彻底打垮，直到王权反过头来打垮革命时，革命仍承认国王的最高主权。另一方面，一群迂腐的知识分子在法兰克福召集帝国议会，它既然不是由革命建立，也就没有革命的权威；而为取得某种权威，它就只好去投靠各邦王公。这样，当各邦王公是本邦革命的对象时，他们却是全德革命的依靠对象！尽管 1848 年的德国革命企图同时操起两项任务，这两项任务却摆在对立的位置上，事实很清楚，德国没有能力同时完成两项任务，结果，两项任务一项也不能完成，德国革命就是在这一点上失败的。

失败给历史留下痛苦的回忆，这以后，德国人不再想推翻专制，而一心一意去追求统一了。普鲁士颁布钦定宪法，给专制披上民主的外衣，这使得许多人心满意足，认为专制的问题已经解决。于是 1848 年的革命派到六七十年代大部分变成忠心耿耿的“自由派”，成为普鲁士王国的忠诚支柱。但普鲁士宪法是在革命被击败后，由胜利的统治者自上而下恩赐的，它不是人民斗争的成果，因此随时可以从人民那里收回。1848 年革命的结果，是王朝彻底制服人民；这以后，德国人变得更听话了。

三、现代化第二阶段比较

英国光荣革命、法国七月革命、德国1848年革命后，三国都不同程度地克服了专制(尽管在德国还很不充分)，可以发展经济了，工业化进程于是起步。生产力的发展使整个社会发生突变，就社会结构而言，最深刻的变化是出现新的阶级，这些阶级掌握着国家的生产力，它们力量越来越强大，对贵族垄断政权的现状日益不满，强烈要求政治改革，民主化的斗争就是从这里开始的。我们看到，当国家经济尚未发展时，政治条件曾决定"起飞"的时机；但一旦"起飞"开始，社会发生质的飞跃后，经济变革又不可避免地触发民主化变动，政治和经济的交互作用在这里表现得十分明显。在这种交互作用中，"起飞"和民主化二者都是不可避免的历史运动。

民主化斗争和克服专制不同，克服专制可以看作是一种"全民族的使命"，社会各阶层都会参与其中；民主化斗争则更具备阶级斗争的色彩，它是为阶级争取权利，因此阶级界限可以很分明。斗争中，统治者和被统治者都受到历史传统的影响，在斗争或不斗争，抵抗或不抵抗的问题上表现出不同的姿态。这样，尽管民主化的进程是不可避免的，英、法、德三国却遵循三条不同的路线。

(一)英国

英国的民主化发展走一条不断改革的路。光荣革命后，英国确立寡头统治，贵族通过议会独揽政权。就英国议会制度的本质来看，它具有民主的内涵——选举产生议会，议会产生政府，政府对议会负责，议会受选民制约。政府本身不能任命产生自己的机构，权力因而具有自下而上的特点。但尽管英国政府承认这些原则，在执行过程中，不合理的选举权制度则将其全然歪曲，贵族通过不合理的选举资格和不合理的议席，分配控制着议会的权力，不改变陈旧的制度，民主是无法实现的。

英国的可贵之处在于人民长期而不懈的斗争。从1760年起，英国就出现群众性的改革运动，各阶层都先后投入斗争，为政治制度的改革做出自己的贡献。最早发动斗争的是旧式"中等阶级"——商人、工场主、自由职业者等，工业资产阶级在19世纪20年代参加进来，并开始发挥重要作用。工人阶级在法国大革命时期就掀起轰轰烈烈的群众运动，直到第一次改革成功，几乎从未停止斗争。值得提出的是辉格党这个贵族反对派集团的存在，由于他们同情并在一定程度上支持改革，就使人民一直抱有改革的希望。人民指望他们能掌权，由他们实行自上而下的变法，这种情况使统治者和人民之间存在一座“桥”，从而不大可能发生流血革命。英国能顺利地走改革之路，与这个集团的存在很有关系。

1830年，辉格党掌握政权，提出议会改革方案，受到人民广泛支持。反对改革的这时只剩下托利党贵族，只能以上院作为反改革的基地。18个月中，改革和反改革进行了激烈的较量，几乎发展到武装冲突的地步。但在人民压力下，托利党保守势力终究不敢对抗到底。在1832年5月放弃抵抗，使改革法顺利通过。第一次议会改革使英国跨进民主的大门；1866—1867年，在群众运动的配合下又进行第二次议会改革，基本上奠定了民主的基础。这次改革是由保守党完成的，此后，英国进入“改革年代”，两党竞相进行改革，内容涉及文教、卫生、文官、军队、司法、殖民地等各方面，是一次全社会的大调整。改革之风劲吹了几十年，在20世纪初把英国推进福利国家的大门。在欧洲，英国最早实现全社会的现代化。

(二)法国

七月革命后，法国也建立起寡头统治的立宪君主制，根据1831年选举法，3000万人口中仅16.7万人有选举权，而有资格当议员的更屈指可数。这以后，随着经济稳步发展，选民在七月王朝末期达到24万人，但仍不足人口总数的千分之七。大量因经济发展而壮大起来的资产阶级心怀不满，要求像英国那样实行改革。但七月王朝和专制时期的旧统治者一样，在制度方面绝不退让。他们认为大革命的教训是民主毁灭了国家，因而任何向民主方向的偏离都是不可取的。王朝最后一任首相基佐说：“先生们，赶快发财吧，到那时你就会成为选民。”

这种不妥协的态度最终导致1848年革命，而在法国，由于大革命记忆犹新，一切党派又都是随时准备用武力夺取政权的。

熟悉历史的人都知道，第二共和国的历史与第一共和国惊人地相似，经过一系列革命和反革命、街垒和巷战，另一个叫波拿巴的人发动政变，登上皇帝宝座。但若仔细想一想，会发现置两个共和国于死地的，归根到底是民主问题——法国历史进程没有能培育起民主的传统，因此当革命以民主的名义发动后，很快就陷入两难境地。第一共和国在理论上宣布最彻底的民主，颁布最民主的1793年宪法，但事实上却从没有人真正想实行这些原则，导致独裁以另一种形式出现。第二共和国鉴于这个教训，便迫不及待地举行普选，但事实证明在法国这样一个没有民主传统的国家，实行普选是灾难性的，它把拿破仑三世推上宝座。占人口绝大多数的农民既愚昧又只知服从“天然的长上”，因此不加思索地向“波拿巴”这个名字欢呼；工人们则刚在六月的流血中吃了亏，便把选票投给波拿巴，以示向共和派报复。一年后，这个波拿巴就学着他伯父的样，把法国变成另一个帝国了。从法国的经历可以看出：民主是需要养育的，它不可能在一天中突然实现。

平心而论，法国的民主是在第二帝国时逐渐养育起来的。在“小波拿巴”统治时期，国家得到20年休息，经济发展很快，社会相对平静。拿破仑三世认为他是“全体法国人的皇帝”，努力实行一种社会和谐的政策。18世纪60年代，要求民主的呼声高涨起来，反对派的活动加强了。拿破仑三世在加强专制和有限让步间选择后者——他曾在英国流亡许多年，这对他并不是没有影响。总之，到他统治的末期，法国看来有可能在皇帝之下建立起一套非常类似于英国议会制的政治制度，但普法战争和巴黎公社打断了这个进程。

帝国覆灭后，法国存在着五种政治力量：支持波旁复辟的正统派，支持七月王朝的奥尔良派，刚刚失去帝国的波拿巴派，以及资产阶级共和派和各种社会思潮影响下的工人阶级。但资产阶级共和派很快由于普法战争而威信扫地，工人阶级也由于巴黎公社的失败而被打垮，第三共和国的两个缔造者先后失势，使共和国完全落入三个保王党之手。这三派都同意王政复辟，但又都要推举自己的人当国王，当各方(主要是正统派和奥尔良派)相持不下，谁也不肯迁就时，就只好暂时来个“共和行政”。令人啼笑皆非的是，这竟是法国共和制度的真正开端，暂时的共和行政变成永久的共和国，1875年1月国民议会在讨论“宪法法案”时，一项修改草案偷偷摸摸地塞进“共和国”三个字，居然获得通过。这样，共和制就以宪法形式固定下来，保王党们在无奈中实行的共同执政——他们所能接受的“共和”制——却不想把近一百年来法国为之震颤不已的政体问题解决了。这个事实也许说明：社会进步并不以先进集团或先进思想的产生为标志，只有当最保守的集团也承认先进思想时(即使是无可奈何地承认)，社会才能前进一步。

共和的确立并不意味着民主的确立，但它为民主打开了道路。1877年，共和派掌握的议会迫使君主派总统承认了议会责任制政府原则，使选民能最终决定国家的事务。1881年大选中，共和派取得彻底胜利，旧势力从此退出舞台。一百年中，法国企图用革命解决政治问题，造成激烈的社会动荡，但当问题真正解决时，却没有用革命手段。这就是法国政治现代化发展的道路。

(三)德国

普鲁士在1848年革命后颁布钦定宪法，使普鲁士这个军事专制的国家披上"立宪"的外衣，这让一切不敢进行斗争的德国庸人欢呼不已，这时，"立宪"的普鲁士站在一个十字路口，它可以由斗争或改革向民主迈进，也可以让专制继续名亡实存。两种可能性在1861年开始冲突，结果很快就决出雌雄。

1861年，政府提出"军事改革"方案，这对中等阶级是一种威胁，意味着军事专制将更加强大。普鲁士议会于是拒绝拨款，并声称有权监督政府的开支。议会若能在这次斗争中获胜，就可以把政府置于控制之下，而普鲁士的政治制度就可以向健康的方面发展。在这紧急关头，国王威廉一世宣召俾斯麦为首相。

俾斯麦对德国的自由主义嗤之以鼻，他知道德国人崇拜权威，决心用权威来粉碎反抗。他刚上台就宣称："当今的大事不是靠决议和多数票来解决——那是人们在1848年和1849年的错误——当今的大事靠的是铁和血。"他对议会的叫嚷不予理睬，违背宪法下令征税。他用新征的税款进行"军事改革"，不久后，就开始发动对外战争。8年中，他先后打败丹麦、奥地利和法国，德国在普鲁士领导下完成统一，成立以普鲁士为首的德意志帝国。"自由"资产阶级在这一系列惊人的胜利前目瞪口呆，他们曾渴望统一，为统一流过血、发动过革命，但这一切都归之无效。现在，统一在铁和血中来到了，统一靠的是强权，而不是"自由"。于是，他们决定放弃自由，向军事专制制度负荆请罪。1866年9月3日，普奥战争刚刚结束，议会就追认自俾斯麦上台以来未经议会批准而开征的一切新税，“自由主义”向专制投降了。

胜利的俾斯麦宽宏大度，他让每一个德国人享受普选权，德国人可以在普遍、直接和秘密选举的原则上选举帝国议会，德国的民主在字面上已大大超过英国和法国。但由于俾斯麦巧妙的设计，帝国政治结构的实质是：帝国议会服从同盟议会(由各邦派代表组成的钦定上院)，同盟议会服从普鲁士，普鲁士则服从国王和俾斯麦。可见一个未经人民斗争而得来的“民主”，可以有多大的欺骗性；而人民满足于这种“民主”将使他们付出沉重的代价！

德国的“现代化”未触动旧势力。俾斯麦是容克出身，他的所作所为，归根到底是维护容克的特殊地位。他看到现代社会的进展不可阻挡，因此他愿意接受现代社会的一切原则，包括工业化、民族国家、“民主”政治等，条件是这些都必须由容克来领导，把国家置于容克之下。对此，资产阶级居然表示顺从，拱手让容克来领导德国。俾斯麦为帝国设计的蓝图是：容克超出于社会，而社会应该是“现代化”的。他的方案显然是成功了，德国在“现代化”过程中保留旧的社会结构和价值观念，而且把政治领导权交给最顽固的保守势力。这些势力为证明自己存在的合法性，需要不断用民族主义为自己招魂，以此表明没有他们的领导，德国就不能生存。然而在德国统一之后，民族主义到哪里去发泄呢？只有在对外扩张中找市场了。这种情况使德国统治者身不由己地要发动战争，他们的扩张，与其说是经济掠夺的需要，不如说是国内政治的需要。

另一方面，人民的无所作为也使旧势力更为嚣张。1866 年以后，“自由”资产阶级不再反抗，而成了帝国的忠实奴仆，工人阶级则在拉萨尔主义影响下，时时刻刻准备接受容克国家的招安，去共同“反对”资本主义。“非常法”取消后，社会民主党在各方面都表现出自己是帝国的良民，到第一次世界大战爆发时，他们就完全站在拉萨尔的立场上支持帝国的一举一动了。第一次世界大战结束后，社会民主党以帝国收尸人的身份出现，在完全不触动旧社会基础的前提下取得军方同意，建立魏玛共和国。于是，旧势力的形体虽然埋葬了，旧势力的灵魂却保留下来，最后在希特勒身上借尸还魂。希特勒德国仅仅是穿着党卫军制服的旧帝国再现，容克虽退居幕后，德国历史上最恶劣的传统却在新人物的脸谱上回光返照。

所有这些情况都使德国不能自己完成本国的政治现代化，它发动两次世界大战，给世界造成无比的苦难。第二次世界大战后，四大国分区占领德国本土。这以后，东部按苏联模式建立政权，并入东欧社会主义阵营。西部则在美英法联合占领下被迫实行民主改造，在政治、经济和社会各方面变得和战胜国完全一样。总之，德国走的是一条民族失败的路，由于不能自我改造更新，就只有在别人强力下痛苦地走一条战败之路了——它只有在毁灭后才能获得新生。

四、不同道路的特点

在政治现代化进程中，英国走渐进改革的路，法国走人民革命的路，德国走民族失败的路，这三条路不仅是三个国家的特例，而且是普遍的发展模式。许多国家由于具备和英、法、德相似的历史条件，结果分别走上英国、法国、德国式道路，就发达(或基本发达的)国家来说，走英国式道路的有北欧国家(瑞典、挪威、丹麦、芬兰等)、低地国家(比利时、荷兰、卢森堡)以及以前的英国殖民地(美国、加拿大、澳大利亚、新西兰)等。走法国式道路的有西班牙、葡萄牙、希腊、俄国。西班牙过去的殖民地(南美国家)大都也走这一条路，这些国家独立时间虽长，但政治现代化的路仍未走完，经济上也未能达到发达的阶段。走德国式道路的有奥匈帝国、意大利、日本等，它们都是在别国的刺刀下被迫实行民主改造的。再进而推之，我们可以看到第二次世界大战后独立的新国家，其发展道路也几乎是三条。印度、菲律宾可说是英国式道路的典型，埃及、土耳其则是法国式道路的例证。至于哪些国家走上德国式发展道路，现在下结论也许嫌早，但至少阿明时期的乌干达和狂妄的中非帝国曾在这条路上走过。

道路是可变幻的，一个国家在一段时期可以走一条路，在另一段时期又可以走另一条路。只要国家内部的条件变了，道路也会跟着变。法国是这方面的典型，它走了一百年革命的路，从 19 世纪末开始却转向渐进改革之路。中国在清帝国时曾走民族失败的路，它故步自封、不肯变革，结果被打得一败涂地；20 世纪开始，它却走上革命的路。

国家走哪一条路，是由其内部条件决定的。英国式道路的特点是政局相对稳定，政治斗争一般不会大到阻止经济发展的地步，政治家可以有较多的精力解决经济问题，不以经济为政治服务。这给国家提供有利的政治条件，经济易于加速发展。在这条路上，社会易于和谐，国家易于强盛，人民易于感觉到民族的进步。这条道路是民族共进的路，走这条路的条件，第一是人民高度的责任感，第二是统治者的明智让步。英国人若没有“生而自由”的强烈意识，他们是不能在几百年中世代相传，为较理想的社会长期奋斗的。英国的每一次进步都伴随着人民斗争，没有斗争，就没有历史的前进。但仅有人民的斗争还不足以使它走上渐进改革的路，它还必须有统治者那一边的知时识势。在人民的斗争面前，统治者若态度灵活、及时让步，他们也就对社会进步起到某种促进作用了。但当他们这样做的时候，他们为适应新的形势就必须同时改造自己，从而能和全民族共同进步。从历史的角度看，这对他们是有利的。在这种情况下，国家受害最少，进步比较稳固，社会一旦跨出一步，就不再退回，前进是始终不断的，尽管有时相当缓慢。

法国式道路则不同，在法国，历史忽进忽退，政局大起大落，国家历尽沧桑，人民饱尝战乱，革命英雄主义谱写着长长的历史赞歌，但理想之光却始终在风暴中忽闪忽现，可望不可即，先进的思想可以在一天中成为现实，也可以在另一天中完全破灭。政治对经济的影响太大，经济不为社会公益和人民生活谋利，它只为政治家服务。在这种情况下，经济发展缓慢，时常被政治风暴打断。人民长期进行斗争，往往以百倍的努力投入战斗，其坚韧性惊鬼神、动天地，而在历史的长河中也总能胜利。但国家付出的代价太大了，它往往要牺牲自己最优秀的儿女；即使这样，它也不一定能在发展中获得最杰出的成就！法国式道路的关键在统治者的顽抗，他们为一己私利抗拒进步，置人民和国家于不顾。为维护私利他们滥用政权，杜绝了改革的一切可能。人民既要前进，就别无他法，只好拿起武器，进行武器的批判。可以说，走法国式道路的条件，是人民的力量与统治者不相上下，长期僵持。但人民是终归要胜利的，到那时，顽抗的旧统治者只有被消灭，如法国的贵族那样。因此，法国式道路是一条民族对抗的路。

英、法两种道路虽不同，却都是民族前进的路。德国式道路却是一条民族失败的路——民族自身不能前进，它需由别人推着走。让旧势力占取优势是这些国家的特征，旧势力不知从什么时候起就顽固地存在，几百年，上千年地统治国家，而国家在面临决定命运的转折时仍对它俯首帖耳，把领导权拱手让给它！民族的悲剧正是从这里开始的。历史证明：只有旧势力被新事物改造（像英国那样）——或消灭（像法国那样），社会才能进步，用旧势力去领导新事物，新事物无一日可存。旧势力占取优势是因为它压倒人民。人民也许斗争过，但失败了，这以后就意志消沉、放弃斗争，让统治者为所欲为；更糟的是，若人民有崇拜权威的劣根性，又缺乏使命感，深信国家在权威手中万无一失，那“权威”是一定要把国家引向灾难的。所以，启发人民的政治觉悟，培植人民的主人翁感，是保证国家健康发展的关键。从这个意义上说，没有启蒙运动就没有法国大革命。

在现代世界上，政治现代化是一种趋势，也是历史的必由之路。我们希望别国的经历可以给中国一些启发，以保证中国在健康的道路上前进——虽说 150 年来，它有过失败，也有过成功。

印度现代化进程中的种姓制影响

印度是一个发展中国家，独立后致力于现代化目标。但印度独立50多年来，尽管取得了不少成就，其发展速度却不快，给人以缓慢蹒跚之感。在这种“缓慢发展”中，传统价值体系的延续起了很大的障碍作用，如帕森斯在20世纪60年代就曾说：“印度教的取向不可能使任何主张社会变化的重要运动合法化。”[①]价值标准对现代化发展有着重大影响，印度在这个方面表现得十分典型。

一、当代印度种姓制

在印度传统价值中，种姓制是一个基本的特征。千百年来种姓制形成一个完整的体系，它规范着一切社会关系。根据种姓制，社会分为5大等级，即吠陀经典中所说的婆罗门、刹帝利、吠舍、首陀罗加上不可接触者。这5个等级构筑了社会的高低顺序，社会生活即以5个等级的相互关系为核心展开，可见种姓制是一种等级制。但

① Talcott Parsons, *The Evolution of Societies*, New Jersey, 1977, p. 84.

种姓制又不仅仅是一种等级制，种姓制的独特之处在于它与职业固定挂钩，种姓决定职业，代代相传，比如妓女，生下来就只能当妓女，其职业身份由她所出生的种姓所决定，因此母女相传。

种姓的高低是由其所从事的职业决定的。在印度教观念中，与动物有关的职业为“不洁”，因此地位低下。与牛有关的职业最低下，因为牛是印度教中的圣物。所以在印度社会中，农业种姓高于渔牧业种姓，木工等手工行业要比屠夫、鞋匠等行业高得多。最高的种姓是婆罗门，他们负责解释经书，指导人们的精神生活。在这里我们看到种姓制最不讲道理之处：既然职业决定种姓的高低，那为什么不允许人们自由地选择职业，让他们能通过自己的努力来摆脱低下的社会地位？对此，印度教是这样解释的：人们前世的“业”(即表现)决定今生进入哪一个种姓，前世“积德”则进入高种姓以取得回报，前世“造孽”则成为低种姓以接受惩罚。种姓的等级不是不可以改变，但改变等级要靠今生安分守己到来世才见分晓！

从社会学角度说，这是一种统治者极巧妙的安排：统治者永远需要被统治者，需要被统治者为他们提供各种服务。种姓制正满足了这一要求：它让绝大多数社会成员安心于低下的社会地位，而且心甘情愿地接受生下来就为他安排好的哪怕是最卑贱的职业——并将其视为神圣！但这样一来就排除了在社会内部发生任何变动的可能性，连一个村中有几个铁匠几个木匠几乎都是永久不变的，因为职业只能世代相传。于是在印度几千年的历史上，人们看到的是高度的稳定性：社会变动极其缓慢，任何企图变革社会的运动(例如佛教)，到头来都被种姓制消化了。

种姓的高低不仅表现在观念上和职业分工上，而且以宗教礼仪为载体，在生活的各个层面表现出来。比如说，高种姓不可从低种姓处接受食物，高种姓与低种姓不可共用水源，首陀罗不可进婆罗门的家，对其他较高种姓，则不可进其厨房。不可接触者受到的禁忌当然就更多，他们往往在任何公众场合都不能露面。各种姓都居住在村庄的固定区域，彼此间不可杂居。不同种姓相遇时必须保持一定距离，否则就违背了神意。1937 年曾有人对高低种姓间必须保持的距离作过调查，发现如果有一个纳姆布迪婆罗门在场，那么纳亚尔种姓必须对他保持 7 英尺距离，伊拉万种姓保持 32 英尺距离，恰鲁曼种姓保持 64 英尺，纳亚第种姓保持74～124英尺；这些较低种姓相互间的距离，则根据他们与婆罗门距离的差来计算。① 由于每一个种姓都根据自己的职业以及历史上形成的传统来规范自己的行动，所以各种姓都有各自的生活禁忌与风俗，比如哪些食物不能吃，哪些东西不能碰，在哪里做祭祀，什么时候过节等。这样，每一种姓就都有自己的文化与生活方式，彼此之间不能相通。种姓因此就被赋予了文化的内涵，产生了许多的亚文化和亚亚文化，这使种姓的根基非常深厚，很难被动摇。因此有人说，在印度，“种族忠爱之心(Caste-patrotism)和种姓主义(Casteism)比民族主义要流行，这一事实对印度的民族整合来说是威胁也是挑战”②。在印度历史上，为什么国家基本上不能统一，外族十分易于入侵，其根本答案就在于此。

在种姓的基础上，古代印度社会是这样构成的：社会的基本单元是村庄，每一个村庄都由好多种姓构成。种姓形成职业的分工与合作，于是每一个村庄就都是一个完整的社会，可以完全不与外界交往。村庄的基本生产方式是农业，较高的种姓占有土地，中等种姓租种土地或占有少量土地，低等种姓为地主帮工、耕种土地。其他种姓则从事各种服务工作与辅助工作，如做木工、铁工、石工、瓦工、打鱼、放牧、清扫、洗衣、殡葬、看守神庙等。这样一个村庄，职业是固定的，等级是固定的，统治与被统治是固定的，经济关系也是固定的，因此具有高度的稳定性。在印度历史上，发生过无数次改朝换代和外族入侵，但都未能触动印度社会的根基，其原因就在于社会的基础是村社，而村社又是高度稳定的，种姓制则是村社稳定的结构性保障。几千年来，曾发生过许多企图改造种姓制度的运动，但最后所有这些运动要么是消失了，要么它们自己也变成特殊的“种姓”，如佛教、耆那教以及后来传入的伊斯兰教等。事实证明种姓制具有极强的消化能力，它能将各种异质文化一一消融，最后都融于它自己的框架之中。但问题是：迄至英国殖民入侵之前的一切挑战，都来自同样是农业的(虽说是异质的)文化冲击，英国人则带来一种全新的工业文明，种姓制是否还有能力维护住印度社会的传统

① Andre Beteille ed., *Social Inequality*, Penguin, 1969, p. 268.

② Virendra Prakash Singh ed., *Caste, Community and Conflict in Social Change*, New Delhi, 1992, p. 39.

结构呢？印度学者维兰德拉·辛格认为，种姓制不适合“复杂的、技术快速变化的城市、工业的组织形式”，因此在新生产方式冲击下，它一定会发生变化。[1]

从理论上说应该是这样，实际情况却复杂得多。印度经历了100多年的殖民统治，随后又独立50多年，但种姓的观念与做法却仍然根深蒂固。各国学者包括印度学者对独立的印度进行了许多研究，并做过许多实地考察，最终得出的结论是：“相对严格并稳固的种姓等级仍然是20世纪中叶整个印度平原上乡村社会结构的中心特征。”城市地区虽有改变，但也“不意味着对待种姓的‘传统的’态度已经简单地消失”。[2] 下面可以举一些例子：

1951—1953年，英国人类学家凯思林·高夫在泰米尔纳德邦坦焦尔县的孔巴村进行调查，1976年她又回到这个村子，结果发现村中虽然发生了一些变化，但变化速度很慢，村庄里街道、神庙、神塔、洗澡池、墓地和火葬场一如既往，地界、种姓、住宅和村户人家也几乎一样。统治的种姓仍然在统治，地主都是婆罗门，自耕农多数是几个较低的非婆罗门种姓，多数雇农都是“贱民”(独立后称为“表列种姓”)；“贱民”们仍住在“贱民村”，离中心村有好几百米远。每个种姓都有自己的祭司，执行自己的宗教仪式。从土地占有来说，婆罗门占有的土地从1951—1952年的大约60%降为30%，但他们仍是最大的土地集团，仍在村中占支配地位。对于低种姓来说，他们最大的好处是可以到村外去做工了，而且有时可以规避职业的限制。但总的来说，低种姓的经济情况比1952年好不了多少，得好处最大的是非婆罗门的中高等种姓。此外，种姓间互不接触的限制也有所松动，比如一个等级很低的渔夫种姓住进了婆罗门街，在公共场所如浴池、饭店、路途、公车中的回避禁忌也少了许多。不同种姓的男女关系经常发生，一个婆罗门妇女竟公开跑到邻村去与非婆罗门的情夫同居。[3]

---

① Virendra Prakash Singh ed., *Caste, Community and Conflict in Social Change*, New Delhi, 1992, p. 85.

② C. J. Fuller ed., *Caste Today*, Oxford University Press, Delhi, 1997, pp. 1, 10, 16, 21.

③ [英]凯思林·高夫：《坦焦尔县土地关系的变化》，见《南印度农村社会三百年》，156～194页，北京，中国社会科学出版社，1981。

维兰德拉·辛格在20世纪70年代末对卡纳塔克邦北卡纳塔卡区一批村庄中343个家庭进行调查，这些家庭分属21个种姓，各等级都有。调查结果表明种姓意识在各种姓中都相当清晰，传统的行为规范仍无形中指导人们的举止。比如说对职业的期待，多数家长希望自己的儿子留在本种姓传统职业中，如果要有改变，那么就进入新出现的白领工作。在交友中，一般只出现同种姓内部交友的情况，极少数场合才会有跨种姓的交往。儿童间的跨种姓交往更为罕见，而互相接受食品则几乎不可能。水被看作是最易被“污染”、造成“不洁”的媒介，因此在所有村庄中，“表列种姓”都不可以接近公用水井；如果水源是一条河，则必须在下游取水。遇全村活动时，烹调、取水等工作必须由高种姓承担，低种姓只能清扫、倒垃圾。遇修桥铺路等公益活动，往往是高种姓出钱，低种姓出力。所有这些使有些学者指出：“现代化的潮流及人们对它的卷入是被许多堤坝阻挡的，这些堤坝由文化传统、世界观、价值、态度及社会认可的习惯与实践所筑成。”①

从澳大利亚学者艾德里安·迈耶的调查中，我们发现到20世纪90年代初，种姓间在交往方面的限制比以前有所松弛。迈耶曾于1954—1956年、1983年、1992年3次在中央邦的兰科里村做实地考察，结果发现在诸如共同进餐、参加村社活动、使用水源以及寻找职业方面已经发生不小变化。但变化并非朝着消灭种姓制的方向发展，而是用一些变通的办法来缓解最明显的种姓隔离标志，比如不同种姓在一起吃饭，过去高低种姓要分开在不同场地、不同时间吃，现在则在种姓间留出一个大约6英寸的空隙，表示种姓隔离。在水源短缺时，“表列种姓”也可以到村中公用水井取水，但这时公用水井已使用电泵，只要打开龙头就可以放水，因此不会因为使用了“不洁”的舀器而“污染”水源了。人们对职业的选择也比以前自由，村中出现一些新职业，比如修理自行车、半导体和水泵；有些人做文书，还可以到附近城镇去做工。但这些多是新出现的职业，本来就没有种姓限制；在原来有忌讳的职业中，打破种姓界限仍然是很困难的，高种姓尤其不愿做低种姓的工作。婚姻方面发生的变化最小，村民们常向作者提出这样的问题：假如不按种姓原则结婚，

① Virendra Prakash Singh ed., *Caste, Community and Conflict in Social Change*, New Delhi, 1992, pp. 157-160.

婚姻将如何进行呢？因此，在作者看来，尽管发生了许多变化，但在“与其最相关紧要的问题上，人们却坚持基本上传统的做法”。①

安德烈·贝泰伊对印度城市的调查发现，在城市中，人们的种姓观念更加淡薄，至少从表面上看是如此。实际上，城市中庞大的人口使种姓间隔离的成规很难以操作，比如在饭店吃饭，在车中旅行，在公共场所，在日常交往中，就很难执行种姓的隔离，因此种姓差异似乎已经消失了。然而这种“种姓消失”的表象一走进私人生活领域就立刻原形毕露。比如，在一切问题上都表现得大声疾呼地反对种姓制度的人在儿女婚姻上却可以顽强地坚持种姓原则；勇敢地背叛种姓制、娶了种姓外的女子为妻的人，却会在一切公开场合郑重其事地告诉其他人：在印度千万不可在种姓外娶妻。哪怕在公共生活方面，比如找职业，种姓背景仍然是重要的：知识分子绝大多数都出自婆罗门；高种姓容易找到好工作；某个种姓开办的企业往往找同种姓的人就业；种姓的商店、场馆、甚至学校，事实上到处存在。当然，在这些场合，种姓已不是唯一的标准了，人们会考虑求职者的能力、教育水平、工作经历以及业绩等。②读了这篇报告，人们会很快意识到印度所面临的一大矛盾，即取向完全相反的两种价值在同时发挥作用，一种是以平等与成就作为判断标准；另一种则以等级与出身作为判断标准。两种价值在同一时间对同一事物做出不同判断，把这一事物立即分成两半。这是一种深刻的思想意识的分裂，它使社会在根基处裂开。比如，我们看到一个印度人在城里饭馆中吃饭时并不在乎坐在他旁边的是谁，但他在乡下参加村中庆典时就一定要在他与邻座间隔开一道 6 英寸的空隙以示种姓隔离。另一个印度人在办公室里热情地欢迎某位“表列种姓”做他的下属，并宣称他是新思想的拥护者；在家中却坚决反对未来的女婿是非婆罗门——这时，我们就发现：印度人在使用两种价值，一种把印度引向现代；另一种把印度保留在传统社会中。两种价值指向两个方向，两个方向相互抵消。这样就使印度一方面奋力向前；一方面手脚被缚，只好在前进与后退中艰难地挣扎。

① Adrian Mayer, "Caste in an Indian Village: Change and Continuity 1954-1992", C. J. Fuller ed., *Caste Today*, pp. 32-64.

② Andre Beteille, "Caste in Contemporary India", C. J. Fuller ed., *Caste Today*, pp. 150-179.

二、种姓制何以延续

种姓制在印度长期延续，当然与深厚的文化传统有关，印度是世界古老的文明源泉之一，种姓制又是这种文明最显著的特征，根除种姓制（尤其是它的思想根源），绝不是一朝一夕的事。但种姓制的延续也有人为的原因，现代化的领导者有不可推卸的责任。

英国入侵带进新的文化，其中包括新的价值观。英国人口口声声说每个人都平等，从而对种姓制提出了尖锐挑战。但英国的统治并不平等，这就把印度知识分子推入一个尴尬的局面：他们希望摆脱英国的不平等统治，但为此就不能再为种姓制辩护。但是，种姓制中是否蕴藏着某种“印度精神”？丢弃种姓制是否会丢弃“印度文化”？印度知识分子在这里遇到的是一切民族主义运动所不可避免的困境：在现代化冲击下，如何处理民族文化的积淀？甘地的思想便充满了这样的矛盾，他对印度的农村公社充满希望，认为“未经损害”的印度古代文明具有比西方先进的道德规范，村庄共同体的分工合作体现着“集体主义”价值取向；种姓制在剔除了等级内容之后，是可以为这种合作提供制度性保障的。[①] 尼赫鲁对种姓制持一种比较反对的态度，但他也说过：“在印度人们保持着种姓制的条件下，印度终归是印度；但是从他们与这个制度脱离关系的那一天起，印度就不复存在了。”[②]由此可见，在印度民族主义的深层意识中，种姓制始终是一个难解的情结。

英国人并不彻底反对种姓制，他们尽管不喜欢种姓制，认定它是“野蛮”的表现，但他们很快就认识到，种姓制对他们的统治有利，因为它使印度人分裂，产生种姓主义，而不是民族主义。所以他们一方面在法律上执行“人人平等”的原则，使王公与庶民同罪（以利于他们的统治）；另一方面在社会的层面上默认种姓制的存在。因此当代有些学者认为：种姓制即使不是英国人发明的，至少也因为英国的统治而成了一种“特别严格的社会现象”，一种独属于印度的“文明社会形式”。[③]

---

① ［美］弗兰辛·R. 弗兰克尔：《印度独立后政治经济发展史》，孙培均等译，9～11页，北京，中国社会科学出版社，1989。

② ［印度］尼赫鲁：《印度的发现》，齐文译，315页，北京，世界知识出版社，1956。

③ C. J. Fuller ed., *Caste Today*, Oxford University Press, Delhi, 1997, p. 3.

独立后，印度政府采取了反种姓主义立场。独立不久，1948 年 4 月，议会就通过一项决议："本院认为，任何根据其章程或行使自由的权利而以宗教、种族或种姓为基础组织起来的社会团体，都不可以从事除对其社团之真正及文化的需要有直接关系的活动以外的任何活动。"① 1950 年颁布的印度宪法对种姓问题做了特别规定，其中第 17 条禁止一切形式的"不可接触"行为，并规定惩罚办法；第 15 条规定任何公民"都不得仅以宗教、种族、种姓、性别、出生地点等为理由"，而被排斥于公共场地、设施等的使用之外，其中包括商店、饭店、旅馆、娱乐场所，以及水井、水池、浴室、道路等。宪法中还专列条文，责成政府对所谓的"落后阶级"给予文化、教育、经济方面的优惠，并在联邦议会和邦议会中为其保留席位。1955 年，政府又颁布"不可接触犯罪法"，进一步禁止对"不可接触者"的歧视。由此可见，印度政府在法律上以及一切政府行为中，都严格反对种姓不平等，并尽力提升低种姓的社会地位，以致有人评论道："世界上也许没有什么地方有如此庞大的一个下层少数阶层像印度的下等人那样受到政府如此特殊的照顾。"②

既然政府如此坚定地反对种姓制，为什么独立 50 年之后，种姓思想与种姓实践仍如此明显？文化与传统是重要因素，但政府有些政策在无意中也助长了种姓意识，延长了种姓制的存在。

首先，由于给"表列种姓"许多特殊的待遇，做"表列种姓"反而成了特权。向"表列种姓"倾斜明显提高了他们的自我意识，使其组织起来争取自己的权益。但这些组织都是以种姓为基础的，所以种姓的意识反而加强了。1955 年中央邦基里亚地区最低贱的种姓查码（皮革匠）曾召开一次种姓会议，其中除提出他们受剥削受歧视的抱怨之外，还作如下表示："谁不为自己的荣誉和种姓感到骄傲，谁就不是人，而是畜生、是死人。"③至今，不少"落后"种姓都成立了种姓组织，时间一久竟形成了某种既得利益，政府的特殊照顾成了他们获益的手段，以致有评论家

① S. K. Ghosh, *Social Order in India*, New Delhi, 1990, p. 45.

② Virendra Prakash Singh ed., *Caste, Community and Conflict in Social Change*, New Delhi, 1992, pp. 47-48.

③ Virendra Prakash Singh ed., *Caste, Community and Conflict in Social Change*, New Delhi, 1992, p. 49.

说："总是以落后或先进种姓的名义来考虑问题的倾向正在造成新的紧张和困难，在可见的未来将更难解决问题。事实上，许多强大的种姓在落后中得到既得利益，它们将抗拒任何把它们从落后的行列中转移出来的企图。"[①]较高种姓为维护自己的地位，也会加强相互间的联络。这样一来，各等级都按种姓原则动员起来，这不仅无利于消除种姓隔阂，反而使种姓的区别更加明显。所以，扶助落后种姓无意中造成种姓意识大提高，种姓由此而找到新的社会功能，即假若它不能再作为社会等级存在，它仍然可以作为利益集团生存下去。因此富勒说：独立后50年间印度的种姓制度确实有所变化，但并没有向种姓消失的方向发展，而是将其改变为"文化差异"[②]——这是政府的政策所始料不及的。

但政府同时又有意识地利用了种姓意识。印度独立时，国大党曾坚决反对种姓政治，尼赫鲁曾针对比哈尔邦的种姓冲突做过警告：谁若按种姓原则开展政治活动，就将被开除出国大党。但1952年第一次大选中国大党恰恰是因为动员了占优势地位的种姓才取得比哈尔邦的胜利的，这是印度种姓政治的开始，尼赫鲁也因此修正了他的立场。此后，国大党有意识地与各地占优势的种姓结盟，在种姓领导人中发展党员、提拔干部、推举候选人。占优势的种姓多数是高等种姓，因此国大党事实上依靠着传统的地方统治阶层，这个阶层在农村地区占有土地，同时又是种姓制天生的维护者。他们对地方的影响力既出自高种姓对低种姓、"洁"对"污"的宗教—道德关系，又出自有地对无地、雇主对雇工的经济—社会关系，具有传统的权威性。国大党由此而能够在独立后的大部分时间里掌权，因此对"种姓"这个工具的作用就知之甚深。当然国大党也因此而改变了性质，"从争取自由的运动中产生出来的具有远见和代表更广大群众利益的领袖，让位于那些具有狭隘地方主义、种姓色彩很浓的政治上的新人"[③]。其他政党也不甘落后，都争先恐后地利用种姓政治。时至今日，印度一切大小选举都离不开种姓因素，情况往往是：如果一个政党从这个种姓(例如占优势的种姓)中推举候选人，另一

① Virendra Prakash Singh ed., *Caste, Community and Conflict in Social Change*, New Delhi, 1992, p. 50.

② C. J. Fuller ed., *Caste Today*, Oxford University Press, Delhi, 1997, pp. 16-22.

③ 转引自陈峰君主编：《印度社会述论》，174页，北京，中国社会科学出版社，1991。

政党就要从另一种姓(或多种姓的联盟)中推举候选人；如果几个党都从同一个种姓中推举候选人，那么候选人个人的财产、势力、家族力量就要起作用。独立后最初30年中，种姓政治尚不公开，没有哪个党敢公然提倡种姓选举；但1977年第一届非国大党政府上台后，就公开宣称要执行“低种姓”的政治，理由是低种姓几千年来一直受压制，现在应该是还其公道的时候了!① 这以后，种姓政治就一发不可收，在“文化种姓主义”之外又形成“政治种姓主义”，种姓制取得更多的生存形式。

国大党奉行的“非冲突方式”和“第三条道路”也延长了种姓的生命力，依据这种战略，印度宣称它将建立既非资本主义、又非社会主义的“社会主义类型的社会”，方法是“和平革命”。尼赫鲁说：“我们正是以这种方式来改造我们的国家，用和平的方式，把坏的东西去掉，把好的秩序建立起来。”②但这种“和平革命”就其实质来说就是要不触动旧的秩序，包括种姓制。因此印度宪法仅规定禁止“不可接触”，即最明显的人身歧视，而不取消种姓与种姓制，相反还允许种姓区别以宗教与文化的形式保留下来。由此，种姓制只要不以公开的等级区分或种姓歧视的方式表达出来，其社会与经济的存在其实是合法的。思想中的种姓偏见更是根深蒂固，它虽因舆论的压力与政府的反歧视政策不可公开表露，但在私人场合却随处可见，在农村特别是偏僻的地区则更是以公开的形式表现出来，许多陋习延续至今。若考虑到印度有广袤的农村，80%的人是农村人口，那么这种情况就值得注意了。农村相比较城市而言发展尤其缓慢，传统价值观念的影响显然是原因之一。这不由得让人想起英格尔斯的说法，即人的现代化是根本的现代化。③ 英国学者麦迪逊说：印度发展缓慢受碍于“制度性约束”太多，其中包括“用宗教眼光而不是实用的态度看待工作，将体力劳动视为不洁，职业变换中有种姓限制，妇女、表列种姓和表列部族处于落后状态，耕地分配不均，分成制负担太

① Andre Beteille, “Caste in Contemporary India”, C. J. Fuller ed., *Caste Today*, pp. 167-169.

② [美]弗兰辛·R. 弗兰克尔：《印度独立后政治经济发展史》，孙培均等译，127页，北京，中国社会科学出版社，1989。

③ 参见[美]阿历克斯·英格尔斯：《人的现代化》，殷陆君编译，导论与第1章，成都，四川人民出版社，1985。

重，禁止杀牛从而阻碍了有效的耕作，语言分裂与地区偏见”等。① 这些“制度性约束”在印度独立后本来是有机会清除或至少缓解的，但国大党的“非冲突方式”却使旧的社会秩序延续下来。因此弗兰克尔问道：“除了向那些使严格的社会等级成为制度化(而且神圣化)的信念和结构发动正面进攻外，还能不能有任何方法可以改变既定的财产、地位和权力状况?”②

最后，国大党的土地政策为延续种姓制提供了经济前提。平心而论，国大党高层领导对解决土地问题并不是没有认识，尼赫鲁在1928年就说：“柴明达尔制度是过时的、陈腐的封建残余，必须废除它。”1949年尼赫鲁为新独立的印度设计发展前景时更明确指出：“历史证明，当一个国家解决了土地问题，国家的困难就会减少，而其他问题就开始迎刃而解了。”③此时，印度的土地问题极其严重，独立时全国有1/5以上的农户无地，25%的农户只有不到1英亩土地，14%的农户占地不到2.5英亩(即1公顷)——也就是说，总数61%的农户无地或只有小块土地，他们的土地加在一起只达到全国土地总面积的8%。另一方面，13%的农户是“大农户”，占全国土地总面积的64%，其中最大的5%的地主占全国土地的41%，他们是农村真正的豪强。④ 无地或少地农民为地主做工，收人极其微薄。分成制农民要把60%～70%的收成交给地主，扣除种子等就所剩无几。无地少地农民基本上是低种姓，所以种姓等级关系往往与经济剥削关系重叠，低种姓不得不依附于高种姓，而这就是种姓制的经济基础。印度独立后，国大党力图改变这种情况，于是着手进行土改。土改包括三个方面，首先是消灭柴明达尔制，其次是制定土地最高限额，最后是减租减息，改变分成制。但实施的结果是只有消灭柴明达尔制是成功的，从20世纪40年代到50年代，各邦制定了65个法案，赎买土地约1.7亿英亩，占当时耕地总面积3.6

---

① Angus Maddison, *Class Structure and Economic Growth, India and Pakistan since the Moghuls*, London, 1971, p. 81.

② [美]弗兰辛·R.弗兰克尔：《印度独立后政治经济发展史》，孙培均等译，3页，北京，中国社会科学出版社，1989。

③ 培伦主编：《印度通史》，744页，哈尔滨，黑龙江人民出版社，1990。

④ [美]弗兰辛·R.弗兰克尔：《印度独立后政治经济发展史》，孙培均等译，112～113页，北京，中国社会科学出版社，1989。

亿英亩的近一半，使2000万佃农直接与政府建立租佃关系，取消了柴明达尔地主的中间剥削地位。从1961年起，各邦政府根据中央批示开始制定土地最高限额，试图摧毁大土地所有制，强制性地把所谓“剩余土地”从大土地所有者那里赎买出来，再以优惠价格转让给无地少地农民，实际上是一种“平均地权”的企图。但这一措施遭到大土地所有者的普遍抵制，到1977年7月，全国只有404万英亩土地被确认为超限额土地，其中已征购210万英亩，已分配129万英亩，占全国耕地总面积的0.4%，而在1955年，国大党曾估计应该有6000万英亩的“剩余土地”。① 事实上，国大党在执行土地最高限额时三心二意，这个党现在已经把它的命运与有土地的种姓联系在一起，依靠他们争取选票。所以对土地所有者规避最高限额的做法睁一只眼闭一只眼，许多土地被地主转移，在名义上转到了地主的妻子、儿女、亲朋、仆役的名下，从而躲避了最高限额。同时，国大党自身也已经变质，它的地方党组织已掌握在有土地的优势种姓手中，因此在制定法律时，总是要让土地所有者有机可乘。最后，国大党奉行“非冲突方式”，不向旧利益集团和旧制度发动“正面进攻”。凡此种种终使土改运动雷声大雨点小，最后也就无声无息地过去了。虽然最大的柴明达尔地主被消灭了，但他们只是极少数人，地主集团的整体地位并未受到动摇，旧的社会经济关系仍在农村延续，旧的种姓结构就保留了下来。种姓制的经济基础虽不能说一点都没有受到触动，比如工业经济的扩大、城市生活的传播等都在动摇种姓制，但乡村社会中经济关系的缓慢变化恰恰是造成严重的二元对立现象的基本原因。人们在两种对立的价值体系之间被分裂了，正如一位印度经济学家阿肖克·米特拉所说：“在印度，你可以全面地博览从田园生活、封建主义、重商主义、杂乱无章的资本主义到点滴的社会主义热忱的整个系列。”②确实，印度现代化就是在这样一个极其复杂的多元的环境中艰难地行进的，价值对立沉重地拖着它的后腿。

美国学者斯梅尔塞曾经说：“价值对发展影响重大，尽管方式可以

① 培伦主编：《印度通史》，786页，哈尔滨，黑龙江人民出版社，1990。

② 转引自[英]迪利普·希罗：《今日印度内幕》，裴匡丽、戴可景译，9页，天津，天津人民出版社，1980。

有许多。”[①]价值与发展的关系从马克斯·韦伯到帕森斯再到当代许多研究者都曾一再强调过，但发展中国家却一再在这个问题上遇到障碍。究其原因，归根结底是因为价值中凝结着传统的生活方式，一个民族的生活方式是在千百年中点滴地积累的，很难在短时间内加以改变。然而现代化却意味着社会的某种突变，在这一突变过程中，价值取向将发挥巨大作用。马克斯·韦伯曾竭力阐明“新教伦理”与资本主义的相关联系，并据此提出最早的资本主义只能在西欧产生，在其他文明的价值体系下，都不能发展出“现代的资本主义，也没有这种发展的苗头”。[②] 韦伯的理论后来虽受到许多批评，但他关于价值与发展之间有相关性的观点却具有普遍意义。就印度而言，种姓制及以此为核心形成的价值体系在现代化过程中起着明显的阻滞作用，使它在很长时间里只有缓慢发展，而没有突飞猛进。价值观念的变化的确需要很长时间，但印度若不突破以种姓制为基础的价值体系，它的现代化发展是很难全面铺开的。

---

① Neil J. Smelser, “Toward a Theory of Moderzation”, in Eva Etziono-Halevy and Amitai, Etzionied, *Social Change: Sources, Patterns and Consequences*, New York, 1974, p. 274.

② [德]马克斯·韦伯：《经济与社会》，上卷，林荣远译，699、700页，北京，商务印书馆，1997。

伊朗现代化的失误及其原因

我对伊朗历史知之甚少，最近因做现代化研究，接触了一些伊朗历史，结果感触很深。伊朗在第二次世界大战后制定了雄伟的现代化方案，曾取得惊人的成就。但顷刻之间，整个现代化计划与巴列维王朝都覆灭了，伊朗提供了现代化不成功的最典型例子。伊朗现代化失误在哪里？什么原因使伊朗现代化遭受如此大的挫折？本文拟对这些问题提出一些想法，请各方面专家批评指正。

一、伊朗寻求复兴

伊朗在古代有辉煌的历史，2500多年前，居鲁士大帝建立波斯帝国，在世界历史上打下烙印。据穆罕默德·礼萨国王说，中央集权这种制度是波斯人最早发明的，“第一个取得妥善治理幅员辽阔的大帝国经验的国家便是伊朗”。[①] 后来，伊朗虽屡遭外族侵占，希腊人、帕提亚人、阿拉伯人、塞尔柱人、蒙古人、阿富汗人先后在

① [伊朗]巴列维：《我对祖国的职责》，元文琪译，11页，北京，商务印书馆，1977。

伊朗土地上建立政权，但专制制度却始终没有变化，伊朗是世界上专制传统最深的国家之一。

伊朗从18世纪中叶开始进入最黑暗的时期，当时王朝败落，境内各民族相继揭竿，反对中央政府。而西方国家恰恰在这时向伊朗推进，企图将它纳入各自的势力范围。1907年，英俄两国终于签约瓜分伊朗，北部归俄国，南部成为英国的势力范围。此后，伊朗虽没有变成正式的殖民地，但"独立"的伊朗其实只是外国手中的玩物，伊朗的命运糟到了极点。

这样，如一切受西方冲击的国家一样，伊朗需要复兴，而复兴的途径又只能是向西方学习。一切希图振兴的国家迟早都要走这条路，但伊朗在走上复兴之路时，却套上了一副传统主义的枷锁。

变革的企图从19世纪初就开始了，但这些尝试都以失败告终。19世纪下半叶，西方思想在国外留学生和旅欧侨民中传播，通过他们再输入伊朗。新思想中号召力最大的是民族主义和宪政主义，是它们造成了19世纪末和20世纪初的变幻风云。1891年，伊朗爆发全国性反对烟草租让权的运动，抗议国王把烟草专卖权出让给一家英国公司。这次运动标志着伊朗民族主义的全面觉醒，运动的结果是迫使国王收回成命。但运动是在僧侣领导下进行的，僧侣们投入民族主义运动，是因为他们认为西方的影响已经太强，会瓦解传统的伊斯兰社会。现代民族主义当然是一种外来的思想，但伊朗的复兴运动从一开始就受到传统主义的控制，这显然是一个不祥之兆。

与民族主义同时，宪政主义也迅速传播。早在19世纪下半叶，就有不少人认识到王朝的无能是西方入侵的内部因素，因而感到要阻止西方进一步渗透，就必须限制国王的权力，由此而萌生立宪思想。19世纪60年代一位高级僧侣在游历欧洲之后说："我观察到法国与英国的进步要比俄国先进一千倍……如此不可思议的成就背后是什么原因……其诀窍只有一个词：法律……"[①]20世纪初，一位侨居伊斯坦布尔的伊朗商人说：治国有两种方法，一是伊朗的方法，即君主知道国家利益之所在；二是西方的方法，即人民知道国家利益之所在。前者让国家衰落，

① Azar Tabari, "The Role of the Clergy in Modern Iranian Politics", in Nikki R. Keddi ed., *Religion and Politics in Iran*, Yale University Press, 1983, p. 53.

后者让国家富强。日本曾和伊朗一样是专制的国家，但自从立宪以后便迅速赶上西方。因此，“只有当民族的意见付诸实施，民族与国家的事务才能走上正轨”。①

1905年，伊朗爆发宪法革命，这次革命在伊朗历史上意义重大，它标志着伊朗向现代化正式迈进。革命的最大成果是制定宪法，这部宪法略经修改，后来一直使用到1979年。宪法规定：伊朗实行三权分立的君主立宪制，议会设立上下两院，下院以选举为基础，上院则一半选举、一半由国王任命。国王拥有行政权，由他任命首相及内阁大臣。国王和政府必须执行议会的法律，对议会立法没有否决权。国王可以解散议会，但不可以不召集议会。宪法还成立了在宗教法庭以外的世俗法庭，规定在法律面前人人平等。所有这些内容都体现着现代西方的宪政精神。

但宪法从来就没有被真正执行过，专制制度仍然在延续。当初国王接受宪法，是因为他没有对抗革命的力量，一旦他聚集起一支力量，就立刻在俄国支持下发动政变。宪法被废除，议会被解散，立宪派许多领导人被杀或者被囚，专制王权迅速复辟。第二年，也就是1909年，反对国王的力量重新在立宪的旗帜下集结，在得到英国支持后打回德黑兰，老国王被废除，另立了一个新国王，立宪政府重新建立，议会也重新召开。不过到1911年，革命还是失败了。此后，宪法虽然保留下来，议会也不间断地召开，但专制主义的本质却丝毫没有改变，革命没有取得任何实质性成果。这种结果对伊朗后来的历史发展影响深远，人民革命现在也失败了，伊朗究竟何去何从?

革命中有两个现象很值得注意，其一是僧侣在革命中起重大作用。革命前夕，当王朝政府企图逮捕激烈批评国王的人时，正是宗教领袖带着数千名支持者避入清真寺，正式发表要求立宪的宣言，从而引发了伊朗革命。在革命的第一阶段，是僧侣们领导着运动发展，这就使伊朗的宪政主义打上了强烈的宗教烙印。宪法中虽然确定了议会的地位，但同时又特别做出如下规定：由高级僧侣组成一个专门委员会负责对议会的立法进行审查，不符合伊斯兰教义的不得成为法律。这实际上给僧侣以

① Azar Tabari, “The Role of the Clergy in Modern Iranian Politics”, in Nikki R. Keddi ed., *Religion and Politics in Iran*, Yale University Press, 1983, p. 54.

最高的宪法裁决权，使他们随时可以宣布法律无效。僧侣们对宪政的立场其实是矛盾的：一方面他们希望以立宪来限制国王的权力；另一方面又对宪政这种外来的东西满腹狐疑。因此当1908年国王发动政变时，多数僧侣站到了国王一边。僧侣们的传统主义立场使他们不可能真正支持立宪政体。其二是宪法革命中出现了一支纯世俗的民族主义力量。这支力量的基础是受到西方影响的城市中产阶级，他们真心希望振兴伊朗，希望伊朗走向现代化。他们认识到：要振兴，只有走向西方学习的路，接受西方的技术和政府形式。他们主张宪政，是真心实意想建立现代的政治制度，为建设新伊朗扫除政治障碍。他们的民族主义出自与僧侣恰好相反的立场：后者要恢复伊朗的过去，前者要创造伊朗的未来。双方在宪政革命中的合作本身就是一种同床异梦，在后来伊朗的现代化历程中，双方的关系十分微妙。

总之，革命没有给伊朗带来新生，相反伊朗却更加衰弱了。体制内的改革早已行不通，民众的革命现在又失败。伊朗的处境似乎比任何时候都坏！紧接着，第一次世界大战又把伊朗拖垮了，交战的双方居然在“中立”的伊朗国土上肆意作战；战后，英俄(苏)继续在伊朗争夺控制权。在这种情况下出现了礼萨汗夺权的事件：一个行伍出身的波斯哥萨克军官在混乱中进军德黑兰，完成了推翻恺加王朝的行动。

礼萨汗夺权几乎是单枪匹马干的。1921年他带领2500名骑兵进军德黑兰，一枪不发就接管了政权。此后他用种种手段攫取权力，在1925年自封为王。他所建立的巴列维王朝是伊朗现代化的一个新起点，从此伊朗就踏上振兴国家之路。但这一历史转折既不靠体制内的改革，也不靠人民革命取得，伊朗似乎在依靠英雄创造历史。大约在40年之后，礼萨的儿子穆罕默德·礼萨曾这样说：伊朗当时需要一位“能人”，由他来“改变国家的命运，扭转历史的潮流”。[①] 当然，这位能人就是礼萨。

礼萨是个现代的国家领导人，这一点当没有疑问。他致力于国家现代化，对此后人自有公论。《大英百科全书》说：礼萨“怀抱着一个信念，就是让伊朗获得新生，并且引导它走向进步”。[②] 20世纪初，亚洲许多

① [伊朗]巴列维：《我对祖国的职责》，元文琪译，40页，北京，商务印书馆，1977。

② 《大英百科全书》，第10卷，15页。

国家开始觉醒，礼萨夺权就是这种新觉醒在伊朗的表现。但他夺权与亚洲其他国家不同：他没有一个“运动”(如印度)，没有一个“政党”(如中国)，没有在久经考验的民族斗争中确立起来的个人威望(如土耳其的凯末尔)，甚至没有军队(他带领2500人的哥萨克旅是沙俄帮助建立的一支小小的部队)。他还不具备伊朗社会所需要的任何出人头地的条件：他没有门阀，没有家族，当时伊朗盛行的部落力量对他也毫无用处。但他有一个有利条件，即他看了不少书，接触到不少新鲜思想，对伊朗的命运感到悲伤，并下决心要为伊朗效力。他成功的唯一基础就是正在兴起的民族情绪。在当时，谁能把民族主义的大旗打起来谁就能得到伊朗，哪怕他是个没有根基的行伍丘八。现在我们看得很清楚：宪法革命没有完成的事，却要由礼萨一个人去做。一个没有根基的现代化运动就要在礼萨领导下开始了，为此伊朗将付出什么代价？

付出的代价是巨大的。伊朗的现代化是强制的现代化，即一个现代形式的领导人强迫伊朗接受现代化，而民族的主体却被动迟延，不肯向前迈步。在这种情况下，礼萨唯一能动用的法宝就是在波斯已延续了2500年的专制制度，靠它用暴力强行推动现代化。专制在伊朗社会是人人都能接受的，礼萨既已攫取政权，为什么不充分利用强权呢？这样，巴列维王朝从一开始就只能是个专制的王朝，为创建现代国家，它只能使用专制的手段。

但这里还有一个问题没有解决：一个没有社会根基的“现代”国家，靠什么来维持其存在？只有靠传统社会势力的不反对。这就解释了巴列维国家与伊斯兰教什叶派僧侣之间的微妙关系：国家一方面厌恶僧侣，一方面又不敢得罪教派，始终要把什叶派作为国家的宗教保护下来。

早在建国之初，礼萨就未敢冒犯教派。礼萨本是个凯末尔主义者，主张建立像土耳其那样的世俗共和国。他曾说：“一个健全兴旺的共和政体，总要比一个衰弱腐败的君主政体优越得多。”[①]1924年，他向议会正式提出建立共和国的主张，尽管议会没有反对，但教派却立刻发出警告：礼萨若建立共和国，教派将全力以赴加以反对。礼萨立刻让步了。作为交换，礼萨在登基典礼上说了这样的话：“我一直并仍将特别注意

① [法]热拉德·德·维利埃等：《巴列维传》，张许苹、潘庆舲译，43页，北京，商务印书馆，1986。

维护宗教的原则，加强它的基础，因为我把充分强化宗教看成是实现民族团结和增强伊朗社会精神的最有效的方法之一。”①于是，什叶派伊斯兰教作为国家的宗教被保留下来，礼萨再也不敢像土耳其那样，建立一个政教分离的世俗国家。所以，在巴列维国家创建之初，伊朗的两大传统都未受到损害：一是政权的专制性质；二是宗教与国家不可分离。巴列维国家从一开始就深陷在传统主义的泥淖中，在政治与精神方面无所创新。这样一个传统主义的新国家却要把伊朗引向现代化，它该如何动手呢？

二、巴列维王朝的现代化

可选择的余地并不多，巴列维王朝虽是新兴家族，却不得不采取传统君主的手段，用经济发展来证明自己的合法性。礼萨和他的儿子穆罕默德·礼萨只做了两件事，一是巩固政权，二是发展经济。巴列维王朝对现代化的理解正如穆罕默德·礼萨所说：“保障伊朗人民巩固的和完全可靠的未来而施行的基本计划，是使国家工业化。”②在这方面，巴列维国家是成功的。

礼萨汗在位时，其主要精力放在巩固政权上，但他还是致力于发展国家经济。当时，伊朗经济已经崩溃，国家千疮百孔，贫弱不堪。一位外国观察家 1926 年曾经说：“波斯是世器上最落后的国家之一，除西藏、阿富汗和阿比西尼亚外，没有哪个有组织的民族呈现出如此一种中世纪的惨象。”③面对这样的困境，礼萨采取了一系列措施稳定国家财政，包括回收关税权、取消外国银行的货币发行权，建立国家银行、实行外贸垄断等。这些措施使国家财政持续改观，收入从 1922 年的 2.29 亿里亚尔增加到 1931 年的 4 亿里亚尔，财政出现盈余。国家用这些钱兴建了一批纺织厂和加工食品、原料等小型工厂，使伊朗第一次有了现代工业。礼萨执政十多年间，对工业的总投资达 2.6 亿美元(1 美元合

① Said Amir Arjomand, *The Turban for the Crown, The Islamic Revolution in Iran*, Oxford University Press, 1988, p. 81.

② [伊朗]穆罕默德·礼萨·巴列维：《白色革命》，郭伊译，见热拉德·德·维利埃等：《巴列维传》，附录，475 页，北京，商务印书馆，1986。

③ Nikki R. Keddie, *Iran, Religion, Politics and Society*, New York, 1980, p. 167.

30多里亚尔），另有2.6亿美元用于修筑铁路。礼萨执政前，伊朗全国只有250千米铁路（主要供王室出游之用），1938年已达到1700多千米，包括著名的纵贯伊朗大铁道。礼萨特别注意交通与通信，这虽说与他调动军队、镇压部落叛乱有关，但同时也是为国家工业化奠定基础。1900年，伊朗全国只有1200千米公路，而在1923—1938年间修筑的公路就达21000千米，并铺设电话线10000多千米。①

礼萨的经济发展计划被第二次世界大战所打断。由于礼萨有亲德倾向，英苏两国派兵进驻伊朗，礼萨被迫退位后，由其子穆罕默德·礼萨继位。战后，穆罕默德·礼萨像父亲一样花许多时间来巩固政权，并吸取父亲的教训，在外交上采取“一边倒”政策，与美国密切结盟，从而把美国也拖进了维护伊朗君主制的行列。

伊朗经济从20世纪50年代末开始，迅速发展，60年代出现经济奇迹，这首先得益于石油美元。1959—1960年度，伊朗石油工业的产值大约是3.7亿美元，1968—1969年度达到11亿美元。此后扶摇直上，1972年达24亿美元，1974年达174亿美元，1975年估计达到200亿美元。政府用这些钱大量投资工业，推动经济飞速增长。在1959—1960年度和1970—1971年度间，国民生产总值从38亿美元猛增到107亿美元，即增长181%，年平均增长率接近10%。此后经济发展势头更猛，1972—1973年度国民生产总值增长20.8%，1973—1974年度增长47.3%，1974—1975年度增长70.7%，也就是说，这三个财政年度中，国民生产总值翻了3.7倍，这是难以想象的奇迹！国民总收入增长速度也非常快，在这三个年度中分别为20%、34%和42%。工业是巴列维经济发展计划的支撑点，在第三个经济发展计划（1963—1967）期间，工业增值率达到年平均12.7%，第四个发展计划（1968—1972）期间达到15.2%。第五个发展计划（1973—1978）的预定指标是20%，其完成情况超过预定数。穆罕默德·礼萨曾预计到石油开采有一天会枯竭，因此从60年代起就有意识地扶植新工业，调整工业结构。这样，较老的纺织、食品、建筑三个行业在工业中的比重从1962年的73.6%降到1973年的64.9%，而化工、钢铁、机械、机动车等部门的比重则显著上升。

① Charles Issawi, “The Iranian Economy 1925-1975: Fifty Years of Economic Development”, in George Lenczowski, *Iran Under the Pahlavis*, Stanford, 1978, pp. 130-133.

到1975年，伊朗已建立了比较全面的工业体系，包括电力、采矿、冶金、炼油、汽车、水泥、造纸、化工、机械、纺织、食品加工等部门，并开始向电子、原子能发电方面发展。总之，伊朗的工业发展速度是惊人的，引起全世界的广泛关注，研究者们一致承认："1960年以后工业在伊朗的增长速度之大，几乎在历史上举世无双。"①70年代初，伊朗成了世界上第九个最富的国家。在发展经济的同时，伊朗也成为军事大国。1954年，伊朗军费开支仅7800万美元，1974年跃增至36.8亿美元，3年之后，竟达到94亿美元！军费开支占政府预算的1/3，国民生产总值的9%以上。伊朗不仅建立了一支强大的陆军和一支现代化的空军，并准备组建远洋海军，还拥有最先进的雷达、中短程各式导弹、坦克和大炮，其空军的装备也是世界上第一流的——刚研制出来的美制飞机还没有装备美国空军，伊朗空军竟已经有了。② 巴列维王朝以工业化带动国家的强大，它的军事存在谁也不能无视。

但所有这些成就都是在政治高压下取得的，伊朗的专制制度显然也登世界之极。礼萨统治时期，为平定内乱，几乎杀光了原有部落的所有酋长，各部落还要提交人质住在德黑兰，以便随时处置。为粉碎部落的反抗，礼萨强迫游牧民族定居，结果使部落人口大量死亡，农业没有上去，牧业生产反而下降了。礼萨对政治反对派和潜在的竞争对手都无情镇压，他继承波斯一贯的传统，关押和拷打反对派，操纵司法，剪除异己，一些略有己见的高官大臣最终也不能见容于他，往往不是入狱就是被害。这种残暴的统治方式连他的儿子后来也很难为之辩解，因此他承认：当礼萨"为了事业的发展而不得不采取强制压服手段时，人们对他的爱戴逐渐变成了尊敬和屈服"。③ 但事实上，后一个巴列维与他的父亲是一脉相承的，他只不过更多地利用议会，让议会做他的橡皮图章而已。

专制统治有以下这些措施。第一，操纵议会，使它成为专制的工

---

① Charles Issawi, "The Iranian Economy 1925-1975: Fifty Years of Economic Development", in George Lenczowski, *Iran Under the Pahlavis*, Stanford, 1978, p. 150.

② Fred Halliday, *Iran: Dictatorship and Development*, Penguin, 1979, pp. 71-72, 94-95.

③ [伊朗]巴列维：《我对祖国的职责》，元文琪译，55页，北京，商务印书馆，1977。

具。穆罕默德·礼萨曾说："伊朗宪法没有规定国王承担任何具体的责任，这是非常英明而富有远见的，其用意在于让国王凌驾于议会之上，不必像内阁诸大臣那样对议会负责。"[①]在他统治下，一切政令出自于国王，议会只是逢场作戏。1957年以后，国王建立了一个规定的"政党制度"，他同时组织起两个政党，一个是"执政党"，一个是"反对党"，两党领导人都由国王任命，两党成员都是国家的高官重爵。1975年，他又取消两党制，下令组织单一政党，所有伊朗人都必须参加这个政党，以便"整顿伊朗人的队伍"。凡是支持君主、宪法和"白色革命"的(以下会谈到这个问题)，都应该参加这个政党，不参加的人就一定是反对派，他们应该流亡，或者投入监狱。公开表明自己反对态度的人可以不被逮捕，但国王警告说："他不应该抱任何幻想。"[②]

第二，控制舆论，不准自由发表意见。一切新闻媒体都在政府直接控制下，全国只有两家独立的报纸，但必须服从每月由安全部门发布的新闻审查口径。1975年国王下令书报检查机关只审查发行量达到3000份以上的出版物，而且在印出来之前不予审查。这使得出版商不敢贸然将书刊付印，一方面钳制了舆论，另一方面又扼杀了学术著作，从而达到思想禁锢的目的。

第三，灌输思想，控制学校教育。所有中小学都在政府控制下，进行忠君、忠于巴列维国家的教育。大学也在国家监管之下，教师随时可被解聘，校园中布满了特务，师生言行无不受监控。

第四，控制群众组织，一切群众团体皆为官办，不允许独立存在。

但伊朗专制的最典型特征却是它的恐怖性，是它对反动派无情的镇压。恐怖统治的最重要工具是"伊朗国家情报与安全组织"(简称"萨瓦克")，这个组织在20世纪50年代为镇压民族主义反对派而建立，后来成为世界上最臭名昭著的镇压机关之一。1975年，大赦国际总干事提出报告说："世界上没有哪个国家有比伊朗更坏的人权纪录"，[③] 他主要就是指萨瓦克的镇压行动。萨瓦克在全国各地遍布监狱，对犯人酷刑拷打，花样之新，手段之毒，令人发指。其代理人在国内外肆意横行，随

---

① ［伊朗］巴列维：《我对祖国的职责》，元文琪译，441页，北京，商务印书馆，1977。

② Fred Halliday，*Iran：Dictatorship and Development*，Penguin，1979，pp. 47-48.

③ Fred Halliday，*Iran：Dictatorship and Development*，Penguin，1979，p. 85.

时对伊朗公民实行暗杀、绑架等活动。其暗杀活动中最著名的一次就是在伊拉克刺杀了对国王最有威胁力的反对派领袖巴赫蒂亚里。巴赫蒂亚里是伊朗强大的巴赫蒂亚尔部落的首领，也是萨瓦克的第一任领导人。除萨瓦克外，还有一个机密机构叫“国王检查组织”，专门对高官重臣实行监视。此外，由 15 名上校组成的达弗塔雷·维杰赫组织是真正的情报安全核心，很少有人知道它的底细。总之，王朝用重重特务组织监视每一个伊朗人，一旦略有不慎，就立刻招来杀身之祸。

平心而论，当国家混乱时，权威是必要的，舍此而不可有现代化，伊朗长期衰落的历史证明了这一点。但伊朗走的是欧洲国家 16、17 世纪的老路，即建立一个专制王权。穆罕默德·礼萨国王说：“从王国的角度看，我乃是伊朗完整、统一的体现和象征”，① 这与法国路易十四所说“朕即国家”并没有太大区别。20 世纪二三十年代，礼萨用强权统一伊朗，为伊朗发展创造了前提，但是当发展已成为现实时，强权是否仍然适用？伊朗现代化最大的失误就在于：它是专制君主一个人的现代化，经济发展只不过为专制君主的存在提供合理性。恰如穆罕默德·礼萨所说：“当真理的光芒像初升的太阳一般普照大地之际，我看到了伊朗的帝制是行之有效的。正如它在昔日昌盛的年代有益于伊朗人民那样，今天在原子时代它仍然保持着美妙的青春，继续造福于伊朗人民。”②这就是说：反对帝制就是反对真理多反对国王就是反对国家，国王的权力是国家发展的保障，专制制度应当永存。

但事实却不是这样的。当一个国家的经济发展之后，社会就发生重大变化，社会力量发生重组，新的问题不断出现。国家在这种情况下应不断对各个方面进行调整，以适应不断出现的新变化。做不到这一点，就会造成社会整体的失衡。而巴列维国家的专制性质恰恰让它不愿做到这一点，于是失衡出现了，终于造成翻船。它证明：工业化不能等于现代化。

三、现代化的覆灭

巴列维王朝不容忍别人分享权力，因此对一切潜在的社会力量严密

① [伊朗]巴列维：《我对祖国的职责》，元文琪译，223 页，北京，商务印书馆，1977。
② [伊朗]巴列维：《我对祖国的职责》，元文琪译，443 页。

监视，毫不留情地瓦解其政治存在。

照理说，城市中产阶级是现代化的社会基础，他们应最支持伊朗现代化。城市中产阶级是巴列维王朝现代化的产物，早在礼萨时期，城市中产阶级就初具雏形。第二次世界大战以后，随着经济发展，城市中产阶级迅速壮大：国家派许多人留学国外，回国后成为各部门骨干；工业化养育了现代工商企业，并造出大批新型工商业主；国营厂矿的经营人员和现代司法制度的律师、公诉人等都构成城市中产阶级的组成部分，日益发展的高等教育则培养出越来越多的新型知识分子，他们对现代化充满了希望。

但专制制度使他们与国家对立。作为现代化的产物，城市中产阶级要求参与政权，这本是很正常的事，但巴列维王朝无论如何也不愿意这样做。王朝的许多政策就是为防范这种情况而制定的，其暴力高压，在很大程度上也正是针对这一点。这样做的后果是：尽管城市中产阶级支持现代化，但同时又“对一个建立在个人权力基础上的政权感到厌倦，这个政权把他们排斥在决策中心之外而喜欢独断专行”①。哈里戴说得很尖锐：“伊朗国家是这样一个机构——它保证资本主义的再生与发展，却不直接对伊朗资产阶级的影响做出反应。”②这使得现代化的方针虽有人支持，但巴列维王朝却无人喜欢。

20 世纪 50 年代初，城市中产阶级与王朝交锋，结果以惨败告终。

交锋以民族主义的形式出现，冲突在石油国有化问题上爆发。伊朗是世界上最大的储油国之一，其储油量占全世界的 9.5%，在沙特阿拉伯、苏联、科威特之后排名第四。③ 但伊朗石油一直控制在英国公司手里，英国政府从伊朗石油中获得的收入比伊朗政府还要多。这个问题在第二次世界大战结束后变得突出了，1947 年伊朗政府从石油租让权和税收方面只得到 1988 万美元，英国政府则得到 5600 万美元，此外，英国石油公司还有净利 2688 万美元。1949 年签订新的协议，但按规定英国公司的纳税额还是不到总利润的一半，即其收入将继续高于伊朗方

---

① Fred Halliday，*Iran：Dictatorship and Development*，Penguin，1979，p. 43.

② Fred Halliday，*Iran：Dictatorship and Development*，Penguin，1979，p. 41.

③ 至 1973 年的数字，见[瑞典]贝博·黑恩贝克：《石油与安全》，俞大畏等译，89～90 页，北京，商务印书馆，1976。

面。正在这时，1948年统计数字公布，伊朗政府收入3780万美元，英国政府收入7924万美元，英国公司纯利润5208万美元。[1] 这个消息使反英情绪迅速高涨，各地开始出现骚动，议会中出现一个以民族主义为标榜的小集团，其领导人是摩萨台。

摩萨台是恺加王朝一个公主的儿子，父亲任恺加王朝财政大臣达30年之久。他出身大地主却成为城市中产阶级的代言人。1944年他在议会提出不经议会同意不可再出让石油开采权，矛头直指巴列维王朝。战后，石油问题出现危机，他立刻成为民族主义的旗手。1950年12月，他提出石油国有化主张，当时的首相拉兹马拉于次年3月拒绝这一主张，4天后便被人刺死。民众的激烈情绪使政局危急，国王于是不得已任命摩萨台为首相，开始了石油国有化进程。

石油危机代表着民族主义的大爆发，城市中产阶级是主要的社会基础，其中除了新型知识分子、“技术精英”外，旧的“巴扎”[2]商人也卷进来，支持摩萨台的民族主义。由地主阶级多数组成的议会出于与国王权力的对抗，也站在摩萨台一边，并成为反对国王的政治指挥部。一部分僧侣也支持摩萨台。这样，几乎社会各阶层都参加进来了，组成了广泛的“民族阵线”。不久后，对抗扩展到政治领域中来，摩萨台以“国王统而不治”为口号，要求剥夺国王的权力。摩萨台实际上是在发动一场革命，革命的结果将是君主制垮台。在这种情形下，伊朗重复发生了政变与反政变，最终国王逃往国外。然而仅一个星期之后，国王就在无数群众高喊“国王万岁”的口号声中重新回到德黑兰。美国中央情报局插手支持保王派反攻，8月19日，国王走出仅三天后，保守派军队就攻进了德黑兰。

摩萨台犯了个重大的错误，即他越来越依赖人民党，而在伊朗人眼中，人民党只是苏联人的工具。英国和俄国都是伊朗的世仇，摩萨台因反英而打起民族主义大旗，人民党的亲苏倾向却使他丢掉了这面旗帜。渐渐地，僧侣中支持他的人离开了，议会中的地主阶级多数也离开了

① [美]西·内·费希尔：《中东史》，姚梓良译，671～673页，北京，商务印书馆，1980。

② bazaar，“集市”之义，不仅是商品交易所，也是旧式商人的松散组织形式，常卷入政治行动。

他，“巴扎”商人开始组织反摩萨台的暴动，后来带头高喊“国王万岁”的就是这些人。现在我们看得很清楚，最终回到国王那边去的人全都属于传统势力，摩萨台的真正支持者是城市中产阶级。国王回国后，对“民族阵线”进行了残酷的镇压，萨瓦克就是为此而建立的。民族阵线的瓦解标志着城市中产阶级作为政治力量已不复存在。值得注意的是，在镇压民族阵线之后，王朝继续执行石油国有化政策，因此在这个问题上双方并没有根本分歧。

接下来，国王便开始收拾地主阶级。从某种程度上说，一个现代意义的地主阶级也是巴列维王朝创造的一个新现象，可说是现代化的副产品。伊朗土地制度原是一种部落所有制，部落酋长与地方豪强虽然在事实上控制土地，却没有明确的土地私有权。礼萨在位时通过一系列立法，使原先不明确的土地控制权变成了所有权，由此便产生了二个带有资本主义性质的地主集团。大地主在掌握土地的同时也掌握了议会，从而对专制的王权构成重大威胁。

1962年，国王发动“白色革命”。“白色革命”的6点纲领(后来扩为12点)中最重要的就是土地改革。国王说得很清楚，“白色革命”是针对地主阶级的，“权利应归全民，而不得为少数人所垄断”；大地主是“社会的寄生虫”，“作威作福的日子已经屈指可数了”。[①] 通过土改，地主阶级的政治势力被削弱，在议会中举足轻重的作用也丧失了。国王已完全控制了议会，大地主作为一支可以与国王抗衡的政治力量已退出政治舞台。最值得注意的是，土改方案最初提出时，议会曾两次加以否决，国王也两次解散议会，最后土改是在没有议会的情况下强制执行的。[②]

照理说，地主是国王的天然政治盟友，培植强大的地主阶级，就是为王朝培植社会土壤。但巴列维王朝容不得任何人分享权力，因此也和对待城市中产阶级那样，王朝只希望它的社会存在，而不允许它的政治存在。大地主集团在王朝的碾压下也同样断为碎片，无法形成整体力量。

---

① ［伊朗］穆罕默德·礼萨·巴列维：《白色革命》，郭伊译，见热拉德·德·维利埃等：《巴列维传》，附录，368页，北京，商务印书馆，1986。

② 土改过程可参见［英］W. B. 费舍尔主编：《伊朗》，北京大学地质地理系经济地理专业译，第14章“伊朗的土地改革”，北京，人民出版社，1977。

这样，巴列维国王就可以放手实行他的现代化计划了。国王说："君主制是统治伊朗的唯一手段……想做事就得有权，想掌权就不能寻求别人的同意或建议，不能和任何人商量决策。"①伊朗现代化正是在这样一个奇怪的环境中进行的，它是国王一个人的事，靠国王一个人推动。正如礼萨在20世纪20年代单枪匹马创建巴列维国家一样，他的儿子在六七十年代也指望靠单枪匹马创造伊朗的现代化——当然，他的现代化仅只意味着工业化。

穆罕默德·礼萨制服了两支主要的政治力量，但这两支力量无论如何都和他还有一点共同之处。城市中产阶级虽然最有威胁力，但同时也最支持现代化；地主集团对现代化的兴趣不大，但它至少是一支世俗的力量，它愿意支撑国王的政权。等这两支力量都被国王打下去后，所有的不满就开始向另一个方向汇聚了。这时候，一个蕴藏在伊朗社会最底层的传统势力一点一点地显露出来，这个势力既反对现代化，又没有世俗性。它代表伊朗反现代主义的最深传统，同时又为巴列维王朝所最不敢冒犯。现在，什叶教派就要举起反巴列维的旗帜，而这反对巴列维，实在是因为这个王朝企图实行现代化(工业化)。

巴列维王朝是个世俗的政权，现代化事业是个世俗的进程，一个没有经过改造而以传统主义为基础的宗教势力一定会成为现代化的阻力，这一点谁都看得很清楚。但一直到60年代，教派基本上超然于政治之外，它只坚守纯正的传统主义价值观，在关键时刻还支持国王，比如帮助他度过了摩萨台危机。正如前所述，巴列维王朝没有社会基础，为取得王朝统治的合法性，不得不诉求于传统主义的庇护。什叶教派正是伊斯兰传统的最深渊薮，因此无论王朝如何心怀疑惧，都不敢触动教派。什叶派永远是国教，僧团也永远是特权组织，是传统主义的卫道士。但是在60年代，双方终于公开对抗了，对抗起因当然是现代化。1962年，穆罕默德·礼萨下令给妇女选举权，并且将议员就职时向可兰经宣誓改为向"圣书"宣誓，从而隐含着各种宗教平等的倾向。这一下捅了教派的马蜂窝，什叶派立刻召集高级僧侣会议，向国王致电要求取消成命。并派出特使到各国各地申诉观点，警示这样做会"对伊斯兰教和伊

① Fred Halliday, *Iran: Dictatorship and Development*, Penguin, 1979, p. 58.

斯兰人民造成危险"[①]。正在这时，国王开始发动"白色革命"，其中土改又涉及由宗教团体经管的捐赠土地，教派的经济来源因此也受到威胁。什叶派决定与政府公开对抗，并以妇女选举权问题为突破口(这是伊朗传统主义最根深蒂固的偏见之一)。什叶派领袖霍梅尼连篇累牍发表演说，号召人民抑制为发动"白色革命"而举行的公民投票，他说政府正在把伊朗出卖给外国，"国家的独立及其经济将被外国人接管"。[②] 神学院学生走上街头，与军队和警察发生冲突；巴扎商人开始罢市；大学生则冲出校园，大喊反对国王的口号。军队进行了严酷的镇压，街头发生流血，霍梅尼则被捕，在关押了一阵子之后又把他流放了。值得注意的是，城市中产阶级在这次事件中开始向教派靠拢了，最典型的是民族阵线的一个残余学生组织开始接受教派的领导，而在此之前，他们一直是反对教派的反现代化立场的。正如阿扎尔·塔巴里所说："在社会主义和世俗民族主义一片混乱之际，伊斯兰教则因未受1953年灾难的危害而走上前来，填补了政治真空，让自己成为可以替代国王暴政的激进代理人。"[③]

霍梅尼就是这种反现代主义的代言人，他的思想可以归纳为以下几点。首先，真主是唯一的立法者和执法者，伊斯兰法是唯一的法。国家的灾难起源于忽视主的法，"向异邦外国伸出乞求的手，将其伪造的法律移植进来，而这些法原本出自自私自利之人的恶毒之心"。其次，伊斯兰国家应由主来统治，但主的统治则由人世的权威来代行，人世的权威并非帝王，而是有学问的法学家，也就是执行伊斯兰法的僧侣，因此，他号召僧侣直接掌权。[④] 在历史上，什叶派从来都不愿直接掌权，现在霍梅尼却提出由僧侣直接组成政府，这在当时伊朗没有世俗反对派的真空舞台上，正是恰到好处。

① Azar Tabari, "The Role of the Clergy in Modern Iranian Politics", in Nikki R. Keddi ed., *Religion and Politics in Iran*, Yale University Press, 1983, p. 67.

② Azar Tabari, "The Role of the Clergy in Modern Iranian Politics", in Nikki R. Keddi ed., *Religion and Politics in Iran*, Yale University Press, 1983, pp. 67-68.

③ Azar Tabari, "The Role of the Clergy in Modern Iranian Politics", in Nikki R. Keddi ed., *Religion and Politics in Iran*, Yale University Press, 1983, p. 70.

④ Azar Tabari, "The Role of the Clergy in Modern Iranian Politics", in Nikki R. Keddi ed., *Religion and Politics in Iran*, Yale University Press, 1983, pp. 61, 62.

霍梅尼对国王的政策深恶痛绝，他的批评涉及各个领域，包括妇女除去面纱，男人戴帽子(而不是头巾)，男女混校读书，公开生产酒类而且出售，允许播放音乐毒害人的灵魂等。他主张穆斯林全民皆兵，反对征兵政策；主张用伊斯兰的传统方法征税，反对进口税；主张恢复伊斯兰法，反对世俗司法制度；主张传统疗法，反对现代医学；攻击现代传媒工具，说报纸广播只会毒害穆斯林的心灵。总之，他要维护伊斯兰社会的完整传统，一切外来之物的目的是瓦解伊斯兰价值，肢解伊朗国家。霍梅尼的神权政治则将恢复一个完整的伊斯兰社会，在其中，正义将主宰一切，穆斯林将完全平等。霍梅尼关于平等的许诺拨动了许多伊朗人的心。

20世纪70年代，巴列维的现代化计划已经出现问题，经济发展太快，社会变革却太小，或者说在专制主义阴影下难以进行。1960—1970年间，贫富差距拉大，通货膨胀严重，失业人数日增，无数在“白色革命”中未能得到实惠的农民也被迫流入城市，以打工度日。此时，流放的霍梅尼则不断从伊拉克偷运回数不清的布道录音，说白色革命“企图把殖民文化传布到最遥远的城镇村庄，毒化本国青年”①。王朝现在要自食其果了：国内已听不到批评意见，从国外舶来的诅咒之声则吸引了无数心存不满的伊朗人。一切不满现实的人群都开始向霍梅尼汇聚，霍梅尼的反现代主义倾向已无人顾及，他在人们的心目中是一个反专制主义的斗士。王朝的专制引导它自身走向死亡。正如哈里戴所说，在专制统治下，一切过错都要由国王一个人来承担，当经济形势好时，尚不会出大问题；“但是在后来那些年份里经济恶化的情况下，这个因素就变得相当严重了”。② 我们看得很清楚：霍梅尼实际上是反对整个现代社会的；国王最大的过错在于，他追求现代化，但使用了专制统治的传统手段！

1979年，伊朗爆发“伊斯兰革命”，巴列维王朝被推翻，霍梅尼回到国内，创建了一个“伊斯兰共和国”。当时有些高级僧侣主张建立一个民主的伊斯兰共和国，但霍梅尼驳斥了这种主张，而建立了由僧侣直接

① Said Amir Arjomand, *The Turban for the Crown*, *The Islamic Revolution in Iran*, Oxford University Press, 1988, p. 99.

② Fred Halliday, *Iran*: *Dictatorship and Development*, Penguin, 1979, p. 58.

统治的神权政治国家。他还鼓励信徒们散布这种说法，即他就是伊玛姆再世，或至少是马赫迪。[1] 霍梅尼使伊朗又回到封闭的社会中去。

四、思考

巴列维的现代化显然是失败了，不过这只是伊朗现代化过程中的一次挫折(尽管是重大的挫折)，伊朗现代化还是要继续下去的。

巴列维的现代化为什么失败？这恐怕触及那个一直在困扰着发展中国家的最大难题：什么是现代化？什么是现代化，这对于先行国家来说，似乎并不成问题，因为在先行国家那里，现代化是在不知不觉中完成的，当社会转型过程结束时，人们可能还不知道发生了什么事。

但“先行国家”是少而又少的，全世界最多只有一两个。大多数国家都是在受到了现代化潮流的冲击后，才被迫实行现代化的。对他们来说，就存在一个选择问题：以什么作为现代化的目标？巴列维王朝显然选择了工业化。穆罕默德·礼萨曾这样说：“我国的科学、文化和艺术位于世界的前列，历时长达几千年。但在漫长的恺加王朝时期，伊朗的科学技术发展缓慢，几乎陷于停顿……这期间，西方国家兴起，在发展科学技术和传播文化知识方面快马加鞭，终于超过了我们。今天……伊朗不仅应该迎头赶上世界文化的先进水平，而且应该超过它。”但他强调：“我们所借鉴的只能是那些符合我国需要的西方科学技术”，不符合伊朗需要的东西，应该坚决摒弃。[2] 伊朗现代化就是在这样一个方针指导下进行的：它接受西方的工业化，但不接受其他东西，现代化＝工业化。

这样一种态度是许多后发展国家的共同态度。因为对它们来说，现代化冲击首先是物质的——由于体会到现代化的物质力量，所以要追求物质现代化。但这样就必然把现代化等同于工业化，尤其像伊朗这种情况：发生在1921年的夺权行动保留了传统的政治体制和社会结构，但改换了一个新王朝。对这个王朝来说，现代化不仅是国家的需要，而且

---

① 伊玛姆是早期什叶派政教合一的领袖，最后一代伊玛姆据说是隐藏起来了，将来有一天会再现。马赫迪则是伊斯兰教的救世主。

② [伊朗]巴列维：《我对祖国的职责》，元文琪译，169～170页，北京，商务印书馆，1977。

是它自身合法性的需要。亨廷顿说：在20世纪，传统君主比现代民族主义领袖更热衷于现代化，因为民族主义领袖刚刚领导民族取得独立，由独立而得到了国家政权的合法性；传统君主则“必须以良好的政绩来证实自己的合法性，因此，他们便成了推行自上而下的宫廷革命的倡导者”。[1] 很明显，这种现代化只能以追求工业化为目标，否则就会危及政权存在的基础。巴列维的现代化之所以失败，其根子就在这里：除非王朝能勇敢地改造自己的性质。

亨廷顿曾说：“不能将现代化过程简单地归纳为某一种因素或某一个范围，它包含着实际上是人类思想和行为一切领域的变化。”[2]现代化应该是全方位的，对于这样一个命题，伊朗的经历为它做了注脚。

① [美]亨廷顿：《变动社会的政治秩序》，张岱云等译，168、170页，上海，上海译文出版社，1989。

② [美]亨廷顿：《导致变化的变化：现代化、发展和政治》，见[美]西里尔·E. 布莱克编：《比较现代化》，杨豫、陈祖洲译，45页，上海，上海译文出版社，1996。

拉丁美洲现代化的艰难历程

一、现代化中的军人干政

在现代化过程中，后发展国家相当普遍地存在着一个现象，即军人干预政权。军人干预政权在全世界各个角落几乎无处不在，这使人们感觉到：军人干政似乎是现代化进程中的一个必然现象。但问题是：军人干政在什么条件下才会发生？它对现代化产生什么影响？

从历史上看，现代军队是现代国家的伴生物，其形成的方式与现代国家形成的方式是一致的。在由革命形成的国家中，军队也是革命的产物，革命造就了一支军队，革命的胜利有赖于这支军队的胜利。因此，军队从一开始就发挥重大作用，如法国、苏俄等革命国家。在通过武装斗争取得独立的国家中，军队也扮演了类似的角色，独立战争锻造了一支民族的军队，这在许多亚非拉国家中都表现得很清楚。有一些国家是经由原来的社会上层改造成“现代”国家的，因此旧统治阶级在创建新的民族国家时也建立了一支“国家的”军队，这支军队是旧秩序的保卫者，它保证由上层发动的“现代化”不受到挑战。霍亨索伦时期的普鲁士军队就是这样，其他的例子也可以举出不少。还有些国家的军队是拼凑而成的，比如在一些未经过努力而突然独立的国家中，原来的部落兵或地方兵拼凑成一支“国家军”，这种军队往往本身就是动荡的根源，它们经常互相厮杀，与它们的国家一样，这些军队离现代化的标准还很远。

乍看之下，军队的起源似乎影响着军队的作用：在那些由革命形成的国家或靠武装斗争取得独立的国家中，军队是否更容易干预政权？但历史事实告诉我们：情况未见得如此。很多革命国家并没有出现军人政权，武装斗争获取独立也不一定意味着军队一定高于一切。军人掌权在任何历史背景中都可能出现，军队如何形成并不影响它后来是否干预政权。因此，军队干预政权的原因应该在其他方面找。

事实上，这个问题涉及现代国家的一个本性，即现代国家要求有统一的权威。现代国家就其本性来说是统一的民族国家，① 没有统一的权威就谈不上是现代国家。权威的具体形式可以不同，例如君主、议会或其他形式，比如政党等，但无论何种形式它都必须以国家的代理人自居，而且这种自居应得到社会的普遍认同。统一的、公认的权威是现代国家存在的前提，不存在权威就谈不上现代化。

从另一方面说，由于军队是暴力集团，它就必须置于某个权威的控制之下，没有这种控制，暴力就会肆虐，社会就会因此成为无政府状态。在现代国家中，这个权威只能是统一的国家，不服从国家的权威就不会是现代的军队。

然而万一出现这种情况，即国家失去统一的权威，或权威的更替缺乏制度化操作时，情况会如何呢？在这种情况下，无非存在两种可能：一是国家崩溃，社会混乱，各种政治力量争夺权威的真空；二是军队直接掌管政权，形成以暴力为基础的权威。这两种情况都把军队送上前台，军队的重要性极大地提高。出现这种情况后，军队与国家的关系就发生反转，军队不再执行国家的意志，它相反把自己的意志强加给国家。军队不再仅仅是一支武装力量，它同时也是一支政治力量，它与其他政治力量一样，致力于争夺国家政权。在这种情况下，军队被政治化

① Ernest Gellner, *Nations and Nationalism*, Oxford, 1983.

了，干预政治成了它的日常职能。它已不再是一个专业化的社会分工集团，单纯地执行保卫国家的职责；它现在也是一个有组织的政治集团，其职能等同于一个政党，或政治化的其他任何团体——也就是说，军人干预政权。

军人干政是一个反常现象，因为它倒置了国家与军队的关系。但军人干政又有其内在的合理性，否则就不会有那么多国家出现军人干政。应该看到：军人干政一般在不发达的社会中出现，不发达国家在现代化的某个阶段上往往都有可能出现军人干政。亨廷顿说：军人干政是“不发达社会的广泛现象中的一个具体表现，即社会力量和社会体制普遍政治化的一个具体表现”。在这种社会中，一切职业集团都可能政治化，比如学生政治化、工会政治化、僧侣政治化、政府职员政治化等。[1] 但是，军队与其他政治集团相比，其不同之处在于军队掌握着公开的暴力，因此军队一旦干预，其他政治集团都只能让路。

国家为什么会出现军人干政？军人干政会有什么后果？下面将以拉丁美洲为例，作具体探讨。

谈到拉丁美洲，有一个明显的现象不应该忘记，即拉丁美洲是继英属北美殖民地之后，全世界最早摆脱殖民统治的地区。但两个世纪过去了，当年的英属北美殖民地——现在的美国——已经是世界上最发达的国家，拉丁美洲却仍旧在发展中挣扎，似乎怎么也跳不出“欠发达”的泥潭。不应该忘记，在独立前，西班牙美洲殖民地明显比英国北美殖民地富裕，对欧洲人也有更大的吸引力。从独立时的社会经济状况及资源条件看，它的发展潜力也比北美新独立的国家强。由此可见，独立并没有为现代化提供充分的发展条件，拉丁美洲在独立中及独立后的一段时间里已经蕴涵着后来发展的障碍。有些学者把不发达归咎于世界资本主义经济体系的构成，归咎于“中心”对“边缘”的剥夺。[2] 但拉丁美洲的情况却说明：它自身的因素也形成对现代化发展的强大阻力。这些阻力也许

① ［美］亨廷顿：《变动社会的政治秩序》，张岱云等译，213页，上海，上海译文出版社，1989。

② 参见 Paul Baran, *The Political Economy of Growth*; Andre G. Frank, *Capitalism and Underdevelopment in Lation America*; Immanuel Wallerstein, *The Modern World System*, *Capitalist Agricalture and the Origins of European World Economy in the Sixteenth Century* 等。

不只一端，但军人干政——拉丁美洲政治生活中最突出的现象——明显起着不可忽视的作用。

二、动荡的美洲南大陆

首先看看这些数字：

据统计：在拉丁美洲独立后的近 150 年时间里，总共发生过不下 550 次军事政变，“还不包括未遂事件”。① 如果这个统计无误，那就意味着在当时 20 个独立的拉丁美洲国家中，平均每个国家发生过近 30 次成功的军事政变，每隔五六年就要发生一次。

在其中有些国家，军事政变的频率远比平均数高得多，比如墨西哥在 19 世纪不到 100 年的时间里出现过 72 个执政者，其中 60 个靠暴力上台。玻利维亚在 1825—1952 年的 127 年中发生过 179 次政变，平均每两年更换三次政府，最频繁时是两天出现三个总统。②

独立后 150 年中，拉美国家制定过大约 180 部宪法，其中多数是 1850 年以前制定的。委内瑞拉在这方面创最高纪录，它从 1811 年以来颁布过 22 部宪法。③ 厄瓜多尔在 115 年中也颁布过 16 部宪法，平均每 8 年就有一部新宪法。宪法在拉美国家生活中其实不起约束作用，它充其量也只是靠武力夺取政权的新政客的“私人宣言书”，“从来不要求认真执行”。④

到 20 世纪，政治动荡的幅度并不亚于 19 世纪，有学者统计，在 1923—1966 年的 40 多年中，拉丁美洲出现过 350 次以上的“非宪法夺权行动”，其中海地发生过 58 次政变，多米尼加 56 次，厄瓜多尔 54 次，秘鲁 54 次，玻利维亚 52 次，萨尔瓦多 42 次，巴拉圭 42 次，危地马拉 42 次。⑤ 进入 60 年代，整个拉美政变成风，到 70 年代中叶，不包括古巴在内，所有拉丁美洲国家都建立了清一色的军人政府，无一例外。

---

① ［苏联］米尔斯基：《“第三世界”：社会、政权和军队》，力夫、阜东译，305 页，北京，商务印书馆，1980。

② 胡世建编著：《拉丁美洲——历史与现状》，48 页，北京，旅游教育出版社，1994。

③ ［美］E. 布拉德福德·伯恩斯：《简明拉丁美洲史》，王宁坤译，132 页，长沙，湖南教育出版社，1989。

④ Frank Tannenbaum, *Ten Keys to Latin America*, NewYork, 1962, p. 147.

⑤ W. Paymond Duncan, *Latin American Politics*, New York, 1976, p. 202.

因此有人说，在拉丁美洲，“如果军队不亲自管理，那么也要由它决定谁来管理”①。一位美国学者则这样说：“军人政治——由军人控制或接管文官政权——是拉丁美洲的一种通痛。”②的确，军队干预政治是拉丁美洲社会最典型的特征之一，军事政变则是拉美政治生活中最常见的现象。军队在拉丁美洲起一种非常特殊的作用，世界上没有哪个地区会像拉丁美洲这样，出现了那么多的军事政变并经历过那么长的军人统治，因而蒙受了那么多的动荡和苦难，而且迄今为止仍时常感受到军人干政的阴影。什么原因造成拉丁美洲这样一种悲剧性的命运？这不得不从它的历史中寻找根源。

在拉丁美洲历史上，暴力的比重实在太大，从哥伦布发现新大陆起，欧洲人就对美洲南部进行武力征服，在大约一个世纪时间里，原有的土著印第安人大量被消灭，在有些地区，比如加勒比海一些岛屿上，几十万印第安人一个也没有剩下，不得不从非洲运来黑奴填补空缺。在印第安人古老文明的故土，比如墨西哥和秘鲁，原有的文明消失了，人口剧减 90%以上。征服留下带血的记忆，暴力从一开始就渗透在拉丁美洲殖民地的肌肤里。有些学者指出：西班牙文化传统中有很强的尚武精神，伊比利亚半岛人(即西班牙和葡萄牙人)经过 700 年的“收复失地”战争才把阿拉伯人赶出半岛，因而军人在社会中据有很高的声望与地位。对美洲的征服又加强了这种传统。③ ——不幸的是，西班牙人开始进入美洲殖民时，其收复家园的战争才刚刚结束不久，因此尚武精神相当浓厚。在这里我们要强调的是：征服留下了一个复杂的社会。首先是人种复杂，长期的征服活动造成一个复杂的人种金字塔，在顶端的是征服者自己，即来自西班牙和葡萄牙的“半岛人”。低一等的是殖民地出生的土生白人，他们不可以担任高级官员，然而却控制着殖民地的地方社会，是地方上的豪强劣绅。再往下是欧印混血人，这些人在西班牙美洲数量庞大，在许多地方占人口多数，但他们既不被西班牙文化所认可，又不是印第安文化的继承人，他们是一种文化上的“弃儿”，在殖民时期

---

① [苏联]米尔斯基：《“第三世界”：社会、政权和军队》，力夫、阜东译，305 页，北京，商务印书馆，1980。

② W. Paymond Duncan, *Latin American Politics*, New York, 1976, p. 201.

③ William F. Stokes, *Latin American Politics*, New York, 1959, p. 106.

备受欺辱，心态十分复杂。与之相似的是黑白混血人，其地位比欧印混血人更低；再往下还有纯粹的有色人种，包括印第安人和黑人。这样一个人种复杂的社会必然蕴涵着复杂的文化内涵，人种的区别和文化的区别因此纠缠在一起，而且与社会阶层之划分交叉重叠。于是，人种、文化、社会地位、经济状况、政治权利等所有差异都搅成一团，在拉美殖民地社会布下了一道道裂痕。

除这种社会的分割之外，又加上地域的分割，使拉丁美洲社会更加分裂。美洲南部地形复杂，有太多的地理障碍，中美洲中央就有两道山脊，把狭长的地域分成大西洋沿岸和太平洋沿岸两部分。南美洲安第斯山脉纵贯南北，山势险峻，把居民点包围在一个个海拔2000～4000米高的山谷盆地中。亚马孙河流域宽广近500万平方千米，至今仍是人迹罕至的原始热带雨林。沙漠形成第三大障碍，使本来就复杂的地形变得更加复杂。由于地形复杂，交通就十分不便，南美洲主要河流大多无法通航，陆路交通又十分有限，直至20世纪50年代末，秘鲁仍有30个省城无公路与外界连通，运输工具从骡车、马背直至肩担手挑一应俱有。在这种情况下，居民的分裂状态就可想而知了。一位英国地理学家在20世纪60年代写的书中还这样说：拉美的居民实际上分裂成“一连串的群落，如大海隔开的岛屿，被其实是无人居住的森林与荒漠分割开”①。事实上，拉美多数人口居住在环大陆一圈的城市、集镇中，其中大多数集镇人口少于400人。内地则是一些极分散的居民点，庄园是其活动的中心。大庄园可以是数十万甚至上百万英亩的大牧场，牧场上的工人寥寥无几。在这样一种地理环境中，地方主义是显而易见的后果，而且这种地方主义极其狭隘。虽说拉丁美洲有共同的语言文化背景，但共性是想象中的，事实上并不存在。弥散于拉丁美洲的是地方文化、地方特性、地方生活方式和地方认同感，它所造成的政治后果就是——它很难形成统一的政治权威。正如一位波多黎各总督所说：拉丁美洲“要么是独裁，要么是混乱”②。

殖民时期西班牙的统治提供了一种强制性的权威。西班牙是一个专制国家，专制传统由宗主国传给殖民地，因此尽管西班牙美洲殖民地是

① W. Paymond Duncan, *Latin American Politics*, New York, 1976, p. 78.

② 转引自徐文渊主编：《走向21世纪的拉丁美洲》，73页，北京，人民出版社，1993。

一个在广大地域上建立起来的彼此间并没有太多联系的庞杂实体，但由于各殖民地都服从西班牙的统治，所以至少能维持着表面上的平静。19世纪初的殖民地独立运动打破了这种平静，各地都不再服从西班牙的统治。拉丁美洲内在的矛盾立刻就暴露无遗：作为一个高度涣散的社会，它需要高度集中的权威，但高度集中的权威在高度分裂的环境下根本就无法存在。拉丁美洲独立运动因此未能提供必要的权威，拉美社会于是立刻就瓦解了。

我们不妨把拉丁美洲的独立和美国的独立作一番比较，从中可以看出不同。北美独立运动开始时，英国已是君主立宪制国家，议会掌管国家政权，权力分散在各个层面上。表现在殖民地，就是殖民地也和母国一样，有民意代表机关，因此开始产生了自治传统。独立运动开始后，英国的权威被否定了，代表机关立刻递补上来；"人民主权"这种思想本来就隐含在英国的制度中，而它的执行机构又是现成的，即各殖民地议会。于是，很快就召开了各殖民地都参加的大陆会议，而大陆会议也立刻成为所有殖民地都承认的最高权威。因此在美国独立战争中没有出现权威失落的现象，相反由于一切权力转归由民选产生的代表会议，独立运动同时也就成为一场静悄悄的政治革命，最终使"人民主权"这个思想第一次在政治实践中体现出来。人民(通过代表会议)行使主权，建立起形式崭新的国家。事实上，在独立战争中，大陆会议指导战争，组建军队，任命高级指挥官，征收战争税款，招募兵员，开展外交活动，俨然是各殖民地的最高同盟政府；最后，大陆会议制定宪法，宣布了新国家的诞生。① 在这个过程中，人民主权得以确立，正如美国联邦宪法开宗明义所说："我们，合众国的人民……为我们自己和我们的后代争取自由幸福，因而给美利坚合众国制定和确立这套宪法。"②

拉丁美洲的独立运动却不是这样。它不是一次人民的革命，而是一次军队的"解放"。由于拉美殖民地根深蒂固的分裂，人民革命很难发动起来，于是只好靠军队来"解放"人民。具体的过程是：圣马丁率领一支军队从阿根廷进入智利，再从智利挺进秘鲁；玻利瓦尔领导另一支军队

① 以上情况可参见[英]R. C. 西蒙斯：《美国早期史——从殖民地建立到独立》，朱绛等译，第6、12、13章，北京，商务印书馆，1994。

② 引自美国大使馆文化处编译：《美国政府简介》修订版，2页，1982。

先解放委内瑞拉、哥伦比亚，然后打进秘鲁，最终铲除西班牙残余势力。在整个过程中人民的被动状态使“人民主权”不可能出现，于是军队这种最显而易见的暴力权威就取代了西班牙君主的权威，成为主宰一切的力量。关于这一点，“解放者”玻利瓦尔早就有所预料。还在1815年，独立战争刚刚开始时，他就从国外对他的祖国说：“我们的同胞不具备我们北美兄弟所著称的那种能力与政治品德，完全的民众制度不会给我们带来好处……而只会把我们推向倒台。”①他因此主张在南美建立总统终身制（也就是独裁），以避免“解放”后的国家陷入无政府状态。

然而现实比玻利瓦尔估计的还要糟得多。在拉丁美洲独立战争中，军队成为权力的中心。军队打仗，解放国土，组建地方政府，指派自己的军官担任各地长官，征收军税，征募士兵，从军事到民政的一切事务都由军队做决定，军队就是政府，军令就是法令，独立的拉丁美洲从一开始就被置于军人掌管之下，军官的意志统治国家。然而遗憾的是，军内也未能形成真正的权威，社会的分裂太深刻了，以至于任何人都无法建立超出于狭隘的地域利益之上的权威。军队内部派系林立，军官互斗，军人们没有政治理想，他们很快就以争夺权力为能事，毫无政治原则。美国学者坦南鲍姆说：拉丁美洲独立“不是一个有中央指导机构的有组织的运动，它没有大陆会议，没有单一的公认领袖如华盛顿，它没有可以向运动提供经费或招募军队的代理机关，大陆的每一个部分都各自为战，没有中央指导，没有受承认的中央领导层，也没有大家都接受的政治理论”②。

从某种意义上说，拉丁美洲独立运动是一个超前的运动，人民并没有做好独立的心理准备，拿破仑对西班牙的入侵及扣押西班牙国王触发了拉丁美洲的独立情绪：由于不愿服从拿破仑，拉丁美洲才打算独立。但西班牙的权威一旦解除，权力的真空状态就立即出现。西班牙国王本来是西属拉丁美洲殖民地唯一公认的权威，一旦这个权威丧失，一切权威也就全都没有了。于是军队递补进来，“解放”了拉丁美洲，而它也立刻就变成动荡的根源。权威的丧失在军队中表现为将领之间互相不卖

① 西蒙·玻利瓦尔：《牙买加来信》(1815)，载 Sheldon B. Liss & Peggy K. Liss, *Man, State and Society in Latin American History*, London, p. 158.

② Frank Tannenbaum, *Ten Keys to Latin America*, NewYork, 1962, pp. 69-70.

账，即使是独立运动的领袖也控制不了内讧四起的局面。对此，独立运动的最高领导人其实已经意识到了。“秘鲁护国公”圣马丁留给这个国家的最后一个忠告是：“一位幸运的军人……执政，对重新建立的国家是可怕的。”[①]“解放者”玻利瓦尔在为他的国家奋战了20年之后失望地说：拉丁美洲是“难以统治的”[②]，“一千次动乱就必定会引起一千次篡权”[③]。他预言：“将有许多暴君从我的坟墓上崛起……把内战打得血流成河。”[④]

预言很快成为现实，老一代领导人还在掌权，将军们就开始了夺权行动。圣马丁不在秘鲁，秘鲁立刻发生军事政变；他虽然平定了这次叛乱，但这已足以使他心碎。他回到智利，智利又发生推翻奥希金斯将军的政变。他回到家乡阿根廷，阿根廷正忙于打内战。他于是踏上了去欧洲的流亡之路，在悲愤与贫苦中了其余生。玻利瓦尔完成了拉丁美洲的解放事业，却面对着自己将领们的众叛亲离：派斯在委内瑞拉自立山头，桑坦德在哥伦比亚发动政变，并策划了刺杀玻利瓦尔的行动。玻利瓦尔被迫实行独裁统治却又在良心的驱使下自动放弃权力，随后走上了自我流亡的路途。不久后，这位独立运动最著名的领导人在47岁的英年之时就客死他乡。他最能干也是最有理想的将领苏克雷元帅在治理玻利维亚时被政变推翻，不久后又死于非命：他被背信弃义的部下暗杀了。

既然独立战争的最高统帅都阻止不了阴谋与政变，那么拉丁美洲的前途就必然很暗淡了。随着早期这批理想主义的领导人退出舞台，拉丁美洲的政坛就留给了独立战争中那批二流的将领：他们各占一方，专横跋扈，靠军队实行强暴的统治，彼此间又互不服气，互相讨伐。这样，拉丁美洲就彻底肢解了，权威丧失造成了社会的根本瓦解，将军们靠武力上台，然后又被有武力的其他人赶下台。一个武夫就独霸一方，对来

① [阿根廷]巴特洛梅·米特雷：《圣马丁传》，仇新年编译，337页，北京，新华出版社，1991。

② [美]托马斯·E. 斯基德莫尔、彼得·H. 史密斯：《现代拉丁美洲》，江时学译，40页，北京，世界知识出版社，1996。

③ [委内瑞拉]奥古斯托·米哈雷斯：《解放者玻利瓦尔》，杨恩瑞等译，604页，北京，中国对外翻译出版公司，1984。

④ [委内瑞拉]J.L. 萨尔塞多-巴斯塔多：《玻利瓦尔：一个大陆和一种前途》，杨恩瑞、赵贤铭译，260页，北京，商务印书馆，1983。

自其他方面的任何命令不予理睬。这些人就是拉丁美洲历史上声名狼藉的“考迪罗”，按《剑桥拉丁美洲史》作者的说法：“考迪罗是使用暴力或暴力威胁来达到政治目的的人”，“他们发动他们的追随者向法定的权威挑战，或者通过暴力或暴力威胁攫取权力”。[①] 考迪罗给国家带来无穷的灾难，军人统治的模式也因此在拉丁美洲固定下来。假如当初拉美殖民地也能像北美那样形成人民代表会议的权威，那么拉丁美洲也会和北美一样顺利向现代化强国方向发展；但人民的权威在拉丁美洲是不可想象的，于是就造成了独立后一切法定权威全部丧失的局面。坦南鲍姆说：拉丁美洲独立，“摧毁了合法的政治权力而没有提出同样也合法的替代物。独立战争结束后，没有人知道政治权力在哪里，谁是西班牙国王合法的继承人——谁来继承他的权威、他的影响、他的威望，还有他近乎神圣的性质？谁是人民意志的体现者，谁是穷人的卫士、正义的源泉？……拉丁美洲人把象征着合法政治权力的东西全都丢掉了，这个真空直至今日都还没有填补上”[②]。拉丁美洲的悲剧说明：权威在任何时候都是不能丧失的；对于新摆脱殖民统治（或新推翻专制统治）的国家来说，人民的权威应该立刻就递补上！

三、军队在拉美的角色

这样，独立的拉丁美洲从一开始就处在刺刀的摆布下，国家的命运全靠军人来支配。

拉丁美洲独立时，它是个完全的农业社会，政治方面继承着宗主国的专制传统，社会方面沿袭宗主国的等级结构，大地产是殖民地社会的基础，以庄园为基础形成的社会金字塔，俨然是欧洲封建社会的一个翻版。独立战争没有改变这种状态，它只是土生白人向半岛人夺权，除此以外没有发生任何变化。[③]

拉丁美洲现代化就是在这种情况下起步的，军队在这个过程中扮演了特殊的角色。一方面，它确实在许多场合担当着变革的触媒；另一方

① [英]莱斯利·贝瑟尔主编：《剑桥拉丁美洲史》，第3卷，373页，北京，社会科学文献出版社，1994。

② Frank Tannenbaum, *Ten Keys to Latin America*, New York, 1962, p. 146.

③ W. Paymond Duncan, *Latin American Politics*, New York, 1976, pp. 17, 18.

面，它又不时阻碍社会进步，担任着旧社会秩序的卫护士。

从好的方面说：在像拉丁美洲这样内部极其涣散的社会，军队起了民族锻造工的角色。拉美社会在独立战争中并没有形成民族，这是它在独立后找不到共同的认同目标的原因所在。社会的混乱把军队推到前台，由它来铸造国家共同体。军官虽说争权不已，军队则用来作权威的象征。军人独裁从本质上说是强权主义的，它力图树立一个人人都必须服从的权力标志。所以拉美国家的中央权力中心就是在一连串的军人夺权中建立起来的，这种权力中心的出现，就标志着民族认同的开端。比如秘鲁，在经过独立后初期的一系列混战后卡斯蒂利亚夺取政权(1844)，这以后进入一个相对稳定的时期。虽说政变在秘鲁政坛上仍旧持续不断，但民族的认同至此就算是基本形成。阿根廷的情况更加典型：独立初每个省都自行其是，有的还宣布自己是独立的“共和国”。但到1829年罗萨斯掌握政权后，中央的权力终于确立起来，罗萨斯一直统治到1852年，一个统一的阿根廷就不会再消失了。1829年玻塔莱斯在智利掌权，标志着智利的中央政府也确立了权威，玻塔莱斯在1833年颁布的宪法一直实行到1891年，以后略作修改又沿用到1925年。所有这些掌权者都是标准的“考迪罗”，其统治基础无一例外都是军队。

军队还在另一方面铸造了民族。拉美社会极其分散，地域分割使地方主义特别严重，农业经济又更加重了这种互不相通的倾向。但军队却是唯一能打破这种分割状态的组织，因为士兵来自各地，他们在军队中为“国家”服务后，就产生向国家认同的情感，不再是只具有狭隘地方主义意识的人了，因此很多学者愿意把军队说成是“民族的建造师”。

军队还沟通了拉丁美洲复杂的人种集团，使他们彼此接近，甚至打破由种族差异所造成的等级隔阂，使被歧视的种族中也可以有人爬到社会的最顶层，甚至当总统。独立战争中，许多混血人参加军队，有些因战功而升任高级军官，甚至当将军。有些成为拉丁美洲第一代的“考迪罗”，比如委内瑞拉的派斯将军就是这样。中级军官中有更多的混血人甚至黑人，他们成了后来的“考迪罗”，尤其在地方一级特别多。大批受歧视种族中的人充任军官甚至“考迪罗”，必然会改变拉美国家政治权力的平衡，因此有学者说：独立战争时期发生暴力是因为土生白人向半岛人夺权；独立战争以后发生暴力则是因为混血人向土生白人夺权。① 确实，到 19 世纪下半叶，拉美国家普遍进入政治相对稳定的时期，这个时期的特点之一就是强大的“考迪罗”实行个人铁腕统治，而这些“考迪罗”大多数是混血人出身，最典型的如墨西哥的迪亚斯和秘鲁的卡斯蒂利亚。

军队在改变政权的阶级结构方面也起类似作用。拉美本是一个由大庄园主控制的农业社会，带有很强的准封建色彩。独立后，社会结构很少改变，但军队却为社会地位低下却有野心的低等级人提供了一条进身之路。越来越多的城市中产阶级子弟进入军队并晋升为高级军官，这就使军队逐渐改变性质，中产阶级的政治愿望通过军官得以表达。1889 年，巴西军人推翻帝国建立共和国，当时领导政变的达·丰塞卡元帅就出身普通军官家庭，他的政府中还有两名军官、一名工程师和四名律师，全都是获得大学学位的城市中产阶级子弟。可以说，拉美统治集团阶级成分的改变是通过军队来完成的，军队的变化导致了国家政权的变化。这种倾向进入 20 世纪后十分明显，比如巴西在 1941—1943 年进军官学校学习的学员中，19.8%出身上层或中上层，76.49%出身中间阶层；1962—1966 年这两个数字变成了 6.0%和 78.2%。这个时候巴西共和国实际上已经是一个中产阶级掌权的国家，而这一点又是通过军队来做到的。其他拉美国家军官集团也发生了相同的变化，比如在厄瓜多尔，1937—1939 年，军官学校的学员中 40.1%出身上层或中上层，57.1%出身中层；1962—1966 年，这两个数字分别变为 16.6%和 59.8%，变化的幅度相当大。②

这样，独立战争中没有完成的社会变化后来就由军队来实行了：军队促成了地区融合，同时又造成阶层流通——这些对于国家现代化来说都是至关重要的。军队还在另一方面推动了现代化，即它支持工业化。一位美国学者这样总结拉美军队在工业化过程中的作用，他说：“工作性质诱使拉丁美洲军队支持技术进步，支持工业化和经济的总体发展。100 年前他们认识到有效的军事行动建立于工业与经济的基础上，运送

---

① Frank Tannenbaum, *Ten Keys to Latin America*, New York, 1962, pp. 118-120.

② John Samuel Fitch, *The Military Coup d'Etat as a Politcal Process: Ecuador, 1948-1966*, Johns Hopkins University Press, 1977, p. 27.

军队需要铁路，军队需要武器和装备，武器装备最好由国内生产，而不是由国外生产。阿根廷、智利的军官首先提出要搞现代运输与通信网，阿根廷和乌拉圭的铁路是由军人总统首创和推进的。委内瑞拉总统安东尼奥·古兹曼·布兰科将军(1870—1889 年任职)为国家现代化所做的工作，据称比独立之后一个世纪中其他所有领导人加在一起还要多；危地马拉总统胡斯托·鲁菲诺·巴里奥斯将军(1871—1885 年任职)被说成是 19 世纪的中美洲技术进步之父。帮助推翻彼得罗二世的巴西军官为他们的行动寻找理由，说皇帝没有认识到对一个现代世界来说技术进步与工业化有多么重要。20 世纪，特别是第一次世界大战以后，接受过技术训练的青年军官更强调工业的准备工作，在巴西、阿根廷这些建立了重工业基础的国家中，他们提出国家不仅应生产枪炮，还要生产坦克和飞机。”[1]的确，在大多数拉丁美洲国家，工业化是由军队领导人倡导的，军队成了现代化的触媒。

但拉丁美洲军队从本质上说是保守的力量。虽说它不自觉地促成过某些社会变化，如社会流动等，但它自觉的行动却基本上是反对社会变革的，它是现存制度的自觉的卫护士。20 世纪的许许多多动荡都是由军队反对变革而引起的，枪尖所指始终投下一片阴影。下面三个例子很能说明军队在拉丁美洲的阻力作用，军队在拉丁美洲拖了现代化的后腿。

危地马拉是中美洲一个小国，独立后大约 80 年中(1839—1920 年)几乎有 3/4 时间是在三个独裁者统治下，其余时间则屡屡动乱，政变与暴动迭出不止。20 世纪初，美国联合果品公司控制了该国经济，不仅占有大片良田，而且控股该国唯一的铁路和港口设施，实际上成为国中之国。独裁者与联合果品公司沆瀣一气，致使国家资源浪费，财源外流，成为拉丁美洲最贫穷的国家之一。这样，在 1944 年，危地马拉发生人民革命，政权落入一批反帝的年轻军官之手。他们让一位理想主义的大学教授阿雷瓦洛当总统，在他主持下制定了 1945 年宪法，宣布人民的政治权利和社会权利。阿雷瓦洛说他是“精神社会主义”者，致力于建立以工农为基础的权力联盟。他鼓励工人向联合果品公司开展斗争，并且对石油资源严加控制。1950 年，他把权力转交给国防部长阿本斯

---

① John，J·Johnson，*Continuity and Change in Latin America*，Stanford University Press，1964，pp. 140-141.

上校，危地马拉革命由此而向更深层次发展。阿本斯决心把危地马拉建设成独立而繁荣的国家，为此，他对内铲除封建庄园主势力，对外限制外国资本的渗透。他着手进行土地改革，将大地产中闲置不用的(总共150万英亩)土地分配给约10万个贫苦农户，从而使危地马拉发生了翻天覆地的变化。但这一革命性的措施触怒了大地产所有者，也得罪了外国大资本，美国政府帮助策划推翻阿本斯政府的政变。1954年，流亡国外的阿马斯上校指挥一小支由美国人装备的武装力量从洪都拉斯侵入危地马拉，推翻阿本斯政府，为时10年的危地马拉革命以失败告终，革命的一切成果则被统统取消，分到土地的农民不仅失去土地，而且还因为是“土改分子”而被捕坐牢。左翼人士遭残酷迫害，无数人被拷打、关押、流放出国，8万多人被杀或“失踪”。军队的倒退政策引发了旷日持久的游击战争，而战争又使国家遭受更大的破坏。在军政府统治下，危地马拉经济落后，社会停滞，至20世纪70年代初，70%以上的人口年收入仅仅只有83美元。①

如果说危地马拉只是一个小国，它的经历还不足以说明问题，那么阿根廷作为一个大国，南美洲最发达的国家之一，它的军队对现代化的阻碍作用就更具有普遍意义。阿根廷在历史上从来就政变频仍，军队一贯做大地产、大牧场主利益的守护人，还直接干预国家政治。20世纪20年代，中等阶级获得选举权，但军队很快又走上前台，到第二次世界大战时，还建立了亲法西斯的政权。1944年，一次政变使胡安·庇隆脱颖而出，这位起初是同情法西斯主义的上校政治家，后来成为拉丁美洲“民众主义”的旗手，他把工人阶级引上政治舞台，同时也让军队在阿根廷政治中的保守作用暴露得淋漓尽致。

1946年庇隆就任总统，很快就在国内采取了亲工人的立场，在劳资冲突中偏袒工人，有时甚至鼓动工人掀起工潮，然后做出有利于工人的裁决。对外他采取反帝立场，对外国企业实行国有化，表现出强烈的民族主义色彩。这些政策使保守力量十分不快，中等阶级也因他亲工人而表示不满。保守力量于是声称庇隆正在把国家出卖给共产主义，1955年，军队发动政变，结束了庇隆主义的第一次试验。此后军队一再发动

① 有关危地马拉的情况，可参见 Peter Calvert, *Guatemala: A Nation in Turmoil*, Colorado and London, 1985, Chapter 4, 5, 6。

政变，把合法政府赶下台，它对左派力量残酷打击，经常弹压罢工，拷打反对派，甚至秘密处决。左派则报以城市游击战，游击队袭击军营，暗杀军官，攻打监狱，1970年甚至绑架并处死了1955年政变的领导者之一、前总统阿兰布鲁将军，阿根廷陷入一场不宣而战的内战。在这种情况下，人们认为只有庇隆才能安抚左派的怨恨，于是在1973年把庇隆从国外请回来重新掌权。但庇隆于第二年去世，他的妻子伊莎贝尔接任总统，“民众主义”重新在阿根廷活跃起来，亲工人的政策再次得以实行，一时间，似乎一场以工人为依靠对象的社会革命正在兴起。然而1976年，军队再次政变，此后左派受到极其残酷的镇压，官方正式承认有3500人被捕，另外有一二万人“失踪”。“民众主义”在阿根廷受到致命的打击，阿根廷的历史发展一下子被倒转十多年。1982年，由于与英国的马尔维纳斯群岛之战失败，军政府才不得不于1983年把权力转交给文人。尽管如此，阿根廷政局仍时常受到军队的威胁，到1990年为止已发生过三次军营暴动，企图推翻民选政府。即使到今天，人们对军队的干预仍存有戒心，担心它对社会的进步再起到阻碍作用。①

军队阻碍作用的最典型的例子也许是智利。20世纪70年代，智利发生了让全世界震惊的血腥政变。智利素有“南美洲的瑞士”之称，民主政治根基很深，军队在智利很少干政，“非政治化”是智利军队最自豪的传统。但70年代发生变化，智利出现恐怖的军事独裁统治。

事情得从阿连德执政说起。阿连德是左派势力的领导人，1970年他代表社会党和共产党的联盟出任总统。当时，智利的社会矛盾正在加剧，经济发展扩大了社会不公正现象，土地集中在少数人手里，工业化造成的财富得不到公平分配，城市贫穷问题日益严重，劳动人民的不满日益加剧，这些都使变革成为刻不容缓之事。阿连德上台后按照劳动人民的愿望实行改革，打算用民主的方法“和平长入”社会主义。严格地说，阿连德的措施并没有超出美国总统罗斯福在30年代或英国工党在第二次世界大战以后的所作所为，他实行关键经济部门的国有化，对土地进行国有并重新分配，提高工资以刺激、消费，同时又控制物价，限

① 有关阿根廷的情况，可参见[苏联]叶尔莫拉耶夫主编：《阿根廷史纲》，北京编译社译，第9～14章，北京，生活·读书·新知三联书店，1972；Gray W. Wynia, *Argentina*, New York and London, 1986, Chapter 3-7。

制通货膨胀。在这个过程中，既得利益集团进行了顽强的抵抗，工人、农民则采取了许多自发行动，如占领工厂宣布“国有”、抢占土地实行“土改”等。由于多数国会议员反对实行“社会主义”措施，阿连德政府就打算修改宪法，用“人民代表大会”制度取代国会。所有这些都使国际反共势力和国内保守力量结成紧密同盟，1973 年，军队在新任陆军参谋长皮诺切特领导下发动政变，阿连德坚守总统府不肯投降，结果空军用飞机轰炸了总统府，阿连德在攻击中丧生。智利作为南美洲民主传统最深的国家竟经历了 20 世纪最血腥的军事政变，政变中数千人丧生，政变后有大约 10 万人被捕，更多的人“失踪”，其恐怖气氛之浓竟使好莱坞拍摄出一部轰动一时的电影，片名就叫《失踪》。军政府手段残忍，1976 年甚至在华盛顿暗杀了前阿连德政府的驻美国大使。皮诺切特虽然在 1988 年被迫下台，并且把权力交给文人政府，但他仍担任陆军总司令直至 1998 年，枪尖的阴影始终咬噬着智利的良心。① 在军政府统治下，智利经济遭到彻底破坏，其国民生产总值下降速度创拉丁美洲最高纪录，外债高达 200 亿美元，失业率达 30%。一位智利人讽刺说：军政府摧毁的私人企业比阿连德政府梦想实行国有化的企业还要多；军政府造成的无产阶级人数比任何马克思主义教科书所能预计的还要多！②

四、权威丧失与军队坐大

以上三个国家的经历清楚地说明：军人干政在拉丁美洲起了一种阻碍作用。第二次世界大战以后，当世界资本主义发生很大变化，民主化、民众化、大众福利主义与平等主义正形成潮流时，军队却在拉丁美洲阻碍社会进步。在政治方面，军队主张强权政治，压制工、农、知识分子的民主要求。在经济方面，军队主张强有力的国家干预，这样做在一段时间内可能推进经济发展，但最终却会造成经济结构的破坏，弄出

① 有关智利的情况，可参见[智利]路易斯·加尔达梅斯：《智利史》，辽宁大学历史系翻译组译，第 9～19 章，沈阳，辽宁人民出版社，1975；Robert J. Alexander，*The Tragedy of Chile*，Connecticut and London，1978，Chapter 2，3，4。

② [美]E. 布拉德福德·伯恩斯：《简明拉丁美洲史》，王宁坤译，371～372 页，长沙，湖南教育出版社，1989。

不可收拾的局面。在社会方面，军队站在特权阶层一边反对社会平等化，反对对财富进行较为公正的社会分配，反对实行大众福利主义。总之，军队反对对社会进行较为合理的改造，它主张维持现有的社会秩序，维持既定的财产与经济关系，它反对变革，主张保守，从而对拉丁美洲现代化构成重大障碍。军队反对变革的手段就是暴力，拉丁美洲历史上充斥的军事政变和军人掌权，正是现代化过程受阻的一次次经历。

军队何以在拉丁美洲政治与社会生活中坐大？我们在前面已经分析了它的历史根源。拉丁美洲的历史教训是：它在社会变革的过程中匆匆忙忙抛弃了旧权威，却未能让一个合理的新权威及时出现。权威的真空状态把军队推上前台，因为军队手中掌握着一种对任何人来说都是强制性的权威，即有组织的暴力。亚里士多德曾经说：有政府的暴政比无政府的混乱要好，无政府状态是最可怕的社会状态。无数事实表明：当一切权威都丧失时，能够有军队来填补权力的真空，对社会来说就算是幸运了！拉丁美洲独立战争中明显就出现了这种军人主宰社会、政治的情况。但是，问题的严重性在于，一旦这种情况成为传统，暴力就变成权威合法性的唯一来源，军队的权威并不需要任何合乎理性的解释，强权就是公理。

这样一来政治操作就失去制度化原则了。既然暴力是权威的唯一依据，那么暴力随时都可以变更政权。军队的不同派系和不同的军事领袖间常常会争夺权力，控制了一批追随者的野心家也时常会发动政变。无论是追求进步的集团还是维护现状的集团都只有通过军队才能夺取政权，军队于是变成政治角斗场，军事政变则是改变政权(或仅仅是为了改变当权者)的最有力(也是最方便)的手段。国家政局于是始终处于不稳之中，社会秩序动荡，人心浮动，政治空气惶恐不安，这对国家来说是十分不利的，“发展”因此大受影响。拉丁美洲在独立一个半世纪后仍然是“发展中国家”，与这种不稳定的政治局面有极大关系。亨廷顿说：“军人干政既违反可能存在的任何竞赛规则，又破坏政治秩序的完整和合法性的基础。”①当一个国家的政权合法性及正常政治秩序历经一二百年都得不到确立时，这个国家的顺利发展当然就谈不上。

① [美]亨廷顿：《变动社会的政治秩序》，张岱云等译，265页，上海，上海译文出版社，1989。

许多国家都出现过“拉丁美洲现象”，甚至有些发达国家也曾有过这种经历。形成这种现象是因为旧权威突然丧失、新权威又未能培植起来，在这种情况下出现军人干政，其结果无一例外都给国家带来不同程度的损害。英国在1649年处死国王，此后就建立军人政权。这一事件的结果是在1658年克伦威尔死后，国家几乎陷入无政府状态，于是不得不把老国王的儿子请回来复辟王政，重建王朝的权威。[①] 1793年，法国也把国王处死了，并从此以后就不愿再恢复君主制度。这样做的代价是，此后近80年中法国一直在摸索建立什么样的政治体制，以及以何种方式树立政治权威？在此过程中，拿破仑发动的军事政变使整个欧洲都受到震动，它让欧洲打了十几年的仗，最后以法国的失败而告终。拿破仑失败后，人们依稀认识到：军人干政也许是在某种特定条件下一定要发生的事。1824年，拿破仑垮台还不满10年时，法国历史学家米涅就这样写道：“拿破仑在法国，同过去一个时期内克伦威尔在英国一样，建立了军事独裁统治，当一次革命被镇压下去以后，总要建立这样的政府的……”[②]稍后马克思则说：“既然兵营和露营是这样周期地重重压在法国社会头上，以便压制这个社会的意识并制服这个社会；既然马刀和毛瑟枪周期地受命进行审判和管理，进行监护和检查，执行警察和更夫职务；既然胡子和军服周期地被宣布为社会的最高智慧和指导者，那么兵营和露营、马刀和毛瑟枪、胡子和军服又怎么能不终于得出一个结论说：最好是宣布自己的制度是最高形式，并使资产阶级社会根本不必关心自治问题，从而一劳永逸地拯救社会！”[③]

马克思在这里说的，其实就是军队对民主的压制和对市民社会的全面控制。

英国和法国发生的事后来在欧洲其他一些国家也重演，比如在西班牙——前拉丁美洲殖民地的宗主国，军人干政就曾一度十分盛行。仔细观察一下就会发现，军人干政归根结底都是由权威的真空造成的，旧权威由于种种原因消失了（比如革命、独立战争等），新权威却建立不起

① Christopher Hill, *The Century of Revolution*, London, 1961, since chapter 7.

② ［法］米涅：《法国革命史》，381页，北京，商务印书馆，1977。

③ 马克思：《路易·波拿巴的雾月十八日》，见《马克思恩格斯选集》，2版，第1卷，619页，北京，人民出版社，1995。

来，政权的合法性依据也就始终无法解决，非制度化的政权更迭方式则成为传统。在西班牙，这种局面一直延续到20世纪70年代佛朗哥去世为止，这以后才确立起以君主立宪为形式的议会民主制权威，权力的合法性和制度化问题才得以解决。

第二次世界大战后，“拉丁美洲现象”在全世界更广泛的范围内发生，许多新独立国家抛弃了原先殖民宗主国的权威，但新权威在短期内根本无法培育。事实上，战后世界兴起了一股军人干政之风，不同文化背景与宗教背景的地区都出现过军人政府：其原因无不是由于在旧权威丧失后留下的真空中，唯军队可倚仗其暴力加以填充。苏联学者米尔斯基针对这种情况写道：“‘第三世界’军队干预国家的政治已经成为惯例，在亚洲、非洲、拉丁美洲许多国家里，政权落入军人手中已经不是例外，几乎成为一条法则，这不是偶然的巧合，而是有规律的事实。”①

从拉丁美洲的经历我们可以认识到：在旧权威瓦解前，新的权威就应该潜在地形成(这正是英属北美殖民地的情况)。权威的现代化是至关重要的，未能培植新权威的国家将为此付出沉重的代价。

在军人干政激烈的地方，军队同时扮演两个相反的角色，它一方面是现政权的维护者，一方面又不断推翻现政权；它一方面维护现存秩序，一方面又破坏现存秩序。由于缺乏制度化的权力交接手段，非制度化的政变本身反而被制度化。这种局面一旦形成就相当可悲，合乎理性的合法权威会非常难以产生，对国家的政治现代化就形成重大障碍。政治动荡会影响到经济发展和社会进步，拉丁美洲在独立150年后仍然“欠发达”，在很大程度上就归因于这种恶性循环。

但并不是所有新独立国家都会重蹈拉丁美洲前辙，正面的例子也不少。比如埃及经由军队政变而推翻君主制后，通过组建政党迅速建立新权威并使政权交接制度化，因而在相当程度上达到了国家发生突发性变故时仍能保持相当程度的政治稳定。再如印度从英国统治下获得独立后，以议会作为新确立的政治权威并使公职选举制度化，因此印度政局相对稳定。可见，“拉丁美洲现象”并非不可避免，关键在于国家和人民是否成熟。

① [苏联]米尔斯基：《“第三世界”：社会、政权和军队》，力夫、阜东译，2页，北京，商务印书馆，1980。

现代化过程中的失误现象

现代化是一个艰难的过程，其中充满了曲折与失误。世界上许多国家在现代化过程中出现过或正在出现各种失误，本文拟对这些失误作初步探讨，以借他国之教训，加深国人对现代化的理解，尽力避免别国曾经步入过的那些误区。

一、贫富悬殊问题

英国是第一个开始现代化的国家，也第一个在现代化过程中出现失误。英国最大的失误是它极端地执行了“自由放任”政策，导致严重的社会后果。

“自由放任”作为政府的一种经济政策(以及社会政策)，其本意是解除社会对生产的束缚，给生产以充分发展的自由空间。在资本主义确立以前，社会对生产一直实行严密的控制。在中世纪，行会控制着手工业生产，使其维持在极低的发展水平上；到专制主义(重商主义)时期，王权虽然在一定程度上扶持工商业，但那是有限度的，它只能把生产维持在不对王权构成威胁的范围内，而且以君主的喜厌为取舍。“在最广的意义上说，重商主义可以定义为一种制度，其中政府干预以促进民族的繁荣并增加国家的权力。”[①]在这种干预下，生产仍然受到很大束缚。

18世纪，资本主义在英国开始全力发展，一种新的、给经济发展以充分自由的理论逐渐产生，到亚当·斯密那里形成了完整的体系。亚当·斯密说：“在个人的经济活动方面，每一个人处在他当地的地位，显然能判断得比政治家或立法家好得多。”个人只服从“一只看不见的手”，政府和立法机关不应该去干涉他。[②] 这就是“自由放任”。亚当·斯密的理论后来被普遍接受，形成“自由放任”的社会思潮，一旦这种思潮占据了社会的主导地位，就把经济发展(以及社会调节)完全交给了那只“看不见的手”。人在“手”的指导下发挥出最大的创造性，而英国经济竟得以奇迹般地发展起来，创造出难以想象的生产力。于是，“自由放任”被奉为金科玉律，国家对经济事务越不干涉越好。“自由放任”在英国被执行过了头，造成了严重的社会后果。

“自由放任”的最大恶果是造成社会两极分化，而国家对此竟毫不过问。于是，在一个财富如泉水般涌现的国家，贫穷也四处蔓延，形成了鲜明的贫富对比。1792年托马斯·潘恩就已经写道：这些国家从表面看，似乎一切都是幸福的；但在一般眼光观察不到的地方，却有那么多苦难的大众，他们除了在贫穷或屈辱中死去外，别无其他出路。[③] 100年后，1891年，查尔斯·布思在他著名的社会调查中仍然说：“现在仍旧有触目的贫穷，有贫困、有饥饿、有酗酒、有凶残与犯罪；没有人怀疑这一点。”[④]按他的估计，当时伦敦仍有30.7％的人生活在贫穷中，这是触目惊心的。

社会财富分配严重失调。1803年帕特里克·科克洪估计：1203个贵族家庭(约占全国总户数的0.6％)平均每户收入为3778镑，而44.5万个工匠(他们在“下层等级”中是收入最高的)平均每户只收入55镑，相差68倍。1867年，R.D.巴克斯特估计：占全国家庭总数0.48％的

---

① Edward M. Burns, *Western Civilzations*, New York, 1973, p. 447.

② [英]亚当·斯密：《国民财富的性质和原因的研究》，下卷，郭大力、王亚南译，27、28页，北京，商务印书馆，1979。

③ Thomas Paine, *Rights of Man*, Penguin, 1979, p. 240.

④ W. H. B. Court, ed., *British Economic History 1870-1914*, Cambridge University Press, 1965, p. 289.

“上层阶级”收入占全国总量的26.3%，而占家庭总数74.4%的“体力劳动阶级”收入仅占39.1%，与上层阶级的差距反而拉大了。后来当上保守党首相的本杰明·狄斯雷利曾经说：英国是一个“两个民族”的国家——一个富裕的英国，一个贫穷的英国。

贫富悬殊造成严重的社会冲突，许多学者认为，18世纪末和19世纪是英国“阶级斗争”表现得最充分的时期，社会冲突特别激烈。的确，在这一个时期，一切都打上了“阶级”的印记，衣食住行是阶级的，文化教育是阶级的，娱乐体育是阶级的，生活方式是阶级的，思想与行为方式也是阶级的，阶级的属性渗透在社会的每一个方面。正是在这个时期，社会动荡极其剧烈，工人阶级以各种形式表达他们的不满，各种社会与政治运动起伏不断。卢德运动、宪章运动、议会改革运动、十小时工作制运动、反济贫法运动、合作社运动、工会运动等都发生在这一时期。反抗的形式从和平请愿、示威游行，到有组织地破坏机器、武装起义、密谋暴动等都有。无论其是有意识还是无意识，这些都表现着工人群众对现存秩序的不满。曾担任过全国宪章派协会执行委员会委员的贝策尔把这种不满的原因说得很明白：“政治对我来说……是一个面包和奶酪的问题。”①

财富的大量涌现和贫穷的恶性蔓延同时并存，如此尖锐的社会对立，出路在哪里？1820年罗伯特·欧文就提出了解决方案，他说：“政府与立法机构如果不能在全国的热情支持下及早地扫除障碍，而这些障碍若没有它们的干预就要永远地置工人阶级于贫困与抱怨之中”，那么任何问题是解决不了的。② 这就是与“自由放任”截然对立的“国家干预”；但欧文的设想经过100多年的反反复复才完全兑现，到20世纪，正是通过国家干预，英国才较好地解决了贫困问题，缓和了贫富不均的现象，使财富的增长能够为多数国民分享。

但英国的痛苦经历后来却在其他一些国家多多少少地重演。“自由放任”在现代化的后来者那里虽然不像在英国那样执行得彻底，但很多国家在给经济创造自由发展的空间时，却有意无意地执行一种放任自流的政策，在许多问题上听之任之。许多发展中国家声称遵循自由经济政

---

① David Vincent, ed., *Testaments of Radicalists*, London, 1977, p. 187.

② Robert Owen, *Report to the Country of Lanark*, Penguin, 1970, p. 201.

策，在执行中却非常接近“自由放任”，尤其在财富分配、卫生保健、公共设施、文化教育方面更容易如此。国家在贫富差距问题上放手不管甚至故意过分拉大距离，这是发展中国家常见的通病之一，而在这个问题上的失误，则往往会造成社会动荡，使现代化遭受严重挫折。

有许多数字可以说明发展中国家在分配问题上出现的严重不均，在这里仅以巴西为例：巴西①的经济从20世纪50年代开始高速发展，如果以1949年的工业生产为100，那么到1954年就达到150，1959年达到245.7，1961年达到301.9。有人曾经估计，巴西有可能成为世界上最大的经济国之一，其工业发展速度一时令人瞩目。巴西的城市人口增长率1940—1950年是40%，1950—1960年是70%，1960—1970年是65%；从事非农业生产的人口比例在这三个十年中分别增长62%、54%和59%；显然，巴西在第二次世界大战后迅速经历城市化和工业化。但在经济增长的同时，分配不公的现象却越来越严重，终致经济成长也受到了严重阻碍。1960年，全国总人口中收入最高的10%的富人，其收入占全国总收入的11.7%，1970年增加到17.8%；1960年全国总人口的50%其收入占全国总收入的17.7%，到1970年减少到13.7%；1960年，收入最高的1%的人平均收入是收入最低的50%的人的平均收入的32.7倍，到1970年增加到65倍；1960—1970年间，收入最高的1%的人平均收入从9500克鲁塞罗增加到20800克鲁塞罗，增长率是114%；而收入最低的50%的人平均收入只从290克鲁塞罗增加到320克鲁塞罗，增长率只有10%，扣除通货膨胀，实际收入反而减少了！在如此巨大的贫富反差中，巴西社会畸形发展：一方面，是完全现代化的都市中心、度假胜地；另一方面是破败不堪的城市贫民窟和完全不发达(甚至保持原始状态)的农村地区。对这样一种畸形的发展模式，人们是否应该思而再思呢？

二、旧势力长期延续

德国的现代化呈现出另一种失误。在德国的整个发展过程中，旧势

① 关于巴西的数字参见 L. S. Graham & R. H. Wilson eds., *The Political Economy of Brazil: Public Policies in an Era of Transition* Texas University Press, 1990, Chapter 2; R. Bromley & C. Gerry, eds., *Casual Work and Poverty in Third World*, New York, 1979, Chapter 4.

力起的作用太大。

德国在19世纪50年代开始大规模工业化，其经济发展之迅速，令整个欧洲震惊。它在短短的三四十年时间里走完了英国100多年的路。到20世纪初，它已经从农业国转变为工业国，各项主要的经济指标都赶上或超过了英国。德国的工业化是在国家的强制指导下完成的，并没有出现“自由放任”的许多弊病。

但德国的国家是容克的国家，容克在德国占主导地位。俾斯麦曾经说：“我是容克，自然要依靠它受益。”①容克在几百年中统治普鲁士，是德国东部最传统的农业势力的代表。但19世纪，德意志却在容克的领导下完成统一，并实行工业化，向现代国家迈进。德国的许多悲剧在很大程度上就是由这种局面造成的：一方面，最传统的势力占据了政治舞台；另一方面，它却在领导现代化。

一个传统的社会力量如何能长期把持国家的领导权？这是因为它以民族意志的执行者自居，推行民族扩张主义政策。1848年革命未能使德意志取得统一，于是统一大业就由俾斯麦的“铁与血”政策来完成。俾斯麦遵循的是一条“小德意志”路线，在当时没有把奥地利包含在内。这样做，除了种种权宜因素的考虑外，容克自身的力量是一个决定性因素。一个普鲁士外交官曾经对俾斯麦说：“当容克军官的来源枯竭时，我们的权力也就到极限了。”俾斯麦说：“我不能公开那样说，但这是我的方案的基础。”②也就是说，俾斯麦承认德国的扩张只能以容克军官的数量为限，超过这个限度，德国就无力继续扩张。

但容克既然以民族主义作为其政治权力合法性的依据，并且以扩张作为其体现形式，那么在统一之后，它如果不能继续扩张，它又如何能继续表现自己权力的合法性呢？这个矛盾在德意志帝国存在的几十年中始终无法解决，而且最终导致俾斯麦下台，导致威廉二世突破“小德意志”界限，推行“世界政策”，并一步步把德国引向世界大战。

容克在政治上的优势还造成工业的迅速现代化和农业的长期落后之间的对立。柏林《邮报》曾载文说：容克庄园“由于用旧的经济方式经营，收益甚少……无法充分供养它们那古老家族的众多成员。然而，这是一

① A. J. P. Taylor, *The Course of German History*, London, 1985, p. 102.

② A. J. P. Taylor, *The Course of German History*, London, 1985, p. 110.

些其姓氏经常在普鲁士军官名册中出现并用金字写在弗里德里希大王的阵亡将士名簿上的家族，保存这些家族是国家根本利益所在……”①为此，国家不惜以重金贷款扶持容克庄园，一直到魏玛时期，以扶持容克为目标的“东援”计划还时常引发政治危机，而且成为希特勒上台的直接诱因之一。

奥地利的近代发展虽然与德国不同，但同样是传统势力占据优势。哈布斯堡王朝从1848年革命中吸取教训，决心限制工业的发展，不让一个健全的资产阶级出现在奥地利政治舞台上。为此，国家的贷款故意拨给设备陈旧的小企业，使大工业在竞争中反而处于不利地位。铁路到1849年只有148公里；直到1850年，最重要的工业部门包括冶金、纺织乃至铁路机车都在烧木头而不是烧煤！奥地利的工业化受到王朝与贵族的蓄意阻碍，在100多年时间里，其工业产值的年增长率从来没有超过5%。到1900年，奥地利的农业劳动力仍然占全国劳动力的60%，在一切经济指标上都处于欧洲落后状态，与18世纪以前的强盛帝国相比形成鲜明对照。到第一次世界大战结束时，一个庞大的帝国竟土崩瓦解了。

奥地利的贵族与德国的容克，一个竭力阻止工业化，一个全力推进工业化，从表面上看似乎截然相反，但它们的出发点都是相同的，就是维护自己的统治。这两个国家在现代化过程中出现的种种问题，多数与旧势力长期主宰国家有关。由于传统势力在每一个正在发生社会转型的国家中都必然存在，因此如何对待传统势力，是20世纪发展中国家面临的重大课题，有可能成为现代化目标成败的关键，这里以印度为例。

印度独立后，国大党致力于现代化建设，制定了雄心勃勃的发展规划。国大党的目标是建立一个既非资本主义又非社会主义的繁荣的印度，改造印度社会，使之成为现代国家。为此，国大党推行了7个五年发展计划，大规模投放资金，发展工业，改造农业，企图对国民经济进行全面的现代化改造。在工业发展中，国大党主张以发展国有企业为主，同时鼓励私人企业；在农业发展中，国大党制定了“合作耕种”的政策，认为这样既可以保留印度传统的村社结构，又能把农业改造成具有较高生产力的现代生产部门。国大党的社会改造计划也很宏伟，它希望

① Koppel S. Pinson, *Modern Germany, Its History and Civilization* New York, 1959, p. 223.

打破不平等的种姓制度，建立一个法律上平等、社会地位和财富分配也基本合理的理想社会。因此应当说，国大党(至少其初期领导人)的愿望是诚挚的。

但经过近50年的努力，印度的现代化却没有达到目标。印度仍然是世界上最穷的国家之一，农业人口高达80%，其中又有80%直接从事农业劳动。印度工业发展仅局限于沿海少数地区，而在生产率高、工资也高的工业部门工作的人，只占印度人口的一小部分。尽管按人口平均的国民生产总值有所提高，但生产增长被人口爆炸抵消了。50%～60%的农村人口(不少于2.2亿人)生活在贫困线以下，而贫困线本身的标准就划得相当低，无法与其他国家相比。农业生产力低下，耕作技术十分落后，尽管在沿海城市一些大型企业中有相当先进的生产设备，科学研究和文化教育也达到了相当高的水平，但与农村落后的生产力和低下的生活水平相比，就形成巨大的反差，现代化的二元现象在印度表现得极其明显。

在社会改造方面，国大党也没有达到目标。种姓制度远没有消灭，相反，它仍然是印度许多地区的基本社会结构。"贱民"事实上还在受歧视，而财产与土地的分配，在很大程度上与传统的种姓有关。各种传统的社会陋习仍然在广大地区盛行，比如殉夫制、教派冲突等。独立40多年后，地区、民族与教派的冲突似乎重新激烈，一个团结、稳定的印度国家正在受到挑战。

检视国大党的政策，它在一个基本原则上发生失误。国大党执政后，继承了英国殖民政府的做法，在农村主要依靠传统的领袖人物，而这些人往往就是有大片地产、富裕而有地位的较高种姓的代表。为取得对地方的控制权，国大党竭力把原有的地方领袖人物拉进党，让他们管理地方事务，并依靠他们组织与赢取议会选举。结果，印度在独立后不仅未能打破传统的地方势力，反而加强了占支配地位的、拥有土地的种姓中最富有阶层的地位。既然如此，国大党任何真正打算改造社会的企图，就都要受到地方传统势力的抵制；而国大党要依靠他们才能巩固政权，所以不可能真正向他们开刀。因此，独立后的印度陷于恶性循环，尽管国大党不断提出改造社会的宏伟规划，但一直是说多于做，而这又引发了国大党内左右两翼的长期斗争。英迪拉·甘地执政时政策急剧左转，她宣布要建立一个“主权的、社会主义的、世俗的民主共和国”，取代1950年宪法中“主权的民主共和国”的提法。但社会改造的措施仍然无法贯彻，因为国大党在农村并没有真正的群众基础，其改革措施仍不得不依靠显然应该是改革对象的地方传统领袖来执行。事实上，印度社会这种严重的二元现象似乎任何人都无能为力，激烈反对甘地政府的反对党领导人纳拉扬说：“即使反对党得胜，情况将会改变吗？恐怕不会。法令将被通过和运用，钱将被花掉——即使做了所有这些事情，而且可能不发生贪污腐化，但是我们的社会结构、制度和‘秩序’会发生变化么？我想不会。”①

如果说印度的现代化只是受到严重阻滞，那么伊朗的现代化则是遭受重大挫折。20世纪60年代，巴列维国王领导伊朗开展一场大规模的现代化运动，目标是把伊朗从中世纪的落后状态中解脱出来，使它成为现代国家。在十年时间内，伊朗以石油工业为依托，发展出高度现代化的工业体系。1971—1973年间，伊朗经济增长率达到平均每年14.3%，1974年竟高达40%。这时，它已成为世界上第四产油大国，第九个最富裕的国家，正在全国开展大规模的建设事业。它装备了一支现代化的军队，还向其他发展中国家提供经济援助。在经济发展的同时，巴列维还发动一场“白色革命”，其内容包括：进行土地改革，实行男女平等，创造现代的司法制度，建立现代教育体系，引进西方文化、艺术等。按巴列维自己的说法：这一场“深刻的、根本性的革命”，将“一举结束一切社会对立和导致不公正、压迫和剥削的因素……并能尽快地使我们达到和赶上当代世界最先进社会前进步伐的目标”。② 显然，这是一场旨在使伊朗国家现代化的“革命”。

但“革命”是在一个专制国王的领导下进行的，这充分体现了伊朗现代化过程中的二元现象。当巴列维国王以身作则，把自己的125万英亩土地(占伊朗可耕土地面积的1/4)分配给农民时，农民们却要匍匐在地上，虔诚地亲吻他的脚。国王用专制的手段强行推进现代化，他的统治

---

① [美]弗兰克尔：《印度独立后政治经济发展史》，孙培均等译，660页，北京，中国社会科学出版社，1989。

② [伊朗]穆罕默德·礼萨·沙阿·巴列维：《白色革命》，郭伊译，见[法]热拉德·德·维利埃等：《巴列维传》，附录，377页，北京，商务印书馆，1986。

方法，让人分不清他到底是一个中世纪君主还是一个正在推行现代化的20世纪国家元首。巴列维自己说："在我们国家里，国王是三权——行政、立法和司法——之首"，[①] 这种说法和300年前路易十四的"朕即国家"如出一辙。巴列维时期蕴含着严重的二元危机：经济迅速发展而政治严重滞后，物质生活改变了但价值体系(除少数知识分子外)一如既往。于是，当发展过程中出现越来越多的矛盾时——如工业与农业的失衡、城市与乡村的失衡、现代生活的诱惑与现实贫穷的失衡等，人们的不满一股脑儿泼向专制政体。1978—1979年，另一场"革命"发生了，领导革命的是伊朗社会中最传统的力量——伊斯兰教的阿訇们。这场"革命"把所有的伊斯兰传统都恢复了，巴列维国王的现代化宏图被付之一炬。

三、腐败现象

腐败是古往今来最常见的一种丑恶现象，它与权力不可分，权力范围越大，越容易滋生腐败。不幸的是，现代化的确伴随着国家职能的扩大，而且越是在全球现代化过程中起步晚的国家，就越需要运用行政的力量去推动现代化，因此，腐败就越容易在这些国家蔓延。

英国是为数极少的原生型现代化国家，"自由放任"又把国家职能减为最少，但在它的发展过程中，仍有过腐败相当盛行的时期。1673年，海军部次长塞缪尔·佩皮斯就说："任何官职的薪金都不可能使人致富，使人致富的是他在那个位置上弄到钱的机会。"[②]18世纪，专制王权被克服了，新的政治秩序建立起来，议会成为国家权力的中心，但正是在这个时候，腐败现象至为严重。为取得议会多数，政府靠收买选民赢得大选，再靠收买议员操纵议会，早期的议会政治竟完全靠卖官鬻爵才能运转，清除腐败成了英国继续发展的首要任务之一，而且是导致选举制度改革的一个重要原因。在整个19世纪，议会改革一直是英国政坛的一个主旋律。

20世纪，多数发展中国家都存在腐败问题，有些还相当严重。印

---

① [伊朗]费雷敦·胡韦达：《伊朗国王倒台始末记》，周仲贤译，64页，广东，广东人民出版社，1981。

② N. H. Jacoby, P. Nehemkis & Richard Eells, *Bribery and Extortion in World Business*, NewYork, 1977, p. 151.

度国大党在20世纪30年代就开始滋生腐败。当时，印英当局放松了殖民统治，让国大党在地方政府中分享一部分权力，结果，腐败就随权力而来。印度独立后，腐败之风愈演愈烈，乃至不靠“加速费”（speed money）就事事行不通。独立后的国大党曾大力发展国有企业，但国有企业的管理人员却中饱私囊，以公肥私。他们与税务官员相勾结，把大量应该交给国家的税款变成“黑钱”，转入私人账户。私营企业也如法炮制，每个企业都有两本账，一本供官方检查，一本供自己使用。1972年政府调查委员会报告说：“逃税和黑钱已经成为经济的一大祸害”。[①]据统计，1947—1972年，逃税额增加了91倍，黑钱达到1000亿卢比，比当年国家发行的货币还多。有权的政府机关收受贿赂，海关、税局、营业执照管理、质量管理、卫生检查、交通管理等，都成了方便的收贿场所。铁路、交通、通信、邮电、财政、产业、工商、农业乃至司法、国防等部门也不断受到指责，说它们贪污腐败、受贿成风。政府反腐败委员会的报告指出：“腐败不仅仅存在于下级公务人员中……”[②]尼赫鲁时期就有两个主要的政府部长因腐败受到议会调查然后被撤职，英·甘地时期政府部长涉入丑闻的更多。印度总统拉达克里斯南公开承认：“腐败是一种罪恶，必须在各条战线、各个层次上向它进行斗争。”[③]

情况的确如此。在印度，政府主办的建设项目在签发合同时，承包单位要给官员一定比例的好处费；公共事业修建民用住房时，可以拿到7%～10%回扣，用来在有关人员中按比例分赃，上至主任工程师，下至普通工人，人人有份。而营造商因为付了这笔钱，就可以偷工减料，谋取暴利。拉贾斯坦邦1969年的救灾工作实际上动用民工5万人，每人每天支付工资1卢比；但在政府的正式记录上却是民工8.5万人，每人每天支付1.5卢比，因此，被贪污的款项比实际用于救灾的还要多。1970年，古吉拉特邦又发生同样情况，救灾费中35%～40%的钱中饱了官员私囊。在许多地区，警察定期向商贩店主收取“警务捐”。《印度斯坦时报》的报道说：在德里一个地区，每逢星期日就有一队警察手持

---

① [英]迪利普·希罗：《今日印度内幕》，裴匡丽、戴可景译，46页，天津，天津人民出版社，1980。

② Carl J. Friedrich, *The Pathology of Politics*, New York, 1972, p. 150.

③ Carl J. Friedrich, *The Pathology of Politics*, New York, 1972, pp. 148-149.

布袋和笔记本向小贩收款，一个油水较大的派出所官员每月可获 15000 卢比，油水不大的也有 5000 卢比，而这些人的平均工资每月只有 600 卢比。警察在接受贿赂后，可以对违法行为不闻不问，甚至花 5000～10000 卢比就可以了结一桩杀人案。法院对罚款的判决可以打折扣执行，而折扣中的一部分就要在法官直至簿记员的一干有关人员中瓜分。英·甘地的小儿子桑贾伊曾卷入一桩贪污丑闻中，人们指责他利用母亲的职权低价收购土地，非法接受投资，开办他私人的工厂。

腐败的社会风气使国大党的威信每况愈下，党在老百姓眼中越来越是个捞取好处的既得利益集团。今天，在印度独立近 50 年的时候回首细问，不能不说国大党建立的是一个畸形的社会；它的二元冲突现象严重，社会腐化，缺乏生气。国大党雄心勃勃的发展规划实际上很难实现，印度仍是一个人口众多而经济不发达的贫穷国家。

印度尼西亚是另一个人口众多的亚洲发展中国家，独立后也面临着严重的腐败问题。由于行政机关效率低下，走私行为严重，导致国库收入严重不足，这反过来又影响到国家工作人员的工资，而工资低又使行政机关的效率更加低下。严重的贪污行为在官僚机构中广泛蔓延，造成国库收入更加不足，这样一种恶性循环似乎没有止境。20 世纪 60 年代末，军队在印度尼西亚掌权，腐败之风也在军中盛行。军队出租军用品赚取利润，开办各种工厂、种植园乃至银行，军队经营的商贸公司、饭店、旅馆比比皆是，整个军队成了一个大商店，而高级将领收贿受贿、敲诈勒索的现象更是司空见惯。商人们(特别是华侨)往往要找一个军中将领做合股人，为此得到的好处不仅是受到保护，而且还容易取得政府单。在政府工作的军中将领向外资公司收取回扣。有一次，美国通用电话电器公司打算签订一份 3.3 亿美元的订货合同，但印度尼西亚邮电部长——一位将军却索取 4000 万美元的回扣，结果合同未能签成。1977 年，美国官方一个委员会曾经披露：印度尼西亚官方石油公司 Pertamina 及其总裁(另一位将军)，曾从五个国家的商业公司或个人处索取 100 万美元巨款，而以购买纽约一家印度尼西亚饭店股票的形式支付款项。公司总裁在一封信中写道：“由于开办本饭店对印度尼西亚的经济发展极为有利，因此我们希望一切与国家石油公司 Pertamina 有业务往来的商号协助我们的项目。”①

在许多发展中国家，腐败都是致命的毒瘤。菲律宾的马科斯以反腐败为口号推翻前总统，自己实行独裁。但后来他自己也成了最大的腐败分子，在一场“和平革命”中下了台。在墨西哥，政府高级官员任期都与总统一致为期 6 年，于是 6 年时间成了许多人大捞一把的期限。1974 年，美国两家橡胶公司要争取墨西哥政府同意抬高它们的商品价格，就向有关的墨西哥官员支付了 42 万美元的贿赂金；就在交款的那一天，提价要求获得批准。20 世纪 60 年代末，德国的一家军火商向哥伦比亚一些军官支付 20 万美元贿赂，从而击败一家比利时公司，得到一笔 2 万支步枪的订单；一家法国公司以 30 万美元的代价买通哥伦比亚空军官员，向该国出售了 18 架海市蜃楼—5 式战斗机。70 年代有一段时间，美国一家最大的烟草公司每月向多米尼加共和国总统支付 1000 美元，以换取在必要时得到帮助。大约在 1970 年左右，为得到一项有利的立法，这家公司在多米尼加立法委员们头上花了大约 12 万美元贿赂金。腐败在非洲国家也很盛行，许多非洲国家政局多变，政变频繁，政变的公开理由，往往是反对政府腐败。1966 年，黑非洲第一个独立国家的第一位总统恩克鲁玛在政变中下台，推翻他的理由之一，就是他的政府腐败——而恩克鲁玛在很长时间中是以非洲独立的象征出现在世界政治舞台上的！

意大利大概是发达国家中最无力解决腐败问题的国家了。意大利自古就有腐败的传统，早在古罗马时期，帝国的全面腐败就导致整个社会的瓦解。中世纪时，罗马教廷又是西欧腐败的中心，乃至对天主教的反抗首先以反对教会腐败的形式表现出来。在意大利现代化的过程中，腐败问题始终没有得到解决，这使意大利社会始终没有很大的活力，它的政治与经济发展在整个西欧都是比较缓慢的。现代意大利在西方社会是官僚机构最庞大同时又最没有效率的一个国家，政府除通常都有的部门之外，还有 6 万个大小机构，雇用大约 200 万人。为了冲破这重重叠叠的行政封锁，到政府部门办事总要备上红包(busta，意为信封)，里面装一叠面值一万里拉的纸币。罗马有一批特殊职业的掮客叫 spicciafaccondi，他们知道在哪个部门最容易走通关节，也知道向哪些官员行贿，

① N. H. Jacoby, P. Nehemkis & Richard Eells, *Bribery and Extortion in World Business*, New York, 1977, p. 22.

行贿量是多少。一支庞大、素质差同时又薪水很低的官僚队伍只有靠bustarella才能推动运转起来。意大利的黑手党猖獗不衰，与这支腐败的官僚队伍很有关系。意大利战后几十届政府，没有一届不爆发丑闻；1994年意大利大选中原有的政党体系终于全部崩溃，但新总理的弟弟在3个月后就因贿赂丑闻受法院传讯，而总理弟兄俩在商业上又一直是合伙的。今后的意大利将何去何从？

腐败对任何社会都会造成巨大损害，这是不言而喻的。但有些西方学者把腐败看成是现代化过程中一种不可避免的现象，并且从功能主义角度出发，认为腐败是使官僚机器运转，加速国家发展的助推器。① 在一个腐败成风的国家，这样说也许有一点道理；但腐败本身是统治者谋取私利的结果，它并不一定非要和现代化联系在一起不可。有些国家在现代化过程中并没有出现严重的腐败现象，原因主要是政府措施严厉，对腐败进行坚决的打击。香港行政机构在20世纪70年代之前是相当腐败的，但当廉政公署真的发挥作用之后，腐败现象竟能够在短时间内大为改观。新加坡在发展过程中有效地抑制着腐败的滋生；德国、瑞士、低地国家、斯堪的纳维亚国家在廉洁方面的成就也举世公认。因此，在笔者看来，腐败是由当权者的私欲造成的，政府的放纵或听之任之使国家在现代化过程中步入这一误区。

由于篇幅所限，本文只讨论了三种失误现象。其实，发展中的失误有许多表现形式，如政治的长期动荡、种族或部族冲突、犯罪现象严重、经济畸形发展、社会道德沦丧、黑社会势力强大、资源的破坏与浪费、政治与经济发展脱节，等等。所有这些，都会在现代化过程中时隐时现，一旦处理不当，就有可能酿成重大失误，对国家与社会造成严重伤害；而一旦失误形成，再来纠正就难了。现代化不是一条平坦的路；相反，现代化的道路上处处有陷阱，处处是荆棘。一个力图完成现代化的国家，只有充分认识到这一点，做好充分的思想准备，才会对现代化的艰难不感到意外。别国的发展已经提供了许多值得借鉴的东西，聪明的国民应该以前车之覆作后车之鉴，减少自己道路上的曲折才是。

---

① 可参阅M. McMullan，“A Theory of Corruption”，Sociological Review，Vol. 9，1961，p. 196。其中说：“考虑到西非各国政府不断要求快速的经济发展和总体的现代化，充满了腐败的冲突将继续下去而且几乎肯定还会增加……”

“革命”研究：革命的原因、性质和目的

——从《国家与社会革命》谈起

最近我因工作原因较多地接触了茜达·斯科克波尔的《国家与社会革命》(Theda Skocpol, *States and Social Revolutions, a comparative analysis of France, Russia, and China*)，此书是西方“革命学”研究中影响较大的一本，书中对法国、俄国、中国三国的革命进行比较，通过比较提出了关于“革命”的一般理论。这本书之所以影响大，就在于它把法、俄、中三个国家的革命视为同一类型进行比较，而且认为三国革命揭示着某种共同“规律”。现在学术界流行的看法认为：法国革命是典型的“资产阶级革命”，俄国革命是标准的“无产阶级革命”，中国革命则属于共产党领导下的第三世界民族解放运动一类。斯科克波尔不同意这些看法，认为它们没有看出三国革命(及三个国家)之间存在的巨大相似性。她认为：“法国、俄国和中国在其旧的政权、革命的过程和革命的结果中体现出重要的相似性，从而足可以把它们视为同一个类型加以讨论并找出一

种共同的解释。”①斯科克波尔在《国家与社会革命》中提出的观点可说是语出惊人，因此也就取得了出人意料的影响。书出之后，从1979—1999年，20年中几乎年年重印，有时一年印好几次。许多大学长期把它作为教材使用，使之成为“革命学”研究中一本重要的参考书。“革命学”在国际学术界是一个有意义的分支学科，但在中国却几乎还是一片空白。本文想以《国家与社会革命》作为主要的对象进行讨论，顺便向读者介绍一些有关“革命学”的情况。

一、革命的原因

斯科克波尔认为法、俄、中三国革命属于同一个类型的理由，是三国在革命前其社会经济形态相同：政治上，都是中央集权和官僚控制下的“皇权国家”(imperial states)，专制的君主是权力的中心，等级官僚制度控制着国家的政治生活命脉；经济上，商业化倾向已相当明显，但农业仍是主要的经济部门；无论在农业还是在非农业部门，资本主义生产方式都不是主导的形式，工商业阶级与土地阶级关系密切，而且都严重地依赖于国家。因此，“潜在的社会冲突不是存在于工商业阶级与土地贵族阶级之间，而是以生产阶级对居支配地位的阶级和国家之间的关系及土地支配阶级对专制皇权国家的关系为中心而展开的”②。所以，三国既然具有相同的社会经济形态，三国的革命也就会出自相同的原因。

如此，我们可以暂时停下来，首先考察一下关于革命原因的各种解说。

马克思主义经典著作指出：生产方式的更迭是政治变动的原因，新的生产方式在旧社会的框架中形成和发展，最终将取代旧的生产方式。代表新生产方式的阶级终归会因为经济利益的需要而争夺政权，这种争夺最终总要引起革命。1859年，马克思在《〈政治经济学批判〉序言》中说：“社会的物质生产力发展到一定阶段，便同它们一直在其中活动的现存生产关系或财产关系……发生矛盾。于是这些关系便由生产力的发

---

① Theda Skocpol, *States and Social Revolutions, a Comparative Analysis of France, Russia and China*, Cambridge University, 1999, p. 41.

② Theda Skocpol, *States and Social Revolutions, a Comparative Analysis of France, Russia and China*, Cambridge University, 1999, p. 48.

展形式变成生产力的桎梏。那时社会革命的时代就到来了。”[①]这句话奠定了后来几乎所有自称是马克思主义者的人对革命原因所作解释的基本框架，尽管各国和各时代的“马克思主义者”对这句话的理解是不同的。

现代化理论认为：革命是传统社会向现代社会转型的一种手段，如亨廷顿所说：“革命是现代化所特有的东西。它是一种使一个传统社会现代化的手段。”革命“最可能发生在曾经经历过某些社会和经济发展，而政治现代化和政治发展又已落后于社会经济变化的社会里”。亨廷顿还说：“一场全面的革命意味着对现存政治制度的迅速而猛烈的摧毁，意味着动员新的集团投入政治，并意味着新的政治制度的创立。”[②]这些话的意思是：传统社会向现代社会的转变是无可阻挡的，当现有的社会框架赶不上变化的迫切性时，革命就会发生。现代化理论从社会转型的角度来理解革命的原因，可以说，马克思主义的解释也是一种社会转型的解释。

小巴林顿·摩尔显然也把革命看成社会转型的一种手段，在他眼中，社会转型的根本问题是农业社会的嬗变问题，农民是革命冲突的根源。他认为向现代世界的转变有三种方式：英法美等国的“资产阶级革命”，这种方式产生“西方形式的民主制度”，把“资本主义和议会民主结合在一起”；德日等国的“保守的自上而下的革命”，它也是“资本主义的”，但“经过反动的政治形式而最终成为法西斯主义”；第三种方式是“共产主义革命”，其主要参加者是农民，因此是“导向共产主义的农民革命”。[③] 不同革命形式的起因是各国农民不同的历史和社会经济地位，农民问题是革命的根本问题。事实上，小巴林顿·摩尔认为一切重要国家的现代化转型都必须经由革命，尽管对中国人来说，把德、日的经历也看作“革命”，几乎是不可思议的事。

除现代化理论的解释框架外，也有学者用其他方法来解释革命的原因。查莫斯·约翰逊使用系统论—结构论的方法，在他的解说中，“价

① 马克思：《〈政治经济学批判〉序言》，见《马克思恩格斯选集》，第 2 卷，82～83 页，北京，人民出版社，1972。

② [美]塞缪尔·亨廷顿：《变化社会中的政治秩序》，王冠华等译，241、242、243 页，北京，生活·读书·新知三联书店，1989。

③ Barrington Moore Jr., *Social Origins of Dictatorship and Democracy: Lord and Peasant in the Making of the Modern World*, Beacon Press, Boston, 1967, pp. 413-414.

值取向”具有中心地位。他认为：正常的社会是一个“价值同位的系统”，其社会价值与社会环境相互适应，社会结构有能力自我调适，使其应付环境的变化。然而一旦价值取向与环境变化脱节、出现“非同步现象”，即社会结构跟不上环境变化，原有的价值取向失去权威时，新的价值就乘虚而入，一部分社会成员接受新取向，政治转变就必须发生。这时，如果统治者明智，采取主动行动实行改革，将价值与环境“重新同步”，则和平的变革能够出现；如果统治者抗拒变革，一再用强制手段压制变革的企图，则最终总会引发革命。“革命就是承认用暴力的手段达到改变系统的目的，更确切地说，是有意识地执行一种暴力的策略，以便完成社会结构的变化。”①约翰逊虽然没有直接提到“现代化”，但他的理论仍是一种社会转变的理论。

查尔斯·蒂利离开革命的背景来谈革命，因此在他的解释中，革命与时代无关，没有时代的经济与社会必然性。在他看来，任何时代，人们都会组织起来，追逐自身的利益，采取“集体行动”，而革命只是“集体行动”的一种。但革命在什么条件下发生？革命只在政权出现挑战者，而挑战者又能成功地树立起权威，取得一部分人民的支持，从而在国家中建立起“多重主权”的情况下才会出现。简言之，在蒂利眼中，革命是一种“政治冲突”，是不同利益集团争夺权力的一种方式，“革命形势的明确信号……是出现一个替代的政权”，这个政权有能力与现政府对抗，“由革命者的同盟控制着可观的力量”。②

蒂利的解释显然与前面几种解释不同，前面几种解释都把革命作为历史发展的特定阶段上的独特的历史现象来看待，其功能是推进从传统到现代的转型。③蒂利则着眼于“革命”这种“行动”在什么条件下发生，因此他至多只能说明革命形势在何时出现，而没有解释革命的时代与历

① Chalmers Johnson, *Revolutionary Change*, Little Brown, Boston, 1966, p. 57.

② Charles Tilly, *From Mobilization to Revolution*, Random House, New York, 1978, pp. 200, 211-212.

③ 例如亨廷顿说：“革命是现代化的一个方面。它不是在任何类型的社会中或在其历史上的任何阶段上都可以发生的。它不属于一个普通的范畴，而只是一种有限历史现象。它不可能发生在社会和经济发达水平很低的高度传统化的社会里。它也不可能发生在高度现代化的社会里。……它最可能发生在曾经经历过某些社会和经济发展，而政治现代化和政治进程又已落后于社会和经济变化进程的社会里。”[美]亨廷顿：《变化社会中的政治秩序》，王冠华等译，242页，北京，生活·读书·新知三联书店，1989。

史原因。蒂利的解释只停留在技术的层面上，没有触及革命的肌理。从这一点出发我们来观察斯科克波尔的论述，就能知道她的理解达到了什么高度。

斯科克波尔这样解释法、俄、中三国的革命：在这些皇权国家中，权力高度集中在帝王手里，居支配地位的土地阶级尽管据有土地，却必须依赖帝王生存，王权是维护社会安定，镇压下层反抗的唯一力量。但是当王权受到外部挑战而又无力成功地回应时，国家的权力受到动摇，政府面临危机，这时，皇权政府可能会寻求某种变革，以便更好地应付外来的挑战。但变革会触动居支配地位阶级的利益，因此受到他们的抗拒。这时，“在国内的阶级结构及国际的危机状态双重的压力下，专制政府及其集权的政府与军队就瓦解了，为下层暴乱引发社会革命的转变开辟了道路”。[①]由此可知，革命是在“政府与军队瓦解”之后发生的，下层暴乱引发“社会革命的转变”。

这里有两点不完全符合历史事实。斯科克波尔说革命前三国都出现王朝危机，危机是由外国进行“挑战”，王朝应战失败而引起的。为证明这一点，她举出法国革命前几乎一个世纪的英法对抗与战争，1905 年的日俄战争和 1914—1917 年的世界大战，以及 19 世纪中期起西方对中国的侵略战争为例。熟悉历史的人都知道，其中法国的例子是相当附会的，英法对抗对法国革命并没有造成直接的影响；在三个国家的例子中，对外战争也没有直接造成“政府与军队的瓦解”。更重要的是，这种“对外战争说”完全不考虑国内因素的重要作用，如王朝的腐败、制度的缺陷、统治者的顽固与无能、社会矛盾的加深与激化等。事实上，就引发革命而论，这些因素比对外战争更重要，对外战争经常只是触发剂。

其次，从事实的角度看，在任何一次革命中，是“政府与军队”先瓦解，再发生革命；还是先发生革命，再推翻“政府与军队”？恐怕是后者。但斯科克波尔却认为相反，因此不符合历史的事实；不过她这样做是有原因的，这一点以后再谈。然而可以看出她和蒂利一样，是在技术的层面上看问题的，她没有把革命放在特定的历史阶段上来理解。对外战争的失败是任何时代都有的事，而革命却不是任何时代都有。

---

① Theda Skocpol, *States and Social Revolutions*, *a Comparative Analysis of France*, *Russia and China*, Cambridge University, 1999, p. 47.

二、革命的性质

斯科克波尔把革命分为两种，一种是单纯的“政治革命”，它只涉及改变政治制度；另一种是“社会革命”，它使“某社会的国家和阶级结构发生急速、基本的转变，伴随着以阶级为基础的自下而上的反叛并部分地是由这种反叛来执行”。社会革命的标志是两个“同时发生”：“社会结构变化与阶级骚动同时发生，政治转变与社会转变同时发生。”①按照这个标准，17 世纪的英国革命不是“社会革命”，② 法、俄、中三国革命是“社会革命”，而“社会革命”比“政治革命”深刻的多。社会革命是如何形成的？斯科克波尔说：农民暴动把革命转变成“社会革命”，没有农民的造反，法国革命“永远只能是一次宪政革命”。③农民造反的意义在于它“摧毁了旧的农村阶级关系，破坏了对自由主义或对反革命力量的政治和军事支持。农民造反为政治上处于边缘地位的政治精英开辟了道路，这些人可以在城市民众运动的支持下，努力在中央集权和群众配合的国家组织机构的基础上巩固革命”。没有农民造反，“在一个以农村为主的国家中城市的激进主义最终是不能完成社会革命的转变的”。④ 然而农民造反本身并不是“社会革命”，农民只不过要求土地，其“目标并不真正和他们在过去时代的反叛和骚乱中有什么不同”。⑤农民只因为自己对革命的介入而“为政治上处于边缘地位的政治精英开辟了道路”，从而把“永远只能是宪政革命”的历史事件变成了“社会革命”。因此，农民造反是“社会革命”的条件。

---

① Theda Skocpol, *States and Social Revolutions, a Comparative Analysis of France, Russia and China*, Cambridge University, 1999, p. 4.

② 斯科克波尔说：“根据我的理解，英国革命(1640—1650 及 1688—1689 加在一起)是政治革命的一个极好的例子，其基本成就是：通过居支配地位的土地阶级中一部分人对企图做专制君主的王权的反叛，建立起了议会制度的政府。……另一个很好的例子是日本的明治维新，它是政治革命，但不是社会革命。” Theda Skocpol, *States and Social Revolutions, a Comparative Analysis of France, Russia and China*, Cambridge University, 1999, p. 294.

③ Theda Skocpol, *States and Social Revolutions, a Comparative Analysis of France, Russia and China*, Cambridge University, 1999, p. 118.

④ Theda Skocpol, *States and Social Revolutions, a Comparative Analysis of France, Russia and China*, Cambridge University, 1999, pp. 112, 113.

⑤ Theda Skocpol, *States and Social Revolutions, a Comparative Analysis of France, Russia and China*, Cambridge University, 1999, p. 114.

这些说法又不完全符合历史的事实。法、俄、中三国革命都是伟大的社会革命，这大概是谁都不会否定的。但在这三国革命中，唯中国革命中农民起了最重大的作用。中国共产党依靠“农村包围城市”取得革命成功，成为世界革命史上一种独特的模式。在法国革命的初期阶段，农民造反曾迫使制宪会议认可了农民的成果，这就是著名的“八月法令”；[①]但此后法国革命之所以成为伟大的社会革命，主要不是因为农民造反，相反，农民还时常站在革命的对立面上对革命造成巨大的威胁。[②] 在1917年俄国革命中，城市工人阶级发挥的作用更大，革命的许多“社会政策”是由城市工兵苏维埃制定的，其中包括著名的“土地法令”。[③] 内战爆发后，迫于严峻的内外形势，苏维埃政府实行“战时共产主义”，这一方面保住了苏维埃政权；一方面又引起许多地区农民的不满甚至反抗。1920年列宁实行“新经济政策”，主要目的就是重新争取农民。[④] 因此，说俄国革命之成为“社会革命”是因为有“农民造反”，这大概也不完全准确。

我们还可以看一看英国的情况。按斯科克波尔的说法：英国革命虽是“成功的革命，却不是社会革命”，“如果说法国革命明显地改变了阶级与社会结构，英国革命却没有，它只是革了英国政治结构的命”，原因在于：英国革命中没有“农民对地主的广泛造反”。[⑤] 没有“农民对地

① Albert Soboul, *A Short History of the French Revolution 1789-1799*, English edition, University of California Press, 1977, pp. 21-27, 59.

② 最典型的是旺代的农民暴动。1793年3—5月，旺代省及邻近地区农民在王党挑唆下掀起大规模的武装叛乱，对革命政府造成巨大威胁。旺代暴动促成了恐怖政策的实行及吉伦特派的倒台。(参见[法]马迪厄：《法国革命史》，杨人楩译，第二卷第二编第九章，北京，商务印书馆，1973)

③ 《联共(布)党史简明教程》说：“同夜，苏维埃第二次代表大会通过了土地法令，上面规定‘立刻废除地主土地私有制，不付任何赎金。’这个土地法令的基础就是根据二百四十二份地方农民委托书拟定的全国农民委托书。根据这个委托书，土地私有权永远废除，而代之以全民的、国家的土地所有制。地主、皇族和寺院的土地，一律无偿地交给全体劳动者使用。”《联共(布)党史简明教程》，232页，北京，人民出版社，1975。

④ “列宁认为：少许的商品流转自由能造成农民经营的兴趣，提高他们的劳动生产率，使农业迅速高涨；在这个基础上，国营工业将得到恢复，私人资本将被排挤；积蓄了人力物力以后，就可以建立强大的工业——社会主义的经济基础，然后转入坚决进攻，以消灭国内资本主义的残余。”(《联共(布)党史简明教程》，283页，北京，人民出版社，1975)

⑤ Theda Skocpol, *States and Social Revolutions, a Comparative Analysis of France, Russia and China*, Cambridge University, 1999, pp. 141-142.

主的广泛造反”是对的，英国革命中没有出现农民夺取土地或捣毁地主庄园的普遍行动，原因是英国革命爆发时，土地私有化程度已经很高，农村存在着大量占有小土地的自耕农，但正是这些自耕农成为革命的中坚力量，克伦威尔主要是依靠这些人打败国王的，因此在英国革命中，农民仍发挥了重要作用。英国革命的一个最大特点是：革命依靠自耕农取得胜利，革命结束后自耕农却被消灭了。① 英国革命中除了对政治制度作种种变革的尝试(但都没有保存下来)外，也在社会、经济方面造成许多变化，恰恰是这些变化(而不是“政治结构”的变化)，在革命结束后维持下来了。如果说法国革命取消了一切封建义务，因而是“社会革命”；那么英国革命也消灭了封建义务的残余，为什么就不是“社会革命”？法国革命在后来几百年中维护了一个强大的小农阶级，从而在法国历史上造成深远影响；但英国革命的后果之一却是消灭了一个小农阶级，因此也在英国历史上造成深远影响。说法国革命是绝对的“社会革命”，而英国革命则完全没有社会内容，这显然是不确切的。② 这里有一个很奇怪的现象：当代史学界多数人不认为英国革命是“资产阶级革命”，但斯科克波尔认为是；③ 当代史学界多数人认为法国革命是“资产阶级革命”，而斯科克波尔却认为不见得是。④ 是不是“阶级革命”往往与是不是“社会革命”有关系，英国革命是“资产阶级革命”却又不是“社

---

① J. R. Jones, *Country and Court, England 1658-1714*, Harvard University Press, 1979, p. 75.

② 关于英国革命的过程与成果，可参见 Christopher Hill, *The Century of Revolution 1603-1714*, Norton, New York/London, 1980, 主要见第二部分。

③ 斯科克波尔说：“就英国革命而言，(资产阶级革命)这个标签大概还算适用，但其含义只能是：这是一次由一个具有很强的资本主义利益的阶级所进行的政治革命。通常这个说法还带有其他含义，即它是经由阶级斗争所进行的革命并且它改变了阶级结构，但这些都不是17世纪英国革命所具有的特色。”(Theda Skocpol, *States and Social Revolutions, a Comparative Analysis of France, Russia and China*, Cambridge University, 1999, p. 324.)可以看出这个说法很奇怪。

④ 斯科克波尔说：“概而言之，法国革命若是‘资产阶级的’，那只是在这样一个特定的意义上，即它巩固并简化了革命前就存在的复杂多样的财产权，使之成为简单的个人主义性质的处于独占地位的现代私有财产；法国革命若是‘资产阶级的’，那也只是在这样一个特定的意义上，即它清除了各种市镇的及省属的障碍，而使全法国的竞争性的市场经济能够扩张。”(Theda Skocpol, *States and Social Revolutions, a Comparative Analysis of France, Russia and China*, Cambridge University, 1999, p. 179.)这一提法和关于英国的提法使用了两套标准，读者应对此有所注意。

会革命”，这是令人费解的。实际上，斯科克波尔完全以有没有农民造反作为是不是“社会革命”的标准，因此才可能得出以上的结论。

强调农民在革命中的作用不是斯科克波尔的首创，斯科克波尔自己说她的书从小巴林顿·摩尔处得到灵感。① 摩尔的《民主与专制的社会起源》是革命研究的名著，其目的即“旨在对土地上层阶级及农民在从农业社会……向工业社会转变过程中的种种政治作用”进行探讨。② 摩尔认为农民在革命中的作用决定了走向现代社会的三种不同方式：在英、法、美等成功地解决了“农民问题”——即通过种种手段(包括圈地)把农民投向市场——的国家，能出现导致西方民主社会的“资产阶级革命”，农民在这种革命中只起辅助作用。而在德、日和俄、中等未能解决农民问题——即有意或无意地把农民束缚在土地上，从而保存了大批贫苦无告的农民——的国家，要么形成上层土地阶级对政权的反动垄断，最终导致“法西斯革命”；要么形成大规模的农民造反，最终导致共产主义革命。③ 小巴林顿·摩尔就是为寻求理解“上层土地阶级和农民”在这三种革命中的“作用”而写这本书的，④ 他大概是第一个把农民问题作为革命的中心问题来考察的学者。但他并没有像斯科克波尔那样，把有没有农民造反作为是不是“社会革命”的判断标准。

我认为，“政治革命”和“社会革命”之间的界限相当模糊，一场革命为取得胜利，经常要努力争取各阶层尤其是中下阶层的支持，为此往往必须提出“社会政策”。没有“社会内容”的革命大约只能是失败的，1848年德国革命就是一例。

三、革命的目的

在斯科克波尔书中，正文的大约一半在讨论革命的“结果”(out-

---

① Theda Skocpol, *States and Social Revolutions, a Comparative Analysis of France, Russia and China*, Cambridge University, 1999, p. xv.

② Barrington Moore Jr., *Social Origins of Dictatorship and Democracy: Lord and Peasant in the Making of the Modern World*, Beacon Press, Boston, 1967, p. xi.

③ Barrington Moore Jr., *Social Origins of Dictatorship and Democracy: Lord and Peasant in the Making of the Modern World*, Beacon Press, Boston, 1967, p. 426.

④ Barrington Moore Jr., *Social Origins of Dictatorship and Democracy: Lord and Peasant in the Making of the Modern World*, Beacon Press, Boston, 1967, p. xii.

comes)，这里“结果”应理解为“目的”，即革命应完成什么任务？革命学研究最重要的话题之一是解释革命的任务，恰恰在这一点上，《国家与社会革命》的作者提出了惊人的观点。在介绍这些观点之前，可以先了解一下其他的有关看法。

马克思、恩格斯认为，革命的目的是：在旧的社会制度成为新的生产关系的严重桎梏时，代表先进生产力的先进阶级推翻旧的国家机器，建立自己的阶级统治。因此，当历史从封建社会向资本主义社会过渡时，资产阶级发动革命，旨在建立资本主义社会；当历史从资本主义向共产主义过渡时，“无产阶级用暴力推翻资产阶级而建立自己的统治”，最终建立共产主义社会。① 所以，在马克思恩格斯看来，革命的目的是用一种新的社会形态取代旧的社会形态，革命是否成功，也就看这一任务能否完成。

现代化学者认为：革命的目标是实行现代化。亨廷顿说：“革命是现代化所特有的东西，它是一种使一个传统社会现代化的手段。”他的命题是：“通过革命实现现代化”。②

蒂利声称：“革命的结果是一批掌权者取代另一批掌权者”，他认为掌权就是掌握政府的权力，因此“革命的结果就是政治国家的一部分成员取代另一部分成员”。③ 由此可见，蒂利对革命目标的理解又一次停留在技术的层面上，如同他对革命原因的理解一样。

就每一次具体的革命而言，研究者常常会就事论事，谈一些具体的目标。比如说对英国革命，有人说是为了实现清教理想，有人说是为了限制国王权利，有人说是为了突破封建制度的束缚为资本主义扫清道路，也有人说是为了维护议会的权利和自由的传统，因此具有宪政的目标。还有一种说法认为革命中不同的集团或“阶级”都在争取各自的利益，因此每个部分都有其特定的目标。

关于法国大革命目标的看法可能比较一致。1856 年托克维尔出版

① 马克思、恩格斯：《共产党宣言》，见《马克思恩格斯选集》，第 1 卷，250～263 页，北京，人民出版社，1972。

② [美]塞缪尔·亨廷顿：《变化社会中的政治秩序》，王冠华等译，241 页，北京，生活·读书·新知三联书店，1989。

③ Charles Tilly, *From Mobilization to Revolution*, Random House, New York, 1978, p. 193.

《旧制度与大革命》，其中提出的第一个问题就是："大革命的真正目的是什么?"托克维尔说："如果撇开不同国家发生的曾经暂时改变大革命面貌的所有偶然事件，而只考察大革命本身，人们就会清楚地看到，这场革命的效果就是摧毁若干世纪以来绝对统治欧洲大部分人民的、通常被称为封建制的那些政治制度，代之以更一致、更简单、以人人地位平等为基础的社会政治秩序。"[①]换言之，法国革命的目的是摧毁封建社会，建立一个自由、平等的资产阶级社会。130 年以后乔治·鲁德说："根除封建残余，为工商业扫除障碍，把土地从领主的抽税、摊派和司法权下解放出来，这些当然有助于促进和推动资产阶级社会的发展。[②]"大革命旨在消灭封建的法国，在这一点上学者们的意见大概是一致的。但许多人仍认为各种力量各有不同的目标，正因为如此，勒费弗尔才把大革命分解成"贵族的革命"、"资产阶级革命"、"民众的革命"和"农民革命"几个部分。[③]

其实，无论法国革命中有多少力量参与，其各自的目的是什么，有一个目标是共同的，即推翻以国王为首的专制制度。专制制度是一切罪恶的症结，不推翻专制制度，法国就无法发展。英国革命也包含这样一个共同目标，近代以来的多数革命都是以推翻专制为最直接目标的，从英国革命开始，一直延续到俄国革命。

但斯科克波尔却提出了与几乎一切现存观点不同的看法。她认为，革命的目的是"创建国家"(state-building)。为说明她的观点，她提出一个奇怪的论断，即革命发生在国家垮台之后：

> 革命前的法、俄、中三国都是巩固的皇权国家，有充分的能力去保护其自身及居支配地位阶级的独占权力以免受下层的反叛。但在革命发生之前，其国家(states)都已崩溃，法国在 1789 年、俄国在 1917 年、中国在 1911 年发生革命时就是这种情况。但导致出现这种结局的并不是有意识的活动——既不是以革命自诩的人、也不

① ［法］托克维尔：《旧制度与大革命》，冯棠译，59 页，北京，商务印书馆，1992。

② George Rude: *The French Revolution*, Grove Weidenfeld, New York, 1988, p. 168.

③ Ct. Georges Lefevre, *The Coming of the French Revolution*, English edition, Princeton University Press, 1979.

> 是旧制度内部有力的政治集团活动的结果；相反，导致政府与军队崩溃的革命的政治危机之出现，归根结底是因为皇权国家受到两方面的挤压而走投无路：一方面是外国强化的军事竞争和侵略；另一方面是由现存农业社会的阶级结构和政治制度造成的皇权在应战方面的无所作为。旧制度下的国家易于出现革命危机，因为它现存的结构使之无法应付国际上一个又一个的军事困境，而这些困境又是旧国家在现时代所必须面对的。[①]

国家在革命之前就因为外来的挑战而已经瓦解了，在此前提下革命才发生。因此，不是革命推翻旧国家，而是旧国家的崩溃引发革命。且不说这一论断不符合事实，1789 年的法国、1917 年的俄国和 1911 年的中国革命爆发时旧国家事实上都没有瓦解，是革命推翻了它们；仅就逻辑而言，若旧国家在革命之前就已经崩溃，为什么还要再发生革命？革命的目的是什么？《国家与社会革命》的作者恰恰要在这个问题上提出她最奇特的理论，她说：革命之发生，是为了再造一个"国家"，即缔造新的国家机构。那么多的人投入到革命中去，那么多的社会力量参与其中，其目的无非是再造国家(state)。与旧国家相比，这是个"加强了的国家——更集权，更官僚化，对国内外都更有自主的权利"。[②] 工人农民的造反在革命中起什么作用？会使国家(country)一片混乱，从而"破坏了反革命复辟和用自由的方法稳定局面的可能性"，于是收拾残局的任务就应运而生，革命由此开始。"革命的领导者们发现有可能动员民众支持建立新国家机构的进程，以抗拒国内的竞争者和国外的入侵者"。[③] 谁能够在这场竞争中取得胜利，又能够打败外国入侵者，谁就完成了革命，取得了政权，最终"创建"一个新"国家"。于是在法国革命中斐扬派、吉伦特派、雅各宾派和督政府全都失败了，只有拿破仑完成了"创建国家"的任务，从而结束了法国大革命。俄国革命和中国革命也经历

---

① Theda Skocpol, *States and Social Revolutions, a Comparative Analysis of France, Russia and China*, Cambridge University, 1999, p. 285.

② Theda Skocpol, *States and Social Revolutions, a Comparative Analysis of France, Russia and China*, Cambridge University, 1999, p. 285.

③ Theda Skocpol, *States and Social Revolutions, a Comparative Analysis of France, Russia and China*, Cambridge University, 1999, p. 285.

了同样的过程：布尔什维克成功地建立了新国家，因而取得了革命的胜利；中国共产党领导农民也完成了这一任务，创建了一个新国家。斯科克波尔因此说："在所有这三个革命中，革命领导与革命政权——法国的雅各宾和随后的拿破仑，俄国的布尔什维克，中国的共产党脱颖而出，重新恢复了国家的秩序，巩固了由自下而上的阶级动荡所造成的社会经济变化，提高了各国抵御国际竞争的能力与自理权。如果没有这些我们就不能说法、俄、中三国革命是'成功的'(即完整的)社会革命，他们至多也只是夭折的革命，如1848年的德国和1905年的俄国那样。"① 这样，在斯科克波尔那里，"革命"就是一个"创建国家"的过程，整个革命就是为了"创建国家"而进行的。

对这样一个理论我们说些什么呢？的确，几乎所有的革命，假如它走完全过程，因此是一个"完整的"革命，它就必须产生一个政权，这个政权能够把混乱的局面稳定下来，从而最终结束革命。但往往当这个政权产生、并最终结束革命时，革命起初的理想也就消失了，从这个意义上说，革命并没有成功。但如果因为所有"完整的"革命最终都会出现一个"国家"，于是就说革命的目的别无其他，仅仅以"创建国家"为归属，而且说革命的全过程(从头到尾)都是围绕这个目标的，革命的意义和概念大概就和人们一般所理解的不同了。革命是不是成了这样的意思：当"国家"受到外力的冲击而瓦解、工农民众乘机造反、致使国家一片混乱时，各种政治力量纷纷出笼，大战一场，最终以成功地建立了强权的"国家"机构的力量为终结收拾残局呢？

如果"革命"就是这个意思，也许就太可悲了一点。幸好在其他"革命学"的研究著作中，人们并不这样看待革命。

① Theda Skocpol, *States and Social Revolutions, a Comparative Analysis of France, Russia and China*, Cambridge University, 1999, pp. 163-164.

辛亥革命在世界历史上的定位

辛亥革命推翻了满清王朝，结束了中国历史上两千多年的皇权帝制，开辟了中国历史的新篇章，其在中国历史上的地位十分明确，对此，中国史学界似乎已有共识。[①]然而它在世界历史上定位如何？这个问题好像论者甚少，尚未引起足够的关注。本文即试图对此进行讨论。

一、革命在全球喷发

辛亥革命爆发前后，世界正经历着巨大的动荡，就在辛亥革命发生的时候，全世界正同时进行着几场革命，这些革命都具有重大的国际影响，引发世人的深切关注，按时间排列它们是：1905—1911年的伊朗革命；1908—1914年的青年土耳其党人革命；1910—1920年的墨西哥革

① 例如金冲及："它的结果，不仅推翻了清朝政府，扫除了中国争取民族独立和社会进步道路上这个巨大障碍；而且结束了统治中国几千年的君主专制制度，建立起中国历史上从来不曾有过的共和政体。这无疑是一个巨大进步。"(金冲及：《二十世纪中国史纲》，88页，北京，社会科学文献出版社，2009)；张海鹏："以孙中山为首的资产阶级革命派领导的辛亥革命，推翻了清王朝，推翻了中国两千多年的封建君主专制制度，建立了第一个资产阶级民主共和国。"(张海鹏主编：《中国近代通史》，第一卷，133页，南京，江苏人民出版社，2009)

命；1911—1912年的中国革命。从地理分布上看，革命狂飙横扫整个世界，席卷新旧大陆。

为什么世界诸多地区同时发生革命？回答这个问题，需要先回顾这些革命的基本情况：

伊朗革命：19世纪末，伊朗面临深刻的民族危机，国家被英、俄两大帝国主义列强划分为势力范围，而统治的恺加王朝腐败不堪，不断出让国家主权。外国入侵与王朝腐败交互作用，加剧了国内的矛盾和冲突。19世纪90年代，民众掀起反对向外国出卖烟草专卖权的斗争，这成为20世纪革命的先声。1905年，以一位民族主义分子被杀为导火线，伊朗爆发革命。但在外国势力直接干预之下，革命完全失败，此后十多年中国家一片混乱，直至礼萨·汗夺权才扭转局势。①

青年土耳其党人革命：奥斯曼帝国曾经是中东地区强大的国家，几百年中与欧洲对峙，表现出强大的活力。西欧发生现代化转型后，一方面由于外来的压力；一方面因为内部的腐化，奥斯曼帝国日趋衰落，到19世纪，已成为西方列强瓜分的对象。在这种情况下发生了20世纪初由青年土耳其党人领导的革命，政权也转入革命者手中。但青年土耳其党人把奥斯曼帝国拉进由帝国主义国家发动的第一次世界大战中；战败后，帝国解体，不仅其内部的被统治民族纷纷独立，连土耳其民族都差一点丧失自主权。在这种情况下爆发凯末尔领导的民族解放战争，土耳其由此获得新生。②

墨西哥革命：墨西哥是南美洲国家，1821年从西班牙统治下独立出来，此后与其他拉美国家一样长期陷于“考迪罗”(军事强人)统治之下。19世纪下半叶至20世纪初，迪亚斯实行了30多年的独裁统治，这段时间中墨西哥一方面在经济发展上成绩斐然；另一方面则社会冲突加剧、外国势力浸入并控制了主要的经济命脉，其中以美国为最。1910年墨西哥爆发革命，推翻了迪亚斯政权。经过多年的角逐，最后在1917年取得决定性成果。墨西哥革命是同时期四大革命中真正取得实

① 关于伊朗革命，可参见冀开运、蔺焕萍：《二十世纪伊朗史》，第二章，兰州，甘肃人民出版社，2002。1921年礼萨·汗夺权，1926年建立巴列维王朝，伊朗走上民族复兴之路。

② 关于土耳其的改革和革命，可参见黄维民：《中东国家通史·土耳其卷》，第二章第三节，北京，商务印书馆，2002。

质性成功的一个，在当时的世界上颇有示范意义。①

中国革命(辛亥革命)：从1840年起，中国面临着内外交困的局面，由于满清王朝日趋衰落，内部矛盾持续爆发，西方列强又乘虚而入，中华帝国步入绝境。从19世纪60年代起，中国多次发动救亡图强的努力，但一概失败了，其情景极似走上末路的奥斯曼帝国。在这种情况下，革命成为中国的唯一出路。革命爆发后，清王朝迅速瓦解，革命政府也顺利建立,但随后很快就出现形势逆转,革命的果实也瞬间旁落。事实证明,中国革命在辛亥时期只是刚刚开了头,此后的道路异常曲折。因此孙中山在临终之前不得不留下遗言:革命尚未成功,同志仍需努力！②

与这四次革命几乎同时，世界上还发生着其他一些重要事件：

首先是俄国革命，它在1905—1907年首次预演，在1917年进入高潮，到1920年，一种新型国家体制——共产党领导下的苏维埃政权已牢牢确立了。革命前的沙俄是一个帝国主义国家，从17世纪开始就急剧扩张，不仅建立起庞大的帝国，而且不断侵占周边领土，欺辱欧亚邻国。但俄国又是个落后的国家，在西欧列强眼中，它是个野蛮的东方帝国，其经济与社会发展完全赶不上欧美潮流。20世纪初的俄国具有一副双重面孔:对欧亚小国来说,它是凶恶的侵略者;在西方列强眼中,它是野蛮而落后的东方国家,随时可以遭受西方的打压;日俄战争的失败引发了1905年革命;第一次世界大战则直接导致1917年革命。③革命后的苏联在20世纪扮演了重要的角色,但俄国的强国之路至今仍未走完。

其次是印度大规模的民众抗争，反抗英国的殖民统治。印度自1857年发生反英民族大起义以来，民族主义情绪就不断增强，到19世纪80年代，已成立后来领导独立运动的民族主义政党国民大会党。国大党一直坚持非暴力和平主义路线，但在1905—1908年，反英人民运动此起彼伏，而且最接近暴力的边缘，像提拉克这些激进派领袖还公开

① 关于墨西哥革命，参见[美]托马斯·E.斯基德莫尔、彼得·H.史密斯：《现代拉丁美洲》，江时学译，第七章，北京，世界知识出版社，1996。

② 关于辛亥革命的中文参考文献极为丰富，此处不一一列举。

③ 关于20世纪初的俄国革命，可参见姚海、刘长江：《当代俄国》，第一、二章，贵阳，贵州人民出版社，2000。有一本书生动细致地描述了1917年发生的各种事，可以帮读者深刻了解十月革命，见王云龙、苍松：《1917年俄罗斯纪事》，北京，北京大学出版社，2009。

鼓吹发动革命，局势曾一度相当紧张。①

同时，在1906—1907年，埃及也发生反英斗争，到1918年发展成全民起义。埃及在1875年出售苏伊士运河股权后，便日益落入英国控制下，到20世纪已事实上成为英国的“保护国”。1906年由丁沙维小村庄英军枪杀村民事件引发了全民抗英运动；第一次世界大战后，在华夫脱党的领导下爆发人民起义，经过四年游击战争式的反抗，英国承认了埃及的独立。②

归纳以上情况可以看出：辛亥革命前后世界上发生的重大事件，都具有大致相同的历史背景，即当事国都深陷于内外交困、危机四伏的局面，外来侵略持续不断，本国政府又腐败至极，无力应对外来的冲击。在这种情况下，民众唯指望通过发动革命、推翻政府，抗拒外敌而拯救国家。由此我们意识到辛亥革命时提出的“满洲去，则中国强”③的说法就非常具有代表性，它表达着那个时代革命与反抗的基本出发点，体现了那些运动的性质与特点。④正是这些特点，不仅使辛亥革命有异于中国历史上一切造反与“叛乱”，也使辛亥革命具有了与它同时发生的其他国家的革命与反抗运动的共同时代特征。

二、西方的进攻与世界的反弹

如果只说到这一步，那就未免肤浅了，辛亥革命的世界历史定位还有更深的层次。让我们注意这个现象：辛亥革命前后发生剧烈动荡和反抗的地区，东起于东亚，西至南美，横越亚、欧、非三洲，直插美洲的中心部位，在有陆地覆盖的地区，恰好在地球上围成一个圈。但这不是一个普通的圈，它覆盖的是人类所有最古老文明的诞生地，也是它们生

---

① 可参见培伦主编：《印度通史》，哈尔滨，黑龙江人民出版社，1990。

② 关于埃及的这段历史，可参见雷钰、苏瑞林：《中东国家通史·埃及卷》，第六章，北京，商务印书馆，2003。

③ 《民报》刊文，转引自张岂之主编：《中国历史·晚清民国卷》，124页，北京，高等教育出版社，2004。

④ 比如1905年作为伊朗革命直接引火线的“避入阿卜杜勒·阿兹姆清真寺事件”的请愿者要求：“政府必须改变现行的政策，不再帮助俄国人而牺牲伊朗人的利益。政府必须保护我们的利益，尽管我们的产品或许不及外国的产品。现行的政策如果继续下去，将给我们的整个经济带来毁灭性的后果。”转引自哈全安：《中东史》，404页，天津，天津人民出版社，2010。

息、发展的所在地。换句话说，它覆盖的是中华文明、印度文明、伊斯兰文明、波斯文明、东正教文明、古埃及文明、印第安文明的核心区，而所有这些文明加起来，几乎就等于整个人类的文明！为什么在辛亥革命前后所有这些地区同时发生动荡，这是让人十分诧异的，其中一定有必然的因素；但更需要引起人们注意的是：当所有人类文明区都发生重大动荡的时候，唯独西欧北美置身于外，甚至可以说歌舞升平——而这些区域，就是人们所说的“西方文明”所在地。

如此的奇怪现象，说明了什么呢？我们需回顾西方国家的殖民史。

西方的扩张从15世纪“大航海”开始，当时，葡萄牙和西班牙率先走进海洋，在世界范围内建立它们的殖民帝国，并且瓜分世界。16、17世纪，荷、英、法三国也先后“下海”，开始其殖民扩张活动，在亚、非、美三大洲建立起大小不等的殖民地。但是除西班牙美洲①之外，所有殖民地都分布在沿海，不仅地域狭小，而且都位于原本无人居住或人烟稀少的地区，基本上未形成本土文明。这种格局，到18世纪中叶仍旧如此(见图1)。因此从15世纪开始，经过300多年的努力，西方殖民者仍只能在当时人类文明的边缘区徘徊，无法进入核心区，更无法向古老文明的中心地带渗透。当时的殖民国家，要么满足于向无人地区输送人口，企图开发为母国的依附地(如北美、澳洲)；要么抢占沿海战略要塞，使其成为远程航行的中途补给站、用以保护海上通道(包括澳门)。其中的原因，是那时的西方国家还没有足够的力量，能够向古老文明的核心区发动冲击。②换句话说，那时的西方国家没有能力将侵略的意图直接指向其他文明的中心区，因此只能在边缘地带进行殖民活动。由此

① 西班牙美洲帝国是迄至那时西方国家侵占的最广大的陆上殖民地，西班牙人消灭了三个印第安本土文明，灭绝了多数印第安人；但相比于世界上其他地区，当时的印第安社会基本上处于文明早期发育阶段，尚未完全走出原始状态，因此同样处于文明的边缘地带。可参见林被甸、董经胜：《拉丁美洲史》，第一章，北京，人民出版社，2010。

② 按照彭慕兰的说法：“欧洲的核心区和世界其他一些地方……的核心区之间经济命运的大分流在18世纪相当晚的时候才出现。在我们能够对其进行计量的范围内，大多数人的生活水平、在经济因素中占关键地位的劳动生产力、重要日用品市场及生产要素市场的广度及自由度等，看起来都大致相同。”[美]彭慕兰：《大分流》，史建云译，中文版序言，2页，南京，江苏人民出版社，2008。我对彭慕兰书中的某些说法并不完全赞成，例如他关于大分流之前东西方经济总量的比较并没有太大的意义。但他关于工业革命发生前西方与世界其他地方在整体实力方面并没有太大差异甚至还不如的看法，却基本符合历史的事实。

便可以知道，为什么在相当长的时间中，西方海洋国家(葡萄牙、荷兰甚至英国)其实只在中国周边绕圈子，它们还不敢、也没有能力正面冲击中国。①同样的情况也发生在西方对伊朗、奥斯曼等地的态度上，只是在时间上稍有差异。

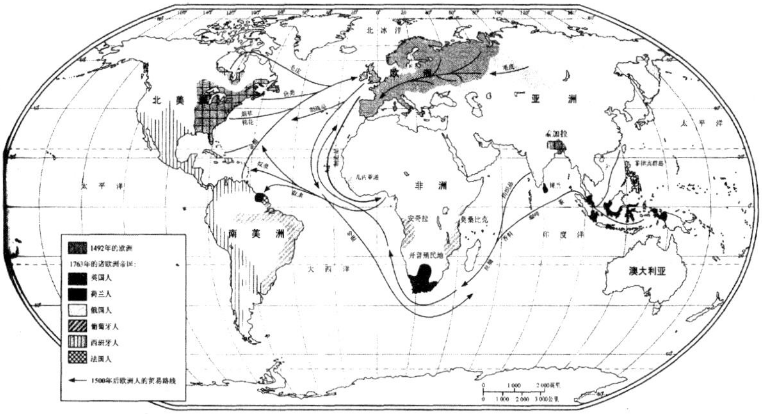

图 1　1763 年的西方殖民地②

工业革命发生后，英国具备了这种力量，但它执行“自由帝国主义”政策，满足于所谓的“无形帝国”。亚当·斯密公开反对殖民占领，他曾说：“殖民地不曾提供任何收入，来维持母国的内政，亦不曾提供任何兵力，来维持母国的国防”，“在现今的经营管理下，英国从统治殖民地，毫无所得，只有损失”。③遵照他的教导，以自由放任为己任的英国政府并不刻意追求殖民地，特别是不愿意对殖民地实行直接的统治，认为这只会加重英国的财政负担，而不增加英国的商业利润。因此，英国宁可追求所谓的“自由贸易”，即要求全世界为它打开贸易大门，让英国商品毫无障碍地进入各国，由此在全世界攫取财富。在这个过程中，一

①可参见郑永常：《来自海洋的挑战》，台北，稻乡出版社，2008。马嘎尔尼使团来访是一个转折点，这以后英国才渐次做好了冲击中国的准备，参见何芳川主编：《中外文化交流史》，第十七章，北京，国际文化出版公司，2008。

②来源：[美]斯塔夫里阿诺斯：《全球通史》下册，董书慧等译，454～455 页夹页，北京，北京大学出版社，2005。

③[英]亚当·斯密：《国民财富的性质和原因的研究》，下卷，郭大力、王亚南译，164、186 页，北京，商务印书馆，1997。

旦在任何地方遭遇阻遏，英国就以“炮舰政策”予以“惩罚”，强迫其打开门户、开放贸易——鸦片战争即是这种做法的典型表达。① 英国之所以这样做，是因为在那个时代，只有英国具备在全世界施加影响的能力，它认为不必实行“有形的”统治就能够控制世界。结果，一直到 19 世纪 70 年代，英国虽然称王称霸，在世界各地强占市场，但它不抢占殖民地，所以除印度之外，古老文明的核心区都没有进入殖民体系，仍可以维持表面上的辉煌。②（见图 2）

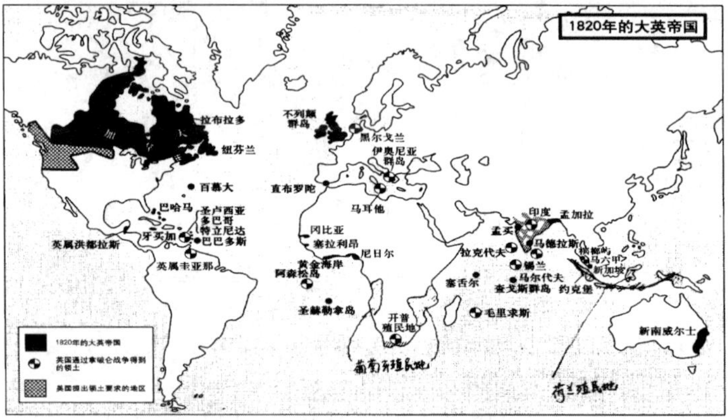

图 2 1820 年的英帝国 ③

但 19 世纪下半叶情况完全变了，随着工业革命在欧美各国快速进展，西方列强开始争夺殖民地，几十年时间中就把世界瓜分光了，不仅老牌殖民国家抢占更多殖民地，包括英国也放弃“无形帝国”而建立起遍布全球的“日不落帝国”；德、日、意、俄等新起帝国主义国家纷纷加入抢夺的行列，连比利时都可以抢到一块比它本土大 70 倍的刚果河流域殖民地。（见图 3）正如斯塔夫里阿诺斯所说：“1763 年时的欧洲仅在非

---

①关于这一时期英国的殖民政策，可参见钱乘旦、许洁明：《英国通史》，第十七章第二节，上海，上海社会科学院出版社，2002。

②19 世纪中叶，英国是主要的殖民国家，它所控制的殖民地主要在加拿大、澳大利亚、南非好望角、新西兰等地，印度是唯一的例外。印度之所以较早沦为殖民地，主要是其内部的分裂所致。其他西方国家除荷兰（主要占领印度尼西亚）和葡萄牙（主要占领莫桑比克、安哥拉）之外，在这个时候很少占有殖民地。

③来源：［美］马丁·吉尔伯特：《英国历史地图》，王玉菡译，83 页，北京，中国青年出版社，2009。

洲和亚洲保留下来一些沿海据点，还远远不是世界的主人。然而，到1914年时欧洲列强却已吞并了整个非洲，并建立起了对亚洲的有效控制；这种控制有的是直接的，如在印度和东南亚；有的是间接的，如在中国和奥斯曼帝国。”① 值得注意的是，所有“非西方”的古老文明所在地现在全都落入西方之手，并且面临着灭种亡国的危险。这样，到20世纪初，我们看到一个全然的“西方的优势”：整个世界都被几个西方大国划分了，帝国主义横行于世。

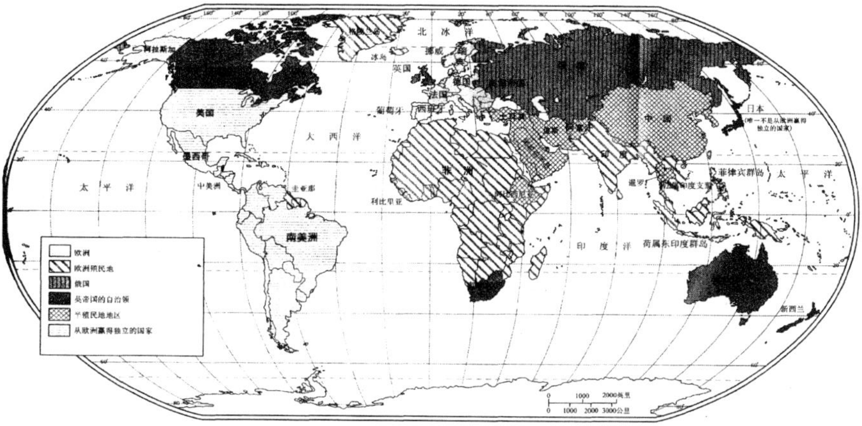

图3　至1914年时的西方扩张 ②

但恰恰在“西方的优势”最鼎盛的时候，全世界都开始反弹，而反弹最激烈的地方恰恰是各古老文明的最核心区。在中国，孙中山挺身而出、大声疾呼：“清廷之政治腐败已极，遂至中国之国势亦危险已极，瓜分之祸已岌岌不可终日，非革命无以救重亡，非革命无以图光复也。”③ 这些话说在1910年，不久后中国就爆发了辛亥革命。由于同样原因，伊朗发生革命、土耳其发生革命、墨西哥发生革命、印度持续推进反英独立运动、埃及爆发民族大起义——它们都面临着与中国同样的

①[美]斯塔夫里阿诺斯：《全球通史》下册，董书慧等译，476页，北京，北京大学出版社，2005。

②来源：[美]斯塔夫里阿诺斯：《全球通史》下册，董书慧等译，626～627页夹页。

③ 孙中山：《在旧金山丽婵戏院的演说》，1910年2月28日，转引自虞和平主编：《中国现代化历程》，第1卷，346页，南京，江苏人民出版社，2001。

命运，不革命已无路可走。就连俄国，虽属欧洲又跻身于“列强”，却也因为“落后”而处境危险，面对着其他列强无情的挑战，俄国也走进革命的行列。

辛亥革命就这样被定位在世界历史的进程中了：它是在西方列强向全世界所有文明核心区发动全面进攻并几乎要取得成功时，整个世界做出剧烈反弹的一个重要环节；它是一个古老民族求生存的最后呐喊，而当时全世界都在呐喊！

三、从冲突走向新的平等

然而仍然不尽如此。当殖民扩张只是在文明边缘区徘徊时，至少从理论上说，有史以来人类形成的几大文明体系仍然是平等的、不分高下的。但当殖民扩张向古老文明的核心区冲击，似乎要缔造西方世界的一统天下时，被消灭的就不仅是古老的国家和古老的人民，而且是古老的文明。于是，有悠久历史的古老文明就反弹了，而且是同时反弹。

值得注意的是：为了拯救自己的国家、人民以及文明，所有的反抗都走同一条路：学习西方，接受西方文明的现代征状——科学、理性、工业，为此就要推翻旧制度，建立现代民族国家。人们已经意识到民族国家是前提，没有它，一切都不会有。[①]于是我们看到，20 世纪初那些革命和反抗运动都指向这一目标，都试图推翻旧的国家制度，建立新国家；而一旦这个目标实现，新的目标就会接踵而来：要发展现代经济、建设现代社会，完成国家的全面繁荣富强，实行社会的全面发展。由此我们看到，与辛亥革命同时发动革命的国家以及那时和以后追求独立的国家，最终都走上现代化之路，追求国家的现代化。这是 20 世纪最显著的特征——全球现代化，尤其是第三世界现代化。这样，当我们重新回顾辛亥革命的政治口号“驱逐鞑虏，恢复中华，创立民国，平均地权”时，就看见了其中更深刻的含义，尤其当“驱逐鞑虏”被重新解释为反抗西方帝国主义之后就更为如此。这个特点，在辛亥革命同时发生的其他

① 罗荣渠说：“在第三世界落后国家出现的现代化运动，最初都必然表现为反边缘化的运动，因此一般说来，最初都通过现代民族独立运动或民族解放运动的政治形式表现出来，以求首先从政治上改变国家的屈辱地位。这在中国近代史上称为‘变法图强’。”罗荣渠：《现代化新论》，200 页，北京，商务印书馆，2006。

革命与反抗运动中都是一样的，那是时代的主旋律。所有这些革命与反抗运动都不是传统的造反，而是为追求现代化而迈出的第一步。第三世界现代化吹响了激动人心的进军号：它们要追赶西方，组建像西方一样的现代社会。

可是这样一来，历史制造出一个悖论：为抵御西方，非西方国家不得不学习西方、追赶西方的现代化，全世界都好像要被“西方化”。于是福山说：历史已走到尽头，西方就是那尽头。

然而100年过去了，世界却呈现出另一番景象：一方面，是日益深入的现代化；另一方面，却是日益强大的自信心，现代化将古老文明的光荣感重新焕发出来，编织了世界文化的多元化。以在20世纪初剧烈动荡的那些国家为例，在过去100年中，它们都走过了不同的路，经历了无数的曲折，但最终都在不同程度上实行了现代化，摆脱了西方的控制，并且在世界上重新发挥重要作用——从“新兴经济体”基本上都产生于这些国家的事实，就可以清楚看出这一点。现在的趋势很明显：随着现代化的不断深入，各国都在发掘自身的文明，努力将传统与现代相结合。经过几个世纪的“西方的优势”，人类正重新回归文明的板块，各自恢复了自身的活力。[①]现代化没有导向西方化，相反，它让各种文明再放光彩。亨廷顿早就看出这个趋势，他说这是“文明的冲突”；但我认为这是“文明的回归”，每一个文明正重新找回自身的价值。历史正显现它伟大的思辨力量：正当“西方的优势”几乎要湮没所有其他文明的时候，现代化——通过向西方学习——却使不同文明再次走向平等。

辛亥革命正是世界历史在这个过程中的一个转角点。

（本文写于2011年为纪念辛亥革命一百周年而作）

附言：我们在讨论中国的历史问题时，往往只从中国的角度来思考；但如果我们加进世界的角度，也许就能打开更多的视野。本文即是一次尝试。

---

① 所谓“文明的板块”，我指的是资本主义世界体系形成之前存在于世界上的不同“文化圈”，如东亚的儒家文化圈，南亚的印度教—佛教文化圈，中东的伊斯兰文化圈，欧洲的基督教文化圈，南美洲正在形成中的印第安准文化圈，以及更小区域中的亚文化圈，如东欧的东正教亚文化圈和西欧的天主教—新教亚文化圈等。在21世纪，我们看到这些传统的文明板块确实正在向自己回归。参见钱乘旦：《前资本主义世界发展：东方普遍性与西方特殊性》，载《世界历史》，1991(2)。

历·史·学·家·文·库

钱乘旦卷

下编

理论与方法探讨

现代化研究与中国的世界史学科

一、世界史学科的历史回顾

在中国的史学传统中，没有“世界史”(即“外国史”)这个概念。中国古代的宇宙观是以中国为中心的“天下观”，“天下”只有一个，“外国”的观念难以存在。虽然中国古代史书中也有关于“蛮夷”甚至“外国”的记载，但它们多是记录地域物产、世风民俗的，其中还有许多是道听途说，并不是确定意义上的“外国历史”。“蛮夷传”或“外国传”基本上是破碎的、片段的，并非对“外国”历史做认真的整理。①

“外国史”的意识是在19世纪以后才逐渐形成的，随着时局的变化，中国人慢慢地意识到在他们周围的是一个“世界”，而这个世界正变得对

① 例如《史记》有“大宛列传”，《汉书》有“西南夷两粤朝鲜传”、“西域传”，《新唐书》有关于“突厥”、“回鹘”、“北狄”、“东夷”等的专篇；《宋史》和《明史》已经有“外国”，涉及今天的朝鲜、日本、越南、柬埔寨、印度、阿拉伯、菲律宾、印尼等，《明史》中甚至还出现了“佛郎机”、“和兰”、“意大里亚”等，但它们确实并非关于这些地区的历史的记载。中国古书中所说的“域外”部分，有许多是今天中国少数民族居住的地区，真正的现代“外国”并不多。清代锁国之后，情况比明代都不如，而当时正是西方列强已打通海上航路、把世界连为一体之时；清代锁国使中国对“世界”的了解几乎降为零。

他们越来越不利，因此了解这个世界就成了当时有识之士的迫切愿望。鸦片战争尚未爆发时，林则徐就深感中国对世界了解之少，在可能出现的冲突中会处于被动地位。1839年，他组织幕僚编成《四洲志》，第一次比较系统地介绍了外国的地理历史知识，其中欧美大国都占了比较大的篇幅。[①]《四洲志》和稍后问世的魏源《海国图志》、徐继畬《瀛寰志略》等书就是最早对“外国历史”有明确意识的作品，虽然还不能算学术著作。但意识到“外国历史”的存在并且中国人需要去了解和认识它，这就是走向一个新学科的第一步。在这第一步上，我们看到了“外国史”(即我们今天所说的“世界史”)在它萌动的最初时刻就带有强烈的时代使命感，是当时“时局大变动”的产物——它在尚未诞生时就养育了“经世致用”的传统。但正因为如此，它在出世时就把自己和“中国史”作了区分：它为自己制定的任务是了解和探索中国以外的世界，因此“世界史”就是中国以外的历史。时至今日，人们仍然对“世界史”在中国不包括中国自己的历史感到大惑不解：“世界”何以能不包括中国呢？但如果我们知道了中国传统“历史”本来就不懂得“世界”、而“世界史”从一开始就是在迫不得已之下专为理解“中国之外”而出现的，那就不会对这个奇怪的现象感到惊讶了。[②]

鸦片战争以后，中国的民族危机日益加重，图存救亡成了许多有责任感的知识分子的毕生诉求。很多人意识到中国的传统社会机制已不足以应付西方的侵略，因此急切于在西方的文化与社会中寻找救国图存的方略。在这种背景下，大批西方书籍被翻译成中文，其中包括一些西方历史书，如通史方面的《万国通史》《泰西新史揽要》等。在国别史方面，人们特别关注英、法、美三国，其原因并非仅仅是这三国在当时尤为强盛，更重要的恐怕是当时许多人企图从英、法、美的历史中找到中国前

① 例如英、法等国都有好几千字。可见林则徐译撰：《四洲志》，辑于王锡祺：《小方壶斋舆地丛钞》，第十二秩。

② 西方史学传统中并不出现这种情况，因为在西方历史发展过程中，一国独大君临“天下”的局面几乎没有，自希腊以始，诸强鼎立的情况就始终不断。所以西方宇宙观念中从来就是一个多国多民族的“世界”格局，西方史学传统也就一直承认“世界”的存在，并把这个“世界”写成“世界的历史”。希罗多德、波利比阿是这样做的，兰克和阿克顿也是这样，当然他们的“世界”都有“中心”，这就是他们自己的国家。因此我们可以这么说：在中国史学传统中只有“中心”而没有“世界”；在西方史学传统中看起来是有“世界”而无“中心”，但“世界”的中心其实是他们自己。

进的方向，因此是直接关照着中国的时局，正如《英民史记》序言所说："欲得其国治乱之迹、盛衰之由，求之于条文，不若求之于历史。"①英国的改革，法国的革命，美国的独立与经济发展吸引着许多中国人，恰恰配合着当时中国三股主要的社会思潮。日本的历史也引起人们注意，这是因为日本在非西方国家中第一个成功摆脱西方的凌辱，似乎为中国提供了榜样。翻译给中国人带来了最早的、成系统的外国史知识，但知识的载体却是西方的史学著述，所以"外国史"从一开始就是从外国舶来的。

19世纪末，中国开始向国外派遣留学生，其中有一些人学习西方历史，接受了西方教育，他们带回了早期的世界历史成系统的知识，并且把西方的史学理论与方法带回了中国。他们回国后，在中国刚组建的西式学堂里教授外国史，成了中国第一代外国史学家。但中国的历史学似乎并不接纳他们，学术界好像有一个不言自明的定见：外国史是知识，中国史是学问，知识需要传播，但学问必须做在中国历史上——外国史是做不出学问来的。这样，中国第一代外国史学家遭遇着尴尬：他们在国外学习外国史，回国后讲授外国史，但研究方向必须是中国史，否则就不被承认——不可升等晋级等。这么一来，"世界史"不包括中国在内的定式就变得更加稳固了，因为世界史只是知识，它不能与中国史等量齐观。齐世荣在一次国际学术会议上说过这样的掌故："在职业历史学家中，最早讲授外国史并且年纪最长的是王桐龄先生(1878年生)，柳诒徵先生(1880年生)。从1911年到20年代初，柳先生在南京高等师范学校和国立东南大学讲授过西洋史、亚洲史、东亚各国史、日本史等课程。王先生毕业于日本东京帝国大学，曾任北京师范大学历史系教授，早在1922年就由商务印书馆出版了一本《东洋史》。他们二位都是著名的中国史专家，后来人们都不大清楚他们早期还教过外国历史。"②这种状况直到1949年都没有太大改变，许多著名的外国史专家同时也是中国史专家，像周谷城、雷海宗、齐思和、周一良等都是这样。尴尬

① [英]葛耺：《英民史记》，[英]马林译，(清)李玉书述，1页，上海，美华书馆，1907。

② 齐世荣在"世界各国的世界通史教育国际学术研讨会"(2005，北京)上的主题发言：《20世纪中国世界历史教学概况》，未出版。

造就了一批真正学贯东西的大学问家，而只有在那个时代背景下，才造就出这样一批人才。

中国历史学不接纳外国史并不意味着它否认外国历史的重要性，相反，当时史学界高度重视外国历史的重要，把它视为国民教育的基本内容。进入 20 世纪以后，外国历史在几乎所有像样的高等学校开课；①中学生也要学习外国史，而且有高质量的中学教材出版。②因此至 1949 年，学校不开设外国史课程已经是不可想象了。尽管如此，中国史学传统中缺失“世界”的现象仍然造成明显的后果，即它在学术领域里没有给“外国历史”划拨空间。中国历史学无意中把外国历史归为“历史之外”，从而使外国历史在 1949 年之前的中国没有学科归属：它不属于“中国历史学”，但又不是专门的学科。这种情况，在今日的台湾地区仍然在多多少少地延续着。

中国的“世界史”学科是在 1949 年以后建立的。中华人民共和国成立后由于政治上的需要而推行“全盘苏化”，学术界也因此全盘引进“苏联体系”。历史学中的“苏联体系”是一个大宏观系统，它强调世界各地无一例外都遵循某种共同的规律，历史的动力是阶级斗争。遵照这个体系，苏联的历史教科书把阶级斗争作为基本内容、甚至是唯一的内容。这样，历史写成了单纯的阶级斗争史，历史书中只剩下阶级斗争。③尽管有这些缺陷，苏联体系仍是一个完整的体系，它在世界历史学科中有它的国际地位，人们对此并无异议。④苏联体系引进后，对中国历史学产生了巨大的影响，在几十年时间中引导着中国史学的方向。这种引导

① 例如，据统计：第二次世界大战胜利之前高等学校开设过 19 门美国史课程。见张友伦：《美国史研究百年回顾》，载《历史研究》，1997(3)。

② 如何炳松《外国史》、杨人楩《高中外国史》等。

③ 苏联科学院主编的《世界通史》是这个体系的集大全，书中说：“阶级斗争贯穿于对抗性社会的全部生活中，时而表现为公开的阶级冲突形式，时而表现为隐蔽的形式……”一切历史现象都是阶级斗争的表现，科学、艺术以及“整个文化的进步过程”都是在“阶级斗争的千丝万缕关系中完成的”。见苏联科学院编：《世界通史》，第一卷，“总编辑部的话”，13、18 页，北京，生活·读书·新知三联书店，1959。

④ 人类历史中始终存在阶级斗争，这是事实；但阶级斗争不是历史的唯一内容，这也是事实。20 世纪的历史学家对此已经有较全面的理解，可参见埃里克·霍布斯鲍姆《史学家：历史神话的终结者》(上海人民出版社，2002)中有关篇章，如“从社会史到社会的历史”、“历史学家从马克思那里学到了什么?”等。

作用不仅是对“世界史”而言，对“中国史”也是这样。[①]然而对“世界史”来说它具有非常特殊的意义：它使“世界史”变成了一个独立的“学科”。原因其实很简单：在苏联，“世界史”不仅是学科，而且是“学问”，有它独立的学术地位；既然如此，中国也应该有一个“世界史”学科，所以建设“世界史”很快成了新中国史学界的急切任务。[②]于是在20世纪50年代，中国派出一批学生去苏联学世界史，回国后他们就成了建设“学科”的骨干力量。苏联也派专家到中国来开办讲习班，当时东北师范大学就是培训中心。老一辈历史学者也在这时形成了明确的分工，周一良、齐思和等就是在这个时候成为新建学科的最初挂帅者的。苏联体系在此后数十年中对我国世界史学科的发展做出了重要贡献，在组建专业队伍、促进学术研究方面都发挥了巨大作用。于是，从清末翻译、介绍世界史知识开始，历经四代人，一个独立的“世界史”学科终于出现了。然而，中国的“世界史”有一点不同于苏联，这就是它不把中国包括在内；苏联的世界史不仅包括苏联，而且以苏联为中心！[③]

说到这里，我们可以看出中国的世界史学科有两个明显的特点：第一，它很年轻，从孕育算起，到现在也只经历了五六代人。相比之下，“中国史”学术传统迄今已有两千多年，少说也经历了七八十代人。相对于中国的中国史来说，世界史年纪轻、时间短、传承少、不成熟。中国的中国史是一个高度成熟的学科，世界史却不是这样，所以中国史与世界史是不同步发展的，对彼此的要求应该不一样。

第二，中国的世界史学科不是从中国历史学传统中发展出来的，它不是中国史学传统中派生的一个分支。世界史学科萌发于中国受西方冲击的时代，形成于“全盘苏化”的时期，它的知识体系与运作框架来自外国，因此，世界史学科更多受到外来史学的影响，而不是本土史学的影

---

① 下面这段话说明了这种情况：“1949年后相当长的一段时间内，中国史学研究，特别是史学理论研究的重要内容主要表现在以下两个方面：其一是深入批判和清除资产阶级史学理论及封建主义传统史学的影响；其二是译介、宣传和学习苏联的史学理论及研究实践。从以上两个方面来看，后者似乎影响更深。”见于沛：《外国史学理论的引入和回响》，载《历史研究》，1996(3)。

② 另一个因素是新中国面临着崭新的国际形势，需要对世界有更多的了解。但单独这个因素并不能导致世界史学科的建立，因为它可以继续以“知识”的形态存在，如在台湾那样。

③ 在这一点上，俄罗斯历史学受西方史学传统的影响很深，可参见苏联科学院编的《世界通史》。

响。另外，世界史学科从一开始就与现实有更紧密的联系，更体现着时代的愿望。因此，“世界史”和“中国史”确实有很大的差别，其最大的差别是“根”的不同，由此而造成它在史学观念、史学方法、判别标准、选题角度、关心的问题、思考的路径等方面都有它自身的特点。

世界史学科形成后的最初20多年既有发展又有挫折，陈崇武在谈到中国的法国史研究状况时曾这样说：“与世界史整体研究状况一样，(它)起步晚，底子薄，遗产少，基础差，可以说是先天不足，后天失调。它的发展大体经历了这样的过程：新中国成立前因袭欧美，新中国成立后照搬苏联，十年‘文革’荒芜，只是到了70年代后期才有起色，到80年代以后所取得的成绩蔚为壮观。”①若将这样的评价用于整个世界史学科，大体上也是适用的，虽说他的用词黯淡了一点。“因袭欧美”和“照搬苏联”的时代仍然有其功绩，它们标志着世界史学科的萌发与形成。“文化大革命”前的十多年成绩不算小，虽说从成果数量上来看并不惊人。不过越到后来，“苏联体系”自身的缺陷表现得越明显：它的容纳框架太狭小，把历史学家的视野压缩在一个极小的范围内，所以，尽管苏联体系在中国的世界史学科形成的过程中功不可没，但体系本身又限制了它的发展。②一般而论，世界史研究的视野不宽，选题太少，以英国史为例：“文化大革命”前17年的研究课题基本上局限在“两次革命三个运动”(即“资产阶级革命”、“工业革命”；“圈地运动”、“宪章运动”、“工会运动”)上，其他内容几乎没有。③另外，“苏联体系”形成于20世纪30年代，带有很强的政治斗争需要，它的僵化特点扼杀了学术的探寻精神，所以在“十七年”中，世界史研究未能做出本来可以做出的更大的成就；到“文化大革命”，学术更遭到无情的摧残，世界史与历史学其他学科一样，被沦落为“政治的侍婢”。④

① 陈崇武：《中国的法国史研究》，载《历史研究》，1998(3)。

② 这是世界史学界多数人的看法，比如王晓德、雷泳仁在谈到拉丁美洲史研究时说：新中国成立后，拉美史研究从无到有、进展很大，取得不小成绩，但苏联体系后来形成很大的限制，它“将人类历史的发展过程过分简单化，学者的视野完全被局限在该体系所提供的固定框架内，很难在研究思路和方法上有所创新和突破”。王晓德、雷泳仁：《中国拉丁美洲史研究回顾》，载《历史研究》，2000(5)。

③ 钱乘旦：《中国的英国史研究》，载《历史研究》，1997(5)。

④ 戴逸：《世纪之交中国历史学的回顾与展望》，载《历史研究》，1998(6)。

“文化大革命”结束后，中国学术界迎来了春天，学术环境逐渐改善。但环境改善并不意味着学科的自动繁荣，就世界史而言，回到“文化大革命”以前不是出路，“苏联体系”的负面影响已经很明显了，只有发展才有进步。但在哪个方向上寻求发展呢？就是在这个背景下，现代化研究介入了历史学科。

二、现代化研究与世界史对接

林被甸、董正华两位教授说，中国的现代化研究源远流长：“从较广泛的意义上，完全可以把百年以来关于中国与世界现代发展变化的各种研究，统称为‘现代化研究’。”他们认为中国历史学“以现代化为主题的真正开端，是在五四新文化运动以后”；柳克述的《新土耳其》(1926年出版)是第一本这样的书。①确实，“现代化”的议题在中国绝非新东西，20世纪20年代，“现代化”这个词就在中国被人们提出，而“西化”的提出，则是更早。②林、董二位认为：现代化的论述从来没有中断，只不过范式转换，相继出现过“进化—革命—现代化”这样几个不同的关注点。他们强调：研究中国革命也是研究中国现代化，因为革命是中国现代化的执行方式：“我们不能把对革命史的研究与现代化研究对立起来……正如革命是中国现代化进程中的一个重要阶段，我们同样也应该把‘革命史’看作中国现代化进程研究的一个重要组成部分。”③他们认为：现代化研究传统在中国历史学中早已存在了，自历史学关注中国的发展起，这个传统就开始形成。

我觉得这个说法很确切，它说明了革命史研究和现代化研究之间的关系，同时也阐明革命在中国现代化过程中的地位与作用，澄清了许多模糊思想。但尽管如此，“现代化研究”作为手段和目标全面介入历史学，仍是在改革开放以后，当时历史学——特别是世界史学科——正在寻找新的发展方向。许多人已经看出“苏联体系”的缺陷，如何在改革开放的新形势下为世界史研究开辟新的天地？这是许多人当时思考的问题。那时，中国人关心的是什么？是“现代化”。中共中央已明确提出要

① 林被甸、董正华：《现代化研究在中国的兴起与发展》，载《历史研究》，1998(5)。
② 参见罗荣渠主编：《从“西化”到现代化》“代序”，北京，北京大学出版社，1990。
③ 林被甸、董正华：《现代化研究在中国的兴起与发展》，载《历史研究》，1998(5)。

把工作的重点转移到以经济建设为中心的轨道上来，“现代化”变成了全中国人民追求的目标。一个对中国的社会现实从来就非常敏感的学术领域自然会感受到这一点，因此，思考现代化、研究现代化，就成了世界史学科寻找的新方向——现代化研究在世界史学科首先萌发了。

现代化研究是在20世纪60年代成为国际学术界的一个新领域的，那时有它的时代背景：第二次世界大战结束后世界格局变化很大，由西方支配世界的局面一去不复返了。当时，西方国家已基本走完“现代化”的路程，而进入一个相对稳定的历史阶段，普遍形成了“现代社会”。但“现代社会”是什么？它有什么特征？如何形成？这些需要认定，并做出比较明确的表述，从而对西方社会在过去几百年中的发展变化给一个学术的总结。同时，第二次世界大战结束后，殖民体系瓦解了，世界上出现一大批新兴国家，新兴国家一方面追求发展，另一方面在国际舞台上崭露头角，表现出越来越大的国际影响力，西方国家于是感觉到必须真实地去了解这些国家，研究它们的动向，否则就失去了驾驭世界的能力。在这样两种需求的共同作用下，一个以“现代性”及其形成、发展为研究对象的学术领域就出现了，人们冠之以“现代化研究”。我们现在知道：这一名称本身并不确切(人们对此有许多非议)，但新领域是产生在时代的需求之中的，现代世界需要一个“现代化研究”，于是它就应运而生。对西方国家来说，现代化研究具有非常强烈的现实意义，一出现便“风卷残云”。

对发展中国家来说，则是钱币的另一面：发展中国家要发展自己，但如何发展、向哪里发展？先发展国家提供了某种先例，但这些先例具有普适性吗？是否各国都必须实行“现代化”？先发展国家的经历值得借鉴、能够借鉴吗？如果借鉴了会怎样，不借鉴又会怎样？面对先发展国家的巨大优势，后发展国家应如何应对、提出何种策略？所有这些问题都必须回答，但归根结底是这样一个问题：“现代社会”是什么、是否需要它、如何得到它？因此发展中国家很快也卷入到“现代化研究”中来，像中东、南美、印度、东亚的一些学者，都在“现代化研究”中有所建树。

于是，一方面是中国的时代呼唤，一方面是世界的学术进展，两个因素并在一起便造成一种“需要”，即对“现代化”进行研究。中国历史学家就是在这样一个背景下参与到现代化研究中去的，而这又标志着现代化研究正式介入中国的历史学。

现代化研究是跨学科的研究，参与进去的有许多领域，如政治学、经济学、管理学、社会学、文化学、哲学、语言学、心理学、人类学等，历史学只是其中一个学科。然而在中国，历史学对现代化研究的促进作用特别大，这是个独特的现象。为什么出现这个现象，是否有某种必然的因素？且撇下其他因素，从学科发展角度看，必然因素确实是存在的，那就是：改革开放正召唤历史学中更大的学术发展框架，而"苏联体系"已经满足不了这样的需要。现代化研究恰巧具备多学科交叉的性质，因此恰巧可以起到扩大空间的作用。同时，现代化作为"过程"又恰恰体现了历史学的长处，而现代化的"世界"性质，又正好为世界史准备了一个合适的平台。因此从学科发展的内在逻辑说，现代化研究从历史学起步，尤其从世界史起步，就不是没有道理；但一旦历史学涉足于现代化研究，中国的历史学就发生了一些变化，这就是：它也在向"新史学"方向发展，去撰写"全体部分构成的历史"，也就是人类的整体史。①

在历史学涉足于现代化研究的过程中，罗荣渠教授起了先驱的作用。罗荣渠是著名历史学家，早先研究拉美史，做出了骄人的成绩。"文化大革命"期间曾经历曲折和艰辛。"文化大革命"后，他立志要追回流逝的时光，因此他埋首书桌，潜心立说，为历史学的新发展做出了重要贡献。他最大的贡献是在历史学领域率先进行现代化研究，提出了一种观察世界历史的新视角，他称之为"一元多线的历史发展观"。他将现代化作为一个过程来讨论，充分发挥了历史学的优势。他认为人类社会正经历"从传统的农业社会向现代工业社会转变的历史过程"，这个过程就叫"现代化"。他指出现代化是一个全人类的共同过程，"现代化的概念就是一个世界性的历史范畴"。既然如此，中国的社会科学界就应该

① "整体史"在国际学术界已被广为接受，杰弗里·巴勒克拉夫在《当代史学主要趋势》中说："按费弗尔著名的话来说，新的历史学是'全体部分构成的历史'。这就是说，它所关心的是人类的全部活动，是'属于人类，服务于人类的一切，是表达人类，说明人类存在、活动、爱好和方式的一切。"[英]巴勒克拉夫：《当代史学主要趋势》，杨豫译，55页，上海，上海译文出版社，1987。

“归纳和总结近两个世纪以来的丰富历史经验”，对世界现代化进行宏观和微观的多层次研究。他强调历史学在这些研究中的重要性：“离开了历史，‘现代’和‘现代性’都不可能说清楚。”他从对“广义现代化”和“狭义现代化”的区分出发，特别重视对第三世界现代化的研究。①而最具有开拓意义的是：他在自己的书中第一次在一个宽泛的意义上讨论了第三世界现代化的许多问题，并且组织出版了一套丛书——“世界现代化进程研究丛书”，这套书开启了中国历史学界对国家与地区做现代化个案分析的先河。②

罗荣渠的代表作是《现代化新论——世界与中国的现代化进程》，林被甸和董正华认为这本书至少有三方面贡献：“第一，在马克思主义发展理论方面，探讨了现代化与马克思主义的关系，提出了以生产力为中轴的一元多线历史发展观与‘中轴原理’，这对于我们全面理解马克思主义的发展理论起了重要作用。第二，在现代化理论方面，突破了西方社会学的非历史的现代化理论，从宏观史学角度探讨了现代化的实质是向现代化工业社会的全球转变过程，对此总趋势进行了历史论证，并运用多学科方法建立了现代社会发展的宏观理论架构，提出了编写世界史的新思路。第三，在研究中国现代化的历史进程方面，突破了以阶级斗争为纲的史学框架，提出了关于中国社会变革的新思路，对现代化思潮演变的研究，填补了中国现代思想史上的空白。”③这样的评价，为学人们所共认。

以罗荣渠的工作为标志，现代化研究在中国史学界逐渐展开，越开越广，终成大势。其实现代化研究与中国历史学交接已经到了它水到渠成的时候，就在罗荣渠开始现代化研究之时，其他方面也出现了现代化研究的早期探索，而且都出在历史学界。华中师范大学章开沅教授主持

① 罗荣渠：《现代化新论——世界与中国的现代化进程》，52、12、94、95、107～109页，北京，北京大学出版社，1993。罗荣渠的“广义现代化”是指世界整体的变化，“狭义现代化”指第三世界追赶发达国家的过程。

② 其中包括多本我国学者的研究成果，如《中国现代化历程的探索》(罗荣渠、牛大勇)，《东亚现代化：新模式与新经验》(罗荣渠、董正华)，《拉丁美洲：通向现代化之路》(林被甸)，《中国和日本的早期工业化和国内市场》(严立贤)，《美国早期现代化的两条道路之争》(张少华)，《各国现代化比较研究》(罗荣渠主编)等。

③ 林被甸、董正华：《现代化研究在中国的兴起与发展》，载《历史研究》，1998(6)。

的项目“中外近代化比较研究”也几乎在同时着手进行，很快就推出了一批重要成果。①南京大学年轻学者开始对发达国家现代化进行探讨，走进了世界史研究的另一个新领域。②中国的现代化研究是从历史学尤其是世界史学科开始的，时至今日，它已经渗入到许多学科，成为中国学术界乃至各界关注的一个亮点。中国世界史学科能够为中国学术做出这样的奉献，的确值得骄傲。而从世界史学科自身来说，它已与现代化研究高度交叉，随便查询一下近年来的图书目录，就都会看到许多以现代化为主题甚至为标题的研究成果。③随着历史学涉足现代化研究，中国的历史学发展的确从中受益匪浅！

三、世界史学科的新生长点

现代化研究引入世界史学科之后，对中国世界史学科的发展起了明显的推动作用。

第一，它开阔了世界史学科的视野，将其推入到广阔的研究空间。如前所说，在“苏联体系”影响下，世界史学科研究的范围一直很小，选题很少，世人以为世界史就是“社会发展史纲要”，只要能背下几句条文，世界的历史就已经通晓。此外，世界史书籍一般都很枯燥，缺乏丰富多彩的历史本源。现代化研究引入后弥补了这些缺陷。根据现代化理论：现代化是一个全方位的变化过程，历史学要追溯这些变化，就不得不把社会的全部内容都放在自己的视野下，并做出具体描述。这样，历

① 包括《离异与回归——传统文化与近代化关系试析》(章开沅)，《比较中的审视：中国早期现代化研究》(章开沅、罗福惠)，《西俗东渐记——中国近代社会风俗的演变》(严昌洪)，《转型时期的社会与国家——以近代中国商会为主体的历史透视》(朱英)等。

② 他们的早期成果有《世界现代化进程》(钱乘旦、杨豫、陈晓律)，《走向现代国家之路》(钱乘旦、陈意新)，《战后发展理论研究》(陈晓律)等。

③ 比如在世界史方面有《德意志道路：现代化进程研究》(李工真)，《美国现代化道路》(李庆余、周桂银)，《俄国现代化道路研究》(张建华)，《伊斯兰教与中东现代化进程》(彭树智主编)，《东亚的历史巨变与重新崛起》(梁志明主编)，《印度现代化的发展道路》(林承节)，《南非现代化研究》(艾周昌)，《东亚与印度：亚洲两种现代化模式》(陈峰君)，《加纳：寻找现代化的根基》(陈仲丹)，《太平洋英联邦国家：处在现代化的边缘》(汪诗明、王艳芬)，《巴西现代化进程透视》(吴红英)，《韩国现代化研究》(李庆臻、金吉龙)，《文明的冲突与融合：日本现代化研究》(张旅平)等；中国近现代史方面有《中国现代化历程》(虞和平主编)，《最初的纪元：中国早期现代化研究》(周积明)，《苏南现代化》(胡福明)，《武汉现代化进程研究》(冯天瑜、陈锋等)等，数量相当庞大，此处仅为挂一漏万。

史学的研究对象就推广到人类活动的各个方面和层次，狭小的视野被突破了，世界史学科不再自我束缚，出现了蓬勃发展的大好局面。

第二，现代化研究引入世界史学科，促进了历史学研究方法与其他学科研究方法的交叉与融汇。众所周知，20 世纪是人文社会科学大发展的时期，不仅出现了许多新学科，而且出现了许多新的研究方法。历史学是一门古老的学科，其研究方法形成很早，相对稳固，又不苟变化。这种情况在 20 世纪显得不合时宜，所以在 20 世纪新史学方法开始出现，其多数是在与其他学科交叉的过程中形成的。由于种种原因，“新史学”在中国并没有产生太大影响，而现代化研究引入历史学，恰好促进了学科的交叉，使世界史学科甚至整个历史学科都开始熟悉其他学科的研究方法，这就为更新中国历史学自身的研究方法提供了契机。

第三(也许更重要的是)，现代化研究与历史学结合推进了历史学的现实责任感。历史学与历史学家所处的时代有什么关系？在这个问题上一直争论很大，有“出世”和“入世”两种态度：“入世”态度强调历史学的当代意义，“出世”态度则尽力把历史与现实完全分开，而且分得越开越好。现代化研究是现实感很强的一个领域，它研究的出发点和目标都瞄准现实。历史学介入现代化研究之后，它和现实之间的联系就骤然加强了，历史的现代性也变得明朗，“入世”的倾向为更多人接受。更多的历史学家意识到自己的社会责任，不再把自己置身于时代之外；反过来，社会大众对历史学和历史学家也产生了更多的理解，不再把“历史”当作与自己无关。这个结果是有点出乎人们意料之外的。

因此，由介入现代化研究而受惠的，就不仅是世界史中的近现代史分支，也惠及古代和中世纪史分支。我想在一定程度上，中国史研究也是受惠的，至少在眼界和方法上受到了启发。历史学科(尤其是世界史学科)因现代化研究的介入而大为受益，可以想象，两者间的交叉还会继续下去，使中国历史学的发展受到更大的推动。

但同时，对这种研究范式的质疑也开始了，理由是：现代化研究已经“过时”，不再有效了；一个连在西方学术界都被“冷落”的研究，中国学术界还有必要继续下去吗？我们是否应该追赶西方正在出现的更“前卫”的东西？

我对这种质疑并不赞同。学术有它自己的生命，学术生命与时代背景有关，也与它的传统有关。现代化研究在中国兴起，形成气势，并不因为它在西方存在过，而是因为中国自身的时代背景使然。在中国现在的背景下，现代化研究仍然有很大的发展空间，并不会因为在西方“受冷落”而受到影响。西方出现的更“前卫”的东西，在现代中国是不符合国情的。

西方为什么出现研究话语的转变？这和它自身的变化有关。第一，“现代化研究”在西方兴起，是因为西方的“现代化”召唤了它，西方需要认识它自己。但后来西方社会渐渐表现出“超现代”性质，“现代化”的话语不够用了，“后现代”引起人们更大的注意。在这种情况下，“现代化研究”退回到背景中，其研究方式也发生变化，由“显学”变成隐性话语，并派生出若干新的研究领域，如发展研究、区域研究等。因此在这个意义上，现代化研究并未消失，而是“退居二线”。然而“后现代”是什么？人们至今仍不清楚，所以所谓的“后”学并不能对“后现代”做准确的描述，这就是“后”学只能“解构”而不能“建构”的原因。既然连在西方都只是这样，它们对中国能有多大的意义呢？说实话，如果在中国“解构”现代性，只能解构出一个“前现代”。

第二，现代化研究作为一种了解和影响发展中国家的手段，它在西方进展几十年，这个目标已基本上达到了。西方用“现代化研究”对发展中国家进行剖解，取得了丰硕的成果，这是用其他任何一种单学科方法都难以做到的。西方的现代化理论已传布很广，很多发展中国家接受了这种理论，在国家发展的实践中有意无意地受到这种理论的影响。但到20世纪八九十年代，现代化理论的解释体系又不足以说明发展中国家的所有现实了，于是它的理论与方法都出现调整，由此找到新的生长点，派生出一些新的学科。这些学科看起来已经不是“现代化研究”，但事实上“现代化”的话语方式已渗透在这些学科中，只是它变成隐性的东西。

当代中国却有不同的背景。首先，中国仍处在“现代化”阶段，现代化过程正以不可阻挡之势迅猛推进，同时又不断遭遇新问题，因此对“现代化”的研究仍然是必要的。

在现代化过程中，我们需要借鉴其他国家的经验与教训，汲取别国一切有益的启发。为此，我们应十分注意其他国家现代化的过程，了解它们在现代化过程中碰到的问题以及解决问题的手段。由此看来，“现代化研究”的学术领域在中国仍有很大的空间，它是民众高度关注的一个领域，具有明显的社会意义。[①] 历史学在这个研究中已经发挥了重要的作用，仍能发挥重要的作用；世界史学科在世界现代化研究中做出过重大的贡献，仍能做出重大的贡献。

其次，中国正处在大发展时机，中国对世界的了解刻不容缓；了解世界恰恰是世界史学科特有的长项，而以“现代化”的角度切入进去，特别能发挥这个长项。西方学术界就曾经以现代化研究作为工具，成功地认识了第二次世界大战后出现的许多新国家，即发展中国家；有鉴于此，中国学术界为什么不可以动用这个工具，去认识它所希望认识的世界——既包括发展中国家，也包括发达国家呢？我想应该是可以的。

最后，从纯学术发展的角度讲，“现代化研究”也还没有在中国过时。20世纪七八十年代，西方学术界的现代化研究已相当成熟，产生了系统的理论框架。正在此时，有人开始对它的体系缺陷提出批评，并试图修补或加以超越。现代化研究“过时”指的就是这种情况，自此后，便出现了我们在前文已经提到过的种种现象，比如派生出新学科、退居二线、向其他学科渗透话语体系等。如我们现在所知：许多学科都在自觉或不自觉地运用现代化研究的角度或方法，其思维模式也有形或无形地受到了现代化研究的影响，在这一点上，就连企图“解构”现代的“后现代”学说也难出其彀。从这个角度看，可以说现代化研究的精神本原已散发到许多学科，浸入到当代学术本体之中了；“现代化研究”对当代学术最大的贡献可能就在这里。但是在中国学术界，这种渗透尚未完成；虽说经过近20年的努力成果已很显著，但迄今为止却仍只是初见成效，它应做的学术贡献尚未做完，所以仍旧有发挥的空间。中国学术还可以从现代化研究中吸取更多的养分，从而使自己进一步“现代化”。就世界史学科而言，它最早引进了现代化研究视角，产生了众多成果，但双方的交融仍在继续，可做的事情仍然很多。

就世界史学科而言，我们还可以做哪些事？我认为可以把着眼点放在两个方面，一是个案研究，从具体国家的具体问题入手，由小事推见

① 我在写作时(2006年4月9日)打开Google网查询“现代化研究”词条，竟然有770多万个相关条目，这应该是很惊人的！可见大众对“现代化”的关心程度。

大事，由特殊推见一般，通过对现代化转型做过细的观察而寻找普遍现象，避免做空洞的说教。二是在这个基础上尝试提出新理论，或者只提出新说法甚至新的观察点也罢。西方学术界对现代化的研究比较成熟，许多人认为已经没什么好说了。我感到既然现代化的过程还在继续，世界上还有许多国家尚没有完成现代化，那么没有被注意、没有被研究的方面总是有的，而且新的现象也还会产生，所以现代化的课题并没有被穷尽；况且，非西方的观察角度和西方的观察角度总会有不同，所以西方人没有提出的问题和没有说过的话也总是有的。力图在以上诸方面做出新成就，应该是中国的世界史学科和现代化研究能够做到并应该努力去做到的。

本文写在罗荣渠先生逝世十周年之际，谨以此文缅怀他的贡献。

以现代化为主题构建世界近现代史新的学科体系

一、“世界史”的含义

什么是“世界史”？这个问题早已老生常谈了，但为了讨论世界近现代史的体系问题，似乎还需要从这里说起。

关于世界史的含义向来有两种理解，一种把它理解成“世界的历史”(history of the world)，这是一种“整体史”(universal history)或“全球史”(global history)的观念；另一种把它看成是各国历史的相加(history of all countries)，事实上是一种组合起来的国别史。持第一种理解倾向的国内学者以吴于廑为代表，吴先生在逝世前曾多次表达世界史是一种“整体史”的思想，他曾说：“世界历史是历史学的一门重要分支学科，内容为对人类历史自原始、孤立、分散的人群发展为全世界成一密切联系整体的过程进行系统探讨和阐述。”也就是说，把人类的历史看作一个整体过程。[①]齐世荣也主张这样看待世界史，齐先生说：

① 吴于廑：《世界历史——为〈中国大百科全书·外国历史卷〉作》，见薛国中、安长春主编：《十五十六世纪东西方历史初学集·三编》，1页，长沙，湖南出版社，1993。

“人类历史是从原始、孤立、分散的人群最终走向全球一体化的过程。与此相适应，历史学也是先有国别史、地区史，然后才有世界史。”[①]按照他的想法：世界在成为“全球一体”之前不可能写出真正的“世界历史”，因此他说：只有到20世纪，尤其是第二次世界大战以后，“世界政治、经济、文化各个方面日益密切联系成为一个整体，世界史的撰写到这时才成为时代的迫切需要”。[②]

在西方史学界最能代表并在自己的创作中体现这种思想的大概要算斯塔夫里阿诺斯，他在其名作《全球通史》中的第一句话就是：“本书是一部世界史，其主要特点就在于：研究的是全球而不是某一个国家或地区的历史，关注的是整个人类，而不是局限于西方人或非西方人。”[③]为了强调他的观点，他还特意引用另一位历史学家巴勒克拉夫的说法作为该书第一章的卷首语：“世界史不仅仅是世界各地区史的总和，若将其分割再分割，就会改变其性质，正如水一旦分解成它的化学成分，就不再成其为水，而成了氢和氧。”[④]有趣的是：巴勒克拉夫又以荷兰历史学家赫伊津加早在20世纪30年代就说过的一句话作为他自己那本名著《当代史学主要趋势》的全书卷首语，赫伊津加曾经说：“我们的文明首先是以全世界的过去作为它自己的过去的文明；我们的历史首先是世界史。”[⑤]对此，巴勒克拉夫评论说：“认识到需要建立全球的历史观——即超越民族和地区的界限，理解整个世界的历史观——是当前(史学界)的主要特征之一。”[⑥]

作为著名的史学史专家，巴勒克拉夫的论断无疑是正确的，20世纪的历史学家认识到必须用“理解整个世界的历史观”来认识历史，由此而恢复历史的真实面目。在这个意义上界定的“世界历史”，确实只在20世纪尤其是第二次世界大战以后才产生。马克思曾经对“世界的历

---

① 齐世荣：《齐世荣史学文集》，327页，北京，人民出版社，2002。

② 齐世荣：《齐世荣史学文集》，329页。

③ [美]斯塔夫里阿诺斯：《全球通史：1500年以前的世界》，吴象婴、梁赤民译，54页，上海，上海社会科学院出版社，1998。

④ [美]斯塔夫里阿诺斯：《全球通史：1500年以前的世界》，吴象婴、梁赤民译，54页。

⑤ [英]巴勒克拉夫：《当代史学主要趋势》，杨豫译，卷首，上海，上海译文出版社，1987。

⑥ [英]巴勒克拉夫：《当代史学主要趋势》，杨豫译，242页。

史”和全球化的关系作过论述，他说：大工业“首次开创了世界历史，因为它使每个文明国家以及这些国家中的每一个人的需要的满足都依赖于整个世界，因为它消灭了以往自然形成的各国的孤立状态”。[①]如果说在19世纪，大工业还仅仅“开创了世界历史”；那么到20世纪，它就算真正完成了世界史的形成过程。20世纪的科学技术发展与经济一体化把世界的每一个角落都卷入到世界的整体中来了，正是在这一背景下，2000年在挪威奥斯陆召开的国际历史学科第19次大会上提出的会议主题，就是如何研究“全球史”。[②]

从理论上说尽管如此，在实践中真能认识到这一点并以其指导历史研究的人却并不多，成功的作品就更少。对多数历史学家而言，国别研究是他们的专长，而且在国别研究中，他们感兴趣的也只是一些具体的专题。为数不多的历史学家努力构建“整体的”世界史，但在多数情况下，这些“世界史”只不过是组合起来的国别史。书写真正的“世界史”并不容易，“世界史”要求把握世界各地历史之间的相互关系和内在的逻辑关联，关联的缺失使多数“世界史”作品流为一团散沙。

实际上，在西方史学传统中，撰写“世界史”的努力自古就有，被尊为西方“史学之父”的希罗多德，其《历史》就称得上是西方第一部“世界史”。公元前2世纪的波利比阿已经把“世界”看成了“整体”，在他看来：各地方发生的事都是相互关联的，“意大利和利比亚发生的一切与亚洲和希腊发生的一切密切相关”，所以，“要对历史的全貌有一个实际认识，不能不说个别的历史已用处甚微。只有将各事件与总体之间千丝万缕的联系一起揭示出来，指出其相似和不同点，才有可能认识历史的全貌”。[③]19世纪英国的阿克顿勋爵也说过类似的话，他说：“所谓世界史，按照我的理解，它不同于一切国家的历史组合，不是脆弱的拼凑，而是一个连续的发展过程……它贯穿古今，各民族在其中只起辅助的作

① 马克思：《关于费尔巴哈的提纲》，见《马克思恩格斯选集》，1卷，67页，北京，人民出版社，1972。

② 该次大会的三大主题是：其一，“全球化的视野：概念和方法”；其二，“千年纪、时间和历史”；其三，“对历史的应用和滥用及历史学家的回应”。见《国际历史科学第19次大会简报》(*Proceedings of 19th International Congress of Historical Sciences*)，奥斯陆大学，2000；并见钱乘旦：《探寻“全球史”的理念》，载《史学月刊》，2001(2)。

③ [美]斯塔夫里阿诺斯：《全球通史：1500年以前的世界》，吴象婴、梁赤民译，51页。

用。各民族的历史，不是为了它们自身而叙述，而是根据它们同更高的历史序列的从属关系，即根据它们对人类共同命运所做出的贡献的时间和程度来叙述。”①这种“理想的”世界史很少有人真的能做出来，比如波利比阿的作品基本上是当时“世界”的国际关系史，而阿克顿主编的《剑桥近代史》则是典型的各国历史的堆砌，并且以西欧为中心。

从以上的介绍可以知道，“世界史”在专业圈子里，是历史这一大学科范畴下的分支学科，它是有严格的学科含义的，它的研究对象是“世界”，而不仅是一个个单个的“国家”。但是在中国的学科分类体系里，同时也在一般的公众理解中，“世界史”等同于“外国史”，而且是不包括中国在内的外国史。这是一个非常奇怪的现象，在国外绝不会是这种情况。事实上在任何一本西方人编写的“世界史”著作中，绝对不会没有他本国的历史，而且一定对它大书特书。这方面最好的例子就是德国大历史学家兰克的《世界通史》，现代人普遍承认，实际上在兰克所标榜的“客观历史”中，普鲁士中心论是他的基本主题。

中国人把“世界史”等同于“外国史”是有其历史根源的。中国人自古就缺乏“世界”的概念，其“天下”观把中国视为中心，在它周围有一些番邦蛮国。这种视野使中国的史学虽有记载“异域”的传统，但这不是书写“世界史”，而是对异邦风物的注意，常常出于猎奇心理加以记录。相比之下，西方历史发展过程中一雄独霸的局面相当少见，自希腊以始诸强鼎立的情况就几乎不断。如此之下，西方文化从来就承认多民族、多国家的“世界”格局，西方史学传统也就更多地承认“世界”的存在，因此更多地关注它们各自时代的“世界历史”，比如希罗多德、波利比阿记载希腊、罗马时代的“世界史”，兰克和阿克顿则记载地理大发现之后的“世界史”。

中国人关注“世界”是在鸦片战争以后，对“外国”的介绍也从19世纪中叶开始。最早介绍西方历史的是一些翻译书籍，但直至1949年，研究性的工作仍旧少而又少。专门研究“外国史”在中国史学界几乎是站不住的，许多在国外留学、以所在国历史为研究对象的学者，回国后几乎全都要改做中国史。②由于西方列强入侵中国的特殊背景，到1949年

① 齐世荣：《齐世荣史学文集》，329页，北京，人民出版社，2002。

② 参见齐世荣：《我国世界史学科的发展历史及前景》，载《历史研究》，1994(1)。

以前，中国人主要关注欧美国家，因此“西洋史”这个名称又盛为流行，取代了具有较大内涵的“外国史”。长期以来，非中国的历史都由一个模棱两可的概念“西洋史”来表示，可想而知，这个概念和“世界史”的应有含义相去有何等之远。同时，这也就解释了中国历史学界何以把“中国史”和“世界史”截然分开，并且不能够形成国际学术界公认的“世界史”概念。

中国的“世界史”学科是在1949年以后建立的，这得益于新中国成立初期“全盘苏化”的政策导向。在苏联，“外国史”是一门独立的学科，因研究“外国”历史而享誉学界的人不在少数。更有甚者，苏联存在着公认意义上的“世界史”概念，苏联科学院耗时十年编撰的《世界通史》10卷，①是一部名副其实的“世界”的历史，其涵盖面包括俄、苏在内的世界各地区。出于意识形态的需要，中国在引进苏联的“外国史”之后，一方面接受了“外国史”的独立学科地位；另一方面，又给它冠以一个名不副实的称号即“世界史”。这以后，“世界史”在中国就专指不包括中国在内的外国历史，它既做不到涵盖整个“世界”，又不具备西方“世界史”的严格定义，实在是词不达意，因此中国的世界史学科就很特别。但在引进这门学科的本意即建立统一的历史学体系方面，它却是完全成功的，下面就来谈谈世界史的体系问题。

二、“世界史”的体系

德巴里说：目前撰写世界史的最大问题是“缺少一个恰当而又得到一致承认的体系以便把世界文明表述为一个整体”。巴勒克拉夫也同意这种观点，他说：“人们一方面都认为世界史是，或者应当是完全不同于国别史的拼凑物的东西，应当用不同的精神和方式来展开研究，但如何建立这样的历史学，这个问题仍然没有得到圆满的解决。”② 实际上，把各个国家的历史堆积在一起，写成一部“世界史”，这并不难，难的是形成一个体系。有体系的“世界史”就能最低限度地体现历史的整体性，没有体系的“世界史”哪怕把世界上发生的事最事无巨细地复述出来，它仍然是一团散沙。在这方面，最突出的例子就是联合国教科文组织于

① 俄文本1955—1965年在苏联出版，1977年又加编出版第11卷。

② [英]巴勒克拉夫：《当代史学主要趋势》，杨豫译，247、248页。

20世纪60年代开始编写的《人类史》，这部动用了大批来自各国的历史学家集体创作的鸿篇巨制，由于各自观察问题的角度不同，立场不同，结果虽然提供了“大量令人感兴趣的史料”，但“显然没有提供令人清晰易懂的模式”。[①]齐世荣曾这样评论20世纪国际史坛出现的几部超大型世界史著作(包括《人类史》、苏联10卷本《世界通史》等)，他说：这些著作虽内容丰富，撰写者都学有所长，但却“缺乏严密的体系，甚至给人以杂乱无章的感觉”。[②]实际上，缺乏体系的“世界史”一向并不少见，18世纪英国曾编过一部几十卷的《世界史》，但其破碎的程度，一如两个世纪以后的《人类史》。19世纪兰克和阿克顿的作品也有同样的倾向，只不过大小程度不同而已。

由此可见，“体系”是世界史的一个很大的问题。那么什么是“体系”？在我看来，体系是历史学家对历史的理解和解释系统，它决定历史学家选用哪些素材来编织他对历史的陈述。换句话说，体系制约对历史的解读，同时将散乱的历史细节组合成整体。没有体系的历史学充其量只能是知识的堆积，其中堆积的知识越多，内容就越破碎。体系实际上就是筛选历史的标准，巴勒克拉夫曾经问：如果世界史“不是国别史的拼凑”，不是知识的堆积，那么我们怎么知道哪些事件应该写进“世界史”，因为它具有历史的重要性；而哪些事实又不具备这种重要性呢？他还问：如果如塔尔蒙所言：重要不重要取决于它是否关系到“有意义的整体”，那么衡量有没有意义的标准又是什么呢？[③]这个问题似乎把世界史学家推进了因果循环的绝境；但事实上，以“体系”为角度观察历史，有意义和没有意义都排列得清清楚楚。历史是由无数的细节组成的，历史学家不可能穷尽这些细节；使用哪些史实来叙述历史，以及能否把历史重建为整体，其关键都在于“体系”。唐纳德·凯利说：“每一个历史学家都有一种视野的意识，在这种视野之内进行历史探寻。”[④]建

① [英]巴勒克拉夫：《当代史学主要趋势》，杨豫译，244页，上海，上海译文出版社，1987。

② 齐世荣：《齐世荣史学文集》，332页，北京，人民出版社，2002。

③ [英]巴勒克拉夫：《当代史学主要趋势》，杨豫译，250页，上海，上海译文出版社，1987。

④ [美]唐纳德·凯利：《多面的历史》，陈恒、宋立宏译，11页，北京，生活·读书·新知三联书店，2003。

立体系就是自觉地运用这种“视野的意识”，通过它来选择史料、重现历史。因此可以说：建立体系就是建立判断的标准，确定“历史重要性”的依据；同时，建立体系也意味着对某些基本的历史理论问题进行解答，比如说，历史是否发展、发展的动力是什么、是否有发展的方向等。由此可知，体系问题不仅对世界史重要；就整个历史学科而言，都存在着有体系还是没有体系、要体系还是不要体系的问题。任何历史学有体系就能做到条分缕析，没有体系就会变得庞杂无章。

西方“世界史”编纂并不缺乏建立“体系”的传统。在中世纪，从圣奥古斯丁开始，就形成一套用神学来解释历史的理论，根据这套理论，人类历史只是上帝的意志在尘世的展现，因此历史学家的责任，就是用历史本身来揭示人类历史是如何无可回避地按照上帝的安排在人间展开的，从而证明上帝无所不在。①启蒙时期，世界史的神学体系被打破了，伏尔泰用他的著作(如《论通史及各民族的风俗与精神》)来确立以人类社会自身为线索的新的世界史体系，企图说明“人类是通过哪些阶段，从过去的原始野蛮状态走向当代文明的”。②这以后，历史学家开始用“进步”的观点来看待历史，即认为人类社会是不断进步的，后一个历史阶段必然超越前一个。这种历史观成为18、19世纪西方历史学的主流，而达尔文的进化论则使它显得更加有道理。在众多历史学家中，还有人把自然的进化和人类社会的进化连成一条线，认为人类社会的进步实际上是自然进化的必然延伸。在这方面，韦尔斯的《世界史纲》是一个例子，他的书从宇宙和地球的形成写起，一直写到第一次世界大战。③顺便提一句，马克思的历史观也属于进步的历史观，马克思认为人类社会从低到高循序递进，物质生产的进步推动着社会的进步。以马克思的方法来书写历史，也形成了相当完整的体系。

---

① 中世纪神学历史学家认为《圣经》“但以理书”隐示着世界历史发展的轨迹，“但以理书”曾预言“四王将要在世上兴起”，它们在但以理的梦中表现为四只怪兽，被解梦者说成是四个相继出现的“国”。基督教历史学家说这“四个国”就是古代世界相继出现的巴比伦、亚述、波斯和马其顿，后来则有人解释成是罗马、奥斯曼、拿破仑甚至“苏维埃帝国”，他们用这些说法来编制其世界史的“体系”。参见《圣经》“但以理书”第二章、第七章。

② 转引自张广勇：《从文明中心的到全球文明的世界史——〈全球通史〉中译本导言》，见[美]斯塔夫里阿诺斯：《全球通史：1500年以前的世界》，吴象婴、梁志民译，18页。

③ [英]韦尔斯：《世界史纲——生物和人类的简明史》，吴文藻译，北京，人民出版社，1982。

20世纪，有人对进步的历史观提出挑战，他们认为历史未必是直线发展，文明有生有死，就如人的生命一样。各种文明生的生，死的死，相互交替，此生彼灭。因此历史运动毋宁说是循环的状态，并非随时间进展就一定进步。历史学家的任务是解释文明生死的原因，寻找规律，揭示历史变迁的规律。这样，就形成一种新的世界史体系，斯宾格勒和汤因比是其中最著名的代表。斯宾格勒曾经这样概括循环的历史观念，他说："我看到的不是虚构的一份直线历史，那是只有在无量繁复的事实跟前紧闭双眼才能保持的。我看到的是一群伟大文化组成的戏剧……每一种文化各有自己的观念，自己的情欲，自己的生活、愿望和感情，自己的死亡。"[①]汤因比则构建了21种"文明"的生死循环轨迹，他同样试图说明，历史并不是一条直线。[②]依照这种逻辑书写的"世界史"也有其独特的体系，尽管汤因比并未能避免堆积各国的历史。

如前所述，中国的"世界史"起步很晚，而且在含义上与国际学术界不尽相同，在"体系"构建方面也有其特殊背景。总体而言，中国的"世界史"形成后基本借用外来体系，尚未来得及创建自己的观念。迄今为止，中国世界史学界认真尝试建立体系的是吴于廑，他在去世前的最后几年里连续发表论文，阐明他的"从分散到整体"的世界历史观。他把世界历史的发展看作是"纵向"和"横向"的交叉，"纵向发展"和"横向发展"最终把世界连接成一体。[③]吴于廑的思想明显具有独创性，可惜他来不及将它付之于一部《世界史》。

三、苏联体系

前面已经说过，中国的世界史学科是在1949年以后建立的，[④] 当时引进苏联的学科，同时也引进了苏联的体系。引进苏联体系有一个目

---

① [德]斯宾格勒：《西方的没落》，齐世荣等译，39页，北京，商务印书馆，1991。

② 汤因比批判"关于'统一文明'的错误概念"，认为这种错误有三个思想根源：即"自我中心的错觉，'东方不变论'的错觉，*以及说进步是沿着一根直线发展的错觉*"。见[英]汤因比：《历史研究》，曹未风译，44～45页。

③ 吴于廑：《世界历史——为〈中国大百科全书·外国历史卷〉作》，见薛国中、安长春主编：《十五十六世纪东西方历史初学集·三编》，1页，长沙，湖南出版社，1993。

④ 这是我国史学界的共识，如齐世荣说："1949年新中国成立以后，我国的世界史学科逐步建立起来。"见齐世荣：《我国世界史学科的发展历史及前景》，载《历史研究》，1994(1)。

标，就是在整个历史学乃至思想界建立统一的观念，形成统一的意识形态。苏联体系是一个大宏观系统，它确信全世界各个地方都无一例外地遵循共同的历史发展阶段逐一更替，由低级向高级发展，而发展的动力是阶级斗争。遵照这个体系，苏联历史书(不仅是“世界史”，而且是一切历史书)都以阶级斗争为纲，[①]因此判断历史事实是否“重要”并应否收入史书撰写的标准，就是它是不是体现了“阶级斗争”。这样，历史书写成了阶级斗争的历史书，历史变成了完全的阶级斗争史。这个体系是20世纪30年代最终形成的，在斯大林时代，这是不可背离的官方意识形态。

苏联体系在中国盛行几十年，曾经对我国世界史学科的形成和发展做出过重大贡献。没有这个体系，新中国的世界史学科不可能成为独立的学科，它的存在及重要性也得不到学界及社会其他方面的承认。没有这个体系，以及对这个体系的社会认同，我们就不可能形成一支专业的世界史学科队伍，世界史和中国史之间也难以明确地分工。没有这个体系，新中国世界史学科的学术成就是不可能这么大的，新中国成立后数以万计的论文、专著，尤其是改革开放以后涌现的大批学术成果就都没有存在的基础。中国最早的世界史学者都是在这个体系下成长起来的，中国的世界史学科也因为这个体系而从中国史学科中正式分离出来。但这样一来就形成中国世界史学科独特的含义：它不是包括中国在内的“世界的”历史，它是不包括中国在内的“外国的”历史。时至今日，“世界史”仍然与“中国史”相对，在国家颁布的学科分类和人们的一般概念中都是这样。

尽管苏联体系对中国的世界史学科做出过重大贡献，但这个体系有其明显的弱点，现在，它已经不能够适应学术发展的需要及时代的要求了，因此应该对它做重新地审视。

苏联体系的弱点如下：

---

① “阶级斗争贯穿于对抗性社会的全部生活中，时而表现为公开的阶级冲突形式，时而表现为隐蔽的形式，蒙上了思想体系的外衣，宗教的外衣和他种外衣。”(苏联科学院编：《世界通史》，第一卷，“总编辑部的话”，13页，北京，生活·读书·新知三联书收，1959)该书认为一切历史现象都是阶级斗争的表现，比如科学、艺术以及“整个文化的进步过程”都是在“阶级斗争的千丝万缕关系中完成的”。(18页)

第一，这个体系是在苏联特殊的历史条件下形成的，当时，十月革命刚完成不久，国内外形势十分复杂，苏维埃政府需要一种历史学说，为十月革命的合法性寻找历史依据。同时，苏共党内也在进行激烈的斗争，其正当性似乎也需要得到历史的支持。①因此，在一个以“斗争”为主题的时代就形成了一个以“斗争”为主线的学科体系，阶级斗争几乎成为整本历史教科书的唯一内容。类似的历史条件在新中国建立后也存在过相当长一段时间，从新中国成立到“文化大革命”结束，“阶级斗争”一直是国家生活的主题，因此苏联体系的流行有其合理的时代背景，体系的建立和占优势与这个时代背景密切相关。但现在，这些背景都已不复存在了，本来让人感到很有道理的说法已经与社会的现实相距太远，体系丧失了它的时代性，其现实吸引力也大为缩小。

第二，从纯学术的角度看，这个体系的涵盖面不广，伸缩性不大，难以作自我调节。体系的基线是阶级斗争，用阶级斗争来贯穿整部历史。人类自从有阶级以来，一切时代都存在阶级斗争，这一点应该是无可置疑的。但若把这个命题解释为“历史的全部内容就是阶级斗争”，这样说就未免太狭窄，把过多的内涵从丰富的历史过程中抹杀掉。20 世纪以来，历史学的研究范围大大扩张，人类过去的一切都成为“历史”，无数新研究对象落入历史学的视角，本来很狭窄的历史研究范围，如传统意义上的政治史、军事史、外交史，至多再加上经济史等，已容纳不下膨胀的历史学研究了。苏联体系在传统的历史研究范围内似乎能够以一条线(阶级斗争的线)贯穿历史教科书，现在则因其容量小、伸缩性不够，而无法适应新的研究需要，无法把人类活动的很大一部分，如妇女史、环境史等纳入到阶级斗争的线条上去，因此，苏联体系的适用性受到了挑战。

由于以上两个原因，苏联体系受到冲击并被突破，应该是正常的事。在这种情况下，有必要构建新的学科体系，以适应时代的需要和学

① 《联共(布)党史》说：“联共(布)在工人运动内部是同小资产阶级的党派……做原则斗争中，在党内则是同孟什维克主义的、机会主义的派别……做原则斗争中成长壮大起来的”，而“研究联共(布)的历史，研究我党同马克思列宁主义的一切敌人做斗争、同劳动群众的一切敌人做斗争的历史，有助于掌握布尔什维主义”，确保“列宁斯大林党的伟大事业必将最后胜利”。见《联共(布)党史简明教程》，1～2 页，北京，人民出版社，1975。

科发展的需要。本文将探讨世界近现代史学科体系的问题，因此在以下叙述中，将仅限于谈世界近现代史问题。

中国建立什么样的世界近现代史体系？其实从不同的角度观察，可以做出多种尝试；其中以现代化为主题建立体系，应该是一种很好的尝试。基本的理由是：中国正处在一个以现代化为主题的时代，同时现代化又是世界进入近代以来共同发展的趋势。因此我认为，用现代化为主线构建世界近现代史的学科体系，具有明显的时代性和科学性，就此，我想做进一步发挥：

第一，当代中国的主题是现代化，对此人们已无可异议。中国的现代化来自历史的不可规避性，来自中国自身的觉醒。作为一个后发展国家，中国的现代化需要借鉴其他国家的经验和教训，而世界史学科恰恰可以在这方面提供丰富的知识和积极的思考。以现代化为主题构建世界近现代史学科的新体系，正反映当代中国的需要，因此具有鲜明的时代性，也具有强烈的中国特色。一个有价值的学科体系要么具有时代的特征，要么具有民族或地域的特色。以现代化为主题构建世界近现代史的新学科体系，就有可能创建出具有当代中国特色的世界史学科，从而使这一体系成一派之言。中国的世界史学科长久以来一直是沿用外来体系的；现在它已达到相对成熟的阶段，可以尝试创建自己的体系了。

第二，从人类历史的发展来看，世界近现代史的主题确实是现代化，这是创建新学科体系的科学依据。事实上，近代以来，世界上几乎一切事关全局的大事或体现着大方向的进展都以现代化为中心，而不论这些进展是政治的、经济的、文化的还是社会生活的。“现代化”是一个含义广泛的术语，但我们一般从这个意义上来理解“现代化”，我们说：现代化是人类社会的一次转型，是文明方式的一次转换；现代化用工业生产力取代农业生产力，在此基础上引发了社会的整体变动，从而实现从农业文明向工业文明的转变；现代化是新文明取代旧文明的历史过程，在这个过程中实现了社会的全方位变革。①如果我们在这个意义上来理解现代化，就可以看出：在过去五六百年时间里，世界确实是沿着这样一个轨迹在运动的。

① 参见钱乘旦、杨豫、陈晓律：《世界现代化进程》，第一章，南京，南京大学出版社，1997。亦可参见罗荣渠：《现代化新论》，“序言”，北京，北京大学出版社，1993。

以上两点理由就为我们以现代化为主题创建新的学科体系奠定了时代与学术的基础。

四、构建以现代化为主题的新学科体系

下面谈一谈在以现代化为主题的体系下，世界近现代史可以划分为几个阶段，这几个阶段就是构成新体系的基本框架。

第一个阶段是现代化的准备阶段，这个阶段起源于中世纪晚期，离现在约六七百年。现代化的产生要有合适的社会条件，这些条件只在中世纪晚期的西欧才逐渐成熟，而其基本特征，就是在相当程度上瓦解已经经历了几千年的农业文明。在中世纪西欧，存在着一种特殊的社会结构，由于这种结构的存在，资本主义首先在西欧发生。①中世纪晚期在西欧出现的一系列事件导致一个共同的指向，即不断瓦解农业文明，这些事件包括农奴制解体、文艺复兴、宗教改革、地理大发现、商业精神的扩展、民族与民族国家的形成等。其中民族国家的形成对现代化的起步具有关键的意义，因为只有在民族国家形成后，现代化才得到有形的载体，才有可能启动。与西欧相比，世界其他地区在中世纪晚期也发生过许多重大事件，有些还具有重大的世界影响，比如奥斯曼帝国的扩张、莫卧尔王朝的建立、清朝的入关等，但这些事件恰恰都巩固了农业文明，其发展方向与西欧正好相反。因此在历史的这个分界线上，西欧已经潜在地(虽然还不是实质性地)走到了世界的前列。

第二个阶段是现代化的启动阶段，即现代化过程在西方国家发起。在我看来，现代化的第一步是在政治领域首先迈出的，当准备阶段的各种因素大体上具备时(这在西欧各国都差不多)，谁先在政治领域迈出第一步，谁就率先走上了现代化道路。对西欧多数国家来说，这意味着克服专制王权。于是我们看到，从英国革命开始，继之以大量的政治革命、解放战争、政变、战乱……所有这些摆在历史的长河中看，无非是争取一种合适的政治制度，为现代化构筑政治与社会空间。在这个过程中，有些国家起步早，有些国家起步迟，有些国家比较顺利，有些国家相对艰难，于是在现代化的时机与方式上都出现明显的差异，形成了不

① 详见钱乘旦：《前资本主义世界发展：东方普遍性与西方特殊性》，见钱乘旦主编：《现代文明的起源与演进》，南京，南京大学出版社，1991。

同的“模式”。

政治条件的成熟给经济发展创造了前提，工业革命是在这种背景下起动的。工业革命创造出一个新的生产力，引导出一种新的文明。但工业革命一旦在某个国家开始，现代化的压力就形成了，迫使与它相邻的所有国家紧紧跟上。18—19世纪，随政治革命逐一进行，工业革命也全面铺开，经济发展和技术革新一浪推一浪，社会经济全面变动，现代化在动荡中迅猛推进。

当现代化正在欧洲国家推进时，殖民扩张把越来越多的非欧洲地区卷进一个“世界体系”，因此从一开始，现代化就是一个世界现象。为争夺殖民地，欧洲国家激烈竞争；同时，征服与反征服又在欧洲与非欧洲之间愈演愈烈，世界形成为一个整体，历史“在愈来愈大的程度上成为全世界的历史”①。总之，在世界近现代史的第二个阶段上，由于西欧的某一个角落开始现代化，整个世界都被拉进了一个新时代。历史的主流逐渐被调整到新的方向上来，一个“现代”世界注定要出现了。

第三个阶段是现代化在西方国家的成熟与发展阶段。此时，工业革命深入进行，生产能力几十倍增加，物质财富惊人地积累，城乡面貌发生巨变。现代化的优势至此充分地体现出来，西方显然已领先世界。但同时西方社会又出现许多新问题：贫富不均，价值失衡，社会冲突频起，自然资源遭受破坏……这些问题都必须解决，否则社会就永远处于不稳定之中，于是各种“修补”问题的尝试不断出现。总之，在这个阶段上，社会进入全方位变化：经济上的工业化、市场化；政治上的民主化、官僚化；社会方面的世俗化、城市化；文化方面的商业化、大众化……一切都在发生巨大的变化，汇聚成全面的社会转型。尽管各国变化的方式和道路可以不同，但发展的方向都是一致的，现代化具有普遍意义，并不是一两个国家的特殊现象。

值得注意的是，在这个时期，社会表现出更多的阶级色彩：民主化体现为以阶级为依据扩大政治参与权，经济发展体现为不同的阶级获取不同的经济利益，社会生活按阶级组建，社会意识与阶级意识息息相关。在这个时期，我们看到的是阶级的政治，阶级的社会结构，阶级的

① 马克思、恩格斯：《德意志意识形态》，见《马克思恩格斯全集》，第3卷，51页，北京，人民出版社，1960。

文化，阶级的生活方式和娱乐方式……所有国家的现代化都是在冲突与整合中完成的，而冲突与整合又表现出强烈的阶级与阶级斗争色彩。由此，我们理解诸如宪章运动、反谷物法运动、工会运动、社会主义运动、骚乱与抗议、社会改良活动等。经过种种的冲突与整合、调整与变革，“成熟的”现代社会逐渐在西方国家出现了，这个过程经历了大约两百年。

第四个阶段是现代化的全球扩张。就在西方国家向“成熟的”的现代社会迈进的时候，现代化的浪潮也冲向全世界，造成了现代化在全球的扩散。西方国家从地理大发现时期起就开始全球性的殖民活动，在这个过程中，各地原有的文明形式（通常是农业文明形式）和社会结构（通常是农业社会结构）受到破坏，“现代的”生产与生活方式与殖民侵略同时扩张，起到了为现代化作铺垫的作用。殖民主义一方面破坏了当地的社会，引发巨大的灾难；另一方面又把西方新出现的工业生产和生活方式带进它所征服的地区，使其取得谋求现代化的手段，被迫走上现代化的道路。这就是马克思所说的“双重的使命”①。

不过这个过程极其痛苦。西方的侵略激起剧烈地反抗，在反抗中，西方的优势得以体现，非西方国家被迫承认西方的优势，于是不得不学习西方，改造自己。这是一个非常艰巨的任务：原有的文明积淀越深，转变的过程就越艰苦，“新”与“旧”之间的斗争越加剧烈，社会动荡的规模也就越大、越悲惨。这就是近代以来非西方国家大规模社会动荡的根源，非西方国家在现代化过程中付出的代价更大！

但在非西方国家现代化过程中很容易出现一种现象，即它们出于抗拒西方的动机，自觉或不自觉地扭转现代化的方向，把“现代化”转变成一种维护传统价值和社会结构的手段，而不再是改造传统社会、创建新社会的途径。这是一种反方向的“现代化”，我把它叫作“反现代化”。②“反现代化”在西方现代化过程中也有发生，但自19世纪中期以来，却最常在非西方国家中出现。

---

① 马克思：《不列颠在印度统治的未来结果》，见《马克思恩格斯选集》，第2卷，70页，北京，人民出版社，1972。

② 参见钱乘旦：《反现代化：一个理论假设》，载《学术界》，2001(4)；钱乘旦：《再论“反现代化”：理论建构与实例分析》，见《现代化研究》，第一辑，北京，商务印书馆，2002。

第五个阶段是现代社会出现新的转型迹象。在这个阶段上，非西方国家仍在为实行现代化而伤透脑筋，西方国家则似乎已出现超越现代化的新动向。这个阶段大致可以从第二次世界大战结束算起，从那个时候起，发达国家就出现了明显的迹象，标志着“现代社会”可能正在发生质变。从经济结构看，工业生产的比例显著降低，信息、知识的重要性日益增长，“服务”正在成为主导性的经济部门。从政治结构看，超国家的政治层面已经出现，工业社会赖以形成的基本政治单元即民族国家已遭遇挑战，主权的概念正在发生变化，民主的内涵也在悄悄转变。从社会方面看，变动的趋势也很明显，社会分层、阶级结构、婚姻关系、工作方式以及生活、娱乐、购物、饮食等都已经出现明显的特征，“全球化”更已经不是一个空洞的术语。总之，西方社会是不是正在向“后现代”、“后工业”社会发展？这是个人们正拭目以待的问题。也许，新的社会转型正在发生，“现代化”作为一个时代也将成为过去？

总之，回观世界五六百年以来的整体发展，我认为现代化的主线是十分明显的。以现代化为主题构建世界近现代史新的学科体系，应该是一件可行的事。以上粗略地勾画了这一设想，不成熟之处，敬请方家指正。

关于中国世界史研究的若干思考

本文由几篇短文组成，内容都是关于世界史学科和世界史研究的，分别写在不同年份，但基本上都成文于最近七八年。这些年中我对什么是世界史，世界史学科的特点。它和中国史的差异，世界史学科的成长经历，其目前状况、成就与存在问题等有较多的思考。每篇短文虽各有偏重，但基本想法是一脉相承的，拼在一起大概可以比较全面地反映我的想法。因为这个原因，我保留了它们的原貌，让它们都能够独立成篇。

一、“世界史”的内容与分期

（一）“世界史”的内涵

“世界历史”在中国通常指除中国以外的其他国家的历史，也就是没有中国的“世界”的历史。在实践中，它往往成为许多国家历史的相加，若能把所有国家加在一起，就组成一个“世界”（事实上这一点在我国目前还做不到，对很多国家的研究现在还属于空白）。

但我现在提倡的是建立一个新的“世界史”分支学科。我说的“世界史”，不是指在中国学科分类中人们通常所熟悉的“世界历史”，而是从全世界的角度，来观察人类历史的整体发展。这应该是一个新的学科分支，它的地位和“国别史”、“地区史”及其他分支学科同等，但有它独特的研究对象。这个学科考察人类的整体历史，考察人类文明在不同地区的产生、发展、交往、对抗、融合、扩散等过程。它探讨一个地区的文明，对其他地区产生了什么影响？不同地区人类的不同生存方式，除了它们各处的特点与发展逻辑外，是否还存在横向的互动？人类历史是否存在运行轨迹，如果有，是什么？这些就是“世界史”应该主要关注的问题。

总之，这个新的分支学科关心的是世界整体的历史，它不是地区历史和国别历史的相加，而是对人类历史的总体观察与思考。

(二)“世界史”的过程

从“世界史”的角度观察人类文明的发展，可以看出它经历着“从分散到整体”的过程。吴于廑先生生前曾提出“世界历史的横向发展”的概念，他说这是“指历史由各地区间的相互闭塞到逐步开放，由彼此分散到逐步联系密切，终于发展成为整体的世界历史这一客观过程。”[①]吴先生提出“从分散到整体”的世界史观，为我们理解人类的历史发展提供了很好的思路。

我在《前资本主义世界发展：东方普遍性与西方特殊性》一文中曾提出人类文明的发展经历了由点到面、由面到片、由片到圈、最终组合成世界文明的过程。[②] 自文明形成到资本主义出现，人类经历了“点”、“面”、“片”、“圈”的文明发展；资本主义的作为则是把“圈”进一步扩大，引导出个“世界文明”。我曾引用马克思、恩格斯的这一说法：“资产阶级，由于一切生产工具的迅速改进，由于交通的极其便利，把一切民族甚至最野蛮的民族都卷到文明中来了。它的商品的低廉价格，是它用来摧毁一切万里长城，征服野蛮人最顽强的仇外心理的重炮。它迫使一切民族——如果它们不想灭亡的话——采用资产阶级的生产方式；它迫使它们在自己那里推行所谓文明制度，即变成资产者。一句话，它按

---

① 吴于廑、齐世荣主编：《世界史》，2版，“总序”，北京，高等教育出版社，2001。

② 钱乘旦：《前资本主义世界发展：东方普遍性与西方特殊性》，载《世界历史》，1991(2)。

照自己的面貌为自己创造出一个世界。”①马克思、恩格斯在其他文章中也多次表达过同样的思想，即资本主义构造了“世界历史”。因此，从“世界史”的角度看问题，“圈”的限制被资本主义突破了，历史继续其“从分散到整体”的发展。这个过程至今仍在延续，这就是所谓的“全球化”。

（三）“世界史”的分期

根据以上对“世界史”内容与过程的理解，我认为我们对世界历史几个公认的分期阶段可以做以下认识，从这些认识中可以确定“世界史”分期研究的对象、内容、范畴和侧重点。

1.“上古时期”——文明产生的时代

文明的产生与农业的出现密切相关，一般的说法是人类最早的农业大约产生于一万年前的两河流域；世界上有几个独立的农业起源区，它们形成的时间不同，例如在中国，农业大约发生在七八千年前。② 农业的产生直接引导文明的出现，因此人类的史前史与文明的出现由农业的产生而得以贯通。文明最早出现的时候只形成于极小的地域内，因此只能是一个“点”。此后，如果具备条件，点会扩展为“面”，“面”再散布为“片”。文明的黎明期就是由“点”到“面”、由“面”到“片”的过程，这个过程是人类的“上古史”。

“点”的文明不可能长久存在，文明在地域上的扩张是其最终确立的保障。地域上的扩张需要一些必备的条件，其中重要的两条是：第一，在一个有限的范围内同时出现多个文明的起源，形成相对密集的状态；第二，由此而导致各起源之间经常性的接触（包括暴力冲突与和平交往），从而形成早期文明间相互的碰撞、交流与对比，引发前进的动力。

因此，站在“世界史”分支学科的立场上，对人类上古史的研究其主要关注点就应该是：人类早期文明是如何产生的？不同地区的各种早期文明各有什么特点？它们如何从“点”发展到“面”、再发展到“片”？

2.“古典时期”——文明的早期发展与“固化”的时代

① 马克思、恩格斯：《共产党宣言》，见《马克思恩格斯选集》，第1卷，255页，北京，人民出版社，1972。

② 这只是一种说法。此处不讨论农业的起源及其时间，因此不作展开。使用这种说法只是想说明问题。

“片”和“面”的文明继续碰撞，通过冲突与融合，形成了更大规模的文明区，覆盖了更广大的人类生存地域。原先在“点”、“面”和“片”阶段上文明相对孤立、被非文明地带割裂的状态逐渐消失了，形成了连续大范围地区中具有共同特征的文明形态，即“文化圈”。在“文化圈”形成过程中需要有两个必备因素出现，一个是庞大的国家体系——帝国，另一个是占主导地位的统一的价值体系——某种特定的宗教或意识形态。其中前者充当了文明的有形载体，后者充当了文明的无形载体。有形载体和无形载体在“文化圈”形成的过程中都有举足轻重的作用，往往缺一不可。到“文化圈”形成时，农业文明就扩张到它所能达到的最大限度了。

古典时期结束时，世界上形成了四个文化圈，即“东亚文化圈”、“印度文化圈”、“西亚—北非文化圈”、“欧洲文化圈”，分别以儒学、印度教、伊斯兰教和基督教作为各自统一的意识形态。相比之下，统一的意识形态比帝国更重要，因为帝国是可以瓦解的，而价值体系一旦形成，便会经久不衰。价值体系的固定指示着一种文明的“固化”，标志着一个“文化圈”的形成，并有别于其他文化圈。较晚时候，在南美也出现一些相当发达的人类文明，并扩张到相当广阔的地域，但由于它一直未能形成占主导地位的价值体系，未能将这种体系推广到地域相连的广大地段，因此最多只能算一个“准文化圈”。

“世界史”分支学科对“古代史”的研究，其着眼点应放在各文化圈形成的过程上——它们如何形成、各有什么特色，社会、经济发展状态如何，价值体系如何形成并如何传播、如何占据主导地位，以及各文化圈之间有哪些接触、哪些互动等 。

3.“中古时期”——文化圈的巩固与发展的时代

在“中古”时期，人类的历史主要在各文化圈内部发展，每一个文化圈在地理上仍旧扩张，但都扩张到各自的极限，在当时的技术、生产水平下，都遭遇到无法逾越的地理障碍。每一个文化圈内部，社会、经济、文化都发展到相当成熟的水平，形成了行之有效的管理与运行体制。在文化圈内部，地区之间可以有相当大的差异，但因相同价值体系的存在，地区间的共性特征还是很明显的——共性是相比于其他文化圈而言的，异性是相比于文化圈自身内部而言的。

每个文化圈都有自己的发展轨迹，都按照各自的发展轨迹运行，并不存在一个全世界都共同遵循的发展方向。农业文明是所有文化圈的共同之处，在农业文明的大前提下，各文化圈呈现不同的特色。文化圈之间交流很少，在很大程度上是相互隔绝的(基督教文化圈和伊斯兰文化圈之间接触较多，竞争也相对激烈，这是一个例外)。

很难将不同文化圈的发展水平进行比较，但如果一定要进行比较，可以看出东方长期超越于西方。在中古时期，以中国为中心的东亚文化圈几乎一直走在世界发展的前列，这是一个公认的事实。如果对此没有异议，那么原因是什么？在中国，统一的帝国与统一的意识形态长时期高度地结合，这应该是其根本的原因。

因此，作为一门新的分支学科的“世界史”，它对中古史的研究应该集中在两个方面：一是研究各文化圈内部的发展及变化、文化圈内部的各种关系；二是对各文化圈作横向的比较，经比较而显示各自的特色。

4.“近现代”——世界实行“现代化”的时代

“近现代”在西文中其实只有一个表达法，即“the modern times”(请注意复数)。

在资本主义发生之前，人类从分散到整体的历史发展到“文化圈”，已经经历了巨大的整合过程。自资本主义突破文化圈的限制起，一个“世界文明”开始构建，这就是“现代化”的过程。

“现代化”首先发生在少数几个西欧国家，但它一经出现，就具有强大的扩张力，结果到 20 世纪，它已经覆盖了整个世界。“现代化”造就了一个整体的世界，“从分散到整体”也进入它最后的阶段。

在这个阶段上，西方因先行而占据优势，超越东方，控制世界。非西方国家为摆脱西方的控制而进行反抗，奋起追赶，急于完成现代化。“近现代史”呈现的就是这样一个过程。

非西方是被强制纳入“现代化”的，所以在很大程度上脱离了自己原先的运行轨迹，表现出比较明显的“断裂”现象。但西方也是在背离自己的传统后进入“现代化”的，因此对整个世界来说，现代化是对“前现代”的明显背离，引发出人类社会的巨大变动。出现这种情况并不奇怪，因为现代化意味着文明的整体转型，它缔造着一个“工业文明”。

作为分支学科的“世界史”，它对世界近现代史的研究就应该展现世界现代化的完整过程——它的起源、演进、发展、推行；探讨各国现代化的不同道路，各自的特点；研究现代化的后果，成功与失误；回溯现代化在全球的扩张、扩张过程中的冲力与反冲力；等等。

把“世界”作为一个整体来观察，展现“整体的历史观”，这就是“世界史”分支学科应该力图去做的事。我觉得我们已经迫切需要这样一个学科分支，以便把人类历史作为整体现象来对待；应着眼于相互的关系、宏观把握时间与空间，而不只是把各地、各国的历史加在一起。只有这样，才能对人类历史有更全面的了解。

二、世界史学科的近期目标与任务

中国的世界史学科是一个年轻的学科。中国的“世界史”研究大概从20世纪初开始，到现在也就四五代人。与中国史相比，世界史学科实在是太年轻了，中国史研究迄今已经有两千多年历史，少说也有七八十代人。相对于中国史来说，世界史年轻、时间短、传承少，还不够成熟。中国史经历了几千年的积累，从史学方法、治学规范、选择的角度、关心的问题等方面看，都有自己成熟的传统，但世界史不是这样。

此外，中国的世界史学科不是从中国历史研究传统中发展出来的，它不是中国史学科派生的一个分支。世界史学科产生在中国受西方冲击的时代，那时候，有些人到国外学历史，接受了西方的教育，把西方的史学传统带回了中国，并且带回了早期的世界史知识。所以，世界史学科更多的是受西方史学的影响，而不是受中国传统史学的影响。这是世界史学科最大的特点，也是它与中国史学科最大的差异。20世纪50年代，“苏联体系”又成为中国世界史学科的独占体系，对中国的世界史学科造成巨大影响。“苏联体系”虽然与“西方体系”区别很大，但它仍然是“西来”的，仍然生长在西方的史学传统上。所以说，中国的世界史学科和中国史学科之间确实有很大的差别，最大的不同是“根”不同。

根据上面两个看法，我觉得中国的世界史、它目前的地位、它的现状及今后一段时间的目标，应该和中国史学科有很大的差异，不可作同一的要求。首先，因为它还不成熟，所以不能以一个成熟的东西来要求它，只能把它看作是一个发展之中、成熟之中的东西。这样一来，它现在的很多情况就是正常的，是成熟过程中的事，例如它关心的课题，得到的结果，就达不到中国史研究那样的深度，如果要求它像中国史那样去发掘过细的题目，目前它还做不到，同时也不必要。

其次，因为它的根是西来的，所以它的思维方式、角度、方法等可能会更加接近于西方的史学传统，包括苏联的史学传统，而不是中国自己的史学传统。这样一来，它提出的问题会和中国史学科不完全一样，操作的方法和想问题的方法都会和中国史学科有很大差别。我觉得这是一个客观的存在，必须要承认，应该对这种特殊性有充分的了解和认识。

中国的世界史学科现在应该做什么？它近期的目标是什么？前面已经说过，世界史学科产生在一个中国的传统和社会文化受西方强烈冲击的时代，在这样的背景和社会条件下，它一开始就被定位在中国文化和西方文化之间发挥一种沟通和桥梁的作用。我觉得这个作用一直到现在仍然存在。从这一点出发，我们对它最大的期待应该是帮助中国客观、正确地了解世界，了解世界的整体发展以及各个国家的真实历史轨迹。这是中国的世界史学科能够也应该为中国人提供的重要信息，要帮助中国人认识世界，理解真实而确凿的世界，知道世界的多样性，了解历史的不同发展方式。这是世界史学科的学科使命，也是它最大的社会功能。但这一点我们现在也还做不到。目前的世界史队伍中，只有人做少数几个西方大国，非西方国家做的人很少，大片地区仍为空白，这和中国目前的发展趋势和国际地位是很不相称的，我们应该要求世界史学科首先完成这一任务，即覆盖整个世界。然后再对一个个国家做更深刻、更深层的分析与探讨，研究更细的问题。当然，这两个任务也是交叉的：对我们了解比较多的国家，对大国、重要的国家，由于研究基础较好，就应该努力发掘，在更深的层次上进行探讨；对生疏、基本上没有了解的国家，就应该首先“开荒”，要首先开始对它们的研究，哪怕是非常初步的也罢。

第二个目标是：我们对外国的历史、对整个世界发展的历史，要有自己的解读，提出自己的观察和理解，这是中国人能够做到的一件事。正因为如此，我们要参与到国际学术界重大理论问题和前沿问题的讨论中去，对热门话题要有自己的声音。这一点应该得到大力的鼓励和提倡。重大理论问题也许和中国无关，与中国的事隔得很远。但参与本身就是发展，“世界史”应该关心整个世界，中国学术界应该关心世界学术界的进展。参与不在于参与到多深，而在于能否提出我们自己对问题的解读，也就是是否能成一家之言。其实，所谓的“苏联体系”正是做到了这一点，中国世界史学科也要努力做到这一点。

三、世界史学科的发展与展望

这里谈世界史学科在20世纪的发展与21世纪的展望。

第一点，世界史作为一门历史学界中的新兴学科，在20世纪，尤其是在新中国成立之后其发展是非常巨大的。在20世纪初，世界史还没有成为一门学科，在当时，历史学作为一门传统学科和传统的学问延续了几千年，有非常悠久的历史，可是世界史这个学科在20世纪初却仍然没有。经过20世纪这个动荡的时代，尤其是中华人民共和国成立后的这几十年风风雨雨的发展，世界历史在20世纪末的时候，已经成为一门独立的学科，这是非常了不起的成就。回想过去，情况不是这样，比如说我们有许多世界史学科的前辈，都很有学问，是我们的老师或老师的老师。这样一些大学者，他们在西方学了许多外国史知识，有很好的史学素养，回来之后，本可以在外国史研究方面做出很好的成绩。但在当时，由于种种条件限制，包括人们对世界史的偏见，却要求他们做与中国史有关的学问，否则上不了职称。所以在当时，许多世界史学科的教师教的是外国史，论文写的却是中国史，当时有很多学者是这样，我的老师蒋孟引先生是这样，世界史的老前辈雷海宗先生也是这样。

但到了20世纪末，世界史学科已经成为一个独立的学科，现在任何一位研究世界史的或者做世界史教学工作的老师都可以在世界史学科范围之内来申请职称。另外，在国家无论是学科的设置、学位的设置以及社科基金、社科评奖等所有这些机制当中，世界史确实已经被建立为历史学科下的一个二级学科。我认为这样的发展确确实实是对我们世界史学科的巨大的支持。这样一个结果是我们在20世纪中，经过漫长的发展，几代人的艰苦努力辛辛苦苦地争取来的，我觉得这非常不容易。展望21世纪，我有这样一个信念：在今后的100年中，世界史学科会取得更大的发展，更加带有突破性的发展。为什么呢？因为世界史研究确确实实对当代中国非常重要，现在，中国已进入一个改革开放的时代，需要仔仔细细地看世界、理解世界，借鉴其他国家在发展过程中的经验教训，在这些方面，世界史这个领域能够发挥无可替代的作用。面对这样一个时代，我坚信世界史学科会有巨大的发展，我对此坚信不疑。当然，这个艰巨的任务在很大程度上要靠现在的青年同学来完成。

第二点，既然如此，世界史学科就应该有一个雄心壮志，希望到22世纪时，中国的世界史研究能达到一个相当高的水平，能够在国际学术界有比较高的地位，至少是所有国家中对世界史研究做得最好的国家之一。我觉得我们应该有这样一个抱负，这样一个志向。为什么呢？中国地大物博，人杰地灵，有那么多人才，那么了不起的文化传统和优秀的积累，我觉得我们是做得到的，再加上我们现在身处这样一个时代，确确实实为世界历史发展提供了极好的机遇和极好的机会。在这个时代中，我们学世界史和做世界史研究的人，以及想做世界史研究的人，都不应该辜负时代的期望，不应该辜负国家的期望。但要真正做到这一点，就必须张开双臂拥抱世界，投入到国际学术界的主流中去。我觉得这一点对于我们世界史学科来说特别重要。我们应该知道别人在做什么，在想什么，他们在关心什么，他们研究的前沿领域是什么。我们一定要知道这些，否则我们就走不进世界，进不了国际大家庭，就会把自己封闭起来，关在自己的门里。我们自以为是在做世界史，实际上别人不知道你在做什么，也不知道你在做世界史。脱离了世界，如何做世界史呢？所以，放眼世界，争取走进国际学术前沿，对世界史来说非常重要。我们应该了解国际学术界的动态，知道学者们在想什么、说什么，至少要能和他们对上话，能和他们讨论问题，熟悉他们的想法，表达我们的想法，在共同关心的领域里找到共同的兴趣和共同的聚焦点，这才能有效地提升我们的学术水平。比如目前，就我所知，国际学术界对民族问题、民族国家问题和民族主义问题就非常关心；再比如说，现在国际学术界对环境问题、对科学主义及其后果、对人与自然或者说科学与人类生存的关系问题等，对全球化与本土化问题、全球化之下的民族特征、文化特征问题等是非常关心的。我们应该知道国际学术界在想什么、说什么，我们应该在知道他们的想法的基础上，提出自己的想法，我们必须去和他们对话，这样我们才能进得了国际学术界。实际上，也只有这样，我们才能充分发挥世界史这样一门新兴学科对当代中国、当代中国发展的借鉴作用，满足时代对世界史学科的要求。

此外，加强与国际学术界的联系对开拓学科领域来说也很重要，国际学术界在史学研究方面开拓了许多新领域，现在不仅有传统的政治史、军事史、经济史、外交史等，而且从20世纪六七十年代开始，新的领域不断出现，逐一成为“热门学科”，成为“显学”，比如六七十年代的社会史，稍后一点的性别史，最近一段时间的心智史等。这些领域的出现不仅开拓了新的历史研究范同，而且提出了新的研究方法和理论。我们应该注意到这些新的研究动向，只有这样世界史学科才能走向世界。

第三点，世界史学科和世界史研究经过几代人的不懈努力，今天应该考虑建立中国的学科体系，现在已经到了这样的时候，应该来思考这个问题了。事实上，在过去一段时间中，许多学者包括许多前辈们，已经开始在这样做。我认为我们应该有中国自己的世界史学科体系，因为到目前为止，中国学术界(及广大公众)所熟悉、所接受的学科体系仍然是苏联在20世纪30年代所形成的那个体系，这个体系尽管有其优点和长处，并且自成一体，能说明不少问题，但它也有很多缺陷，不能够反映人类社会的完整现象，也不能体现我们现在这个时代所面临的特殊情况，更不能适应中国现在所面对的实际需要。我认为这个体系应该重新考虑，应该进行修改，要建立一个更加适应我们时代要求的新体系。我在这方面的想法是这样的，应考虑设立这样一条主线，即世界近代以后的所有国家历史，都沿着一道非常明显的轨迹发展，这道轨迹就是“现代化”，所有国家都从它各自的传统社会走向“现代”，尽管方式可以不同，道路可以不同，但方向却是一样的。因此，世界近现代史的主线是“现代化”，按照这样一条主线写世界近现代史，其角度和思路就完全不同，内容也更充实，更丰富多彩。我认为创建自己学科体系的时机正在成熟，我们应努力奋斗。

第四点，我曾在北京大学召开的一个学术会议上发表一个思考中的理论，当时大会代表作了很多评论，在此我简单介绍一下：

一段时间里，我在研究时总感到在许多国家现代化的过科中似乎存在着一种现象，不容易摸得着，也不容易看得消，而且说不清楚。这是什么呢？现在大家都承认，一切国家无论大小，所有民族不分穷富，都必须走“现代化”这条路。在现代化过程中，可能会有这样一种倾向：即经过无数挫折，一个国家被迫接受了“现代化”，但它只接受现代化的表象，即物质的层面，而不接受现代化的价值取向，不承认现代化的最终结果是传统社会的消失，而代之以“现代”社会。因此它把眼睛盯在后面，时刻向后看，它接受“现代化”是为了用现代化的手段来抗拒现代化的实质，维护传统社会，维护传统的价值取向。这样一种现象似乎在很多国家存在或存在过，但似乎又说不大清楚，没有人清晰地表述过，甚至没有把它作为一种独特的现象来看待。在北大开会时，我提出了这个现象，并把它叫作“反现代化”。“反现代化”不意味着反对现代化，而是反向的现代化。在现实之中我们可以举出很多例子来说明这种现象是存在的，比如奥斯曼帝国19世纪中期以后的改革运动是不成功的，结果导致奥斯曼帝国瓦解，变成了现在的土耳其。在这个过程中，“反现代化”现象明显地起着作用。再比如说，中国19世纪的洋务运动是否也有“反现代化”倾向？我甚至认为洋务运动是一次典型的“反现代化”运动。我认为“反现代化”现象是一个值得研究的现象，应该引起人们的关注。

四、世界史学科的功能与定位

这里谈两个问题，第一是学科的意义，第二是学科的定位。两个问题都是老生常谈，但仍可以谈一谈。

历史学的学科意义，或者说它的学科功能，一是恢复历史，二是借鉴过去，这两点是多数历史学家都认同的，也为社会广泛接受，古今中外概莫如此。

中国的世界史学科是否也兼具这两个功能？从理论上说是这样，但在实际运作中却会有所侧重。在中国，世界史学科研究的对象是外国史，但中国人研究外国史，和外国人研究他本国的历史会有很大的差异，因为他站在中国人的观察点上观察外国的历史，其兴趣点、理解角度、从中获取的感悟，都和它本国人不同，也和其他国家的人不完全相同。中国人研究外国史(其他国家的人研究外国史也一样)，更珍贵的部分必定是在思考的层面，也就是从外国的历史中人们看见了什么、能够得到什么启示？历史的借鉴意义和训诫意义由此显得更突出，而探索历史细节的工作则必定不是主要的关注点。举例来说，英国人可能很愿意弄清楚维多利亚女王是否阅读过某一本书，中国人则会对她如何做一个立宪君主更感兴趣——这就是“中国特色”，明显表现着中国人的现实关怀。这种关怀有时是不自觉的，但它从一开始就存在；我们的责任，则是将它明确说出，让它成为自觉的意识。改革开放以来，中国的世界史学科进展极快，广度和深度都有极大发展，这是有目共睹的。然而随着课题越做越细、史料越做越多，却开始出现以堆积史料为目标的倾向，从而导致历史学的“碎化”。我认为在中国研究外国史，历史的借鉴作用更加重要，我们要自觉推动这个作用。我主张世界史学科要提倡大思考、鼓励大问题。就一篇刊物论文而言，我认为“以小见大”最好：一个看似具体的问题，反映的是大现象，引起的是大思考。我建议《世界历史》多多鼓励这种文章，多多刊登这类文章。

关于学科定位，我提出这样一个问题：历史学在人文社会科学领域占据什么地位？不解决这个问题，历史学的学科重要性就无法彰显，其社会功用也无从谈起。我认为历史学的学科地位极其特殊，而一般人似乎从来没有意识到这一点。我们都知道理工科有一门公共基础课，所有理科、工科学生都要学，那是数学。但文科（人文社会科学）有没有类似的基础课？也有，是什么呢？不是语言（中文或外文），而是历史。语言是任何一个社会中的大都必须具备的生存基础，历史学却是文科学生都应该掌握的基本知识。试看世界各地：凡是人文社会科学发展突出、有独特创造力的国家，无一不是历史学教育普及、各学科都具备坚实的历史学基础的国家；举凡具有世界影响、形成创新学术体系的大师学者，也无不积累着相当丰厚的历史知识。中国古代辉煌的学术成就，无不以历史学为基本功底（连诗词写作都有赖于历史学积淀）。然而这几十年中，历史学却突然失去了它应有的地位，造成的负面影响已经十分突出。我认为应该明确地指出：历史学是一切文科的基础，所有文科学生都必须上历史课，掌握必备的历史知识。由此可以知道：一切“涉外”专业（外交、外贸、外经、外语、国际法、国际关系、国际政治、国际传媒……）就必有一个共同的知识基础，那就是世界史；“世界历史”应该成为所有这些专业的公共基础课。《世界历史》在这方面可以做一个先行兵，为找回世界史学科的准确的学科定位做出贡献。

五、世界史研究的现实关怀

在国务院学位委员会颁发的新的学科目录即《学位授予和人才培养学科目录(2011)》中，“世界史”成为一级学科，这是我国世界史学科发展的新机遇，也是我国历史学整体发展的一个极好契机。

作为历史学的一个组成部分，世界史有其特殊之处。在国外，“世界史”是历史研究的一个“角度”，它强调对整个人类历史的横向观察，着重不同国家与地区之间的影响与互动，因此与“全球史”、“整体史”有相近的含义。但在中国，“世界史”却有其特定意义，它专指“中国之外的历史”，也就是在世界范围内，不包括中国在内的其他地区的历史。这样一来，中国历史学就分成两部分：一是“中国史”，二是“世界史”。这种情况是由中国学术发展的特殊经历造成的，在此不展开。

既然“世界史”和“中国史”有如此区分，其研究对象也就不同。“中国史”研究中国历史，“世界史”则考察除中国之外的其他历史。研究对象的不同引起人们去思考以下问题，即同样是研究历史，研究的目标取向是否也有所不同?

如果把历史学看作一个整体，无论“世界史”还是“中国史”都具备两个功能。第一是恢复历史，让人们知道过去是怎样、发生过什么。由于这个功能，历史学的学科地位就无可取代，无论人们是否喜欢或重视它，历史学将永远存在。人类正是通过历史这门学科而了解过去、认识过去，历史学承担着传承文明的使命。既然如此，历史学就必须求真，尽可能恢复人类真实的历史。尽管人们知道，完全恢复真实的历史是做不到的，但历史学家还是要尽可能去接近它。历史学家的这项工作就如同自然科学家：自然科学家也知道自然的真实不可被穷尽，但他们还是要竭尽全力去追求它，逼近真实的自然存在。

历史学的第二项功能也可以类比自然科学：自然科学家希望将科学的知识用于世界，达到影响或改造自然的目的；历史学家则希望通过观察历史、思考历史去影响社会，为人类提供历史的借鉴。这就是历史学的社会功能，也是历史学最伟大的力量所在。尽管一直有人不承认这个功能，认为对历史的一切理解和解释都是胡说八道，但历史的借鉴作用却是真实的，人们一直试图从历史中汲取经验和教训，正所谓“以古为鉴，可以知兴替”——无论东方还是西方，都存在这种文化传统。

历史学的这两项功能是多数历史学家都认同的，也为社会所广泛接受，正因为如此，历史学才经久不衰，成为人类知识体系中最有魅力的一个部分。作为历史学的两个分支，“中国史”和“世界史”当然都具备这两项功能，然而“中国史”和“世界史”终究不同，其中重要的区别之一是：它们承担着不同的学科责任，研究的目标取向有所不同。

中国人研究“中国史”，首先要恢复中国的历史，为此，追究每一个历史细节都是有意义的，都体现着履行文明传承的使命。但同时，中国史学又从来都强调以史为鉴的重要性，如司马光所言：“鉴前世之兴衰，考当今之得失”。中国史学数千年，其经世致用、读史通变的传统一以贯之。

事实上，每一个国家研究本国史，都会将历史学的这两项功能等量齐观：一方面，需要恢复历史，追求历史的真实；另一方面，会对历史进行思考，寻找它对后世的训诫。只要读一下世界各地的历史治学史，就都会知道这个情况。

但对于“外国史”(就是中国常说的“世界史”)，其功能发挥就有所侧重。任何一个国家研讨“外国史”，都会更器重它的社会功能。

中国的“世界史”就是这种情况，其社会功能从一开始就很明显。中国史学传统中本来没有“世界史”，中国人的脑子里从来没有“世界观”。鸦片战争后，国家内忧外患，积贫积弱，中国人被迫睁开眼睛看世界，这才催生了“世界史”。那以后一百多年中，“世界史”一直携带着强烈的现实关怀，在每一个历史时期都闪现着时代的色彩。举例来说，“世界史”曾一度最关心中外关系史、民族解放运动史，那是因为中国面对列强的侵略奋勇反抗、争取民族自身的解放；“世界史”曾对各国革命以及政治制度兴趣浓厚，那是因为在争取解放的过程中，中国试图借鉴别国的发展道路。改革开放后，“世界史”把各国现代化作为重要考察对象，那是以他国经历为镜鉴，为中国现代化提供参照。在中国史学领域中，“世界史”虽然是最年轻的一支，但它强烈的现实关怀却是最明显的，事实上，只有把历史学的社会功能视为主要侧重点，“世界史”的生命力才会强大。中国社会迫切期待“世界史”的现实关怀，在中国走向世界、日益增长自身影响力的时刻，这种期待会越发强烈。

今天，“世界史”可以研究的问题实在太多，人们对它的期待也实在太大。现在，中国对世界的了解还相当贫乏，而中国又必须加快了解，在这方面，“世界史”有很大的优势，其他学科则无可比拟。但目前“世界史”的现状却是：因为积累不多，基础不厚，又长期未受到足够重视，除了对少数几个国家(比如美、英、日等)有比较深入的研究，对多数国家和地区几乎无所探讨，也没有专门的研究人才。今天，中国周边国家问题已经很突出，可是对这些国家的历史，除了最基本的常识之外，几乎无所知。不了解它们的历史就不容易从文化深处理解它们的思维模式和行为方式，所以在处理周边国家问题时，“世界史”不应该缺位。

在观察世界总体格局、处理各种多边或双边关系包括中外关系时，情况也是这样：在面对各种国际组织、制定应对政策时，也需要借助世界历史。举例说，国联的历史是联合国的镜子，联合国对此决不可忘记。

的确，有很多重要问题在等待“世界史”去澄清。比如西方意识形态专家们一直在说，西方民主制度从古希腊绵延至今，历经几千年而不衰；但稍懂一点世界历史的大都知道不是这样，西方的“民主社会”到20世纪上半叶才姗姗来迟，迄今也不过几十年。

有一个与帝国主义相关的问题：几百年来，西方列强一直在为其侵略扩张寻找“道德制高点”，18、19世纪用的是“文明优越论”，今天换成了“人权高于主权”。不借助世界历史就看不出这一点，在概念中转圈子只会越转越糊涂。

再举例：世界现代化进程已经为每一个国家提供了充足的经验和教训，中国如何破解自身的难题——比如住房问题、养老问题、贫富差距问题？在别国的历史中，中国可以受到启发。

所有这些都说明：“世界史”研究的现实关怀何等重要，而人们的期待又何等的高！今天，“世界史”学科已面临着极大的发展空间，以现实关怀为指向的“世界史”研究，将会更好地展现自己的社会功能。

六、加强国人的世界史教育

国民素质教育已经是一个亟待解决的问题，其中，历史教育包括世界史教育的缺失，应引起高度重视。

中国属于世界，中国历史也是世界历史的一部分。中国要了解世界，也应该了解世界的历史。改革开放 30 多年的今天，在“全球化”的背景下，世界对中国更显得重要。世界历史对中国人来说，是了解和理解世界的一扇窗，也是走向世界的一个指路牌。然而在现实中，世界历史并没有起这样的作用。中国人对世界的了解还不够，对世界历史的了解更加贫乏，这已经影响到改革开放的深入发展、影响到中国发挥更大的世界性作用了。

这里的原因很多，但不重视历史，尤其是不重视世界史，不能不说是一个重要原因。中国有极好的历史传统，中国文化也可以说是一种历史文化，历史在中国话语中具有举足轻重的地位。然而在这几十年里，历史却突然受到冷落，被很多人淡忘了，其中世界史尤其受到冷落。

近两年情况有所改观，人们重新发现了历史。人们发现历史并不是百无聊赖中可以拿出来偶尔打发一下时间的调味剂，也不是傻头傻脑的书呆子找错门路自讨苦吃坐上去的冷板凳。人们意识到：历史是记忆，是智慧，是训诫，是指引；历史指引国家，也指引个人。人们意识到：历史是现实的老师，昨天是今天的镜子。有历史素养的人，比他的同行更富有理解力，也更具备处理问题的创造性。以历史为借鉴的国家，也会比其他国家走得更稳，发展得更好。

于是，历史类图书成为图书市场的一个热点，但其中有两个趋向值得注意：一是以中国史为主流，世界史相对清冷；二是许多读者是以一种游戏消遣的态度来阅读历史。前一种趋向反映了国人的世界胸怀不够，后一种心态则反映了国人对历史学科价值定位的总体忽略。如果缺乏对历史起码的敬畏，一味张扬以娱乐消遣为主旨的大众历史写作与阅读，有可能使历史应有的逻辑理性与教育意义悄然消解。

我认为世界历史应该引起高度的重视。原因是：第一，中国读者对中国历史的接触相对更多，所知也略多；可是对于世界历史、外国历史知道的就相当少。而这样一个现状是不符合潮流发展的。我们应该让社会大众更多地了解世界的历史，了解中国以外其他国家的历史。中国正在走向世界，了解外国的历史，对我国国民建立广阔的全球视野非常有必要，而且很重要。第二，即使是为了更好地理解和更深刻地观察当代中国，更深入地思考中国的问题，我们也应该更多地借鉴世界的历史，而不仅仅关心中国曾经发生过什么，也就是理解中国不能只看中国史，因为自近代以来，中国就不可能孤立于世界，中国的变化和世界的变化息息相关，中国的经历与世界的经历密不可分，只读中国史其实读不懂中国史，在很大程度上，只有读懂世界才能读清中国。对其他国家的历史没有了解，便无法思考中国的现状。

中国人必须面对这个现实：在他们眼前是一个世界。世界的概念在中国人的脑子里一向不强，而世界历史在中国人的记忆中则更加淡薄。这种情况不能再继续下去了：时代已经把我们推进了世界，我们如何能不融进世界历史的记忆之中？所以，加强对国人的世界史教育，已经是不可回避的责任，这是一个时代的话题。在许多国家，包括我们近邻的一些国家，对世界历史的教育已经超过了对本国历史的教育，外国历史课程占一半甚至更多，而本国历史课程只占一个小百分比。外国史教育是现代公比的基本素质教育，作为世界公民的中国公民，当然要接受世界史教育。

遗憾的是，目前的学校教育还不能做到这一点，所以我们有必要在社会大众中普及世界历史基础，其中一个方法，就是撰写大众阅读的世界史书籍。这需要学术界的观念有所转变，学术界不仅应该推动学术研究的发展，还应该将学术成果大众化，将学术推向社会大众。我们应当自觉承担这样一个任务，认识到这是一项光荣的使命。北京大学出版社组织编写的《未名外国史丛书》就是这样一套书，它邀请专业的世界史研究人员来撰写，一方面要讲述真实的历史，让读者追踪全人类的足迹；另一方面，它又要求用轻松的笔法进行写作，做到通俗易懂。我希望丛书为更多的人打开一扇窗，让他们看到更多的世界，从而了解更真实的世界。

世界近现代史的主线是现代化

世界近现代史的主线是现代化，之所以做如此断言，是因为自近代以来，历史的主要内容就是现代化。

一、现代化的缘起

在近代世界到来之前，文明的基调是农业（牧业包括在内），文明的指向是巩固和发展农业社会。然而在中世纪晚期，西欧出现了种种趋向，最终使农业文明走向解体。1500 年前后，西欧发生了一系列事件，这些事件为一种新的文明开辟了道路，这就是现代化的准备阶段。

在中世纪西欧，城市和商业游离于社会主体结构之外，有它自己的政治经济制度和思想价值体系，这是当时的西欧和其他文明地区完全不同之处。在其他文明结构中，城市和商业也是有的，有的甚至比西欧更发达，但这些地区的城市和商业都被包在社会主体结构之内，压在一个无所不包的国家大屋顶下，无法形成它自己的制度和思想，也就不可能独立发展，形成不了对主体农业文明的挑战。西欧的情况却导致在城市和商业中出现一种异质文明，这种文明逐步发育，最终对农业文明造成冲击。1500年前后，许多事指向农业文明的解体，比如说，农奴制解体解放了人身，文艺复兴解放了人的精神，宗教改革解放了人的思想，地理大发现则把人推向全球，第一次把世界连成一个整体。一种新的精神发展起来，这种精神赞扬财富，让人们心安理得地去发财，人们在不知不觉中取得了许多自由：人身自由、信仰自由、思想自由、经济活动的自由，以及由此而必然出现的财产自由等。所有这些都为一种新的文明创造了前提，社会变动的时机已经来临了。

在这个过程中，民族国家的出现具有巨大意义。在中世纪欧洲(尤其西欧)，国家的概念是很模糊的，社会的基本单元是领地。在领地上，民族的属性没有意义，一国的贵族可以在另一国领有土地，领主不讲究国籍。欧洲大地因此被分割得支离破碎，基督教是把西欧连接起来的唯一力量。在这个基督教的大世界里，“国家”并没有实质性意义，它更多的只是一种地理概念，而很少表现为政治实体。

民族国家的出现改变了这种状况。民族国家出现后，它就把自己的疆域封闭起来，使它与外界隔离。民族国家致力于自身的发展，而不顾基督教大世界中其他兄弟的景况如何。事实上，在多数情况下，民族国家总是以牺牲别人为代价的。这样，原先基督教大世界中社会经济状况基本拉平的情况就消失了，代之出现的，是某些地区发展起来，其他地区则相对落后。由此产生两个结果：第一，发展的不平衡迫使各地区都要形成民族国家，于是民族国家的形成就风起云涌，从而破坏了中世纪的结构稳定。第二，民族国家间相互的竞争日益激烈，为争夺土地、资源、财富和发展优势，以及(更重要的是)国家的生存权，它们便征战不已，使世界不得太平。中世纪的贵族纷争让位于国家之争，新的世界格局形成了。因此，可以说，民族国家的出现标志着现代化的起点，发展与社会的根本转型都是从这里开始的。

总之，在近代世界的起点上，人们看到欧洲正在出现巨大的社会变动(农奴制解体、城市与商业的发展、环球航海等)，看到欧洲已经发生大规模的文化运动(文艺复兴、宗教改革、重商主义的发展等)，同时也看到前所未有的暴力活动(国家统一战争、民族独立战争、国家间的争霸战争等)。这些都标志着世界正进入一个大动荡的时期，而动荡的发韧处就在欧洲。

此时，世界其他地区也出现了不少动荡，以及有深远影响的重大事件，但这些事件都没有对农业文明造成冲击，相反，却有可能使农业文明更加巩固了。中国的满清入关，印度的莫卧尔王朝建立，奥斯曼苏里曼大帝的征战等都属于这种情况。这样，由于西欧完成了社会转型的准备工作，它在发展的趋势上就走到了其他地区的前面，虽说在发展水平上它可能还不如其他地区，比如不如当时的中国。

二、现代化在欧美的发展

当转型的准备工作完成后，现代化的第一步是在政治领域首先迈出的，这就标志着现代化的开始。欧洲的民族国家是在王权的领导下形成的，王权统一了国家，因此它在欧洲历史上具有重要意义。但王权统一国家之后就成为至高无上的权力，成为专制的王权。虽说专制王权曾经起过进步作用，它形成后却又对进一步的发展构成障碍。专制王权把权力放在一个人手里，这使得国家常会受一人之害；君主再英明也会犯错误，而且这种错误无法受到节制——西班牙的查理五世和菲力普二世，英国的詹姆士一世和查理一世，以及法国从路易十四到路易十六时期都出现过这种情况。同时，专制权力限制人民的自由，使他们的能力不能充分发挥。因此，一个人的绝对权力阻碍了国家的发展，不限制这种权力，国家便无法进步。克服专制王权于是成了继续前进的条件，在这个时候，谁先克服专制王权，谁就先迈出现代化的第一步。

是英国迈出了这关键性第一步，而英国革命则是建立新政治制度的第一次尝试。英国革命并没有达到目标，但它却为“光荣革命”的成功，即克服专制王权铺设了道路。英国在光荣革命后就走上了顺利发展的路，工业革命首先在英国发生，说明在一个合适的政治制度保障下，经济会发生飞速发展。美国和法国是紧接其后的国家，它们也都用不同的方式完成了政治变革，而工业化“起飞”也就接踵而至。当这些国家的工业化汹涌澎湃时，其他欧洲国家便感到了压力，于是就被迫实行变革，不得不向现代化的方向迈进。这样就形成了后进企图追赶先进，争相实行现代化的浪潮。于是人们看到：继英国革命以后，又有法国革命、德国革命、1848 年欧洲革命、俄国革命等；与此同时，则有北美独立战争、南美独立战争、比利时独立战争、波兰的独立企图、德国的统一、意大利的统一等一系列重大事件。这些事件无非就是要追赶现代化的潮流，为经济发展创造合适的政治条件而已。这样，所有的欧美国家都走上了追求现代化的道路，现代化就在这些地区首先传播。

随着民族国家越来越多并纷纷成长，大国的争霸行为也愈演愈烈，从三十年战争开始，国际性战争一再把全欧洲都席卷在内，比如西班牙战争、奥地利战争、七年战争、拿破仑战争等。发展到 20 世纪，就出现世界性战争，第一次世界大战和第二次世界大战就都是如此。战争一方面造成巨大的破坏，一方面又把全世界几乎每一个国家都逼上了现代化道路，从而使现代化向更广阔地域推进。与此同时，民族国家一方面为现代化提供了保障，一方面却又是战争的根源，造成一次次巨大的灾难。国际性战争是随着现代化进程的出现而出现的，不可不说这是现代化的一大抱憾。

工业化发展起来后，新的社会随之出现，社会发生全面变化。在巨大的变化中，重新进行社会整合变得必不可少了，而为了完成这种整合，又经历了许许多多的社会动荡：工人运动，民众造反，种族冲突，利益集团的冲突等都是整合过程的表现，我们所熟悉的宪章运动、法国工人起义、反谷物法运动、美国南北战争等就都是如此。这些冲突体现出一个很大的特点，即社会的多样化使利益的不同显得分外显眼，阶级的意识出现了，阶级也相继形成，各阶级为保护自己的利益而进行斗争，最后又都进入政治领域，体现为各阶级为自己的利益争夺政权。19 世纪是一个阶级斗争的时代，阶级间的战争前所未有；但争取权力的斗争最后又都指向民主政治，在民主制度的框架下，各阶级学会了用和平的方法协调利益。整合的过程是漫长的，其中充满艰辛，充满动荡。民主化的历程非常艰难，政治转型看起来是最痛苦的转型，尽管现代化的第一步是在政治领域迈出的，但其完成，可能也是在政治领域。

欧美国家现代化的道路各不相同。在政治领域里，英国走和平渐进改革的路，法国走暴力冲突革命的路，德国走一条人民革命失败、最终由旧统治者领导现代化的路。其他国家大体上遵循这三种模式，但在具体细节上又各有不同。在经济领域里，英国是完全的自由放任，法国也基本如此；到德国情况就大不相同了，德国使用的是统制式的发展方式，国家在经济领域中起很大的作用。再往后，国家起的作用就更大，俄国从一开始就采用一种强制型的发展方式(从彼得大帝起)，到苏维埃时期，发展成完全的国家指令，即计划经济。

资本主义现代化暴露出许多问题，社会主义则是对资本主义的否定。社会主义建构出独特的社会经济制度，用国家的全面控制来推进发展，其目标是避免资本主义的失误，在落后国家快速推行现代化。十月革命开辟了社会主义现代化的发展道路，而其自身的发展，却也不是一帆风顺的。

现代化的发展极不平衡，现代化的经历也有先有后。然而经过几百年的变化，到20世纪，欧洲北美已基本上完成了现代化，成为现代化的先行者。英国原先的移民殖民地在英国的带动下也搭车先行，成为发达地区。从本质上说，现代化缔造了一种新的文明，即工业文明。这种变化把全世界带进一个新的历史时期，这个时期就是我们通常所说的“近现代”(The Modern Times)。

三、现代化在全球的推进

现代化具有一种扩张的本能，从一开始它的扩张性就表现得非常强烈。事实上，当现代化还在欧洲推进时，它的强制性就使一个个欧洲国家被迫接受了现代化，不得不跟在英国后面实行现代化。之所以如此，是因为现代化携带着工业生产力，正是这种力量粉碎了一切抵抗，而使所有障碍土崩瓦解。

当现代化向欧洲(及北美)以外的地区推进时，它的扩张性和强制性就表现得更充分了。欧美以外的地区比欧洲国家更难接受现代化，除了传统的因素外，文化的差异也是重大障碍。事实上，即使在欧洲文化圈内部，由于东、西欧两部分在宗教和传统方面的差异，东部(东正教亚文化圈)在接受现代化方面就比西部(天主教—新教亚文化圈)困难得多，进展也缓慢得多。欧美以外的地区属于完全不同的其他文化圈，各有独特的文化传统与意识形态信仰，它们在面对一种以西方文化为背景的新的文明时，抗拒便是本能。于是，“现代”与“传统”的冲突在这些地区表现得特别强烈，现代化的进程也特别困难。

在非西方地区，现代化的推进方式也形成重大障碍。如果说在欧洲各国间现代化的推进是用国家间战争的方式进行的，那么它在向欧洲以外的地区推进时，使用的是侵略与征服。欧洲刚开始向外扩张，其社会发展水平并不见得比其他地区高，生产能力也不比其他地区强。那时候，欧洲扩张凭借的是一种新的“精神”，即资本主义精神，这种精神鼓励人的冒进，为个人目的可以不顾一切。相反，在其他地区，社会给个人施加了太多的限制，个人的追求是受到压抑的。由此可知，解除人的束缚对欧洲来说是何等重要，它实际上把欧洲从落后状态下解脱出来，使它一跃而成为领先。

欧洲的解脱与它的扩张同时并举。最初，扩张在文明的边缘地区进行，比如在非洲、南北美、太平洋岛屿、澳洲等。这时的扩张非常野蛮，伴随着征服、屠杀和种族灭绝。南美的印第安人几乎被消灭干净，西非则出现野蛮的奴隶贸易，几百万黑人被贩运到美洲。这种早期的扩张为欧洲集聚了资本，使其以后的发展更为迅速。工业化开始后，欧洲的力量变强大了，它与其他地区的差距逐渐拉开，并最终形成绝对优势。这时,欧洲的扩张就不限于落后地区了,它逐渐向文明的核心区扩展,西亚、北非、印度、中国等古代文明最发达的地区都相继落入它的控制,原先几大文明圈相互间接触甚少的情况由此改观,世界也随之连成了一体。不过,这个过程充满血腥味,表现为欧洲对其他地区的武力征服。

对被侵略地区而言，问题表现得越来越清楚：它原有的文明不足以抵御欧洲国家的入侵，要想继续生存，就必须进行变革。但这个认识往往要经过很长时间才会被社会多数人接受，而接受速度的快慢，往往决定着这一地区几代人的命运。为了达成这一共识，被侵略地区表现出激烈的“变革”与“保守”间的冲突，社会与政治斗争前所未有地剧烈。两种力量的强弱对比左右着不发达地区的发展走向，而欧洲势力的加紧渗透，又使这些冲突不断加剧。有趣的是，西方的入侵一方面揭示了变革的必要性，另一方面却可能使反变革的力量更加强大，文明的相互排斥性可能因此而得到充分的发挥。外来侵略很容易激起反抗，反抗则一般会以维护传统为号召，这就反而加强了反变革的力量。所以，被侵略地区对现代化的认同是极其困难的，它可能经历几代人的时间。不过，新的生产力的冲击却无可抵挡，它迟早要使人们认识到：只有接受变革，才有可能生存。

这样，在被征服的地区，在那些曾经有过高度文明的国家，现代化的进程就开始了，从19世纪中叶开始，现代化越出欧洲，向亚非大陆推进，自西而东地扫向土耳其、埃及、伊朗、印度、中国、日本等。在这些国家，由于"传统"与"变革"之间力量对比配置不同，各自的社会、文化状态也不同，因此现代化的道路不同，发展的速度也不同。在多数情况下，现代化都从模仿西方的技术开始，比如埃及的穆罕默德·阿里改革、奥斯曼帝国的马哈穆德二世改革、中国的洋务运动等。这些改革接受西方的器物而拒绝西方的制度，结果往往造成深刻的二元现象，引起更大的社会紧张状态。而随着西方渗透的加剧，器物的现代化往往被证明无用，于是思想变革和制度变革就开始了，社会发生大动荡，革命与内战接踵而起，就像中国的辛亥革命、土耳其的凯末尔革命、伊朗的巴列维王朝建立那样。20世纪，几乎整个亚洲和非洲北部都经历了重新组建民族国家、实行制度变革、然后追求工业化、接着又面临进一步进行制度变革的需要的过程。到20世纪末，许多国家取得了重大成就，尤其在亚洲，出现一批经济高速成长的地区，政治制度也发生重大变化，在现代化方面成绩斐然。相比之下，拉丁美洲的现代化起步更早，但由于制度方面的缺陷，拉美现代化一直不顺利，到现在仍基本处于欠发达状态。

第二次世界大战结束后，现代化的浪潮推向全世界，非洲南部和其他一些原本比较落后的地区也开始步入现代化，对这些国家而言，民族独立是实行现代化的第一步，20世纪50年代末兴起的民族解放运动就体现了这种趋势。但非洲国家大多数在历史上从来没有形成过国家机体，非洲文化基本上是一种部族文化；殖民主义时期留下的"国界"是一种人为的疆界，既没有地理的依据，也不符合种族与民族的分布。非洲国家独立后面临着艰巨的任务，即如何建立起真正意义上的民族国家。民族国家是现代化的保障，没有民族国家，现代化是不能起步的。非洲南部在这个问题上遭遇重大障碍，从60年代起非洲经历巨大的战乱，其基本原因就在于此。

时至今日，世界上已没有一个角落没有受到现代化的波及了，现代化的浪潮席卷全球。现代化在各地区表现出很大的差异性，也表现出丰富的多样性。但现代化的方向始终是一致的，其过程也基本相像。它必须对以农业文明为基础的传统社会的结构进行调整，以确立(或接受)一个工业文明。然而在工业文明确立后，社会是否还会向新的方向发展呢？第二次世界大战以后，发达国家已出现新的社会变化，其变化幅度不见得小于从农业社会向工业社会的转变，这是否意味着一种新的社会转型？我们已经有“后工业社会”、“后现代主义”这样一些术语，这些术语加上那些全新的社会现象，是否就暗示着新的转型正在进行之中？

总之，现代化经历了由欧洲西部向整个世界扩散的过程，自近代以来世界上发生的一切事几乎都与现代化有关，现代化的主线条是非常清楚的。

四、现代主流意识形态

在思想意识方面，近代以来的主流思想有这样一些，它们是理性主义、科学主义、民族主义、进化论、民主的理念和社会主义。所有这些思想都和现代化有密切的关联,可以说,它们是现代化的支撑思想观念。

理性主义代表着摆脱中世纪的神学主导观念。理性主义认为人的理性是最高的思想境界，依照理性的指导，人能够合理地安排好自身的生活，也能管理好社会，管理好自然。理性主义否定人的一切遭遇都是先天预定的看法，这也就否定了无所作为的生活态度，否定了人的被动心态，从而为人的奋斗和人的主动性提供了心理动力。理性主义还提倡人世万物的合理安排，这就为否定“无序”、创建“有序”的社会奠定了合理基础，因而，只要符合“理性”，一切社会变动都是合理的，而不管这种变动是采取革命的手段还是采取战争的手段。理性主义是现代化社会的最基本的思想之一，没有理性主义，变革与发展就不具备合理性了。

科学主义是理性主义的自然延伸。科学主义提倡实证观察，在实验的基础上进行科学的概括，总结“客观”规律。科学主义首先在自然观察方面发展，由此形成一门门科学，使人的认知发生巨大变化，并为“征服自然、改造自然”提供了强大的物质手段。科学主义随后又向人的社会存在方面发展，在社会生活中也提倡“科学”观察和“科学”概括，试图将人的一切知识都纳入到“科学”的范畴中去，并将社会变革也归结为“科学规律”。这些理念是现代人认识外部世界的一个基本思想框架，它一方面提供了追求“客观真理”的无穷动力，同时也使人确立一种信念，即人一定能战胜自然。应该说，科学主义是现代社会的另一块基石。

在理性主义和科学主义的基础上，进化论的出现便是自然而然的了。进化论原是达尔文解释生物形成的理论，《物种起源》是现代科学的奠基作之一。后来，达尔文的信徒把进化论推广到对社会的观察中来，认为社会与生物一样，也是从低到高、从落后到先进排列的，低级社会一定要让位给高级社会，落后社会后也一定要让位给先进社会。人类社会与生物界一样崇尚生存竞争，“优胜劣汰，物竞天择”是天经地义的“规律”。这种学说当然为各国的竞相发展提出了紧迫感，尤其是对后发展国家，更起一种振聋发聩的作用，催促其奋起直追；但它直接的影响却是为种族优越论提供论据，为“先进”淘汰“落后”找到了方便的借口。

民族主义是一种强大的政治思潮，其基本理念是“一个国家，一个民族”，即民族与国家吻合，在国家疆域内建立单一民族的共同体，也就是“民族国家”。我们在前面已经说过，民族国家是现代化的载体，没有民族国家就不可能有现代化；民族主义恰恰起了调动民众凝聚力、动员民众同心协力报效国家的作用，是建立民族国家的基本理论框架，在产生民族国家的过程中举足轻重。而对于后发展国家来说，能否形成现代意义上的民族主义几乎就是生死攸关的事，因为只有形成了民族主义，才有可能抗拒“先进国家”的欺凌，在民族自卫的基础上保存和发展自己。然而从另一方面说，“先进国家”也可以利用民族主义来为侵略和压榨寻找借口。民族主义是一柄双面剑，它既可以伸张正义，又可以庇护邪恶。但因为民族主义在建立民族国家的过程中不可或缺，因此它无论是善是恶，在世界范围内的传播确是不可避免的。

民主的信念是近代世界的产物，如我们前面所说，民主实际上是一种趋势，随着现代化发展，民主是一定要出现的。作为多元社会的典型表达，民主是解决错综复杂社会矛盾的唯一途径，也是使多种相互冲突的社会利益维持其整合的最合理的方法，民主的理念由此而形成。民主主义是现代社会的一大思潮，它随着现代化的发展而发展，可以说是现代化的伴生物。一般来说，在现代国家中民族主义和民主主义是最重要的两股政治思潮，这两种思潮在一定历史时期中的强弱对比会决定这个国家的内外政治走向。

20 世纪，社会主义成为一大思想潮流，而且在很多国家成为指导思想。社会主义最初是一种理想，是作为对资本主义的超越而出现的一种更高的社会理想形式。但在现实中，它是落后国家追求高速发展、希望在短时间内完成现代化目标的一种方式。它在执行过程中取得了很大成就，却也出现不少问题，需要在发展过程中不断完善。

以上这些主流的意识形态相互间有吻合，也有分叉，甚至会互相冲突(比如民族主义和理性主义可以冲突，科学主义和社会达尔文主义并不吻合等)。但所有这些思想都有一个共同特点，即它们都服务于现代化，带着现代社会的深刻烙印。这些思想意识或者因其产生而引导了现代化的出现，或者因其存在而推动着现代化的进展。所以，我们在近代以后的思想史上可以看到一个清晰的脉络，那就是意识形态的现代化。

五、结论

综上所述，在世界近现代历史上，尽管存在着许多根线，这些线有交叉，有平行，涉及方方面面，如生产发展、阶级斗争、思想冲突、政治变革，我们可以用所有这些线来观察世界，观察世界上发生过的许多重大事件；但所有这些线，所有这些事变却都有一个共同的主题，即现代化。由于现代化，世界变成了今天这个样子，成为现代世界。现在这个世界是一个漫长过程的结果，这个过程，我们就把它叫作“现代化”。我们考察过去几百年中发生的重大变故(包括政治、经济、思想、文化等，当然还有社会变化)，无一不是在“现代化”这个主题下进行的。在政治方面，我们看到战争、革命、突变、改良等，这些都是由现代化的进程引起的，最终发展出一个现代的政治体系，其目的是为了整合一个复杂的现代世界。在经济方面，我们看到生产力的巨大飞跃，看到科学的发展、技术的进步，这些也都是现代化过程的一个侧面，表现出现代社会巨大的生产能力，以及对自然的征服力和破坏力。思想、文化、社会的变化要么为现代化创造条件，要么是现代化的直接后果；条件和结果有可能互为因果，现代化就在这递进的关系中滚滚而动，终究席卷了全球。所以，所有那些历史的线索都可以归结为一根主线，即现代化的线。几百年的近现代史只能让我们得出一个结论，即近现代世界史的主线是现代化。

论“反现代化”

——理论构建与实例分析

2001年我在《学术界》发表一篇短文，提出一个命题假设：“反现代化”。我在文中提出这样一个观点，即在现代化过程中可以观察到“反现代化”现象。所谓“反现代化”是这样一种现象：它“接受现代化，但只接受它的形式；它接受现代化是为了控制现代化，让它为维护传统的价值取向服务，从而为避免不可避免的现代化挑战寻找一条有效的途径”。我指出：“反现代化”并不反对现代化，它只是用现代化的手段来维护传统价值及社会存在，以“变”而维护“不变”，因此它是现代化的一个“镜像”，即看似相似，实则相反。① 短文刊出后，《中国社会科学文摘》、《社科信息》等杂志曾做论点摘要，国内外一些学术网站也曾全文转载。但短文未对命题假设做充分展开，因此在下面这篇文章中，我想对“反现代化”命题再做进一步阐释，以期引起方家指教。

① 钱乘旦：《反现代化——一个理论假设》，载《学术界》，2001(4)。

一、问题的提出

现代化研究勃兴以来，人们很快就围绕现代化的道路问题进行辩论，辩论的焦点是：现代化是不是只有“西方的”模式，存不存在“非西方”的其他模式？对这个问题，布莱克在20世纪70年代就曾说：“对现代化过程的大部分解释都强调西方社会和其他社会之间在制度遗产方面的差别，并且认为后者在开始出现现代化转变后的一个很长的时间内仍很可能保留许多与众不同的特征。从这个观点出发，可以推论不仅可用西方社会的制度适应于现代化的要求，也可以在不同程度上用其他社会的制度来适应这种要求。较后发展的社会所面临的问题，不是抛弃自己的制度而一味向西方借用各种制度，而是要评价自己的制度遗产，并且决定在多大程度上对它进行改造以适应现代性的要求。”[①]这就是说，非西方社会现代化有其特色，要认识到这种特色并尊重这种特色。

布莱克的说法固然不错，他指出了“西方”和“非西方”社会之间的差异；但问题是：道路之分是否以“西方”和“非西方”划界，模式不同是否发生在“西方”和“非西方”之间？不少人似乎很愿意这样看，在学术界，对早期现代化理论提出最大挑战的两个重要理论——世界体系理论和依附理论，其出发点就都是“西方”与“非西方”(“中心”与“边缘”)之分。[②]

这样一个两分世界的方法并不完全符合事实。亨廷顿在20世纪70年代末就曾发问：“两个现代社会——其中一个是非西方的现代社会——之间更相似呢还是两个西方社会——其中一个是非现代的西方社

① [美]西里尔·布莱克编：《比较现代化》，杨豫、陈祖洲译，“导论”，6页，上海，上海译文出版社，1996。

② 沃勒斯坦说：“从这个意义上说，谁实际上发展了？在一个层面上答案不难找。我们所使用的惯用语‘已发展’或‘低度发展’国家过去30年来已沿用，正是指过去50至300年来，上面提到的一个或两个方面的意义上都已‘发展’(或未发展)的国家。一般说来，把西欧的国家加上日本列入‘已发展’国家，把所谓第三世界的国家归为低度发展国家。”这可说是世界体系理论的一个基本的出发点。[美]沃勒斯坦：《发展是指路明灯还是幻象?》，黄燕堃译，见许保强、汪辉选编：《发展的幻象》，5～6页，北京，中央编译出版社，2001。

另一方面，依附理论的重要奠基人阿明也说：“几十年前写的《不平等的发展》一书一直被认为是对依附理论的一大贡献。它说明‘不发达’是资本主义扩张的产物，并批判社会主义国家和激进第三世界国家想赶上发达资本主义中心国家的企图。我这两个观点至今并无改变。”[埃及]萨米尔·阿明：《不平等的发展》，高铦译，“中文版序”，1页，北京，商务印书馆，2000。

会——之间更相似?”他还说:“两个非西方社会之间的差别会大大超过任何一个非西方社会与一个西方社会之间的差别。”①事实上,在现代化的道路问题上,西方国家遵循的不是一种模式而是多种模式,比如在经济发展方面有英美法的“自由经济”模式,有德国的“统制经济”模式,俄国采用的是政府直接干预的政策等。这些不同的方式都被详细地研究过,比如特里比尔科克的《欧洲大陆列强的工业化》就是一部实证性很强的专著。② 另一方面,这些不同的方式又并非只在西方国家中沿用,非西方国家也一样使用,界限不发生在“西方”和“非西方”之间,相反,文化与历史传统、不同的社会条件更多地决定着方式之不同。当然人们可以说西方国家都走了一条“资本主义”的路,但又有多少“非西方”国家没有走资本主义的路呢?

谈到政治现代化,情况也同样如此。小巴林顿·摩尔说几乎所有主要国家都经历过某种政治革命:英法美等国经历的是“资产阶级革命”,它最终引导到“西方形式的民主制度”;德意日等国“经过反动的政治形式而最终成为法西斯主义”,这是一种“保守的自上而下的革命”;俄国、中国等经历了“共产主义革命”,这是“导向共产主义的农民革命”。③ 尽管我们未见得同意他的观点,比如法西斯主义是否是一种“革命”;但他并不认为西方只走了一条道路,“革命”的方式不止一种,而且革命这种现象也并非只发生在“西方”或“非西方”国家,这却是明显的。亨廷顿说得更明白,他说西方国家经历过“三种截然不同的”政治现代化方式,即“欧洲大陆型的、英国型的和美国型的”,他的分类标准相当难懂,但有一点却很明确,即西方国家没有走同一条路。亨廷顿还指出非西方国家也不走同一条路,道路的差别并不以“西方”和“非西方”为界。④ 事实上,略有历史知识的人都知道“西方”和“非西方”国家在道路的选择上是

① [美]塞缪尔·亨廷顿:《导致变化的变化:现代化,发展和政治》,见[美]西里尔·布莱克编:《比较现代化》,杨豫、陈祖洲译,54页,上海,上海译文出版社,1996。

② 见 Clive Trebilcock, *The Industrialization of the Continental Powers*, New York, 1981。国内学者对西方国家经济发展的不同模式也已经很有认识,可参见丁建宏主编:《发达国家的现代化道路》,北京,北京大学出版社,1999。

③ Barrington Moore Jr., *Social Origins of Dictatorship and Democracy: Lord and Peasant in the Making of the Modern World*, Beacon Press, Boston, 1967, pp. 413-414.

④ [美]塞缪尔·亨廷顿:《变化社会中的政治秩序》,王冠华等译,88页及第二章,北京,生活·读书·新知三联书店,1996。

相互交叉的，我和陈意新教授在20世纪80年代中期也提到了这一点。①

尽管如此，很多人在谈论现代化时仍轻易地将“西方”和“非西方”对立，认为在现代化过程中“非西方”与“西方”之间有截然不同的路。这种看法现在颇有市场，有人甚至把道路问题与东、西方的“身份”(identity)等同。然而事实是：虽说现代化的道路是不同的，每个国家都不得不做出自己的选择；但道路的区分决不发生在“西方”和“非西方”之间，法国、俄国和中国都走上革命的道路(还有很多国家也都走了革命的路)，这本身就很能说明问题了。

强调不同的道路很容易忽略一个事实，即无论选择什么道路，现代化的方向却是相同的。把道路的不同对立在“西方”和“非西方”之间就很容易造成一个误解，似乎“西方”的现代化和“非西方”的现代化是不同的。不同的道路是否意味着“现代化”的目标不同？答案应该是否定的。无论道路有何种不同，经历有何种差异，现代化的方向应该是一样的，所谓“条条大道通罗马”。现代化只有一个方向，即从“传统”走向“现代”，而绝无其他。这样说并不是把“传统”与“现代”对立起来，而是说现代化的指向是明确的。我因此在这个意义上界定现代化：现代化是从“传统”向“现代”的转换，也就是从“农业文明”向“工业文明”的转换；现代化是一种文明转型，是一种全方位的“社会转型”。② 这样的转型是整体性的，它只可能有一个指向。

如此，对不同道路的过分强调及把它在“西方”和“非西方”之间做截然划分就掩盖了这样一个问题：在“现代化”过程中是否会出现不同的方向？乍看之下这个问题非常奇怪，而且事实上迄今为止似乎还没有人想到过这个问题。没想到是因为它被“道路问题”掩盖了，“方向不同”和“道路不同”看起来是一回事。但假如我们首先肯定现代化的方向不可改

① 钱乘旦、陈意新：《走向现代国家之路》，成都，四川人民出版社，1987。陈意新教授现在美国北卡罗来纳大学教。

② 罗荣渠教授基本明确地提出了这一点，他认为现代化“是指人类社会从工业革命以来所经历的一场急剧变革”，它“导致传统的农业社会向现代工业社会的全球性的大转变”。参见罗荣渠：《现代化新论》，16～17页，北京，北京大学出版社，1993。我的提法是：现代化“是人类文明的一次转换，它在工业生产力取代农业生产力的基础上，实现了农业文明向工业文明的转化”。参见钱乘旦、杨豫、陈晓律：《世界现代化进程》，2～3页，南京，南京大学出版社，1999。

变，那么问题的严重性就立刻显现出来：如果在“现代化”过程中有过不同的方向，那么它们是什么？答案只能有两个：要么我们的前提是错的，现代化可以有不同方向，它可以漫无目标地射向四面八方，也就是说，有多种“现代化”；要么现代化的方向只有一个，不同方向的出现表明“现代化”出了问题。对这样一个严重的二律悖反，我们以前居然就没有看出来？

由此，就提出了这样一个理论假设：“反现代化”。

二、理论假设

“反现代化”不意味着反对现代化，它只是现代化的反向运动，是向现代化的相反方向发展的“现代化”。

“反现代化”出现的现实背景是：对世界上大多数国家来说，现代化是被迫进行的，这是人们目前普遍接受的一个事实。当现代化的冲击刚刚到来时，多数国家的本能反应是抗拒，而且一个国家的文明越悠久、传统越深厚，抗拒的程度就越激烈，抗拒的时间也越长。但抗拒的时间越长，遭受的挫折也越大越多，现代化作为不可抗拒的潮流终究是无可抵挡的，多数国家只是在无数的挫折中才认识了这一点。于是，“抗拒”逐渐削弱，“接受”慢慢地占了上风，越来越多的人转变了自己的态度。只是到这时，一个国家的现代化才会开始，国家纳入到世界现代化的总体潮流中去。由此，观念的转变成了关键，人们从“抗拒”转变为“接受”往往是现代化走出的第一步。

但这一步却常常艰难无比，人们要经历无数的挫折——有时是毁灭性的打击——才被迫承认变革的不可避免。现代化因而在多数场合都是被迫的，其之所以“被迫”，就是因为人们被迫改变了自己的态度，不情愿地走上了现代化的路。现代化对他们来说并非自愿的选择，而是求活之路，犹如一个部落原住民面对着持枪的殖民者不得不扔掉手中的长矛，而拾起他敌人的枪那样。

但一旦他拾起敌人的武器，他却有两个选择摆在面前：他可以从改变自己的武器进而改变自己的生活，从而走向一个未知的世界——虽充满疑虑，却也同样充满希望；他也可以先把对手赶走，然后再退回到自己熟悉的世界中去，这对他来说似乎十分可靠，却不能保证他的对手不会再来——而这一次带着更强劲的武器。因此从他“接受”敌人的某种器具起，他的“接受”便可以有两个方向，一个向前，一个向后，两个方向恰好相反。

我说的“反现代化”就是这个意思：当一个国家被迫接受现代化时，它可以有两种方向上的选择，一种向前，一种向后。向前是它意识到别无退路，必须走进现代世界，而无论这个世界对它来说是多么陌生多么可疑；向后是退回它原有的社会，为此它不得不推行某种程度的“现代化”，但实行“现代化”是为了抗拒现代化，为了不让现代化破坏它原有的社会结构。因此，“接受”可以出自不同的目标，不同的目标可以指向不同的方向。现代化和“反现代化”的分水岭就在这里：现代化有一个向前的价值取向，“反现代化”有一个向后的价值取向；现代化的目标因此是向前的，“反现代化”的目标因此是向后的。我希望再强调一下：“反现代化”并不等于反对现代化，它只不过是企图用现代化的手段来维护传统社会的延续及其价值，用现代化的形式来抵抗现代化的实质而已。

“反现代化”往往出现在从“抗拒”转变为“接受”的关键时刻。观念的转变不是轻而易举的，从“抗拒”变为“接受”可能需要过渡，而“反现代化”就是一种可能的过渡形式。迄今为止，人们一般认为对现代化的态度可以有两种，一是“抗拒”，二是“接受”。但我认为在“抗拒”与“接受”之间还可以有第三种态度，在《学术界》的短文中我是这样表达的：

> 这种态度“是个隐秘的角色，其面目含糊不清：对反对现代化的人而言，它隐没在主张现代化的阵营中；对支持现代化的人而言，它扎根在传统主义的立场上。因之，守成者视之为立新派，维新者视之为守旧派；若站在旁观者的立场上观察，却往往又看不出它是一个独立的存在，因此要么把它当作温和的守旧立场看待，要么将它视为不彻底的维新企图。但实际上这却是一个独立的立场，是现代化推进过程中一种常见的现象，它在现代化的冲击刚刚波及进来时便已经悄悄地出现了，而当顽强抗拒的努力终究无效时，这个立场可以转化为一种社会实践，并且在一定时间内行之有效。”①

① 钱乘旦：《反现代化——一个理论假设》，载《学术界》，2001(4)。

所以，由于这样一种含糊不清的面目，“反现代化”就一直没有被人们单独地认识到，而隐没在“保守”或“革新”的阵营中了。

现代化和“反现代化”常常是并存的，它们平行发展，但方向相反。作为平行的运动，它们在许多方面几乎同一，但由于方向相反，“反现代化”只是现代化的镜像。所谓“镜像”是这样的意思：一个物体向某一方向运动，它在镜中的影像似乎也在向这个方向运行，但这只是一个错觉，因为镜中的左和右、前和后刚好相反。“反现代化”就是这样一个反向的“现代化”，它在表面上与现代化似乎归一，但它的价值取向和目标是相反的。反向的“现代化”实际上也是抗拒，它要用“现代化”来对抗现代化。反向的“现代化”虽说可以成为“抗拒”与“接受”之间的过渡，但它也可以使现代化的进程更加艰难。因此，除非现代化运动能够冲破镜面，把错觉中的影像回归为真实，否则，现代化是很难顺利进行的。

三、实例探讨

“反现代化”在现实中有实例可寻，但必须首先说明：在现代化过程中，“现代化”和“反现代化”往往交叉存在，相互纠缠，很难截然分开，因此纯粹的“反现代化”不是随时可见的。事实常常是：“现代化”和“反现代化”两种倾向同时并存，但一段时间中某种倾向更表现为主流色彩，因此就更突出了运动的某一个方向。下面四个案例可以看作是“反现代化”的例子，但由于“反现代化”理论仍处于探索阶段，因此对案例的理解和分析仍需要做很多工作，此处只能提供一个粗略的梗概。

(一)反宗教改革

“反现代化”并不是“非西方国家”的专利，除少数原生型现代化国家外，多数西方国家的现代化也是被“触发”的，“反现代化”因此也同样会存在。严格地说，宗教改革发生在西欧国家现代化的酝酿阶段，它是西欧国家现代化过程中一次重要的思想准备工作，也是西欧民族国家形成的推动器。人们现在都承认：民族国家是现代化起步的一个关键性条件，因此宗教改革在西欧国家现代化过程中起过非常重要的作用。①

① 关于宗教改革的思想意义，最典型的论述是马克斯·韦伯的《新教伦理与资本主义精神》。民族国家与现代化的关系可参见 Ernest Gellner, *Nations and Nationalism*, Oxford, 1983；也可参见霍布斯鲍姆的《民族与民族主义》。

宗教改革从反对天主教会的腐败开始，到全面改造教会组织、改造人们的思想观念，以至引起政治与社会的变革。宗教改革的结果是：一种新的宗教热情勃然兴起，它否定教会对意识形态的垄断权，坚称人应该与上帝直接沟通，从而宣告了个人对事物做出判断的权利。新教伦理与资本主义精神接轨，为资本主义发展创造了精神条件。在政治领域，对教会等级结构的怀疑引导到对政治等级结构的怀疑，政治平等的胚芽在不知不觉中形成；另一方面，宗教改革又造成国家教会的出现，从而为已经集权的世俗政体提供了更强大的权力基础即意识形态权。无论如何，资本主义首先在宗教改革的国家和地区取得胜利，这是一个人所共知的历史事实。

天主教会面临亘古未有的危机，自基督教产生以来，罗马教会第一次感受到解体的危险。天主教一方面试图消灭反对派，因而发动一次次宗教战争；另一方面又做出真诚的努力，从内部改造天主教，这就是“反宗教改革”。反宗教改革的结果是：教会内的腐败趋势得到遏制，许多人所痛绝的邪恶现象被清除，教会重塑了自己的形象。同时，一种新的宗教热情也随之出现，这是一种对天主教复兴的乐观的信念，同时又是对教会中迸发的一种福音主义的衷心的期待。在政治领域，反宗教改革也认可了世俗权力日益坐大的趋势，改革后的天主教也逐步变成一个个国家的宗教，这意味着天主教会不再是民族国家的障碍。从许多方面看，反宗教改革完成了宗教改革所成就的许多工作，但天主教的改革和新教的改革无论如何都是反向运动的，正如《牛津基督教史》的作者所说：“通常，反宗教改革被看作是从充满希望的和开放的和解主义(类似新教并准备同新教和解的一种宗教精神)转向更具对抗性的一种运动……在人们对现代欧洲文明的记忆中，伽利略的‘地球仍在运转’本质上代表着进步的力量，而罗马则选择与之唱对台戏的做法，这构成了反宗教改革教会长期思想贫乏的原因。因为它表明，反宗教改革教会已堕入散发着陈腐气息的旧宗教体系中。”①从后来的历史发展过程来看，天主教国家的现代化历程普遍比新教国家更艰难，遭受更多的挫折与障碍，而像法国这样的国家则必须在经历另一次思想解放运动——世俗性的启

① ［英］约翰·麦克曼勒斯主编：《牛津基督教史》，张景龙等译，223页，贵阳，贵州人民出版社，1995。

蒙运动及与此相关的政治大动荡——大革命之后，才实现了现代化的重大突破。宗教改革和反宗教改革在现代化历史上显然发挥了不同的作用。

(二)开明专制

18世纪上半叶，欧洲专制制度已面临普遍危机，这标志着现代化的进程进入了一个新的阶段。英国和荷兰已推翻了专制王权，其政治制度的优越性已经在经济发展中体现出来。北欧国家(如瑞典)也明显出现克服专制的趋势，而法国则正经历启蒙运动，这个运动最终将引导法国走向大革命。在启蒙运动的冲击下，曾经为专制主义提供最强大的合法性依据的理论——“君权神授”已经崩溃，专制主义的灭亡是必然的事，专制主义的历史作用已经过去了。这时的欧洲国家，谁先摆脱专制，谁就能在经济发展的道路上先起步，专制主义已成为现代化的严重障碍。然而，在中东欧，专制主义却维持下来了，获得了新的生命，这必须归功于所谓的“开明专制”现象。

开明专制的本质是维护专制，但开明专制不再宣扬“君权神授”，而改用启蒙思想来装点门面。“开明君主”似乎是科学和理性的保护者，企图用这种形象来为已经失去合理性的专制制度找到新的合法性依据。因此，所有的“开明君主”都声称自己是启蒙思想的信徒，普鲁士的腓特烈二世甚至说自己“论秉性是哲学家，论职责是政治家”。俄国的叶卡捷琳娜二世和奥地利的约瑟夫二世都与法国的启蒙思想家有很深的交往，把这些思想家称作是自己的“老师”。“开明君主”按启蒙思想的启示执行了许多“开明”政策，其中共同的特点是：发展经济，鼓励工商业，开办教育，传播知识，提倡向西方学习，增强国力，提高本国的国际地位。开明专制在行政方面也做了许多改革，目的是提高效率，加强合理性。正如腓特烈二世所说：“治理良好的政府应该有一个体系，其条理性就如同哲学体系一样。”[①]乍看之下，开明专制与西欧正在出现的变化相当合拍，“开明君主”似乎在有计划地推行某种类似西欧资本主义(现代化)的官方政策。

---

① Calton J. H. Hayes & Frederick F. Clark, *Medieval and Early Modern Times*, New York & London, 1966, p. 422; Stephen J. Lee, *Aspects of European History 1494-1789*, London & New York, 1984, p. 259.

但所有这些努力都是为拯救封建制度而不是为发展资本主义服务的。开明专制的根本目的是巩固专制，在所有实行开明专制的国家(普、奥、俄等国)，专制制度都很强大，而其基础正是王权与封建贵族的结盟(不像在西欧国家那样，专制的王权曾经与市民等级——工商集团结成同盟，而共同反对封建贵族)。这样一种同盟只会为垂死的封建制度招魂摇幡，在这种同盟下的“开明专制”，只是为挽救旧制度押下的最后一个法宝而已。所以，当西欧的专制制度已穷途末路，新社会已呼之欲出时，中东欧的开明专制则在向相反的方向发展。佩里·安德森曾说：中东欧专制主义最典型的特征是“农奴制再版”，原因就是专制的君主为贵族的再生(他本人也属于这个阶级)尽了最后的努力。因此，尽管开明专制实行了种种“开明”的政策，但“这些表面上的进步并没有改变启蒙时代欧洲绝对主义的东欧样板的性质和地位。因为这些君主政体的基础结构甚至在他们极其辉煌之时，依然是古代的和倒退的”。[①] 开明专制的“进步发展”确实与当时欧洲的时代方向有不少相似之处，但它终究是反方向发展的。普、奥、俄等“开明专制”国家后来在现代化道路上的缓慢和曲折的进展，与这种反方向的现代化努力不能说没有关系。

(三)奥斯曼帝国的自我更新

以上两个例子都来自欧洲，表明在欧洲国家的现代化过程中，“第三种态度”也是时有所见的。现代化浪潮推进到“非西方”国家时，出于文化上的巨大反差，从“抗拒”到“接受”的转变就更加艰难，因此“反现代化”的倾向就更有生成的土壤，“现代化”与“反现代化”两种趋向更容易纠缠，奥斯曼帝国就是一个非常典型的例子。

奥斯曼帝国曾经是非常强盛的国家，思想、文化都曾相当发达。它曾是伊斯兰世界的中心，16 世纪达到了强盛的顶峰。但是在 16 世纪，欧洲已经历了文艺复兴，科学与理性开始传播，一种新的精神——资本主义精神正在兴起，而一个新的社会正骚动在时代的母腹之中。然而，

① ［英］佩里·安德森：《绝对主义国家的系谱》，刘北成、龚晓庄译，244 页，上海，上海人民出版社，2001。此书译者指出 absolutism 应翻译成“绝对主义”，而不是传统译法的“专制主义”，因为西方的 absolutism 和东方的 despotism 是两个不同的概念(见中译者序)。我同意这个看法，但在本文中我仍沿用传统译法，主要是考虑读者在理解时的方便。由于这个原因，引文中的“绝对主义”实际上就是正文中的“专制主义”，敬请读者注意。

奥斯曼却正处在由极盛而衰落的转折之时，更不幸的是，它坚守伊斯兰教的传统偏见，认为基督教是未臻成熟的宗教，只领悟了一半的真理；伊斯兰教才是神谕的真正领悟者。因此，它闭眼不看欧洲的变化，而它自己又被内部滋生的黑暗、腐败和因循守旧彻底腐蚀了。欧洲走上了现代化的道路，奥斯曼却越来越落伍，它在对欧洲的一次次战争中一次次失败，终于面临了灭顶之灾。这时，它不得不途穷思变，于是，它对现代化的“抗拒”不得不转变为某种形式的“接受”，“反现代化”的现象就在这时出现。

不能说奥斯曼没有有识之士，他们真心诚意地希望实行现代化；但在很长的时间里思想的主流却是对抗，希望用学习西方来抗拒改造奥斯曼。因此在变革之初涉及的只是皮毛的东西，如服饰、家具、建筑风格等，而稍稍涉及实质性的变革，如建立新军，则无有不失败的，在18世纪有两位君主因为建立新军而被废黜，结果当然是奥斯曼在战争中遭受更大的惨败。

1826年，马哈穆德二世用武力消灭了保守势力的大本营传统的禁卫军，改革的进程才真正开始，尤其是1839年阿卜杜勒·迈吉德苏丹颁布《花厅御诏》，此后到1878年，是奥斯曼历史上的“坦泽马特”时代，即改革时代。这个时代的特点是：改革成了社会的主旋律，向西方学习成了社会——尤其是社会精英的共识。可以说，这是奥斯曼自觉走现代化道路的一个关键时期。“坦泽马特”改革几乎是全方位的，涉及经济、行政、司法、教育、社会、文化等各方面，在许多方面看起来力度还相当大。比如说，《花厅御诏》和后来的法令与宪法都规定了立宪、公民自由、法律平等的许多原则，距离现代国家的标准似乎相当接近。而且，国家致力于发展，努力改造传统的经济，促进工商业。但是整个改革的过程仍然散发着一种陈腐的气息，让人们疑问改革的出发点和归宿在哪里？

《花厅御诏》称帝国之所以衰落，原因是人们背离了古兰经，违反了先知的教导，因此必须革除时弊，回到伊斯兰的正确道路上去。这实际上是整个改革的指导思想。一位高级外交官曾经说：“宗教是我们法律的基础，是我们政府的根本；就连苏丹陛下自己，也并不比我们任何人更能动它一动。”[1]我们知道，基督教世界曾因为宗教改革而推进了现代化的启动，伊斯兰世界却因为没有经历这个过程，其现代化就更显得举步维艰。坚守伊斯兰教不变的法统而实行的改革，是否在方向上出现了自我的抵触？有意思的是，“坦泽马特”后期有一批对政府持批评态度的知识分子自称“新奥斯曼党人”，他们也主张改革，但指责政府的方向不对，说它无视伊斯兰教法，把改革推上了世俗化道路。[2] 实际上，帝国的改革绝对无意违背伊斯兰教旨，尤其在涉及制度性的根本问题时更是强调“道统”，比如在法律方面，宗教法仍是基础，世俗法仅表现于商法、刑法等。政治上提出实行“代表制”，但坚称它原本就出自古兰经的古老制度，因此所谓代表是官方指定的，苏丹则集教权与王权于一身，仍是权力的独占者。“新奥斯曼党人”认为如此仍旧方向不对，它们的理想是：要恢复古代伊斯兰的理想社会。

我们不能说“坦泽马特”完全是“反现代化”性质，因为其涉及面广，参与的人很多，各有各的出发点和归宿。但运动整体却不时表现出很强的“反现代化”倾向，从官方来说，它唯一的目的是保住奥斯曼国家，回归帝国昔日的辉煌。

即便如此，“坦泽马特”仍旧失败了，1878 年阿卜杜勒·哈米德二世发动政变，把奥斯曼重新拉回到封建、专制的老路上去。这种政策把奥斯曼一步步引向崩溃、灭亡，直至一个新生的土耳其在奥斯曼的废墟上出现。这以后，民族的土耳其全心全意地拥抱现代化，在与旧时代的奥斯曼决裂之后，土耳其才真正走上现代化之路。

(四)中国的洋务运动

如果说奥斯曼的“坦泽马特”性质比较复杂，中国的洋务运动相对就比较简单了。西方人一般把洋务运动称为“自强运动”，其目的与“坦泽马特”是一样的。但洋务运动的内容却非常单一，就是只学技艺，不见建制；“中学为体，西学为用”。

洋务运动的主要倡导者是中国传统社会的卫道士——儒学士绅。它

---

① ［英］伯纳德·刘易斯：《现代土耳其的兴起》，范中廉译，109～110 页，北京，商务印书馆，1982。

② ［美］罗德里克·戴维森：《从瓦解到新生：土耳其的现代化历程》，张增健、刘同舜译，102 页，上海，学林出版社，1996。

们在镇压农民起义和进行御外战争中深切感受到中国积弱已久，不学西方便无可生存，于是兴起一个学习西方技术的潮流，从而开启了中国现代化的源头。不过，这个现代化具有明显的“反现代化”的性质。

首先，运动的发起者是传统文化的化身，他们的世界观是正统儒学的，生存方式体现着士大夫的生活理想。无论从思想源流还是从社会存在上看，他们都不代表任何“新生力量”。他们的政治抱负出自儒家的功名动机，谈不上任何新社会的理想。“修身，齐家，治国，平天下”既是他们的立身准则也是他们的政治理念，回归儒学社会是他们真诚的愿望(至少嘴上是这么说的)。因此他们的视野是向后的，正如张之洞所说：“旧学为体，新学为用”。

其次，运动的目的是“自强”，是“御夷”，应付“千古未有之奇变”。洋务运动的一切作为无非是想方设法对付外来的威胁，以维护万世不变的中国传统社会和大清王朝的一统江山。因此，洋务运动将注意力完全集中在学习西方的军事技能和发展相关产业上，并不企图(也几乎没有意识到)改造中国的传统社会。运动的指导思想是“以夷攻夷”、“以夷款夷”、“师夷长技以制夷”，也就是处理“夷务”，与中国社会并无关联。“御夷”就是为了保住中国的传统社会，因此费正清曾敏锐地指出：“19世纪60年代中国对外部世界和内部叛乱的双重威胁所做的基本反应，就是重新确立或‘中兴’旧的儒家制度，而不是使之现代化。”①

所以，运动所完成的也只是购置一些枪炮船舰并随后企图模仿制造，再办一些兵工厂，修筑一些铁路，开挖几个煤、铁矿等。当然，洋务运动也创建了新军，培养了翻译和技术人才，在后期并认识到要开办一些民用工业，这些都对后来中国的社会发展有积极的推动作用。但这只是客观上造成的影响，并非运动的本意。事实上，洋务运动有意识地选择了这样一种只涉及表皮、不触动根基的基本战略，早期传播西学的智者如林则徐、魏源等实际上是把西方的物用制度都介绍进来的，其中包括西方的经济发展与政治制度。但洋务运动却把这些“较为完整的早

① [美]费正清、赖肖尔：《中国：传统与变革》，陈仲丹等译，318页，南京，江苏人民出版社，1992。

期现代化构想……缩小范围为‘练兵’、‘制器’”①，这恰恰从反面印证了洋务运动并不以改造中国为目的。

不能说洋务运动不主张“变革”，但这种变革绝不是“变祖宗之法”，相反，只不过是革除流弊、匡扶“王政”而已。洋务运动的领导者确实在很大程度上完成了对世事的“变革”，实现了王朝的“中兴”，但这种“中兴”只是“重新肯定了中国古代的道德观念……它希望自己的模式符合古代的黄金时代，没有一点进步的近代观念”；“中兴的理想是僵硬的和谐，而不是充满活力的增长，其眼光局限于古代的儒家模式”。② 洋务运动的“退后”价值取向是十分明显的，它学西学是为了抗西学，学西方是为了恢复中国的传统秩序。罗荣渠说洋务运动是一次“现代化延误”③，我同意这种说法；但它之所以“延误”，是因为它的“现代化”是反向的，它与现代化的目标背道而驰，因此，洋务运动毋宁是一次“反现代化”运动。

四、简短的总结

尽管有上面这些论述，我却要再一次说明：“反现代化”这个命题及对它的讨论仍属于初步探索。我提出“反现代化”这个命题是因为：我们太容易把一个国家现代化的缓慢发展和过多挫折归咎于保守力量的过分强大，因而对现代化造成了太多的阻碍。现代化的命运似乎完全取决于“保守”和“革新”之间的斗争，取决于它们间的力量对比。但我愿意指出的是：“现代化延误”未必是由保守派一手造成的，“革新”也可以造成同样的效果。“反现代化”常常是由“革新者”发动的，他们相对于纯粹的“守旧派”而言可以说是“改革派”。“反现代化”正因为有一种模糊不清的特色，因而迄今为止一直是被放在现代化过程中“无数曲折”的位置上来看待的。但“反现代化”确实是一种反向的“现代化”，它的这种性质及其对现代化造成的伤害，应引起人们足够的重视。但“反现代化”又经常是

① 章开沅、罗福惠主编：《比较中的审视：中国早期现代化研究》，69 页，杭州，浙江人民出版社，1993。

② [美]费正清、赖肖尔：《中国：传统与变革》，陈仲丹等译，323～324 页，南京，江苏人民出版社，1992。

③ 罗荣渠：《现代化新论》，271 页，北京，北京大学出版社，1993。

连接绝对的“抗拒”和自觉地“接受”这两种态度的中间状态，在许多国家的现代化过程中都无可奈何地出现了。对这一现实，我们又不得不加以承认。

民族、民族主义、民族国家问题研究述评

苏东事变后，民族问题在世界范围内重新兴起，学术界对此高度重视，涌现出一大批研究成果。中国学者也注意到这个问题，近 20 年来，他们勇于探索，敢于摆脱成见，在宏观探讨和个案研究方面都做出了成绩。尽管由于各种原因，中国学界在这方面的研究一直相对落后，但最近 10 年仍涌现出一批有分量的成果，表现出不断深化的趋势。本文将选择其中一些有代表性的成果予以评述，以体现在这个领域中，中国学术界已经达到的高度。

一、关于民族

什么是民族？它是如何产生的？这是研究民族问题所必须回答的基本问题。中国学者在探讨民族问题时，往往会给“民族”下一个明确的定义，由此我们就看到下面这些说法：

李宏图说：“一个民族是以血缘、文化等为基础的共同体，民族的每一个成员通过血缘与文化这些纽带把自己与民族共同体连接在一起，他

们对它有着一种无法割断的情感。”①

秦海波说：“民族是基于地理、人种、宗教、文化等等许多主客观条件，在历史长河中逐步‘天然，形成的……这样产生的民族可以说是自然属性的民族。”②

王勤榕说：“‘民族，指的是具有共同地域、共同语言文化、共同心理素质、共同经济生活和社会生活的人群，或曰社会共同体。”③

徐蓝说：“从语言学的角度来说，欧洲语言中的‘民族’(nation)来源于拉丁语 natio，本义大致为一个有亲缘关系的定居某处的社会团体。”④

从以上引文可以看出：多数中国学者对“民族”的理解大体相同，即它是一个先验的存在，是“天然形成”的，形成的基础既有物质和自然因素，也有文化和精神积淀。无论如何，民族是“存在”而不是“想象”，在这一点上，中国学者和西方学者有明显的区别。西方学者会更强调“民族”自身的认同感，在其极端的表达形式中，民族被看成是“想象的共同体”。⑤

中国长期受苏联的影响，有关民族的定义，在很长时间中沿用斯大林的说法，即“民族是人们在历史上形成的一个有共同语言、共同地域、共同经济生活以及表现于共同文化上的共同心理素质的稳定的共同体”⑥。一般而言，如果泛泛地谈，多数可以称为“民族”的群体确实具备这些特征，因此这样一个定义在相当程度上反映着客观的现实。但反过来说，具备这些特征的未必是民族(比如中世纪欧洲的巴伐利亚人或当代迪拜居民)，而民族又未必都具备这些特征(比如散居世界的犹太人，或吉卜赛人)，所以即便从纯客观角度看，这个定义也不是无懈可击。但斯大林定义中最大的缺陷是它完全忽视了对象的主体因素，把民

---

① 李宏图：《论近代西欧民族主义和民族国家》，载《世界历史》，1994(4)。

② 秦海波：《从西班牙历史看“民族国家”的形成与界定》，载《世界历史》，2008(3)。

③ 王勤榕：《欧洲近代民族主义的几种类型》，载《中央民族大学学报(社会科学版)》，1997(3)。

④ 徐蓝：《关于民族主义的若干历史思考》，载《史学理论研究》，1997(3)。

⑤ 参见[美]本尼迪克特·安德森：《想象的共同体：民族主义的起源与散布》，吴叡人译，上海，上海人民出版社，2005。

⑥ 斯大林：《马克思主义和民族问题》，见《斯大林全集》，第2卷，294页，北京，人民出版社，1953。

族看作是天然存在，是一系列外在条件的必然结果，人的自我认识(也就是"我是谁?")完全没有被考虑在内。

当代中国学者已清楚地意识到这个缺陷，因此王勤榕在描述了民族的"客观"特征后立刻补充："其成员要对这个'群'或曰'共同体'怀有认同感和归属感。"①李宏图对此作了更充分的表达，他说："如果从现代民族的意义上去理解和把握民族，我们不仅要注意到民族的血缘、地缘、共同的语言等客观存在的'客体'方面，还应该看到民族共同体成员……对他们自身作为一个整体民族的认识。"他进一步强调："只有当他们通过一系列的社会体验后，自身认识到他们是一个'民族'时，民族才会产生。所以，民族的产生不仅包括共同的血缘、居住土地、语言等自然共同体的方面，还理应包括这种对自我同一性的认识。如果他们缺乏这种自我认同的统一性，那么他们就无法是民族共同体，而只是一群人，或是部族。"②

这就是说，中国学者现在认为：纯客观因素不足以造就"民族"，人群主体的自我意识也同样重要、并且不可缺乏。对中国学术界来说，这是一个重要的理论突破，它让我们摆脱了一个固定的思维方式，认识到"民族"不仅是客观因素的产物，同时也是自我意识的产物，没有客观因素和没有自我意识，"民族"都不可能形成。在现实中，这种认识有助于我们更清楚地理解"民族"，并把"民族"看作是一个可变的群体，而不是固定不变的天然"存在"。

中国学者还有另一个共识，即血缘、地域等特征更适于表述"前现代民族"，而"现代民族"则有一个特殊且更本质的特征，即它与国家重叠——民族拥有国家，国家由民族组成。陈晓律说："民族主义意义上的'民族'，不在于其所指的民族是否是从旧民族中分化出来的，不在于与古代民族有着怎样的历史和文化的连续性，而在于现代的'民族'和民族国家的不可分割的关联，即'民族'作为民族国家的文化合法性基础和来源。"③李宏图说得更明白："'nation'这个词在早期阶段一直与血缘或

① 王勤榕：《欧洲近代民族主义的几种类型》，载《中央民族大学学报(社会科学版)》，1997(3)。

② 李宏图：《民族与民族主义概论》，载《欧洲》，1994(1)。

③ 陈晓律：《欧洲民族国家演进的历史趋势》，载《江海学刊》，2006(2)。

地区的含义相联系，在16、17世纪，‘nation’这个词发生了重大变化，具有了不管其种族集团而把一国之内的人民统称为民族(nation)的意义。后来又作为‘国家’(country，state)的同义词……这样，‘民族’(nation)的含义具有了政治意义，意指一种政治组织或国家。”[①]这样，一个和“前现代民族”完全不同的“现代民族”便出现了，它的本质是政治共同体，即国家；并且，它和“前现代民族”之间可以有联系，也可以没有联系。

将“民族”做出“前现代”和“现代”的区分，并指出“现代民族”的本质所在是国家，这是我国学者关于“民族”理论问题的又一个突破，并且为多数学者所共识。如果没有这一认识，那么关于民族、民族主义、民族国家问题的研究，就没有那么大的现实意义了，因为人类自从进入近代以来，“民族”就一直是重要的角色。但这种两分法留下了诸多困扰，首先是产生如下问题，即世界上为人们所认知的“民族”有2000多个，而作为联合国成员的“国家”只有不到200个，因此关于“国家”是现代民族本质特征的说法，就遭遇困境：要么有些“民族”不是民族，要么“国家”不是其特征。为摆脱这个困境，就有人引出了“国族”的概念，即“‘民族’虽然可以用来泛指民族共同体的一切历史类型，但在特定的场合和文脉中，‘民族’则可能专指……与国家概念相连的族体对象即所谓的‘国族’，或特指多民族国家中的基本族体单位……”[②]换句话说：民族既指全体国民，也指国民中的族裔集团。但“国族”这个词并不妥当，很容易给人造成负面的遐想；说实话，“国族”概念来源于黑格尔，黑格尔强烈的德意志至上主义就暗示着“国族”的真实含义。

另一种解决办法是为民族寻找生长期，周丕启认为：“‘理想类型’的民族在其发展过程中一般要经过以下三个阶段”，即自在阶段、自为阶段、自主阶段。自在阶段是纯客观“存在”，自为阶段是“民族意识产生”，自主阶段是“建立民族国家”。[③] 这里显然借用了马克思关于阶级“自在”和“自为”的说法，再加上民族自决的理念。不过这种解决方法却

① 李宏图：《民族与民族主义概论》，载《欧洲》，1994(1)。

② 张树青、刘光华：《关于民族国家的思考》，载《兰州大学学报(社会科学版)》，1999(4)。

③ 周丕启：《民族主义与国家建构》，载《欧洲》，1999(4)。

存在一个问题，即三阶段明显是彼此衔接、前推后进的，按此推论，那么是不是没有组成国家的民族尚处于低级阶段，还没有进化成“现代民族”？如果是这样，那么它们需要进化，或者是否需要帮助它们进化？

看起来，中文中“民族”一词含义太多，从而让我们陷入困境；我们的先辈在使用“民族”一词时太不周密，从而造成了现时的窘迫。西方有些学者愿意使用更严密的术语，比如用“民族”(nation)指全体国民，用“族群”(ethnic groups)指国民中的族裔集团。不过这种用法却有一个隐蔽的出发点，即他们认为“民族”是近代形成的，“是通过民族主义想象得来的产物”，而不是“天生一成不变的社会实体”；“族群”却可以追溯到更早的时期，从“前现代”一直延伸到当代。①可见，西方学者的“形成论”和中国学者的“存在论”是有本质区别的。

但西方学者并没有因此摆脱困境，因为他们同样无法解释：为什么有些人可以组织国家而成为“民族”，有些人却只能无可奈何地充当“族群”。其实，把民族分为“前现代”和“现代”，或将“族群”与“民族”作区分，都属于两分法，其共同点是对“现代民族”的相同理解，即现代民族是政治民族，“意指一种政治组织或国家”，而困境却恰恰出于这种理解。

不过“存在论”还要面对另一个困境，即如果“民族”在前现代就已经存在，那么它的社会功能是什么？它为什么不像“现代民族”那样，把自己组织成国家？如果在前现代“民族”仅仅是血缘、地域等特征的体现者，那么民族这个概念为什么需要？“村民”是不是更有意义——难道他们不是血缘、地域、语言等特征的体现者吗？而且“村民”这个概念明显更实在，更具备同常生活的社会功能。可是如果确实如此，那么前现代的“民族”还需要吗？或者说：它也一样是“想象的共同体”？这是中国学者必须思考的一个难题。

可是西方学者也面对另一个难题：他们为规避这个难题而不承认前现代社会存在“民族”，但他们立刻碰到另一个难题：他们无法解释，nation这个词在欧洲历史上从来就是有的——可能比古希腊更古老；如果不存在nation这个现象，怎么会有nation这个概念？困境于是重复出现。

---

① [英]埃里克·霍布斯鲍姆：《民族和民族主义》，李金梅译，9～10页，上海，上海人民出版社，2000。必须说明：这是一种现代的想法，在19世纪，多数西方人也认为民族是天生的，是“上帝对人的分类”。

在我看来，用两分法定义“民族”并不符合历史事实，因此必然遭遇困境，以“前现代”和“现代”作为“民族”的分水岭，是把“民族”的历史过程高度简单化了。① 我认为：“民族”是一个历史的范畴，它是随历史的变化而变化的，“民族”最主要的特征之一，就是它的历史性。它从人类文明的早期开始出现，一直存在到现时，但其内涵和内涵所涉及的人群范围却一直在变化。从历史的长过程看，“民族”不是一个固定的人群，而是随其内涵的变化而变化的人群。因此，在欧洲历史上，希腊、罗马时期的“民族”表现的是“文明”的分野——希腊人在和波斯人的战争中意识到“希腊民族”的存在，罗马人则在对“蛮族”的异质文化的认识中发现了“民族”。到中世纪，欧洲成为天主教大世界，其内部以庄园、领地分割，并无“民族”的意义，但一旦“异教徒”(如土耳其人、阿拉伯人、蒙古人)入侵，“民族”就出现了，也就是说，“民族”以宗教为判别标准。再往后，到中世纪晚期，王权扩张，力除分裂，在打击贵族和统一国家的过程中发动“民族”的力量，到这时，“民族”与“国家”结合了，于是形成“现代民族”。“民族”与“国家”的结合是现代民族的本质，但在此之前，“民族”并非不存在，只是其存在的内容不同而已。今后，“民族”的内涵也还会变；与“国家”重叠的“现代民族”终究也只是历史的范畴。

我认为，“民族”的这种历史性质是一个普遍的特征，在全世界各处都是一样的。就欧洲以外地区而言，其内涵可能与欧洲不完全相同，但它始终会变化却是确定无疑的。我们的研究工作，就应当细心体会“民族”的种种内涵，深入到当时当地的情景之中，弄清楚“民族”在不同地区、不同历史时期中究竟意味着什么。

二、关于民族主义

《中国大百科全书》关于“民族主义”的定义是这样的：“资产阶级思想在民族关系上的反映，是资产阶级观察和处理民族问题、民族关系的指导原则。”②

---

① 以下这些观点是我在《欧洲民族问题的历史轨迹》(载《中国社会科学季刊》，1996年秋季卷)一文中表达的，至今仍有针对性。

② 《中国大百科全书(简明版)》，第6卷，3395页，北京，中国大百科全书出版社，1996。新版《中国大百科全书》即将问世，我们预期这个词条会有所改变。

这个说法来源于苏联，在苏版《简明哲学辞典》中，“民族主义”被定义为“资产阶级的思想和政策，其目的是挑起不同民族的劳动人民之间的民族纠纷，巩固一个民族对其他民族的统治”①。这样，民族主义的反动性质就确凿无疑了。按照这一推论，民族主义只能是资本主义的必然结果，和社会主义社会格格不入；社会主义应该坚定不移地反对民族主义，铲除“民族主义的残余”。②

在很长时期中，这种理解左右了我国正式的舆论口径；进而，它被提升到意识形态的高度，所以在我国，也在苏联，对民族主义问题蓄意回避，斥责了之，结果不仅没有帮助社会主义事业发展，反而破坏了社会主义制度。苏联的解体，让我们深刻地意识到这一点。

改革开放后，社会各界都意识到民族主义问题的重要性，认识到这个问题的现实意义。民族主义是当代世界最重要的思潮及行为方式之一，深刻影响到我们对世界的理解及我国参与国际社会。在这种背景下，中国学者开始了对民族主义的学术探讨，而研究本身就体现着改革开放的伟大成果。

什么是民族主义，如何客观地予以定义？这是正本清源的工作，而中国学者的研究正是从这里开始的。

程人乾说：“民族主义是建立在近代民族这个特殊的人类共同体的基础之上，并为谋求民族权益，包括生存、平等、独立、发展等权益服务的一种社会政治思潮和实践运动。更具体地说，民族主义是历史上形成的对本民族历史和文化的认同、归属、忠诚的一种强烈情感和持久意识；是强调本民族的特性和传统，维护本民族权益，处理民族问题和对外关系的行动准则和价值观念；也是实现民族要求的实践和运动。”③

徐蓝说：“民族主义是近代以来民族在其生存与发展过程中产生的，基于对本民族历史和文化的强烈认同、归属、忠诚的情感与意识之上的，旨在维护本民族权益、实现本民族和民族国家的发展要求的意识形

① ［苏联］罗森塔尔、尤金编：《简明哲学辞典》，111页，北京，生活·读书·新知三联书店，1973。

② 参见上引二书。

③ 程人乾：《论近代以来的世界民族主义》，载《历史研究》，1996(1)。

态和实践运动。”①

其他学者也都表达了类似的看法，王勤榕说：“民族主义是建立在这种(即民族)认同感和归属感基础之上的思想观念，是对本民族的热爱与忠诚，对本民族的独立统一和强大昌盛的渴望与追求。”②

李宏图说：“民族主义是建立在民族情感基础上的一种思想观念，它是民族共同体的成员对本民族的一种热爱忠诚，对民族统一、独立和强大即生存与发展的追求和理想。”③

黄鹏说：“民族主义是建立在广泛的民族认同的基础之上的，是民族理想与原则的体现，它强调维护和促进本民族的利益，其基本目标是建立属于自己的国家。民族主义是信念、原则、行动的统一，在不同的形势下会有不同的表现形式。”④

由此可见，中国学者已摆脱苏联影响下的僵化、不符合实际的观点，而对民族主义提出了更公允、符合马克思主义本质的见解。归纳众多论者的意见，中国学者目前比较一致的看法是：第一，民族主义是民族所滋生的一种自我意识；第二，它体现为自我忠诚和对自身利益的追求；第三，它既是观念也是集体的行动；第四，它的政治诉求是建立民族国家。中国学者已不再认为民族主义是纯粹的资产阶级思想体系，它可以为各阶级、各社会集团所利用，既可服务于资产阶级，也可为被压迫民族、被奴役人民的解放事业服务，同时，社会主义社会也仍然存在着民族主义的空间。在关于民族主义理论研究方面，这是一个重大进展。

这些见解和当下流行的西方学者的观点有很大不同，最根本的区别在于：许多西方学者认为民族是近代创造出来的，不是原本就有的，因此，民族主义和民族的关系就成了问题。盖尔纳说：“民族主义似乎只会在国家的存在早已为人们熟视无睹的那些地方出现”，也就是说，国

① 徐蓝：《关于民族主义的若干历史思考》，载《史学理论研究》，1997(3)。

② 王勤榕：《欧洲近代民族主义的几种类型》，载《中央民族大学学报(社会科学版)》，1997(3)。

③ 李宏图：《论近代西欧民族主义和民族国家》，载《世界历史》，1994(4)。

④ 黄鹏：《对民族、民族—国家、民族主义问题的再认识》，载《世界民族》，2004(6)。

家是民族主义产生的条件。[①]霍布斯鲍姆说得更清楚，他说："民族主义早于民族的建立。并不是民族创造了国家和民族主义，而是国家和民族主义创造了民族。"[②]

中国学者不同意这种看法，他们认为"民族"是一种先验的存在，因此民族主义产生于民族就是必然的逻辑。由此可见，在对民族主义的认识上，中国学者形成了自己的见解。

在中国学术界，研究的一个重大突破点是对社会主义制度下民族主义问题的再认识，程人乾首先冲破禁区。1996 年他在《论近代以来的世界民族主义》一文中说："近代世界民族主义从它产生之日起直到 20 世纪初，它是与无所不包的世界资本主义的意识形态和社会制度紧密联系在一起的。但是，自从诞生第一个社会主义国家和世界划分为资本主义和社会主义两大体系以来，一个严肃的理论问题和现实问题就摆到了人们面前：在社会主义条件下存在不存在民族主义问题？应该如何看待社会主义条件下的民族主义？"这就把社会主义时期的民族主义这个尖锐的问题摆到了读者面前。

程人乾指出："按照马克思主义的传统观点，民族主义是资本主义的产物，属于资产阶级的思想体系，是与社会主义的意识形态和社会制度格格不入的，或者说最多仅是旧社会的思想残余，应予肃清，并以无产阶级国际主义取代民族主义。但 20 世纪世界历史的实际进程表明，这种传统观念需要重新审视。应该看到，在社会主义条件下，由于久远的历史原因和复杂的现实因素，不仅社会主义国家内部各民族之间，而且社会主义国家之间，仍存在着民族差异和发展差异，即仍然存在着民族利益的差异，更不用说存在着根深蒂固的民族情感的差异了。正是这种种差异使民族主义在社会主义条件下仍有其生存空间和群众基础，使民族主义仍得以以不同形式顽强地保持着自己的生命力，尽管有时处于潜伏状态。"[③]应该说：这一判断不仅符合马克思主义的基本精神，也符合社会主

① ［英］厄内斯特·盖尔纳：《民族与民族主义》，韩红译，6 页，北京，中央编译出版社，2002。

② ［英］埃里克·霍布斯鲍姆：《民族与民族主义》，李金梅译，10 页，上海，上海人民出版社，2000。

③ 程人乾：《论近代以来的世界民族主义》，载《历史研究》，1996(1)。程人乾在文中多次引用列宁对苏联党与国家内部大俄罗斯主义的批判，说明列宁对这个问题是清楚的。

义历史过程的客观现实，在对民族主义认识问题上做到了正本清源。

徐蓝差不多同时表达了相同的看法，她在回顾了苏联从建国到解体、社会主义阵营从形成到遭遇挫折的历史过程后指出：一方面，“由于复杂的社会历史原因和国际国内因素，苏联国内的民族政策举措失当，不仅大俄罗斯民族主义未能得到克服，而且有所膨胀，从而极大地伤害了其他民族的感情和利益，加深了民族积怨，致使联邦国家各地区的地方民族主义都有不同程度的强化”；另一方面，“战后东欧和东南欧的民族主义受到较长时间的抑制，东欧各国在冷战的格局下，在苏联的控制和‘社会主义大家庭’的共同意识形态的干预下维持着表面的结盟。但是各国的民族主义仍以各种方式不断表现出来”。因此，“苏东国家的历史进程表明民族主义不仅在社会主义制度下以不同的形式保持着顽强的生命力，而且是东欧剧变和苏联解体的基本因素之一，这已经是不争的事实”。① 这是她的结论。

社会主义社会存在民族与民族主义问题，现在已成为我国学者的共识了，尽管在十多年前，这还是个敏感的话题。

学者们对民族主义的发展阶段也进行探讨，在这方面，仍以程人乾和徐蓝的观点为代表。程人乾认为民族主义的第一阶段从17世纪英国革命开始，涌现出第一批近代民族国家，到19世纪中叶，形成了民族主义在欧洲和北美蓬勃发展的态势。第二阶段从19世纪中后期至20世纪初，那是欧美民族主义发生蜕变并向外扩张的时期，也是亚非拉民族主义形成并与前者剧烈碰撞的时期。第三阶段从第一次世界大战起直至70年代，民族主义在世界范围内迅猛扩展并向多元化方向变化，殖民主义最终崩溃，亚非拉民族主义大发展。但80年代以后，民族主义进入一个新的阶段，如决堤的狂潮席卷全球，产生一批新的国家，改绘了世界政治地图。程人乾认为，直至文章发表，“尘埃尚未落定，事态仍在发展，特性有待确定”，这是第四阶段。②

徐蓝的归纳与此相似，不过她认为民族主义是民主和工业的产物，“民主和工业革命为民族主义的产生提供了必要条件”。所以，民族主义的起点是法国大革命，“虽然17世纪的英国革命首开欧洲资产阶级革命

① 徐蓝：《关于民族主义的若干历史思考》，载《史学理论研究》，1997(3)。

② 程人乾：《论近代以来的世界民族主义》，载《历史研究》，1996(1)。

之先河，18 世纪的美国革命首开从旧帝国体制内创立新国家的先例，但毫无疑问，正是法国大革命从理论和实践上对现代民族主义运动产生了更为直接的影响”。①

无论怎么说，我国学者多数认为民族主义是一个现代现象，民族主义产生于西欧；古代社会不存在民族主义，世界其他地方的民族主义都是从西欧嫁接而来的。在这一点上与西方学者的说法一致，当然也是对西方学术的部分吸收。

不过这里有一个问题，多数西方学者认为民族是现代现象，前现代社会不存在民族，既然如此，没有民族主义也就可以说得通。他们的想法来源于对西欧封建社会的理解，当时，既没有民族，也没有民族主义；进而，许多人还认为是民族主义创造了民族，而不是民族产生民族主义。但中国学者把民族看作民族主义的现实载体，而民族又自古以来就是有的。这样，他们就必须解释，为什么在民族存在了几千年之后，到最近一二百年，才滋生出民族主义？并且，“民族”既然有一般意义上的“民族”和“现代民族”之分，那么“民族主义”是不是也可以有一般意义上的“民族主义”和“现代民族主义”之分呢？如果是这样，那么民族主义就不仅仅是“现代的”了。这些问题，有待于我们进一步思考。

由于起步晚，中国学者的研究还处在梳理主线条、考察总体特征的阶段，尚未对民族主义的不同形式及特点进行剖析，存在着将“民族主义”看作单一整体的倾向。实际上，民族主义的内部差异很大，表现在三个方面，一是时间差异，比如，200 年前的民族主义和 100 年前的民族主义、100 年前的民族主义和当代民族主义会有很大差别。二是地域差异，就是区域、地域、国家、文化区等地理空间之间，民族主义各有特色。第三个差异可能更复杂，即民族主义会有各种政治、文化、宗教等倾向，表现出各种色彩，因此在内涵方面呈现纷纭状态，而绝不是一个简单的单一体。这三种差异交织在一起，就迫使我们在谈论民族主义的时候，不可一概而论，而必须放到历史的情境之中，在当时当地来讨论具体的民族主义。在这方面，黎英亮有一篇文章很值得参考，他分析了法国民族主义的多样性，而且指出：法国民族主义从一开始(法国大

① 徐蓝：《关于民族主义的若干历史思考》，载《史学理论研究》，1997(3)。

革命时期)就有“老左翼”(革命派民族主义)和“老右翼”(保王派民族主义)之分，以后两种民族主义始终是存在的，而且对历史产生影响。[①]这就对一种定见——即大革命时期的民族主义是民主主义的并且是推动历史进步的——提出了挑战，而这种挑战对民族主义的基础研究应该有冲击性影响。

近年中也出现了一些案例研究，如陈晓律对英国民族主义、李宏图对法国民族主义、张建华对俄罗斯民族主义、邢来顺对德意志民族主义的讨论等，都是对某具体国家进行的具体分析，并且达到了相当的水准。[②] 但这类讨论并不多，而且集中于几个西方大国；对非西方国家、小国、不发达地区的民族主义则涉之不多，可见今后我们需要做的工作仍然多么繁重!

三、关于民族国家

既然现代民族的本质特征是与国家重叠，那么民族国家问题就突显出来了。民族国家是现代国际格局中的基本单元，在当代世界具有举足轻重的地位。民族问题之所以重要，就是因为它和国家问题牵扯在一起，这才引起那么大的重视。但很长时期中我国学界对这个问题却刻意回避了，其中的原因，宁骚说得很清楚：“在马克思主义传入中国的最初几十年里，由于革命与反革命之间的斗争是我国政治生活的主题，所以国家的阶级实质问题受到了学术界与理论界的极大重视，而国家的现代形式即民族国家问题，则没有受到应有的注意。”宁骚认为这种情况是不正常的，因为“民族国家是马克思主义的一个基本范畴”。[③]

宁骚的文章发表于1991年，这是改革开放后我国学者第一次为“民族国家”正名，恢复它在马克思主义国家学说中的地位。宁骚指出：马克思主义经典作家不认为“民族国家”的结构特征是民族单一性，他们认

① 黎英亮：《论近代法国民族主义的蜕变》，载《世界民族》，2007(6)。

② 陈晓律：《第一个工业化民族的民族主义》，载《世界历史》，2008(3)；李宏图：《“民族万岁”——十八世纪法国大革命中的民族主义》，载《史林》，1996(1)；张建华：《俄国历史上俄罗斯民族主义的产生及其基础》，载《世界历史》，1994(5)；邢来顺：《启蒙运动和德国的文化民族主义》，载《浙江学刊》，2007(3)。

③ 宁骚：《论民族国家》，载《北京大学学报》，1991(6)。

为统一和共同的民族阶级利益才是民族国家的实质。[①] 他由此提出：不能从国家的民族结构去界定民族国家，而应该从国家的统一性和国民文化的同质性方面加以界定。从这个观点出发，他认为："所谓民族国家，就是建立起统一的中央集权制政府的、具有统一的民族阶级利益以及同质的国民文化的、由本国的统治阶级治理并在法律上代表全体国民的主权国家。"按照这一标准，当代多数国家都是民族国家，无论它们实行什么政治制度，也不管它们是否完成了国家建构还是仍在完善国家建构。他进而指出：虽说民族国家是资本主义发展的伴生物，并随着资本主义的发展而发展，但社会主义国家同样属于民族国家，社会主义国家建立后，仍然在民族国家的范畴内活动。[②]

宁骚的这些观点在学术上有很大的创新性，在现实国际政治领域中也体现着正确的操作导向，他的观点应该被看作是中国学术界的代表性及主流性观点。如果从民族构成去界定民族国家，就会造成世界的无止境动荡，因为前面已经说过：世界上有 2000 多个"民族"，却只有不到 200 个国家。事实上，像霍布斯鲍姆这些学者，也都意识到民族国家的实质不是民族单一性，他曾说："后革命时期的国家(即法国大革命以后的国家)，无论是否在世袭君王的统治之下，都必须跟'民族'保持一种'有机关系'，这里的民族指的是全体居民的集称。"他还说："法国的民族性也就是其公民性：族群特征、历史渊源以及语言(或家中所说的方言)，都与这种'民族'的概念无涉。"[③]这就明确地指出："民族"是指国家的全体居民；换句话说，如果现代民族的本质特征是民族与国家重叠，那么民族其实是指对国家表示从属的国民整体。

在这一点上，中国学者应该没有太多分歧。例如，陈晓律说："与传统封建国家不同的是，民族国家是一个拥有国家主权的政治实体，对内能实施有效的控制(即国家垄断了合法的暴力手段)，对外具有相应的

① 宁骚引用了马克思、恩格斯的论述：原先"各自独立的、几乎只有同盟关系的、各有不同利益、不同法律、不同政府、不同关税的各个地区，现在已经结合为一个拥有统一的政府、统一的法律、统一的民族阶级利益和统一的关税的国家"。马克思、恩格斯：《共产党宣言》，见《马克思恩格斯选集》，第 11 卷，255～256 页，北京，人民出版社，1972。

② 宁骚：《论民族国家》，载《北京大学学报》，1991(6)。

③ [英]埃里克·霍布斯鲍姆：《民族与民族主义》，李金梅译，101～102、104 页，上海，上海人民出版社，2000。

防御机制，拥有比较稳定的疆域，能够为发展现代经济提供基本的保障，其政权的合法性得到了全体国民的认同，国民也能通过合法的渠道表明这种认同。”[①]李宏图虽表示只有单一民族的国家才是民族国家，但他同时说在许多地方（比如非洲，甚至于15、16世纪的西欧），是先出现“国家”，然后用国家的力量创造出“现代民族”。[②] 我的理解，他认为国家创造了“民族”，而民族指的是所有国民。

但在另一个问题上却出现了明显的分歧，即“民族国家”是何时形成的？学者们普遍认同民族国家最早在西欧出现，宁骚说：“第一批民族国家兴起于从13世纪中叶到15世纪下半叶的西欧，而到17世纪上半叶它们最终得到了巩固。”这些“民族国家”即是人们通常所说的“专制国家”（或译“绝对主义国家”），其政治形态是“专制王权”（或译“绝对主义王权”）。专制王权统一了国家，保护了资本主义发展。但随着资产阶级的壮大，专制王权不能满足时代的需要了，于是资产阶级“决意要取代王权而成为民族国家的领导阶级”。斗争于是开始了，“这一次，是全民族与王权的对抗，民族要战胜曾经帮助它取得独立和统一的工具”。英国革命和法国革命就是为此而爆发的，民族国家也进入第二个发展阶段，也就是推翻专制王权的阶段。结果，“国家主权从君主那里或全部或部分地转移到了在形式上代表全民族而在实质上则由民族统治阶级掌管的国民议会手中，君主立宪制和民主共和制成为民族国家正常的国家政权形式”。[③]

由此可见，宁骚认为专制主义是民族国家的初级阶段，后来，当它的历史使命完成后，才出现推翻专制王权、建立君主立宪或共和制度的斗争。不少论者持相同看法，比如范保学认为专制王权是早期的民族国家；金鹏认为专制国家是第一批民族国家，但不是现代国家；瞿炼认为专制王权是民族国家的最初形态；姜守明、黄光耀认为英国都铎王朝已

---

① 陈晓律：《欧洲民族国家演进的历史趋势》，载《江海学刊》，2006(2)。

② 李宏图：《民族与民族主义概论》，载《欧洲》，1994(1)。

③ 宁骚：《论民族国家》，载《北京大学学报》，1991(6)。应该指出：我在1987年提出过相同观点，见钱乘旦、陈意新：《走向现代国家之路》，成都，四川人民出版社，1987。

经是民族国家了，等等。[①]

另一些学者有不同意见。李宏图说："在近代西欧民族国家形成的问题上，有一种观点认为这种君主国可以称为民族国家。对此我们不能同意。"他认为民族国家是法国大革命以后产生的新现象，因此民族国家的起点是法国大革命。在法国大革命中，"资产阶级以全民族的名义展开了对封建专制君主，对王朝国家的批判，要求获得自由、平等、人权和幸福"；在这个过程中，资产阶级把"民族主义与民主主义相结合，形成了具有政治意义的民族主义。这样，这种新型民族国家的基础不仅是民族的共同心理和文化，更重要的是民族的共同政治认同，认同民主、自由、人权等政治原则和观念"。总之，民主共和是民族国家的特征，至少是它的一般形态。[②]

陈晓律的看法与李宏图相似，他认为：欧洲民族国家经历了三个阶段，第一个阶段是许多王朝国家都开始向民族国家转型，但只有英国取得成功，那就是光荣革命以后的英国；第二个阶段以法国大革命为起点，民族国家迅猛发展，成为欧洲的主流趋势；第三个阶段到第二次世界大战以后才出现，欧洲呈现一体化趋势，在共同发展中走向融合。关于民族国家的界定，陈晓律认为："一个与绝对主义君主国家不同的现代民族国家，必须提供经济学界公认的发展现代经济所需的三个基本条件：明晰界定的产权，为市场经济的扩展提供充分激励；内在于市场机制中的完善的法律框架，为市场运行提供规范保障；代议制的民主宪政体制，为市场经济的运作和政府的宏观调控与操作构建合意的政治架构。"[③]总之，需要民主、法制、市场经济。

上述两种意见尽管有分歧，但在一个基本点上却是一致的，即在欧洲封建国家和现代资本主义国家之间，存在着一个中间阶段，那就是专制王权，因此专制主义国家是一个独特的历史现象。分歧在于：宁骚等

① 范保学：《西欧民族主义初探——从文艺复兴到德国统一》，载《世界历史》，1988(3)；金鹏：《西欧民族主义的起源》，载《欧洲》，1998(4)；瞿炼：《民族国家的历史命运》，载《欧洲》，1998(1)；姜守明：《教皇权的衰落与英国民族国家的兴起》，载《辽宁大学学报》，2006(1)；黄光耀：《论16世纪英国民族国家的强固与民族意识的发展》，载《内蒙古大学学报》，2002(1)。

② 李宏图：《论近代西欧民族主义和民族国家》，载《世界历史》，1994(4)。

③ 陈晓律：《欧洲民族国家演进的历史趋势》，载《江海学刊》，2006(2)。

人认为专制主义国家已经是民族国家，只不过是它的初级发展阶段；李宏图等人认为它还不是民族国家，而只是向民族国家的过渡。

我觉得，从专制王权是一个中间阶段这一点出发，两种意见的分歧其实并不重要，重要的是中间阶段确实存在，而且在一定历史时期中发挥作用，因此是必需的、有历史的合理性。这种合理性就在于它对民族国家具有的意义，即它通过强制的力量，完成了统一的任务。正因为如此，恩格斯说："国王的政权依靠市民打垮了封建贵族的权力，建立了巨大的、实质上以民族为基础的君主国，而现代的欧洲国家和现代的资产阶级社会就在这种君主国里发展起来。"①但这个合理性是有时段性的，一旦统一的任务完成，它就应该让位于把主权置于全民族之手的新的国家体制，所以它最终一定被推翻(建立共和制度）或被本质性地加以改造(建立君主立宪制)。所以，我认为两种观点都可以说得通。

但另一方面，如果把民族国家和民主、自由、平等、人权等挂起钩来，认为这些是民族国家的基本特征甚至判断标准，那就应当十分谨慎，因为在现实中很容易落入西方的窠臼。西方国家总是以这些标签为口实，动辄将不同制度的国家置于死地。但西方人忘记了，如果以这些标准作判断，那么大革命以后的法国就不是"民族国家"，因为大革命以后，法国既没有民主、自由，也没有平等、人权。在法国大革命时期及以后相当长一段时间，除英国社会相对"自由"外，其他欧洲国家都没有这些东西；而民主、平等、人权在英国也没有。西方人自己承认：民主制度最终完成，在英国是 20 世纪 20 年代，在法国是 20 世纪 40 年代；在美国，则要到 20 世纪六七十年代——当时黑人获得了平等的公民权。德国的民主制是第二次世界大战以后确立的，西班牙、葡萄牙要等到 20 世纪 70 年代。即便在瑞士，妇女选举权也是到 20 世纪 70 年代才实现的。那么在此之前，这些国家都不是"民族国家"吗？西方人能接受这个论断吗？其实，民族国家关心的是国家的构成与主权，与实行哪一种政治制度没有必然的联系。正因为如此，我们可以说：当今世界上大多数国家都是民族国家，而政治制度则是多种多样的。

最后我们要谈一个问题，即民族国家为什么存在，也就是它的历史

① 恩格斯：《自然辩证法(摘录)》，见《马克思恩格斯选集》，第 3 卷，444 页，北京，人民出版社，1972。

必然性在哪里？我在 1996 年曾提出："民族国家是现代化的载体，没有这个载体，现代化就不能发生。"①时至今日，这个说法应该为许多中国学者所接受了，最新的论述体现在陈晓律刚发表的一篇论文中，他说："如果从民族主义产生的历史分析，我们今天所讨论的民族主义是与人类的现代化进程相关的。……工业化需要一个平台，这个平台只能建立在民族国家的基础上。"②我想，这是我们共同的认识。

民族、民族主义、民族国家问题之所以重要，是因为它极强的现实性。只要现代化过程仍在继续，这个问题就依然存在，而相关的讨论就会延续。虽说我们在这十多年中已经高度重视了这个问题，而且已经做出相当深层的研究；但工作毕竟刚开始，广度和深度都有待进一步发掘。我感到，这些问题今后一定会更加深刻地研究下去，受到更多人和更多方面的关注。

① 钱乘旦：《欧洲民族问题的历史轨迹》，载《中国社会科学季刊》，1996 年秋季卷。
② 陈晓律：《欧洲民族主义的迷思》，载《史学集刊》，2008(4)。

一个马赛克式的历史大拼盘
——评《世界：一部历史》的方法与理念

一、关于这本书

菲利普·费尔南德兹-阿迈斯托的鸿篇巨制《世界：一部历史》(*The World*：*a History*)翻译出版了，让中国读者一睹其尊容。

这部书翻译成中文近100万字，加上200多幅地图，每页都有的精彩插画、表格和图示等，都出自一人之手，不得不让人油然生敬！

原书装订厚重，体积相当于一部手提电脑，重量也和电脑差不多。在我的感觉中，这种书更适合陈列在图书馆的公共书桌上，供读者随时翻阅。但它标明是教科书，如此巨大的教科书在美国是否有市场，我无法得知；但如果真想让学生购买，也许就要出简装本——但简装本就不会像现在这样精美漂亮了。

就装帧版式而言，这本书近于一个美丽的画册，这已经很有特色了；但其内容和写法更有特别之处，很值得我们来了解一番。

首先介绍书的结构和编排方式。作为一本教科书，它尽量使用灵活的形式，每一章除正文之外，还有“关注点”、“思考题”、“阅读材料”、“参考书目”等，一般情况下还附有精彩的小故事，以吸引读者。每一页几乎都有漂亮的彩色图像，这些图像本身就是“史料”，它们要么是相关时代的艺术品，要么是发掘出土的文物。仅仅欣赏这些图像就能学到许多知识；即便是熟悉历史的人，也会因为这些图像而使他的历史知识增加不少感性的认识。过去教科书上抽象讲述的文化现象或历史过程，都被这些图像轻而易举地形象化了，可见在当下这个“读图”的时代，图的作用真是无与伦比。

除图像之外，地图和表格也随处可见，可以帮助读者理解内容。没有这些图表，书中的文字就会十分干涩或者不易理解。特别需要强调的是地图的作用，历史书中若不配地图，就颇显欠缺。这本书极重视地图的功能，依其前言所述，它专门邀请国际制图大师制作地图，以配合内容的需要，因此，在这方面它不可谓不下功夫。

总之，从形式上说，这本书灵活多变，生动有趣，很有吸引力。中国目前还见不到这样的教科书；即便在欧美，如此精美、如此花心血制作的教科书也不多见。

在结构方面，全书分十篇，按时间编排，每篇表示一个时段，每个时段长者数百数十万年，短则一个世纪。篇下分章，章以专题书写。因此乍看之下这是最常见的框架结构，即以时间为主、专题为辅。但细究这十个时段是如何划分的，问题就出来了。作者说他并不按历史学家的习惯划分时段，比如上古、中古、近代、现代等；他并且说他的十时段划分没有什么深奥莫测的观念的指导，他只为写作方便而分成十篇，又把十篇凑满三十章，这样就符合美国大学制度中一门课上“一年、两个学期、三十个星期”的授课惯例①。换句话说，时段是任意划分的，目的是配合上课的需要。但如果换一个国家或换一种学期制度，那么就可能把书写成二十章或三十章，把历史分成二十段或三十段了。

这种做法有点随意，不过也不必苛求，因为划分时段本来就是历史学家的活动，历史自己并不划分。但是时段却体现历史观，历史观规范着时段的划分，并体现作者对历史的理解。举例而言：文化史学者和政治史学者从不同角度观察历史，他们的时段划分就会有很大不同；循环

① 《世界：一部历史》，前言47页，北京，北京大学出版社，2010。

论者和线性论者对历史的运动方式看法迥异，他们对时段划分也就做出不同的判断。所以，时段划分在相当程度上体现着历史学家的历史观念，一般来说，历史学家对此也会做出说明。但这本书的特别之处却在于，作者说他没有观念，他只是“就过去而研究过去”，写一个完全真实的历史。[①]但“没有观念”是不可能的，“没有观念”的历史并不存在。下面我们来分析书中的内容，通过内容寻找作者的观念。

二、分析这本书

在内容方面本书有如下特点。

第一，它包罗万象，无所不有，按作者的意思，是要把世界上曾经存在过的文明都尽可能写出来，并且写人类生活的各个方面，所以这本书的涉及内容很广泛，超出一般的书籍。值得一提的是作者对“边缘文明”的记叙，即已经消失或虽然存在但人数甚少的人类社群的活动，在这方面，其他的“世界史”教科书皆不可望其项背。因此读这本书，可以读到一般教科书中读不到的内容。

第二，作者下力气表达一切文明都是平等的，所以在每一个章节中，都认真掂量篇幅的分配，大小文明权衡处理，谁也不显得比其他更重要。同时，作者在写每一个章节时，都上下左右、东西南北地把整个世界横扫一遍，唯恐漏掉哪一个角落，看起来真的是在写“世界史”。

第三，作者写了许多环境与生态内容，体现着“环境史学”的巨大影响。读这本书，可以知道很多关于海洋环流、气候变化、动植物分布、疾病传播等对人类活动的影响，这也是一般历史教科书上所缺乏的。

第四，书中尽可能使用最新的研究成果，比如在中国山东出土的陶器上有文字形态的刻画符号，这是个很新的考古发现，此书也记载了，可见它在使用参考书方面相当用心。不过在这方面作者有一个癖好，就是喜新厌旧，凡是有新旧两种说法的地方，作者总是采用新说法，并暗示旧的说法已经过时了。

第五，书中只作叙述，不作判断，标榜纯“客观”，拒绝评价。这其实就是摒弃历史的当代意义和当代人对历史的价值判断，不承认过去和

---

① 《世界：一部历史》，前言46页。

现在之间的共生关系。在作者看来，过去就是过去，它和现在毫无牵连，二者不可沟通，任何沟通都是当代人对历史的曲解，也是臆造。按照作者的说法：他只想“发现那些只对过去的人才有意义的、过去的人曾经面对过的问题”①，也就是说，他要写的是已经过去的那个过去，而不是现代人眼中的过去。

归纳以上特点，我们就可以发现作者并不是没有观念，也不是没有指导思想，他和其他历史学家一样有他的观念和指导思想，其中包括：①摒弃“中心论”，目的是摒弃“欧洲中心论”；②强调环境因素，目的是突出自然的影响；③写“世界”史，也就是“整体史”；④不要体系，反对观念，寻求不受现代人错误解读的真正“历史”。

泛泛而论，这些想法未见得不好，有些还很符合时下潮流。比如对“欧洲中心论”，西方学术界已反思良久，众史家唯恐避之不及，哪里敢公开宣扬——虽说在骨子里，多数人还是自觉或不自觉地藏匿着不少的偏见。但本书作者真诚地想要抛弃“欧洲中心论”，为此他不惜矫枉过正，决心抛弃一切“中心论”，乃至走到了“去中心论”。他在书中尽可能地把篇幅分配给世界上各种大小文明，以至“小文明”和“小事情”占了很大的比例，与其重要性完全不相称。这种做法不自觉地表达了作者的如下理念：即历史并没有重要和不重要，只要生活在那个时境中的人觉得有意义，它就有意义；后世人是无法评价的——他们只需记录。

写环境对文明的影响，也是近几十年西方史学的一个兴趣点，传统史学对此毫无意识，因此在理解历史和解释历史时，完全忽视了这个方面。当代史学注意到这个问题，把环境因素（包括气候、植被、流行病等）考虑到历史过程中去，使人们对历史的理解更深刻也更全面，因而很宝贵。问题是人们把环境的因素强调到多大程度？会不会将其提升到决定性的作用？这本书多少是有一点“极而言之”，甚至在作者的潜意识中，环境的确起决定性作用，比如在地理大发现这一段中，海洋环流似乎决定了一切。

“世界史”和“整体史”也是当代史学的新重点，在西方学术话语中，这两个词意味着超越民族的历史，探讨各种文明和群体之间的历史互动。这个新视角同样也填补了传统史学的另一个盲区，即文明与文明、人群与

---

① 《世界：一部历史》，前言46页。

人群如何相互作用、如何互相影响？在人类的历史上，影响与互动无疑很重要；在一定程度上，没有互动，也就没有文明的生存与发展。作者对这些显然很器重，他企图写人类生活的各个方面，写一个世界的“整体史”。

到这里为止，一切都很正常：“全球史”、“环境史”、“去中心”，这些思想若不走极端，对历史的理解总会有所启发。可是如果把第四项指导原则即“非体系，反观念”加进去，四项合一，问题就出来了，它造成历史编纂过程中的“体系”缺失，而“体系”缺失的结果，是内容散乱。

我们知道，历史是一种特殊的存在，它一旦发生，就不可能重复。历史学家试图恢复历史，可是他做不到把过去发生过的所有事或曾经出现过的一切现象都恢复出来；“过去”，作为一个时间范畴，它在任何一个时间点上都同时发生无数的事，也同时存在无数现象。历史学家面对如此纷繁庞杂的“过去”，他只能确定有限的范围，寻找所需的资料，从一个角度切入进去，分析整理，恢复历史的某一个侧面。换句话说，他要“清理”历史，找寻历史的线索。这就需要“体系”的帮助，“体系”使纷呈繁杂的历史变得有条理，也变得可理解。舍弃了“体系”，历史是无法恢复的。可是“体系”却受到“观念”的规范，“观念”决定历史学家的视野，指导他选择角度、寻找资料，并依照“体系”的要求书写历史。因此一旦抛弃“体系”、否定“观念”的作用，历史学家是无法工作的。就好像一位画家，他既不肯确定作画的范围，也不愿寻找特定的目标，面对着漫山遍野的花草虫鸟和山水树木，他画什么？在这种情况下，他可以随意撷取，把任何偶然间落入他眼中的东西堆积到画面上，画成什么就算什么。《世界：一部历史》就是这样写的：由于排斥了“体系”，又不要“观念”，这部洋洋百万字的鸿篇巨制居然找不到主题，也没有线索，似乎是一大堆五颜六色的历史小花絮，松松垮垮地堆聚在一起，拼成一幅漂亮的马赛克图画。

但细细品味，我们发现作者并不是没有“体系”，也并非真的不要“观念”。按作者的说法，这本书讲述两个故事：一是“人与自然的互动”，二是“人与人的互动”；第一个故事以环境为中心，第二个故事则讲述人类文化如何互相影响又互相区分。[①]由此看来，作者是受了当代

① 《世界：一部历史》，前言44页。

史学两大流派的影响，一是“环境史”，二是“全球史”，如若果真如此，那么“观念”和“体系”就已经有了，至少是潜伏在作者的无意识中。

但这不是要害所在，这本书既不属“环境史”，也不属“全球史”，对此我们应看清楚。这本书的要害在于它没有“体系”，也不要“观念”，是否事实真如此呢？

事实上，不要体系也是个“体系”，不要观念也是个“观念”。作者的“体系”就是他反对体系，因此一个松散的马赛克很合他的本意；作者的“观念”就是他反对观念指导，所以没有主题就是他刻意为之。作者相信：任何观念都导致对历史的曲解，后世人不懂得历史的真谛，历史“只对过去的人才有意义”，这种“意义”后世人完全无法解读。不幸的是，他的历史恰恰是在这种“观念”指导下写成的：通观全书，他既不作评价，也不对历史作归纳梳理，因为一旦评价、一旦梳理，“体系”和“观念”就都出来了，那是绝对不允许的。可是没有体系恰恰构成了他的“体系”，所以在他的书中，我们看见了无数堆积在一起的小花絮；没有“观念”使他清楚地表达了自己的观念，在这种观念指导下，他写出一个漂亮的马赛克。

其实，他的“观念”是当代西方一个流行的思潮，即“后现代”。“后现代”把一切真实的和虚幻的都解构了，当然也解构了历史。被解构的历史不能和当代沟通，它只属于过去。这个历史不具有“意义”，如果有，也“只对过去的人才有意义”。任何后来人——每一个时代的后来人——都不懂的那个“意义”，难道后世人可以体验先前人的经历吗？过去的就是过去了，它不可被再现。因此作者说：这种历史“如果真无用也不见得是什么坏事情”①，这里的“无用”，指的是对当代人的无用。由此，作者便否定了历史的当代意义，否定了过去和现在的可通约性。不幸的是，无用的历史还是“有用”的，它为“后现代”解构了历史的意义，而历史的意义恰恰只对当代有意义。

如此写历史，历史便不需要任何“体系”，它可以任意写，而无论怎样写，其结果都是一样的。作者只需要把恰巧进入手边的任何历史花絮堆积在一起，就可以写一部《世界：一部历史》。他无须挑选素材，任何

① 《世界：一部历史》，前言46页。

素材对他都一样，唯一不一样的是他喜欢不喜欢。他无须设置主题，主题是后世人的主观意念，先前人何以能接受？他可以随便制定时段，让它符合上课的习惯，或者满足其他权宜的需要。他不需要线索，因为线索隐喻了“当代意义”，所以他的书应该是一盘沙，只要拼接得好，就是个漂亮的马赛克。既然如此，将任何素材用这样的方法写出来，都一定是一部《世界：一部历史》——它可以有一千个写法、一万个写法，可是归根到底它都是一个样。

《世界：一部历史》就是这样写的，这就是它的特殊性之处。可是，为什么不可以这样写呢？它终究也是一种“体系”。这部书自己承认是个马赛克，我们看封面设计图：上面画着一个球，是地球，它由成百上千张很小的图像拼接而成，按版权页上的说明，“图像的马赛克”组成了这个球。这真是寓意深刻，看来世界就是个马赛克球，历史则是个马赛克大拼盘，《世界：一部历史》写出了一个马赛克，它是作者的“体系”，也是作者的“观念”。所以我建议中译本也采用这个封面，好让读者懂得究竟什么是马赛克。

无论如何，把这本书翻译成中文还是很值得。中国人应该看看各种书。像这样一个马赛克式的历史大拼盘，我们不妨看一看，领略其风采。

“全球史”解析

——评麦克尼尔的《世界史》

一、背景

威廉·麦克尼尔(William H. McNeill)是美国著名历史学家，“世界史”学科的领军人物之一，曾担任美国历史学会主席。1963 年他以一部《西方的崛起》(*The Rise of the West*)一举成名，并因此获得美国国家图书奖。此后他笔耕不止，迄今已出版 20 多部作品，包括《疾病与人》、《欧洲的草原疆界》、《追逐权力》等，在西方史学界享有很高的声誉。1967 年，牛津大学出版社出版他的另一部著作《世界史》(*A World History*)，这成为他的另一本名著，广为流传，迄今已出了第四版。现在北京大学出版社推出的英文影印本就是此书的第四版，这本书的推出，将有助于中国读者了解什么是“世界史”，也了解麦克尼尔这个人。

《世界史》是一本约 500 页的单册书，篇幅并不大，内容却要涉及整个“人类的过去”，作者的胃口显然不小。在“前言”中作者这样表述他的写作动机，他说：“我的书《西方的崛起》取得成功，这似乎有理由相信：一本小一点的书，可以使我个人对人类全部历史的看法更容易传达给学生和一般读者——这些看法无论怎样不完善，却还是连贯和有见地的，可以被人们理解、记忆、然后去品味。”[①]可见这是一本通俗教科书，是写给“学生和一般读者”看的，目的只是向大众介绍作者的观点。不过书也写得太“大众”了：全书找不到一个注，只在每一篇后面附一个“参考书说明”(Bibliographical Essay)，开列一大堆书目，估计“一般读者”是不会费心去查阅的，而不“一般”的读者大概不会去看这本书。然而，书出版后却引起非同一般的反响：书卖得很好，1971 年就有必要出第二版，1979 年出第三版；1978 年，英国历史学家巴勒克拉夫(Geoffrey Barraclough)在为联合国教科文组织主持出版的《社会科学和人文科学研究主要趋势》丛书撰写的历史学卷中，已经把它说成是“用全球观点或包含全球内容重新进行世界史写作的尝试中”，最有影响的两本书之一。[②] 时至 21 世纪，美国历史学家本特利(Jerry Bentley)还会说：“专业历史学家只是在 20 世纪 60 年代以后才开始真正留心世界史，那是随马歇尔·霍奇森、斯塔夫里阿诺斯，尤其是威廉·麦克尼尔的工作而开始的。”[③]40 年来，这本书一直是畅销的世界史教科书，以致 1999 年又出第四版。这一版和前三版最大的不同在最后一章，如作者所说：当代的事情变化太快了，即便修改也还是跟不上。[④]

一本“大众读物”，如何引起如此反响，乃至它经久不衰，不仅在美国读书界始终有卖场，而且成为世界名著，以至它的英文影印本现在也进入中国，其中文翻译本不久也要面世？要理解这个问题，就要首先知道什么是“世界史”——“世界史”的含义在中国是与国际学术界不同的。

在中国，“世界史”等同于“外国史”，凡是一切不包括中国在内的历

---

① William H. McNeill, *A World History*, fourth edition, Oxford University Press, New York & Oxford, 1999, Preface, p. xvi.

② 另一本是斯塔夫里阿诺斯的《全球通史》，其中第二卷 1966 年出版，第一卷 1970 年出版。见[英]杰弗里·巴勒克拉夫：《当代史学主要趋势》，杨豫译，245～246 页，上海，上海译文出版社，1987。

③ 杰里·本特利《什么是世界史？》(Jerry H. Bentley, “What Is World History Now?”)，为首都师范大学 2005 年召开的“世界各国的世界通史教育国际学术研讨会”提交的论文，见大会论文，4 页，未出版。

④ William H. McNeill, *A World History*, fourth edition, Oxford University Press, New York & Oxford, 1999, Preface, p. xiv.

史，都可以叫“世界史”。可是这个概念很奇怪：难道中国不在“世界”吗？没有中国，世界还成为“世界”吗？但这个概念是在中国的特殊环境中形成的：中国是一个有鲜明历史记忆的国家，它有深厚的史学传统，然而在中国古代思想中却没有“世界”这个概念，它只有“天下”，所以在中国的历史学传统中也没有“世界”的地位，也就是说：中国人不知道“外国史”。中国人意识到“世界”的存在是在鸦片战争以后，为弄清楚突如其来呈现在中国人面前的“世界”是怎么回事，他们开始了解外国的历史，这就是“世界史”的起源。可是这样一来，世界史从一开始就有别于中国史，它是中国以外的历史，是“外国史”。“世界史”等同于“外国史”是中国的一个特殊现象，其他国家并不存在。在其他国家，只要是“世界史”，就一定涵盖整个世界。

但在欧美国家，“世界史”又有特别的含义，为此首先要了解一些西方的史学传统。西方文化传统中是有“世界”这个概念的，在西方历史上，像中国这样一国独大、君临“天下”的局面几乎没有过，自古以来，西方世界就一直是强国并立、彼此竞争(例如地中海世界的多极状态)，所以西方的历史学从一开始就有“世界”的意识，把叙述“世界史”作为自己的使命，希罗多德、波利比阿等就体现着这种传统。中世纪的基督教历史学把世界视为一体，在它眼中，整个世界都是神的创造物，服从神的统一意志，因此历史学的功能就是昭显神的意志如何在人类历史上展开，从而歌颂神的伟大。因此，基督教的历史学仍然具备世界眼光，仍旧是世界史。启蒙运动开始后，世界史的传统继续维持，18世纪，启蒙思想家像伏尔泰这样的人，仍企图撰写世界的整体史，把世界视为一体，只是他们以理性为出发点，把人类历史看作是线性、单向、“进步”的，是世俗的人类史，这是他们与基督教历史学的区别之处。

但变化在悄悄地发生，欧洲的政治版图发生了变化。一个以民族国家为基本单位的欧洲体系慢慢形成了，在这个过程中，谁先形成民族国家，谁就占领了发展的优势，而成为领先的国家。于是民族国家成了追求的目标，历史学也成了国家的工具，“世界的”历史让位给“国家的”历史，19世纪欧洲历史学经历了从“普世”到“民族”、从“业余”到“专业”的转变。转变是从德国明显地开始的，德国各大学开设历史专业，聘用专职历史学教授，历史也成为学科，培养专门的历史学家。针对“专业历史学”出现，美国历史学家伊格尔斯分析说：“德国的概念把民族看作是种族共同体，为生存与扩张而奋力拼搏。作为专业的学科，历史学一方面追求严格和科学的客观性；另一方面又强调历史学家应该爱国、站在民族和国家的立场上来写作历史。但这二者是有根本性矛盾的……历史的专业化本应该导致更大的客观性，事实上却使历史变成了有意识形态的东西、变成了宣传。”①总之，19世纪的欧洲历史学从“世界”的历史变成了“民族”的历史和“国家”的历史，即便像兰克这些历史学家仍然在写作《世界史》，但这些作品已经“不是人类普遍的历史，而是被放在国家框架之中的、诸开化民族的历史”了②，也就是说，这种“世界史”是各个民族国家历史的相加，是国家史的合写本。

就这样，从19世纪开始，以世界的眼光看待人类整体史就被“专业历史学”驱逐出西方的历史学领域，写“世界史”为专业历史学家所不屑，人们认为“世界史”不是一种学术，它充其量只能作为中小学生应该了解的知识。进而，“世界史”只包括开化民族的历史，那些“没有历史的民族”(如非洲)不在世界史范围内。开化民族中也只有那些蓬勃向上、生机盎然的民族值得写，因此，除了在古代曾经有过的辉煌外，“没落”和“停滞”的民族也都不会在“世界史”中有地位。根据这种逻辑，欧洲是世界历史的中心，它的辉煌从古代一直延续到现在，因此，如果真的有“世界史”，那么这部历史实际上就是欧洲史，并且是几个大国的历史。③ “欧洲中心论”就是这样出来的。

第二次世界大战以后，事情再次发生变化，“建立全球的历史观”又

---

① 格奥尔格·伊格尔斯《如何从跨文化视野书写现代史学史》(Georg G. Iggers, “Ideas on Writing a History of Modern Historiography from an Intercultural Global Perspective”)，为首都师范大学2005年召开的“世界各国的世界通史教育国际学术研讨会”提交的论文，见大会论文，204页，未出版。

② 埃克哈特·富克斯《德国的世界史写作与教学》(Eckhardt Fuchs, “Writing and Teaching World History in Germany”)，为首都师范大学2005年召开的“世界各国的世界通史教育国际学术研讨会”提交的论文，见大会论文，165页，未出版。

③ 可以用中国人了解的一部书为例，即海斯等人著《世界史》(Carlton J. H. Hayes, Parker Thomas Moon & John W. Wayland, *World History*)，该书1932年在美国出版，1974年翻译成中文由三联书店出版。全书基本内容就是几个欧洲大国的历史相加和相互关系，其他地区则只在它们被值得注意的时候(如古代中国和古代印度、拉美独立战争等)才被写进去。这样的“世界史”从兰克开始就有了，其思路和体系，不仅在西方史学界一以贯之，而且在苏联的世界史体系中也是这样，可参见苏联十卷本《世界通史》。

成为史学界的当务之急。时代变化了，迫使人们的思想发生变化，正如巴勒克拉夫所说："是那些使我们对现实的看法发生转变的力量——首先是指绝大部分人类的崛起，摆脱政治上的从属关系，获得政治上的独立，并发挥政治影响——迫使我们开阔视野去看待过去。"[①]世界明摆着不再是几个大国的世界了，因此，"世界史"也不能是几个大国的历史。进而，世界已经变得交融一体，任何事件都不可能完全放在一个国家的框架内来加以理解，它必须扩大自己的视野。"专业历史学"不够用了，历史学出现了由"国家"向"世界"的转变，"全球史"(global history)、"人类史"(universal history)、"整体史"(ecumenical history)这样一些名词应运而生，其目标都是"超越民族和地区的界限，理解整个世界"；[②]而方法则是跳出"国家史"的写法，站在月球上观察世界，写一部"世界史"。[③]

但这种"世界史"既和中国学科分类意义上的"世界史"不同，也和欧洲史学传统中的"世界"意义不同。它不同于中国学科分类意义上的"世界史"，是因为它的对象包含全世界，而中国是世界的一部分，所以它不可能只是"外国史"。它不同于欧洲史学传统中的"世界"意义，是因为它试图写一部全人类的整体史，既不是地区意义上的"世界"(如古代、中世纪人们的理解)，更不是国家史的相加(如海斯或兰克的《世界史》)。R. F. 韦尔说：世界史是"对相互关系的研究"，即"研究文化的、社会的和商业的相互关系，以及外交的和宗教的相互关系"。巴勒克拉夫说：世界史"关注的是各种文明的接触点和相互关系"，是"不同的国家、地区和文明之间的差别以及它们之间的相互作用和影响"。[④] 这是一个现代意义上的"世界史"，是历史学领域中的一个新分支。第二次世界大战后历史学领域出现了许多新分支，如"社会史"、"性别史"、"计量史"等，而"世界史"就是其中的一个。"世界史"的任务是寻找把各种分散的历史(例如地区的或集团的历史)连接起来的人类交互网络，正如麦克尼

---

① [英]杰弗里·巴勒克拉夫：《当代史学主要趋势》，杨豫译，243页，上海，上海译文出版社，1987。

② [英]杰弗里·巴勒克拉夫：《当代史学主要趋势》，杨豫译，242页。

③ [美]斯塔夫里阿诺斯：《全球通史：1500年以前的世界》，吴象婴、梁志民译，54页，上海，上海社会科学院出版社，1992。

④ [英]杰弗里·巴勒克拉夫：《当代史学主要趋势》，杨豫译，257页。

尔所说：他要“勾画整体而互动的欧亚世界体系史上的重要事件”，即使只勾画出一小点，也可以向广大读者表明什么是“世界史”。①

这些就是麦克尼尔写作《世界史》的时代与学术背景。

二、内容

麦克尼尔在《世界史》中写了什么？坦率地说，一本500多页的小书，就“世界史”这个大题目而言，容纳不了太多的内容。但他绘制了一幅人类文明的交互网络图，表现了他对“世界历史”的理解。

麦克尼尔认为人类历史可以划分成四个阶段。在第一个阶段上（大约公元前3500—前500年），文明出现，并逐步定型，形成了分布于欧亚大陆上的“四大文明”。不过这“四大文明”并非我们通常所说的“四大文明起源”，而是他所认为的在人类文明史上始终扮演着主要角色的四大文明板块，即中东、印度、希腊、中国。他认为这四个文明并非各自独立地形成，而是始于一个中心，有共同的发源地。他说这个发源地是两河流域，因为两河地区的农业是需要灌溉的，为大规模地组织灌溉，人们必须合作，由此而形成政府以及在复杂社会中的分工和各种专门人才，文明于是就出现了。两河流域的文明向西传播到尼罗河，向东传播到印度河，这些也都是需要灌溉的地区，于是初始的文明相继出现。②为什么文明的最早发祥地在底格里斯河和幼发拉底河的入海处，而不在其他地方？麦克尼尔解释说：因为这里是陆地和海洋交通的衔接处，远古居民长期在这里交融交汇，较容易产生新思想和新做法。③ 麦克尼尔非常强调交往（商业、迁徙、战争等）在文明发展中的推动作用，这个思想贯穿于本书始末。

如果说灌溉是文明起源的触发剂，那么犁的出现使文明第一次扩

---

① 威廉·麦克尼尔《变化中的世界史形态》(William H. McNeill, “The Changing Shape of World History”)，为“世界史的历史与理论大会”(“History and Theory World History Conference”, March 25－26, 1994)提交的论文，www.hartford－hwp.com/archives/10/041.html.

② William H. McNeill, *A World History*, fourth edition, Oxford University Press, New York & Oxford, 1999, p. 3.

③ 威廉·麦克尼尔《变化中的世界史形态》(William H. McNeill, “The Changing Shape of World History”)，为“世界史的历史与理论大会”(“History and Theory World History Conference”, March 25－26, 1994)提交的论文，www.hartford－hwp.com/archives/10/041.html.

散，这是在初始文明出现的大约1000年以后。犁的运用提高了非灌溉区的农业生产力，产生剩余产品，可以养活一个复杂的社会，于是文明也就从两河及尼罗河流域扩散到周边的天然雨水灌溉区。由此，一个地域广大的"中东大一体"(cosmopolitanism in the middle east)就形成了，其范围包括西亚、北非，涌现出好多古老的文明，如赫梯、波斯等。

大约公元前1700年左右，又一件新发明推动了文明进一步扩展，即战车的出现。这一次发明产生在文明周边地区的畜牧部落里，畜牧民乘战车长驱直入，横扫文明地区，同时也把文明带到了更广大的区域。结果是操印欧语的人种占领了欧洲、西亚和南亚，另一些人则驾驶战车经过好多世代的跋涉，最终到达东亚，制服了黄土高原的农民，建立商帝国。① 作为结局，三个各有明确特征的新文明出现了，它们是希腊文明(迈锡尼—希腊文化)、印度文明(雅利安人征服后取代原先的土著文化)和中华文明(从商朝开始)。这三个文明加上原有的中东，古代的四大文明就终成定局。此后至大约公元前500年前后，四大文明经历成熟和发展期，都进入铁器时代，间或出现帝国(亚述、波斯)，形成庞大的疆域，但"世界观"(world-view)的出现则具有决定性意义，因为它规范了文明的特征。按麦克尼尔的说法，规范四大文明的"世界观"分别是犹太教(中东)、佛教(印度)、儒学(中国)和哲学(希腊)。②

以上就是第一部分的内容梗概。与书中其他部分相比，这一部分最有独创性，也最有新意。但同时这个部分的主观臆测性也最强，史实基础最不可靠。因为在那么遥远而缺乏文字也缺少考古证据的时代，文明何以从一个中心向外流传，跋山涉水，远行数万里，然后又安营扎寨，变成新的文明中心，再向周围传播，形成庞大的文明板块，除了进行创造性的推测，历史学家是很难找到真凭实据的。但既是推测就不能太当真，所以这个部分虽然从逻辑方面说组织得很好，但其可靠性却是可以大大地打折扣的。

人类第二个历史阶段从公元前500年一直延续到公元1500年，跨

① William H. McNeill, *A World History*, fourth edition, Oxford University Press, New York & Oxford, 1999, pp. 50, 103-104.

② William H. McNeill, *A World History*, fourth edition, Oxford University Press, New York & Oxford, 1999, pp. 4-6.

时约2000年。在这么长的时间里，已经成型的四个文明各自巩固与发展，彼此间谁也不占优势。原先中东文明占有的优势(对其他文明的示范作用)现在丢失了，希腊、印度和中国文明都各自发展，不再承认中东的中心地位。四个文明内部都不断变化，它们之间也有一定的联系，并且联系还持续增强；但文明之间是彼此平衡的，联系也都出于自愿。在四大文明外部，有强大的草原民族生存，他们经常冲击文明世界，对其造成破坏，但同时也给它们带来新的生命力，使其不断地发生内部的变革，而草原民族自己也在这个过程中接受文明的生活方式，从而扩展欧亚大陆上的文明地域。草原民族的冲击还会给世界带来整体性影响，比如蒙古人西侵，其帝国虽说是昙花一现，但它却让阿拉伯民族一蹶不振，奥斯曼帝国乘机崛起。

在其内部的衍化中，希腊文明演变成欧洲文明(经历了希腊—希腊化—罗马世界—蛮族迁徙与基督教传播—封建欧洲的演变)，中东文明则变成了庞大的伊斯兰世界(也分成阿拉伯主导和奥斯曼主导两个阶段)。在短时间内，希腊文明曾冲击中东和印度(希腊化)，印度文明则扩散到中国和日本(佛教传播)；但这些都没有改变四个文明鼎立的格局，也没有改变四个文明自身的特性。倒是草原民族的冲击给世界带来更深刻的影响，在一千多年时间里，中国不断地应付来自北方的威胁，草原民族也一再侵占中国的土地，建立自己的统治。但中国能够成功地应对这些冲击，成功地维护了自身的传统。印度也同样经历来自北方的入侵，虽说它一般而言能够保持原有的特色，但伊斯兰教的冲击、穆斯林建立政治上的统治(莫卧儿王朝)，却给印度文明带来巨大的压力，影响到印度后来的历史。

也许是出于他坚定的信念——即作为“世界史”，只有文明间的互动才有意义，所以在书的这一部分，麦克尼尔的着眼点几乎全都在文明的互动上。他不断书写文明间的冲击与反冲击、征服与反征服，其中包括主体文明之间的联系，也包括草原民族与文明中心的互动。麦克尼尔使用了过多的笔墨来书写互动，特别是草原与中心地区的互动。相比之下，各文明自身如何变化，它们是如何演进的，它们自己有什么故事？这些似乎不在麦克尼尔的视野中，不被作者注意。在麦克尼尔眼中，文明是历史的行为主体，所以他的叙述是以文明为单位的。换句话说，如果把麦克尼尔的《世界史》比作一个舞台，那么舞台上的人物是“文明”，故事发生在“文明”之间；舞台上的主角是四个，即四大文明，再加上一个草原配角，作者的目的是写出这五个人之间的相关故事，至于人物自身如何，他自己有什么故事，作者是不屑过问的。

所以在人类历史的这个阶段上，作者特别关注打破文明间平衡的三次“危机”(希腊化、佛教传播和伊斯兰扩张)，以及草原民族的屡屡入侵(匈奴、日耳曼、蒙古、突厥等)。作者认为前两次危机没有留下永久性影响，第三次危机则留下了局部性影响；到这个历史阶段的最后时刻，一次最严重的危机终于出现了，即西欧的海洋扩张，它终于打破了文明间的平衡，把历史引入到下一个阶段，即第三阶段。但西欧的海洋扩张只是打破了平衡，并没有建立谁的优势；西方真正的优势(“such crushing superiority”)要等到1850年以后。① 换句话说，历史的第三阶段是平衡的破坏，历史的第四阶段才是西方的优势。不过奇怪的是，在他的书中，西方主宰世界的时代出现在1500—1789年之间，即历史的第三阶段，本书的第三部分，标题就是“西方主宰世界”(The Dominance of the West)；第四阶段(1789年以后)却是“全球大一体”时代了，第四部分的标题也是“走向全球大一体”(The Onset of Global Cosmopolitanism)。这么一来，在麦克尼尔构建的人类历史大厦中出现了一个灰色地带：“优势”和“大一体”混杂不清。“西方的优势”和“全球大一体”究竟是什么关系呢？作者并没有做出解释。按照作者的思维能力，这个灰色地带是不应该出现的，看来作者有隐忍之言。

麦克尼尔关于文明平衡阶段中国文明的看法非常有趣，因此不妨拿出来略加介绍。作者认为中国文明此时已达到很高的水平，比如说：四大发明起源于中国，后来流传到欧洲，对欧洲的技术进步起了推动作用；中国航海技术成就很大，能够把大量商品运送到南海，而这些商品是欧洲人十分垂涎的，因此中国的海上贸易实际上起到了刺激欧洲商业复兴的作用；商业复兴又直接引发西欧的海洋扩张，即第四次危机——如此推论，其结论必然是：中国的发展导致世界历史的阶段性变迁，也就是从第二阶段进入第三阶段。作者还认为，按照中国当时的能力和水

① William H. McNeill, *A World History*, fourth edition, Oxford University Press, New York & Oxford, 1999, p. 132.

平，在西欧开始它的海洋扩张时，中国是可以阻挡这个趋势的，但中国政府不仅不阻挡，反而实行海禁，不准人民下海经商，放弃了这个机会。① 但中国政府为什么如此压制工商业，而不像西欧诸国那样扶持工商业呢？麦克尼尔解释说：中国政权是控制在士绅阶级手里的，士绅阶级不需要工商业，因为在中国，靠农业发财会更快。农业财富比工业财富增长更迅速，原因是中国找到了一个新的稻米品种即双季稻，从而使士绅的财富翻倍增加。② 如此解释，对不懂中国历史的外国读者来说应该是很圆满了；但中国读者读了之后，真不知道该说什么好！

前面已经提到，历史的第三阶段是"西方主宰世界"。作者说：在这个阶段，西方持续向世界冲击，先是在文明外围地区，然后向伊斯兰世界和印度世界；最后，在1850年前后的大约十年里，奥斯曼、莫卧儿、清朝、日本等最坚固的文明堡垒都不得不放弃自己的生活方式，而开始了向西方学习的里程。因此，世界近代史的主题是西方的崛起，非西方则在西方的冲击下被迫学习西方，从而开始了延绵不断的"现代化"。现代化过程一直延续到现在，直至今天，它仍然是非西方国家的中心议题。③

按照这个思路，书中第三部分从地理大发现开始，继之以"欧洲的自我转型"和"俄、美成为欧洲的外围"等。再接下来是其他地区在西方的冲击下节节败退，并最终被迫做出学西方的选择。如此结构，很符合作者关于世界史是"互动"的理念，也符合四大主角唱一台戏的舞台构思。但有趣的是，地理大发现用了一章篇幅，"自我转型"也是一章篇幅，内容包括文艺复兴、宗教改革、科学发展、殖民地建立、欧洲外交关系和战争等，每一个内容都很简略，一般只是一两页。显然，在作者脑子里，地理大发现比其他所有内容都更重要。不过这的确体现着作者的思路，如我们在前面所说，作者认为"世界史"中最重要的内容是"互

① 威廉·麦克尼尔《变化中的世界史形态》(William H. McNeill, "The Changing Shape of World History")，为"世界史的历史与理论大会"("History and Theory World History Conference", March 25—26, 1994)提交的论文，www.hartford-hwp.com/archives/10/041.html.

② William H. McNeill, *A World History*, fourth edition, Oxford University Press, New York & Oxford, 1999, pp. 254-255.

③ William H. McNeill, *A World History*, fourth edition, Oxford University Press, New York & Oxford, 1999, pp. 295, 298.

动”，角色自身无关紧要，既然如此，像文艺复兴这些内容便是无足轻重的，它们不在“世界史”的观察视角下。这种倾向在“欧洲旧制度”一章中表露得更加明显，这也是叙述欧洲自身变化的一个章节，然而像“民族国家”、“民族主义”、“专制王权”、“启蒙运动”、“开明专制”这些词居然都没有出现，更不要说这些词所表达的历史内容了！为了避免“专制统治”、“民族国家”这一类概念，作者使用了“旧制度”(the old regime)这个术语，把 1648—1789 年的欧洲史都放在这个概念下；但“旧制度”是专指大革命之前的法国专制制度的，它不应该用来指英国的议会制度或普鲁士的军国主义。① 显然，为了回避某些内容，即欧洲自身的差异与变化，作者有意识地混淆了许多现象。然而正是这些现象体现着欧洲的变化，如果欧洲不是靠自身的变化而集聚了“主宰世界”的条件，那么西方的“主宰”又如何成为可能？舍弃了近代欧洲自我变化中那么多实在的内容，“西方崛起”就只能够剩下诸如“活力”、“创新”、“多样性”这样一些抽象的概念了。② 总之，西方何以摆脱原先与其他文明平起平坐(甚至更微弱)的地位，而超乎他者之上成为“主宰”，这本应是第三部分需要交代的问题之一，但因为作者把“世界史”定位在“文明之间”的互动上，所以各文明内部的变化与互动，就被不恰当地忽略了。

书的第四部分是“走向全球大一体”，时间从 1789 年开始，延续至今，在作者眼里，这是人类历史的第四阶段。按作者的理解，这个阶段从法国的“民主革命”和英国的“工业革命”开始，然后欧美跟上，世界其他地区也随着做出反应，于是出现了全球性的变化——这大概就是作者所说的“全球大一体”(global cosmopolitanism)。在这个过程中，欧美得益于工业和民主，力量无比增大，到 19 世纪末已经把整个非洲和大部分亚洲置于自己统治之下了，而世界整体则被罩进一个巨大的全球商业网络。第二次世界大战后，许多国家获得独立，但这不意味着它们退出全球大一体过程，相反，“政治独立使现代性特征更深刻地扎根在非西

---

① 而本书确实把英国议会制度和普鲁士军国主义归在“旧制度”之列。见 William H. McNeill, *A World History*, fourth edition, Oxford University Press, New York & Oxford, 1999, pp. 363, 366.

② 这是作者自己对“欧洲主宰”的解释，书中专有一小节谈其原因。见 William H. McNeill, *A World History*, fourth edition, Oxford University Press, New York & Oxford, 1999, pp. 376.

方世界的每一个部分”，它们更深入地融入这个大一体的过程之中去。在作者看来，现代世界同时具有“分”、“合”两个趋向：科学、技术和弱小国家向先进国家学习的愿望使世界连接为一体，地域、语言和维护地方文化特征的要求又使世界体现出分离。人们很难预料今后的世界到底会有多少“分”、多少“合”，但城市化、工业化、官僚化和自动化在改变着每一天的日常生活，“全球大一体”第一次成为人类的现实。[①]“全球大一体”基本上相当于我们今天更熟悉的术语“全球化”，麦克尼尔只是使用了另一个表达方式而已。在20世纪60年代末，麦克尼尔就提出“大一体”的概念，这应该说是有相当的洞察力的。

不过从“世界史”引申到“大一体”即“全球化”，这应该是“整体史”的必然逻辑。麦克尼尔说他主张使用“整体史”这个概念，看来他在表达他的理念，即人类历史的整体运动这一点上，确实取得成功。其实，回过头去观察麦克尼尔绘制的那幅人类历史演化图，不难看出它的主思路：文明从一个点发生，变成四个点即四个主文明；四个文明平起平坐，不分上下，后来平衡被打破，西方占了优势；其他文明学习西方，世界进入“全球大一体”。这本书的整体思路就是这样，到第四部分就画一个句号。

然而从写作方面看，第四部分应该是最平铺直叙的，所陈述的内容也最为人们所熟知。这个弱点在最后一章“1945年以来的全球竞争和大一体”中表现得特别明显，而这一章恰恰是本书第四版所做的最大改动。不过，这个时期的内容实在太多，同时从“文明互动”的角度看，“互动”关系也最复杂。作者还要力图维持书中各部分之间的篇幅平衡，所以不愿把这个部分写得太长。所以这个部分就基本上写成了流水账，而且“互动”这个主题也没有前面几个部分点得清楚(也许是他故意不点得太明确)。从技术上说，这是可以理解的，大凡写世界通史，到了最后总是这样，历史学家终究是写历史的，写到现实，就有一点束手无策。因此我们对这本书以平铺直叙退场，也抱欢迎的心态。

---

① William H. McNeill, *A World History*, fourth edition, Oxford University Press, New York & Oxford, 1999, pp. 413－415.

三、特点与评论

总结一下，麦克尼尔的《世界史》有以下几个特点：

第一，麦克尼尔是反欧洲中心论的，他在“前言”中就说：要把人类历史看作一个整体。① 他的书把文明作为主角，写“文明”而不是写“国家”，目的就是要打破欧洲中心论。书中四大文明是四个主角，每个文明的发展都是从古到今有基本完整的交代。全书篇幅也大体上在四大文明之间平均分配，有意识地避免欧洲的比重过大。除四个文明外，作者也注意到了“边缘地带”的情况，所以在远古有“野蛮人”，后来有“草原民族”，再往后又写到“海洋人民”。边缘与中心的交流是他的一个重点，相比于他以前的历史学家，麦克尼尔意识到这个问题的重要性，的确是一个突破。

但麦克尼尔同时又是个“文明单中心论”者，意思是说：文明从单中心开始，也以单中心演进。他认为初始文明产生于一个点，后来向其他地方传播，才变成许多文明。四大文明的形成中，起先也各是一个点，然后向外围辐射，造成了四个不同的文明区。在文明发展的全部历史上，任何技术或制度的变异都是从某一个中心开始的，这个中心是原创地，带动了其他地区跟上：犁、战车是这样，火药、印刷、指南针也是这样。顺着这个逻辑，“工业革命”和“民主革命”也应该是同样的情况，但恰恰在这一点上麦克尼尔停住了，他不说这句话，尽量淡化这些问题，所以他的书中对这些问题就谈得很少。探究其原因，应该是他的“反欧洲中心论”和他的“文明单中心论”发生冲突了，他担心再往前走就又回到“欧洲中心论”，他情愿让自己的写作保留着一道不明显的裂痕。

从这一点出发，我们来看本书的第二个特点：麦克尼尔提出了他独特的历史分期法。历史分期是历史学家主观的思考，各种各样的分期方法都可能有。但启蒙运动以来，人们对某一套概念是基本认同的，即“古代、中世纪、近代、现代”。不同学派、不同政治或学术立场甚至不同的个人都可能对这些概念提出不同的理解，但对这一套概念都基本默认。麦克尼尔却不接受这一套概念，他的书中也没有出现这些概念。

① William H. McNeill, *A World History*, fourth edition, Oxford University Press, New York & Oxford, 1999, p. xv.

《世界史》中四个部分，实际上是他对人类历史的四阶段划分：第一阶段是“文明的起源与四大文明的定型”，时间从远古至公元前500年；第二阶段是“文明的平衡状态”，时间从公元前500年至公元1500年；第三阶段是“西方主宰世界”，时间从1500年到1789年；第四阶段是“走向全球大一体”，时间从1789年至今。可以看出来，他根本不承认古代、中世纪、近代、现代这些概念，他对历史有他自己的看法。

这里不评论他的划分是否合理，如何划分终究是他自己的事。但极有意思的是，他的第三阶段和第四阶段出现了时间和内容的错位，这却是一个值得注意的现象。上文已经提到了这个错位，即1789年以前西方并没有真正主宰世界，西方的“优势”发生在1789年以后，这是一个历史事实，麦克尼尔自己是知道的。但在他的书中，历史的第三阶段是“西方主宰世界”，第四阶段是“走向全球大一体”——主宰提前了，真正主宰的时候却变成了大一体。[①] 为什么出现这种情况？还是要回到刚才提到的那道裂痕上去：原来麦克尼尔确实有隐忍之言，他不愿把“工业革命”和“民主革命”的冲击力说得太厉害，否则可能让读者误会，以为他在宣扬欧洲中心论。由此我们可以理解为什么在麦克尼尔书中关于欧洲自身的变化内容如此稀薄，即便是“工业革命”和“民主革命”也几乎是轻车就简的。然而如此小心翼翼却有可能走向另一个偏颇；作为马克思主义历史学家的霍布斯鲍姆也反对“欧洲中心论”，但他却说过：“有人想错误地否认欧洲历史在世界史中的特殊作用，这种做法只是枉然。”[②] 这个批评是否有所指？也许，麦克尼尔的思想中的确存在着那道裂痕，那就是：“欧洲中心论”和“欧洲历史的作用”是有区别的。

第三，《世界史》以文明为单位，书写文明的互动，强调文明之间的关系和相互影响，认为人类历史有整体性，而关系则是整体性的体现。在这个方面，麦克尼尔尽了很大的努力，也取得很大的成功。麦克尼尔对这一点始终很清楚，他说他写《世界史》，是要把“整体而互动的欧亚

① 多数历史学家认为：西方的优势发生在工业革命以后，在此之前200多年是西方的“崛起”期。西方丢掉它的优势是在第二次世界大战以后，而这个过程开始于第一次世界大战。参见斯塔夫里阿诺斯的《全球通史》。

② [英]埃里克·霍布斯鲍姆：《史学家：历史神话的终结者》，马俊亚、郭英剑译，262页，上海，上海人民出版社，2002。

世界体系史上的重要事件”勾画出来，说的就是这一点，而且做得很不错。但世界史仅仅是“关系和影响”吗？还有没有其他东西？仅就“关系和影响”而言，是什么造成了“关系和影响”？这些问题似乎并没有被思考。麦克尼尔强调文明的交流，认为交流推动发展，一地出现的变化会给其他地方带来压力，甚至威胁，迫使其他地方做出反应；交往是变化的动力，在最容易交流的地方文明也最先最快速发展。这些都是对的。但变化的最初动力又从哪里来？即使变化只有一个原初点，那么这个原初点是如何进入变异的？一些影响到整个世界的文明变异，为什么首先在这里产生，而不在那里产生？他似乎没有考虑过这些问题。他在谈论历史变化时，强调了互动，却忽略了内部因素，这种倾向是在破除历史的“国家史”写法时出现的(“国家史”注重的是“内”而不是“外”)，于是我们又一次看到在规避一种偏颇时很容易走向另一种偏颇。此外，他在谈论早期文明的出现时，似乎把技术进步(如犁、马、战车等)看作是动力，但这个观点并没有坚持到底，越到后面，技术进步的推动作用似乎就越不被提起。这大概是故意的吧？因为近代的技术进步是从欧洲发起的。在《世界史》中，只有一个思路是一以贯之的，那就是“互动”，其他观点都只是断断续续，这就暴露了它最大的缺陷，即缺乏主线条。不过“互动”确实体现着“整体历史”的基本特色，所以从这个角度说，麦克尼尔的这部“整体史”的确是非常成功的。

探寻"全球史"的理念

——第十九届国际历史学科大会印象记

2000年8月6日至13日，我随中国代表团参加在奥斯陆举行的第十九届国际历史学科大会。应《史学月刊》编辑部的要求，我把对这次大会的印象记录下来，以向国内史学界同仁汇报。

一、概况

国际历史学科大会是由"国际历史科学委员会"(The International Committee of Historical Sciences)主办的，每五年一次。本次大会由挪威历史学会承办，是第十九次大会。"国际历史科学委员会"是一个世界性学术组织，在历史学界有比较大的权威性。该组织在1898年举办第一次大会，1926年在日内瓦注册，现总部设在洛桑。根据其章程，该组织的宗旨是"通过国际合作的手段促进历史科学的知识与实践"，因此"国际性"是其基本特征。国际历史科学委员会的主要组成部分是成员国组织，各成员国的全国历史学会参与其中，为其集体会员，它不接收其他学术团体或个人会员。目前，国际历史科学委员会有56个成员国，这是该组织的第一层次。第二层次是附属学会组织，由24个国际性的学术团体构成，比如国际经济史学会、国际军事史学会、国际妇女史研究会等。第三个层次是专题小组，由委员会视需要而委托成立，从事专题研究，比如外交史专题、国际人口史专题、非洲历史学家协会等，目前有16个这样的专题小组。中国史学会作为中国历史学家的全国性团体于1984年开始参加国际历史科学委员会的活动，到2000年，已参加了四次大会。

这次大会包括3个主题、20个专题和25个圆桌会议，此外有20个附属学会乘此时机举行会议，大多数专题小组也开展了活动。有一些历史学家根据共同的爱好自发组织专题讨论，共有十多个这样的讨论会，也列入大会日程。挪威历史学家为配合大会还举办了好几个全国性或国际性的学术会议，使学术气氛更加浓厚。大会期间，适逢奥斯陆建市1000周年，整个城市喜气洋洋。挪威组织者精心选择这样一个节日的时机来举办大会，不可不谓用心良苦。大会期间代表们生活十分愉快，整个奥斯陆沉浸在欢庆的海洋中。由于时值晚夏，天气宜人，街头满是来自世界各地的宾客，大会与节日交相融汇，使会议更增添意外的光彩。说实话，挪威政府对这次大会极为重视，不仅在会前做出种种安排，包括让海关对与会代表特别放行；而且在大会期间，政府首相与奥斯陆市长还分别举行酒会，让代表们感到备受尊重。当然，按国际惯例，与会一切费用都是代表自负的，因此参加这样的会议经济负担相当不轻。大概正是由于这个原因，到会的多数是发达国家学者，这种情况就正如第一专题（“二十世纪历史学评估”）的主持人 Rolf Torstendahl①（瑞典）在引言中所说：尽管国际历史科学委员会在造就一个“世界范围的”历史学界的过程中发挥了巨大的作用，但迄今为止它“仍未能变成真正的国际性组织”，欧美占据了主导地位，世界其他地区的声音则很小，有许多国家甚至尚未参加进来。

中国代表团这次由十多人组成，与其他一些国家尤其是欧美国家甚至印度相比，中国代表团的规模是较小的，但它的到场表达了中国历史学家的存在，转达了中国历史学界的声音，并且促进了中国学术界与国际学术界的交流。大会期间，戴逸先生主持了“十八世纪的中国与世界”

① 为便于查找，文中人名一律使用英文，即大会的工作语言，不再做中文翻译。

这样一个圆桌会议，中国历史学家的地位上升，他们的研究工作也越来越得到国际学术界的重视。中国代表团这次组团还有一个特点，即一批相对年轻的史学工作者参加了大会，体现了中国学术的新生活力，对今后中国史学界走向世界肯定是有帮助的。美中不足的是，本来应该有更多的史学界同仁来参加代表团的，但主要由于经费的原因却未能成行，从而影响了中国代表团的阵容。

总之，这次中国代表团参加奥斯陆大会是中国史学会的一次重要活动，中国史学会的领导层对此高度重视。中国史学界走向世界是必由之路，一个具有悠久历史学传统的大国不与国际史学界交流是难以想象的，而恰恰在这一点上，中国史学界还任重而道远。

二、主题

本次大会的主题是“全球史”(global history)或“整体史”(universal history)，也可称我们所熟悉的“世界史”(the world history)。按照大会预定，三大主题和20个专题都应围绕“全球史”展开，因此大会实际上向全世界历史学家发出了一个强烈的信息，即“全球史”的时代已经到来。但什么是“全球史”？为什么要做“全球史”？“全球史”怎么做？这些问题不说清楚，“全球史”是无法开展的。为此，大会精心组织了几个主题会场的主题发言，试图将这些问题说清楚。

关于什么是“全球史”及为什么要研究“全球史”，第一主题(“全球史：概念和方法”)第一会场(“人类的整体史是否有可能?”)的主席Patrick Ka rl O'Brien(英国)认为：“人类的整体史”对历史学家来说并不陌生，从希罗多德、修昔底德开始，人们就在撰写“整体史”。中世纪和文艺复兴时期都有许多历史学家关注东方，希望从东方文明中汲取灵感。不过欧洲也有许多历史学家采取封闭的态度，尤其从18世纪起欧洲的优势开始明显之后，欧洲人养成狂妄自大的心理，闭眼不看其他地区，而把欧洲历史说成是“世界史”，这才导致“整体史”的观念从历史学家的视野中消失了。但两次世界大战的悲剧震撼了欧洲人，使他们重新认识到非欧洲世界的存在，历史学家重新书写“世界史”，涌现出像斯宾格勒、汤因比这样一些“世界史”学家。第二次世界大战后世界出现融合的趋势，从70年代起，“全球化”的趋向已越来越明显。因此，时代的需要提出了“全球史”的问题，历史学家对此决不能回避。现在已经有许多“全球”的问题需要人们去探讨，比如说，知识的扩张、交通的便利、跨国经营、文化交流、工商财贸的扩展、信息社会的出现等，这些都在向人们发问：对原先相对隔离的世界来说，它们意味着什么？主权的国家和特色的文化是否会受到影响？政府的主权受到损害，人们如何理解？东方的崛起震惊了西方，人们如何看待？众多重大的问题已经不是单个国家所能处理的了，比如环境、生态、健康、移民、犯罪、通信等；大众文化不仅冲击着每一个社会，而且使人们的行为方式都在接近。所有这些都在向人们提出一个问题：应该如何理解“全球化”？O'Brien 说，历史学家不能置身于这场思想讨论之外，这就是为什么要研究“全球史”的原因。

第一主题第二会场（“各大洲的文化碰撞”）的主席 Jerry H. Bentley（美国）也持相同观点。他认为：东西方历史学家都有“整体史”的传统，比如希罗多德、司马迁、汤因比、斯宾格勒等。但在历史学中，自古以来最成功的都是对单个群体的研究，尤其是对民族群体的研究，这造成历史学家的眼光一向比其他学科狭窄。而 19 世纪以后，欧洲历史学家更只把欧洲历史看成“历史”而其他地区似乎都没有历史，因此当时欧洲学术界的分工是：历史学家分管希腊、罗马，东方学家分管两河流域、埃及、波斯、印度和中国，人类学家分管非洲等“没有历史”的地区。这种“分工”明确地表现出欧洲人的一种偏见，“欧洲中心论”就是在这种情况下产生的。与此同时，历史变成了民族国家的历史，历史学自觉地为“国家”服务，不属于“国家”的历史就不再是历史，历史学的狭隘性就更加突出了。Bentley 说，时至今日，这种历史观和历史方法论应该加以改变了，随着世界的联系越来越紧密，“全球史”的需要已经出现。“全球史”并不否定欧洲的历史和民族国家的历史，但它不接受那种以欧洲和民族国家为中心、为崇拜对象的所谓“历史”。历史学要赶上社会学、人类学、经济学、政治学在全球化浪潮中已经取得的优势，把历史研究转变成真正的“世界史”。

作为第一主题第一会场的点评人，俄罗斯的 Alexander Chubariyan 也赞成“全球史”。他认为，信息、传播手段的变化、经济一体化的出现使“全球史”不可避免，像文化史、心智史、经济史、社会史这些领域，本来就存在着“全球”的内涵，更不用说外交和国际关系史了。一些专门的题材，如道德、人权、暴力、和平、妥协、极端主义、恐怖主义等不从全球的角度去观察是无法理解的；不过他说：对什么是“全球史”却有着不同的理解，在他所参与的会场讨论中，提交的论文已充分表明了这一点。Chubariyan 的这个评论应该是确切的，事实上，从提交给大会的所有论文来看，对到底什么是“全球史”并没有统一的意见，虽说反对“全球史”这个命题的似乎也没有。

“全球史”怎么做？如何确定“全球史”的规范与方法？这是大会关注的另一个大问题。Rolf Torstendahl 认为必须建立一种“全世界都接受的”历史学专业规范。他说，历史学家为建立历史学专业规范进行了不懈的努力，不过在过去，所有努力都是在国界的范围内进行的，历史学家自觉地为“国家”的理想服务，因此经常出现的情形是：为了“国家”而把历史学的专业标准和史料规范置于第二位，欧洲历史学家关于第一次世界大战罪责的激烈辩论以及类似像德国历史学家长期回避第二次世界大战中纳粹屠犹这一类的问题就充分说明了这一点。因此，当历史学只具有“民族的”眼光时，真正的历史学规范是无从确立的，只有“通过在全世界都接受一种共同的专业标准，一个真正的全球史才可说存在”。Torstendahl 认为这种可能性已经出现了，第二次世界大战后，历史学家加强了交流，合作的领域也不断增加，国际性的学术会议和跨国界的职业流动都增加了相互了解的机会，历史学家的眼光比以前开阔，对别国历史的研究也大大发展。这些都为建立“全球史”的规范创造了条件，方法论上的突破已经开始了。

世界著名历史学家、第三主题(“历史的运用与妄用及历史学家的责任”)的主席 Georg G. Iggers(美国)也对历史学的规范发表意见。他说，历史学家有意识地歪曲历史是古已有之，而在近代，这集中地体现在用民族主义的眼光重铸历史。“爱国主义”可以变成极端民族主义甚至沙文主义，成为帝国主义侵略与扩张的借口；争取民族独立的地区也未见得能摆脱这种偏见，捷克、波兰、希腊就是例子。兰克标榜“客观”，却不认为自己的保守主义立场是片面的；德罗伊森近年来备受称赞，但他实际上是霍亨索伦家族的鼓吹者。历史究竟有没有客观性？人们越来越表示怀疑了。不过 Iggers 说，历史学终究还是有它的标准的：历史研究必须以史料为基础。历史学并不要求观点一致，历史学是从不同角度进行的对话。近年来，历史学家开始重新审视历史了，美国历史学家对黑人历史的探讨，德国历史学家对一战罪责和二战屠犹的研究，法国历史学家对维希政权反犹行为的追溯，俄罗斯历史学家对苏联历史的重新观察等，都体现了历史学家的这一新精神。这些都体现着一种共同的信念，即“存在着某些人道的及逻辑思维的标准，它们能在历史学家中引导理性的阐述”。由此可见，尽管 Iggers 并没有提到“全球史”这几个字，但他实际上是在提倡一种共同的史学道德，其出发点和目标是与 Torstendahl 一致的。

Patricia Seed（美国）认为：只有“超越民族”才能写作真正的“世界史”，因此她的论文题目就是“世界史：超越民族”。她认为每个国家都有其独特的历史学风格，历史学家都受到民族习惯和思维方式的约束。因此，要写作“世界史”就要跳出对“特性”的关照，而学会去了解别国的文化和别国的传统。“为避免世界史仍只是一种新殖民主义的幻觉，有志于撰写‘全球’或‘世界’的历史学家必须学会超越（民族的）自我崇拜，而这恰恰就处在历史的形式与内容的核心之处。”

第一专题的点评人 Irmline Veit-Bra use（德国）对此似乎不苟同，她在发言中对历史学的“全球专业标准”提出一系列疑问。她问道：“（全球）专业化的发展轨迹是什么？用什么模式来描述和分析这一过程？我们是否应该使用一种‘中心—边缘’的模式，这是一种辐射的模式，常可追溯到兰克，它通过交流与海外培训而使整个世界都采纳欧洲的标准？如何看待通过重申民族传统而对普世的专业规范做出的反抗……如何看待在欧洲人眼中是‘没有历史的民族’使用新方法新技术如口碑史、考古学？”显然，这些问题是对“全球专业标准”的一种挑战。第二专题（“记忆与认同”）的主持人 Estevao de Rezende Martins（巴西）也强调多样性，而且指出不仅应考虑欧洲的多样性，还应该对欧洲以外地区给予充分的重视。对这些歧见，国际著名的历史学家、大会特邀嘉宾霍布斯鲍姆（Eric Hobsbawm，英国）在闭幕式上评论说：“全球化并不是新东西，我们应该从全球化的历史中记住：正因为存在着冲突，帝国主义和殖民主义才和权力与冲突密不可分。我们也从历史中学会了充分了解：全球化是与日益增长的多样性平行发展的。我们对无边无际的千篇一律也许是过分担忧了，民族国家仍有生命——新的国家正在世界上许多地区建立起来；但急速的变化将随之而起，伴随着它在民族国家内外形成的它自己的'国家'；强大的多国组织大概也要继续发展。"从语句上看，霍布斯鲍姆的这一说法似乎是一种折中，但它实际上是比较全面的说法，能够被大多数代表所认同。

三、论文分析

看一看提交的论文，也许可以更好地理解什么是"全球史"，以及"全球史"的研究方法。

如果说在近200篇论文中有一批可称得上是"全球史"，那么它们可以分为四类。第一类可归结为"全球课题"，因其课题范围本身就是全球性的，如环境、航海、商贸、移民等，美国的John R. McNeill的论文《世界历史上的生物交流与生物侵略》是这方面的一个典型。这篇论文研究历史上人与"生物"传播的关系，开辟了一个很有意思的领域。作者说，因人而造成的"生物交流"有三种途径。一是陆上途径：自人类远古时期起，人的不自觉的漂泊就把一些动植物物种从一个地方带往另一地；此后，这种陆上的交流一直不断，在丝绸之路、蒙古入侵等过程中发展到高峰。二是海上途径：大约从4万年以前起，人们跨越太平洋、印度洋，随带着也把物种从一个大洲传到另一个大洲，而后来商人的活动则在这个过程中起了主要作用。三是大约从公元1400年开始，人类迁徙进入一个新的阶段，欧洲人开始征服整个世界，生物交流也因此出现新的高潮，不仅动物植物全球流传，而且传染病也在全世界传播，这种情况导致美洲印第安人的大量死亡，作者把它叫作是欧洲人的"生态帝国主义"。作者说：通过这三种途径，经过长时期的"生物交流"，世界上实现了"生物的全球化"，因此，生物一体化与人类的活动密不可分。McNeill的这个课题是典型的"全球史"，不以"全球"为对象就无法完成。其他有些论文也表现这个特色，如David Eltis(加拿大)的《全球视野下的自由与强制移民》讨论大西洋地区的移民问题，Kaoru Sugihara(日本)的《大洋贸易与全球发展，1500—1995》讨论世界性海上贸易问题，Ida Blom(挪威)的《性别作为全球史中分析的工具》提出世界历史中性别的问题等。这一类课题往往宏观庞大，做起来相当不容易。

第二类可以叫“背景课题”，美国学者 Michael P. Adas 的《从移民殖民地到全球主宰》提供了非常有意思的例子。这篇文章是对美国历史学发展的一个回顾。其中说：早期美国历史学家提倡“美国特殊论”，把美国的历史和世界割裂，从而使其孤立起来；美国强大后，学者又提出“美国经验样板论”，要全世界都以美国为学习的榜样，这同样也把美国历史与其他国家对立，其结果是一样使美国史孤立于整个世界。这种“美国视野”对理解美国史和世界史都没有益处，美国人应该学会用全球的视野来观察历史，把美国史放在“全球史”范围内来研究。另一位美国学者 Karen Wigen 关于日本历史分期问题的讨论(《日本人关于近代早期时空观念的看法》)也很有意思。他说，日本学者近来开始把德川幕府时期称为“近代早期”，这不仅仅体现为一个术语的变化，它实际上反映了历史学观念的改变，即把日本史看作是整个“世界史”范畴内的一个部分，而不只是简单的日本史。这篇文章向我们做出一个很好的提示，即任何国家都可以把自己的历史放在世界范围内来考察，以做到更好地理解自己的国家，更好地理解整个世界。

在案例研究方面，美国/荷兰学者 Wim Klooster 提供了一个很好的例子(《“疆界外”的跨国主义：1655—1763 年的加勒比地区》)。其中说：加勒比地区在这段时期中出现“自由贸易”现象，考虑到当时重商主义盛行、宗主国对殖民地控制很严，“自由贸易”的出现是十分独特的。究其原因，是因为加勒比地区全是小岛，夹在南北两大殖民帝国之间，两大殖民宗主国都对它们不大管束，导致呈现真空地带。这些小岛资源贫乏，以贸易为生，为求生存便不得不灵活行事，尽量扩大对外贸易面，而不拘泥于贸易对象是属于哪一个阵营，“自由贸易”就是在这样一个特殊的国际环境下产生的。于是，通过把一个地区性的历史现象放在世界大背景之下来考察，作者得出了有意思的结论。

第三种类型可称为“交往课题”，即跨国家、跨地区的交往研究。这一类课题包括我们比较熟悉的国际关系、外交、文化交流、科学技术交流等，其中比较有意思的是 Kalip Raj(法国)的一篇《文化交流中地理知识的互补》，谈到 18、19 世纪英国人在印度进行地理考察的过程也就是一个文化交流的过程，其成果正是英、印双方知识交流的结果。日本学者 Shigeru Nakayama 的论文(《拉普拉斯与中国天象学》)也相当有意思，它谈了郭守敬对拉普拉斯的影响，而这个问题在我国似乎还没有注意到。

第四种类型可以说是“对比课题”，把不同国家、不同地区的历史情况拿来对比，以求对历史的整体过程作更深刻的理解。这种方法应该是中国学者比较熟悉的，但大会许多论文仍对此做了有趣的开发，比如尼日利亚学者 Anthony I. Asiwaju 对二战后欧洲与非洲跨国界的地区主义所做得比较就很有意思(《跨国界地区主义：欧盟眼中的后殖民非洲——以被分割的博尔古为例》)，“跨国界地区主义”本身就是一个“全球史”概念，而作者还对欧非两洲做了比较，因此其涉及的地域范围相当广大。作者说：在跨国界的地区主义背后一般都会有某种“认同”(一个“民族”或一个“部族”)，作者希望这种认同能够使共同的边界成为国家交流的桥梁而不是冲突和战争的导火线。第十三专题(“时空变化中的工作范围与定义”)为比较研究提供了一个很好的领域，在这个专题里出现好几篇比较史论文，比如美国学者 Richard Biernacki 的《商业社会初起时德英两国脑力劳动的商品化》，日本学者 Toshiko Himeoka 的《19、20 世纪的工作与性别》(比较德、日两国家庭纺织业)，俄罗斯学者 Irina Suponitskaja 的《美国奴隶与俄国农奴》，比利时学者 Catharina Lis 和 Hugo Soly 的《关于工作的历史考察：何为体面、有意义及有用?》等。

属“对比”和“交往”的论文相对较多，比如在第十六专题(“走向太平洋世界的新方法”)中四篇论文全都属“对比”或“交往”史，其中包括 Hongshan Li(美国)的《用教育交流处理外交危机——政府与美中文化关系 1905—1950》、Mari Yoshihara(美国)的《夏威夷的旅游殖民主义政治经济学》、Lydia N. Yu-Jose(菲律宾)的《移民、劳动与资本——20 世纪上半叶的菲、日移民》和 Roger Bell(澳大利亚)的《在历史与地理之间——澳大利亚的两难选择与亚太》。

但并不是所有论文都可以纳入到“全球史”范围中去，多数论文并没有这样做，这个问题下文还会提到。

四、几点想法

关于“全球化”的问题国内已经有许多讨论，不少人对“全球化”表示怀疑，认为它是帝国主义的又一个阴谋，因此“全球史”问题的提出一定也会引起许多人义愤填膺地反对。我在这里并不打算讨论对“全球化”反对意见的动机(当然也不讨论对“全球化”支持意见的动机)，不过从这次历史学科大会上见到的论文来看，主张“全球史”的人恰恰是注意到了西方文化霸权的负面影响，因此希望改变这种状态，才提出“全球史”问题的，多数西方学者正是持这种见解。从单纯的学术角度看，把历史放在全球的范围内来审视可以让它得到更宽阔的视野，因此对“全球史”不应该轻易加以否定。况且，历史作为一个整体，“全球史”本身就是一个客观的存在，而“全球史”的方法也是值得重视的。目前，“全球史”有可能成为国际史学界一个新的热点，我们不可视而不见，更不能对其无端否定，以避免新的自我封闭。这是我的第一点想法。

据会议提交的“全球史”论文来看，“全球史”的方法有不少可借鉴之处。以我的理解，最值得注意的是把历史课题(哪怕属纯粹一国范围内的课题)放在全球背景下来观察，这可以使研究具有新的深度和广度。比如我们研究中国史，如果能把一个题目与当时世界的大背景联系起来，一定可以发掘出新的意境。新西兰学者 Nicola Di Cosmo 的论文(《欧洲技术与满族清政权：17 世纪中国的“军事革命”》)就很有启发性。他提出，在入主中原前，清政权在与明皇朝争夺中国时并不拒纳西方技术，相反为了战争的胜利它曾积极引进当时先进的火器，使自己的军事力量日渐增强；只是到后来，当其控制国内政局而西方包括俄罗斯的威胁日渐逼近时，清政府才改变了自己的政策，一方面是害怕民众得到较好的武器可以造反；另一方面是希望拒西方于国门之外，断绝其影响。但这种政策只导致中国闭关自守，致使中国拉开了与西方的距离。显然，这篇论文在解释明清关系，特别是中国的近代落伍方面切入了一个新角度，说明“全球史”的方法确实有可取之处。

“全球史”还强调比较与借鉴，强调互动与关联，强调跨国界、跨地域范围的研究，强调研究者应该有更加宽阔的眼光。这些都有助于克服目前历史学经常会表现出来的眼界狭隘的弱点，对发挥历史学的应有功能显然是有益的。因此，“全球史”在方法上确实有开拓意义。这是我的第二点看法。

当然，“全球史”主张跳出国家，在更大的范围内观察世界。从学理的意义上讲，这并没有错，然而从现实政治的层面考虑则有可能引出问题。不过，我们对此仍应作全面的理解：对发达国家而言，它们确实已达到了这个阶段，已产生了全面一体化的客观需要；对发展中国家而言，国家的作用要大一些，但“全球化”仍是一个趋势，“全球史”对它们理解自己国家以及理解整个世界也都是有益的。就历史学本身的发展而言，“全球史”开辟了一个广阔的视野，对文化交流与增进了解能够起促进作用。

问题在于：“全球史”尽管呼之欲出，它到底被多少人真正理解了？从大会论文看，知其义者其实不多。3 个主题、20 个专题、25 个圆桌会议为“全球史”提供了足够的舞台，使其能够充分展现自己；但登上舞台又能正确演绎其真意的人却屈指可数，多数人仍然是各说各话，并不以做“全球史”为己任。很多人提交论文，只是因为自己的研究与大会某一个专题有关，至于与“全球史”有没有关系，则是无足轻重的。举例来说，第二专题(“记忆与认同”)的主持人尽管企图用“全球史”的语言来组织他的开场白，但向该组提交的论文却无一例外全都是国家范围内单个课题的研究。第十一专题“男性研究”更应该是个“全球”话题，但所有论文却都以国别为基础，既无“比较”也无“交往”。第二主题“千年、时间与历史”的第一会场(“时间的建构与分划”)应该是很可以用“全球史”的方法来探讨的，但每一位作者又都只谈论他自己国家历史上的时间观念，似乎只有把他们的论文合在一起，才能体现出“全球史”的风貌。在所有提交的论文中，能够称得上是“全球史”的，怎么算都是少数。因此，即便在这个以“全球史”为主题的大会上，“全球史”仍可说还只是个号召。

进而，“全球史”的含义并不明确，任何人如果把自己做的课题看成是世界整体历史的一部分(事实当然正是这样)，他是不是就在做“全球史”？按照我们前文所做的“全球史”的分类，“全球课题”好像太大了，而且真正能够把整个世界都包容在内的大历史事件似乎并不多，况且我们又不能全都去做那种伟大宏观的课题。从另一个角度说，如果任何“交往课题”或“对比课题”都属于“全球史”，那么“全球”的范围似乎又小了一点——太平洋上两个小岛的交往史是否也属于“全球”呢？“全球史”的概念太不严格，名称也吓唬人，让人望而生畏。不过，“全球史”的思路仍然是可取的，它符合当代世界发展的大方向。也许因为它刚刚起步，所以有种种问题，我们期盼它在不久的将来能形成气候。当一个新的事态出现时，我们希望中国学者能积极关注，不要让新学术潮流失之交臂。我的确认为中国的历史学应该与世界接轨，中国学术与世界学术应该对话——在参加过这次国际历史学大会后，这种感觉就更加强烈了。

冲突还是融合？论全球化背景下本土的命运

全球化与本土性是什么关系？融合是一种正常的状态。不必担心全球化会消灭本土特征，因为传统不可能被消灭，只可能变更——随着时代的变化而变更。在全球化过程中，本土张扬是与它同时并举的，最终出现的是具有本土特征的全球性。

一、不必要的担忧

传统与现代，冲突或融合，这个问题在知识界已经谈论了很久。近十余年，当全球化这一概念风行于世后，讨论就更热烈了。许多人预测：在全球化与现代化面前，传统性与本土性将消失，一个无差异的单调世界会出现。如此悲观的前景，让有知识者经常寝食不安。

但担忧其实是不需要的。传统性与现代性、本土性与全球性之间，其实并没有那么对立。文化可以相容，传统与现代、本土与全球之间正在进行文化相容；对立虽说存在，但结局一定是融合。在融合中，本土性和传统性都会延续，现代化和全球化则一往无前。

担忧从何处来？其实只来自少数人——少数的知识精英，他们对悲观的话题乐而不疲。但他们谈起担忧来，却只是空对空，从概念到概念、从推理到推理，并不涉及事实。于是，一种想象的对立便确立了，而论证的方法一般是：甲引用乙来论证丙，丙引用甲来论证乙，循环往复，无休无止，两轮循环论证下来，已经是雷声轰鸣，震耳欲聋了，担忧就此成为事实，不再是想象了。

但奇怪得很，在日常生活中，普通百姓并不感觉问题存在，他们并不觉得全球性在消灭本土性，也没有感到自己的本土性特征在经受危机；如果这些最草根的普通民众抱如此态度，那是很奇怪的，因为他们是本土性的体现者。那么为什么会出现这种现象？原因是：精英们的悲观预测虽说震人心弦，却是脱离实际的，老百姓在日常生活中看不到那种危险；相反，他们看到的是传统与现代的融合、全球与本土的融合。在他们的现实中，传统和现代、全球和本土已开始交融，并且继续在融合。这种交融对一个正在转型的社会来说，是最理想的状态；相反，如果出现对立、泾渭分明，乃至水火不相容，那就糟了，那意味着转型遭遇了严重的障碍。所以中国的知识分子，应该珍惜这种交融，不要夸大对立，不要耸人听闻，不要制造水火不相容，不要自诩为“本土斗士”，做杞人，为“本土”忧天。

二、从日常生活谈起

看事实就知道融合在进行，先说些小事，比如吃饭，中餐和西餐。在中国，当然中餐为主，但西餐也在悄悄流行，被更多的中国人所接受。那么随着全球化，西餐会不会取代中餐、消灭中餐呢？肯定不会。这不仅因为饮食习惯是最顽固的本土特征，轻易不会变；而且因为中餐和西餐正在相容，彼此渗透，出现了融合的趋势。比如吃中餐，一道牛排突然上来，宾客们不会注意，不会觉得不伦不类。况且，牛排又加上了中国特色，中式的卤汁浇在牛排上，对中国人来说，它还是一道中国菜，尽管它确实是西式牛排，而不是红烧牛肉。类似的中西合璧菜肴已经越来越多，比如油炸冰激凌、中式沙拉、葱爆法国蜗牛……这些是中菜还是西菜呢？人们不认为要弄清楚，弄清楚反而不好了，反而变得不伦不类。重要的是人们都愿意接受，不担心西餐正在消灭中餐。这就是文化融合，全球与本土的融合。饭桌上的融合虽是小事，却也能说明大问题，那就是：当本土面对全球时，它有能力维护自己，一如既往地生存。它可以用本土包装全球(炸冰激凌)，也可以抽换全球的内涵(中式沙拉)，总之，本土一定会存留。反过来看，又能说明另一个道理，即外来品不可能消灭本土品，它必须适应本土环境，融合本土，才可能生下根来。

麦当劳在全球的扩张更说明这一点。麦当劳被很多人看作是全球化的象征，对任何民族的本土文化形成冲击。其实不尽然，仔细想一想，它一方面扩张，是一种“全球性”；一方面却必须向本土性融合，否则就在任何地方都无法生存。我们都知道美国的麦当劳和韩国的不同，日本的麦当劳和南美的不同，中国的麦当劳制作“麦辣鸡”，印度的麦当劳又别有风味。但所有这些都是麦当劳，只不过融合着各地的本土性。其实，抽象的麦当劳是没有的，只有各种本土的麦当劳。全球化同时也是本土化，这个道理在这里体现得很出色。进而，麦当劳还催生了各种本土快餐文化，比如墨西哥的快餐卷——它现在已经在美国风靡；东亚盒饭(便当)——一种流行于东亚的便餐。至此，假如我们问：如果有人执意要坚守本土，抗拒麦当劳，结果会怎样？结果应该是到处出现国际风波，而麦当劳最终还是要传开的，因为它是一种“全球化”。

小事是这样，大事也是这样，全球化背景下的文化互动，都带有这种性质。

中国的文化从来就是和外来文化互动而形成的，时至今日，有谁说得清：在中国的国粹中，哪些是本土、哪些是外来？中国本土文化，是许多文化交融的结果；没有融合的文化不会有生命力，就好像没有融合的基因没有生命力一样。

看看刚结束的奥运会：追根溯源，几乎所有的竞赛项目都是外来作品，无论大球小球，还是游泳田径，不管摔跤体操，还是击剑划船，一律如此。清朝时期有人对此抵制，现在还有人抱怨吗？但是外来的体育——全球化的体育运动，是否消灭了中国本土？显然没有；相反，五禽戏、太极拳这些国粹现在是前所未有地普及，而中国武术也在争取进入奥运会，融入体育全球化。进而，外来体育也成为中国的“国粹”了，被称为“国球”的乒乓球，其“国龄”只有几十年。类似的情况并不新鲜，琵琶、二胡是外来品，佛教是外来品，汉语拼音也是外来品，但人们认为它们是外来品吗？不会，中国人认为它们是本土。中国文化从来都有很强的融合力，怎么碰到"全球化"，反而有危机感？

三、经济全球化中的本土性

文化的渗透和融合不只在日常生活中体现，大的方面也如此。人们一般认为：经济全球化导致经济运作方式趋同。这固然不错，但现代经济运作方式在各地遭遇各种本土性，就一定要嵌入到各种文化背景中去，形成全球性的既同又不同。也就是说：本土性没有消失，反而渗入进全球性，造成全球的多样性。因此我们再一次看到，全球化与本土化同行，而这次是在一个很大的领域——经济领域中：同是市场经济，运作的方式却有很大差别，日本不同于美国，韩国、新加坡又不同于日本，中国更加不同，伊斯兰世界就更不用说了。即使在西方国家，经济特征也不相同，美国企业可以奇大无比，英国则有更多的中型企业，这是由各自的传统造成的。一个英国企业家若获成功，便买地、修城堡，过一个绅士的生活，其背后是一种贵族文化；但美国就不会这样，因为美国从一开始就有比较浓厚的平民文化色彩。每一个民族在很长历史时期里形成的文化特征，是很难被别人同化的。所以，即便有经济全球化，有全世界的市场经济，本土性仍然与全球性同行。

我不是说全球化没有它阴险的一面，现在很多西方人把全球化当作武器，否定其他文化的本土性，其醉翁之意不在酒，目的是强加于人，消灭别人，建立"世界帝国"，完成所谓"历史的终结"。这种"全球化"只是西方自我化，是西方利益的全球扩张。全球化在他们那里是幌子，是话语霸权的编织器。但这不是真正的全球化，不是人类历史自然趋势意义上的全球化，它只是西方意志的表达。这类臆语需要警惕，因为它为西方霸权服务。但是，不可把这种臆造的"全球化"误以为全球化，不可因担忧西方的霸权，而认定本土性必然和全球性对立。

四、警惕狭隘的本土主义和保守的传统主义

说了这么多，中心意思是：全球化与本土性可以共存而且一定共存，在全球化过程中，本土性将自然延续，在新的环境下调适自己，形

成文化融合。我们需要警惕的倒是另一种倾向，即狭隘的本土主义和保守的传统主义。这种倾向借口张扬本土，从推崇传统出发而走向复古。近几年我们看到一些可笑的现象，比如要小学生给老师磕头，据说是尊师的传统，但同时又要家长给老师送礼，不送就拿小孩子出气——大概是想恢复贿赂的传统？其实，本土文化既有精华，也有糟粕，不加区别地倡导本土主义，常导致糟粕泛滥、精华反而流失，并且为抗拒开放世界提供借口。中国近代以来这方面已经吃过很多亏，当代中国人不应该再犯同样的错误。即便倡导传统，提倡本土文化的精华，也要让传统与时俱进，使它具有时代的气息。比如说近几年大张旗鼓地祭孔，其样式只让人感觉是戏剧表演。浙江衢州有一个南孔庙，那里也举行祭孔，但它不主张古装式的表演，而是中小学生穿校服向孔子鞠躬，由当地教育官员主祭，倡导发展教育事业。这种祭孔，是否比做戏更符合孔子的理想，并更具备全球的价值？

在变革时代，变革是延续传统的最佳手段。以中日两国为例。日本在明治维新后蓄意变革，结果传统在变革中保存下来，融入了变革后的社会。中国则总是要维护祖宗之法，“天不变，道亦不变”，结果传统成了变革的最主要障碍，中国人不得不先否定传统，再追求变革，传统与变革因此对立，最终，传统是被中国人自己砸碎了。我们今天追溯传统，提倡本土，只能在融合全球化的前提下进行，不可将传统与现代化对立，不可将本土与全球化对立，否则我们会再一次丢失传统，也丢失本土。

五、“全球化”背景下的传统文化

在“全球化”背景下传统文化的命运如何？这是个很有趣的问题。许多人担心“全球化”将消灭文化的特色，把全世界都笼罩在灰蒙蒙的“全球文化”之下，正好像灰蒙蒙的天空笼罩了大地，多元文化的斑斓色泽全都失去光彩。

这种担心其实不必要，因为完全的清一色文化几乎是不可能出现的，中国的大一统专制可谓年深日久，自秦汉以后就推行文化专制，目的就是制造一种完全相同的文化，以配合政治上的高度统一。但政治上的高度统一确实在一定程度上做到了，文化的多元性格却还是依然故我。“全球化”既造就不了一个“世界帝国”，那它在政治同化都做不到的情况下，如何能创造无差异文化？其实，文化是人类的群体特征，只要有不同的群体，就会有不同的文化形态。

那么在“全球化”时代，传统文化的命运如何？我认为它们会有相互接近的倾向，表现出更多的“趋同”特征；但“同”只同在表象上，传统的差异仍会延续。文化在其“意义”的层面上，会与传统继续相连。

举一些例子，先以“千年”(millennium)为例。在西文中，millennium这个词是指“千年至福”之意，“太平盛世”的出现。“太平”是主恩赐的，每一千年救世主到人间一次，荡涤人间苦难，把主的怜悯带进人间。因此，millennium是一个典型的基督教用语，它与苦难、罪恶、获救这些基督教的基本原理联系在一起，召唤人类对主的期待。

但今天的millennium“全球化”了，世纪之交，全世界都在欢呼新“千年”，2000年庆祝过了，到2001年还要再庆贺一次。中国人把“millennium”翻译成“千禧年”，这个翻译变化深刻，因为它把“苦”的滋味完全去掉了，变成了欢欢喜喜的事、欢欢乐乐的事。这个变化的文化含义很有意思：过年在中国人心中从来都是欢喜的(杨白劳都要“欢欢喜喜过个年”)；一千年来一次的“千年”，当然就要更欢喜。“千年”和“年喜”结合在一块，就变成了“千禧年”，但一旦成了“千禧年”，millennium中那种悲愤期待的气息还有吗？中国人把millennium“中国化”了，或者换句话说，把它和中国的传统文化连接起来，于是就“传统文化”化了。所以说从表象上看，是中国文化的“全球化”；但在实质上，是全球化被“中国文化”化。我相信类似的情况在世界各地都一样：同是一个millennium，各民族在心底里到底会对它做出多少种不同的理解和不同的期待呢？

文化有两个基本能力，一是传承，二是变异，传承与变异相辅相成，失去其中任何一个，文化就失去了生命力。传承与变异是不可分割的，有传承就一定有变异，有变异才可能保证传承；拒绝一切变异则传承无以进行，排斥任何传承而变异其根何在？自文明发生以后，世界上不可能有一个文化仍旧保留它最远古的形态；而500年前世界进入“近代”以来，文化的交融就更加激烈，传统的变异也特别明显。正因为有这样无与伦比的文化交融，所以到20世纪快结束的时候，人们才发明一个词叫“全球化”。但全球化不意味着割断传统、消灭特色，它想这么做也做不到。全球化是不同文化更加接近、更加交流、更加相融的趋势，对于每一种文化来说，它意味着变异，也意味着传承。

因此，我们看到在我们的周围传承与变异同时进行。比如人们都穿西装，但印度人把西装套在长袍外面，阿拉伯人则把西装穿在长袍里面；中国麦当劳有“麦香猪柳蛋”这样中西合璧的创作，美国中餐则有“奶酪土司煲”这种非中非洋的变种。再比如，大众文化和流行歌曲如今风靡全球，但香港的“天王”和英国的“甲壳虫”听起来怎么也不一样；“韩流”电影和好莱坞产品绝不相同，中国杂技和俄罗斯芭蕾舞可以共同演绎“天鹅湖”，这些真是非常奇特的！在更深的层次上，对现代经济的经营理念，东方人相信家族的合力，西方人则要在父子之间划清股份；大家都崇尚科学，但有些文化把科学看成求知的路径，有些文化把科学当成实用的手段。同时我一向怀疑：当一个把求神拜佛看成是救急手段的东亚人声称信仰上帝时，他心底里众多的神佛果真已消失得无影无踪了？

我认为两种人对“全球化”做了错误的理解：一种人担心“全球化”会造成千篇一律，使文化丧失各自的特色；另一种人欢呼“全球化”将弥平差异，使世界成为文化的一体。但“全球化”与“多样性”其实是相伴而行的，传承与变异同时起作用，因为，一切变异都是以传统为基础的变异，离开传统则无从变异；同时，变异又形成新的传统，新传统在它形成的过程中，因它的环境与路径不同，一定又造成新的多样性。

E. P. 汤普森和《英国工人阶级的形成》[①]

1963年，英国史学界出现一部划时代的著作，它一出版，立刻引起轰动，受到广泛重视。许多报纸杂志发表评论，各种书评纷至沓来。《泰晤士报》评论说，它“帮助人们重新想起工人阶级在自我形成的过程中表现出的苦恼、英雄事迹和理想追求，凡是对英国人民的历史进程感兴趣的人，都不可不读这本书。”《听众信箱》杂志说：“这是一部生气勃勃、有很高价值的历史著作，其中许多鲜明的观点，对当代众多的正统观点提出了重大的挑战。”《书评》杂志说：“这本书之所以引起争论，其原因也许仅仅是：许多人已经忘记摄政王时期和维多利亚女王早期英国局势有多么危险了，自哈蒙德夫妇的经典著作出现以来，这是研究那一时期最重要的一本专著。”《论坛报》称它是“一部真正的匠心之作”。书的冲击波甚至越过大洋，穿过大海，在大西洋彼岸和大洋洲引起震动，它不仅在美国、澳大利亚等国再

① E. P. 汤普森著：《英国工人阶级的形成》，钱乘旦等译，南京，译林出版社，2001。文中引文出自此版本。

版印刷，而且在国际学术界引起强烈反响。《纽约书评》称它是一部“有绝对权威性、经久而重要的著作”；几年中，它一版再版，风靡各国，成为20世纪西方历史学不多的几部创学派的开山作品之一。

这部书的作者当时只有39岁，是利兹大学院外教育部的讲师。他在利维霍姆基金会的赞助下，花了好几年时间，搜寻了大量原始资料，查阅了各种有关书籍，最后写成一本洋洋几十万字的大书，取名为《英国工人阶级的形成》。这位作者，就是后来闻名世界史坛的当代历史学家爱德华·帕尔默·汤普森。

汤普森1924年出生在英格兰，父亲是作家兼诗人，在印度殖民地从事过教育工作，同情印度的民族独立运动，与尼赫鲁等国大党领袖颇有私交。父母的思想对幼年汤普森很有影响；中学时期，他在一所卫斯理派私立学校读书，然后考进剑桥大学学习，这时，他加入了英国共产党。第二次世界大战爆发后，他应征入伍，先后在北非、意大利和法国作战。他的哥哥也是一名共产党员，作战很英勇，晋升到上校，后来在战争中牺牲了。哥哥对他的影响很大，战后，他曾与母亲共同写了一本悼念哥哥的书，题名为《一个幽灵在欧洲徘徊》①。战争结束后他回到剑桥大学继续学业，同时也积极参加党的活动，并到南斯拉夫、保加利亚等国协助当地的战后重建工作。1956年，由于不满苏联对匈牙利问题的处理，他和其他一些历史学家如罗德尼·希尔顿、克里斯托弗·希尔等共同退出共产党，这以后，他成了独立的“马克思主义者”，主张“社会主义的人道主义”。他对政治活动一直很有兴趣，曾参与起草“1968年五一宣言”，反对工党政府实行向右转政策。70年代，他又积极投入和平主义运动，是欧洲反核运动的领导人之一。

汤普森的著作除《英国工人阶级的形成》之外，还有两本历史学专著，一本是《威廉·莫里斯：从浪漫主义到革命》，写的是英国社会主义运动领导人威廉·莫里斯的生平；另一本是《辉格党人与猎人》，剖析18世纪英国社会冲突中一个典型的现象：偷猎活动。汤普森还发表过一些重要的历史学论文，它们虽然篇幅不大，但分量很重，并不亚于专著。它们多数涉及18世纪英国的社会问题，在历史学界很有影响。这

① 这是《共产党宣言》中的第一句话，用在这里，是一语双关。

些论文中特别重要的有：《时间、劳动纪律与工业资本主义》(1967 年)，《18 世纪英国民众的道德经济学》(1971 年)，《贵族的社会、平民的文化》(1974 年)，《民间文学、人类学和社会史》(1978 年)，《18 世纪英国社会：没有阶级的阶级斗争?》(1978 年)，这些论文后来收归为一本书，题为《乡规民俗》。此外，汤普森还写了许多政论文、时事评论等，撰写过反战、反核武器的书。

相对来说，汤普森在历史学方面并不算“多产”，但他的学术影响远不可用数字来衡量。《英国工人阶级的形成》是他最重要的一部作品，系统地表达了他的基本学术观点。

一、本书的学术意义与地位

《英国工人阶级的形成》写的是工业革命时期英国工人的历史，而这段历史在英国史学界曾经被长期遗忘。

19 世纪，辉格派历史学家在英国史坛占据主导地位，他们的观点代表着英国历史学的主流。辉格派史学家主要关心为英国的“宪政”寻找历史的合理性，因此他们把光荣革命以来的英国宪政史作为历史学的主要描述对象。在他们看来，以光荣革命为起点的英国近代史，是辉格党宪政理想的胜利史；这是一部伟大政治家的历史，记载着这些政治家的功勋，而正是这些政治家，继承和发扬了盎格鲁—撒克逊民族古老而光荣的“自由”传统，他们领导国家维护宪政、反抗“暴君”的统治。在辉格派的历史中，人民群众是没有地位的；即使有，也只是在遥远背景上隐约可见的一群暴民，可以受到任何一个政治派别的操纵和利用。辉格派史学家以马考莱为代表，其影响一直延续到 20 世纪。

下层人民被引进历史学大门是在 19 世纪末，引路人是费边社历史学家。费边派为了用历史来印证他们的“社会主义”理论，把主要注意力放在工会运动上。在他们看来，工会是“工业民主”的寄居处，工人用工会的手段，可以逐渐改造资本主义社会，使社会主义稳步“渗入”资本主义。他们研究英国工会运动史，是为了说明民主的精神如何在工会这个组织里根深蒂固；向来就有“工业民主”传统的英国工人，有能力选出自己的代表，把他们送进议会，让他们代表工人管理国家。[1]因此，他们的目标实际上是为建立工党、实行“工人参政”寻找历史根据，为“英国社会主义”即工会——费边社传统张扬正名。费边社历史学家是英国的社会主义历史学家，其早期代表是韦伯夫妇，在20世纪的代表是G. D. H. 科尔。

20世纪初，自由派历史学家也开始注意下层人民的历史，于是就产生了哈蒙德夫妇的“劳工三部曲”(《乡村工人》、《城市工人》和《技术工人》)。在政治上，自由派与辉格党有很深的渊源，在历史著作中，自由派也不能完全脱开辉格派的窠臼。哈蒙德夫妇对工业革命时期英国工人的经历充满同情，对他们的苦难作了催人泪下的描述。他们认为：技术发明造成剥削，而剥削则引起反抗，因此，“这个时期的英国史读起来像是一部内战史”[2]。但他们认为：工人群众中一切带有暴力色彩的反抗都不是工人的本意，所有的暴力活动都是由托利党政府所雇佣的奸细“挑唆”的，托利党政府故意制造“暴力革命”的假象，目的是混淆视听，为镇压合法的改革运动寻找借口。由此可见，哈蒙德夫妇实际上是把劳动人民的历史纳入了宪政改革的轨道，把马考莱的党派偏见融入了英国劳工运动史。

第二次世界大战后，马克思主义历史学家开始在英国崭露头角，马克思主义历史学也逐渐成为一个引人注目的史学流派。1952年，马克思主义历史学家创办《过去和现在》；不久后，高质量的研究成果相继问世。许多学者把马克思的著作作为历史研究的基础，在许多领域取得了突出的成就。下层人民越来越成为历史研究的主角，帝王将相终于不再霸占历史舞台，历史学家也似乎终于要还“历史的本来面目”了。不过，多数马克思主义学者特别注重早期资本主义形成的历史(如莫里斯·多布关于资本主义形成问题的研究，罗德尼·希尔顿关于封建主义与农民问题的研究，克里斯托弗·希尔关于英国革命的研究等)，而使工业资本主义时期成了相对的研究空白。少数几个马克思主义者研究工业资本主义，但又特别偏爱工厂制及其剥削后果(如埃里克·霍布斯鲍姆关于

① Sidney & Beatrice Webb, *The History of Trade Unionism, 1666-1920*, 1897.

② J. L. Hammond & Barbara Hammond, *The Skilled Labourer*, London & New York, 1979, p. 1.

工人问题的研究），而把哈蒙德夫妇开拓的领域长期留在非马克思主义者手里。

20世纪60年代初，出现一批更年轻的马克思主义知识分子，他们对“英国式的社会主义”感到失望，因而想全面否定英国工人的传统。他们认为这种传统不能在英国产生群众性的社会主义运动，也不能产生有影响的革命政党，英国的传统是完全失败的，完全不值得留恋。他们主张抛弃英国的传统，转向“国际主义”，他们中一位代表人物佩里·安德森说：“我们再也不想挖掘自己的过去，去搜集进步的或其他什么历史的传统，来给英国的文化经验主义和政治合法主义脸上贴金了。……失望……把我们赶出英国，去寻找开发更广阔的文化天地，结果就有了国际主义这个理论园地。国际主义信念的基础是：如果说历史唯物主义在19世纪中期诞生时至少汇集了三个不同国家的思想体系，即德国的哲学、法国的政治学和英国的经济学的话，那么它在20世纪中期自由而有成效的发展，也必须靠同样程度乃至更激烈地去突破国界。总之，我们不相信马克思主义是一国的事。”①出于这种思想，他们对“英国社会主义（及人民斗争）的历史不感兴趣，而把注意力放在马克思关于历史发展的一般理论问题上”。

《英国工人阶级的形成》就是在这种学术背景下产生的：一方面，英国工人在工业化过程中的苦难经历主要由费边主义和自由主义来塑造；另一方面，马克思主义知识界产生了无视英国传统，脱离英国实际的倾向。而汤普森试图要做的，就是用“马克思主义”来理解英国的这段经历。

《英国工人阶级的形成》在英国出现还有一个社会背景。第二次世界大战以后，劳动人民的社会、经济状况有所好转，生活水平有所提高，许多劳动人民子女接受了高等教育，成为新一代的知识分子。他们在思想上相对左倾，对受剥削受压迫的人抱有同情，他们对自己的父兄——曾用汗水浇灌了工业革命之花的普通劳动者追忆缅怀、又充满崇敬，同时又有一种神秘的好奇感，想在他们的经历中寻找自己的来源。这是一种“寻根热”，《英国工人阶级的形成》恰恰就满足了这种愿望。因此它的出现，既扎根在英国历史的传统中，又产生于时代特殊的召唤里。

---

① Perry Anderson, *Arguments within English Marxism*, London, 1980, pp. 148-149.

此外，第二次世界大战以后，欧美知识界普遍左倾，苏联的成长和西欧共产党的发展明显对他们产生影响，马克思的著作在学术界广泛流传，出现了像阿尔杜塞和萨特这样一些受马克思主义影响，而其本身又有很大影响力的知识分子。他们的学术活动使西方出现一个“马克思主义”的学术流派，“马克思主义”的知识分子在各个学术领域进行研究，做出了一些学术性很强、并不为某个党派的特殊政治目的服务的研究成果。这些人特别重视人类活动中文化的因素，如传统、道德、价值体系、意识形态和组织形式等，这是学术研究中的“马克思主义”，有些人称之为“文化马克思主义”。汤普森的书就是在这样一个社会大背景中产生的。

二、本书的思想精髓：关于阶级的理论

汤普森是英国马克思主义历史学派的代表人物，《英国工人阶级的形成》是英国（乃至欧洲）马克思主义历史学的代表作。它之所以是“马克思主义”的，不仅是因为作者自己这样说，许多读者这样认为，而且更因为书中用阶级分析和阶级斗争的观点解释历史，重视工业革命时期英国下层人民的经历。

不过，汤普森对“阶级”有自己的理解，他在书中说：“我说的阶级是一种历史现象，它把一批各个相异、看来完全不相干的事结合在一起，它既包括在原始的经历中，又包括在思想觉悟里。我强调阶级是一种历史现象，而不把它看成一种‘结构’，更不是一个‘范畴’，我把它看成是在人与人的相互关系中确实发生（而且可以证明已经发生）的某种东西。……当一批人从共同的经历中得出结论（不管这种经历是从前辈那里得来还是亲身体验的），感到并明确说出他们之间有共同利益，他们的利益与其他人不同（而且常常对立）时，阶级就产生了。”（原书 9 页，下同）这就是汤普森给“阶级”下的定义。在这个定义里，我们可以看出：阶级的“存在”和阶级“觉悟”是同一的，存在不可能没有“觉悟”，觉悟本身就是“存在”的一个必要组成部分。不可能只有阶级而没有觉悟，阶级不可能先于觉悟而存在。当一个人出生的时候（或是在出生后的某个时候），他就被置于某种生产关系中，在这个关系中处于某种地位。但是，他对这种地位的认识并不与生俱有，他必须通过许多“经历”才能认识到

这一点。当很多人“从共同的经历中得出结论”，感到他们的利益与其他人不同并时常对立时，他们就感到了共同的“存在”，也就是产生了集体的“觉悟”，只有在这个时候——在共同的“觉悟”产生之后，阶级才终于“形成”。因此，“自在的阶级”和“自为的阶级”之间的差别是不存在的，有阶级就必须“自为”，没有觉悟的“阶级”是不可想象的。汤普森把“阶级”的概念与阶级觉悟及其意识形态表现形式紧密地联系起来，反映了他的“文化马克思主义”倾向。

西方的“马克思主义”知识分子认为，他们可以在马克思的著作中为这样一个阶级的定义找到依据。马克思在《路易·波拿巴的雾月十八日》一书里谈到19世纪中叶法国的农民问题时曾说：“既然数百万家庭的经济条件使他们的生活方式、利益和教育程度与其他阶级的生活方式、利益和教育程度各不相同并互相敌对，所以他们就形成一个阶级。由于各个小农彼此间只存在有地域的联系，由于他们利益的同一性并不使他们彼此间形成任何的共同关系，形成任何的全国性的联系，形成任何一种政治组织，所以他们就没有形成一个阶级。”①根据这段话，马克思主义的知识分子们解释说：这表明马克思认为，仅仅有经济“利益的同一性”还不够，阶级的“形成”，还必须加上“生活方式”“教育程度”、“全国性的联系”、“政治组织”等。这就证明“存在”本身还不足以成为阶级，阶级的“形成”必须有观念与思想意识条件。马克思、恩格斯在《共产党宣言》中也说过“无产者组织成为阶级……”②这表明，他们不认为无产者的“存在”就是工人阶级的存在，无产者必须“组织成为阶级”。

那么，如何才能“组织成为阶级”呢？答案是：通过工人的各种斗争，无产者逐步联合起来。个别的行动逐步发展成集体的行动，分散的活动逐步集结为有组织的活动，“他们甚至建立了经常性的团体……有些地方，斗争转变为起义”。“他们斗争的真正成果并不是直接取得的成功，而是工人的愈来愈扩大的团结。这种团结由于大工业所造成的日益发达的交通工具而得到发展，这种交通工具把各地的工人彼此联系起

① 马克思：《路易·波拿巴的雾月十八日》，见《马克思恩格斯选集》，第1卷，693页，北京，人民出版社，1972。

② 马克思、恩格斯：《共产党宣言》，见《马克思恩格斯选集》，第1卷，261页，北京，人民出版社，1972。

来。只要有了这种联系，就能把许多性质相同的地方性的斗争汇合成全国性的斗争，汇合成阶级斗争”。①马克思主义的知识分子用马克思的这些说法论证他们的阶级定义，同时也为我们提供了理解《英国工人阶级的形成》这本书的理论背景。由此我们知道，为什么这本书被作者说成(也被多数评论家看成)是“马克思主义的”一部作品。

从这个定义出发，汤普森把工人阶级的“经历”看作工人阶级“形成”的关键。汤普森说：“阶级是社会与文化的形成，其产生的过程只有当它在相当长的历史时期中自我形成时才能考察，若非如此看待阶级，就不可能理解阶级。”(11 页)。“经历”是“存在”与“觉悟”间的纽带，没有这些经历，意识就不会出现，“觉悟”就不会生成，阶级也就不能“形成”。所以，在这本洋洋数十万言的恢宏大作中，他详尽地考察了工人阶级“经历”中的每一个方面：从劳动到生活水平，从组织到政治活动，从宗教情绪到文化娱乐方式。所有这些，都包括在他的“工人阶级的经历”中，而正是这些经历，最终使“多数英国工人开始意识到他们之间的共同利益，他们的利益与统治者和雇主们对立”(11 页)，从而“形成”了阶级。我们在翻阅这部巨著时，将不会奇怪书中如何不厌其烦地叙述那么多看起来似乎是毫不相干的琐事，也不会奇怪那面面俱到、无所不包的细节如何会与工人阶级的“形成”有关。汤普森向我们阐述的，正是他关于阶级与阶级“形成”的一个理论，正如他所说：“我想把那些穷苦的织袜工、卢德派的剪绒工、‘落伍的’手织工、‘乌托邦式’的手艺人乃至受骗上当而跟着乔安娜·索斯科特跑的人都从后世的不屑一顾中解救出来。他们的手艺与传统也许已经消失，他们对新出现的工业社会持敌对态度……他们的集体主义理想也许只是空想，他们的造反密谋也许是有勇无谋；然而，是他们生活在那社会剧烈动荡的时代，而不是我们”；“阶级是人们在亲身经历自己的历史时确定其含义的，因而归根结底是它唯一的定义”(11 页，12～13 页)。

由此我们就不必奇怪：对工人在工业革命中的一切活动，汤普森几乎都抱一种同情的态度，而很少指责它们“落后”、“无远见”或“背叛工人阶级的根本利益”等。这里的原因就在于：汤普森认为所有这些都是

① 马克思、恩格斯：《共产党宣言》，见《马克思恩格斯选集》，第 1 卷，260 页，北京，人民出版社，1972。

英国工人的"经历"，而正是这些经历促进了英国工人阶级的"形成"。

三、其他重要学术观点

我们已经知道这本书主要是表达汤普森关于阶级和阶级"形成"的理论，但由于它叙述的是英国历史上一个重要的转折时期，其涵盖面又极其广泛，因此不可避免地牵涉到许多重大的历史问题，有些问题是英国史学界长期争执不休的。对所有这些问题，汤普森都提出了独到的见解，因此本书一问世，即在学术界引起巨大反响。

书的第一部写"18 世纪留传下来的人民传统"(12 页)，在汤普森看来，这些传统包括以下四个方面。首先，是清教非国教教派的思想与组织传统，这从 17 世纪革命时期的"千年王国派"开始，经过班扬的《天路历程》和 18 世纪初的非国教教派组织，到 18 世纪中叶出现卫斯理宗。汤普森认为，在这样一个漫长的发展过程中，新教非国教教派经历了意识形态上的"后撤"，即从"千年王国派"坚强的战斗性后撤到 18 世纪非国教教派对"内在王国的反身自省"之上。汤普森说："理解这种后撤——以及在后撤之后还剩下什么，对于理解 18 世纪的情况以及后来工人阶级政治活动中一个持久的因素非常关键。"到 18 世纪，在革命的理想破灭之后，非国教教派不再要求建立"圣人的国家"，而是努力适应社会现实，力图与现成的制度达成妥协。在这种妥协中，它们丢弃了原则却保存了组织，使非国教传统得以传留下来。"这些教派在决意耐心地忍受'现世之苦'，放弃其取得'政府统治权'的希望时，却也能够把政治上的无所作为与一种蛰伏的激进主义结合起来……一日遇到比较合适的环境，它就会再次燃烧成燎原之火"(30 页)。这样，非国教的思想与组织传统成为 19 世纪工人反抗斗争的一个深刻的历史根源。

第二种传统是人民群众自发而无组织的反抗行为，主要表现为群众暴动、抢粮风潮、滋事骚乱等。整个 18 世纪，这种人民的"直接行动"始终不断，尽管它无组织、混乱、涣散，而且时常表现为漫无目标，但"在每次这种形式的大众直接行动的背后，我们都能发现某些具有合法性的权利概念"。英国人民始终认为他们的权益是受到习惯的保护的，认为自己有权采取直接的行动匡正社会时弊、维护"道德经济学"，这为日后工人的斗争提供了历史依据。

第三种传统是英国人对“生而自由”的强烈认同以及作为“生而自由的英国人”的强烈自豪感。从 17 世纪革命时的平等派开始，经过 18 世纪的许多人民运动(戈登暴动、威尔克斯事件等)和许多贫民思想家(戈德温、斯彭斯等)的填补锻造，到潘恩那里终于发展为集大成。汤普森对潘恩的《人权论》给予极高的评价，认为它在形成工人阶级意识方面起了无与伦比的作用。“《人权论》是英国工人运动的奠基之作”(90 页)，它和班扬的《天路历程》一起，是英国工人的启蒙教科书(第五章)。

第四种传统就是法国大革命所激发的英国“雅各宾传统”。法国革命在英国造成深刻影响，培养了人民的平等共和意识。下层劳动者第一次感到自己有权参加国家的治理，因而引发出工人群众的激进运动。这种激进主义传统从 18 世纪 90 年代延续到 19 世纪中期，是构成工人阶级“经历”的最重要的一个部分。在法国大革命和英国民众激进主义之间起桥梁作用的，是潘恩的《人权论》，因此《人权论》在激进主义运动史上有不可磨灭的地位。

以上四种传统就是英国工人阶级在“形成”时从过去继承下来的主要遗产。由此我们可以知道，汤普森在探讨英国工人运动的成因时，并没有从理论到理论地进行某种教条式的演绎，他从英国历史的实际出发，着手于英国的特殊性，体现了英国历史学求实、实证的传统。

书的第二部分“从主观因素转向客观因素，即工业革命时期不同工人集团的亲身经历”(12 页)。这一部分涉及的范围之广、内容之丰富，实在令人咋舌，表现了汤普森广阔的知识领域和深厚的史学功底。如果我们把它从书中抽出单独作为一本书出版，题名为《工业革命时期英国工人的经历》云云，它也会成为一本传世之作的，更何况它还组织在一个如此宏大的体系里，用以说明工人阶级的“形成”理论呢！

这里所说的“经历”包括以下这些方面：工资、物价、生活水平、劳动条件和劳动纪律、宗教与道德、休闲与娱乐、妇女与儿童、工会与互助会组织等。所有这些内容，都最能体现“社会史”的研究范畴，汤普森自称是“社会史学家”，这在书中的这个部分最能充分地表现出来。文中广征博引，谈古论今，令人不得不对汤普森作为“社会史学家”的崇高地位肃然起敬。

这一部分涉及英国史学界长期争论的最重大问题之一——生活水平

问题。还在工业革命正在进行的时候，关于劳动人民的生活状况问题就已经引起同时代人的争论。恩格斯写《英国工人阶级状况》，引用官方各种资料说明劳动人民的生活水平急剧下降。亨利·梅休在英国各地进行广泛的社会调查，结果写成致《晨报》编辑部的82封信，也充分揭示了工人群众遭受的苦难。19世纪下半叶，许多中等阶级人道主义者继续这种社会调查，证明在当时这个世界上最富裕的国家中，贫困仍是一种普遍的现象。这使费边社会主义者对工业革命中劳动人民生活水平的问题持一种“悲观”的态度；哈蒙德夫妇也支持这种立场。但“乐观派”也大有人在，尤尔牧师1835年写的《工业哲学》是系统地阐述“乐观派”观点的最早一本著作，在以后几十年中，为这种观点辩护的人不断出现。20世纪初哈蒙德夫妇的“劳工三部曲”出版后，在生活水平问题上受到克拉潘的《现代英国经济史》的猛烈批判，这本书用大量统计数字得出一个“平均”的工人生活水平的曲线图，用以表明工人阶级的实际购买力提高了，因此其生活水平也不断提高。“乐观派”的观点在20世纪30年代占上风；到50年代，马克思主义者重新在这个问题上发起进攻，而“乐观派”则坚守阵地，一直论战到60年代初。就在这时，汤普森的《英国工人阶级的形成》出版了，为“悲观派”提供了强大的生力军。

汤普森认为：“平均”的生活水平是没有意义的，“平均”只说明抽象的工人，而每一个具体的工人，那些受苦受难与饥寒交迫的手织工、织袜工、剪绒工等，他们的痛苦就被悄悄地埋没在这个“平均”水平之下，他们的苦难也就被完全掩饰了。他因此分门别类地逐一叙述各个工人集团在工业革命时期的生活状况，表明受工业革命影响最大的这些人，如何落到了贫困的深渊。除此之外，汤普森还指出：单纯的“量”不足以说明生活水平，“质”的因素必须考虑，而且也许更重要。即便某些工人在实际收入方面确实有所提高，但他们丧失了对自己劳动的控制权，丧失了“独立”，丧失了娱乐和休闲，丧失了与家人团聚在一起的天伦之乐，他们必须服从严格的劳动纪律，成为生产与机器所控制的仆人。这些代价，是补偿不了物质生活的某些改进的。汤普森以他“生活水平的质”的概念投入论战，使生活水平问题向更广阔的方向发展。

与此同时，汤普森还讨论了卫斯理宗对工人运动的影响。卫斯理宗是18世纪中叶由国教内部产生的一个新教派，它重视在劳动人民中传播“福音”，引起下层人民狂热的“宗教复兴”。汤普森认为，卫斯理宗一方面改造了劳动人民桀骜不驯的性格，使他们成为有自制能力的新人，从而为即将到来的工业革命培养了第一代懂得服从和遵守纪律的工人。但另一方面，卫斯理宗为工业革命时在现实中总是遭受挫折(包括反抗斗争中失败)的工人提供了精神上的避难所，因为“强调来世的任何宗教都是失败者和失望者的千年王国”(381～382 页)。卫斯理宗由于不肯抛弃任何一个“被遗弃的人”，坚持在普通劳动人民中传播上帝的声音，因此得到劳动者的拥护，使他们在宗教中寻找到一丝慰藉。劳动者在卫斯理宗的小组讨论会、群众性的露天布道、野营传教活动以及担任地区及班组负责人和俗人传教士的工作中找到了自身的价值，从而为形成某种“觉悟”创造了条件。而且，所有这些形式又都为日后的工人运动提供了现成的借鉴，使他们获得了组织工作的经验。汤普森没有对卫斯理宗这样一剂“宗教鸦片”作简单了事的判决，而是从生活在那个时代的受苦人的角度来解答这样一个问题，即“卫斯理宗为什么能够成功地发挥既作为剥削者的宗教又作为被剥削者的宗教这样双重的作用呢?”(375 页)

书的第三部分题为“工人阶级的存在”，实际上是写 19 世纪最初 30 年工人阶级的政治史，“从卢德运动开始，到拿破仑战争结束时那些可歌可泣的年代。最后，还对 19 世纪 20 和 30 年代的政治理论和阶级觉悟的某些方面进行探讨”(12 页)。在这一部分中，作者满怀深情地描述了工人阶级有组织反抗的经历，在他的笔下，被统治者长期认定是“叛逆”、“罪犯”的工人运动领袖都还了历史的本来面目，而成为在本阶级解放事业中英勇献身的大无畏英雄。作者的同情心跃然落于纸上，他对工人阶级的每一种反抗形式都给予同情的评价，而不管它看起来是如何“原始”、如何鲁莽甚至不合情理。他认为那些就是英国工人在工业革命时期的主要经历，都导致工人阶级的最终“形成”。他不愿站在后人的高度上来指责前人的“幼稚”，他只愿依照他笔下那些人物的立场去理解他们那个时代。这种历史主义观点使他对“英国传统”充满了感情，读汤普森的书的这一部分，就如同读一部英国工人的荷马史诗，其可歌可泣、英勇悲壮，令人泪下!

这一部分提到一个很重要的问题，即英国工人是否有革命暴力的传统。哈蒙德夫妇否认这种传统，他们把 19 世纪最初 20 年中一再出现的革命密谋乃至真实发生的武装起义都说成是托利党政府派遣的奸细人为造成的结果，其目的是为托利党的高压政策编造合理性，从而巩固托利党一党的统治。汤普森嘲笑这种说法，说政府派出数十万军队，疲于奔命，风声鹤唳，结果只是为捕捉连政府自己都不相信的暴动神话，这在一个有健全头脑的人，是不可想象的。尽管如此，哈蒙德夫妇的说法却在史学界流行了几十年。汤普森详细追述了英国工人运动中每一次暴力活动的痕迹，他试图要做的，就是彻底纠正哈蒙德夫妇在党派偏见驱使下造成的历史扭曲。

最后应该说明，汤普森决不认为英国工人在工业革命时期的反抗斗争仅仅是对生活条件恶化做出的反应，而哈蒙德夫妇、费边社知识分子乃至英共党员作家都曾做出过这种解释。汤普森强调传统、意识形态和社会组织形式的重要性，强调非经济方面在阶级形成过程中的重要作用，强调阶级在客观因素的作用下被形成时又主观地形成自己的过程。

以上这些就是《英国工人阶级的形成》这本书的主要观点。由于它内容广泛，特点鲜明，因此自书出版之后，就一再受到各方关注，赞同和反对的意见层出不穷，形成经久不衰的史学大辩论。直至今天，在书出版 30 多年后，凡研究工业革命时期的英国史，而不去看汤普森的《英国工人阶级的形成》的，仍旧行不通。这本书已成了这一时期英国社会史和劳工史的经典之作，是创学派的开山之举。30 多年中，围绕着汤普森提出的许多问题，英国史学界展开了持久的讨论，引发出一大批专门著作，其中有一些已经产生很大影响，形成一个明显的学术派别。即使是反对汤普森的人，无论是从“左”的还是从右的方面反对，他们也都不得不在汤普森提出的问题范围内发难，以求攻其一点。汤普森的这本书，在相当长的时间里将仍然发挥巨大的影响。它的影响甚至已经超越英国历史的范围了，它提出了全世界(至少是欧洲)早期工人运动史上许多带普遍性的问题，还有工业化时期许多国家都会产生的某些问题，因此它的理论框架甚至可适用于英国以外的国家。由此，《英国工人阶级的形成》取得了国际声誉，汤普森也跻身于国际最知名的当代历史学家之列。他的书已翻译成许多文字，成了全世界共同的文化瑰宝。

四、本书在中国的传播

但这样一部杰出的作品，却到 20 世纪 80 年代初才为我国历史学界所闻。当时首批来华做学术访问的英美学者，发现中国史学界竟无人知道这本书以及这本书的作者时，显然是大吃一惊。中国的门户关得太紧了，中国与世界隔绝了太久！文化本来是全人类共同的财产，隔绝自己，只会造成自己的落伍。改革开放以来，中国与世界交往日密，文化与学术沟通也日趋增强。中国逐渐了解世界，世界也逐渐了解中国。本来有许多隔阂是文化上的差异造成的，增进文化交往，能促进世界的和平与进步。

80年代初，我在美国买到这本书；不久英国友人赠给我们的书中，也包括这本书。知道汤普森的中国人逐渐多起来，国内许多单位也开始购进他的作品。然而能够用英文阅读并且接近这本书的人终究是少数，出一个中文本似乎成了需要。1985年，汤普森教授和他的夫人(多萝茜·汤普森，也是一位历史学家)访问中国，在南京大学作短期讲学。当时，所有在校的外国留学生(十几个国家，一百多人)听说他来了，竟全体出动听他演讲，足见他在国际学术界的巨大影响。于是，我们更加认识到应该翻译这部作品，让它为更多的中国人所知晓。

翻译这本书有很大的困难，除了专业词汇的困难外，还加上他的文笔太好，通篇竟如同一部哲学性很强的叙事散文诗一般！[他年轻时曾想当一名诗人。美国历史学家亨利·阿贝洛夫曾经说：书名中“形成”(Making)这个词暗含着汤普森对文学创作的向往，因为在古英语中，写诗的人可以被称作“创作家”(Maker)，这两个词在英文中都出自“make”①]另外，他引用的史料中，有许多是当时下层人民的俚语、口语，甚至文字不通之语，为保留史料的准确性，他对此全都不加处理，这又增加了翻译工作的难度。虽然我们竭尽全力希望译好，但也许还是力不从心，在这里特请读者和作者原谅。

我们希望，中译本出来之后，不仅能受到喜爱英国史的读者们的欢迎，而且能得到学术界其他领域人士的关注，因为，汤普森提出的问题，确实已超出了英国社会史的范畴，而带有普遍的启发意义。

---

① Henry Abelove, “*The Poverty of Theory* by E. P. Thompson”, *History and Theory*, Vol. 21, No. 1, 1982.

转型社会中的平民百姓
——读 E. P. 汤普森的《乡规民俗》[①]

一、一代史学宗师

1993年夏天我在英国，听友人提起汤普森(E. P. Thompson)有新书问世，据说非读不可。抱着对这位大师的深深怀念，我匆匆赶到书店，买了这本《乡规民俗》(*Customs in Common*)。

我和汤普森先生是在1985年认识的，那时他到南京大学讲学，我给他做翻译。除了讲学之外，他在学校做过两场公开报告，一次是讲他的专长英国社会史；另一次讲和平运动，因为他是那个运动在英国的领袖人物之一。他做报告时，南大校园里所有的外籍教师和外国留学生都来了，有些人吃惊地问："你们怎么能请得动他?"相形之下，那时中国人知道他的并不多。1980年，我的朋友 Dickinson 教授首次来华讲学，才第一次把他的《英国工人阶级的形成》(*The Making of the English Working Class*)介绍给中国学

① E. P. Thompson：*Customs in Common*，New York，The New Press，1993. 此书已出版中文译本，书名为《共有的习惯》(沈汉、王加丰译，上海人民出版社，2002)。

者，此书是汤普森的成名作，亦是当代英国史学的伟大成果之一。当中国人第一次听说这本书时，它实际上已经在西方引起广泛的讨论了。由于这本书，汤普森成了西方马克思主义在历史学界的旗手。

汤普森回到英国后，我们仍时通信息。1988年我去英国，他却到了加拿大，错失了再见面的机会。1989年以后，我们中断联系，然而仍能从友人那儿了解到他的情况。直至前年秋天，他的死讯传来，大家都很吃惊，因为在英国马克思主义历史学家的“三大旗手”中，他是最年轻的(另外两位是Christopher Hill和Eric J. Hobsbawm)，但却第一个去世。

我和几位同事已译完他的巨著《英国工人阶级的形成》。中国学术界目前对这本书已经比较熟悉，也都了解它的价值，但是对《乡规民俗》，知道的似乎还不多。我既然有幸将它读完，那就介绍给中国读者，也算是对汤普森先生的怀念。

《乡规民俗》一书的内容。对熟悉汤普森的人来说其实并不陌生，因为它是汤普森一生中最重要的学术论文的一本汇集。记得他在南京时，我曾经建议他把重要的论文汇编成册，单独出版，他认为这是一个好主意，似乎值得一试。我不敢说《乡规民俗》就是我那次建议的产物，不过在他去世后能见到这样一本书，的确也是一种宽慰。

然而这本书却不像《英国工人阶级的形成》那样首尾呼应，自成一体。汤普森尽管努力想把他的那些论文组织成书，但由于内容终究太分散，各有各的主题，实在很难将之编织在一起。因此，汤普森虽说费了很大的劲儿将之编排，但每一“章”却仍然各成体系，彼此间缺乏同一个中心，最终只能用“乡规民俗”这样一个无所不包的庞大概念笼而统之。

但这丝毫未减《乡规民俗》的重要性。在我看来，除了《英国工人阶级的形成》外，它要算是汤普森最重要的一部著述。如前所说，这本书是由汤普森最主要的学术论文组成的，当初这些论文发表时，有些当即轰动学界，有些则引起学术界长期的争论，成为以后许多学者著述的中心议题，有些更几乎开辟了新的研究领域(比如“道德经济学”)。汤普森就是这样以他深刻的思想，表现出他无愧为一代史学宗师。

二、民俗：卖妻与起哄

粗略而言，《乡规民俗》中的论文似可分为两类：一类属描述性(史实性)，一类属论战性(理论性)。可是这样的划分显然并不妥当，因为汤普森从来不写纯描述性的文章，他的著述总是有很鲜明的观点，时刻准备与别人论战。深入言之，《乡规民俗》表现出两种不同的论述风格：一种是对某种真正的“风俗”进行探讨，大量追述其实例，然后进行总结，提出观点，这些观点是就风俗而言风俗的，并不涉及社会整体架构；另一种与其说是在谈论“风俗”，毋宁说是在谈论“传统”，以及与传统相关的道德准则，乃至社会形态。这一类文章论战性特别强，每一篇都可以说是一个完整的体系，因此全书就很难有一个共同的中心，每一个章节之间也就很难产生必然的联系了。

我们先谈“描述性”部分。基本上，后三章大概可以归于这一类。这是个很有趣的部分，展现了转型过程中英国民间流行的好几种风俗。比如说“卖妻”：丈夫牵着一根绳，把妻子牵到市场上，然后在众目睽睽之下当众拍卖。卖价往往只是一两个先令(20 先令为一英镑)。妻子卖出后便与丈夫一刀两断，从此井水不犯河水。这种现象在 18 世纪相当普遍，19 世纪仍屡见不鲜。看起来像是一种十分古老的陈规陋习。外国旁观者对这种现象十分吃惊，他们将它与美洲的奴隶制相提并论，并且大惑不解：在一个文明高度发展的国家，怎么能允许“卖妻”存在？许多英国人也深深为此感到羞愧，认为这是一种不可饶恕的罪恶，必须加以革除。但汤普森却认为：这是在一个婚姻关系由宗教的纽带严格地束缚、离婚几乎毫无可能的社会中，下层老百姓不得已而为之的一种离婚手续。“卖妻”往往是婚姻双方协议的结果，表示一种“好来好散”的意思。买妻者要么是妻子的家人(兄弟、叔伯等)，“买”回自家女儿使之摆脱不幸的婚姻；更多的是早已插足的“第三者”——泼出去的水既已收不回，何不大丈夫气一点，成全不贞的妻子去与情人相好？汤普森因此指出：与现代女权主义对“卖妻”现象的指责刚好相反，18 世纪“卖妻”不仅不表现对女性的奴役，相反是对女子爱情选择的一种让步，体现着转型社会中的一种进步呢！当然，这种形式的离婚以及随之而来的新的婚姻，法律不予以承认，而且女子必须在大庭广众之下经受侮辱(像牲口一样被牵去“卖”掉)，然后才能解开她不想保持的婚姻之结。汤普森的这种看法真是蹊径独辟！

再比如“聚众起哄”(rough music)，这也是当时流行的一种民俗。

17、18乃至19世纪(汤普森的资料中最后一例是在1930年)，英国民间时常发生一些针对性很强的“恶作剧”：一帮人突然跑到某家门口，敲盆打碗、鸣锣吹号，砰訇地发出种种噪音(即 rough music)，一闹几小时，然后把这家主人(或者由某个闹事者装扮成这家主人)抬在横子上游街，或者倒骑在毛驴上招摇过市，一路走还一路发出种种喧哗。恶作剧的对象是那些在民众眼中显然犯了忌，而且超过了可以被忍受的界限的人，诸如泼妇悍妻、奸夫淫妇、凶汉恶少、蟊贼小偷之流；有时，恶作剧也针对短斤少两的奸商、尖刻盘剥的雇主、破坏罢工的工贼、甚至不得人心的地方治安官等。后来，它也在政治斗争激烈时使用，比如政府就利用它来打击要求政治改革的激进派。汤普森说：诸如抬横子游街这一类形式很可能是中世纪对违反社会规范者的一种正式惩罚，得到官方的支持；到社会发生转型时，旧的权威机制瓦解了，新的职能机构又未及完善，于是一些够不上“犯罪”却又有违社会道德的行为，就不得不由民众自己来惩处，惩处的方法是让犯规者当众受辱，把原来只在私下悄悄传播的“丑闻”(如不符合规范的男女关系、打骂丈夫、虐待妻子等)公开抖搂出来，让当事人被千夫所指。汤普森宣称：社区对“犯规”行为有一个宽容度，超出这个限度，社区就要“驱逐”这个人，把他孤立起来，让他当众出丑。汤普森还说，这种现象只发生在转型尚未完成的社会中：一方面是旧的权威解体；一方面是新的机体不全。一俟转型完成，这种现象就会自行消失，许多所谓的“犯规”行为到后来变成纯属私人的事，别人无须过问；而真正的“犯法”，则要由法律去处理。

三、变化中的“时间”价值观

除了讨论风俗外，汤普森亦指出“时间”的价值观念在社会转型中曾发生过巨大变化。

比如一个为自己工作的手工劳动者，是自己时间的绝对主人，他自己安排生活和劳动，劳动与生活并不分离。在这个时候，劳动是生活的一部分，他自由自在地生活，也自由自在地劳动，劳动在这时与休闲掺杂在一起，必然是懒散的。劳动者在长期的劳动生活中养成自己的劳动习惯，如星期一是“圣星期一”，喝酒、作乐加玩耍；星期二仍然可以快快活活，不思劳作；星期三开始做准备工作；星期四正式干活；星期五加班加点；星期六干个通宵；到星期天早晨，一周的工作按期完成了，他又可以痛痛快快地过几天舒服日子。社会在工业化之前，民众的时间观念就是如此，他从来不以分秒来计算时间。

但18世纪的社会转型破坏了这种时间价值观，一方面，技术条件变化迫使劳动者按照机器的节奏调节自己的劳动；另一方面，越来越多的劳动者不再为自己工作，而成了工业资本主义的雇佣劳动者。在这种情况下，劳动与生活分离了，时间与金钱等同，工业资本主义要从每一分钟的时间里提取价值，劳动纪律成了组织生产的最基本条件。旧的劳动习惯被打碎了，工作时间将成为劳资双方争夺的焦点。这样一个过程就是汤普森在“时间、劳动纪律和工业资本主义”（“Time, Work-Discipline and Industrial Capitalism”）这一章中描写的主题。作为工人阶级史专家，他本来可以由此强调劳资双方在时间与劳动纪律问题上的争夺，为他关于18世纪阶级斗争的理论提供又一个旁证的。但汤普森并没有这样做，他只着意描写了变化的过程，从而给人留下了意犹未尽的感觉。究其原因，不知是否在文章发表时（1967），他关于18世纪阶级斗争的理论还没有完全形成？在我的印象中，这一章写得最薄弱。

四、没有阶级的阶级斗争

相比之下，论战性的4个章节（第2～5章）主题就比较集中，都在论述汤普森关于18世纪阶级斗争的理论。其中理论部分集中在“贵族与平民”（“The Patricians and the Plebs”）这一章（第2章）中，汤普森自己说这一章由两篇文章修改合并而成，一篇是1974年发表的《贵族的社会、平民的文化》（“Patrician Society, Plebeian Culture”）。另一篇是4年后发表的《十八世纪英国社会：没有阶级的阶级斗争？》（“Eighteenth-Century English Society: Class Struggle without Class?”）。后一个标题很能说明汤普森的基本观点，即18世纪正当英国处于社会转型之时。其显著特征是“没有阶级的阶级斗争”。这个观点和他在《英国工人阶级的形成》中表达的思想是一致的，在那本书中，汤普森认为：工人阶级不是天生就有的，而是“形成”的：在18世纪，英国工人阶级正处在“形成”的过程中。汤普森认为：“形成”的最终标志是阶级“意识”到自己存在，只有当“阶级意识”产生之后，才有阶级的最终“形成”。

1985年汤普森在南京时，我曾和他谈论这个问题：如果说阶级在有“意识”之前不存在，那么存在的又是什么呢？社会总是划分为集团的，你不叫它“阶级”可以，但却否定不了社会分层的事实。我不知道“贵族与平民”是否有意针对我的问题，但汤普森确实对这个问题提出了答案：“我发现这样一种概念，即绅士与群众的互动作用，或‘家长制主义与服从的平衡式’（其中式子的两边在某种程度上互为对方所俘获）的概念，要比所谓‘一个阶级的社会’，举国一致，或多阶级多利益的概念要有益得多。”（71页）说得浅显一点，汤普森的意思是：18世纪英国社会是一个两极社会，一方面是“绅士”（贵族、乡绅等）；一方面是“群众”（平民）。这两个方面处在一种平衡的对抗中，谁也不能战胜谁。贵族据有“霸权”（hegemony），取得各方面的统治优势：但这种“霸权”是以对平民的让步为代价的，贵族在保有霸权的前提下允许“平民文化”的存在，平民则在“家长制主义”的框架中寻求对自己的保护（比如引用都铎王朝的法律文件，以图对工资和物价进行调节）。当“平民”的利益受到损害时，他们会用各种方式来表示不满，从对个别不得人心的人写匿名信、进行威胁，直到聚众闹事、公开骚动（riots）等。

骚动是18世纪民众斗争的最激烈的形式，它虽然带有暴力的色彩，却绝不具备革命的因素，它只想提醒统治者履行其“家长制主义”义务。在履行义务的前提下才能保住民众的“服从”。统治者虽说一定会坚决地平息骚动、严惩肇事者，但也一定要从骚动中汲取信息，了解民情，从而做出让步。汤普森将统治者与民众之间的相互牵引称作“绅士与群众的互动作用”，或是“家长制主义与服从的平衡式”。从群众方面说，他们以“家长制主义”的传统价值作为自己的庇护伞，因而逃不出绅士的“文化霸权”（cultural hegemony）；从绅士方面说，他们必须以群众的自愿服从作为其统治的前提，因而要不断容忍民众的闹事，时刻准备向民众让步。因此，“式子的两边在某种程度上互为对方所俘获”——这就是18世纪的社会，一个有阶级斗争却没有阶级的社会。

许多人批评这种观点忽视了城市中等阶级的存在，而只把眼光放在田园牧歌的“绅士与群众”的关系上。汤普森承认这种批评有道理，但他争辩说：中等阶级“直至本世纪最后三十年……才开始发现自己”（33页），因此按照他的阶级“形成”理论，“中等阶级”在18世纪尚不存在。

他还说，18 世纪基本上是一个以农业为主的世纪，因此带有强烈农业社会色彩的“绅士与群众”关系必然占主导地位。

以上就是汤普森关于 18 世纪阶级斗争理论的主要内容。由此我们可以看出，汤普森基本上是在遵循西方马克思主义的路线，亦即葛兰西(Antonio Gramsci)最早提出来的关于“文化霸权”的理论。由于这个原因，《乡规民俗》在西方马克思主义思想史上具有很强的理论意义，它的理论价值显然不亚于《英国工人阶级的形成》。

五、社会转型中的“道德经济学”

接下来的三章就是为这个理论作实证性论证。《习惯、法律和公用权》(“Custom，Law and Common Right”)涉及公地使用权，权突双方是圈地的支持者与反对者。从赞成圈地的一方说，圈地是经济合理化的表现，它可以提高土地的利用率，增进农业生产力。从反圈地的一方说，圈地剥夺了他们的传统权利，使他们丧失了重要的生活来源。支持圈地的一方以法律为武器，最大限度地实行圈地；反圈地的一方以习惯作保护，尽可能减少自己的损失。到 19 世纪，冲突以圈地的胜利告终，但反圈地的一方并没有输尽，他们在圈地的法律中给自己留下了补偿条文。这个实例很能说明汤普森关于 18 世纪阶级斗争的理论：绅士拥有“霸权”，群众则以家长制主义为依据维护自己的传统权利。汤普森在这一章十分明确地提出：“习惯也可被看作是阶级冲突的场所。”(110 页)但应该记住，汤普森的“阶级冲突”是没有“阶级”的冲突，双方事实上都在传统的总体架构内活动。

从某种意义上说，《十八世纪英国民众的道德经济学》(“The Moral Economy of the English Crowd in the Eighteenth Century”)及《道德经济学再论》(“The Moral Economy Reviewed”)这两章是本书最重要的两个章节，也许还是汤普森一生中最重要的两篇论文。其中第一篇尤为重要，它在 1971 年首次发表，立即受到学术界高度重视。围绕汤普森的论题，支持者和反对者进行了长期的争论，结果引发出一系列学术著述，事实上开辟了一个新的研究领域。为回答这些著述中提出的问题，汤普森写了《道德经济学再论》收在本书中，作为前一篇的续篇。这两篇文章之所以有如此轰动的效果，是因为汤普森在这里不仅为他 18 世纪阶级斗争的理论又提供了一个证据，而且第一次提出社会转型过程中一个尚未被人注意的问题，即“道德经济学”。

关于“道德经济学”，我在这里不打算多讲，希望以后专门写文章论述。但它的的确确是“现代化”进程中一个很普遍而又非常值得重视的现象。正因为如此，学术界才持久地进行讨论，而且研究范围早已超出了汤普森的18世纪英国。但在汤普森那里，“道德经济学”一词的适用范围，严格局限在粮食发生紧缺期间，亦即将之限制在粮食问题上发生冲突时使用。在这时候，“不仅人们对粮食紧缺时与粮食买卖有关的看法、做法与交易形式有同感，而且由紧缺而引起的感情冲动、群众在危机时对政府的期望，以及对生死攸关时居然有人谋利而产生的愤怒，都使抗议活动承担起特别的‘道德’责任”(337～338页)。文章研究的是18世纪英国历史上屡见不鲜的抗议形式——粮食骚动(food riots)，而粮食骚动的确是论证汤普森18世纪阶级斗争理论的最好证据：在粮食骚动中，群众以直接行动提醒当局履行“家长制主义”职责，而当局则从骚动的规模与范围中看出群众“不服从”的程度。

总之，汤普森认为在18世纪社会转型时，传统与习俗起着双重作用：一方面，它维护统治者的霸权，使之能够继续统治；另一方面，民众又借习俗的力量保护自己，从而在传统的框架内构造一个民众的文化。这个“民众的文化是造反的文化。但造反是为保护习俗，受保护的习俗是人民自己的习俗，其中有一些实际上建立在并不久远的实践基础上。但当人民为抗议活动寻找合法性时，他们常常退回到一个权力更加集中的社会的家长制主义的规则上去，并从中挑选出适合于保护他们现时利益的部分来……”(导言，9～10页)可以说，这就是汤普森为《乡规民俗》所做的结论，也是他对英国社会转型时期民间保留的许多习俗的一个基本评价。

汤普森的著作艰涩难读，不仅因为他用词精细、行文华丽，更因为他思想深邃、推理严密。读他的书能感受到一种强烈的冲击力，其论战性越强，其冲击力越大。他能从很平凡的现象中发掘出很深刻的历史道理，若能读懂他的书，便能对人类社会做出更深刻的理解。汤普森永远站在弱者、受欺凌者的一边，他厌恶资本主义对人的轻视，企图寻求摆脱资本主义的途径，因此在早年参加过英国共产党。但他后来对早年的道路越来越失望，乃至在生命的最后几年中变得非常悲观。他痛恨资本主义对劳动者的摧残。但发现其他的发展模式也同样如此。他因此对“现代化”产生疑惑，指责世界的潮流是把一切都投向市场，用市场的价值来规定人的一切(15 页)。他在讨论 18 世纪英国的粮食紧缺现象时，指责“政治经济学”(即亚当·斯密的自由贸易理论)在助长这种趋势，用冰冷的“市场规律”来否定活生生的人的需要。但他同时又失望地指出：“在 20 世纪，集体主义国家和政治经济学主宰的国家一样在促成饥馑。”(304 页)他因此高度评价 18 世纪英国民众的反抗，说正是这种反抗(粮食骚动等)阻止了由紧缺发展成饥馑的可能性(在“集体主义国家”，由于不存在“绅士与群众的互动作用”，国家甚至连“家长制主义”的面纱都不需要，民众无法表达不满，只能被动地接受统治，因此当紧缺出现时，很容易转变为饥馑)。由此，汤普森不自觉地流露出怀旧的情绪，以致某些批评指他在一定程度上表现着潜在的传统主义——尽管他自己竭力否定这一点。这是不是时代造成的悲剧呢？

时至今日，我仍能清楚地记得汤普森的神态：他那深邃的目光中，总是流露着对人的深切的同情！让我们怀念这位伟大的史学大师。

鸣 谢

本书之刊文，是从我过去30多年发表的论文中挑选出来的，本书出版之际，兹对所有曾在论文的写作与发表中给我以帮助的人，深表谢意！

本书之出版，得到北京师范大学出版社的精诚鼓励，李雪洁、刘东明二位编辑先后予以全面的帮助，在此表示衷心的感谢！

借此机会，对在我的学术生涯中一切曾给过我指导、教诲、提携与启发的中外学者、同仁们，学界与工作单位的同事、朋友、同窗共道人，一并致以真诚的感谢，其中特别要提到我的老师蒋孟引教授和哈利·狄金森教授。

感谢我的读者，希望我们能真诚沟通。

衷心祝福中国的世界史学科，将能一步更上一个台阶。

作者，2014年2月20日，北京